浙江省哲学社会科学规划
后期资助课题成果文库

浙东革命根据地史论

曹辉 等◎著

ZHEJIANG UNIVERSITY PRESS
浙江大学出版社

·杭州·

图书在版编目(CIP)数据

浙东革命根据地史论 / 曹辉等著. —杭州:浙江
大学出版社,2023.8
ISBN 978-7-308-24319-3

Ⅰ.①浙… Ⅱ.①曹… Ⅲ.①革命根据地—史料—研
究—浙江 Ⅳ.①K265.06

中国国家版本馆 CIP 数据核字(2023)第 199282 号

浙东革命根据地史论
ZHEDONG GEMING GENJUDI SHILUN
曹 辉 等著

策划编辑	吴伟伟	
责任编辑	陈 翩	
责任校对	丁沛岚	
封面设计	雷建军	
出版发行	浙江大学出版社	
	(杭州市天目山路 148 号　邮政编码 310007)	
	(网址:http://www.zjupress.com)	
排 版	浙江大千时代文化传媒有限公司	
印 刷	广东虎彩云印刷有限公司绍兴分公司	
开 本	787mm×1092mm　1/16	
印 张	28.75	
字 数	720 千	
版 印 次	2023 年 8 月第 1 版　2023 年 8 月第 1 次印刷	
书 号	ISBN 978-7-308-24319-3	
定 价	88.00 元	

序　一

　　毛泽东同志在 1960 年 3 月 16 日视察宁波时，称赞"宁波是个英雄的城市"[①]。对中国共产党在宁波这个英雄城市的发展史进行系统梳理，有助于后人传承红色基因、赓续红色血脉，坚持和发展中国特色社会主义，把党领导的各项事业继续推向前进。在中国共产党宁波历史中，浙东革命根据地的历史是值得浓墨重彩书写的辉煌篇章。

　　浙东革命根据地是在毛泽东同志亲自指示和中共中央直接指导下开辟的。1941 年 2 月 1 日，毛泽东同志致电中共中央华中局书记刘少奇等人："关于浙东方面，即沪杭甬三角地区，我们力量素来薄弱，总指挥部应增辟这一战略基地，经过上海党在该区域创立游击根据地。"[②] 4 月 30 日，毛泽东致电华中局，要求增派干部开展浙闽沿海游击战争，强调"此区大有发展前途""有单独成立战略单位之必要"。[③] 根据毛泽东指示和华中局江南区党委的安排，中共浦东工委从 1941 年 5 月 10 日到 9 月 18 日，派 900 余名指战员分 7 批南渡杭州湾到达三北地区（余姚、慈溪、镇海三县姚江以北地区），创建三北抗日根据地。1943 年 9 月，南渡部队在中共宁波地方组织的协助下，又创建了以四明山为中心的浙东抗日根据地。浙东抗日根据地直接威胁汪伪政权的中心南京，抗击和牵制沪杭甬地区的日军，是新四军向东南发展的前进基地，被毛泽东同志誉为全国十九块抗日根据地之一。经过 4 年多的艰苦卓绝的斗争，至 1945 年 9 月底，浙东抗日根据地历经大小战斗 600 余次，抗日武装发展到 1 万多人，活动地域横跨四明、会稽、三北和浦东 4 个地区，总面积约 2 万平方公里，为民族独立和人民解放作出了重大贡献。抗日战争胜利后，为避免内战，中共中央在 1945 年 9 月 20 日发出电令："浙东、苏南、皖南部队北撤，越快越好。……浙

[①]　王芳：《王芳回忆录》，浙江人民出版社，2006 年，第 226 页。

[②]　中共中央文献研究室、中央档案馆：《建党以来重要文献选编（1921—1949）》（第 18 册），中央文献出版社，2011 年，第 74 页。

[③]　浙江省委党史资料征集研究委员会、浙江省档案馆：《浙东抗日根据地》，中共党史资料出版社，1987 年，第 25 页。

东部队及地方党政干部立即全部撤退。"①浙东区党委在部署部队北撤的同时,留下一部分熟悉地形和民情的干部,建立、巩固并发展壮大了浙东游击根据地,在国民党统治的心脏地区掀起一场轰轰烈烈的革命斗争,于1949年5月25日迎来了宁波解放。

在浙东革命根据地,以谭启龙、何克希等为代表的中国共产党人坚持真理、坚守理想,践行初心、担当使命,不怕牺牲、英勇斗争,对党忠诚、不负人民,带领广大党政干部和指战员与敌人进行了激烈斗争,创造了许多可歌可泣的英雄故事,谱写了浙东儿女视死如归、不屈不挠、英勇奋斗的壮丽赞歌,是伟大建党精神在浙东地区的生动展现,是值得大书特书的革命历史。几十年来,一些曾在浙东革命根据地战斗工作过的革命老前辈和地方党史研究机构始终高度关注这段历史,取得了一批丰富的研究成果。但是,史论结合的综合性研究成果还暂付阙如。在新时代,我们迫切需要一部这方面的研究专著。

可喜的是,曹辉同志领衔的宁波市红色文化研究中心义无反顾地将这副重担挑了起来。《浙东革命根据地史论》把党领导浙东人民进行军事斗争、加强政权建设、发展文教事业、做好经济工作、运用统战策略、密切联系群众、健全党的组织的整个历程,夹叙夹议地进行了精彩呈现,应该说是一本很有特色的地方革命史研究专著。《浙东革命根据地史论》一书,可以让我们重温那段光荣的历史,从中汲取智慧和力量,知史爱党、知史爱国,以史为镜、以史明志,不忘历史、不忘初心,增强走中国特色社会主义道路的信心和干劲。

近年来,由于工作关系,我一直关注着浙东革命根据地研究,期盼有更多的研究成果涌现。曹辉同志是一个非常有活力的喜欢党史的青年学者,我们的党史研究也非常需要这样的青年学者。更令人欣喜的是,宁波市红色文化研究中心聚集了这么一大批喜欢党史研究的青年学者。看到这么一大批喜欢党史的青年学者,我很高兴;看到这么一部有分量的研究专著,我更高兴。因此,当曹辉同志嘱我作序时,我很高兴地答应下来了,我非常愿意向广大读者推荐这部研究专著。

邢孟军

2023年1月6日

---

① 中共中央文献研究室、中央档案馆:《建党以来重要文献选编(1921—1949)》(第18册),中央文献出版社,2011年,第690页。

序 二

　　宁波市红色文化研究中心全体成员参与编撰的《浙东革命根据地史论》，经两年多的努力，终成书稿，现即将付梓，这是一件值得庆贺的事情。主撰者曹辉是我的学生，他邀我为新书作序，我遂欣然接受。

　　据个人管窥之见，这部专著最主要的特色在于以下四个方面：

　　一是将前后相继的浙东抗日根据地与浙东游击根据地两个时期，置于同一范畴进行研究，实现了研究内容全地域、全时段的贯通。浙东抗日根据地时期和浙东游击根据地时期是有着重大区别的两个时期，以往学术界将其分开进行研究有一定的合理性，但这样的处理忽视了这两个时期具有紧密联系、一脉相承的关系，本质上都属于中国共产党领导的新民主主义革命阶段。因此，《浙东革命根据地史论》将"浙东革命根据地"纳入整体范畴进行研究，揭示两个历史时期的继承性和发展性，有助于拓宽浙东革命根据地研究视野，丰富研究内容，提升浙东革命根据地研究的全面性和系统性。

　　二是采取史论结合的方式，凸显原创性。大批综合性史料和专题史料的搜集、整理与面世，大量当事人回忆录、日记的出版，为浙东革命根据地研究奠定了基础。在此基础上，浙东革命根据地的研究领域不断拓展、研究内容日渐丰富、大批研究成果相继面世。总体而言，浙东革命根据地研究已取得相当的广度和深度，再作出新的突破，具有相当的难度和新的更高的要求。在历史唯物主义指导下，《浙东革命根据地史论》的撰写者在具体论述浙东革命根据地历史事实的基础上，进行客观的分析和论证，将述史与论理有机结合起来；既反对空发议论，不尊重史实的做法，也反对史料堆砌，不讲理论观点的做法。该书的撰写既有缜密的理论逻辑，又有翔实的史料支撑，较好地践行了"史论结合"的研究理念；这种既占有大量研究资料，又追求理论创新的方式使得该书具有明显的新意。

　　三是从体系结构的角度看，该书按照专题展开论述，写作方式较为新颖。《浙东革命根据地史论》既有浙东革命根据地发展概述，又按照专题形式，分军事斗争、政权建设、经济工作、文化建设、统一战线工作、群众工作、党的建设等方面进行深入考察，向读者展示了浙东革命根据地的历史全貌。此外，在各专题结构上，该书部分章节按照各项工作内容的特点进行编排,部分章节又是以时间为轴构建框架体系;在内容安排上,尊重了浙东革命根据地发展的内在轨迹,充分注意体系结构的逻辑性,主题较为突出。与同类著作比较,该书的优长之处是显而易见的。

四是侧重比较研究,突出浙东特色。就新民主主义革命时期而言,浙东革命根据地与其他革命根据地既存在共性,也具有明显差异。学术界以往大多关注各自区域性革命根据地的研究,鲜有比较研究。《浙东革命根据地史论》撰写者在充分占有大量史料的基础上,结合最新研究成果,积极开展比较研究,探求浙东革命根据地与其他革命根据地的异同,阐明其特色,对于拓展研究视野,创新研究方法,具有一定的理论价值和现实意义。

宁波市红色文化研究中心于 2021 年 1 月 21 日成立,是宁波市委党史研究室和宁波大学科学技术学院共建的战略合作平台。在宁波市委党史研究室的大力支持下,宁波市红色文化研究中心以宁波大学科学技术学院马克思主义学院教师为骨干力量,守正创新、踔厉奋发,最终写成《浙东革命根据地史论》。该书的出版标志着宁波市红色文化研究中心的研究取得了阶段性成果,正朝着良性有序的方向发展。希望研究中心全体成员再接再厉,加大研究力度,推出更多更好的研究成果。

习近平总书记指出:"中国革命历史是最好的营养剂,重温这部伟大历史能够受到党的初心使命、性质宗旨、理想信念的生动教育,必须铭记光辉历史、传承红色基因。"①研究中心成立以来,一直以深入挖掘浙东红色文化资源、提升地域红色文化研究水平为己任。《浙东革命根据地史论》的出版,为我们提供了一部兼具思想性与理论性、地方特色浓郁的党史专著,有助于我们铭记浙东革命根据地的红色历程,传承红色文化,守护红色根脉。谨将该书推荐给广大读者,特别是广大青年,希望她能够成为一份好的党史学习教育教材。这也是我最热切的祝愿。

概言之,《浙东革命根据地史论》的撰写是浙东革命根据地研究的新尝试,取得了意想不到的收获。当然,没有哪一种探索是全然完美的,该书的一些提法或可进行讨论与商榷,部分论点还有待于进一步充实和完善,几处断语也应进行一些深化与提高。

我觉得,《浙东革命根据地史论》值得学术界关注,特作赘言如上。

陈君静

2023 年 1 月 8 日于宁波大学科学技术学院沁园楼

---

① 习近平:《在党史学习教育动员大会上的讲话》,《求是》2021 年第 7 期。

目 录

绪　论

一

浙东革命根据地,是在浙东大地上先后创建和发展的抗日根据地和游击根据地两块战略阵地的统称。浙东抗日根据地是抗日战争时期中国共产党领导的全国十九个解放区之一①,浙东游击根据地是解放战争时期南方七大游击战区之一,在中国革命史上留下了光辉的一页。

浙东革命根据地的时间跨度,自 1941 年 2 月中共中央和毛泽东发出开辟浙东战略单位的指示②始,至 1949 年 5 月发布《中共浙东临委关于结束旧帐目的通知》③止。浙东抗日根据地(1941 年 2 月—1945 年 9 月④),位于浙江省东部杭州湾两岸,东濒东海,南迄

---

①　1945 年 4 月 24 日,毛泽东在党的七大上作政治报告《论联合政府》时说:"中国共产党领导的中国解放区,现在有九千五百五十万人口。其地域,北起内蒙,南至海南岛,大部分敌人所到之处,都有八路军、新四军或其他人民军队的活动。这个广大的中国解放区,包括十九个大的解放区,其地域包括辽宁、热河、察哈尔、绥远、陕西、甘肃、宁夏、山西、河北、河南、山东、江苏、浙江、安徽、江西、湖北、湖南、广东、福建等省的大部分或小部分。延安是所有解放区的指导中心。在这个广大的解放区内,黄河以西的陕甘宁边区,只有人口一百五十万,是十九个解放区中的一个;而且除了浙东、琼崖两区之外,按其人口说来,它是一个最小的。"参见中共中央毛泽东选集出版委员会:《毛泽东选集》第 3 卷,人民出版社,1991 年,第 13 页。

②　1941 年 2 月 1 日,毛泽东、朱德、王稼祥在关于今后华中战略任务致刘少奇、陈毅等人的电文中,提到华中指导中心应着重三个基本战略地区,其中"华中第二个战略中心是江南根据地,又分为苏南、皖南、浙东及闽浙赣边四方面……关于浙东方面,即沪杭甬三角地区,我们力量素来薄弱,总指挥部应增辟这一战略基地"(中国人民解放军历史资料丛书编审委员会:《新四军·文献(2)》,解放军出版社,1994 年,第 255—257 页)。此份电文的发出,表明中共中央和毛泽东着手部署在浙东建立根据地的任务,成为浙东革命根据地开始创建的标志。

③　1949 年 5 月 30 日,《中共浙东临委关于结束旧帐目的通知》发布,指出大军到达,新的组织系统已建立,浙东临委奉命结束(中共浙江省委党史研究室、中共宁波市委党史研究室:《浙东游击根据地》,中共党史出版社,1996 年,第 325 页)。浙东临委完成历史使命,标志着浙东游击根据地结束,浙东革命根据地的历史也至此为止。

④　1945 年 9 月 30 日,浙东区党委发布《忍痛告别浙东父老兄弟姊妹书》,向浙东军民阐明了中共中央为避免内战,最大诚意争取和平,作出了退出浙东的决定。这成为浙东抗日根据地结束的标志。全文原载于《新浙东报》1945 年 10 月 1 日。参见宁波市新四军研究会:《解放战争时期宁波地区革命史料》第 1 卷,中共党史出版社,1999 年,第 32—35 页。

东阳至宁波公路一线,西跨浙赣路金(华)萧(山)线两侧,北达黄浦江两岸地区,拥有四明(余姚南部、上虞东南部、新昌、嵊县、奉化北部、鄞县西南部等四明山区)、金萧(会稽)①、三北(余姚、慈溪、镇海三县姚江以北地区)和淞沪(包括浦东的奉贤、南汇、川沙及浦西青浦等地区)4个地区级政权,17个县政权②,1个三东游击区(鄞县、奉化、镇海三县东部和定海县),400余万人口,1万余武装,总面积约2万平方公里。浙东游击根据地(1945年10月—1949年5月),是浙东抗日根据地党政机关和新四军浙东游击纵队③主力北撤后,根据党中央的战略部署,在解放战争时期恢复重建的革命根据地。浙东游击根据地,包括四明、台属、金萧(路西)、会稽(路东)④、路南和东海等6个地区,区域所辖包括现在杭州、宁波、绍兴、金华、台州、舟山等6市的20余县,以及丽水、衢州和上海浦东等地区。至浙东解放前夕,浙东游击根据地共建有5个地区级党组织,29个县级党组织,4个地区级政权,31个县级政权,除浙东主力第三支队外还建有5个地区武装主力,解放了12座县城⑤,对配合解放大军解放浙江发挥了重要作用。

---

① 根据浙东区党委决定,在会稽山周围地区(诸暨、萧山、绍兴、嵊县),于1942年7月建立了中共会稽工作委员会。同年9月改为会稽地委,机关驻地在诸暨。1943年12月,金属特派员与会稽地委合并,建立中共金萧地方委员会。新四军浙东游击纵队奉命北撤时,金萧地委随军北撤,建制自然撤销(中共浙江省委组织部:《中国共产党浙江省组织史资料(1922.4—1987.12)》,人民日报出版社,1994年,第316—318页)。金萧包括现金华、义乌、萧山、诸暨、建德、淳安等部分地区。

② 至1945年8月,浙东抗日根据地建立了17个县级抗日民主政权(其中县政府11个,县办事处6个)。参见浙江省新四军历史研究会:《浙东抗日根据地史》,中央文献出版社,2014年,第220页。

③ 这里的"新四军浙东游击纵队",当时的实际番号是"新四军苏浙军区第二纵队"。在1945年1月13日,根据新四军军部命令,浙东游击纵队改编为新四军苏浙军区第二纵队(浙江省新四军历史研究会:《浙东抗日根据地史》,中共党史出版社,2005年,第188页)。但在大部分的文献资料和回忆录中,习惯上还是沿用新四军浙东游击纵队的称号。

④ 中共台属工作委员会(1947年1月—1949年6月):1947年1月,浙东工委决定建立中共台属工作委员会。随着台属地区斗争形势的发展,为加强这一地区的工作,浙东临委决定分别成立台东、台西两个临委,1946年当地解放,组织撤销。中共金萧(路西)工作委员会(1947年7月—1949年5月):1947年7月建立了中共路西工作委员会,机关驻地在浦江、富阳、诸暨、桐庐边界。1948年12月,路西工委改名为中共金萧工委。1949年5月当地解放,组织撤销。中共会稽(路东)工作委员会(1947年8月—1948年2月):1947年8月,路西工委决定在浙赣路以东地区建立中共路东工委。1948年2月,中共会稽中心县工作委员会成立,路东县工委撤销。1949年3月,浙东临委决定撤销会稽中心县工委,建立会稽临工委,机关驻地在诸暨。1949年5月当地解放,组织撤销。以上资料参见中共浙江省委组织部:《中国共产党浙江省组织史资料(1922.4—1987.12)》,人民日报出版社,1994年,第375—382页。

⑤ 中共浙江省委党史研究室、浙江省新四军历史研究会:《浙东游击根据地史》,中共党史出版社,2009年,第26—27页。

浙东革命根据地处于沪、杭、甬三角地带,战略地位十分重要。谭启龙[①]指出,浙东抗日根据地位于中国东南海滨,沪宁杭三角洲之南侧,物产富饶,战略地位重要。在浙东敌后的抗战,对太平洋战争和世界反法西斯战争来说,都具有战略上的配合作用。[②] 浙江是蒋介石的老家,是国民党统治的腹心地带。在如此特殊的地域创建革命根据地,对于提升浙江人民的革命信心,意义深远;对于解放浙江、彻底肃清敌人残余武装力量,作用尤重。

二

中华人民共和国成立后,相关部门和学界对浙东革命根据地持续给予了大量关注和研究,先后在史料征集、整理、出版以及分阶段、分地域、分专题研究上,取得了一系列重要成果。这些研究,大致可以划分为三个阶段。

一是起步阶段,自中华人民共和国成立至 20 世纪 70 年代末。在这一时期,关于浙东革命根据地的研究工作以史料征集为主,参与单位和人员以浙江省内各档案馆为主要依托,获得了许多珍贵的档案文献。其中,代表性的有:浙江省档案馆,馆内珍藏了一批反映浙东抗日根据地的政治、军事、经济、文化教育等方面情况的文书档案和文物档案[③];

---

① 谭启龙(1913—2003),曾用名胡志萍,江西永新人。1933 年加入中国共产党。按照党中央战略部署,1942 年 6 月挺进浙东,曾任浙东区党委书记、第三战区淞沪游击队三北游击司令部政委、新四军浙东游击纵队政委等职,领导创建了浙东抗日根据地。抗战胜利后,率部北撤。解放战争时期,历任新四军第一纵队政委兼政治部主任、政委,华东野战军渡江先遣纵队政委,中共江南工委书记,华东野战军第七兵团政委、党委书记,第三野战军第七兵团政委,浙江省筹(准)备委员会副书记等职。中华人民共和国成立后,历任杭州市军管会副主任,中共浙江省委副书记、书记,浙江省政府副主席、主席,浙江省军区政委,中共山东分局书记、山东省委书记、省长、省政协主席、济南军区政委,华东局书记处书记,福建省委副书记、省革委会副主任,浙江省委第一书记、省革委会主任,浙江省军区第一政委,青海省委第一书记、省革委会主任、省人大常委会主任,青海省军区第一政委,四川省委第一书记、省军区第一政委,省顾问委员会主任等职。中共第八、九届中央候补委员,第十、十一、十二届中央委员,中央顾问委员会委员,中共第八、十、十一、十二、十三、十四、十五次党的代表大会代表,第三、四、五届全国人大代表。

② "浙东抗日根据地从浦东武装南进三北开展抗日游击战争算起,前后一共四年多一点的时间。我们这块根据地是全国十九块抗日根据地之一,是比较小的又是最年轻的一块。浙东抗日根据地位于祖国的东南海滨,沪宁杭三角洲之南侧,物产富饶。因此这个地区的战略地位重要,是日本帝国主义保卫大上海的东南外围阵地,也是南进太平洋的一个基地。一九四一年底太平洋战争爆发以后,世界反法西斯战争同盟最终形成,中国的抗日战争成为世界反法西斯战争的重要组成部分,浙东地区成为配合美国盟军登陆对日作战的重要基地。所以我们在浙东敌后的抗战,对太平洋战争和世界反法西斯战争来说,都具有战略上的配合作用。"参见谭启龙:《浙东四年》,见浙江省委党史资料征集研究委员会、浙江省档案馆:《浙东抗日根据地》,中共党史资料出版社,1987 年,第 237 页。

③ 浙江省档案馆通过 1954—1956 年、1959—1961 年、1980 年三次大规模的征集活动,从有关部门征集进馆了一批浙东抗日根据地档案。这些档案文献客观记录了 1942—1945 年浙东抗日根据地建立和发展过程中,形成和积累的政治、军事、经济、文化教育等方面的文书档案,浙东银行发行的纸质与锡质金属抗币、金库兑换券、粮票,浙东区党委机关报《新浙东报》,三北游击队政治部编《战斗报》等文物档案,对抗日战争的历史、中国现代史以及中共党史研究具有极其重要的史料价值。参见陈淑媛:《孤悬敌后——省档案馆浙东抗日根据地档案解读》,《浙江档案》2009 年第 1 期,第 57 页。

宁波市档案馆,馆藏了一批由宁波地委党史资料征集小组移交的革命历史档案[①]。以上馆藏的档案文献对中共党史、抗战史和浙东革命根据地史的研究具有重要的意义。但因研究工作尚处于起步阶段,参与单位和人员有限,代表性的研究成果不多,征集的史料大多藏于档案馆,对于文献档案的研究仍未系统展开。

二是有组织的征集阶段,自20世纪80年代初至20世纪末。自1981年《关于建国以来党的若干历史问题的决议》发布以后,各地陆续成立了党史资料研究会和新四军历史研究会等,全国兴起了学习和研究党史的热潮。与此同时,浙东革命根据地的研究得到高度重视,一批相关的史料集、专著、论文等相继问世。其中,代表性史料集有:《新四军和华中抗日根据地史料选》[②]《新四军·文献》[③]《浙江革命历史档案选编》[④]《解放战争时期宁波地区革命史料》[⑤]《上海郊县抗日武装斗争史料》[⑥]《解放绍兴》[⑦]《浙江革命根据地教育资料汇编》[⑧]《浙东抗日根据地革命文化史料选编(上、下册)》[⑨]《中国共产党浙江省组

① 宁波市档案馆此时期馆藏的革命历史档案大多是由原宁波地委党史资料征集小组移交过来的。宁波地委党史资料征集小组成立于1957年1月,由地委常委陈布衣同志具体领导。它主要开展档案的征集整理工作和老同志访谈录、回忆录的编撰等工作,为浙东革命历史资料的保存和研究作出了很大贡献。

② 新四军和华中抗日根据地研究会编写的《新四军和华中抗日根据地史料选》(上海人民出版社,1983年),收入的资料从抗日战争开始至1946年1月(华中区抗日战争战略反攻结束时)止,内容包括有关新四军的中共中央指示、文电,新四军负责人的讲话、文稿,涵盖政治、军事、经济、司法、文教、卫生等方面的文献,共计250万字。浙东地区作为华中抗日根据地八个战略区之一,在丛书的第6辑和第7辑中有相关的文献记载。

③ 中国人民解放军历史资料丛书编审委员会编写的《新四军·文献》(解放军出版社,1985—1995年),按照新四军的发展阶段编排,共5册。丛书选用的文献,以电报和文件为主,另有少量的报刊文章。丛书中的史料大多数由中央档案馆提供,一部分由中国人民解放军档案馆、原南京军区档案馆以及安徽、江西、福建等省、市、县的档案馆提供,内容翔实可靠。

④ 浙江省档案馆编写的《浙江革命历史档案选编》(浙江人民出版社,1985年),所选档案资料为1921—1949年浙江省级和特委(含地委)级党、政、军、群等方面的文件,以及少数下级文件和当时的革命报刊资料,分3卷出版,共计约185万字。该书收入的档案资料涉及浙东抗日根据地、浙东游击根据地的文献,是有关浙东革命根据地的一部比较全面、翔实可靠的史料集。

⑤ 宁波市新四军研究会编写的《解放战争时期宁波地区革命史料》(中共党史出版社,1999年),首次较为系统全面地汇集和保存了宁波地区解放战争时期的革命史料,参加斗争的老同志的亲见、亲历、亲闻材料,为研究解放战争时期各方面历史提供了可靠的依据。

⑥ 中共上海市委党史资料征集委员会编写的《上海郊县抗日武装斗争史料》(上海社会科学院出版社,1986年),所辑资料主要来自老同志的回忆资料和当时的报刊、书籍、档案资料,内容以全面抗战时期党领导的上海郊县武装斗争史料为主,共计44.2万字。阅读这部史料集,除了可以系统了解上海郊区人民的抗日武装斗争,也可以从浦东视角了解浙东抗日根据地。

⑦ 中共绍兴市委党史资料征集研究委员会编写的《解放绍兴》(内部资料,1989年),按时间先后,呈现浙东人民解放军、野战军解放绍兴地区全境的光辉历史。内容包括文献资料、老同志回忆录、专题资料和英烈小传等。

⑧ 浙江省教育科学研究所编写的《浙江革命根据地教育资料汇编》(浙江教育出版社,1987年),选辑了1924—1949年浙江辖区各地在中国共产党和人民军队、政府领导下从事教育工作的文献资料,共420余篇,分为上、中、下三册。书中收录的浙东革命根据地文化教育工作相关文献,具有重要的参考价值。

⑨ 浙东抗日根据地革命文化史料编纂委员会的《浙东抗日根据地革命文化史料选编(上、下册)》(内部资料,1992年),收录了1942年6月—1945年10月浙东抗日根据地革命文化活动的有关史料,分为概述、大事记和史料选编三部分,是全面了解浙东抗日根据地文化建设情况的重要史料。

织史资料(1922.4—1987.12)》[①]等。主要专著有:《浙东抗日根据地》[②]《浙东游击根据地》[③]《浙东抗币》[④]等。代表性论文有:金普森《浙东抗日根据地的创建》[⑤]、劳云展《浙东抗日根据地创建的战略依据和斗争策略》[⑥]、王文达《浅谈浙东抗日民主政权的特点》[⑦]、罗利行《试论浙东敌后抗日根据地的党群关系》[⑧]、冯永之《浙东抗日根据地的教育事业与教育方针》[⑨]等。这一阶段,浙东革命根据地的研究掀起了高潮。史料整理和出版方面成果丰硕,除了综合史料集外,还整理出文化教育史、组织发展史等专门史料集。浙东革命根据地的学术研究取得进展,出现了一批著作和学术文章。但总体来看,关于浙东革命根据地的研究还是以出版文献史料汇编为主,系统深入的学术研究还比较少,尤其是还没有引起学界的普遍关注。

　　三是系统研究阶段。进入 21 世纪以来,随着红色文化研究的兴起,学界对于浙东革命根据地的关注再次掀起热潮。特别是在纪念抗战胜利 60 周年(2005 年)、新四军成立 70 周年(2007 年)、抗战胜利 70 周年(2015 年)等重大时间节点,举办各类学术研讨活动,并出版了大量学术论著和文章,《浙江日报》《宁波日报》等报纸也开辟专刊选登相关文章,极大推动了浙东革命根据地的学术研究向纵深发展。代表性著作有:《浙东抗战与敌

---

　　① 中共浙江省委组织部等编写的《中国共产党浙江省组织史资料(1922.4—1987.12)》(人民日报出版社,1994年),集中收录了 1922 年 4 月—1987 年 12 月浙江省各地党组织发展变化的历史沿革和领导人名录,同时收录了党领导的政权、地方军事组织、统一战线组织、群众团体和部分企事业系统的组织史资料。该书资料可靠,系统地反映了浙江省各地党组织、政权等的历史演变。

　　② 浙江省委党史资料征集研究委员会、浙江省档案馆编写的《浙东抗日根据地》(中共党史资料出版社,1987年),分为综述、历史文献和报刊资料、回忆录、日寇暴行一斑等四个部分及附录(图表),全面呈现了浙东抗日根据地的发展历程和重要历史文献。

　　③ 中共浙江省委党史研究室、中共宁波市委党史研究室编写的《浙东游击根据地》(中共党史出版社,1996年),分为历史文献、回忆录、浙东游击根据地大事记、浙东游击根据地烈士英名录和浙东(临)工委、浙东行政公署、浙东人民解放军第二游击纵队隶属关系一览表等五个部分。该书叙述逻辑清晰,文献资料来源可靠,可以作为研究浙东游击根据地的重要参考书。

　　④ 浙江省钱币研究会、宁波市钱币研究会编写的《浙东抗币》(内部资料,1989 年),是一本关于浙东抗日根据地抗币的专著,图文并茂,既有对根据地财政经济工作、浙东银行和浙东抗币等的系统介绍,也有理论层面关于浙东抗币作用等的思考。

　　⑤ 金普森的《浙东抗日根据地的创建》(《杭州大学学报(哲学社会科学版)》1985 年第 3 期)一文,详细分析了浙东抗日根据地的创建过程,并指出浙东抗日根据地建设的条件要比其他地区更困难,是在抗战最困难、国共摩擦斗争十分尖锐的时期,在远离华中基本地区的东海之滨建立和发展起来的。

　　⑥ 劳云展的《浙东抗日根据地创建的战略依据和斗争策略》(《宁波师院学报(社会科学版)》1990 年第 1 期)一文,重点分析指出新四军浙东根据地与全国其他根据地相比,具有独特的斗争策略。

　　⑦ 王文达的《浅谈浙东抗日民主政权的特点》(《宁波党政论坛》1995 年第 2 期)一文,分析指出浙东抗日民主政权是在斗争环境十分残酷的条件下建立的,因此有着自己的显著特点。

　　⑧ 罗利行的《试论浙东敌后抗日根据地的党群关系》(《浙江学刊》1996 年第 2 期)一文,提出在浙东敌后抗日根据地,浙东区党委在党的领导下,始终把做好群众工作以及密切党、军队同群众的关系当作一项十分重要的工作来抓,并详细分析了根据地的党群关系。

　　⑨ 冯永之的《浙东抗日根据地的教育事业与教育方针》(《宁波师院学报(社会科学版)》1991 年第 2 期)一文,明确提出了浙东抗日根据地的四点办学方针。

后抗日根据地史料丛书》①《三北敌后抗日根据地战斗史料选编》②《三北敌后抗日根据地文献资料选编》③《浙东抗日根据地史》④《浙东游击根据地史》⑤《余姚革命根据地》⑥《诸暨抗日战争史》⑦《烽火岁月——浙东抗战革命故事》《烽火岁月——浙东抗战革命故事 2》⑧《金萧烽火——金萧支队暨金萧地方人民武装抗日反顽史要》⑨《浙东革命根据地货币史》⑩《谭启龙回忆录》⑪《风雨历程——四明山革命斗争岁月》⑫《战斗在四明山上：朱之光

---

① 宁波市新四军暨华中敌后抗日根据地研究会编写的《浙东抗战与敌后抗日根据地史料丛书》(中共党史出版社,2001 年),包括《抗日救亡与党的重建》《深入敌后 抗击日伪》《反顽自卫 坚持抗日》《发动群众创建根据地》《统战与政权建设》《根据地的各项建设》《忍让为国 告别浙东》《抗日英烈》《民族精英》等,共计 9 册 340 万字,对于全面研究浙东的抗战史有重要的史学参考价值。

② 慈溪市新四军研究会编写的《三北敌后抗日根据地战斗史料选编》(内部资料,2019 年),共编入 91 次战斗,大战斗中还包含着小战斗。每次战斗均以时间地点、战斗概述、史料选录三部分组成。该书首次系统整理了三北抗战史料,对于根据地军事斗争研究极具参考价值。

③ 慈溪市新四军历史(革命老区发展促进)研究会编写的《三北敌后抗日根据地文献资料选编》(内部资料,2020 年),选录了自 1941—1945 年与三北抗日根据地有关的党、政、军、群等方面的文件,还收录了少数基层文件和红色报刊资料。

④ 浙江省新四军历史研究会编写的《浙东抗日根据地史》(中共党史出版社,2005 年),共十一章,按照时间顺序,分阶段详细阐述了根据地的创建和发展过程,并在第九章和第十章具体阐述根据地的党政军建设、群众工作、统战工作、经济工作与文化教育卫生工作。该书史料真实丰富,条理清晰,对研究浙东抗日根据地的各方面建设有重要的参考价值。

⑤ 中共浙江省委党史研究室、浙江省新四军历史研究会编写的《浙东游击根据地史》(中共党史出版社,2009 年),除绪论是关于根据地的总体概述外,全书根据时间顺序,通过十五章的篇幅完整呈现了浙东游击根据地的发展演变史。该书材料可靠、翔实,对于研究浙东游击根据地有重要的参考价值。

⑥ 余姚是浙东抗日根据地和浙东游击根据地的中心区域,拥有丰富的革命斗争史料。方元文主编的《余姚革命根据地》(浙江古籍出版社,2011 年)一书,记述了余姚革命根据地的创建、发展、巩固、壮大的全貌,系统介绍了余姚革命根据地的政治、经济、军事、文化等各项建设事业。

⑦ 浙江省诸暨市新四军研究会编写的《诸暨抗日战争史》(新华出版社,2005 年),分为概述,抗日战争大事编年纪要,抗日战争中烈士名录和名人、名士、将领简介,日伪统治及其暴行,文选辑要和有关二战及全国抗日战争的若干重要资料(附录)等六大部分,其资料罗列详尽,史书格式完整明晰,被誉为诸暨的"抗战词典"。

⑧ 宁波市新四军历史研究会先后编写的《烽火岁月——浙东抗战革命故事》(宁波出版社,2021 年)、《烽火岁月——浙东抗战革命故事 2》(宁波出版社,2022 年),两本书均是以故事形式,用通俗易懂的语言客观还原在党的领导下,浙东抗日根据地团结人民群众取得抗战胜利的伟大历程,题材鲜见,深入浅出。每一个抗战革命故事,都是革命先辈用生命和青春写就的悲壮史诗。

⑨ 浙江省诸暨市新四军历史研究会编纂的《金萧烽火——金萧支队暨金萧地方人民武装抗日反顽史要》(人民日报出版社,2021 年),分为综述、文献、人物、附录等四个部分,集中记述抗战时期,共产党领导的金萧主力武装——新四军浙东游击纵队金萧支队及金萧地方人民武装的敌后游击战争,再现了革命先辈的高尚情操和光辉业绩。

⑩ 章均立主编的《浙东革命根据地货币史》(宁波出版社,2002 年),从金融史的角度系统分析了浙东抗币产生、发展和消亡的过程,对于系统研究浙东革命根据地的财政经济工作,尤其是抗币,具有重要的参考价值。

⑪ 《谭启龙回忆录》(中共党史出版社,2003 年),是根据谭启龙生前自述、有关历史资料以及其身边工作人员的回忆整理、编辑而成。该书记述了他从一个放牛娃成长为省委书记,为党为人民战斗工作的光辉历程。

⑫ 该书作者是陈布衣。陈布衣(1914—2007),浙江嵊县人。1938 年加入中国共产党。1945 年 10 月,新四军浙东游击纵队北撤后,留在四明地区坚持斗争,任中共南山县特派员。后任中共四明工委副书记、书记、四明人民爱国自卫总队政委,浙东游击第三支队政委,浙东人民解放军第五支队等职。1949 年 5 月宁波解放后,任中共浙江省第二地委委员、组织部副部长。通过陈布衣的回忆录《风雨历程——四明山革命斗争岁月》(东方出版社,2001 年),可以了解浙东的革命发展,尤其是解放战争时期浙东人民在四明地区坚持斗争的过程。该书一定程度上是对地方党史的补充。

回忆录》①等。代表性的论文有：王奔《浙东抗日根据地：成功的战略测试》②、郑春牧《试论浙东抗日根据地党的建设》③、吕克军《浙东抗日根据地廉政建设：历程、经验与当代价值》④、郑备军等《浙东抗日根据地财政建设评析》⑤、王明前《浙东抗日根据地的统一战线与财政经济》⑥、吴敏超《浙东抗日根据地统战工作再研究》⑦、黄大同《新中国 70 年浙江戏曲事业的序幕——20 世纪 40 年代浙东根据地的"的笃戏"活动》⑧。代表性的论文集有：《浙东抗日烽火——中共浙东区党委成立暨浙东抗日根据地创建五十周年专辑》⑨《四明足迹——浙东第二次反顽自卫战争胜利 60 周年纪念文集》⑩《铁军精神研究——新四军

①　该书作者是朱之光。朱之光（1918—2017），浙江余姚人。1938 年加入中国共产党。1941 年 4 月余姚沦陷后，建立抗日武装浙东游击指挥部独立大队，任大队长。1942 年 7 月，浙东区党委建立后，参加根据地的工作。历任三北游击司令部（余）姚南办事处、（余）慈（溪）办事处主任，中共（余）姚（上）虞县委、（余）姚慈（溪）县委、（余）姚南县委、南山区委委员、南山总办事处副主任，姚虞抗日自卫委员会副主任，姚虞办事处主任，南山县县长，中共四明工委委员、副书记，姚虞县工委书记，四明人民爱国自卫总队总队长、四明特派员办公处主任，浙东行政公署财政处处长，会稽临工委副书记等职。1949 年 5 月宁波解放后，任宁波军管会财经部副部长。《战斗在四明山上：朱之光回忆录》（中共党史出版社，2000 年）一书，为浙东革命斗争留下了珍贵史料。

②　王奔的《浙东抗日根据地：成功的战略测试》（纪念中国人民抗日战争暨世界反法西斯战争胜利 70 周年"新四军抗战与铁军精神传承"学术研讨会论文集，2015 年）一文，明确指出抗日根据地战略是红军武装割据战略的延续和发展，而浙东抗日根据地的创建是一次反传统的成功的战略测试。

③　郑春牧的《试论浙东抗日根据地党的建设》（《宁波经济（三江论坛）》2005 年第 8 期）一文，集中阐述了党的建设的重要地位，指出加强党的建设、保持党的先进性是浙东抗日根据地能够创建和发展的关键，提高党的领导水平和执政能力是浙东抗日根据地创建和发展的核心。

④　吕克军的《浙东抗日根据地廉政建设：历程、经验与当代价值》（《浙江理工大学学报（社会科学版）》2021 年第 3 期）一文，提炼出浙东抗日根据地廉政建设的经验，并在此基础上阐释了浙东抗日根据地廉政建设历史经验的当代价值。

⑤　郑备军、阮卓婧、陈骏宇的《浙东抗日根据地财政建设评析》（《地方财政研究》2015 年第 6 期）一文，将根据地的财政建设划分为三个阶段，并充分肯定了浙东抗日根据地财政建设的成就，指出浙东抗日根据地成为战时财政建设较为成功的典范。

⑥　王明前的《浙东抗日根据地的统一战线与财政经济》（《观察与思考》2005 年第 8 期）一文，提出农业是浙东区战时经济的主体经济，农业税征收是浙东区税收的主要来源。但由于建政时间短，浙东区没有实现中央要求的废除田赋、公粮向统一累进税转变的行政任务，而是采取了田赋与公粮并征的政策，因时制宜。

⑦　吴敏超的《浙东抗日根据地统战工作再研究》（《中共党史研究》2018 年第 9 期）一文，通过考察中共对国民党军队非嫡系的田岫山部、张俊升部的统战活动，探讨了统战策略具体运用中的各种关联性、限制性因素及其在浙东抗日根据地建立与发展过程中的特殊地位。

⑧　黄大同的《新中国 70 年浙江戏曲事业的序幕——20 世纪 40 年代浙东根据地的"的笃戏"活动》（《浙江艺术职业学院学报》2019 年第 1 期）一文，充分肯定了根据地戏剧改革的重大贡献，指出它对新中国 70 年戏曲发展具有挥之不去的重大影响。该文指出，与袁雪芬为了提升越剧的艺术性，重点对越剧唱腔、表演等本体性改革不同，黄源领导下的浙东四明山抗日根据地越剧改革着眼于戏剧的社会性及教育功能，把越剧变成根据地的宣传武器。

⑨　中共浙江省委党史研究室、中共宁波市委党史研究室、中共慈溪市委党史研究室、中共余姚市委党史研究室：《浙东抗日烽火——中共浙东区党委成立暨浙东抗日根据地创建五十周年专辑》，内部资料，1992 年。

⑩　中共宁波市鄞州区委党史办公室、宁波鄞州新四军研究会：《四明足迹——浙东第二次反顽自卫战争胜利 60 周年纪念文集》，内部资料，2004 年。

成立 70 周年纪念文集》①《烽火四明——浙东抗日根据地创建 70 周年纪念文集》②《浙江省纪念抗日战争胜利 70 周年学术研讨会论文集》③等。此外,浙东革命根据地的遗迹保护、史迹陈列及网站资源也大力发展起来。各地建设和保护了四明山革命烈士纪念碑、中共浙东区党委旧址、新四军浙东游击纵队政治部旧址、新四军浙东游击纵队司令部旧址、浙东行政公署旧址、浙东抗日军政干校旧址、浙东人民解放军金萧支队成立地旧址等众多红色革命遗迹;建有中国共产党慈溪历史馆、浙东革命根据地纪念馆、中共浙东区党委成立处纪念馆、浙东人民解放军金萧支队纪念馆等;建设抗日战争与近代中日关系文献数据平台④、抗日战争纪念网⑤、浙江党史和文献网⑥、宁波史志网⑦等相关网站。这一阶段,浙东革命根据地研究有如下四个特点:一是宁波、绍兴等地及下属区、县(市)系统整理并出版了一批立足于区域的专门史料集和专著,带动了浙东革命根据地的分地域研究;二是出版的系列专著和学术论文大量增加,重点是对根据地政权、经济、廉政、文化、群众工作、统一战线等方面的专题研究;三是浙东革命根据地的理论研究与红色资源的保护和开发有机结合;四是革命后代的活动逐渐活跃,积极参与纪念活动、专题研讨会和宣讲工作。

浙东革命根据地的研究过程及其相关成果,呈现出四个特点。

一是从研究过程看,先史料整理后学术研究。浙东革命根据地的研究,始于革命史料的征集和整理,之后不断地系统深入。第一次高潮发生于 20 世纪 80 年代之后,各地出版了大量综合或专门的史料集,为后续的学术研究奠定了坚实基础。90 年代尤其是进入 21 世纪之后,专著和公开发表的论文大量涌现。新史料的收集工作鲜有开展,少数公开出版的史料集更多是基于 20 世纪八九十年代的文献资料,进行分类整理和再版。今后浙东革命根据地的研究,应在不断搜集与整理新史料的基础上,推进系统深入的理论研究,充分挖掘红色资源的时代价值。

二是从研究内容看,以分时期研究为主。目前浙东革命根据地的相关研究,基本上将浙东抗日根据地与浙东游击根据地两个历史时期分开研究,如《浙东抗日根据地》《浙

① 中国新四军和华中抗日根据地研究会:《铁军精神研究——新四军成立 70 周年纪念文集》,军事科学出版社,2007 年。
② 中共宁波市委党史研究室:《烽火四明——浙东抗日根据地创建 70 周年纪念文集》,浙江人民出版社,2013 年。
③ 中共浙江省委党史研究室:《浙江省纪念抗日战争胜利 70 周年学术研讨会论文集》,浙江人民出版社,2016 年。
④ 抗日战争与近代中日关系文献数据平台:https://www.modernhistory.org.cn。
⑤ 抗日战争纪念网:https://www.krzzjn.com。
⑥ 浙江党史和文献网:https://www.zjds.org.cn。
⑦ 宁波史志网:http://www.cnbsz.org.cn。

东抗日根据地史》《浙东游击根据地》《浙东游击根据地史》等。虽然也有部分以"浙东革命根据地"为研究对象的著作,如《浙东革命根据地简史(征求意见稿)》[①]《浙东革命根据地(初稿)》[②]《浙东革命根据地货币史》等,但迄今还没有一本既包含两个历史时期,又史论结合的史学专著。此外,从现有的成果来看,研究浙东抗日根据地的成果颇丰,浙东游击根据地的研究则相对薄弱,专著和论文不多;浙东革命根据地的政治、军事、经济和文化等领域的研究成果颇丰,史料集和学术著述较多,而政权、党建、群众运动、妇女运动等方面的研究成果相对较少。

三是从研究方法看,以叙述为主。研究浙东革命根据地,不仅要讲清楚"是什么",还要讲好"为什么""怎么样",更要讲好"浙东特色"。关于浙东革命根据地的已有专著,在研究方法上,以回忆录、口述史等叙述方法为主,缺少追根溯源、去伪存真的深入考辨,同时,论的色彩相对较弱,鲜有对浙东革命根据地系统的学理剖析;以浙东革命根据地的纵向研究为主,较少运用比较研究法,与其他根据地作横向比较研究;以历史研究方法为主,缺少多学科研究方法的综合运用,研究的新领域有待开拓。

四是从研究主体看,研究视角尚欠多元。以往对于浙东革命根据地的研究,在各地档案馆、党史研究部门、新四军历史研究会和院校等的推动下,出现大量分地域研究成果,如《三北敌后抗日根据地战斗史料选编》《三北敌后抗日根据地文献资料选编》《余姚革命根据地》《诸暨抗日战争史》等,成果丰硕。但是,分地域研究使不同史料集之间、相关学术成果之间的互鉴互证、取长补短工作变得十分困难,无法形成强大的研究合力,以至于迄今都没有形成具有全国影响力的标志性研究成果。因此,应加强各研究主体间的跨区域、跨部门合作,形成研究合力,推动浙东革命根据地研究再上新台阶。

三

《浙东革命根据地史论》一书的撰写,在吸收和借鉴既往浙东革命根据地及其他革命根据地研究成果的基础上,力求有所突破、有所创新。

《浙东革命根据地史论》撰写的基本思路是:以浙东革命根据地为研究对象,详尽考察浙东革命根据地的发展历程,全面展现浙东革命根据地的历史面貌,系统梳理浙东革命根据地的建设特色,深入揭示浙东革命根据地的历史价值。全书的主体内容共分八章,第一章为浙东革命根据地概论,阐述革命根据地建设的必然性、发展过程和特点。第

---

① 杭州大学历史系:《浙东革命根据地简史(征求意见稿)》,内部资料,1975年。
② 吕树本、杨福茂、金普森:《浙东革命根据地(初稿)》,浙江人民出版社,1980年。

二到八章分专题剖析根据地建设,既对专题内容按历史进程作系统概述,又就浙东革命根据地各领域建设特点作具体分析,提炼浙东特色,以史鉴今。

《浙东革命根据地史论》的写作,主要采用文献研究法、史论结合法、比较研究法和跨学科研究法。

一是文献研究法。文献研究法主要指收集、整理和鉴别文献,并通过对文献的研究形成对事实的科学认识的方法。本书属于党史研究的范畴,文献资料是研究写作的基础。本书编写组通过收集和阅读大量的相关文献资料,对浙东革命根据地的创建、巩固、发展、壮大进行分析,为全面梳理根据地建设的特色、经验及意义奠定坚实基础。

二是史论结合法。"论从史出、史论结合"是史学研究的基本方法,其核心要求是以史实为依据,以逻辑性思维为核心,史料与论述相结合。本书在收集和整理大量革命根据地史料的基础上,运用马克思主义的立场、观点和方法,对史料、史实进行分析、论证,以史出论,以论带史,将浙东革命根据地置于历史大背景中,进行实事求是的分析和评价。

三是比较研究法。比较研究法就是对物与物之间、人与人之间的相似性或相异程度进行分析与判断,寻找其异同,探求普遍规律与特殊规律的方法。浙东革命根据地研究是一个综合性、比较性很强的课题,既要对根据地自身发展演变的历史逻辑进行纵向考察,又要与全国其他根据地进行横向比较①。

---

① 本书在写作过程中,分析借鉴了学界对于其他革命根据地的史学研究成果,下面简要介绍学界对山东抗日根据地和苏南抗日根据地的研究情况。在中华民族的全民族抗战中,山东抗战具有举足轻重的地位。学界对山东抗日根据地的研究,除了开展通论性研究,还对根据地发展史、建设史、历史地位与贡献、群众运动与党群关系、区域革命史等开展了专题研究,后者是山东抗日根据地研究的主题(魏本权:《1980 年代以来山东抗日根据地研究综述》,《临沂大学学报》2016 年第 2 期)。对于浙东革命根据地史的研究,该文的启发在于可以引入军事史、经济史、政治史、社会史、文化史、群众运动史等的研究理念和研究视角,注重与国民党方面史料的比较分析。苏南抗日根据地是新四军在华中最早开辟的根据地。2000 年以后,学界对苏南抗日根据地的研究范围和内容开始扩大,政权建设、减租减息、爱国主义、灾荒救济、报刊、反腐倡廉、新四军的思想政治工作等成为关注的重点。学者、老战士等对苏南抗日根据地的研究作出重要贡献,其所写的回忆录、研究论文具有很高的价值。但其研究也存在不足,研究苏南根据地的主体是新四军的战士、干部,专业的学者对其研究不多,关联性研究不多(郭泽煜:《苏南抗日根据地研究综述》,《世纪桥》2016 年第 1 期,第 9 页)。本书在写作过程中参考了若干有代表性的史论著作,这里简要分析《晋察冀抗日根据地史》和《东固革命根据地史论》两本著作。晋察冀抗日根据地是中国共产党在敌后创建的第一块抗日根据地,被中共中央誉为"敌后模范的抗日根据地及统一战线的模范区"。由谢忠厚、肖银成主编的《晋察冀抗日根据地史》(改革出版社,1992 年),是国内第一部比较全面、系统地研究晋察冀抗日根据地的历史及其经验的学术专著,阐述了中国共产党领导创建、巩固和发展晋察冀抗日根据地的艰难曲折过程,并深刻揭示了这块抗日根据地形成发展的规律,以及它在抗日战争中的历史地位和作用。该书逻辑层次清晰,资料丰富,精于考证。东固革命根据地是土地革命战争时期最早创建、存在时间最长的根据地之一,是曾得到毛泽东首肯和赞誉的"李文林式"革命根据地。由唐莲英等人编写的《东固革命根据地史论》(华东师范大学出版社,2019 年)一书,史论结合,在全面梳理东固革命根据地历史线索的基础上,既详细分析了关于东固革命根据地研究的历史过程及迟滞的原因,论证了东固革命根据地创建的社会历史条件,分专题详细阐述东固革命根据地在武装斗争和军事建设、政权建设、经济建设、文教卫生事业和党的建设等方面的突出贡献,还对东固革命根据地与井冈山根据地进行了全面综合的比较研究,科学评价了东固革命根据地的历史地位和作用。其从学理高度提出的史论研究和评价的根本原则、基本视角和主要方法,对《浙东革命根据地史论》的撰写具有重要的方法论启发。

四是跨学科研究法。跨学科研究法也称交叉研究法，是运用多学科的理论、方法和成果，对某一课题进行综合研究的方法。根据地史既是中共党史、中国近现代史等学科研究关注的对象，也与军事史、经济史、政治史、文化史、社会史等密切相连。浙东革命根据地的跨学科研究，聚焦根据地各项建设，采用多学科视角，力求拓宽研究视野，丰富研究成果。

四

《浙东革命根据地史论》的研究特色，集中表现为守正创新。在史料和现有研究成果的基础上，从研究视角、方法、内容等方面进行创新，对浙东革命根据地进行深入系统的研究，厘清根据地发展的脉络，推动研究范式的转变与研究质量的提升。

一是研究视角的创新。学界大多将"浙东抗日根据地"和"浙东游击根据地"分开研究。虽然浙东抗日根据地和浙东游击根据地分别处于两个不同的历史时期，时代使命不同，但两者有着天然的内在联系，在时间、空间和主体上前后相继、接续发展。浙东抗日根据地和浙东游击根据地都是扎根于浙东，在中国共产党的坚强领导下，依靠根据地军民团结一心，成功开辟出来的战略阵地。以史论结合的方法，将浙东革命根据地纳入整体范畴进行研究，揭示两个历史时期的继承性和发展性，具有填补空白的意义。

二是研究方法的创新。《浙东革命根据地史论》自觉遵循马克思主义的唯物史观，综合运用史论结合和比较研究等方法，多学科、多角度、全方位、全过程研究揭示浙东革命根据地建设的历史脉络，系统梳理浙东革命根据地发展的内在逻辑。在研究过程中，高度重视史学资料的收集梳理、真伪考辨，多次实地考察革命遗迹和纪念馆，借鉴政治学、经济学、社会学等其他学科的研究方法和成果，充分发挥"宁波市红色文化研究中心"的平台优势和研究团队优势，提升研究成果的质量。

三是研究内容的创新。具体表现在三个方面：第一，从"普遍意义"解读到"浙东特点"挖掘的转向。既往革命根据地的研究，往往缺乏对区域特殊性的观照。本书的撰写，既注重对浙东革命根据地发展历程、政策方针、历史价值的梳理，又加强对根据地军事、政治、经济、文化等的研究，发掘概括浙东特色。第二，从"讲好革命故事"到"传承红色基因"的转向。红色文化蕴含着丰富的革命精神和厚重的文化内涵，是中华民族宝贵的历史遗产和精神财富。在党史学习教育中，要充分运用红色资源，"用好红色资源，传承好红色基因，把红色江山世世代代传下去"①。本书立足历史与现实的有机统一，致力传承

---

① 习近平：《用好红色资源，传承好红色基因　把红色江山世世代代传下去》，《求是》2021年第10期，第4—18页。

红色基因,挖掘浙东革命文化的时代价值。第三,从"叙"到"论"的转向。本书的撰写,秉承实事求是、严谨治学的精神,基于史实再现浙东革命根据地的光辉历史,基于学理分析揭示浙东革命根据地的鲜明特色,力求思想性与学术性的有机统一。

第一章

浙东革命根据地概论

建设浙东抗日根据地，是中共中央和毛泽东基于抗战进入相持阶段、国共关系发生重大变化，针对日本侵略者的"南进"策略作出的战略部署。广大浙东军民面对错综复杂的斗争形势，不畏强敌、不怕牺牲、团结一心、敢于斗争，硬是在"我们力量素来薄弱之地"逐渐站稳脚跟，上演了一场波澜壮阔的争取民族独立和人民解放的革命运动，谱写了一曲可歌可泣的英雄史诗。

一、浙东革命根据地的重要地位

　　革命根据地是中国共产党领导的武装斗争赖以执行自己的战略任务，达到保存和发展自己、消灭和驱逐敌人之目的的战略基地。没有这种战略基地，一切战略任务的执行和战争目的的实现就失掉了依托。[①] 浙东革命根据地的建设，是抗日战争形势发展的需要。同时，浙东地区具备建设革命根据地的主客观条件。经过八年多[②]艰苦卓绝的斗争，浙东革命根据地为中国革命的胜利作出了重要贡献。

(一)浙东革命根据地建设的必要性

　　浙东地区，是蒋介石的老家，是国民党统治势力的优势区域，也是日本侵略者野心觊觎的东南沿海的重要门户。建设浙东革命根据地，是中共中央和毛泽东基于抗战进入相持阶段、国共关系发生重大变化，针对日本侵略者的"南进"策略作出的战略部署。

1.抗日战争进入战略相持阶段

　　在日本全面侵华战争的初期，国民党军队担负了正面战场抵御日军大规模入侵的任

---

　　①　关于什么是根据地，参见毛泽东：《抗日游击战争的战略问题》(1938年5月)，见中共中央毛泽东选集出版委员会：《毛泽东选集》第2卷，人民出版社，1991年，第418页。

　　②　这里的"八年多"，是指浙东革命根据地存在的时间，自1941年2月起，至1949年5月止，共八年多时间。

务,组织了淞沪、太原、徐州等几次大的会战。国民党军队虽然在上海、忻口、台儿庄等地进行了顽强抵抗,取得了一些胜利,但从正面战场的全局看,中国军队处在严重的失利中。

面对上海、太原的失陷,1937年11月12日,毛泽东在延安中国共产党的活动分子会议上的报告中指出:"在华北,以国民党为主体的正规战争已经结束,以共产党为主体的游击战争进入主要地位。在江浙,国民党的战线已被击破,日寇正向南京和长江流域进攻。国民党的片面抗战已表现不能持久。……从片面抗战转变到全面抗战的前途是存在的。争取这个前途,是一切中国共产党员、一切中国国民党的进步分子和一切中国人民的共同的迫切的任务。"①毛泽东准确洞察到了中国抗战形势的发展变化,明确提出中国共产党领导的敌后游击战争,将取代国民党的正面抗战,成为中国对日作战的主要斗争形式。因此,建立敌后根据地成为中国共产党的重要战略任务。1938年10月,随着武汉会战的结束,中国的抗日战争由战略防御转入战略相持阶段,华北、华中的敌后抗战也进入了最困难的时期。遵照中共中央和毛泽东的指示,八路军和新四军先后挺进敌后,发动广大群众,壮大抗日力量,广泛开展独立自主的敌后游击战争,创建敌后抗日根据地,迅速在华北、华中等地成功开辟了敌后战场。

2. 国共两党关系发生重大变化

1939年1月,国民党五届五中全会制定了"溶共""防共""限共"方针,在全国掀起了第一次反共高潮,浙江的顽固派也趁机在政治、军事、文化宣传等方面掀起反共逆流。7月7日,中共中央发表《为抗战两周年对时局的宣言》,提出"坚持抗战,反对投降;坚持团结,反对分裂;坚持进步,反对倒退"三大政治口号。② 但国民党顽固派无视共产党极力维护以国共合作为基础的抗日民族统一战线的诚意,置民族大义于不顾,一意孤行。在1940年夏秋,国民党顽固派在华北发动的第一次反共高潮遭到失败后,便又把反共中心转向华中。1941年1月,国民党顽固派制造了震惊中外的皖南事变,严重破坏了国共合作。皖南事变发生后,浙江共产党组织遭到破坏,一大批共产党员和进步人士被害,浙江的抗日救亡运动步入低潮。

面对国民党顽固派千方百计企图消灭共产党的严峻形势,中共中央迅速调整部署,一方面重建新四军军部,由刘少奇任政委、陈毅任代军长,使新四军继续高举抗日旗帜,与日本侵略者作英勇顽强的斗争;另一方面着手研究新四军在华中、华东地区面临的新形势,尽快开创华中敌后抗战的新局面,增辟战略基地,重新壮大党的势力。为此,1941

---

① 中共中央毛泽东选集出版委员会:《毛泽东选集》第2卷,人民出版社,1991年,第388—389页。

② 童然星:《试探"皖南事变"对浙江抗战的影响》,《东方博物》2006年第3期,第85页。

年2月1日,党中央和毛泽东发出重大指示,对新四军在华中作战的战略部署作了新的安排,明确指出华中抗战应着重建设三个基本战略地区,即鄂豫陕边地区、江南根据地(包括苏南、皖南、浙东及闽浙赣边)、苏鲁战区,并且特别强调浙东地处沪杭甬三角地区,战略地位重要,我们党的革命力量素来薄弱,总指挥部应尽快在该区域创立游击根据地,交由上海党在该区域创立游击根据地。[①] 这是中共中央关于开辟浙东敌后战场的最早一份指示电报。

中共中央之所以将创建浙东根据地的任务交给上海党组织,一是体现了对上海党组织的充分信任。虽然当时中共浙江省委还在,但是浙江省委的主要活动区域在浙南地区,短时间内难以打开浙东的局面,且其手上也缺乏一支较强的抗日武装力量。二是在1942年2月,浙江省委书记刘英[②]被捕后,浙江省委遭到了破坏。三是考虑到沪杭甬之间的联系较为紧密,上海党组织跨过杭州湾与浙东建立统一的党组织,更有利于实现浦东地区与浙东地区的相互呼应和联动发展。上海党组织根据中共中央部署,组织浦东抗日武装成功南渡,开辟浙东抗日根据地,成为在浙东沦陷区抗击日本侵略者的重要力量。

3. 日军加紧推行"南进"策略

自1940年底开始,日本帝国主义为了巩固其对中国的占领,加强对中国东南沿海的封锁,以保障海上交通线的畅通,同时进行经济掠夺,达到"以战养战"的目的,开始加紧

---

① 1941年2月1日,党中央和毛泽东发出的电报指示,参见浙江省委党史资料征集研究委员会、浙江省档案馆:《浙东抗日根据地》,中共党史资料出版社,1987年,第4页。

② 刘英(1905—1942),江西瑞金人。1929年9月加入中国共产党。1938年5月,中共浙江临时省委在平阳县成立,刘英任书记。9月,改为中共浙江省委,刘英继任书记。由于叛徒出卖,1942年2月,刘英在温州被捕,省委机关同时遭敌破坏。刘英被捕后,国民党浙江省第八区行政督察员张宝琛得意地说:"刘英在浙闽两省边境活动多年,今一旦被捕,胜俘敌十万。"面对敌人的诱降、审讯,刘英坚贞不屈,于1942年5月18日壮烈牺牲(以上参见中共党史人物研究会:《中共党史人物传》第20卷,陕西人民出版社,1991年,第261—289页;中共浙江省委组织部:《中国共产党浙江省组织史资料(1922.4—1987.12)》,人民日报出版社,1994年,第240—242页)。谭启龙在回忆录中提到刘英,"我对这位模范省委书记的印象非常深刻,并得知,他是在北上抗日先遣队遭受挫折,浙江党组织被破坏殆尽的形势下,于1935年初受命与粟裕率领红军挺进师入浙开展游击战争和建党工作的,他们在浙江进行了艰苦卓绝的三年游击战争,把革命的红旗插遍大半个浙江。抗战爆发后,他领导的浙江省委大刀阔斧地开展工作,大力发展党组织,建立了50多个县委,党员发展到2万多人。同时还积极开展抗日民族统一战线工作和救亡运动。由于浙江省委的出色工作,浙江的党组织、群众基础都很好,为后来的浙东抗日根据地的建立打下了很好的基础。他的牺牲是对革命的一大损失。"(谭启龙:《谭启龙回忆录》,中共党史出版社,2003年,第115—116页)

进行"南进"的军事准备。1941年4月,日军发动了宁绍战役[①]。在半个多月的时间里,杭州湾以南、杭甬线两侧的绍兴、诸暨、镇海、宁波、慈溪、余姚等地纵横四百里的宁绍地区沦为敌占区,十万国民党军队向会稽山、四明山败退。1942年5月浙赣战役[②]中,日军又侵占了金、衢和浙西南地区。日军所到之处,残忍地实行"三光政策",烧杀抢掠、奸淫妇女,无恶不作,人民蒙受了空前的浩劫。随着浙东沦陷,国民党军队退出宁绍平原和浙赣铁路沿线的广大地区。面对这一严峻形势,中国共产党举起了浙东地区的抗日大旗。

1941年4月30日,毛泽东、朱德等在给刘少奇、陈毅、饶漱石的电报中指出:"敌占宁波、奉化、温州、福州,如系久占,你们应注意组织各该地之游击战争。有地方党者,指导地方党组织之,你们派少数人帮助之;无地方党者,由你们派人组织之。从吴淞,经上海、杭州、宁波直至福州,可以发展广大的游击战争。"[③]此电同时明确要求华中局增派干部开展浙闽沿海的游击战争,强调"此区有大发展前途""有单独成立战略单位之必要"。至此,开辟浙东抗日根据地的任务,在华中局和新四军军部的部署下,由上海党组织紧锣密鼓地开展起来了。

(二)浙东革命根据地建设的可能性

毛泽东等中共中央领导人于1941年2月和4月发出的两封电报,明确作出了开辟浙东战略单位的重大部署。要在日伪顽三面夹击下开辟一块根据地,且能够在残酷的斗争环境中发展壮大,是一项十分艰巨的任务。浙东革命根据地的建设,离不开各级党组织

---

① 宁绍战役又称浙东战役,是日军对我国浙江、福建、广东、广西4省沿海登陆封锁作战的重要组成部分,旨在封锁浙江沿海,夺取宁波、温州等港口贮存的物资。1941年4月19日,日军在浙东沿海的镇海、石浦、海门、瑞安等地登陆,宁绍战役爆发。国民党军队虽进行了抵抗,但很快全线溃退,不到半个月,宁绍地区沦陷。日军发动的宁绍战役达1个月之久,浙东人民遭受巨大的生命财产损失。在镇海,从4月19日日军登陆,到23日,仅数天之内就杀死、杀伤居民104人,烧毁民房780余间。在进攻余姚期间,日机对该地进行了16次轰炸,毁房250余间,炸死43人。在慈溪,日寇大肆劫掳,所劫物资装载帆船30艘,运往宁波。在诸暨沦陷期间,被日军掳去的耕牛464头,财产损失估计达300万元。日军在此次战役中还特别关注浙东的萤石矿,并逼迫中国工人在极其恶劣的条件下为其采矿。参见金普森、陈剩勇主编,袁成毅著:《浙江通史》第12卷,浙江人民出版社,2005年,第254—260页。

② 1942年4月18日,美空军杜特上校率领美国特别飞行中队轰炸了日本东京、名古屋、大阪、神户等地,后大部分飞机返航后在衢州、赣州、长沙等地迫降。这次轰炸,对日本政府和军队冲击很大。5月,日本为防止美国空军利用浙西南的空军基地再度轰炸日本土,并掠夺浙江中部地区的萤石矿产资源,调集华中侵华日军13万兵力,发动浙赣战役。由于国民党消极抗战,日军一度打通浙赣铁路全线,窜犯温州、丽水等浙西南与浙南地区。日军这次作战的直接目的是彻底破坏这一地区机场群,目的达到后,日军大本营7月28日下令中国派遣军停止浙江方面之作战,确保金华附近,同时指示调回部队时间为8月中旬(以上参见中共浙江省委党史研究室:《浙江人民革命史画册(1840—1949)》,浙江摄影出版社,1991年,第230页;全国政协《闽浙赣抗战》编写组:《闽浙赣抗战》,中国文史出版社,1995年,第321—323页)。浙赣战役后,日军基本达到了破坏浙赣铁路交通线、破坏机场、抢掠物资等目的,但也遭到严重损失,第15师师长毙命,总伤亡数据日军战史记载共17148人(数据参见军事科学院军事历史研究部:《中国抗日战争史(下)》,解放军出版社,2015年,第151页)。

③ 浙江省委党史资料征集研究委员会、浙江省档案馆:《浙东抗日根据地》,中共党史资料出版社,1987年,第25页。

的坚强领导,离不开浙东地区深厚的革命传统,离不开浙东地区特殊的地理环境。

1.党的坚强领导

中国共产党是浙东革命根据地建设的坚强领导核心,各级党组织为根据地的创立和发展提供了思想指导和组织保障。

谭启龙曾经在分析开辟浙东抗日根据地的有利条件时说:"我们有党中央、毛泽东同志和华中局的正确领导以及一师粟裕同志的指导,为我们做好工作提供了可靠的保证,只要我们坚决贯彻执行,不出大的偏差,就一定能够克服困难,求得发展。"[①]中共中央和毛泽东关于时局的正确判断和新民主主义革命理论,为浙东抗日根据地的开辟、建立和发展指明了正确的方向,提供了理论依据和政策支持。浙东抗日根据地在经济建设上,实行"减租减息"政策,开展大生产运动;在政权建设上,贯彻落实"三三制",建立各级民主政权;在文化建设上,贯彻毛泽东的"全党办报,群众办报"基本方针,实现党报、军报和地方性报刊大发展;在统战工作上,坚决贯彻和执行统一战线策略,"多交朋友,少树敌人",壮大抗日力量。谭启龙在总结浙东抗日根据地胜利经验时指出:"党中央和毛泽东主席关于全面抗战的路线与建立抗日根据地的指导思想,以及一整套正确的方针、政策和策略,是我们取得胜利的根本保证。""我们在浙东的四年斗争中,深切体会到毛泽东思想是浙东敌后抗日根据地胜利的旗帜。"[②]

华中局、新四军军部、华东局和上海党组织等,在浙东革命根据地的创建和发展上,从武装力量、干部队伍等方面给予有力的帮助和指导。"我们到浙东后,又经常地及时地得到华中局和军部对浙东各项工作的指示;还多次派遣干部来浙东,加强领导,统一指挥,使浙东敌后抗日的战略支点得以迅速建立和巩固,如果没有华中局和军部的领导并指派一批领导干部来……党领导的浙东军民抗战,也不可能从无到有,从小到大,从弱到强,直至取得抗战的最后胜利。"[③]皖南事变后,华中局和新四军军部接到中共中央关于开辟浙东的指示,及时将创建根据地的任务交由新四军第六师师长兼政委、江南区党委书

[①]　1942 年 7 月 18 日,在浙东区党委召开的浙东敌后第一次干部扩大会议上,谭启龙作了《目前国内外形势与我党发展浙江敌后游击战争建立根据地的方针》的报告。报告结束后进行分组讨论时,他同与会同志分析开辟浙东抗日根据地的有利条件,谈以上内容。参见谭启龙:《谭启龙回忆录》,中共党史出版社,2003 年,第 120 页。

[②]　谭启龙:《浙东四年》,见浙江省委党史资料征集研究委员会、浙江省档案馆:《浙东抗日根据地》,中共党史资料出版社,1987 年,第 239—240 页。

[③]　谭启龙:《浙东四年》,见浙江省委党史资料征集研究委员会、浙江省档案馆:《浙东抗日根据地》,中共党史资料出版社,1987 年,第 239 页。

记谭震林[①]负责,派遣中共浦东工委组织武装力量挺进浙东开辟敌后战场。1942年6月,陈毅、曾山致电谭启龙[②],明确指示其与张文碧、刘亨云等组织浙东行委,立即挺进到浙东敌后。7月8日,华中局再次发出致谭启龙并转浙江各属党的负责人的电报[③],传达华中局派谭启龙、何克希[④]来浙江主持工作,谭启龙任浙东区党委书记,何克希任浙东区党委军事部长。随后,浙东区党委领导班子成立,使浙东的抗日斗争有了统一的领导。12月,华中局、新四军军部和一师师部派遣一大批军政文化干部到达浙东[⑤],充实到根据地的各条战线,解决了干部短缺的燃眉之急。1943年12月22日,张云逸等致电浙东[⑥],发出浙东抗日人民自卫军改为新四军浙东游击纵队的命令。1945年9月22日,华中局传达中共中央关于北撤的命令[⑦],并对浙东部队撤退作了战略部署。在游击根据地初期,国民党对苏北解放区频繁发起进攻,致使华中局难以顾及浙东地区党的工作,1946年12月,中共中央同意浙东工作划归上海党组织领导,此后根据地在上海党和华东局的领导下继续发展。1948年4月16日,中共中央上海局对浙东临委的工作作出指示[⑧],"在解放军主力尚未到达以前,就能在敌人空虚的地区建立游击根据地和小块的解放区并不是不可能的事,我们应当有这一坚定的信心,这一明确的远景",并要求浙东临委以很大注意力来制定群众斗争的行动纲领和制订周密的军事斗争计划,抽调必要的干部加以短期训练,解

---

① 谭震林(1902—1983),湖南株洲人。1926年加入中国共产党。1941年5月,江南区委(1942年5月改为"苏南区委")经华中局批准正式成立,谭震林任书记。江南区委统一领导苏南全区及浙西、皖南部分地区党的工作。谭震林坚决贯彻执行党中央、中原局(后为华中局)开辟浙东的指示精神,积极部署相关的工作。谭震林从战略高度指导着浙东抗日根据地的创建,指导成立"浙东军分会",对南渡的浦东部队作许多重要指示,为开辟浙东(三北)提供行动指南,致电新四军军部提议何克希随谭启龙赴浙东而被采纳,等等,对浙东地区党的领导核心的建立和浙东抗日根据地的创建起到了重要作用。参见林峰:《谭震林开辟浙东(三北)抗日根据地的三大贡献》,http://www.nbn4a.com。

② 电报全文参见浙江省委党史资料征集研究委员会、浙江省档案馆:《浙东抗日根据地》,中共党史资料出版社,1987年,第26页。

③ 电报全文参见浙江省委党史资料征集研究委员会、浙江省档案馆:《浙东抗日根据地》,中共党史资料出版社,1987年,第27页。

④ 何克希(1906—1982),曾用名何静斋、何静、何国瑞等,四川峨眉人。1929年加入中国共产党。1942年7月,受华中局和新四军军部派到浙东,参与领导开辟浙东抗日根据地的斗争。历任浙东区党委委员、三北游击司令部司令、浙东军政委员会书记、新四军浙东游击纵队司令员等职。除主管军事斗争外,还兼管统一战线工作,在浙东参与领导了抗击日伪的战斗和三次反顽自卫战。抗战胜利后,率新四军浙东游击纵队北撤。解放战争时期,历任新四军第一纵队第三旅政委、华东野战军第一纵队副司令员、第三十五军政委等职。中华人民共和国成立后,历任第三野战军特种兵纵队政委、华东装甲兵司令员兼政委、南京军事学院装甲系主任、第二机械工业部部长助理兼办公厅主任、浙江省政协副主席等职。1955年被授予少将军衔。荣获一级独立自由勋章和一级解放勋章。

⑤ 浙东抗日根据地革命文化史料编纂委员会:《浙东抗日根据地革命文化史料选编(上册)》,内部资料,1992年,第17页。

⑥ 电报全文参见浙江省委党史资料征集研究委员会、浙江省档案馆:《浙东抗日根据地》,中共党史资料出版社,1987年,第82页。

⑦ 参见中国人民解放军历史资料丛书编审委员会:《新四军·文献(5)》,解放军出版社,1995年,第294页。

⑧ 电报全文参见中共浙江省委党史研究室、中共宁波市委党史研究室:《浙东游击根据地》,中共党史出版社,1996年,第82—85页。

决干部短缺问题。1949年4月2日,华东局给浙东临委发出电报,对如何接管城市迎接解放作出指示:"你们发展情况甚好,甚慰。目前你们不宜过分强调统一集中而应仍以进行分散的有利的游击战斗,为行动方针,注意保存干部和实力。注意应付敌人的严重扫荡,注意研究中央政策,训练干部,待与大军会师,同时应防止敌人有计划部署起义(策反)到我阵营,并进行破坏,你们一切政策与军事行动计划,不应(从)配合人民解放军出发,而应从本身的实际情况出发。以上建议请按实际情况处理。"[①]这一指示为浙东解放提供了行动指南。

确立共产党的统一领导是创建根据地的核心问题。浙东革命根据地从无到有、由弱变强,同样离不开浙东地区党组织的坚强领导。浙东的党组织在抗战初期并无统一领导,而是分属于三个不相统属的系统,即上海方面派来的系统,南京长江局派来的中共浙江省委,以及原在本地的以刘英同志为首的闽浙省委。[②] 1942年6月,谭启龙到浙东后即成立中共浙东行动委员会,统一领导浙东的党组织和地方党组织。7月28日,成立中共浙东区委员会,谭启龙为书记。浙东区党委的建立,及时强化了党政军的统一领导,使浙东革命根据地军队和人民群众有了坚强的领导核心,为浙东抗日根据地的创建和发展提供了根本保证。浙东游击根据地的建设则是在浙东临委的直接领导下,重建游击武装,带领根据地军民在国民党统治腹心地区继续开展斗争,坚守了浙东的革命阵地,保存和壮大了党的有生力量,迎来了浙东革命的最后胜利。

2.深厚的革命传统

自近代以来,浙东地区深受帝国主义侵略和反动统治的压迫,人民具有光荣的革命斗争传统。1840年鸦片战争,舟山定海人民奋起抗击,打退了英军。太平天国运动时期,浙东爆发诸暨莲蓬党起义、余姚十八局佃农抗租斗争。中国共产党成立后,浙东地区发生过萧绍农民运动、余姚庵东(今慈溪)盐民大罢工、宁海亭旁暴动、浙东工农红军第一师的武装斗争等。这一系列斗争表明,不惧外敌的爱国精神和不畏强权的抗争精神,深深根植于浙东人民的血脉之中。1926年11月,毛泽东曾在中央机关刊物《向导》上发表《江

① 中共浙江省委党史研究室、中共宁波市委党史研究室:《浙东游击根据地》,中共党史出版社,1996年,第266页。

② 劳云展:《浙东抗日根据地创建的战略依据和斗争策略》,《宁波师院学报(社会科学版)》1990年第1期,第15页。

浙农民的痛苦及其反抗运动》①一文,对慈溪北部等地的农民闹荒暴动作过分析和评述,看到了浙东地区受压迫农民的革命热情和斗争意愿。"浙东抗日根据地在建立之前,共产党与红军在群众中有较深刻的影响,到处有革命的种子"②,这为根据地有效地动员群众、组织群众、武装群众,建立巩固的工农联盟提供了坚实的群众基础。

全面抗战初期,在国共合作的形势下,浙江的共产党组织和群众组织均有了相当普遍的发展。1938年5月,中共浙江临时省委建立后,在浙东一地建立了中共宁(波)绍(兴)特委、金(华)衢(州)特委、台属特委,地方党组织得到迅速发展,尽管1942年2月,浙江省委书记刘英等人被捕牺牲,但浙江党的地、县组织和干部基本上保存下来,特别是宁、绍、金、台等地党的组织,仍继续坚持地下斗争。这就为浙东革命根据地的建立奠定了重要的组织基础。"如果没有浙东地方党的配合与支持,我们要在浙东建立根据地是很困难的。"③

同时,浙东党组织坚决贯彻统一战线策略,重视各阶层人士的统战工作,形成了良好的党群关系,这是根据地能够发展壮大的重要条件。对地方人士、地方政府,浙东革命根据地的党和军队在抗日、民主、不反共的原则下,"多交朋友,少树敌人",受到各阶层进步人士的拥护。谭启龙回忆,"解放初期,刘少奇到浙江视察工作时,在绍兴对我说过,当年你们在这一带那样困难的条件下,能坚持敌后抗日游击战争,建立根据地,取得胜利并得到发展,这是和执行党的统一战线政策,搞好群众关系分不开的"④。没有广大群众的拥护和支持,就没有浙东革命根据地波澜壮阔的革命斗争。

3.特殊的地理环境

浙东革命根据地的建设,离不开浙东地区特殊的地理环境,这是根据地得以创建发展的自然条件。

浙东地处长江三角洲的南翼,沪杭甬三角地带,境内既有富庶的宁绍平原,又有四明山、会稽山和天台山三座山脉绵亘相接,山峦河川参差错落,人口稠密,物产富饶,交通发达,人民勤劳,经济繁荣,东濒大洋可直抵美洲、东南亚,西进则能直通内地各省区,是进

① 《江浙农民的痛苦及其反抗运动》是毛泽东在中共中央机关刊物《向导》上以"润之"署名发表的。在这篇3000字左右文章中,毛泽东不认为富庶之地的江浙,没有开展农民运动的条件。相反,在他看来,江浙农民运动有其发生的必然性,更要注意吸取失败的教训(全文参见广西师范学院政治系中共党史教研室:《中共党史教学参考资料汇编》第1集,内部资料,1961年,第104—107页)。毛泽东在文中思考了慈溪北部的农民闹荒暴动的原因,也思考了早期农民运动失败的原因(俞跃:《毛泽东论慈北农民运动》,《宁波日报》2021年6月10日)。
② 谭启龙:《浙东四年》,见浙江省委党史资料征集研究委员会、浙江省档案馆:《浙东抗日根据地》,中共党史资料出版社,1987年,第238页。
③ 谭启龙:《浙东四年》,见浙江省委党史资料征集研究委员会、浙江省档案馆:《浙东抗日根据地》,中共党史资料出版社,1987年,第237页。
④ 谭启龙:《谭启龙回忆录》,中共党史出版社,2003年,第144页。

退攻守皆宜的战略要地,是上海和杭州的重要屏障,因此成为日伪顽与我必争之地[①]。

浙东的三北地区(余姚、慈溪、镇海三县姚江以北地区),地处宁绍平原东北部,北靠大海,南连四明山,中隔姚江,山低地平,人口稠密,盛产粮、棉、盐,经济富庶,交通发达,贸易往来频繁,是浙东重要的海上通道,对开辟浙东革命根据地有着重要的战略意义。[②]但三北地区的平原地形不利于游击战争,日伪的力量较为强大。因此,随着浙东抗战形势的发展,根据地的中心转移到了四明山。四明山区,山高林密,层峦叠嶂,地形错综复杂,南连天台括苍山脉,西接会稽山,周边和余姚、慈溪、上虞、鄞州、奉化、新昌、嵊州等七个区县接壤,退可守、进可攻,回旋余地很大,是敌伪顽统治势力比较薄弱的交界地区,非常适合隐蔽的游击战争,具有创建敌后根据地和对敌作战的天然优势。新四军浙东游击纵队主力北撤后,国民党调集大批军队对浙东地区进行反复"清剿",留守坚持斗争的特派员和游击队员在极端困难的情况下,正是利用了山区的有利地形,采用各种灵活作战方式,进行反"清剿"斗争,保存了有生力量,成功开辟浙东游击根据地。

总之,浙东革命根据地的建设不是偶然的,是基于客观形势发展的迫切需要,有其充分的战略依据、理论指导、组织准备、群众基础和地理优势,是历史发展的必然。

(三)浙东革命根据地的历史贡献

在1941年到1949年长达八年多的时间里,浙东革命根据地广大军民同日本帝国主义和国民党反动派进行了不屈不挠的斗争,成功牵制和抗击了日本法西斯和国民党反动势力,壮大了党的武装力量,为抗战胜利和全国解放作出了重要贡献,并为新中国的建设事业提供了宝贵经验和组织上的准备。

1. 实践了新民主主义革命理论

理论源于实践,并在实践中得到验证和发展。浙东革命根据地作为中国革命的重要

[①]　对日本侵略者来说,这里是它掠夺中国人力、物力和财力资源的重要区域,达到"以战养战"目的,也是它保卫其占领的上海的东南外围阵地,南进太平洋的重要基地,因此势必要夺取沪杭甬地区。对国民党而言,这里是蒋介石的老家,是国民政府重要的经济来源区,势力在浙东向来强大,其反动统治也绝不会轻易放弃此地。而对于中国共产党而言,"要发展东南沿海地区的游击战争,必须在这块三角地带,特别是浙东建立抗日根据地,逐渐向南发展,这样就可以把苏中、苏南、浦东、浙东、闽浙赣联成一线,使我军在抗日战争中,甚至抗战胜利后都处于有利的地位"(谭启龙:《谭启龙回忆录》,中共党史出版社,2003年,第107页)。尤其是随着抗战局势的发展,浙东沦陷,国民党军队溃败,中国共产党在浙东开辟敌后战略基地,非但必要,而且刻不容缓。

[②]　1942年12月15日,《中共浙东区党委关于准备反"扫荡"反"清乡"斗争对三北部队及地方党的指示》提出:"我军在三北的军事力量和政治威信,大大的提高起来,这些战斗的胜利和影响,给予了敌伪的严重威胁。特别三北是敌伪的中心,后方经济资源丰富,因此,三北抗日进步势力的发展给予宁波、杭州等敌伪严重威胁。""三北是我们坚持斗争的中心战略支点,是我党我军向南发展的跳板,是我今后向南重要依托,是控制沿海沿江与杭甬等重要城市的前哨阵地,它有丰富的物质资源供我抗日用。"参见中共宁波市委党史研究室:《烽火四明——浙东抗日根据地创建70周年纪念文集》,浙江人民出版社,2013年,第105、110页。

战略阵地,正是在中共中央和毛泽东新民主主义革命理论的指导下得以创建和发展起来的,既充分证明了理论和战略决策的正确性和适用性,同时浙东革命根据地成功的实践,同其他根据地一起,又不断丰富和完善着党的新民主主义革命理论。

在远离大后方的浙东成功创建敌后抗日根据地,是一项极其艰巨的任务。要完成这项任务,必须牢牢贯彻中共中央的各项政策和策略,并结合自身实际情况,因地制宜开展工作。浙东革命根据地在发展过程中创造了一套适合浙东实际的经验和做法,丰富了党的农村包围城市、武装夺取政权的革命道路理论,以及统一战线、武装斗争、党的领导和根据地建设等理论。

统一战线政策是中国革命的基本策略,浙东区党委在创建发展敌后根据地的过程中,高度重视统一战线策略的运用和灵活贯彻。浦东部队南渡浙东,在敌强我弱态势下,实行"灰色隐蔽"方针。为了迅速在三北站稳脚跟,与地方实力派保持较好的关系,浦东武装利用国民党军队番号作掩护,获得了极为宝贵的发展和壮大武装力量的时间。"多交朋友,少树敌人"是浙东革命根据地统一战线工作贯彻始终的基本策略。1942 年 7 月 18 日,谭启龙在浙东敌后第一次干部扩大会议上作报告,明确提出"团结浙江敌后各党派人士各友军各地方政府各阶层人民各宗教团体,结成广泛的抗日民族统一战线,共同为坚持浙江敌后斗争建立根据地而斗争"①。1944 年 10 月 25 日,谭启龙在第一次浙东纵队军政工作会议上又指出:"应善于利用与掌握各方面内部的矛盾,达到团结多数,孤立最凶恶最顽固的,要防止树敌过多,把自己陷于孤立状态的危险。"②"多交朋友,少树敌人",既联合又斗争的策略,正是贯彻了中共中央统一战线策略的指示精神。针对浙东地区日伪顽多方势力犬牙交错的复杂态势,浙东区党委灵活机动地运用这一策略,最终歼灭了反复无常的田岫山部,争取到张俊升部起义。这是浙东抗日根据地统一战线中的重大成果。

根据中共中央关于根据地政权建设的指示精神,浙东革命根据地以对敌后原有基层政权的争取与改造为起点,落实"三三制"原则,建立起根据地各级民主政权;在经济建设中,坚决执行中共中央关于党在新民主主义革命时期的土地政策,立足于浙东实际,将中共中央关于根据地"减租减息"的土地政策明确为"二五减租"和减息政策,动员群众开展大生产运动。浙东革命根据地在军事、政治、经济等方面,积累了宝贵的经验,丰富了党的新民主主义革命理论和实践。

---

① 宁波市档案馆:《目前国内外形势与我党发展浙江敌后游击战争建立根据地的方针》,档案号:革 1-1-22。
② 中共浙江省委党史资料征集研究委员会、浙江省档案馆:《浙东抗日根据地》,中共党史资料出版社,1987 年,第 120 页。

2.完成了党赋予的战略任务

浙东抗日根据地,作为华中抗日的东南前哨阵地,沉重打击了日本帝国主义,发挥了支持、配合华中乃至全国抗战的重要作用。1945年5月13日,《解放日报》刊登《浙东解放区不断发展》一文,称浙东"已解放国土三万余平方公里,解救了两百万以上的同胞。从上海的浦东到浙中的金华、义乌、浦江,从东海到杭州的广大的土地上,已建立起大大小小八九块抗日游击根据地,成立了十四个抗日民主县政府,划分为四个行政区,即三北、浦东、四明山、会稽山地区"[1]。浙东抗日根据地在党的有力领导下,广泛发动群众,不仅成功完成了党开辟浙东战略阵地的策略,成为抗日的重要支点,而且战绩辉煌,消灭了敌人的有生力量,"毙伤敌官兵610名,俘敌顾问、军曹以下21名;毙伤伪旅附、团长以下官兵3062名,俘伪团长、支队长以下5504名"[2],并缴获了敌人大量的武器和其他的军用物资,沉重打击了敌人的嚣张气焰,有力配合了全国抗战。太平洋战争爆发后,中国抗战成为世界反法西斯战争的重要组成部分,浙东抗日根据地对于粉碎日本"南进"策略,打破其对我国东南沿海的封锁,配合美国盟军登陆对日作战,起到了前哨阵地的作用,对世界反法西斯战争具有战略上的配合作用。

浙东军民在抗战中付出了巨大牺牲。据不完全统计,在创建浙东抗日根据地中,"牺牲的指战员、地方干部达1200人左右(包括澉浦突围时牺牲的223人),负伤的有1858人,加上积劳成疾,整个浙东抗日根据地伤亡指战员在3000人以上,而且很大一部分连姓名也不知道,他们的遗骨大都埋在四明山和浙东各地"[3]。

浙东游击根据地赓续发展,同国民党反动派进行不屈不挠的斗争,不断发展壮大党的有生力量,为解放战争的胜利作出重要贡献。浙江是蒋介石的老家,是国民党统治的腹心地带,在这么特殊的地域创建游击根据地,意义非常深远。浙东党和武装在孤悬国统区,并一度与上级党组织失去联系的情况下,继续在浙东保留和发展革命的火种,建立了系统完整的党组织和地方武装,培养了大批从事党政军群工作的干部和人才,使党的这一重要战略阵地得以保存和发展下来,为浙江解放乃至全国的胜利发挥了重大作用。

在浙东游击根据地创建和发展的过程中,广大干部群众为革命作出了巨大的牺牲。"据不完全统计,解放战争时期在浙东牺牲的革命烈士,有名有姓的就达616人,其中,有

　　① 佚名:《浙东解放区不断发展》,《解放日报》1945年5月13日。参见宁波市新四军暨华中敌后抗日根据地研究会:《浙东抗战与敌后抗日根据地史料丛书》第6卷,中共党史出版社,2001年,第79页。
　　② 《新四军浙东游击纵队四年战绩》,《新浙东报》1945年10月1日。参见浙江省委党史资料征集研究委员会、浙江省档案馆:《浙东抗日根据地》,中共党史资料出版社,1987年,第184页。
　　③ 沈宏康:《浙东敌后抗日根据地的开辟》,《宁波通讯》2005年第8期,第23页。

相当一批是地县级领导干部。"①

3.为新中国建设事业提供了宝贵经验

浙东革命根据地的建设,在政治、经济、文化等各方面取得了很大成就。浙东区党委和浙东临委因地制宜、因时制宜所采取的一系列具体方针政策,所积累的宝贵经验,为新中国各项事业发展提供了积极借鉴。

在政治领域,根据地十分重视政权建设,在不同阶段,采用不同形式,做好各项工作。初期,在各地、各级设立办事处,保证了共产党及其武装力量同人民群众的密切联系。根据地发展壮大后,成立浙东敌后临时行政委员会,作为浙东抗日根据地的临时最高行政机关,并成立了各级抗日民主政权。从办事处到正式抗日政权的建立,在人员组成上都实行"三三制",在县、区、乡抗日民主政权中党外人士超过三分之二以上。按照"三三制"原则建立起的各级民主政权,在保证中国共产党在政权中领导地位的同时,吸收了非党进步人士、开明士绅和上层人士,增强了各阶层人民的团结,巩固了统一战线。根据地还建立了一整套民主制度。依照"普选"原则民主选举乡、镇长,选举产生参议会作为人民行使权利的民意机关,拥有对各级政府的选举、罢免的权利,对政府工作的审议、监督、弹劾、咨询权利,以及制定颁布法律法令的权利;颁布《浙东敌后临时行政委员会施政纲领》②,提出了抗战时期根据地民主政权建设、发展生产、加强财政经济建设、保障部队供给和促进文化教育事业等20项条款。其中,第五条明确提出"厉行廉洁政治,严惩公务人员之贪污行为",从行政上确立了根据地廉洁政治建设的方向。1949年5月,浙东临委工作奉命结束后,浙东临委和浙东游击区各地干部直接就地参加了各地、各部门工作。这些有经验、有能力的根据地党政军群工作的各类人才,继续为浙江的革命和建设事业贡献力量。

在经济领域,根据地实行一系列政策,千方百计保护人民利益,促进根据地经济不断发展。浙东抗日根据地围绕中央发展经济的总方针,立足浙东实际,开展了武装保卫秋收、反抢粮斗争,以粉碎日伪的经济掠夺;通过减租减息,开展群众性大生产运动,动员农民开垦荒地、兴修水利,组织劳动互助组,促进农村生产力发展;废除各种苛捐杂税,建立合理税收制度,按财产和收入多少征税,减轻了人民群众负担,同时也促进了根据地工农

---

① 中共浙江省委党史研究室、浙江省新四军历史研究会:《浙东游击根据地史》,中共党史出版社,2009年,第27页。

② 1944年1月15日,为适应浙东敌后环境的变化需要,粉碎敌寇侵略阴谋,增进人民福利,进一步加强浙东的敌后抗战力量,浙东敌后临时行政委员会公布了《浙东敌后临时行政委员会施政纲领》。《浙东敌后临时行政委员会施政纲领》的详细内容,参见浙江省委党史资料征集研究委员会、浙江省档案馆:《浙东抗日根据地》,中共党史资料出版社,1987年,第85—87页。

商业发展;开办浙东银行,发行抗币,保护人民经济利益不受损失,有效抑制伪币流通,平抑物价,促进经济发展;领导兵工生产,经营一些必需的工业,欢迎并鼓励私人开设工厂。虽然由于当时环境和条件的限制,根据地经济规模还不大,工业以战时工业为主,但也供给了前方战斗的军需,在一定程度上改善了根据地军民的生活。游击根据地时期,解决财经问题一直是根据地面临的重要任务。面对财经收入增长速度跟不上党和武装发展需要这一矛盾,浙东临委根据各地区的不同情况,制定供给制度与供给标准,从而使各地财经基本上实现了自给自足。[①]

在文化领域,根据地高度重视文化工作在根据地发展中的作用,实行抗战及民主教育,普及群众性新文化。充分发挥新闻媒介的舆论引领作用,坚持"双办"方针创办报纸刊物,推动党报、军报、地方性报刊百花齐放;开展社会教育、学校教育和干部教育,推动冬学运动,重视干部培养,提高根据地军民的政治素质和文化素质;根植浙东文化土壤,大力改革"的笃戏",使根据地的文艺事业呈现繁荣景象。根据地文化工作始终坚持党的统一领导,"按照群众的需要和自愿"创办文化事业,高度重视在浙东本土文化基础上发展创新,充分发挥文化为战争服务的功能。

在党群关系方面,浙东革命根据地始终把坚持党的群众路线当作一项十分重要的工作来抓。根据地建立了各种形式的群众组织,主要有农会、妇女会、教育会、政工队、自卫队等,以农民、盐民、渔民及知识分子为主要对象。这些群众组织的相继建立,成为党和军队联系群众的桥梁与纽带。随着根据地的扩大,对敌斗争日趋白热化。无论是在反"扫荡"、反"蚕食"、反"清乡"斗争中,还是在根据地的政治、经济、文化各项政策及建设中,根据地都始终如一地坚持党的群众路线,在斗争中千方百计地保护人民群众利益不受损害,从而也得到根据地人民的全力支持。

二、浙东革命根据地的演进发展

1941 年 2 月—1949 年 5 月,在中国共产党领导下,分别在浙东建立了抗日根据地和游击根据地。两块战略阵地,前后相继、接续发展,全时段、全方位展示了浙东人民在党的领导下,不屈不挠、英勇斗争,取得了反对帝国主义、封建主义统治的胜利。浙东革命

　　[①]　游击根据地时期,"从浙东整体情况来看,各地财经基本是自给自足的,其中四明、金萧、会稽地区相对好一些,而台属、路南地区则相对比较困难"。浙东采取了不同的财经政策,制度五花八门,供给标准也不高。"浙东临工委副书记马青以四明地区的标准供金萧、路南等地区参考,曾想实行统一的供给制度。但因各地仍是分散的独立发展状态,这一努力并未完全实现。"参见中共浙江省委党史研究室、浙江省新四军历史研究会:《浙东游击根据地史》,中共党史出版社,2009 年,第 404—409 页。

根据地发展演变的历程,可以划分为创建与形成、巩固与发展、反攻与北撤、坚持与胜利四个时期。

(一)创建与形成时期(1941年2月—1943年3月)

皖南事变发生后,1941年的2月1日,毛泽东在给刘少奇、陈毅并转彭德怀的电报中,关于新四军在华中地区的战略部署作出重大指示,明确提出应该在浙东地区增辟战略基地。这份电报,表明中国共产党开始部署浙东的敌后战场,开启了浙东革命根据地的序幕。之后,华中局和新四军军部按照中共中央指示,决定将开辟浙东、浙西两地工作的任务,暂归江南区党委书记谭震林负责。江南区党委随即指示中共路南特委,要求浦东工委组织力量向浙东敌后挺进。[①]

1941年5月10日,中共浦东工委领导下的淞沪五支队的一个班及伪军五十团的一个排共50余人组成先遣队,由姜文光、朱人侠率领,南渡杭州湾率先抵达浙东三北,并以国民党宗德指挥部第三大队(简称"宗德三大")的番号公开活动。6月16日,淞沪五支队第一、四大队的两个中队130余人,渡过杭州湾在姚北相公殿登陆;抵达三北后,他们沿用国民党第三战区淞沪游击队第五支队第四大队(简称"五支四大")的番号,并与先前到达的宗德三大取得联系。18日,五支四大在宗德三大的配合下,于相公殿以西伏击出扰的日军,打死打伤日军各8人。[②] 相公殿战斗,打响了中国共产党领导的浙东抗日武装对日军的第一枪。至9月中旬,浦东工委领导和秘密控制下的900余人武装分七批南渡杭州湾,到达三北地区。[③] 这支浦东南渡的抗日武装,与浙东党组织和游击队,以及后续从新四军军部和第六师、第一师派来的一大批干部,三支力量在浙东汇成一股强大的革命洪流,开启了创建浙东抗日根据地的征程。[④]

1942年6月,谭启龙奉命到达三北后,成立了中共浙东行动委员会,统一领导浙东部队的党组织和地方党组织。[⑤] 7月8日,中共浙东区委员会正式成立,由谭启龙、何克希、

---

① 浙江省委党史资料征集研究委员会、浙江省档案馆:《浙东抗日根据地》,中共党史资料出版社,1987年,第4页。

② 中共浙江省委党史研究室、中共宁波市委党史研究室、中共慈溪市委党史研究室、中共余姚市委党史研究室:《浙东抗日烽火——中共浙东区党委成立暨浙东抗日根据地创建五十周年专辑》,内部资料,1992年,第172页。

③ 后因浦东地区坚持抗战的需要,返回浦东100余人。1942年6月、8月,淞沪五支队一大队、五大队200余人又到达三北。至此,到达浙东三北的浦东抗日武装前后计1000余人。参见吴国强:《浙东抗日纪事——纪念中国人民抗日战争胜利70周年》,内部资料,2015年,第22页。

④ 《浙东根据地:四明山上洒热血》,《浙江日报》2015年8月31日。

⑤ 根据华中局的指示,成立中共浙东行动委员会,谭启龙任书记。但对外是连柏生、吕炳奎、王仲良、林达等同志以浙东军分会的名义对部队实行指挥,而谭启龙化名胡志萍,公开身份是五支队队长连柏生的秘书,随部队行动。利用这一机会,谭启龙熟悉了三北当地环境,了解了部队情况,并与浙东组织取得了联系,加强对地方党的领导。谭启龙:《谭启龙回忆录》,中共党史出版社,2003年,第117—118页。

杨思一、顾德欢①4 人组成,谭启龙任书记。② 浙东区党委的成立,使浙东的抗日斗争有了统一的领导,为根据地的创建和发展提供了根本保证。8 月 19 日,经华中局批准,根据地成立了浙东军政委员会,由何克希、张文碧、刘亨云、连柏生组成,何克希任书记,对浙东部队实行统一领导。同月,在慈北鸣鹤场成立了第三战区三北游击司令部,由何克希(更名何静)为司令,谭启龙为政委。司令部成立后,统一整编浙东的主力部队为三、四、五支队(简称"三五支队")。这支部队是巩固三北和发展四明山、会稽山的基本力量。③ 为加强党的领导,浙东区党委对宁绍地区党组织也作出调整,分别建立了四个地区级的工委,即三北工委、四明工委、三东工委和会稽工委,还继续领导浦东工委,不久后改为地委。同时,将以前各部队的办事处转为地方政权,正式成立"三北总办事处"。9 月 22 日,浙东区党委在慈北鸣鹤场召开会议,根据华中局的指示精神,具体分析了三北和四明地区的情况后,制定了"坚持三北,开辟四明,在四明山完全占领后,再争取控制会稽山"的工作方针。④ 浙东区党委、三北游击司令部、三北总办事处等党政军机关的建立,以及主力部队的整编和地方党组织机制的初步建立,使得浙东抗日根据地有了坚强的领导核心和统一的主力武装,标志着以三北地区为中心的浙东抗日根据地初步形成。

(二)巩固与发展时期(1943 年 4 月—1945 年 4 月)

浙东抗日根据地初步形成后,开始向四明地区进军,并控制了姚南、慈南的部分地区,开辟慈东、慈西地区。然而,"消极抗日,积极反共"的国民党顽固派将共产党领导的抗日武装视为最大威胁。艾庆璋指挥下的国民党"忠义救国军"挺进纵队不断向三北抗日根据地进犯,破坏逍路头(今慈溪道林镇)办事处,抢劫被服厂。为此,三北游击司令部

---

① 顾德欢(1912—1993),又名张瑞昌,上海青浦人。1935 年加入中国共产党。1941 年夏,组织浦东地区中共领导的武装力量南渡杭州湾到浙东敌后,开展抗日游击战争。1942 年 6 月,到达浙东三北地区,参与领导开辟浙东抗日根据地的斗争。任浙东区党委委员兼宣传部部长,主持创办了《新浙东报》、浙东鲁迅学院、韬奋书店、播种社、新华社浙东支社等。抗战胜利后,随新四军浙东游击纵队北撤,曾任新四军第一纵队政治部宣传部部长。1946 年调回上海,任中共淞沪委员会书记、中共上海局外县委员会委员。1947 年 1 月,以中共上海分局代表的身份到浙东指导工作,重建了四明主力武装。1948 年 1 月,任中共浙东临工委书记、浙东人民解放军第二游击纵队政委,领导了浙东游击根据地的创建工作。中华人民共和国成立后,历任浙江省工矿厅厅长,浙江省政府党组副书记,浙江省委委员、常委,浙江省财委副主任、主任,浙江省计委主任,浙江省委工交部部长,浙江省副省长,中国科学院电子研究所所长兼党委书记,中国科学院机关党组成员、学术委员会办公室主任、学部办公室主任,中国科学院顾问等职。

② 浙东区党委是在中共中央华中局的指示下成立的。1942 年 7 月 8 日,华中局致电浙江各属党组织,派谭启龙、何克希主持浙东工作,并建立浙东区党委。电文内容参见中共宁波市委党史研究室:《烽火四明——浙东抗日根据地创建 70 周年纪念文集》,浙江人民出版社,2013 年,第 50 页。

③ 浙江省委党史资料征集研究委员会、浙江省档案馆:《浙东抗日根据地》,中共党史资料出版社,1987 年,第 8 页。

④ 中共浙江省委党史研究室、中共宁波市委党史研究室、中共慈溪市委党史研究室、中共余姚市委党史研究室:《浙东抗日烽火——中共浙东区党委成立暨浙东抗日根据地创建五十周年专辑》,内部资料,1992 年,第 178 页。

决定集中兵力自卫反击。1942年11月28日,第一次反顽自卫战在姚北周家路(今慈溪周巷镇)打响。第一次反顽自卫战的爆发,表明浙东抗日根据已处于日伪顽三角势力包围的复杂斗争环境中。至12月15日,在地方党组织和广大群众支持配合下,除艾庆璋率少数随从潜逃外,艾部和驻上虞小越的伪军被全歼,我军取得了第一次反顽自卫战的胜利①,保卫了三北根据地,鼓舞了浙东广大军民,为南进四明山创造了有利条件。

1943年2月,面对积极有利的革命斗争形势,浙东区党委发布《我党我军在浙东区今后的一般任务》②,明确了接下来浙东党组织及军队的总任务和各项工作的具体任务,统一了思想和行动。4月,梁弄解放③,这对于浙东抗日根据地具有重大意义,标志着浙东革命根据地迈入第二个历史时期,即巩固与发展阶段。

梁弄镇地处四明山中心,攻克了梁弄,就控制了整个四明山区。1943年夏天,浙东区党委、司令部先后进驻梁弄镇和横坎头村。1944年1月,成立浙东敌后临时行政委员会,1945年1月,成立浙东行政公署,以四明山为中心的浙东革命根据地建立起来。在会稽地区,马青④等发动群众,开展游击战争。1943年12月,建立了诸北办事处,初步开辟了会稽山抗日根据地。在金萧地区,1943年6月,成立了金义浦抗日自卫委员会办事处,开辟了以义乌西乡吴店为中心的金义浦游击根据地,后扩大为金义浦兰游击根据地⑤。在浦东地区,主力武装南下浙东。考虑到浦东重要的地理位置,不能丢掉这一重要基地,浙

---

① 第一次反顽自卫战的胜利,具有重大的战略意义。谭启龙在回忆录中讲道:"第一次反顽自卫战争的胜利,极大地鼓舞了浙东军民,锻炼了部队,发展了武装,我军发展到2000多人,巩固了三北地区。这块东西长100公里,南北宽30公里的地区,除少数几个日伪军据点外,都成了我们的抗日根据地。从此,我军处于有利的地位,进可以攻,退可以守,日伪军不敢轻易出扰了。我军赢得了一个相对稳定的环境,以后南进四明山、会稽山再也无后顾之忧了。"参见谭启龙:《谭启龙回忆录》,中共党史出版社,2003年,第137页。

② 《我党我军在浙东区今后的一般任务》具有重要的意义。在第一次反顽自卫战胜利后,浙东党和军队及时地统一思想和行动,提出了下一步工作的总任务和重点。"总任务中包括三个组成部分:建立与巩固游击根据地,巩固与扩大统一战线,争取浙江与全国政治形势的好转与准备在任何严重的环境下坚持斗争。这三个部分是互相联系不能分开的,是三位一体的任务,而目前尤以建立与巩固游击根据地为三个部分中的中心。"参见中共宁波市委党史研究室:《烽火四明——浙东抗日根据地创建70周年纪念文集》,浙江人民出版社,2013年,第118页。

③ 1943年4月22日晚,解放梁弄战役打响。由三支队、特务大队和教导大队兵分三路突袭梁弄,姚南办事处所属的自卫队也参与了战斗(刘亨云《梁弄战斗》一文,摘自浙江省委党史资料征集研究委员会、浙江省档案馆:《浙东抗日根据地》,中共党史资料出版社,1987年,第295页)。经过16小时的激战,攻克梁弄。"这次战斗,毙伤俘伪军80余人,缴获一批武器弹药。梁弄的解放,对于浙东抗日根据地的扩展与巩固具有重大意义。我们区党委和三北游击司令部进驻梁弄和附近的横坎头,从此梁弄成了我党在浙东地区的抗日指挥中心。"(谭启龙:《谭启龙回忆录》,中共党史出版社,2003年,第146—147页)

④ 马青(1908—1989),浙江绍兴人。1938年加入中国共产党。1942年7月浙东区党委成立后,历任中共会稽工(地)委副书记、金萧地委委员兼诸暨县委书记、诸北办事处主任、中共诸暨中心县委书记、诸北县委书记等职。1945年9月新四军浙东游击纵队北撤后,任中共金萧地区特派员,坚持原地斗争。1947年1月后,历任中共浙东工作委员会副书记、浙东临时工作委员会副书记、浙东人民解放军第二游击纵队司令员、浙东行政公署主任等职,在新四军浙东游击纵队北撤后重建浙东地区革命武装和恢复发展根据地,为配合南下大军解放浙东作出了重要贡献。

⑤ "金义浦兰",即金华、义乌、浦江、兰溪。

东区党委派朱亚民率部返回浦东①,坚持游击战争。浦东游击队在艰苦的环境中,采取隐蔽坚持的方针,开展反"清乡"斗争,以灵活的游击战术有力地打击了日伪军。

浙东抗日根据地不仅保存了浦东原有阵地,坚持了三北抗日根据地,还成功开辟了四明、会稽和金萧三块新根据地,以四明山为中心的浙东抗日根据地发展壮大起来。这必然引起了日伪顽的仇视和恐惧,他们互相勾结,发起对根据地的"围剿"。浙东第二次反顽自卫战从 1943 年 11 月 19 日姚南大岚蜻蜓岗、大俞战斗开始,持续 8 个月之久,历经大小 91 次战斗。同年 12 月至 1944 年夏,日伪军也乘机加大对根据地的"扫荡""蚕食"。这是浙东革命根据地最为艰难困苦的一段时期。1943 年 12 月 22 日,浙东抗日游击武装正式整编为"新四军浙东游击纵队"②,下辖三支队、五支队、金萧支队、浦东支队(后改为淞沪支队)、三北自卫总队、四明自卫总队、教导大队、警卫大队、海防大队等。新四军浙东游击纵队是浙东敌后抗日根据地的主力部队,是开辟、巩固和发展浙东抗日根据地的强大支柱。至 1944 年 9 月,在浙东区党委的坚强领导下,浙东军民团结一心,粉碎了日伪顽的进攻,取得了第二次反顽自卫战和反"扫荡"斗争的胜利。浙东形势步入了相对稳定期,根据地的各项建设迎来大发展时期。

(三)反攻与北撤时期(1945 年 5 月—1945 年 9 月)

1944 年 9 月,中共中央重申发展东南的战略方针。12 月底,新四军一师主力从苏中南下苏浙皖边。1945 年 1 月,中共中央军委电令,成立苏浙军区。随后,新四军浙东游击纵队编为新四军苏浙军区第二纵队,司令员何克希,政治委员谭启龙,共 1 万余人。③1945 年 5 月 26 日,国民党田岫山部第三次公开投敌。为了消灭投敌的顽军田岫山部和牵制浙东的顽军,配合浙西的反顽自卫战役,5 月 29 日,新四军浙东游击纵队(新四军苏浙军区第二纵队)发起讨田战役,6 月 21 日,占领了田岫山的后方重要基地许岙(今绍兴市上虞区岭南乡许岙村)。

---

① 1942 年 9 月,浙东区党委派朱亚民率 11 名精干人员,组成短枪队,返回浦东坚持抗日武装斗争。朱亚民率部回浦东后,沿用"三五"支队番号开始了反"清乡"斗争。到 1943 年夏,浦东部队已从 10 余人发展到 100 余人。浙东区党委决定成立浦东支队,由朱亚民任支队长,姜杰任政治委员。这支部队一直在浦东坚持到抗战胜利,后与浙东游击纵队司令部在青浦会师,一起渡江北撤苏北。参见谭启龙:《谭启龙回忆录》,中共党史出版社,2003 年,第 131—133 页。

② 1943 年 12 月 22 日,张云逸、饶漱石、赖传珠致电浙东,要求将浙东抗日人民自卫军改为新四军浙东游击纵队:"为适应目前敌后环境,开展浙东敌后游击战任务,特决定:着该浙东抗日人民自卫军于令到之日即改名为新四军浙东游击纵队,并任命何克希为纵队司令,谭启龙为政委,刘亨云为参谋长,张文碧为政治部主任,即着手整编并去部队中正式公布。"参见浙江省委党史资料征集研究委员会、浙江省档案馆:《浙东抗日根据地》,中共党史资料出版社,1987 年,第 82 页。

③ 中共浙江省委党史研究室、浙江省新四军历史研究会:《浙东抗日根据地史》,中共党史出版社,2005 年,第 188 页。

在发动讨田战役的同时,国民党第三十二集团军副总司令陈沛和王云沛,调集约十个团的兵力向北推进,企图与日伪南北夹击,消灭抗日武装。新四军浙东游击纵队奋起自卫还击,迫使顽军退至曹娥江西岸。6月29日,攻下章镇(今绍兴市上虞市章镇镇)。6月30日,在嵊县下岙一带将顽军全部击溃,攻下上虞县城丰惠镇。上虞成为抗战后期浙东抗日根据地的中心,取得了第三次反顽自卫战的胜利,为浙东抗战的最后胜利作出了贡献。不久,浙西新四军主力在浙东部队的配合策应下,二渡富春江,打通了与浙东的联系,浙东抗日根据地打响了反日伪的大反攻。

1945年8月12日,根据朱德总司令的命令,新四军浙东游击纵队向附近城镇日伪军及伪政权发出最后通牒①。8月15日,日本政府正式宣布无条件投降。新四军、苏浙军区连续发出《对日本驻军通牒》和《对伪军伪警及一切伪组织紧急通告》,命令沪杭甬等大城市及江浙地区的一切日伪军及政权机关立即停止抵抗。8月17日,淞沪支队攻下南汇县城。不到半个月的时间内,除几个主要城市外,基本上消灭了盘踞在四明、三北、金萧、淞沪地区顽抗的日伪军,使浙东广大地区的人民获得解放。

就在新四军浙东游击纵队各部在大反攻中对日伪作战取得一连串胜利的时候,国民党军队在鄞西、浦江等地发起进攻,浙东内战一触即发。中国共产党为了避免内战,顾全大局,在和平谈判中作出巨大让步,愿意主动撤出广东、浙江、苏南、皖南、皖中、湖南、湖北、河南(豫北不在内)等八个解放区。9月22日,华中局转发中共中央命令②,要求新四军浙东游击纵队及地方党政干部,除留下少数秘密武装人员外,全部撤离浙东。9月23日,浙东区党委在上虞(丰惠镇)召开扩大会议,向各地委及主要县委负责人传达了北撤指示,并对北撤后浙东的工作作了具体布置③,决定留下刘清扬、邢子陶(不久后北撤)、陈布衣、马青、王起等一批党员干部,在浙东坚持斗争。9月27日起,新四军浙东游击纵队和党政机关及地方工作人员约1.5万人,在谭启龙、何克希等的率领下,分批渡过杭州湾北撤。在北撤的过程中,部队得到了苏中新四军以及沿途党组织和军民的有力接应,击破了国民党军队的围追堵截。至11月中旬,北撤部队渡过长江,进入苏北解放区,到达目的地,完成了党的重大战略转移任务。

① 《新四军浙东游击纵队对敌伪军通牒》,《新浙东报》1945年8月13日。参见中共宁波市委党史研究室:《烽火四明——浙东抗日根据地创建70周年纪念文集》,浙江人民出版社,2013年,第317—318页。
② 中国人民解放军历史资料丛书编审委员会:《新四军·文献》(5),解放军出版社,1995年,第294页。
③ 1945年9月23日,浙东区党委召开的传达布置北撤问题的扩大会议,对北撤工作做了如下具体部署:第一,要搞船。第二,留下精干的短小武装,带一部电台坚持浙东斗争。第三,所有公开人员和武装部队,全部撤离浙东。第四,后方的印刷所、兵工厂、伤兵医院等,统归朱洪山、黄明负责,建立公开的留守处。第五,由顾德欢起草发布《忍痛告别浙东父老兄弟姊妹书》和发表通电。第六,将抗币限期收回,用粮食和现金兑换,以免根据地人民受到损失。第七,我们的党员可以以参加过帮助新四军工作的群众团体名义"自首"登记。详细内容参见宁波市新四军研究会:《解放战争时期宁波地区革命史料》第1卷,中共党史出版社,1999年,第48—49页。

新四军浙东游击纵队和浙东党政机关,按照《双十协定》主动撤出浙东解放区,向全国人民表达了中国共产党反对内战、争取和平的诚意。[①]

(四)坚持与胜利时期(1945 年 10 月—1949 年 5 月)

1945 年 10 月,在新四军浙东游击纵队主力北撤后,浙东的国共力量对比发生了根本变化,斗争的方式也随之改变。自此浙东革命根据地的斗争进入最后的坚持与胜利时期,即游击根据地时期。这一时期,可以划分为"隐蔽坚持时期""恢复武装斗争准备时期""全面发展浙东游击战争,创立根据地时期"三个阶段。[②]

1.隐蔽坚持时期(从 1945 年 10 月主力北撤到 1946 年 6 月全面内战爆发)

1945 年 9 月 23 日,浙东区党委在上虞扩大会议中制定了"坚持党的旗帜,隐蔽精干,积蓄力量,等待时机"的方针。[③] 在决定组织留守处的同时,浙东区党委具体部署了坚持斗争,改党委制为特派员制,留下少数干部领导群众坚持斗争。当时留在浙东坚持的三个地区主要负责干部有:四明地区特派员刘清扬和邢子陶(邢不久即去苏北),领导姚南、鄞县、余上、慈镇、嵊新奉、上虞等地区的工作;三东地区特派员王起,领导鄞东南、奉化、镇海、定海等地区及宁波市区的工作;金萧地区特派员马青,领导诸北、路西、诸义东、金义浦兰、嵊西、路南(金华至永康公路以南地区)等地区的工作;台属地区党组织由刘清扬兼管,但来不及与当时留在台属地区坚持斗争的主要联络负责人许少春等联络,台属党组织失去了与上级的联系。[④]

但由于部署北撤时间很短,动员和准备都很匆忙。在坚持武装斗争还是采取隐蔽斗争问题上,留下坚持的干部战士,思想上并未真正统一,四明地区和金萧地区就采取了不同的策略。四明地区党组织主要是隐蔽,但也还有采用武装人员公开活动方式的。而金萧地区仍组织直属队进行公开战斗。以公开方式留守浙东的新四军浙东游击纵队留守处谈判代表被抓,后方医院伤员惨遭杀戮、拘押。公开留守的斗争方式以失败告终,必须坚持隐蔽斗争。

面对国民党迅速发动的大规模"清剿",留下坚持斗争的同志隐藏身份,在广大群众的支持下顽强地开展武装斗争,保存和壮大有生力量。留守四明地区坚持斗争的党组

---

①　劳云展:《新四军浙东游击纵队北撤始末》,《宁波师院学报(社会科学版)》1991 年第 2 期,第 32 页。

②　浙东游击根据地三阶段的划分,参考自顾德欢的观点。参见顾德欢《关于解放战争时期浙东工作的几个问题》,见中共浙江省委党史研究室、中共宁波市委党史研究室:《浙东游击根据地》,中共党史出版社,1996 年,第329 页。

③　谭启龙:《谭启龙回忆录》,中共党史出版社,2003 年,第 214—215 页。

④　浙江省新四军历史研究会:《浙东抗日根据地史》,中共党史出版社,2005 年,第 299 页。

织,遵照浙东区党委指示,"隐蔽精干,长期埋伏,保存力量,等待时机"①。在特派员刘清扬的领导下,开展反"清剿"斗争②。金萧地区党组织和武装,初期面对国民党的"清剿"时,由于没有完全改变公开活动的方式,遭受了较大破坏。但广大党员干部和革命群众并未屈服,坚持斗争。③

这段时期,浙东各个地区是独立的,没有统一的领导。但有两条很重要:"一是保持了党的旗帜,保存了党的力量,党与群众的联系;二是坚持下来的干部,没有受骗上当,政治上是成熟的。在这一段很艰苦的情况下,又得不到上级指示,能做到这二条,是很不容易的。有一些损失也是难免的。"④

2.恢复武装斗争准备时期(从 1946 年 7 月到 1947 年初成立浙东工作委员会)

全面内战爆发以后,浙东各地区特派员仍各自为战,尚没有建立横向联系。金萧地区特派员马青隐蔽在嵊(县)西,与四明地区特派员刘清扬失去联系;三东地区特派员王起隐蔽在宁波城内,与隐蔽在慈(溪)南的刘清扬也无法联系;马青与王起之间,更是无法联络。特别是,三个地区特派员与上级的联系困难重重,只有王起与上海党组织有些关系,刘清扬与马青都未能与上级取得联系,加上通报台也已损坏,很难获得关于国内形势变化的内部指示,只能根据新华社电讯和国民党军队的动向,对时局作些分析判断。⑤

长期政治斗争的敏锐性和武装斗争的丰富经验,促使浙东各地区党组织意识到时局已经变化,迅速转变了斗争策略。1946 年 11 月,马青集结金萧地区各武装力量发动"石

---

① 中共浙江省委党史研究室、浙江省新四军历史研究会:《浙东游击根据地史》,中共党史出版社,2009 年,第54—55 页。

② 四明地区的反"清剿"斗争:初期,坚持斗争的干部隐蔽在革命群众家中,但随着形势更趋紧张,大多数党员干部转移到山区。在物资非常有限、生存环境艰难的情况下,四明地区党组织开展了局部的整风学习,及时教育和激励党员干部,转变斗争观念,提高斗争意志。1945 年 12 月初,国民党"清剿"结束。1946 年春节过后,刘清扬与陈布衣、朱之光、朱洪山等人分析了局势变化,提出四明地区的斗争方针为"躲击",即以"躲"为主,伺机出击。为了贯彻"躲击"斗争方针,四明地区党组织在群众中培养红色"堡垒户""堡垒村",并着手恢复了与各县党组织的联系,为斗争策略的转变打下党群基础。以上内容参见中共浙江省委党史研究室、浙江省新四军历史研究会:《浙东游击根据地史》,中共党史出版社,2009 年,第 54—74 页。

③ 金萧地区党组织和武装,在国民党的"清剿"中遭受较大破坏,跟其采取的公开斗争策略有关。金萧地区特派员马青向各县布置了隐蔽坚持斗争的任务。但新四军浙东游击纵队北撤时,金萧地区留下了较多的武装人员,加之坚持隐蔽斗争的人员思想还未彻底转变过来,因此,他们并没有完全改变公开活动的方式,各地武装工作组首当其冲。在国民党军队的"清剿"中,金萧地区大批党员干部和革命群众、积极分子被逮捕枪杀。"据不完全统计,金义浦和诸暨被杀的人数均在 200 名左右。"(中共浙江省委党史研究室:《马青谈解放战争时期》,档案号:A5-4-12)但广大党员干部和革命群众并未屈服,坚持斗争。经过一段时间的整顿与发展,遭到破坏的党组织相继恢复和发展,联系了一批同情或支持共产党的进步群众,建立了秘密的"堡垒村"和"堡垒户"。参见中共浙江省委党史研究室、浙江省新四军历史研究会:《浙东游击根据地史》,中共党史出版社,2009 年,第 59—74 页。

④ 顾德欢:《关于解放战争时期浙东工作的几个问题》,见中共浙江省委党史研究室、中共宁波市委党史研究室:《浙东游击根据地》,中共党史出版社,1996 年,第 330 页。

⑤ 中共浙江省委党史研究室、浙江省新四军历史研究会:《浙东游击根据地史》,中共党史出版社,2009 年,第78 页。

璜缴枪",并取得胜利,组建了会稽山抗暴游击队。12月,四明地区党组织发动"天华缴枪",并取得胜利。但是,武装斗争刚刚开始,鄞(县)慈(溪)县特派员朱洪山在战斗中壮烈牺牲。①

这段时期,浙东各地区基本上还是分散工作、独立工作。四明地区和会稽地区都能克服困难,把接收新华社电讯的工作坚持下来,从中了解全国形势和中共中央的方针,主动、积极开展工作,金萧地区发展游击战争较早,这些是很可贵的。②

3.全面发展浙东游击战争,创立根据地时期(从1947年初到1949年5月迎接大军解放)

由于国民党频频进攻苏北解放区,华中局难以顾及浙东工作。1946年12月,中共中央同意浙东工作划归上海党组织领导。在上海党组织的支持下,1947年1月,召开了关于浙东工作的"上海会议"。会议宣布成立中共浙东工作委员会(简称"浙东工委"),任命刘清扬为书记,马青为副书记,王起为组织部部长,张瑞昌(顾德欢)作为上海党组织的代表,派驻浙东帮助工作。会议确定了大力发展武装,以开辟台属广大地区为重点的战略方针。③ 1947年2月至3月初,浙东工委在宁海白岭根村秘密召开了"梅花村会议"④。这是浙东工委成立后第一次部署浙东地区工作,为浙东和台属党组织今后的工作指明了方向,使浙东武装斗争力量从隐蔽转向公开发展,确立了浙东地区武装斗争的战略目标。此后,各地党组织、军事组织纷纷建立,武装斗争局面逐步打开。

1947年5月15日,根据上级关于"发展武装斗争,打开局面"的指示,四明工委在慈南余鲍陈村(今属余姚陆埠镇)北的福田庵(后称"草茅庵")召开了四明主力武装成立大

① 中共浙江省委党史研究室、浙江省新四军历史研究会:《浙东游击根据地史》,中共党史出版社,2009年,第5—6页。

② 顾德欢:《关于解放战争时期浙东工作的几个问题》,见中共浙江省委党史研究室、中共宁波市委党史研究室:《浙东游击根据地》,中共党史出版社,1996年,第332页。

③ 1947年1月召开的上海会议,是由当时上海党组织领导外县工作的负责人林枫召集张瑞昌、刘清扬、王起开会。马青因未能联系上,没有参会。会上宣布上海党组织对浙东工作的决定,成立浙东工委,由刘清扬任书记,马青任副书记,王起为组织部部长,张瑞昌(顾德欢)作为上海党组织的代表,派驻浙东帮助工作。在确定浙东工作中心这一问题时,最后根据刘清扬提议,将台属地区作为浙东发展游击战争的中心、立足点和出发点。这是因为,台属地区离国民党重要据点较远,国民党部队相对较少;群众生活较苦,易于发动起来进行斗争;党的工作也有一定的基础;同时,该地区北连四明,南接浙南,西至金萧,地理位置重要。上海会议的召开,使浙东地区有了统一的领导机构,也使浙东党组织与上级党组织的联系在中断了近一年后又得到恢复。上海党组织对浙东开展武装斗争作出的整体部署,特别是把台属地区作为浙东的工作中心,从长期战略的角度来看,是可行的。参见中共浙江省委党史研究室、浙江省新四军历史研究会:《浙东游击根据地史》,中共党史出版社,2009年,第94—97页。

④ 1947年初,在宁海县岔路乡白岭根村(原梅花村)召开浙东工委会议。因为会议期间正逢冬日,村里的梅花在白雪皑皑中盛开,因此称为"梅花村会议"。"梅花村会议"实际由两次会议组成:一次是2月,由刘清扬召开的传达上海会议精神、布置台属工作会议;一次是3月初,由张瑞昌主持传达上海分局《关于外县工作的决定》的会议。参见中共浙江省委党史研究室、浙江省新四军历史研究会:《浙东游击根据地史》,中共党史出版社,2009年,第98页。

会,史称"草茅庵建军"①。这是解放战争时期四明山的第一支主力武装,向开展游击战争、恢复游击根据地迈出坚实一步。

1948 年 1 月,浙东工委改建为浙东临时工作委员会(简称"浙东临委"),张瑞昌任书记。为了集中力量开辟台属地区,驻浦东的解放总队和南汇自卫队 300 余人南渡浙东,与会稽地区一部分主力汇集四明,建立了三支队、五支队两个主力部队。随后于 5 月和 8 月先后到达会稽和台属地区,配合当地武装力量打击敌人,扩大影响,迅速打开局面。在这期间,路西、路南的人民武装和东海游击总队也在斗争中发展壮大,遥相呼应。

1949 年 1 月,人民解放军取得三大战役的伟大胜利。1 月 28 日,浙东临委宣布成立浙东人民解放军第二游击纵队②,司令员马青,政委张瑞昌,下辖六个支队③。各地区部队主动出击,四明、金萧老区进一步巩固、扩大;攻克天台、解放三门,同浙南武装取得联系;西渡富春江,打通皖浙通道。至人民解放大军渡江前夕,浙东游击根据地已扩展到北临杭州湾、东濒东海、南连浙南游击根据地、西至皖浙边界的广大地区,武装力量近万人,先后解放县城 12 座,并配合南下大军解放了全浙东。5 月 16 日,浙江省委发出《关于结束前浙东临委工作的决定》④,高度评价浙东临委在上级党组织的领导下,完成了党交给的光荣任务,保持了党的革命旗帜,对解放浙江、肃清敌人残余力量起了重要作用。5 月 30 日,《中共浙东临委关于结束旧帐目的通知》发布,指出"大军到达,浙江全境已获解放,新的组织系统已经建立,临委奉命结束"⑤。随着浙东临委工作的正式结束,浙东游击根据地完成了自己的使命。

三、浙东革命根据地的鲜明特点

自 1941 年 2 月毛泽东致电华中局作出开辟浙东战略支点起,至 1949 年 5 月发布《中

① 1947 年 5 月 15 日,隐蔽坚持在四明地区的党组织,根据上级关于"发展武装斗争,打开局面"的指示,在草茅庵成立了解放战争时期四明山的第一支主力武装。张瑞昌在会上宣布了四明主力的番号,为利用抗战时期新四军浙东游击纵队三五支队在群众中的威望,提高民众斗争积极性,确定为"三五支队第四中队"的番号。第四中队下属 2 个排 4 个班,共 43 人,拥有 1 挺轻机枪、28 支步枪和数支短枪。参见中共浙江省委党史研究室、浙江省新四军历史研究会:《浙东游击根据地史》,中共党史出版社,2009 年,第 113—114 页。
② 中共浙江省委党史研究室、浙江省新四军历史研究会:《浙东游击根据地史》,中共党史出版社,2009 年,第 368—369 页。
③ 浙东人民解放军第二游击纵队,包括浙东主力武装第三支队、金萧地区第一支队(即金萧支队)、会稽地区第二支队、台属地区第四支队、四明地区第五支队和路南地区第六支队。参见中共浙江省委党史研究室、浙江省新四军历史研究会:《浙东游击根据地史》,中共党史出版社,2009 年,第 20 页。
④ 《关于结束前浙东临委工作的决定》,详细内容参见中共浙江省委党史研究室、中共宁波市委党史研究室:《浙东游击根据地》,中共党史出版社,1996 年,第 322—324 页。
⑤ 中共浙江省委党史研究室、中共宁波市委党史研究室:《浙东游击根据地》,中共党史出版社,1996 年,第 325 页。

共浙东临委关于结束旧帐目的通知》止,浙东军民在中国共产党领导下,经过八年多艰苦卓绝的革命斗争,成功创建了浙东抗日根据地和浙东游击根据地,为抗日战争和人民解放战争的最后胜利作出了重要贡献,形成了具有浙东特色的革命根据地建设经验。

(一)在力量相对薄弱地区建立根据地的成功尝试

但凡根据地的创建,大多是在反动统治力量尤其是军事力量薄弱,革命的武装力量可以战而胜之的地区;交通不便,远离中心城市,反动力量难以迅速达到之地区;经济文化落后,群众革命热情高涨,易于发动和组织革命力量之地区。抗战时期中国共产党领导的敌后根据地,基本上是这一武装割据传统的延续,要么位于省与省的边缘地带,如陕甘宁、晋察冀、晋绥、冀热辽、晋冀豫、冀鲁豫、湘鄂赣、鄂豫皖等根据地,要么位于远离中心城市和交通要道的偏远地区,如山东、苏北、苏中、苏南、淮北、淮南、皖中、广东、琼崖、河南等根据地。[①] 唯有浙东抗日根据地,是在经济文化相对发达、敌伪顽势力相对强大,而革命力量则相对薄弱地区的尝试。

浙东地区,地处沪杭甬三角地带,位于敌占中心城市的旁侧,交通要道的两翼,靠近汪伪政权的核心区域,经济文化发达,物产丰富,人口稠密,交通便利,是富庶的江南鱼米之乡。中国抗战进入相持阶段后,毛泽东敏锐地看到浙东的重要战略地位,强调"此区大有发展前途","有单独成立战略单位之必要",致电华中局和新四军军部,作出了开辟浙东战略阵地的指示。

在"我们力量素来薄弱"的浙东地区,中国共产党能否站稳脚跟,根据地能否发展壮大,是一次风险很大的反传统战略测试。第一,日伪在重要城市及交通线占绝对优势,军力强大,机动性好。1942 年 7 月 18 日,在浙东敌后第一次干部扩大会议上,谭启龙分析浙江敌后形势时讲到,日军已经占领了诸暨、金华、兰溪、上饶、东阳、义乌及缙云、丽水、温州等许多重要城市,浙赣铁路已被打通,整个浙东广大地区已变成沦陷区。日军由于兵力不够,广大乡村尚无法控制。[②] 在交通发达的浙东,除四明、会稽等地区外多数为平原,水网纵横,交通便利,回旋空间有限。中国共产党领导的敌后武装力量,军事装备和机动化程度与日军的差距巨大,敌强我弱,中国共产党开展敌后游击战争尤为艰难。第二,国民党政府在浙江根深蒂固的统治。宁波奉化是蒋介石的老家,国民党元老陈立夫

---

① 王奔:《浙东抗日根据地:成功的战略测试》,见《纪念中国人民抗日战争暨世界反法西斯战争胜利 70 周年"新四军抗战与铁军精神传承"学术研讨会论文集》,2015 年,第 272 页。

② 以上内容出自谭启龙在 1942 年 7 月 18 日,浙东敌后第一次干部扩大会议上的报告《目前国内外形势与我党发展浙江敌后游击战争建立根据地的方针》。参见浙江省委党史资料征集研究委员会、浙江省档案馆:《浙东抗日根据地》,中共党史资料出版社,1987 年,第 28 页。

和陈果夫也是浙江人。浙江士绅与国民政府也存在着千丝万缕的联系。掌控着上海商务总会、上海总商会的头面人物，如严信厚、朱葆三、方椒伯、虞洽卿等都是浙江人。在日军入侵后，浙江顽固派的完整统治虽已告破裂，但在浙江敌后广大地区仍保有相当强大的军事力量，保有大部分地方政权，以及深厚的社会基础。"至于武夷、枫林、怀玉等接近前线的山岳地带，则因为顽固派军队结集于此，其控制力量必更加强。"①浙东是国民党绝不会轻易放弃的地区，必将与中国共产党开展争夺敌后的尖锐斗争。第三，浙东地区中国共产党及进步势力暂时处于劣势。浙江省的中国共产党及人民进步势力，历来在国民党的反动高压统治之下，被剥夺了一切抗日自由。中共浙江领导机关遭受了顽固派特务的数次破坏，大批党员干部及进步青年遭到迫害，以致浙东进步势力不够强大，还不能最迅速地发展起来，暂时处于劣势的地位。②第四，浙东地区能否建立长期的战略阵地，还有一个更深层次的不确定因素——国共关系。早在1942年7月，毛泽东在给刘少奇的电报中说："国民党在战后仍有与我党合作的可能。虽然亦有内战的另一种可能，但我们应争取前一种可能变为现实。"③无论内战爆发，还是国共和平建国，浙东这个战略要地，蒋介石的老家，势必会受到时局的重大影响。因此，1943年1月，在陈毅等新四军领导向中央报告要派更多部队去"开辟沿海广大地区"时，毛泽东回电："惟浙东方面不宜去人，恐抗战胜利时被国民党消灭，收不回来。……国民党投降危险存在时期，我们向江南浙东发展是必要的。在此种危险已不存在，我们须准备在战后与国民党继续合作时，我们即须准备于战后开至黄河以北，这是总方针。"④毛泽东一面强调在浙东"增辟战略基地"，"有大发展前途"，一面又指示"浙东方面不宜去人"，担心"收不回来"。看似矛盾的背后，实则说明在浙东创建根据地既有必然性，成功的话，战略意义巨大，又有不确定性，战略测试的意图十分明确。

因此，浙东敌后根据地能否在日伪顽夹击之下立足，是一个问号。谭启龙在回忆录中提到，陈毅同志在为何克希等人送行时，特别关照说："到了浙东，搞得顺利，就在那里打天下；搞得不好，打起背包回来，可不要亏掉老本。"⑤从中可以看出，新四军军部对开辟浙东抗日根据地，既充满信心，也充分考虑到困难，做好了可能失败的准备。

① 谭启龙：《目前国内外形势与我党发展浙江敌后游击战争建立根据地的方针》，见浙江省委党史资料征集研究委员会、浙江省档案馆：《浙东抗日根据地》，中共党史资料出版社，1987年，第29页。
② 谭启龙：《目前国内外形势与我党发展浙江敌后游击战争建立根据地的方针》，见浙江省委党史资料征集研究委员会、浙江省档案馆：《浙东抗日根据地》，中共党史资料出版社，1987年，第29页。
③ 《关于掌握山东问题的指示》，见中央档案馆：《中共中央文件选集》第13卷，中共中央党校出版社，1991年，第419页。
④ 《关于新四军行动总方针的指示》，见中央档案馆：《中共中央文件选集》第14卷，中共中央党校出版社，1991年，第5页。
⑤ 谭启龙：《谭启龙回忆录》，中共党史出版社，2003年，第119页。

"一切游击战争的根据地,只有建立了抗日的武装部队、战胜了敌人、发动了民众这三个基本的条件逐步地具备之后,才能真正地建立起来。"①浙东抗日根据地,从1941年浦东武装南渡的900余人,发展到抗战胜利时的1.5万余人,抗击和牵制了2万多日军和2万多伪军,经历大小战斗634次,击毙俘敌9000余人,解放400万同胞。抗战胜利后,根据中共中央的战略部署,浙东根据地的党政机关和主力部队主动北撤,留下秘密工作者和少数秘密武装坚持斗争。面对国民党大规模"清剿",共产党领导浙东军民,英勇斗争,重新恢复和发展武装力量,成功创建浙东游击根据地。至中华人民共和国成立前夕,建有5个区级党组织,29个县级党组织,4个区级政权,31个县级政权,解放12座县城。②浙东革命根据地,依靠广大人民群众的支持,在中国共产党的坚强领导下,以武装的革命反对武装的反革命,在革命力量相对薄弱地区站稳脚跟,成功实践了毛泽东的武装割据思想。

(二)在"灰色隐蔽"方针下顽强成长壮大

"灰色隐蔽",是指在敌强我弱环境中,为不过早暴露身份,中国共产党领导的抗日力量和政权,以国民党的"合法"外衣加以隐蔽,争取时间以发展壮大自身力量的方针。它是中国共产党统一战线工作的一个重要策略。"灰色"作为政治术语,是从形容革命的红色和反动势力的白色中比附出来的。③

"建立根据地的基本条件,是要有一个抗日的武装部队,并使用这个部队去战胜敌人,发动民众。所以建立根据地问题,首先就是武装部队问题。"④与华北、华中地区的抗日根据地主要是由八路军、新四军主力创建,且公开打出中国共产党领导的武装旗帜不同⑤,开辟浙东抗日根据地的武装力量,均实行"灰色隐蔽"。浦东抗日武装创建之初,即先取得国民党"忠义救国军"第四支队第四中队的番号,后取得国民党第三战区淞沪游击

---

① 毛泽东:《抗日游击战争的战略问题》,见中共中央毛泽东选集出版委员会:《毛泽东选集》第2卷,人民出版社,1991年,第424页。

② 中共浙江省委党史研究室、浙江省新四军历史研究会:《浙东游击根据地史》,中共党史出版社,2009年,第26—27页。

③ 陈卓:《浙东敌后抗日根据地创建初期的"灰色隐蔽"》,见宁波市新四军暨华中敌后抗日根据地研究会:《浙东抗战与敌后抗日根据地史料丛书》第4卷,中共党史出版社,2001年,第249页。

④ 毛泽东:《抗日游击战争的战略问题》,见中共中央毛泽东选集出版委员会:《毛泽东选集》第2卷,人民出版社,1991年,第423页。

⑤ 八路军、新四军主力部队开辟敌后抗日根据地的基本情况如下:八路军主力开辟了华北抗日根据地。其中,晋察冀抗日根据地主要由八路军第一一五师独立团创建,晋冀豫抗日根据地主要由八路军第一二九师及第一一五师第三四四旅创建,山东抗日根据地主要由八路军第一一五师与八路军第一纵队创建,晋绥抗日根据地主要由八路军一二〇师创建。新四军主力开辟了华中抗日根据地。其中,新四军第一、第二支队挺进江南,创建苏南根据地;新四军第三支队进入皖南,开辟豫皖苏根据地;新四军第五支队挺进皖东,建立皖东根据地。参见佚名:《盘点抗日战争主要根据地》,http://www.81.cn/jlwh/2016-12/06/content_7395614_7.htm。

队第五支队的番号,通过"灰色隐蔽"逐渐在浦东发展起来。[①] 浦东抗日武装南渡三北后,人地两疏,自身力量尚弱。为了站稳脚跟,团结进步势力,避免与国民党正面摩擦,继续采用"灰色隐蔽"方针。1941 年 5 月起,浦东武装部队陆续抵达三北,没有用新四军的名义和建制,公开打着国民党"宗德三大""海防第一大队""五支四大""暂三纵"等番号[②]进行斗争。浙东其他地区在组建地方抗日武装时,广泛利用统一战线,也采用"灰色隐蔽"策略发展抗日力量。1941 年,中共镇海县工委派王博平、林勃组建"王贺乡夜巡队",后改称"镇海县国民兵团独立中队"。在鄞县,林一新(中共鄞县县委委员)掌握了国民党鄞西区区长郭青白的"宁波自卫总队第二支队"的"警卫分队",后发展为一个大队,被称为"林大队"。在诸暨,县委特派员朱学勉组建"泌湖乡抗日自卫队",后更名为"诸暨四乡(八乡)抗日自卫大队(后被称为"三八部队")。在金(华)属地区的义乌有陈雨笠、萧江(江征帆)组建的武装,番号为"钱南军别动总队第一支队第八大队",后被称为"义乌八大队"。[③]

在浙东抗日根据地初创时期,"灰色隐蔽"成为根据地保存和发展自身武装的重要方针。1942 年 1 月 16 日,谭启龙在致华中局的电文中,建议"我党对这些地区总方针,不去公开直接组织领导游击战,争取时间,利用一切方法,长期保存和积蓄力量,振奋群众,等待时机"[④]。1942 年 7 月 18 日,谭启龙在浙东敌后第一次干部扩大会议上指出:"由于我们目前所处的特殊环境,是国民党占着极大优势的情况,因此我们发展武装的方针,应该在人民抗日自卫保家乡的原则下,运用各种各样的名义去建立与发展党所领导的武装,不要用千编(篇)一律的名称,不要过早的用新四军号召,只要有利于我武装的发展与坚持,任何名称都是好的。"[⑤]尤为重要的一点在于,虽然浙东抗日武装初期"灰色隐蔽",但

[①] 连柏生(当时在中共浦东工作委员会工作)在回忆录中提到浦东武装的"灰色隐蔽"。浦东武装先是连柏生通过个人关系,取得国民党"忠义救国军"第四支队第四中队的番号。队伍壮大后,又取得国民党第三战区淞沪游击队第五支队的番号。参见连柏生:《回忆浦东游击队》,见浙江省委党史资料征集研究委员会:《浙东抗日根据地》,中共党史资料出版社,1987 年,第 255—258 页。

[②] 1941 年 5 月,由姜文光、朱人侠等率浦东武装人员 50 余名,首批南渡杭州湾抵达三北后,通过统战关系,同国民党驻余姚的三战区淞沪游击指挥部宗德公署指挥官薛天白接上头,争取到一个"宗德三大"的灰色旗号。为了控制港口,便于和浦东联系,朱人侠即与驻在沿海的"忠义救国军"孙云达部接头,向孙争取了"海防第一大队"番号,进驻了姚北新浦沿。同年 6 月,中共又派蔡群帆、林达等率浦东武装百余人,由浦东进入三北,沿用第三战区淞沪游击队第五支队四大队番号(简称"五支四大")。7 月,姚镜人等百余人,由浦东到达三北,编入宗德三大。9 月后,由沈光中、朱人俊等率 300 多人从浦东南下浙东,取得了"苏鲁战区淞沪游击队暂编第三纵队"的番号(简称"暂三纵")。参见劳云展:《浙东抗日根据地创建的战略依据和斗争策略》,《宁波师院学报(社会科学版)》1990 年第 1 期,第13 页。

[③] 龙元平:《浙东敌后抗日根据地统战政策研究》,中共中央党校硕士学位论文,2012 年,第 13—14 页。

[④] 《对浦东及浙东地区工作方针建议》,见宁波市新四军暨华中敌后抗日根据地研究会:《浙东抗战与敌后抗日根据地史料丛书》第 4 卷,中共党史出版社,2001 年,第 8 页。

[⑤] 谭启龙:《目前国内外形势与我党发展浙江敌后游击战争建立根据地的方针》,见浙江省委党史资料征集研究委员会、浙江省档案馆:《浙东抗日根据地》,中共党史资料出版社,1987 年,第 36 页。

始终保持政治上的独立性,保证党对军队的绝对领导。从浦东部队南渡,到 1942 年 11 月下旬第一次反顽自卫战爆发,近一年半的时间几乎没有与国民党顽固派发生摩擦,浙东武装获得了极为宝贵的发展时间。① 到 1943 年 12 月,浙东抗日武装在新四军军部的指示下,正式编为"国民革命军陆军新编第四军浙东游击纵队"(简称"新四军浙东游击纵队"),公开树立起了中国共产党的旗帜。此时,浙东抗日武装已经成长壮大,下辖三支队、五支队、金萧支队、浦东支队、三北自卫总队、四明自卫总队和直属教导大队、警卫大队、海防大队等。②

　　浙东抗日根据地初期的政权建设,从办事处代政开始,到正式建立中国共产党领导的抗日民主政权,与早期武装力量的"灰色隐蔽"相一致。1941 年 7 月,"五支四大"开始在相对稳定的驻地慈北古窑浦建立第一个部队办事处,处理与地方的联系及后勤保障等事务。③ 之后,又陆续在三北各地建立一批部队办事处。办事处大多以部队名称为前缀,均未打出新四军和共产党的旗号,很大程度上避免了日伪军和国民党顽固派的警惕,有效减轻了生存压力,争取到了发展空间。1942 年 8 月,浙东区党委在《关于最近浙江形势发展工作的指示》中明确指出:"应严格遵照人民抗日自卫原则,广泛开展上下层人民抗日统一战线,善于利用各种形式与方式方法,切莫过早暴露自己的力量和企图,必须认识这个原则方针,一方面不但不应因此限止(制)我们的发展,另一方面亦是为了适宜(应)可能的情况变化。"④同年 8 月,三北游击司令部成立,把"五支四大"总办事处改组为三北总办事处。这时的办事处已带有地方政权机构的职能,是部队办事机构变为地方政权机构的过渡形式。11 月,三北总办事处又改建为三北游击司令部总办事处(又称三四五支队总办事处)。县以下也纷纷建立了区级办事处。⑤ 部队办事处,主要任务是为部队征集给养,同时组织并武装群众,发展抗日力量,开展统战工作,为抗战服务,部分地执行政权机关的任务。部队办事处以"合法"的名义,积极开展工作,扩大了共产党武装力量在浙东地区的影响,获得各阶层人士和群众的支持,为从"办事处代政"发展为建立正式的政权机构打下坚实基础。随着 1943 年 12 月浙东抗日武装改番号为"新四军浙东游击纵队",原有的区、乡旧行政机构已不适应斗争发展的需要。为了团结各界人士、各党派、各团体共同抗击日伪,扩大巩固抗日根据地,逐步改造旧有政权,根据地正式建立起中国共产党领导下的各级抗日政权机关,结束了政权上的"灰色隐蔽"。

---

① 龙元平:《浙东敌后抗日根据地统战政策研究》,中共中央党校硕士学位论文,2012 年,第 15 页。
② 谭启龙:《谭启龙回忆录》,中共党史出版社,2003 年,第 155 页。
③ 方元文:《余姚革命根据地》,浙江古籍出版社,2011 年,第 56 页。
④ 《浙东区党委关于最近浙江形势发展工作的指示》,见杭州大学历史系、浙江省档案馆:《浙江革命历史档案选编——抗日战争时期(下)》,浙江人民出版社,1985 年,第 22 页。
⑤ 方元文:《余姚革命根据地》,浙江古籍出版社,2011 年,第 57 页。

"灰色隐蔽"方针还应用于"两面派"政权的发展上。"两面派"政权,是指存在于敌占区和游击区,既接受敌方委任,又接受共产党影响的政权。由于大多数敌占区和游击区没有建立共产党政权,在统战工作中,中国共产党高度重视对"两面派"政权的发展。"为我们侦察敌情,通报消息,将来时机成熟可以里应外合。"①浙东革命根据地针对不同的"两面派",采取不同对策:对革命的两面派乡保长,以团结为主,进行教育,通过他们为党组织收缴公粮,了解国民党部队的活动情况;对中间的两面派乡保长,既团结又斗争,安排适当的任务;对反革命的两面派乡保长,以斗争为主,辅助教育,尽可能地争取他们少干坏事,对于个别极力破坏革命斗争的,则进行狠狠打击。在抗日根据地初创时期,对各地尚存的国民党委派的区乡长,凡是拥护抗日的,一律保留,团结合作抗日;对敌占区或游击区的伪乡保长,则要求他们完成抗日爱国公粮,支援抗日。通过执行上述方针,加上军事上不断打击日伪军,根据地赢得了各界人士和人民群众的支持。张志飞(后加入共产党),时任国民党镇海江北办事处主任,不满国民党的消极抗战和政治腐败,要求进步。他任用共产党员戚铭渠、李长来等任区长、办事处主任,为开辟镇北地区的工作起了重要作用。还有姚南的邵之炳、朱祥甫,慈南的李纪佑,大岚区的李志标,鄞西的边春圃等,都与根据地的工作配合得不错。②解放战争时期,国民党为控制基层政权,委派反动分子担任乡镇长,又采取选任保长的手法,企图控制村政权。浙东党组织利用选任保甲长机会,设法让党员、积极分子充任保长以掌握基层政权。朱之光在《从隐蔽坚持到"反清剿"》的回忆文章中说:"革命两面派就是要做到'白脸红心',既要坚持原则斗争,又要机动灵活地应付敌人。""有效地开展两面派工作,不但直接起了保卫基本区的作用,而更重要的是使我们知己知彼,争取了主动。"③慈(溪)镇(海)县发展了23个"两面派政权",其中14个是革命的"两面派"政权。④浙东游击根据地主要领导人张瑞昌认为,四明地区坚持斗争,获得最重要的经验就是必须保持武装斗争和建设"两面派"政权。⑤随着解放战争的不断胜利,不少国民党乡保长不仅为党组织收缴公粮,积极帮助采购急需的军用物资,提供情

---

① 此观点是周恩来在1939年3月皖南新四军军部干部大会上的讲话中的内容。会上,周恩来作了《目前形势和新四军的任务》的重要讲话,指出:"在伪军伪政府中是有两面派的,我们做这个工作的时候,要注意策略";要"利用维持会、伪军等做内线,为我们侦察敌情,通报消息,将来时机成熟可以里应外合"。参见中国人民解放军历史资料丛书编审委员会:《新四军·文献(1)》,解放军出版社,1994年,第119—125页。

② 谭启龙:《谭启龙回忆录》,中共党史出版社,2003年,第185页。

③ 朱之光:《从隐蔽坚持到"反清剿"》,见宁波市新四军研究会:《解放战争时期宁波地区革命史料》第1卷,中共党史出版社,1999年,第156页。

④ 中共浙江省委党史研究室、浙江省新四军历史研究会:《浙东游击根据地史》,中共党史出版社,2009年,第166页。

⑤ 中共浙江省委党史研究室、浙江省新四军历史研究会:《浙东游击根据地史》,中共党史出版社,2009年,第107页。

报,有的干脆率领队伍起义。浙东革命根据地争取和控制的"两面派"政权,为根据地的发展、为革命的胜利作出了重要贡献。

(三)在孤悬敌后环境中英勇斗争

与全国其他抗日根据地相比,浙东抗日根据地创建较晚,是在抗日战争进入战略相持阶段以后,同日伪顽的复杂三角斗争中发展壮大起来的。从全国的抗战形势来看,进入战略相持阶段是抗日战争最艰难的时期。日本帝国主义改变了侵华战略,在政治上对国民党诱降,军事上则集中兵力对共产党领导的抗日根据地进行大规模的"扫荡"和"清乡",妄图消灭抗日武装力量。而国民党在日本帝国主义诱降下,逐渐转为消极抗日,国共摩擦日益尖锐。从浙江的抗战形势来看,由于浙东重要的战略地位,敌后斗争形势处于复杂的三角斗争中。正如刘少奇在总结华中根据地工作经验时所指出的那样,"我们不独是在同敌伪的不断斗争中,而且也是在同反共顽固派的不断自卫斗争中,即是说,是在三角斗争中来建立敌后抗日民主根据地的"[①]。

华中、华北的抗日根据地,不仅面积大、人口多,而且由于相互靠近或相互连接,形成了协同作战、相互支援的有利斗争局面。1938年冬,敌军3万多兵力进攻冀中抗日根据地时,在晋绥根据地活动的第一二〇师主力奉八路军总部命令挺进冀中,支援冀中根据地军民的反"扫荡"斗争,保卫了冀中抗日根据地。皖南事变前夕,中共中央为了加强华中抗日根据地和新四军力量,从山东抗日根据地调派第一一五师第三四四旅、新编第二旅共5个团,在黄克诚率领下,南下苏北抗日根据地,支援新四军的反顽斗争。[②] 与此不同,浙东抗日根据地从地域上看,位于东南沿海一隅,远离新四军和华中其他抗日根据地,又有钱塘江和杭州湾隔断,与当时中国共产党控制的主要地区联系极为不便,孤悬敌后。一旦被敌人切断交通线,重兵阻隔,根据地就会陷入孤立无援。

抗日战争期间,浙东抗日根据地武装经常处于日伪军和国民党顽固派军队的夹击之中,作战频繁,至抗战胜利时,经历大小战斗643次。根据地多次粉碎日伪军的"扫荡"和"清乡",同时针对国民党顽固派的进攻,被迫进行了四次反顽自卫战[③]。在1945年新四军浙东游击纵队北撤时,遭到了国民党军队的围追堵截。10月5日凌晨,何克希率领第五支队北撤,渡过杭州湾在澉浦镇(今属嘉兴海盐县)登陆时,遭到国民党第九十八军第四十师、第一〇八师等7个团优势兵力的围攻。澉浦三面的大小山头都被国民党占领,

---

① 中央文献编辑委员会:《刘少奇选集(上卷)》,人民出版社,1981年,第279—280页。

② 蒋亚飞:《浙东抗日根据地创建的特点及贡献》,《浙江师大学报(社会科学版)》1996年第3期,第68页。

③ 一般认为,浙东抗日根据地时期进行了三次反顽自卫战,本书经研究认为,新四军北撤途中的澉浦战斗等为第四次反顽自卫战。详见第二章"浙东革命根据地的军事斗争"。

背后又是大海,五支队已处于被包围状态,而且是孤军奋战。五支队背靠大海,历经 16 小时的血战,胜利突出重围,粉碎了国民党妄图重演皖南事变的阴谋。这是新四军浙东游击纵队北撤途中一次关键性的战斗,付出了伤亡 223 人的惨重代价。①

解放战争时期,浙东游击根据地同样经历孤悬敌后的考验,与华中局、上海局、华中工委等上级党组织的联系时断时续,各地区之间也因交通不便经常失去联系。1945 年 11 月初,面对国民党的疯狂"清剿",留守四明地区坚持斗争的刘清扬、陈布衣等人,在刚转移至屏风山后,通报电台就发生了故障,不能发报,自此与上级中断了通信联系。在此情况下,四明党组织只能通过新闻台收听新华社电讯,以此了解和分析全国形势,指导四明党的工作。② 至 1946 年上半年,形势略为缓和后,四明党组织才逐步与各区县恢复了党的活动。而留守台属地区的联络人许少春一直未与四明地区刘清扬取得联系,但通过上海中共党员的关系,与华中分局取得了联系。可是,至 5 月内战逼近时,台属党组织与华中分局的联系也被迫中断。③ 全面内战爆发后,国民党频频对苏北解放区发动进攻,致使华中局难以顾及浙东地区党的工作,加之国民党军队封锁长江,浙东党组织为此与苏北的华中局失去联络,未能得到中共中央关于现阶段斗争策略的最新指示。浙东各地区特派员仍各自为战,尚未建立横向联系。1947 年 1 月,经中共中央批准,浙东党的工作划归上海分局领导,浙东游击根据地才得到了上级党的指导。同年 10 月,因叛徒出卖,浙东工委书记刘清扬被捕。上海局为保证组织安全,切断了与浙东的联系。在浙东武装斗争局面未完全打开之时,浙东与上海局联系中断,一度影响了浙东党的工作。12 月底,确认刘清扬被捕未造成党组织破坏后,上海局才又恢复了与浙东的联系。④ 虽然数度与上级党组织失去联系,孤悬敌后,但浙东党组织和武装凭着对革命的坚定信念,保存和壮大了有生力量,成功开辟和发展了浙东游击根据地。

浙东作为重要的战略支点,根据中共中央的作战部署,浙东革命根据地也曾想打破孤悬敌后的不利处境,试图与苏南、浙南、浙西南等地连成一片。抗战时期,1944 年 4 月 21 日,张云逸、饶漱石、赖传珠关于浙东今后发展方向致电新四军浙东游击纵队,指出:"目前我浙东部队发展方针,依照华中局、军部迭电所示,应转向敌后发展为重心,特别西

---

① 谭启龙:《谭启龙回忆录》,中共党史出版社,2003 年,第 217 页。

② 以上内容参考中共浙江省委党史研究室、浙江省新四军历史研究会:《浙东游击根据地史》,中共党史出版社,2009 年,第 57 页。陈布衣在回忆录中也提到了隐蔽在屏风山时,纵队司令部留下的通报台,是由于部队从苏北向山东转移后,功率太小,接不上联络信号,只靠新闻台收听新华社电讯,由乐子型抄收新闻,大家学习时事形势,统一认识,提高斗争的信心。参见:陈布衣:《风雨历程——四明山革命斗争岁月》,东方出版社,2001 年,第 75 页。

③ 中共浙江省委党史研究室、浙江省新四军历史研究会:《浙东游击根据地史》,中共党史出版社,2009 年,第 71 页。

④ 中共浙江省委党史研究室、浙江省新四军历史研究会:《浙东游击根据地史》,中共党史出版社,2009 年,第 9—10 页。

北地区求得与十六旅及浦东地区打通联系,这在战略意义上来讲极为重要。""我们准备要十六旅派一部深入安吉、长兴、吴兴、西苕市、武康间活动,策应你们的行动,俾便尔后逐渐打通与苏南联系的战略任务。"①但由于浙东地区斗争形势的发展变化②,向西发展、打通与苏南的联系,并没有尽早实现。4 月 22 日谭启龙致粟裕等人的电报中提出:"绍兴以北,曹娥以西,杭州以东,地区狭小,敌伪控制较强。""华中局二月二十七日电示,亦提到向浙西发展,与十六旅打通联系,是我们奋斗方向,非短期所能成功。"③10 月 9 日,中共中央华中局致电中共中央:"浙东部队近两年来虽有很大发展,但该部的基础为浦东一带反正伪军所组成,并无老部队作骨干,因此战斗力不强。今春国顽几次围剿,曾一度发生很大困难……在目前条件下,以浙东力量担负向天台、临海、乐清发展与挺进平阳的任务甚为困难,我们提议,浙东目前应相机恢复四明山,而对南则暂采稳重、逐渐发展的方针。"④直到 1945 年 6 月第三次反顽自卫战胜利不久,浙西新四军主力在浙东部队的配合策应下,二渡富春江,打通了与浙东的联系。解放战争时期,关于浙东游击根据地的发展战略,在 1947 年 1 月成立浙东工委后,根据刘清扬的提议,将台属地区作为浙东发展游击战争的中心、立足点和出发点。当时的主要考虑是台属地区离国民党重要据点较远,国民党部队相对较少,群众生活苦,易于发动,党的工作也有一定的基础,同时该地区北连四明,南接浙南,西至金萧,地理位置非常重要。⑤ 把台属地区作为浙东的工作中心,从长期战略的角度来看是可行的,其地域上的中心位置,有利于将浙东、浙南及浙西南连成一片,打通全浙的游击区。但是,期望在一开始或较短时间里就取得成效是不现实的。原因主要是台属地区缺乏党和群众的基础。抗战时期台属党组织遭受过严重破坏,为保存实力,台属地区党员干部陆续转移到四明山参加创建浙东抗日根据地的斗争。直至全面内战爆发的 4 年多时间里,台属党组织,除宁海等少数地方外,一直未得到很好的恢复和发展。⑥ 由于浙东工委主要领导分散各地,联系不畅,浙东地区实际是三块独立发展的

---

① 《张云逸、饶漱石、赖传珠关于浙东今后发展方向致浙东游击纵队电》,见中国人民解放军历史资料丛书编审委员会:《新四军·文献(4)》,解放军出版社,1995 年,第 263—264 页。

② 此时正值浙东第二次反顽自卫战期间,同时日伪军也乘机加大对根据地的"扫荡""蚕食"。从 1943 年 11 月 19 日起,至 1944 年 9 月,反顽自卫战持续了 8 个月之久。这是浙东抗日根据地最为艰难困苦的一段时期。

③ 《谭启龙关于两个月来执行巩固三北、坚持四明方针的情况致粟裕等电》,见中国人民解放军历史资料丛书编审委员会:《新四军·文献(4)》,解放军出版社,1995 年,第 265 页。

④ 《中共中央华中局关于开展苏浙皖地区工作的步骤致中共中央电》,见中国人民解放军历史资料丛书编审委员会:《新四军·文献(4)》,解放军出版社,1995 年,第 551 页。

⑤ 中共浙江省委党史研究室、浙江省新四军历史研究会:《浙东游击根据地史》,中共党史出版社,2009 年,第 96 页。

⑥ 中共浙江省委党史研究室、浙江省新四军历史研究会:《浙东游击根据地史》,中共党史出版社,2009 年,第 97—98 页。

区域,永康、处属为一块,四明、三东、台属地区为一块,金萧地区的路西、会稽为一块。① 到1948年末,浙东各地分散孤立的状态才真正结束,各地区基本连成一片。②

(四)在根据地各项建设中奋发有为

浙东抗日根据地创建时间较晚,其后发优势是能够借鉴其他根据地建设的成功经验。特别是华中根据地曾先后多次选派党政军干部,支援浙东抗日根据地建设。对此,谭启龙在浙东敌后第一次干部扩大会议上说:"我党在华中华北已有丰富经验,在政策上,在经验教训上,在人力上,我浙江党今后均将得到上级很大的帮助。"③虽然与其他主要抗日根据地相比,浙东抗日根据地下辖14个县,400万人口,总面积约2万平方公里,规模不算大。④ 但根据地各级党政军机构健全,卓有成效地开展各领域建设。正如根据地领导人谭启龙所说:"'麻雀虽小,五脏俱全',财经工作、文教工作、兵工生产等都做出了一定成绩。"⑤

军事斗争是根据地各项工作的中心。在战火中成长起来的新四军浙东游击纵队,凭着对党和革命事业的无限忠诚,依靠广大人民群众的支持,一次次粉碎日伪顽的"围剿",是巩固和扩大根据地的坚强堡垒。这支浙东抗日根据地的英雄部队,北撤后又投身到人民解放战争的征途。1945年11月10日,中共中央华中局和新四军军部根据中共中央指示,将浙东游击纵队整编为新四军第一纵队第三旅,划归山东野战军建制。⑥ 后来,这支部队又多次整编,先后参加了解放山东的战役、淮海战役、渡江南下作战等,为中国人民的解放事业作出了重要贡献。1950年11月,部队整编为中国人民志愿军第六十师,参加抗美援朝,书写了新的辉煌。1941年9月,新四军浙东游击纵队成立的海防大队,是当时

---

① 中共浙江省委党史研究室、浙江省新四军历史研究会:《浙东游击根据地史》,中共党史出版社,2009年,第134—135页。

② 中共浙江省委党史研究室、浙江省新四军历史研究会:《浙东游击根据地史》,中共党史出版社,2009年,第351—352页。

③ 宁波市档案馆:《目前国内外形势与我党发展浙江敌后游击战争建立根据地的方针》,档案号:革1-1-22。

④ 与浙东抗日根据地下辖14个县,400万人口相比,晋察冀抗日根据地下辖108个县,约2500万人口。山东抗日根据地下辖96个县,1350万人口。晋绥抗日根据地下辖46个县,320万人口。鄂豫皖抗日根据地面积9万多平方公里,约1300万人口。参见佚名:《盘点抗日战争主要根据地》,http://www.81.cn/jlwh/2016-12/06/content_7395614.htm。

⑤ 转引自阮蓓茜、谢敏军:《红土地的传承与嬗变——寻访余姚浙东四明山抗日根据地旧址》,《浙江日报》2015年8月28日。

⑥ 谭启龙:《谭启龙回忆录》,中共党史出版社,2003年,第220—221页。

新四军海防部队①的一支重要力量,也是中国共产党领导下成立较早并具有正规建制的一支海上队伍。1944 年 8 月 25 日,在舟山的大鱼山岛,海防大队与日伪军浴血战斗 7 个多小时,重创了日伪军的嚣张气焰。"事后,舟山日军指挥官惊叹,在攻占中国沿海诸多岛屿的战斗中,碰到这样英勇善战、血战到底的中国兵还是第一次。"②大鱼山岛战斗,开创了人民军队海岛作战的先例,在浙东抗日斗争史上,是载入《新四军辞典》和选入电视专题片《新四军》的一次抗击日寇的英勇战斗。北撤后,新四军浙东游击纵队海防大队改编为新四军华中海防纵队第二大队。1949 年 4 月 23 日,中国人民解放军华东军区海军在江苏泰州成立。解放军华中海防纵队第二大队成为华东军区海军的重要组成部分,是人民海军组建的一个重要源头。

根据地要巩固和发展,必须建立各级政权组织,团结和发挥各阶层力量,为军事斗争和各项具体工作提供服务和后勤保障。1944 年 1 月 15 日,浙东敌后临时行政委员会(1944 年 1 月—1945 年 1 月)成立,为浙东抗日根据地的临时最高政权机关,并颁布了《浙东敌后临时行政委员会施政纲领(草案)》。1945 年 1 月,浙东行政公署委员会(1945年 1 月—1945 年 9 月)成立,作为最高的行政权力机关,浙东敌后临时行委会即行撤销。③浙东抗日根据地严格遵守"三三制"原则,改造和建立起共产党领导的各级抗日民主政权,已经拥有三北、四明、会稽、浦东 4 个行政区,14 个县级政权,44 个区。④区乡长均由人民群众选举产生,既有非党进步人士,也有中共党员。如四明山大岚区选举的 4 个乡长,区长李志标是开明士绅,慈南乡长由开明人士李纪佑担任。⑤通过民主选举,根据地人民第一次行使了自己的民主权利,团结了广大民主进步人士。为保障各项工作有序开展,根据地政权高度重视法制建设,颁布了一系列具体的行政法规,诸如《浙东行政委员会财政处关于财政开源问题的指示》《浙东敌后临时行政委员会三十三年公粮田赋合并征收办法》《浙东行政区抗币条例》《浙东银行条例》《浙东行政区减租交租及处理其他佃业关系暂行办法》等,领导各领域的工作依法有序开展。

---

①　新四军海防部队,被粟裕称为中国人民军队第一支"土海军",是华东军区海军的早期前身,有"人民海军的摇篮"之称。抗战之时,中国共产党领导下的抗日武装在山东、福建、广东沿海等也有海上队伍,比如八路军胶东军区海军支队、东江纵队的海上游击队、海南岛的昌感崖联县经济队等,其中前两支队伍与后来的人民海军具有渊源关联(分别编入人民海军北海舰队、南海舰队早期力量),但总体成立时间及编属人民海军建制时间均迟于新四军海防部队。参见宁波市新四军暨华中敌后抗日根据地研究会:《浙东抗战与敌后抗日根据地史料丛书》第 3 卷,中共党史出版社,2001 年,第 24 页。

②　张大鹏、何亦达:《血战大鱼山岛》,见中国人民解放军历史资料丛书编审委员会:《新四军·回忆史料(2)》,解放军出版社,1990 年,第 534 页。

③　中共浙江省委组织部:《中国共产党浙江省组织史资料(1922.4—1987.12)》,人民日报出版社,1994 年,第310—314 页。

④　谭启龙:《谭启龙回忆录》,中共党史出版社,2003 年,第 198 页。

⑤　谭启龙:《谭启龙回忆录》,中共党史出版社,2003 年,第 193 页。

　　根据地的财经工作,是随着根据地的军事、政治斗争的发展而逐步发展起来的。为了保证经济工作的顺利进行,浙东抗日根据地建立起各级经济机构,层次分明、分工明确。1943年,根据地相继成立三北、四明两个财政经济委员会,分别领导两地区的财经工作。1944年,浙东敌后临时行政委员会成立,下设财政经济处,统一领导根据地的财经工作。1945年春成立浙东行政公署取代浙东敌后临时行政委员会后,设立行政公署财政经济处,统一领导根据地的财经工作。① 根据地对收支有统一而详细的规程,预决算制度和财政经费的支出都有明确规定,防止贪污和浪费情况发生,在百姓中树立了清廉为民的形象。"所有党政军群众团体、民运同志要用钱,都要经过一定手续,不能在下面乱拿钱、乱开支,各个部队都是遵守的。在浙东工作过的同志可能还记得,当时在财政开支上有些意见,说我们财经工作管得太紧了。现在看来,贯彻这一点是很重要的。"② 根据地制定了公粮田赋合并征收办法,提出税收工作的详细方案,建立浙东银行,发行了抗币。抗币作为金融力量,联合法币,打击伪币,将财经工作同军事结合起来,发挥了较好的作用。在根据地党政机关北撤时,为了保护群众的利益,浙东区党委和行政公署对抗币的兑换作了统一部署,并委派海防大队政委吕炳奎负责。对于流通在社会上的抗币,各县政府所在地负责兑换,在庵东、逍路头、龙山、陆家埠等地设立兑换处,均按照原浙东行政公署公布的抗币条例规定,1元抗币兑换粮食半公斤。兑换是比较彻底的,避免了群众的损失。③ 浙东抗日根据地的财经工作,粉碎了日伪顽对根据地的经济封锁和破坏,推动了根据地经济的发展,为对敌斗争提供了有力的物质保障。不仅如此,"整个浙东抗日根据地的财政收入,除了维持本地区的一切开支外,还有节余上缴"④,支援了其他地区的革命斗争。

　　根据地的文化教育工作,开展得有声有色,卓有成效。浙东抗日根据地高度重视新闻出版事业,在致力于提升报纸的质量的同时,不断扩大报纸的影响力,完善报刊的发行体系。1944年第二次反顽自卫战胜利结束后,根据地的发行网已具有相当规模。凡是解放一个城镇,就开设一家书店。上虞县章家埠解放后,马上建立了书店门市部,出售书报文具。"尽管店堂小,条件差,但在山沟小镇见到新书店,书又都是敞开放在柜子上,很吸引读者。这时的读者就不只是干部、战士,还有很多老百姓也争着到书店来看书、买书,

　　① 郑备军、阮卓婧、陈骏宇:《浙东抗日根据地财政建设评析》,《地方财政研究》2015年第6期,第93页。
　　② 陆慕云:《浙东革命根据地的财经工作》,见上海市新四军暨华中抗日根据地历史研究会:《上海市新四军暨华中抗日根据地历史研究会首届年会纪念特刊》,会议论文集,1984年,第58页。
　　③ 陆慕云:《浙东抗日根据地的财经工作》,见北京新四军暨华中抗日根据地研究会:《铁流24——纪念张云逸大将诞辰120周年、纪念浙东区党委会成立70周年》,解放军出版社,2013年,第96—97页。
　　④ 陆慕云:《浙东抗日根据地的财经工作》,见北京新四军暨华中抗日根据地研究会:《铁流24——纪念张云逸大将诞辰120周年、纪念浙东区党委会成立70周年》,解放军出版社,2013年,第83—84页。

小店堂常常是挤得满满的。"①6月中旬,浙东区党委为了统一书籍、报刊的发行工作,成立浙东书局。同年冬天,为纪念邹韬奋同志在上海不幸逝世,又改名为浙东韬奋书店。②浙东韬奋书店(发行总部)有健全的内部组织机制,设立出版科、业务科、财会股等部门。为了解决书店的人才缺乏问题,在总发行部横坎头(今属余姚梁弄镇)举办了两期发行人员训练班,共有四五十人,每期近两个月。③书店还通过各种渠道做好发行工作,有相当一部分书报是送到敌人手中的。当时为瓦解敌军,根据地出版了一份日文版《解放周报》,采用了多种渠道发送至敌占区。④另外,书店还印制了第一批抗币,先后陆续印制了五角、一元、五元、十元4种抗币。⑤至1945年抗日战争胜利前,浙东韬奋书店在游击区内已发展了嵊、新、奉、章家埠、三北、余上、鄞西等十四五个分支机构,发行的图书有《新民主主义论》《论联合政府》《论持久战》《整风文献》《政治常识》《大众哲学》《王贵与李香香》《兄妹开荒》等几十种,另外还有一些教材和冬学课本等。⑥1945年10月,书店随新四军浙东游击纵队北撤而停止了营业。浙东韬奋书店在宣传方针政策,为抗日军民供应精神食粮,在团结人民、教育人民,打击敌人、分化敌人等方面作出了贡献。

党政军干部是根据地创建和巩固的关键。浙东革命根据地除了大批外派干部支援外,自身的干部培养工作也很成功。抗日根据地时期,通过改造学校教育、举办干部训练班、创办浙东鲁迅学院和浙东抗日军政干部学校等,集中培养了一大批根据地急需的党政军人才。在浙东党政机关和主力武装北撤后,浙东游击根据地在数度与上级党组织失去联系的情况下,着力解决"干部荒"问题。至1949年5月,金萧地区共办了7期短训班,参加的学员共有660名,其中大中专学生400多名,约有100名学员在学习期间加入共产党。这批学员经过短训班培训后,分配到根据地参加工作,对于金萧地区的发展发挥了很大的作用。⑦1949年在会稽东白山成立的浙东人民革命干部学校,3月15日预备班正式开学,共有学员90余名,后增加到500余名,下设军政、文化、群众3个分队。学校一边

---

① 钟虹:《战斗在四明山区的发行工作》,见浙东抗日根据地革命文化史料编纂委员会:《浙东抗日根据地革命文化史料选编(上册)》,内部资料,1992年,第407—408页。

② 浙东抗日根据地革命文化史料编纂委员会:《浙东抗日根据地革命文化史料选编(上册)》,内部资料,1992年,第227页。

③ 钟虹:《战斗在四明山区的发行工作》,见浙东抗日根据地革命文化史料编纂委员会:《浙东抗日根据地革命文化史料选编(上册)》,内部资料,1992年,第408页。

④ 钟虹、陈树穗、鲁明、董大栋:《浙东韬奋书店回忆》,见浙东抗日根据地革命文化史料编纂委员会:《浙东抗日根据地革命文化史料选编(上册)》,内部资料,1992年,第414页。

⑤ 钟虹、陈树穗、鲁明、董大栋:《浙东韬奋书店回忆》,见浙东抗日根据地革命文化史料编纂委员会:《浙东抗日根据地革命文化史料选编(上册)》,内部资料,1992年,第415页。

⑥ 钟虹:《战斗在四明山区的发行工作》,见浙东抗日根据地革命文化史料编纂委员会:《浙东抗日根据地革命文化史料选编(上册)》,内部资料,1992年,第408页。

⑦ 中共浙江省委党史研究室和浙江省新四军历史研究会:《浙东游击根据地史》,中共党史出版社,2009年,第396页。

招收新学员,一边分配学员参加工作,流动性很大。台属地区也举办了 5 期燎原干部培训班,培训地方干部近 500 名。[①] 浙东游击根据地培养的这批人才,不仅为根据地的各项建设发挥了重要作用,也为 1949 年后新中国的建设事业贡献了力量。

此外,浙东革命根据地在医疗卫生、后勤保障等方面的工作也取得了不少成果。在抗日根据地时期,1942 年 8 月三北游击司令部成立后,在慈北设立疗养所,后改为三北后方医院,同时建立了四明疗养所。1943 年 11 月,第二次反顽自卫战爆发后,后方医务人员一面保存自己,与敌战斗,一面在极端恶劣的条件下,不间断地为伤病员服务,为战斗的胜利作出了重要贡献。战役结束后,浙东区党委和新四军浙东游击纵队进一步加强和完善后勤卫生工作,撤销纵队后勤部,分设供给部和卫生部。卫生部下设医政股、保健股、材料股和后方医院。同时,各支队设卫生队长,大队设医务员,中队设卫生员。各根据地和部队也设立了小型的医务机构。金萧地区的八大队在 1943 年上半年设立八大队疗养所,为伤病员服务。后来在路西建立后方医院,有 18 名医务人员,为指战员治病,也为地方群众治病。新四军浙东游击纵队奉命北撤时,卫生医务人员大部分随军北撤,后方医院留下少数人员护理伤病员坚守浙东。[②] 浙东区党委和新四军浙东游击纵队还投资各种战时工业,主要有兵工厂[③]、被服厂[④]、布厂[⑤]和印刷厂[⑥]等,服务于抗战,为根据地的巩固和发展作出了重要贡献。解放战争时期,浙东游击根据地在国民党统治的腹心地区开展财经工作,是一项艰巨的任务,经费紧缺状况一度影响到根据地的发展。浙东各地

[①] 中共浙江省委党史研究室和浙江省新四军历史研究会:《浙东游击根据地史》,中共党史出版社,2009 年,第 397—399 页。

[②] 浙江省新四军历史研究会:《浙东抗日根据地史》,中共党史出版社,2005 年,第 269—270 页。

[③] 浙东抗日根据地的兵工生产是从无到有、从小到大发展起来的。1941 年 7 月,朱连根等 3 人组成修械组,随部队行动。1942 年初,修械组扩大为修械所。1943 年上半年,三北游击司令部成立军需处,下设材料股、军械股、被服股、会计股、粮秣股、军工股。军工股负责组织领导兵工生产。到 1945 年 9 月,修械所共有工作人员三四百人,发展成为兵工厂。根据地的兵工生产,对解决部队枪械、弹药奇缺困难起了重要作用,保证了部队作战的需要。参见浙江省新四军历史研究会:《浙东抗日根据地史》,中共党史出版社,2005 年,第 258—259 页。

[④] 浙东抗日根据地被服厂概况:1942 年 10 月,成立三北游击司令部后勤部织工部。1944 年秋,第二次反顽自卫战结束后,织工部与三北被服厂、四明被服厂合并为新四军浙东游击纵队后勤部被服总厂,设有手工组、裁剪组、车工组、打包组等,设备也比较齐全。厂址在慈南杜徐(今属余姚),职工 100 余人。参见浙江省新四军历史研究会:《浙东抗日根据地史》,中共党史出版社,2005 年,第 259 页。

[⑤] 浙东抗日根据地布厂概况:为适应部队军需发展的需要,保证被服厂的原材料,1944 年春成立浙东民生布厂,共有工人 100 余人。布厂设有牵纱、织布、摇纱、印染 4 个部门。参见浙江省新四军历史研究会:《浙东抗日根据地史》,中共党史出版社,2005 年,第 259 页。

[⑥] 浙东抗日根据地印刷厂概况:1943 年 6 月,在四明山杜徐岙泥镬里建立根据地第一个印刷厂,印刷《时事简讯》。浙东第二次反顽自卫战时,部队转移,印刷厂被迫关闭。1944 年 3 月,在三北茅山建立《战斗报》印刷厂。为了出版《新浙东报》,在四明山杜徐岙泥镬里,建立《新浙东报》印刷厂。同时,建立芝林造纸厂,克服印刷纸张的困难。后《战斗报》印刷厂迁到四明山杜徐岙,与《新浙东报》印刷厂合并。两厂合并后,设备条件、技术力量、人员规模和印刷能力都有很大的发展,工作人员达 70 余人。因北撤,1945 年 10 月 1 日,出版《新浙东报》终刊号后,印刷厂停办。参见浙江省新四军历史研究会:《浙东抗日根据地史》,中共党史出版社,2005 年,第 259—260 页。

经过努力,都相继建成了一些后勤设施。1947年,经济状况相对较好的四明、金萧等地区,在"经济"稍有积累的基础上,率先创办了被服厂、修械厂和印刷厂等后勤机构,有力支持了武装斗争的开展。[①] 1948年,路西地区设在浦江养元坑的被服厂在国民党"清剿"中被破坏后,又在桐庐与浦江交界地带建立后勤基地,设有两座仓库。除后方医院外,又重建了被服厂,1948年10月创办了修械所。为保持后勤基地的隐蔽性,重建的被服厂设在山体陡崖下的一个平台上,上下只凭一根大野藤。工作人员的生活也非常艰苦,晚上打开背包睡地铺,白天收起地铺就地开工。会稽地区在基本区相对稳定后,也在东白山建立了后勤设施,建有联络总站、被服厂、后方医院等。[②] 浙东游击根据地坚持不懈地开展后勤工作,为党和武装的发展提供了有力保障。

(五)在具体工作指导上紧紧围绕群众利益需求

人民群众是历史的创造者。浙东革命根据地之所以能在革命力量相对薄弱、处于复杂三角斗争中的浙东地区成功创建,并且各方面建设卓有成效,归根到底是中国共产党的领导得到了人民群众的拥护和支持。而中国共产党和浙东党组织之所以赢得了民心,根源在于高度重视人民群众的利益,立足群众需求开展各项工作。

在创建浙东抗日根据地过程中,浙东区党委高度重视群众工作。早在1942年7月的浙东敌后第一次干部扩大会议上,浙东区党委书记谭启龙就明确指出:"我们应站在团结和领导人民在不妨碍抗日的总原则下,为他们切身生活的改善而斗争,不管细小的利益亦好,必须帮助他获得,只有这样,才能提高群众的抗日积极性与勇气。"[③]1942年11月,浙东区党委发出《关于开展与深入群众工作的指示》,强调"我们要在浙东敌后站稳脚跟,建立起长期坚持斗争的游击根据地,配合全国抗战,我们只有进一步的依靠群众,深入群众工作,建立巩固的群众基础",并根据浙东的实际情况,对在五种不同地区组织发动群众、开展群众工作的方式方法作了具体部署。[④]

武装斗争事关根据地的巩固与发展,是一切斗争的中心工作。要取得对敌斗争的胜利,必须深入开展群众工作,满足群众需求,把人民群众团结和武装起来。1942年12月

---

① 中共浙江省委党史研究室、浙江省新四军历史研究会:《浙东游击根据地史》,中共党史出版社,2009年,第172页。

② 中共浙江省委党史研究室、浙江省新四军历史研究会:《浙东游击根据地史》,中共党史出版社,2009年,第172页。

③ 谭启龙:《目前国内外形势与我党发展浙江敌后游击战争建立根据地的方针》,见浙江省委党史资料征集研究委员会、浙江省档案馆:《浙东抗日根据地》,中共党史资料出版社,1987年,第39页。

④ 《浙东区党委关于开展与深入群众工作的指示》(1942年11月30日),见中共宁波市委党史研究室:《烽火四明——浙东抗日根据地创建70周年纪念文集》,浙江人民出版社,2013年,第96—101页。

15 日,浙东区党委及时发出《关于准备反"扫荡"反"清乡"斗争对三北部队及地方党的指示》,明确要求各级党和部队,必须根据最近区党委关于深入群众工作的指示,团结抗日的各阶层人民,保护人民的利益。"只有争取了广大群众,才能在任何敌人扫荡清乡中坚持我们的斗争。但在执行各种政策与组织群众中,必须防止过左的倾向,切莫脱离群众,如果我们没有广大群众的同情拥护,不与广大群众建立血肉相关的联系,我们在敌伪扫荡清乡中就有遭受不应有损失的可能。"①1943 年 2 月,浙东区党委发布的《我党我军在浙东地区今后的一般任务》中,针对在群众工作中存在的问题,对各级党和部队的工作作出具体指示。"半年以来,我们除了纪律好之外,还在向群众要钱,对群众利益的注意,还未至应有程度。过去冀南及东路一部分地区,脱离群众路线,在形势严重时,群众把我们推在门外,这是应该引以为戒的。我们今天的情形,还必须改正,要拿具体例子向群众宣传教育,更要做出一些实际的工作,为群众谋利益。尤其对于敌人抢劫人民财物的行为必须设法给予打击,确定适当的对策。部队必须为保卫人民大小利益而斗争。"②1944 年 10 月,谭启龙在第一次浙东纵队军政工作会议上,又指出:"要在部队中实行拥政爱民教育,养成人民的观点。由于我们部队新成份的增加,政治教育不能及时赶上,一般说,群众纪律是比较退步了,老百姓常说,三五支队没有从前好了,这是值得我们严重注意的,尤其是干部。……在今年的旧历年关应开始按中央规定实行'拥政爱民月',来教育部队,检查群众纪律,坦白自己对群众利益的损害,实行赔偿与道歉,改善军民关系。"③正是在军事斗争中,浙东区党委坚持保护人民群众利益不受损害,并对忽视群众工作、损害群众利益的行为,及时纠正,采取切实有效措施加以解决,根据地军民建立起生死与共的血肉联系,在同日伪顽的三角斗争中取得了一系列胜利。

经济工作与群众的现实利益直接相关。浙东地区各种苛捐杂税名目繁多,人民负担沉重,后又经日军"扫荡"破坏,严重饥荒时时威胁着人民生活。浙东区党委非常注重发展生产,千方百计保护人民经济利益。1945 年春耕后,四明地区发生虫灾。里东区 1.3 万多亩田,受害 1 万亩左右,老百姓对虫灾的威胁十分焦虑。浙东区党委和四明地委为此发出《关于开展除虫运动的紧急指示》。8 月 10 日,《新浙东报》发表《两个紧急动员——党政军民马上一致行动起来为武装保卫根据地,扑灭螟虫保卫秋收而斗争》的社

---

① 中共宁波市委党史研究室:《烽火四明——浙东抗日根据地创建 70 周年纪念文集》,浙江人民出版社,2013 年,第 108 页。

② 《我党我军在浙东地区今后的一般任务》,见新四军和华中抗日根据地研究会:《新四军和华中抗日根据地史料选》第 7 辑,上海人民出版社,1983 年,第 77—78 页。

③ 谭启龙:《目前形势与我军今后的任务》,见浙江省委党史资料征集研究委员会、浙江省档案馆:《浙东抗日根据地》,中共党史资料出版社,1987 年,第 126 页。

论,动员群众全力投入扑灭螟虫的斗争。^①通过大生产运动,把农民组织起来互助合作,保证军民的衣食,密切了党群关系,有力支持了浙东的抗战。为了促进农业生产,减轻农民负担,团结爱国人士共同抗日,浙东区党委在根据地内普遍实行减租减息政策,建立合理税收制度,并发行抗币,保护各方经济利益不受损失。1945 年 4 月,浙东区党委发布《关于发行抗币与加强对敌经济斗争的指示》,阐明了抗币发行的重要意义和已取得的成绩,并为下一步抗币发行工作和经济工作作了具体指示。^②抗币发行以后,币值一直很稳定,始终得到根据地人民的支持与拥护,并在根据地广为流通。在浙东抗日武装奉命北撤时,为了避免人民受到损失,浙东区党委组织了抗币的兑换工作,最大限度地保护了群众利益。

根据地的文化教育事业,也体现了为群众服务的思想。浙东区党委通过创办各种教育,开展丰富多彩的文艺活动,提高百姓的文化素质和思想觉悟。根据地充分利用农民的冬季闲暇时间,在不影响正常农业生产和生活、不增加民众负担的基础上,大力开展冬学运动,满足根据地群众迫切的学习愿望,以提高民众素质。为推动冬学运动的顺利开展,确保群众教育的实际效果,浙东区党委发布冬季工作指示,对冬学运动作出具体部署,规定"冬学运动的主要内容,一般的应以目前政治时事教育为主""方式方法应按照各地具体情形灵活的运用""区党委于冬季决定开办党训班,抽调各县区干部受训,希各地准备"^③。浙东区党委还充分利用党报《新浙东报》的影响力,刊登有关冬学的报道,以此推动冬学运动的发展。1945 年 1 月 22 日,刊登《小山村俱乐部 武陵区的一个乐园》^④一文,介绍冬学开展的热闹景象及其方式方法,以起到模范引领作用。1945 年 2 月 14 日,刊登《余上某区冬学座谈会 推举模范冬学》^⑤一文,介绍了余上县的一所模范冬学如何组织动员群众参加冬学、如何有效开展冬学的经验,以此掀起各地冬学相互学习、彼此竞赛的良好氛围。浙东革命根据地的冬学运动得到了群众的普遍欢迎,他们广泛参与其中。

---

① 浙江省新四军历史研究会:《浙东抗日根据地史》,中共党史出版社,2005 年,第 270 页。

② 《浙东区党委关于发行抗币与加强对敌经济斗争的指示》,见杭州大学历史系、浙江省档案馆:《浙江革命历史档案选编——抗日战争时期(下)》,浙江人民出版社,1985 年,第 500—504 页。

③ 《区党委关于今年冬季工作的指示》,见浙东抗日根据地革命文化史料编纂委员会:《浙东抗日根据地革命文化史料选编(上册)》,内部资料,1992 年,第 186 页。

④ 浙东抗日根据地革命文化史料编纂委员会:《浙东抗日根据地革命文化史料选编(上册)》,内部资料,1992 年,第 273—274 页。

⑤ 浙东抗日根据地革命文化史料编纂委员会:《浙东抗日根据地革命文化史料选编(上册)》,内部资料,1992 年,第 280—281 页。

第二章

浙东革命根据地的军事斗争

军事斗争是革命根据地的中心工作。浙东革命根据地孤悬敌后,斗争环境极为尖锐复杂。在中共中央和毛泽东战略决策的指引下以及浙东区党委[①]的具体领导下,浙东军民粉碎了日伪数以百计的"清乡"和"扫荡",痛击了国民党顽固派数次大规模的进攻和"围剿"。浙东革命武装,从 1941 年夏浦东南下时的 900 余人,发展到抗战胜利时的 1.5 万余人(包括地方党政干部),创建了 2 万余平方公里、400 余万人口的根据地。1945 年新四军浙东游击纵队主力北撤后,留守人员坚持开展游击战争,在中共浙东工委(临工委)的领导下,创建了游击根据地,直到浙东的解放。

一、浙东地区军事斗争的发展历程

浙东地区历来有反抗外来侵略和封建压迫的革命传统[②],从抗倭、抗清到近代以来的抗英、抗法斗争,到姚北盐民大罢工、萧绍农民运动、慈北农民闹荒暴动、浙东工农红军第一师的武装斗争等,都曾经产生广泛的影响。

(一)浙东人民具有光荣革命传统

浙东地区独特的地理环境、人文历史、民众意识孕育了浙东人文精神的内在特质和革命传统。

---

① 1941 年 5 月 20 日,根据中共中央决定,东南局与中原局合并,改称中共中央华中局,同时成立新四军军分会,刘少奇为华中局书记兼军分会书记。在华中局领导下,先后成立了江南、苏中、淮南、淮北、苏北、鄂豫皖、浙东、皖江、苏浙等区党委。参见中共中央党史研究室:《中国共产党历史》第 1 卷(下册),中共党史出版社,2002 年,第 577 页。

② 对此,谭启龙是这样说的:"浙江人民具有光荣的革命传统,早在大革命时期就建立了中共浙江省委,第二次国内革命战争时期,红军挺进师活动范围遍及大半个浙江,许多地方建立了苏维埃政权,人民群众同我党我军有着紧密的血肉关系。"参见谭启龙:《谭启龙回忆录》,中共党史出版社,2003 年,第 113 页。

1. 不畏艰险的开拓精神

浙东由水土肥沃的宁绍平原和东部丘陵带组成,依山傍海,拥有天然良港,素享舟楫之利。地理环境为商业贸易的发展提供了客观优势,海洋的浩瀚也启迪了生存在这块土地上的人们不断向外开拓。早在三国时期,东吴卫温、诸葛直(系诸葛瑾次子、诸葛亮侄子)率甲士万人至夷州(今台湾)①,大将吕岱派朱应、康泰出使扶南②等国,走的都是水路,足见航运业的发达。唐代时,宁波到日本、朝鲜、阇婆(今爪哇一带)、真腊(今柬埔寨)、占城(今越南)、暹罗(今泰国)诸国通商往来密切,开辟出举世闻名的海上丝绸之路,进一步推动了中外贸易和文化交流。不畏艰险的开拓精神,造就了海洋商业文明的多维视野。浙东自古就有发达的工商业和繁荣的对外贸易。元末明初,宁波、绍兴已是繁华的商业都市,向来有"无宁不成市""无绍不成衙"的说法。浙东商人纷纷跨出省界,在全国各地留下了披荆斩棘、开基创业的踪迹。浙东与上海毗邻,近代的上海成为浙籍商人的聚集之地,又以宁绍两地商人最多。尤其是宁波籍的工商企业家为上海经济发展、社会繁荣和城市地位的凸显作出了卓著的贡献。

2. 不屈强权的抗争精神

浙东地区的居民,见惯了大海的变幻莫测,潮汐凶险又磨砺了他们的刚毅与坚韧。这种不畏强权、不甘屈服的刚韧,在历史上也有很多的记载。春秋时,越王勾践卧薪尝胆的经历传扬的是一种精神感召。近代一批具有救国济世之志的文化先哲,如章炳麟、秋瑾、蔡元培、鲁迅等,他们继承了革命抗争精神又身体力行,以各自的学说、主张和实践,张扬、传播了爱国斗争精神。他们在思想、文化等方面产生的人格精神突破了地域的界限,为整个民族社会的各个层面所接纳、景仰,体现了浙东革命斗争精神的重大影响。

3. 不惧外敌的爱国精神

浙东人民的个性中,融合了浓烈的爱国爱乡的情感。在面对外敌入侵之时,能以生命守护生于斯、长于斯的土地,不容外敌觊觎和凌辱,这是浙东地域精神的内在特质。明朝中后期,戚继光、俞大猷等在浙东的平倭之战,就得到了宁波、台州等地浙东人民的大力支持。明代王士性在《广志绎》中,曾谈到浙江在全国颇具影响的"浙(江)兵"。所谓

---

① 参见《三国志·吴书·吴主传》:"二年春正月,魏作合肥新城。诏立都讲祭酒,以教学诸子。遣将军卫温、诸葛直将甲士万人,浮海求夷洲及亶洲。亶洲在海中,长老传言:秦始皇帝遣方士徐福将童男童女数千人入海,求蓬莱神山及仙药,止此洲不还。世相承有数万家,其上人民。时有至会稽货布,会稽东县人海行,亦有遭风流移至亶洲者。所在绝远,卒不可得至,但得夷洲数千人还。三年春二月,遣太常潘濬率众五万,讨武陵蛮夷。卫温、诸葛直皆以违诏无功,下狱诛。"

② 扶南国(约1世纪—约7世纪),又作夫南国、跋南国,意为"山岳",是曾经存在于古代中南半岛上的一个古老王国。其辖境大致相当于当今柬埔寨全部国土以及老挝南部、越南南部和泰国东南部一带。扶南是历史上第一个出现在中国古代史籍上的东南亚国家,后为其属国真腊所攻灭。在扶南和真腊的基础上演化出强盛的吴哥王朝。

"浙(江)兵",是指明代金、衢一带的兵源最负盛名,尤其是义乌犷悍,壮士颇多。戚继光当年就是从义乌招募农民矿工、编练新军,打造了一支骁勇善战的抗倭部队。第一次鸦片战争时,英国侵略军攻取舟山定海后,又攻占镇海、宁波,侵略军遭到了浙东人民的顽强反抗。浙东人民采用坚壁清野、河井下毒的方法断绝英军的食物和水源,还自发组织起来进行反击,"黑水党"[①]就是活跃在宁波一带的群众抗英武装力量。他们自筹兵食,不用国帑,以各种方式抗击侵略者。1939年,周恩来亲笔题写"生聚教训,廿年犹未为晚"[②],以此号召浙东人民学习和弘扬民族传统,最后战胜日本侵略者。浙东人民为了民族解放、国家独立,英勇斗争、不屈不挠,涌现出无数的民族精英,他们的理想追求、人生信念、行为壮举是爱国精神的高度集中体现。

(二)浙东早期革命斗争

自近代以来,浙东人民反帝反封建的斗争就从来没有停止过。1919年五四运动前后,各种新思想、新思潮随之出现,马克思主义开始在浙东大地广泛传播。五四运动爆发的消息传到浙东,各地学校师生纷纷举行集会,声援北京学生的爱国运动,从而一改过去沉闷的政治局面。

1.浙东早期工农运动的持续推进

1921年中国共产党成立后,俞秀松、杨贤江、邵力子、宣中华、郭静唐[③]、楼适夷[④]等一批先进分子,就在浙东地区积极介绍、宣传马克思主义,促进马克思主义与工农运动相结合,为中国共产党的建立和在浙东地区的发展作出了特殊的贡献。浙东地区早期的工农运动,以宣中华、杨之华[⑤]等人组织和领导的萧山衙前为中心的萧绍地区农民运动和姚北

---

① "黑水党"是鸦片战争中浙江沿海船民组合的抗英力量。道光二十一年(1841年)九月,英军第二次攻陷定海,"黑水党"首领徐保、张小火、钱大才等护送殉难总兵葛云飞和郑国鸿的遗骸至宁波。英军攻陷宁波后,他们联络船户在城内和甬江中狙击英军,擒杀甚多。

② 此系周恩来1939年回故乡时所写的题词:"生聚教训,廿年犹未为晚。"参见绍兴市地方志编撰委员会:《绍兴市志》第32卷,浙江人民出版社,1997年。

③ 郭静唐(1902—1952),幼名寅生,又名抱青,字琴堂,浙江慈溪人。1926年,在余姚从事农民运动;12月,筹建国民党余姚县党部,任常务委员。全面抗战爆发后,在余姚从事抗日活动,任抗日自卫支队政治部主任等职。1940年被捕,关入上饶集中营。1942年,经营救出狱。1944年,到浙东抗日根据地,被秘密发展为中共党员(1946年正式批准)。历任新四军浙东游击纵队司令部秘书长,浙东参议会副议长,浙东行政委员会兼行署民政处处长、工商管理局局长等职。

④ 楼适夷(1905—2001),原名锡春,笔名楼建南,浙江余姚人。1926年加入中国共产党。1927年,任中共余姚第一任支部书记。1931年,加入中国左翼作家联盟。1944年到达浙东根据地,担任浙东行政公署文教处副处长。

⑤ 杨之华(1901—1973),又名杏花、文君、杜宁,浙江萧山人。1924年加入中国共产党。1925年10月任中共上海地委妇女部长、中共中央妇女部长等职。1927年当选为中共第五届中央委员。1935年去苏联参加共产国际第七次代表大会。1941年回国,在新疆被反动派逮捕。1945年出狱后,到延安担任中共中央妇委委员、晋冀鲁豫中央局妇委书记。

盐场爆发的反对设立公仓、怒打秤放局的罢工请愿运动最为激烈。

(1)中共早期党组织在浙东

中国共产党的最早组织,是在上海建立的。1920年8月,上海共产党早期组织正式成立,实际上成为各地建党活动的联络中心,起着中国共产党发起组的重要作用。此后,地方党组织在浙东各地纷纷建立。1923年7月,绍兴地区第一个中共地方组织——中共绍兴(党、团)地方支部成立。1925年,中共宁波支部成立,姚北盐场也诞生坎镇、马家路两个支部。1926年2月,中共余姚支部成立。1927年,陈云等5名中共党员和1名共青团员,从上海抵浙东余姚,指导工农运动。1927年6月,中共浙江省委正式建立。1927年8月,朱亚之和姚北部分共产党员成立中共余姚独立支部,并成立中共余姚县委。中共地方党组织有了很大的发展,到1927年4月,宁波党员数量已达1200余名。为了响应和配合北伐战争,在中共地方党组织领导下,发动了浙东工人、农民和盐民的斗争。[①] 在土地革命时期,在宁波地方党组织先后发动奉化、亭旁、姚北三次武装暴动,组建"亭旁红军",并在亭旁建立了全省第一个苏维埃政权。1930年6月中共中央政治局上海会议召开后,武装暴动席卷全国;8月,"浙东红军第一师"在姚北诞生,广大的共产党员和革命群众向国民党反动派进行了勇猛的反抗斗争。只是由于受到中共党内三次"左"倾冒险主义路线的影响,在国民党部队的围攻下,这些斗争都先后失败了。虽然浙东的各级党组织和革命力量暂时遭到了严重的损失,但是革命的氛围已经在浙东各地孕育。

(2)萧绍农民运动揭开农民革命斗争序幕

中国共产党领导的农民运动,最早出现在1921年9月的萧山衙前。20世纪初,萧绍地区自然灾害频繁,农业连年歉收。同时,钱塘江长期缺乏治理,大批农民失去土地,流离失所。地主却不顾农民死活,照常逼收高额地租,甚至强迫农民交"现租"(当年交清下年租种的地租),交不上现租的,地主就要起地另租或送官府治罪,逼得农民走投无路。民谣唱道:"有的卖了亲生女,换得铜钿还租钱。有的无女可以卖,一批一批去坐监。"这充分说明了农民的惨状。

1921年9月27日,在沈定一[②]、李成虎[③]等大批农民积极分子的筹备下,上千农民从四面八方坐船过来,集合在衙前。一致通过了中国现代史上第一个农民革命斗争纲领——《衙前农民协会宣言》和《衙前农民协会章程》,选出李成虎、陈晋生、单夏兰、金如

---

① 早在大革命时期,毛泽东就在中央机关刊物《向导》上发表《江浙农民的痛苦及其反抗运动》一文,对慈溪北部等地的农民暴动作过评述。

② 沈定一(1883—1928),又名沈崇焕,本名宗传,字叔言,又字剑侯,号玄庐,浙江萧山人。1921年4月,沈定一作为上海共产主义小组成员,回乡发动农民运动,倡导组织农民协会。

③ 李成虎(1854—1922),浙江萧山人。参与发起、组织衙前村农民协会。

涛、朱梅云、汪瑞张 6 人为农协委员,李成虎、陈晋生、单夏兰为议事委员,宣告衙前农民协会正式成立。邵力子在他主编的《民国日报》的《觉悟》副刊上,撰发《论萧山农民协会被军队摧残事》(1921 年 12 月 20 日)等文章痛斥反动派。1922 年 1 月 24 日下午,李成虎在萧山狱中被凌虐致死,萧绍两县农民被捕入狱者达数百人。1922 年 2 月 23 日,上海工商友谊会还特地派代表前往衙前公祭李成虎,并在凤凰山巅立碑,上刻"精神不死"四字予以颂扬。邓中夏在《中国青年》上发表《论农民运动》(1923 年 12 月 29 日),对衙前农民运动予以赞扬。萧山衙前农民运动,虽然在强大的反动势力"围剿"下暂时从公开活动转入了地下活动,但它成为后来爆发的广东海丰农民运动和湖南农民运动的先导。萧绍农民运动开创了四个第一:中国共产党领导的第一次农民运动、第一个农民协会、第一个农民革命性纲领文件、第一所教育农民的农村小学校。衙前,成为中国现代农民运动的发祥地,也锤炼了"敢为人先、永不满足"的衙前精神。

(3)盐民"反公仓"斗争象征中国工人运动的复兴

1922—1923 年,中国历史上出现了第一次以反帝反封建军阀为主要斗争目标的工人运动高潮。在浙东,先是 1922 年 4 月有余姚城区铁镴厂工人为加薪举行罢工斗争;7 月,又有城区店员职工和竹木业职工相继开展要求加薪斗争;尤其是 1924 年 7 月在余姚盐场爆发的反对设立公仓,怒打秤放局的罢工请愿运动,其声势之大、影响之广,为当时浙江之最。

余姚盐场位于姚北庵东(今慈溪市庵东镇),年产盐约 200 万担,有盐民近 10 万人,系当时全国三大盐场之一,也是浙江最大的盐场。1913 年,袁世凯以盐税作抵押,向英、德、法、俄、日五国银行团借款。在签订的《善后大借款合同》中,承诺以全部盐税作抵押,并规定中国必须聘请洋人管理盐税,从此盐税被外国人控制。在北洋军阀统治时期,中央设立盐务稽核机构,省里设立分机构,其主管权虽由华人、洋人共掌,但实权落在洋人手里。余姚盐场在庵东设有秤放总局[①],辖 6 个支局,代表帝国主义银行团对盐务实行监督。1924 年春,盐场当局以杜绝私盐为名,发布苛政,决定建立公仓,规定盐民所晒之盐不得在家过夜,违者罚款。[②] 此举激起盐民公愤。7 月 22 日,余姚盐场 7 个区的盐民代表开会,通过了反对设置公仓、举行罢工、请愿游行等三项决议。23 日,盐场各处以鸣锣为号,万余盐民用围裙作大旗,肩背晒牌,集体请愿。盐场场长避而不见,激起盐民众怒,他们砸掉晒牌,并捣毁了秤放总局。盐场当局派缉私营税警向手无寸铁的盐民开枪,当场

---

① 余姚秤放总局旧址位于庵东镇,建于 1902—1903 年。1916 年,庵东盐场设立余姚秤放总局,开始租用该房屋作为办公用房,成为当局掌控盐务经济的中心。

② 由于秤放局员等的刁难,平常盐民卖盐往往就得等上半天,有时甚至整天排队还交不进盐仓,盐民对此意见很大。建立公仓,所晒之盐不得在家过夜,也就意味着盐民要天天排队,连生产时间都大受影响,因此一致反对。

打死 5 人,伤数人。

"7·23"盐场惨案,激起了盐场及余姚各界民众的愤怒。整个盐场立即举行总罢工,抗议盐务当局的暴行,社会各界也纷纷罢工、罢市、罢课、游行示威。余姚新闻界进步人士也仗义执言,向外界披露事件真相;北京《晨报》专题报道了这起惨案。在余姚盐民不屈不挠的斗争和强大社会舆论压力之下,盐场当局被迫派员调解,并作出停设公仓、抚恤死难盐民、革除陋习、惩办凶手等 5 项承诺。轰轰烈烈的余姚盐民运动终于取得了最终胜利。在余姚盐民反公仓斗争中,涌现了一大批革命积极分子,培养了一批领导群众运动的骨干力量,也为余姚党组织的建立奠定了坚实的组织基础。这是当时浙江声势最大的一次罢工斗争,也是全国工人运动从"二七"大罢工之后由低潮转向复兴的重要标志之一。中国工人运动的领袖邓中夏在撰写的《中国职工运动简史》[①]一书中称余姚盐民运动为"中国职工运动复兴的征兆之一"。

2. 建立浙东人民自卫军打击反动势力

1927 年 2 月上旬,郭静唐等与费德昭[②]取得联系,趁北伐军入浙之机,收集旧部配合北伐军,收复余姚。2 月 18 日,费德昭率部 80 余人夜袭浒山警察所,缴枪 10 余支,并贴出"推翻军阀虐民政府,拥护国民革命"的布告。19 日,正当国民革命军防军一部进入宁波之际,费德昭改编新部,命名为浙东人民自卫军,乘胜进军余姚县城。余姚知事方允中获悉,连夜逃往宁波,县警察局长王肇基、驻姚城哨队和哨官杨金魁缴械投降,余姚光复。浙东人民自卫军进城后,改编为余姚县纠察队,费德昭为队长。22 日,国民革命军进驻余姚,军阀县署宣告垮台。

1927 年 3 月 8 日,蒋介石指派其亲信、时任国民革命军东路军第一师师长王俊,来宁波担任宁台温防守司令,实施反共计划,镇压工农运动。庵东盐场劣绅袁功亭,看出了形势的变化,在得到时为浙江省政府主席的国民党新右派张静江的支持后,马上派人潜入盐场与廒商[③]密谋。县党部又通过具保释放了盐霸高锦泰,高回盐场后,就开始对盐场进步力量进行反攻倒算。3 月 26 日,高锦泰勾结土匪黄春晓的商团武装及缉私营等武装 100 余人,袭击设在庵东万嵩庵的盐民协会办事处,缴去盐民自卫军的枪 10 余支,抓走盐

---

① 邓中夏撰写的《中国职工运动简史》,叙述自中国职工运动的初期发展至大革命时期(1919—1926)工人运动的历史,对研究中国大革命初期的历史,特别是关于中国职工运动的发展史提供了许多具体史料,是职工运动史和中国革命运动史上的宝贵文献。

② 费德昭(1877—1932),字潜斋,又名昭洞,浙江余姚人。1927 年 1 月 3 日晚,在中共坎镇支部领导下,费德昭任队长的水巡队,袭击缉私营驻地相公殿,刺死队长、什长及士兵 4 人,伤 2 人,缴获步枪 20 余支,其余缉私队下海宵逃。后率姚北水巡队起义,组建浙东人民自卫军,进驻余姚县城,县知事闻风逃走。1930 年 6 月,受中共江苏省总行动委员会的指示和帮助,重建武装,创建成立浙东工农红军第一师,任师长。

③ 廒商,旧时盐商的一种;两浙盐场贮盐地方称廒,故名。

民协会职员鲁梅臣,将办事处内的物品器具抢劫一空。此后,高锦泰又以商团名义筹饷、购械,扩充武力,连日拘捕盐协职员家属,并袭击盐场周围的农民协会。

在盐场反动势力的猖狂反扑下,盐场盐民运动主要领导人岑鹿寿①等暂时被迫撤出庵东,避居余姚县城国民党县党部。1927年3月30日,袁功亭潜回庵东,声称省里已批准,由他接办盐民协会,并纠集蓬长②等强迫盐民加入他们的协会,不入会的不准晒盐、卖盐,盐场形势急转直下。4月2日,宁绍台农民协会办事处根据余姚县党部和盐民协会的请求,调集慈溪洪塘(今属宁波市江北区)农民自卫军和上虞纠察队前来救援。洪塘农民自卫军在竺清旦③和队长潘小梅④的带领下,立即赶到高王张房村,发动建立高王农民协会和高王自卫军。经过高王农民积极分子陈永兴⑤等发动,天元、湖塘、高王等地的农民纷纷报名参加农民协会,并积极筹建农民自卫军。4月9日,在保塘庵召开有3000余人参加的群众大会,正式宣布成立高王农民协会,建立高王农民自卫军。陈永兴、方成坤分别任农民协会正副主任和农民自卫军正副队长,顾小轩任农民协会、农民自卫军秘书。高王农民自卫军有队员40人,步枪30余支,武器、弹药均由宁绍台农民协会办事处和余姚县党部提供。高王农民自卫军的建立,为反击盐场反动势力的斗争增强了力量。

1927年6月22日,王俊派特务营一个连到姚北,一路驻拆落市,一路驻保塘庵,镇压高王农民自卫军。6月25日,陈永兴、方坤成在摸清敌人的兵力和活动情况后,利用田间高粱秆作掩护,分三路对保塘庵驻军发起突然袭击,将其击溃。6月29日,淞沪警备司令部特派员黄世见指挥省防军第六团第八连,会同盐场袁功亭、黄春晓的商团武装,分三路围攻张房村的高王农民自卫军驻地。陈永兴、方成坤见敌来势凶猛,决定疏散队伍,到外

---

① 岑鹿寿,生卒年不详,又名岑民权、岑仁明、韩昌,浙江湖州人。1925年6月,中共杭州支部派岑鹿寿到余姚盐场,以相公殿玉顺廒司事(会计)的公开身份为掩护,开展党的工作。岑鹿寿身负党组织重托,深入盐场各区,广泛与盐民交朋友,向盐民宣传革命道理,领导盐民开展斗争,并在斗争中培养积极分子,创建了地方党组织。

② 蓬长,一般由地方上有经济实力的士绅担任。盐场一般以7000~8000块盐板划定一个收盐区域,指定一人专门负责收购,因为食盐收购后要堆成一个蓬,所以负责食盐收购的人就叫蓬长。当时全盐场共设有72个蓬长,根据每蓬所属盐板数量的多少,分为大蓬长和小蓬长。

③ 竺清旦(1899—1935),浙江奉化人。1917年起先后在奉化、镇海、鄞县的一些小学当教员或校长。1925年加入中国共产党。曾任中共宁波地委委员兼农民运动委员会书记。参加了毛泽东主持的第六届农民运动讲习所和全国第四次劳动代表大会。1935年12月,被国民党新疆省督办盛世才杀害。

④ 潘小梅(1888—1928),浙江黄岩人。1926年加入中国共产党。1928年1月20日,在国民党浙江陆军监狱中被杀害。

⑤ 陈永兴(1889—1930),浙江慈溪人。1927年4月加入中国共产党,任高王农民协会会长和高王农民自卫军大队长。为保卫盐民协会,在洪塘、上虞农民自卫军和郭静唐、费德昭率领的余姚工人纠察队配合下,陈永兴指挥高王自卫军攻打"庵东商民保卫团",迫使恶霸"海地老虎"黄春晓下海逃命。"四·一二"反革命政变后,面对国民党省防军的围攻,6月25日,又率农民自卫军袭击敌特务营驻地——保塘庵,将其击溃。至7月,高王农民自卫军寡不敌众,被迫疏散。陈永兴隐蔽至上海,后返回上虞,并与上虞松下农民自卫军取得联系,以卖盐为名,从事革命活动。1929年3月,被敌探发现;3月12日晚上,在上虞章岙被捕,押往国民党余姚县政府监狱。陈永兴在狱中坚贞不屈。1930年4月,就义于余姚西门外(武胜门)接官亭刑场。

地隐蔽。陈永兴带领部分自卫军战士去上海,方成坤带部分战士去宁波等地。

3.亭旁暴动建立浙江第一个苏维埃政权

1927年4月,蒋介石在上海发动反革命政变,第一次国共两党合作破裂,大革命遭到失败。中国共产党从失败中得到惨痛的教训,决心武装反抗国民党的屠杀政策和反动统治。宁波地方党组织先后发动奉化、亭旁(当时的亭旁隶属宁海县,今属三门县)、姚北三次武装暴动,组建了亭旁红军。宁海当时属于台州行政辖区,早期党组织非常活跃。1928年5月26日,在中国共产党的领导下,在亭旁掀起了武装反抗国民党反动统治的暴动,建立了浙江省第一个苏维埃政权,被誉为"浙江红旗第一飘"。①

1928年5月15日,中共浙南特派员管容德(1929年4月被捕后叛变)到宁海巡视,认为亭旁农民已经发动起来,起义时机已经成熟。5月20日夜,由包定②主持,在谷仓岭集中了亭旁、海游、珠岙、桑洲四区的武装人员约250名,举行起义预备会议。5月22日晚,区委召开活动分子会议,将除地主豪绅"任家三害"作为游击战争的第一步,打响亭旁暴动第一枪。5月24日上午,管容德、杨毅卿(中共宁海县委特派员)、包定在南溪召开亭旁党团会议,正式成立亭旁区革命委员会及红军指挥部。由包定任革命委员会主席兼红军总指挥,革命委员会下设军事、总务、财务、运输、交通五部。5月26日,224名武装农民正式举起义旗向亭旁进军,追随前来的群众有千余人,土豪劣绅闻风逃遁,起义军未经战斗就占领了亭旁。起义部队以红布为号,干部左臂缠红布,战士大襟挂红布条,齐集城隍殿举行大会,宣告浙江省第一个苏维埃政权——亭旁区苏维埃政府革命委员会成立,镰刀斧头大红旗在原国民党亭旁区分部门前升起。

亭旁暴动的枪声,震惊了国民党政府。国民党浙江省政府主席何应钦密令省民政厅暨省防军,"围剿"亭旁红军。亭旁暴动失败后,当局对参加起义的党员和群众进行了残酷镇压,暴动领导人、进步人士有的被迫异地斗争,有的先后遭到枪杀或在狱中被折磨致死。亭旁暴动,是中国共产党在第二次国内革命战争时期发动的数百次武装起义中的一次。一方面,亭旁暴动及时有效地贯彻落实了中共中央八七会议和浙江省委相关会议的精神。1927年的八七会议,确立实行土地革命和武装起义的方针。为贯彻会议精神,中共浙江省委成立了暴动指挥中心——浙东工农革命委员会,制定《浙东暴动计划》《浙江

---

① 黄珍珍、杨群:《亭旁起义纪念馆——浙江红旗第一飘》,《浙江日报》2021年7月1日。

② 包定(1901—1930),浙江宁海人。1926年加入中国共产党,后在亭旁铁场小学教书,积极开展革命工作。1927年6月,中共宁海县委成立,包定负责宣传工作。同年底,在共产党人创办的宁海中学任庶务主任。1928年1月兼任中共亭旁区委书记,组织农会,发展党组织,短短几个月,全区党团员发展到700多人。后调任县委常委,负责组织工作,继续指导亭旁的工作,领导农民抗麦租,实行粮食平粜等活动。5月中旬,党组织决定在亭旁举行武装暴动。5月20日,在谷仓岭主持召开了亭旁、海游、珠岙、桑州四个区的暴动预备会议,决定成立红军指挥部,被选为红军总指挥。5月24日,亭旁区革命委员会及红军指挥部正式成立,包定任革命委员会主席兼红军总指挥。

目前工农武装暴动计划大纲》。1928 年 3 月 14 日—16 日,中共浙江省委在上海召开扩大会议,周恩来代表中央出席会议,会议通过了《关于农民运动决议案》等文件。1928 年 3 月 24 日,省委通过《关于台属六县的工作决议案》①,希望各地党组织充分利用"春荒"时节,发动农民斗争,以便更快发动游击战争。当时,秋收起义、广州起义和全国各地的武装起义相继爆发,亭旁暴动就是众多武装起义中较早的一次。另一方面,宁海地方党组织成立较早,组织比较有力。宁海早期党组织建立,受到来自上海的直接影响。在大革命高潮的影响下,许多宁海籍青年纷纷进入上海大学求学,而上海大学是国共合作创办的第一所高等学校。1925 年,蒋如琼②、林淡秋③加入中国共产党,成立"宁海旅沪学会",创办会刊,传播进步思想,为宁海党组织的发展奠定了思想和组织基础。1926 年夏,宁海第一个共产党支部——中共宁海中学支部成立。1927 年 5 月,中共临海特别支部委派林迪生④到宁海负责党的工作。1927 年 7 月,中共宁海临时县委成立,邬逸民⑤任书记,包定等为委员。1927 年 11 月,三门首个农民协会在包家祠堂诞生,此后亭旁"五庄"各村相继成立了农民协会。农会为维护农民利益,同土豪劣绅展开斗争。1928 年初,中共亭旁区委、珠岙区委、海游区委相继成立。

亭旁暴动具有深远的历史意义,产生了广泛的革命影响。这次起义爆发在革命低潮时期,是中共在农村建立革命根据地、开展土地革命和武装割据的一次伟大实践。在亭旁暴动的影响下,革命意识落地生根。1949 年 2 月,亭旁地方武装配合主力部队一举解放三门全境,使三门成为解放大军渡江前浙江省第一个解放的县。

4. 红一师策划姚北暴动影响深远

1930 年 6 月 11 日,中共中央在上海召开政治局会议,通过了《新的革命高潮与一省或几省的首先胜利》的决议。不久,李立三等人制定了以武汉为中心的全国总暴动和集中全国红军进攻中心城市的"左"倾冒险计划,随后又将党、团、工会的各级领导机关合并为准备武装起义的各级行动委员会。7 月 14 日,中共江苏省委改组为江苏省总行动委员会(简称"江苏省总行委"),领导江苏、上海、浙江等地工作。

---

① 1928 年 3 月 24 日,中共浙江省委《关于台属六县工作决议案》指出"浙江党的工作前途仍是武装暴动夺取政权的前途",要求台属各县发展党的组织,积极开展农民斗争,"由农民的游击战争、乡村暴动达到割据的前途"。

② 蒋如琼(1898—1961),浙江宁海人。参加过南昌起义、亭旁暴动和迎接三门解放等革命工作。

③ 林淡秋(1906—1981),浙江三门人。中共党员。1935 年在上海参加"左联"并任常委,曾任《抗战报》《时代日报》《时代》等报刊编辑。

④ 林迪生(1903—1997),原名林攸绵,浙江三门人。1926 年加入中国共产党。大革命失败后,受组织委派,到宁海、临海、仙居等地开展农民运动,建立党组织。

⑤ 邬逸民(1901—1956),浙江宁海人。1926 年加入中国共产党,1928 年任中共杭州市艮山区区委书记。1933 年 5 月,参与策划驻甘肃靖远警备第三旅起义,后该部改编为"陕甘工农红军游击队",任秘书长。

1930年7月,江苏省总行委为贯彻中央政治局的决议,委派大革命时期余姚支部的共产党员史济勋回到余姚,与费德昭取得联系,酝酿以原余姚县纠察队部分队员为基础,组建一支在共产党领导下的武装力量,准备在姚北组织武装暴动,以策应全国总暴动。中共余姚县委根据新的形势和任务,决定派县委副书记赵平、县委委员胡尧田参加姚北盐(农)民暴动的组织和领导工作,同时增派人员与史济勋一起到姚北坎墩(今慈溪市坎墩街道),领导和协助费德昭组建革命武装,谋划暴动。7月下旬,江苏省总行委又派罗希三、徐云千等人携带部分枪支、弹药和经费与费德昭等人会合。7月底,根据江苏省总行委的决定,在坎墩成立了由史济勋、费德昭、赵平及罗希三、徐云千等人组成的军事行动委员会。研究制订了军事行动计划,计划在姚北暴动发动后,伺机攻打余姚、宁波等城市。1930年8月初,江苏省总行委再次委派代表到达坎墩,宣布总行委指示,将这支暴动队伍正式命名为"浙东工农红军第一师"(简称"红一师"),任命费德昭为师长,史济勋为党代表,赵平为政治部主任,罗希三为组织部部长兼民运部部长,胡尧田为农运部部长。同时,县委增补了鲁云僧和徐云千为县委委员参与暴动的准备工作:鲁负责收集情报和后勤物资的筹措;徐担任宣传部部长,负责红一师与县委的联系。为加强党组织对红一师的领导,成立了中共临时支部,史济勋兼任书记。师部设在坎墩六灶庵。红一师下设一、二、三3个营。营以下设连、排,共有指战员100余人,有长短枪40余支,其余均为刀、矛等武器。指战员无统一着装,夜间行动时以手臂扎上白毛巾作为识别标记。

红一师成立后,积极开展各种武装活动。一是袭击地主保卫团。经过侦察和充分准备后,进行小规模的游击活动,袭击地主劣绅武装和乡镇警察所,收缴其武器。1930年8月8日,红一师30余人袭击姚北兰塘乡邵家拥有20余人枪的地主保卫团。由于经验不足,事先泄露了行动计划,当部队接近邵家时,地主保卫团早有戒备。邵宅四周界河环绕,吊桥高悬,处于劣势的红一师无法很快突破,只好撤出战斗。这次行动虽未达到预期目的,但对战士是一次实战锻炼,并在姚北产生了一定的影响。8月11日晚,赵平率领红一师10余名指战员,奔袭慈西蜀山蔡家(今余姚市凤山街道同光村)大地主蔡伯钧的保卫团。部队里应外合,仅十几分钟就击溃了地主保卫团,缴枪10余支。二是进行反"围剿"斗争。红一师的胜利出击,被国民党浙江当局视作洪水猛兽。8月20日,国民党浙江省政府派保安团的一个营从海上抵达姚北,进驻坎墩,策划会同地主武装"围剿"红一师,抓捕红军战士和家属。军事行动委员会召开会议,决定将红一师分兵几路,与敌周旋,以保存实力。费德昭带领部分人员,向鄞西移动,并夜袭戒备松懈的鄞西黄古林警察所,不费一弹缴获长枪5支。与此同时,红一师还分头袭击了慈溪城郊及三七市镇、陆埠镇、二六市镇等地的警察所和地主保卫团。至9月,共击毙保卫团什长、密探各1人,毙伤警察、团丁多人,缴获枪械近30支,取得了初步胜利。国民党省防军不明底细,不敢再轻举妄动。红一师在群众支持下,与国民党军警周旋了 2 个多月。这时田间农作物收割完毕,气候也逐渐转冷,在野外继续隐蔽难度增加,在当局加紧"围剿"的情况下,红一师的处境和行动更加艰难。11 月,军事行动委员决定放弃暴动计划,疏散红一师队伍,隐藏枪械,以保存革命力量。接着,红一师主要领导人相继避居上海,红一师武装组织自行解体。中共余姚县委领导人及农运骨干也先后隐蔽他乡,县委及下属组织被迫中止活动。

红一师的解体和姚北暴动的流产,究其原因主要有以下几点:一是"左"倾冒险主义的错误指导。历史的事实已经证明,起义军要在敌统治力量强大的中心城市站稳脚跟,是非常困难的。在革命处于低潮时期,筹划在姚北组建和发展一支革命武装,发动武装暴动,企图攻打宁波、余姚等中心城市,配合全国总暴动,这是党内不切实际的"左"倾急性病的表现,浙东如此,全国也是如此。"(当年)起义部队进攻长沙受挫,为鼓舞士气,毛泽东在文家市里仁学校向全体指战员说:'胜败乃兵家常事。我们当前力量还小,还不能去攻打敌人重兵把守的大城市,应当先到敌人统治薄弱的农村,去保存力量,发动农民革命。我们现在好比一块小石头,蒋介石反动派好比一口大水缸,但总有一天,我们这块小石头,一定要打烂蒋介石那口大水缸!'"[①]道路决定命运,选择正确道路和方向至关重要。二是敌我力量悬殊。宁海亭旁暴动后,国民党对浙东地区的统治日趋严密,特别是对曾经建立过党组织、发动过盐民暴动的姚北地区,抽调重兵进行"围剿"。三是群众基础遭到破坏。大革命失败后,姚北地区党组织几经破坏,基础较弱,处在革命低潮时期的广大盐(农)民并没有广泛恢复原有组织开展活动,并不具备发动武装暴动的条件。四是地理环境方面的不利因素。姚北地区是平原区,又濒临杭州湾,在地理条件上不利于开展游击战争,而利于敌人调兵"进剿"。最终,中共余姚县委被迫中断了活动,革命遭到了挫折。幸好当时中共余姚组织和红一师领导人在不利的形势下及时采取保存实力的应对措施,使革命力量减少了损失。

(三)宁绍沦陷前的反日斗争(1937 年 7 月—1941 年 5 月)

1937 年 7 月 7 日,日军悍然发动卢沟桥事变,全面侵华战争爆发。8 月 13 日,日军将战火蔓延到上海,一水之隔的宁波也立即变成了抗战前线。8 月 14 日下午,9 架日机侵入奉化、宁海、象山侦察。24 日,日机向栎社机场投弹轰炸。面对日军的侵略,宁波军民和全国人民一起共赴国难,开展了一系列反日斗争。

1. 阻止日军进犯

上海沦陷后,为了阻止日军进犯,浙东军民对公路的破坏一直持续到了宁波沦陷,破

---

① 高中华:《开辟革命新道路》,《解放军报》2021 年 4 月 13 日。

坏公路里程达 973.25 公里,桥梁 93 座。① 1937 年 9 月,为阻止日军从海上进攻,宁波防守司令部开始实施沉船封港计划,将"新江天"轮和"象宁"轮沉入甬江口。② 为了打击日本侵略者的嚣张气焰,国民政府还利用宁波机场派飞机远征日本,进行世界航空作战史上著名的"纸片轰炸"。③ 1940 年 7 月的镇海保卫战,国民政府军以阵亡 472 人、负伤 530 人的代价,取得了毙伤日军 1000 余人、击落日军侦察机 1 架的胜利,在宁波抗击外来侵略史上谱写了光辉的一页。④

2.日军发动宁绍战役

抗日战争进入相持阶段以后,在日本帝国主义的引诱下,国民党亲日派汪精卫集团公开投敌。国民党英美派蒋介石集团实行消极抗日、积极反共的方针,掀起了一次又一次的反共高潮。日军为了巩固其对京沪杭中心地区的占领,对东南沿海地区发动了进一步的侵略。1941 年 1 月,国民党顽固派发动了震惊中外的皖南事变。1941 年 4 月,日军发动宁绍战役,一路从上海集结兵力向杭州推进;16 日,突破钱塘江、富春江防线,沿浙赣线进犯;另一路在军舰飞机的配合下,在浙东沿海登陆。当时,驻守在宁绍一线的国民党正规军和杂色部队不下 10 万人,面对日军入侵也开展了一系列战斗,但一路丢城失地,19 日,镇海沦陷,进而宁波、慈溪县城(今江北区慈城)相继沦陷;23 日上午,日机空袭余姚县城,下午,400 余日军分乘两艘汽船从姚江入侵余姚县城。

3.组织地方抗日武装

面对日军的入侵,中国共产党人千方百计地寻求抵御外侮、救国救民之策。具有革命传统的浙东人民,同仇敌忾,誓死抵抗。其实,早在全面抗战爆发后,为挽救民族危亡,中国共产党在浙东地区大力恢复发展党组织的同时,就开始着手布置武装抗日。

1937 年 9 月,中共浙东临时特别委员会成立后,根据战时形势与宁波的战略地位,预计日军可能侵占宁波,为适应抗日救亡运动和进行长期游击斗争的需要,朱镜我派鲍浙潮同有抗日愿望的国民党鄞县县长陈宝麟商谈组建抗日游击团队有关事宜,准备宁波一旦沦陷就进行游击战争,建立抗日根据地。经过谈判,陈宝麟同意举办游击干部训练班,

① 浙江宁波市委党史研究室:《宁波市抗日战争时期人口伤亡和财产损失(上)》,中共党史出版社,2015 年,第 32 页。
② 宁波市档案馆:《鄞县县政府:敌人罪行查报表》,档案号:旧 5-1-57。
③ 1938 年 5 月 19 日夜间,中国空军出动两架"马丁"139WC 型轰炸机,远征日本本土,投下 100 多万份传单,对日侵略者发出了严正警告:"尔再不训,则百万传单将一变而为千吨炸弹。尔再戒之。"这是日本有史以来第一次被外国飞机轰炸袭击,也是世界航空作战史上绝无仅有的"纸片轰炸"。参见叶安宝:《振奋人心的壮举——1938 年中国空军远征日本》,见宁波市新四军暨华中敌后抗日根据地研究会:《浙东抗战与敌后抗日根据地史料丛书》第 1 卷,中共党史出版社,2001 年,第 400—403 页。
④ 朝泽江:《宁波抗日战争史》,宁波出版社,2020 年,第 72—73 页。

并定名为飞鹰团游击干部训练班,由陈宝麟任团长,鲍浙潮任副团长,竺扬为联络股长,鄞县县政府政训队督查任军事教官,朱镜我、庄禹梅为政治教官。1937 年 11 月,训练班在洞桥天王寺准时开班,参加的学员以生活剧团成员为基础,还有大革命时期失去组织关系的地下党员、爱国青年、抗日积极分子,共 80 多人。除学习军事外,还学习《抗日救国十大纲领》和社会科学知识。在训练班期间,恢复了几位失去组织关系的党员党籍,还发展了一批新党员。创办了团刊《野战》,由新生活书店公开发行。飞鹰团的建立和游击干部训练班的举办,得到了广大民众的拥护,却引起国民党顽固派的极大不满和强烈反对。12 月,共产党员崔晓立从上海回到樟村崔岙后,与应斐章商议,决定在樟村蜜岩以茅洋山为中心,建立抗日垦荒团,组织当地贝农和石匠 200 多人开展抗日救亡活动,创建四明山樟村抗日根据地。垦荒团团员既是劳动者也是自卫队队员,每周进行一至两次的军事训练,学习军事基本知识和游击战术。全团只有 10 支步枪、2 支短枪,在武器缺乏的情况下,自制木枪,进行军事训练。晚上,全体团员 10 人为一组,开展轮流值班巡逻,防止国民党顽固派的袭击。经过崔晓立、应斐章的共同努力,初步建立起以茅洋山为中心的抗日游击根据地。1938 年 3 月,正当飞鹰团游击干部训练班和茅洋山垦荒团办得如火如荼时,国民党鄞县党部以飞鹰团为共产党操纵为由,强令解散。为了党员和党组织的安全,中共浙东临时特别委员会决定将参加飞鹰团干部训练班和茅洋山垦荒团的党员干部立即转入地下,以保存有生力量。飞鹰团游击干部训练班和茅洋山垦荒团开办时间虽然短暂,但使宁波党组织在抗战准备时期培养和训练了一批抗日干部。[①]

1939 年 7 月,定海县第一支抗日武装——“吴榭乡抗日自卫队”成立。1941 年 5 月,余姚县中共特派员张光在塘堰桥召开了一次特别会议,分析了余姚沦陷后的形势,决定筹组地方抗日武装,开展敌后游击战争。1941 年 6 月后,又陆续组建了镇海“王贺乡巡夜队”、慈溪“慈东游击队”(后合并为“江南独立中队”)、余姚“四明游击指挥部独立大队”、鄞县“宁波自卫总队第二支队警卫分队”(也称“林一新大队”)、镇海“龙山自卫队”以及绍兴“皋北自卫队”“浙东游击大队”等地方抗日武装。绍兴、诸暨、余姚、慈溪、新昌、嵊县、鄞县、定海等县的共产党组织,为建立武装作出了努力。如绍兴有袁啸吟[②]等人组织的游

---

① 严伟祥:《星火燎原:85 年前中共浙东临委成立前后》,《鄞州日报》2022 年 9 月 30 日。
② 袁啸吟(1922—2020),原名袁荣周,浙江上虞人。1939 年加入中国共产党。

击队,慈溪有戚铭渠①、柳剑青②等人组织的游击队,镇海横河有王博平③组织的乡自卫队。④ 浙东党组织在宁绍地区沦陷后不久创建的抗日游击队及其初步开展的抗日游击活动,为开辟浙东抗日根据地创造了重要条件。

(四)浙东抗日根据地武装力量的发展壮大(1938年初—1945年9月)

浙东抗日根据地的武装力量主要由三个部分组成:一是宁绍沦陷后不久由浙东党组织创建的地方抗日武装,二是浦东南渡的抗日武装,三是华中局和新四军派来的一大批干部。

1.浦东地区抗日武装的成长壮大(1938年初—1941年5月)

1937年8月13日,日军对上海发动了大规模进攻。上海中国驻军奋起抵抗,在上海和全国人民的支持下进行淞沪抗战。1938年初,中共浦东工委在国民党南汇县抗日自卫团中,掌握了第二中队和第四中队两支抗日武装,在南汇东南一带开展游击战争。1938年12月16日,日军发动"扫荡",第二中队在泥城与日军血战,中队长周大庚等34人壮烈牺牲。不久,该中队又因"色彩"暴露,被国民党南汇县长缴枪解散。第四中队的中队长为南汇县第二区区长连柏生⑤;第四中队很快扩编为南汇县抗日自卫团第二大队。1940年2月25日,中共中央发出通知:上海附近的游击队,凡是属中共领导的公开武装,均划归中原局和苏南统一指挥。因此,浦东地区的抗日武装,也正式划归活动于苏南东路地区的新四军第六师领导,浦东抗日武装成为新四军第六师第十八旅所辖的地方主力武装之一。到1940年冬,又与国民党第三战区司令长官部驻沪办事处专员平祖仁取得联系,改名为"淞沪游击队第五支队",仍由连柏生任支队长。支队下辖两个大队,即朱亚民⑥的

---

① 戚铭渠(1914—1990),浙江上虞人。1938年加入中国共产党。全面抗战开始后,投入民族救亡运动。曾在龙山、庄市两区建立抗日民主政府,先后任龙山区区长等职。兴办凤湖中学,成立教育会,推进抗日教育。

② 柳剑青(1915—1944),浙江余姚人,为新四军浙东游击纵队第三支队战士,在余姚县陆埠乡上钟山牺牲。

③ 王博平(1916—1982),原名承弼,又名修植、肖华,浙江镇海人。1941年出任王贺乡乡长,1944年任浙东抗日根据地工商局贸易科科长。抗战胜利后随军北撤,任苏北海防司令部政治部组织科科长。1946年12月,任苏北海上工委委员,参加组建舟山游击支队,任政治部主任,在奉东、鄞东、镇东及舟山一带开展游击战争。

④ 吕树本、杨福茂、金普森:《浙东革命根据地(初稿)》,浙江人民出版社,1980年。

⑤ 连柏生(1908—1992),上海南汇人。1937年,上海沦陷后创建抗日武装,任南汇县保卫团第四中队中队长。1940年,任第三战区淞沪游击队第五支队支队长。1941年,由浦东向浙东转移,任第三战区淞沪纵队三北游击司令部副司令员。1944年1月,任浙东敌后临时行政委员会主任。

⑥ 朱亚民(1917—2012),又名诸亚民,江苏常州人。1937年加入中国共产党。1940年,先后任浦东抗日游击支队支队长、新四军浙东游击纵队淞沪支队支队长、苏浙军区第二纵队淞沪支队支队长。

第一大队与林达①、蔡群帆②的第四大队。淞沪游击第五支队成立后,在奉贤与南汇和南汇与川沙交界地区开展了一系列对日伪战斗,有效地打击了日伪军。中共浦东工委还派共产党员打入伪军内部做策反工作。1940年11月,周振庭③等带领400余名伪军部队起义,加入淞沪游击第五支队。1941年5月,部队发展为三个大队和一个常备大队,共有500人。战斗序列为:

支队长:连柏生。

政治教导员:蔡群帆。

第一大队:代大队长沈光中,大队副周萍,政治指导员金馏声。

第三大队:大队长王三川,大队副凌汉祺。

第四大队:大队副林达。

常备大队:大队长潘林儒,下辖15个常备中队。

训练部:第一训练部主任胡锡钦,第二训练部主任张正贤。

1940年秋,中共浦东工委派党员干部吴建功④、姜文光⑤等打入伪军第十三师二十五

---

① 林达(1914—1947),原名林有璋,上海南汇人。1940年加入中国共产党。1941年6月,率部南渡浙东,在相公殿西的相公庵伏击日军。1942年8月,"三北"游击司令部成立,被任命为第三支队支队长。1944年1月,浙东游击队正式宣布为新四军浙东游击纵队,林达改任三支队的政委。北撤后,第三支队奉命改编为新四军第一纵队第三旅第九团,林达任团政委。

② 蔡群帆(1915—1974),原名子香,学名和民,曾用名正谊,浙江鄞县人。1938年加入中国共产党。1939年初,被派往上海青浦从事党的工作。1941年初,任中共浦东工委委员兼军委书记,浦东第五支队政委。1941年6月,受中共路南特委派遣,率领第三战区淞沪游击第五支队一大队、四大队130余人来到浙东。6月18日,指挥了浙东三北敌后抗战第一仗——余姚相公殿战斗,取得胜利。10月,任中共浙东军政分会委员兼五支四大工委书记。1942年5月,中共浙东军分会组建南进支队,由蔡群帆任南进支队大队长兼政委,在会稽、金萧等地开展抗日游击斗争。1943年2月,调任三北游击司令部教导大队大队长兼政委。浙东第二次反顽自卫战争开始后,调任司令部参谋处处长。不久,任新四军浙东游击纵队金萧支队支队长。1945年3月,金萧支队两个大队与第三支队合并成立新的第三支队,再任支队长。曾两次率赴富春江东岸接应新四军苏浙军区第四纵队一部渡江作战。抗日战争胜利后,率部随新四军浙东游击纵队北撤。

③ 周振庭(1904—1944),上海南汇人。1943年加入中国共产党。1938年初,加入"忠义救国军",同中共浦东工委及其领导的南汇县保卫团第四中队取得联系。1940年11月,带领4个中队及特务连、通讯班等300余人起义,被编为淞沪游击五支队第四大队,任大队长。1941年8月,部队奉命赴浙东。不久,五大队改为新四军浙东游击纵队特务大队,任大队长。其指挥的窆家埭伏击战,全歼日伪一个营。1944年1月1日,在浙江上虞与日军战斗中牺牲。

④ 吴建功(1911—1951),又名吴中杰,上海南汇人。1929年加入中国共产党。1934年,参加进步群众团体"社会科学研究社"。1938年,在中共浦东工委领导下,和周大根一起筹建南汇县保卫二中队并任副中队长。历任新四军浙东游击纵队支队长、三北司令部后勤部部长、中共浦东工委委员、南汇县县长、鲁南二专署教育科科长、浦东人民解放总队队长等职。

⑤ 姜文光(1909—1941),又名姜耀,上海南汇人。1940年5月,任中共浦东工作委员会伪军工作委员会委员,打入伪军第十三师第二十五旅五十团,任秘书。1941年5月10日,率部赴浙东三北地区,任大队长。6月18日和28日,在相公殿西南两次伏击日军,两战皆捷。1941年10月22日,在横河镇附近伏击日军时牺牲。

旅五十团去当二营营附(即副营长)和三营教官。由于该团储贵彬①等三个营长也是靠拢共产党的,于是又陆续派入一批共产党员去当连排长。这样,中共浦东工委很快就掌握了该团的大部分武装。该团的活动地区为南汇县的大部分和奉贤县的一小部分。

上述两支武装都是中共浦东工委领导和掌握的。他们表面上打着国民党军队或伪军的旗号,实际上执行共产党的隐蔽埋伏、积蓄力量、伺机打击日本侵略者的"灰色隐蔽"方针,在斗争中互相支援、密切配合,逐渐在浦东地区站稳脚跟,开展敌后抗日游击战争。

1941年春,日伪为了强化伪政权,在沦陷区实行"清乡"整编,准备将伪军第十三师调防去浙西。5月,中共浦东工委根据中共苏南区党委的指示,在中共路南特委书记张瑞昌(顾德欢)的指导下,研究决定:除戚大钧②等少数共产党员组成的一个精悍党支部,继续留在伪五十团外。将其余所掌握的隐蔽在伪军第十三师五十团中的武装力量,拉出来分批南渡杭州湾,向浙东三北地区发展。

2.三北根据地初创时期抗日武装的发展壮大(1941年6月—1943年3月)

1941年4月,日军发动宁绍战役,浙东地区沦陷。5月至9月,根据中共中央指示,中共浦东工委领导的抗日武装900余人,前后分7批南渡杭州湾,到达浙东开展敌后游击战争。这些部队分别称淞沪游击第五支队第四大队(简称"五支四大")、宗德指挥部第三大队(简称"宗德三大")及淞沪游击队暂编第三纵队(简称"暂三纵")。在浙东地方党和人民群众的配合下,南渡部队一踏上浙东,就同日军进行了英勇的战斗。1941年6月18日,五支四大和宗德三大在相公殿对日军进行了伏击,打死、打伤16人,首战告捷。此后,南渡部队又与日伪多次激战。南渡部队的作战行动,重挫了日伪军,为浙东抗日根据地的开辟和新四军浙东游击纵队的创建打下了基础。

1942年8月19日,在慈溪鸣鹤场金仙寺成立了第三战区三北游击司令部,统一领导浙东抗日武装力量。这支部队成为巩固三北,发展四明山、会稽山的基本力量。战斗序列为:

司令员:何克希。

---

① 储贵彬(1914—1986),上海南汇人。1948年加入中国共产党。1940年参加革命,曾受党指派到伪军五十团任二营营长。1943年1月,汪伪军第五十团反正,部队到达天台等地时,与浙东区党委接上关系。后奉浙东区党委命令,打人设在黄岩的中美合作所。新四军浙东游击纵队北撤后,一度与党组织失去联系。1946年5月,与中共淞沪党组织接上关系,奉命出任国民党浦东大团镇镇长。利用公开合法身份,积极发展武装,成立大团区自卫中队,掩护地下党的活动。1948年5月,奉命率大团区自卫中队与浦东人民解放总队开赴浙东四明山,所部编为浙东人民解放军第五支队,任支队长。1949年1月,改番号为浙东人民解放军第二游击纵队第五支队,仍任支队长。不久调任浙东行政公署财粮处副处长。

② 戚大钧(1919—2008),上海南汇人。1939年加入中国共产党。历任南汇县保卫团战士及浦东抗日自卫队战士、班长、排长,新四军浙东游击纵队第五支队三大队大队长等职。

政委:谭启龙。

参谋长:刘亨云[①]。

副司令员:连柏生。

政治部主任:张文碧[②]。

下辖:第三支队、第四支队、第五支队。

此外还有南进支队、特务大队、新慈溪国民兵团、海防中队和特务连。部队连同各办事处人员共有1511人,有轻重机枪26挺,长短枪878支。

三北游击司令部的成立,使浙东人民的抗日斗争有了统一的主力武装。浦东南渡浙东的一批干部,是三北游击司令部下属部队的主要骨干,在浙东抗日根据地的建设中发挥了重要作用,也作出了重大牺牲。他们之中,长眠在浙东大地的就有300多位。如首批南渡的指挥员姜文光,牺牲时年仅33岁。

1942年12月,三北游击司令部改称浙东抗日自卫军,并将海防中队扩编为海防大队,教导队扩编为教导大队。1943年2月,第四、第五支队合编为第五支队,第四支队番号撤销。

3. 开辟四明后抗日武装的发展壮大(1943年4月—1945年9月)

1943年,根据抗战全局和浙江实际,新四军总部和浙东区党委提出开辟四明的战略。4月22日,浙东抗日自卫军攻克汪伪第十师第三十七团一营驻守的梁弄据点,在四明山腹地取得了一个至关重要的战略据点。梁弄,成为以四明山为中心的浙东抗日根据地的指挥中心。

1943年11月19日,国民党第三十二集团军总司令李默庵调集三万之众,向浙东发动进攻。1943年12月22日,新四军军部电令浙东抗日武装正式整编为新四军浙东游击纵队(1944年1月8日公开更名),面对国民党顽固派的疯狂进攻,公开打出新四军的旗号。战斗序列为:

司令员:何克希。

---

① 刘亨云(1913—1992),江西贵溪人。1929年参加红军。1935年1月,红军北上抗日先遣队在江西怀玉山战斗中任先遣队第一团连长,与上级失去联系后,在松阳县玉岩区一带组织农民游击队。1942年6月,担任新四军第一师第一旅第一团参谋长,派往浙东建立根据地,任新四军浙东游击纵队参谋长。1948年,任华东野战军第一纵队第三师师长。1955年被授予少将军衔。

② 张文碧(1910—2008),江西吉水人。1930年参加中国工农红军。1931年加入中国共产党。土地革命战争时期,任福建军区建黎泰军分区司令部特派员,独立连政治指导员,红七军团特派员,挺进第三纵队副政治委员,第二纵队政治委员。抗日战争时期,任新四军第二支队四团政治处组织股副股长,江南指挥部苏皖支队政治部调查统计科科长,苏北指挥部第三纵队司令部军法处主任,新四军第一师南通警卫团政治委员,新四军浙东游击纵队政治部主任,苏浙军区第一纵队三旅副政治委员。1955年被授予少将军衔。

政治委员:谭启龙。

参谋长:刘亨云。

政治部主任:张文碧。

下辖:第三支队、第五支队、金萧支队、浦东支队、三北自卫总队、四明山自卫总队、教导大队、警卫大队、海防大队。

金萧支队:1943年12月21日,金萧支队在诸暨王家店成立。成立后该支队就在嵊县郑乌坑、义西吴店塘、西桥和诸暨北乡墨城坞击溃日伪军的进攻,打出了金萧支队英勇善战的作风。

海防大队:1944年8月21日,海防大队一中队76人,在舟山大鱼山岛与500余日伪军展开激战。这是年轻的浙东部队铁军精神的一次真实写照,当时延安新华社对此战作了报道。

浦东支队:1942年10月—1944年8月,浦东五支队历经大小战斗数十次,先后消灭活动在祝桥一带的陈龙生部顽军,缴获长短枪10多支;夜袭奉贤苏家码头检问所,击毙日伪军5人;鹤沙锄奸,一举杀掉镇上13个汉奸;镇压大团镇汉奸王宝根、维持会长韩鸿生;袭击伪军刘铁成驻新场部……其中以1944年8月发生的朱家店伏击战影响最大。此外,浦东五支队还在奉贤、川沙等地进行多次战斗。1944年11月,新四军浦东游击支队、浦西游击支队合编并命名为新四军浙东游击纵队淞沪支队,朱亚民任支队长,姜杰任政委。支队主力发展到300多人,下设3个直属中队和地方武装,在以南汇为中心的浦东一带活动。1945年2月,淞沪支队主力挺进浦西,浦东主力中队改编为大队,坚持斗争,不久又发展了100多人。至此,武装力量已发展到浦西各郊县,使浦东、浦西的游击区连成一片。1945年8月,日本宣布无条件投降后,新四军浦东游击队向聚集在宣桥李家桥、拒不投降的伪军发起攻击。消灭伪军1个大队、3个中队,缴获长短枪500多支、轻重机枪16挺。8月底,在人民群众的配合下,淞沪游击支队横扫日伪军,先后攻克南汇县城,拔掉大团镇大小据点,基本上解放了浦东平原,取得了抗日战争的最后胜利。浦东人民武装力量在八年全面抗战中,歼灭日军500多人(不含伪军),缴获枪支2000多支,部队也发展到1500多人。①

1945年1月13日,根据新四军军部命令,新四军浙东游击纵队改编为新四军苏浙军区第二纵队②,何克希任司令员,谭启龙任政治委员,刘亨云任参谋长,张文碧任政治部主

---

① 姚秉楠:《上海郊县抗日武装斗争及其历史作用》,https://www.shtong.gov.cn/n87470/20210701/133399.html。另外也有说法称,部队人数发展到1000多人。

② 1945年1月,新四军浙东游击纵队改编为新四军苏浙军区第二纵队。但从诸多史料和文章中还是能够看到新四军浙东游击纵队和新四军苏浙军区第二纵队混用的状况,本书在引用相关资料时可能也会有这种情况。

任,所属部队番号不变,全纵队共有 7000 余人。2 月上旬,金萧支队编入第三支队。2 月 25 日,重建金萧支队。3 月,三北自卫总队撤销。5 月,张翼翔①任第二纵队副司令员。7 月 1 日,苏浙军区决定四明自卫总队和部分地方武装合编为第四支队。13 日,新四军军部命令第二纵队第三、第四、第五支队合编组成第二纵队第一旅,旅长由张翼翔兼任,各支队番号不变;起义的国民党第三战区挺进第五纵队张俊升②部 1000 余人改编为第二纵队第二旅,张俊升任第二纵队副司令员兼第二旅旅长。该旅下辖第七、第九团。此时,第一纵队战斗序列为:

司令员:何克希。

政治委员:谭启龙。

参谋长:刘亨云。

副司令员:张翼翔、张俊升。

政治部主任:张文碧。

第一旅旅长:张翼翔(兼),下辖第三支队、第四支队、第五支队。

第二旅旅长:张俊升(兼),下辖第七团、第九团。

下辖:金萧支队、淞沪支队、海防大队、警卫大队、军政干校。

(五)浙东游击根据地武装的恢复和发展(1945 年 10 月—1949 年 5 月)

1945 年 9 月 20 日,华中局转发中共中央电示,命令浙东、浙西部队及地方党政干部全部撤离浙东。从 9 月 30 日起,浙东党政军 1.5 万余人先后渡杭州湾撤离浙东,浙东区党委随军北撤前,留下少数干部坚持斗争。

---

① 张翼翔(1913—1990),湖南浏阳人。1928 年加入中国共产主义青年团,1929 年参加中国工农红军,1932 年转为中国共产党党员。1934 年,任十八师五十二团营长。参加了长征。1937 年,任红六军团五十二团参谋长,红六军团参谋。抗日战争时期为延安抗大一队学员。1942 年 1 月,任新四军第二师六旅副旅长。1943 年 9 月,后任新四军第二师五旅副旅长、浙东游击纵队副司令员。北撤后,任山东军区第一纵队三旅旅长。1948 年,任第一纵队副司令员。1949 年,任中国人民解放军华东野战军第二十军副军长、军长。中华人民共和国成立后,历任中国人民志愿军第二十军军长,华东军区第二副参谋长、军区党委常委兼浙江军区副司令员,福州军区副司令员、军区党委常委,解放军总参谋部军训部副部长、军训部党委副书记。1968 年,任铁道兵司令员。1969 年后,任第二炮兵司令员。1975—1985 年,任军事科学院副院长、党委常委、副书记。1955 年 9 月,被授予中将军衔。曾获二级八一勋章、一级独立自由勋章、一级解放勋章。1988 年 7 月,被授予中国人民解放军一级红星功勋荣誉章。中共第九届、十届中央委员。

② 张俊升(1905—1995),河北威县人。1948 年加入中国共产党。1928 年春,进入奉系军阀部队当兵。1943 年 3 月,张俊升与新四军浙东游击纵队司令员何克希签订了《联合抗日宣言》。1945 年 7 月 11 日,张俊升率部宣布起义,改编为新四军浙东游击纵队二旅,张俊升任新四军浙东游击纵队副司令员兼二旅旅长。1945 年 10 月,随新四军浙东游击纵队北撤。11 月,二旅在苏北涟水整编为新四军独立一旅,张俊升任旅长。1947 年,调任华东野战军第一纵队副参谋长,参加了孟良崮、鲁西南、淮海等战役战斗。1949 年 2 月,第一纵队改编为第三野战军第二十军,张俊升任军副参谋长。

1. 隐蔽坚持(1945年10月—1946年5月)

浙东区党委在迅速部署部队北撤的同时,留下少量熟悉地形和民情的干部坚持原地斗争,同时提出了"隐蔽精干,长期埋伏,保存力量,等待时机"的工作方针,将党组织改为特派员制,创建浙东游击根据地。任命刘清扬①、邢子陶②为中共四明特派员,马青为中共金萧地区特派员,还分别派人担任各县区特派员。隐蔽坚持时期,是坚持在浙东的共产党人最困难、最艰苦卓绝的时期。四明地区的党员群众,选择合适的隐蔽地点,迅速从公开的活动转入秘密工作。在金萧地区,留下来坚持斗争的干部有70多名,开展了一些切实有效的武装斗争。1945年10月3日,马青在诸暨里宣召开会议,要求留下的干部经得起残酷环境的考验,并动员妇女和体弱的干部留下联络地址后回家,其余人员则分成四路,坚持斗争。会后,蒋明达③等人到诸绍边界活动,周芝山④率部分人到诸义东县帮助工作,一部分人到诸暨枫桥一带活动,马青率七八人在嵊县、诸暨一带活动。

1945年10月下旬,活动在诸义东一带的周芝山、金平欧⑤等人,成立了诸义东人民游击队,由杨亦明⑥任队长,有队员十六七名。他们采取避实击虚、昼伏夜出,一天换几处宿营地的办法,与国民党军队周旋。12月中旬,马青带着20余人与蒋明达带领的人员会合,以五泄山为基地,在诸暨、富阳、浦江边界开展武装斗争。他们袭击了富阳窈口税务站,在浦江马剑(今属诸暨)沈家村活捉国民党诸暨县自卫队中队长廖伟等4人。在四明地区,1946年2月,刘清扬等人在"冠佩会议"上提出"躲击"的斗争方针,即保存有生力量,伺机袭击国民党军队。

---

① 刘清扬(1906—1959),福建福鼎人。1935年加入中国共产党。1937年12月起,先后调任中共台州特委书记、浙东工委书记、浙东行署秘书长、新四军浙东游击纵队后勤部部长、中共四明地委书记。新四军浙东游击纵队北撤后,坚持在四明山地区开展隐蔽斗争。1947年,任中共浙东工委书记期间,在上海被国民党政府逮捕。1949年,在党组织营救下出狱,他向党组织详细汇报了自己被捕后的表现,经过组织审查,继而任浙东行署秘书长。

② 邢子陶(1912—1998),又名尹阿根,浙江嵊州人。1936年加入中国共产党。曾任中共浙江省临时工委组织部部长、阜东县委副书记、浙东四明地委书记、中共中央华中局组织部干部科科长。

③ 蒋明达(1922—1987),浙江诸暨人。1938年加入中国共产党。历任江东区委书记、中共嵊西县工委兼山区区委书记、中共诸暨县委委员、中共江藻区委书记兼区长、路东县长、中共路西特派员等职,领导当地抗日统战工作。

④ 周芝山(1921—1993),浙江诸暨人。1939年加入中国共产党。抗战期间,先后担任中共诸(暨)南区委委员、中南分区区委委员、金萧支队诸北办事处税务分站站长、中共小西区委书记兼情报联络总站站长、中共诸义东县委璜越区特派员兼区长等职。

⑤ 金平欧(1915—1946),又名金显岩、金显健,浙江东阳人。1943年,任中共义北区委组织委员。1945年9月—1946年1月,任中共诸义东地区特派员。1946年1月2日,在同国民党傅梦山"谈判"时,被扣押后遭枪杀。

⑥ 杨亦明(1919—2016),浙江诸暨人。1938年加入中国共产党。曾任中共诸义东特派员、中共会稽临工委委员、浙东人民解放军第二支队支队长等职。

2. 重建武装（1946 年 6 月—1947 年初）

1946 年 6 月，国民党挑起全面内战。嵊县国民党政府一面诱捕党组织负责人邵明①、丁友灿②，一面又向各乡公所下达逮捕和控制人员的"黑名单"。1946 年 6 月，转移到嵊县活动的金萧地区特派员马青，针对严酷的形势和嵊西有利条件，决定发动缴枪，从敌人手中夺取武器，重建武装部队，开展游击战争。1946 年 8 月，中共华中分局指示浙东，今后的工作方针已不再是隐蔽斗争、保存力量，而应广泛发动群众建立武装，重新恢复根据地，与国民党开展武装斗争。

1946 年 10 月，马青命令在金华地区的应飞③、周芝山、杨亦明等武工队到东白山孔村隐蔽待命；指派党员钱章超④、吕侠男、周德伟分头做缴枪的准备；通知嵊西党组织动员党员和积极分子 80 余人，准备参军参战。周芝山、杨亦明到达指定地点后，以裁制衣服为名，到石璜勘察地形，侦察辅仁乡自卫队驻扎的关帝庙。11 月 18 日，马青在箬帽墩村召开军事会议，下达了攻打石璜的战斗任务和行动方案：由早已潜伏辅仁乡自卫队的齐昌瑞⑤为内应，以应飞、周芝山的武工队为突击力量，各路力量按指定地点相应配合，争取用智取、巧战的方式夺取胜利。11 月 19 日天黑后，参战人员悄悄隐蔽到关帝庙附近。晚上 8 时许，由齐昌瑞带路，马青率领武工队冲进关帝庙，先缴获在大殿桌上的轻机枪。睡梦中惊醒的自卫队员未及穿衣戴帽，即被生擒，10 多支步枪也落入了武工队员手中。此次"石璜缴枪"，以里应外合、智取巧战的方式，不发一枪一弹，缴获了轻机枪 3 挺、步枪 35

---

①　邵明（1918—2006），原名徐嘉思，浙江宁波人。1938 年加入中国共产党。1939 年 11 月，调任中共宁绍特委青年工作委员会书记、青年部部长。1940 年 2 月，兼任中共绍兴县工委书记。同年 11 月，先后任中共嵊县中心县委书记、嵊县特派员。1942 年 7 月，任中共嵊新县委书记。1945 年 2 月，任中共嵊新奉中心县委书记（4 月改任副书记）。1945 年 10 月，任中共嵊新奉县特派员。从 1946 年 2 月起任中共新（昌）北区特派员。1947 年 2 月调至台属地区，先后任中共台属工委、台东临时工委书记，组织建立台属地区武装，率部参加了解放三门、天台县的战斗与和平解放临海县的工作。

②　丁友灿（1909—2001），原名丁猷灿，字介臣，又名周志远，浙江嵊州人。1937 年加入中国共产党。1938 年 2 月，任中共嵊东区委书记。1940 年 1 月起，专做党的统一战线工作。1942 年 7 月后，任"丁部"（岩头部队）、嵊东抗日自卫队负责人，嵊奉自卫总队总队长，嵊东办事处、嵊新县办事处、嵊新奉县办事处主任等。新四军浙东游击纵队北撤后，奉命留原地坚持斗争，任中共嵊新奉县特派员。1947 年 1 月，任中共台属工委委员。1948 年 1 月，任中共四明工委委员。1948 年 2 月，任嵊新东县办事处（即浙东行署第九办事处）主任。同年 10 月，任中共会西工委委员。1949 年 2 月，任浙江第一区行政督察专员公署专员。同年 4 月，任中共嵊新地区特派员，领导嵊县、新昌两县的接管工作。

③　应飞（1922—2012），浙江永康人。1939 年加入中国共产党。曾任新四军教导员，浙江金义浦地区区委书记、特派员，浙赣路南地区六支队（浙东人民解放军第六支队）支队长。

④　钱章超（？—1980），浙江嵊州人。1938 年加入中国共产党。1940 年 6 月，参与发动农民参加党领导的嵊县"六·三"饥请愿斗争。1942 年 12 月，建立国民党嵊县第一联乡总队情报组，任组长。新四军浙东游击纵队北撤后在原地坚持斗争。1946 年 11 月，参加嵊县"石璜缴枪"战斗。1948 年初，任中共会稽中心县工委委员兼路东县政府副县长。1949 年 3 月，任中共嵊县县工委书记兼县长。

⑤　齐昌瑞（1913—1948），浙江嵊州人。1939 年加入中国共产党。曾任浙东人民解放军二支队四大队副大队长，1948 年 10 月在嵊西牺牲。抗战时期，全家有 10 人参加革命，6 人加入中国共产党，3 人先后为革命献出了生命。

支、短枪 11 支,手榴弹、子弹数担。11 月底,参与"石璜缴枪"战斗的人员隐蔽嵊北白岩村进行整顿。12 月中旬,应飞、杨亦明率武工队 7 人,随带在石璜缴获的机枪 1 挺、步枪若干支,回金华地区开展武装斗争。1947 年 12 月 21 日晚上和 1949 年 2 月 16 日凌晨,武装人员又进行了第二次和第三次"石璜缴枪",进一步巩固了游击区,并配合了浙东主力部队的进击。以这些收缴的武器为基础,马青宣布成立会稽山抗暴游击队,后发展成为浙东人民解放军第二游击纵队(师级)。

"石璜缴枪"战斗是解放战争时期浙东革命武装斗争最早的一次主动行动,是全面内战后金萧党组织的一次重大军事行动,标志着金萧游击队进入了以公开的武装斗争反对国民党反动统治的新阶段。同时,它也是"浙东解放战争时期蒋管区革命武装最早的一次主动行动,为在浙东革命游击战争的发动,作出了重要贡献"①。

1946 年 12 月 4 日夜,姚南武工队在余上游击小组的配合下,突袭天华乡公所。武工队袭击了天华乡公所,缴获机枪 1 挺、步枪 13 支、短枪 2 支,子弹 200 余发。之后,一批青年农民积极分子加入了武工队,姚虞县第一支武工队成立。"天华缴枪"行动,是余上地区从隐蔽坚持到开展武装斗争的一个重要开端,为恢复和发展游击战争作了准备,揭开了四明地区自新四军浙东游击纵队北撤后向国民党开展武装斗争的序幕。1947 年 1 月后,浙东各县党组织和游击武装相继重建,革命斗争烽火燃遍全区。

3. 迎接解放(1947 年初—1949 年 5 月)

1947 年,人民解放战争进入第二年。蒋介石对解放区的全面进攻改为集中兵力向陕甘宁边区、山东解放区实施重点进攻。2 月,中共上海分局根据中央的指示,指示浙东工委抓紧时机,争取速度以打开局面,建立敌后第二战场的坚强堡垒,进一步配合正面战场的胜利,争取时局的好转,迎接革命高潮的到来。

1947 年 1 月,中共四明工委成立,由刘清扬兼任书记。中共台属工委也同时成立,由邵明任书记,原属四明地区的嵊新党组织划归中共台属工委领导。浙东地区开始重新组织武装,建立主力部队,实现从分散隐蔽到公开发展游击战争的战略转变。5 月 15 日,四明工委在陆埠余鲍陈村北面山上的福田庵(又称"草茅庵")召开了建立四明主力武装大会。顾德欢和四明工委陈布衣、朱之光,以及项耿②、钱铭岐等部分县和地方干部共 70 多

---

① 参见顾德欢为纪念"石璜缴枪"胜利 40 周年写的贺词,原件藏于中共嵊州市委党史研究室。

② 项耿(1919—),上海南市人。1939 年加入中国共产党。历任中共慈北区委员会书记、中共姚东区委员会委员兼区办事处主任、中共姚山区委员会委员、中共慈西区委员、中共余姚马渚区委书记。1945 年 9 月新四军浙东游击纵队北撤后,任中共余上县特派员。1947 年 5 月,受命组建中共山心县工委,任书记兼武装部队教导员。1948 年 6 月,任中共浙东海上工作委员会书记。1949 年 4 月,任中共嵊新地区副特派员兼中共嵊县工委书记;6 月,调任慈溪县委组织部部长。

人到会,顾德欢在会上讲话,宣布建立第四中队。为利用抗日战争时期浙东"三五"支队在群众中的威望,对外称"三支二大第四中队",以扩大声势。第四中队共有指战员43人,分编为2个排、4个班。这是解放战争时期四明山上的第一支主力武装,它标志着四明地区的革命斗争已由分散隐蔽进入公开游击的新阶段。

1947年7月15日,周芝山率会稽山抗暴游击队与陈湘海率领的路西人民救国先锋队,在诸暨西南捣臼湾会师,并合并为一个大队。同时,蒋明达宣布抗暴司令部成立,司令员为彭林①,副司令员为蒋忠、政委为马青,副政委蒋明达,参谋长兼大队长为张任伟②。抗暴司令部下辖2个区队、1个突击队,有指战员60余人,机枪4挺,长短枪40余支。10月下旬,四明工委认为部队在出击姚北战斗中猛打猛冲,发扬了抗日战争中"三五"支队的风格,决定将"四明人民爱国自卫总队"番号改为"浙东人民游击第三支队",支队长刘发清③,政委陈布衣。

1948年,为贯彻上海局的指示,浙东临委决定建立浙东主力武装,命名为"浙东人民解放军第三支队",由四明、会稽两地区的主力武装合编而成,任命刘发清为支队长,马青为政委,张任伟为参谋长,诸敏④为政治处主任。1月28日,顾德欢在慈南冷湾坑召集四明主力第三支队全体指战员,传达浙东临委扩大会议决定,宣布三支队上升为浙东主力;所属四中队、五中队合并,成为一个连的机制,三个排共80余人,命名为"钢铁部队",中队长马林生,指导员罗加扬(何明)。2月,抗暴司令部一部上调编入三支队后,在会稽地

①　彭林(1914—2002),原名彭栋才,江西吉安人。1930年参加中国工农红军,随红二方面军长征到达延安。后秘密来到上海,辗转到浙江,任中共浙西特委委员。1944年3月,历任金萧支队独立大队大队长、金萧支队支队长。1951年2月1日,铁道公安部队正式成立,任政委。1955年5月,任海军旅顺基地政委。1960年8月,任海军航空兵部政委。1955年被授予中将军衔。

②　张任伟(1915—2000),曾用名周国光,浙江象山人。1939年12月,在上海崇明县参加新四军。1940年加入中国共产党。1942年10月—1944年10月,任新四军浙东游击纵队司令部侦察参谋。1945年1月,任新四军浙东游击纵队四明自卫总队新昌大队副大队长。1945年5月—8月,任嵊新奉县抗日自卫大队大队长;8月—9月,任嵊新奉县抗日自卫总队副总队长。先后参加并指挥了苏北南通骑岸反顽战斗、海门战斗、石港战斗、浙东晋浙战斗、宁波战斗等。1945年9月—12月,任新四军浙东游击纵队第四支队司令部作战参谋。1947年7月,任会稽山人民抗暴游击司令部参谋长兼大队长。1948年1月—1949年1月,任浙东人民解放军第三支队参谋长,直接指挥浙东青岩战斗、上王岗战斗、中村战斗。1949年1月,任浙东人民解放军第二游击纵队参谋长兼第三支队支队长,参与指挥了攻克天台及三门县城战斗。

③　刘发清(1914—2001),原名刘玉清,浙江瑞安人。1934年1月,在江西吉安参加红军。1936年加入中国共产党。1942年7月,调浙东;12月,任三北游击司令部特务大队大队附。1944年1月任新四军浙东游击纵队五支队三大队大队长;6月,任警卫大队大队长。抗战胜利后随军北撤,后任新四军独立团二营营长。1947年10月,奉命重返浙东,任浙东人民游击第三支队支队长。1948年1月,任浙东人民解放军第三支队支队长;6月,兼任中共四明工委委员。1949年1月,任浙东人民解放军第二游击纵队副司令员兼第四支队支队长。

④　诸敏(1921—1999),原名朱启聪,曾用名俞志明,江苏南京人。1938年加入中国共产党。1939年4月,打入上海浦东奉贤县国民党"忠义救国军"第八支队,任教官、中队长,并担任四大队党的秘密特别支部宣传委员。1940年起,先后任江苏昆(山)嘉(定)县委宣传委员、昆山县委宣传委员、苏南淀山湖工委书记、三七市办事处副主任等职。1947年10月,任浙东人民解放军第三支队政治处主任、浙东台西工委书记、浙东人民解放军第二游击纵队政治部主任等职,率部参加了中村、上王岗、天台山和解放三门、绍兴的战斗。

区成立浙东人民解放军第二支队,先成立二支队四大队,由杨亦明任大队长,周芝山任教导员,并成立外围武装——会稽山抗暴游击总队,由周德伟任队长,下设"齐功"大队。2月25日,又将会稽部队编入主力,有指战员40余人,命名为"坚强部队",中队长吕民烽,指导员楼春阳。5月中旬,为了加强浙东的武装力量,中共上海局派浦东武装300余人来浙东。在中共余上县工委的接应下,浦东武装在余姚与浙东临委、三支队等会合。5月18日,浦东武装被编为浙东人民解放军第五支队,由储贵彬任支队长,张凡①任政委,下辖两个支队。这样,抗日战争时期威名远扬的"三五"支队番号又重新恢复。10月23日,杨亦明、齐昌瑞率部与国民党七十五师的一个营遭遇,激战6小时,毙伤10余人后,撤出战斗。12月25日,周芝山、张凡打响陈蔡战斗,毙敌2人,俘敌中队长以下52人,缴获轻机枪3挺、步枪40余支、短枪3支。陈蔡战斗的胜利,沉重打击了国民党诸暨县当局,打开了会稽游击武装进入诸暨腹地的通道。

自1948年6月三支队外线出击之后,"机动""灵活""铁流"等部队在各县党组织的配合下,在台东、台西的空隙地区活动,时分时合,打了许多胜仗,并发动群众建立了地方武装与党、政、群组织,开辟和发展了嵊新奉、嵊新东、新天等游击根据地。1949年1月6日,马青率领浙东临委机关,组成210人的浙东临委直属大队,到达回山村与顾德欢、王起②等人率领的部队会合。同月,第五支队"铁马"中队编入浙东主力,四明工委决定将姚虞、余上两县的地方武装"小钢铁""勇猛"提升为四明主力("勇猛"对外还称余上自卫大队),配合主力解放浙江,捷报频传。5月5日下午,浙东第二游击纵队在枫桥大礼堂召开有1000多人参加的大会,顾德欢作关于进城的动员报告,并决定由二支队解放诸暨县城,直属主力解放绍兴。浙东部队配合人民解放军四处出击,迎来了最终的解放。

二、浙东抗日根据地对日伪的军事斗争

1941年4月,日军发动宁绍战役。20日,宁波沦陷,浙东地区的抗日力量遭遇重挫。皖南事变爆发后,中共中央两次致电新四军总部,明确指出要开辟浙东战略基地,创立抗

---

① 张凡(1915—1996),原名顾德熙,上海青浦人。1936年加入中国共产党。1945年参加中共七大。1948年5月,率300余名武装人员横渡杭州湾,到达浙东四明山根据地,部队改编为浙东人民解放军第五支队,任中共四明工委副书记兼五支队副政委。1948年8月,任中共金萧工委书记、浙东人民解放军金萧支队政委。

② 王起(1917—1981),原名耀甫,又名烈钧,浙江宁波人。1934年加入中国共产党。1940年3月,任中共宁属特委委员兼宣传部部长,在定海东区警察大队基础上组建抗日武装第五大队。1942年6月,任中共三东(鄞东、奉东、镇东)地区特派员。1944年6月,任浙东区党委海上工作委员会副书记,年底又任杭甬沿海工作委员会组织部部长。1946年任中共宁波工作委员会书记,同年底任浙东工委委员、组织部部长。1948年1月,受命组建东海地区武装;3月底,东海游击总队在钓门岛成立,兼任政治委员,在舟山群岛进行游击战争。1949年3月,兼任中共会稽地区工委书记。

日根据地。从 1941 年 5 月到 1945 年 8 月,浙东抗日根据地经历大小战斗 643 次,克复南汇和上虞两座县城,攻克敌军据点 110 余个,毙伤日军官兵 610 人,俘虏日军顾问军曹以下 21 人,毙伤伪军 3062 人,俘虏伪军 5504 人。[①]

(一)开展三北抗日游击战争

根据中共中央的指示,中共浦东工委派 900 余名指战员,分 7 批南渡杭州湾到达三北,先是开辟了三北抗日根据地,后来又创建了以梁弄为中心的浙东抗日根据地,并发展成为全国 19 个解放区之一,为抗日战争在浙东地区的胜利作出了重大贡献。

1.浦东武装成功南进

1941 年 5 月,陈毅、刘少奇、赖传珠致电第六师师长谭震林、参谋长罗忠毅[②]:诸暨、绍兴、余姚、宁波已沦陷,该地群众基础较好,你们该抽派军政干部去配合地方党组织发展游击战争。以浦东淞沪五支队为主体的 900 余人,自 1941 年 5 月 10 日第一批开始,先后分 7 批南渡(见表 2.1),参与创建浙东抗日根据地。

表 2.1　浦东武装南进批次人员情况

南渡部队	南渡时间	南渡人数	部队指挥员
第一批	1941 年 5 月 10 日	50 余人	姜文光、朱人侠
第二批	1941 年 6 月 16 日	136 人	蔡群帆、林达
第三批	1941 年 6 月下旬	40 余人	朱人俊
第四批	1941 年 7 月中旬	100 余人	姚镜人、陆阳
第五批	1941 年 8 月中旬	100 余人	凌汉琪、王荣桂
第六批	1941 年 8 月底	150 余人	潘林儒
第七批	1941 年 9 月 15 日	350 余人	朱人俊、方晓

1941 年,浦东抗日武装共 900 余人,先后到达三北地区。这支部队是开辟三北、四明地区的主要武装力量,他们和原有的浙东地方武装成为后来组建新四军浙东游击纵队的基础。但是 900 多人的部队要渡过杭州湾到浙东,在三北地区扎根,也是困难重重。部队自己没有渡船,也没有熟悉海上航行的船员。加上出没于海上的"忠义救国军"、海匪,

---

① 浙江省委党史资料征集研究委员会、浙江省档案馆:《浙东抗日根据地》,中共党史出版社,1987 年,第 184 页。

② 罗忠毅(1907—1941),原名罗宗愚,湖北襄阳人。1931 年加入中国工农红军。1932 年加入中国共产党。曾任红五军团委会主任、连长。在瑞金红军中央军事政治学校毕业后,历任营长、团长、师参谋长等职。1933 年后,调任福建军区某军分区司令员。全面抗战爆发后,担任新四军第二支队参谋长。1941 年 11 月 28 日,在江苏溧阳县塘马地区与日本侵略者激战,壮烈牺牲。

以及日军的巡逻艇,随时都有遭到攻击的危险。能够成功南渡杭州湾,是各方共同努力的结果。

一是部署缜密有序。根据中共中央和华中局、新四军军部指示,谭震林亲自部署开辟浙东工作。中央华东局路南特委、江苏省委、浦东工作委员会(简称"浦委")等经研究,制定了缜密有序的南渡行动方案。根据现实条件,采取小规模分批南渡的方法。

二是部队训练有素。浦东地区党领导的抗日武装,最早由周大根、吴建功等组建于1938年2月的南汇县保卫团第二中队,以及1938年9月由连柏生等创建的南汇县保卫团第四中队,在日伪顽的夹击下艰难发展,坚持斗争,队伍不断壮大。1940年,获得了淞沪游击第五支队(简称"淞沪五支队")的番号,支队长为连柏生。

三是社会各界助力。一批爱国商贸界人士,帮助部队解决了南渡的关键问题。他们中贡献最大、发挥作用时间最长的,要数南汇县小洼港(今浦东新区书院镇)的爱国商贸人士黄矮弟。黄矮弟发迹以后慷慨兴学,济困扶危,创办盐行、茶馆、学校,并与地下党建立了联系,地下党的一个联络站就设在他开的茶馆之中。1938年,为了海上交通安全,黄矮弟在多位地下党领导的授意下,到浦东"忠义救国军"的实力派人物张惠芳(民间称张阿六)那里"拜码头",建立了关系。此次南渡中,黄矮弟的高梢船,也被誉为"南渡浙东第一船"[1]。1941年5月,姜文光、朱人侠、姚镜人、陆阳[2]等所率武装共约两个连的兵力,陆续南渡到三北地区。马上与在余姚游源(今属慈溪市匡堰镇)一带的国民党第三战区司令长官部驻沪办事处在浙东的后方机关"宗德公署"(一说为"崇德公署",主任为薛天白)和"忠义救国军"孙云达部建立关系,取得"宗德公署第三大队"(简称"宗德三大")与孙部"海上游击司令部第一大队"(简称"海上一大")的番号,借其名义进行隐蔽活动,发展武装。姜文光、姚镜人和陆阳所率部队编为宗德三大,姜文光任大队长。朱人侠所率部队编为"海上一大",朱人侠任大队长。这两支部队分别在浒山、横河和新浦沿一带开展抗日游击活动。首批部队登陆成功,使浦东部队到浙东有了可靠的落脚点。

2. 相公殿两战皆捷

浦东部队武装到达浙东后,立即开展抗日游击战斗。1941年6月16日,蔡群帆、林达率领"五支四大",在"宗德三大"的接应下,从姚北相公殿北面登陆。6月18日清晨,从逃难群众中获知驻庵东日军出扰相公殿。蔡群帆、林达决定,在日军回庵东必经的相公

---

[1] 详见李国妹:《南渡浙东第一船:书院镇一家人的真实故事》,上海社会科学院出版社,2021年。

[2] 陆阳(1918—1941),江苏无锡人。1938年加入中国共产党。1939年,到南汇储贵彬部队任政训员。1940年与姚镜人一起组建抗日守望队,任政治指导员。1941年7月,由姚镜人、陆阳等率领守望队员100多人南渡浙东,充实姜文光领导的"宗德三大",姚镜人任副大队长,陆阳任指导员。姜文光、姚镜人牺牲后收容余部,重建"宗德三大",任大队长。1941年12月,在余姚西北的梅园丘一带,"宗德三大"与日军进行顽强战斗,陆阳不幸中弹牺牲。

殿以西三里的崇德乡三村予以伏击。当日军傍晚从相公殿回庵东进入伏击圈时,各个火力点机步枪齐鸣,毙伤日军 8 人。部队首战告捷,为在三北一带开展敌后抗日游击战争拉开了序幕。6 月 25 日,驻庵东日军再次窜到相公殿骚扰,"五支四大""宗德三大"再次配合伏击日军,敌遭打击后逃回庵东驻地。

浦东抗日部队在相公殿两次伏击日军,毙伤 16 人,打响了浙东抗日第一枪,震动了整个三北,群众欢欣鼓舞,奔走相告:"真正的抗日部队来了!"此次胜利,一是由于战前的准备充分。部队一面动员群众疏散隐蔽,一面派人侦察敌情和地形,作相应的伏击部署。最终侦察到日军共有 36 人,还有一个汉奸翻译,除日军小队长和翻译各带 1 支短枪外,共有 33 支步枪、1 个掷弹筒。崇德乡三村村南有一条东西走向的六塘,是日军回庵东的必经之路。于是,确定伏击的火力点就部署在塘南的义冢地和塘北的姚家、胡家、许家、向天庵一线。后来,有情报说相公殿南面的坎墩也有日军。为使塘南的部队免遭日军的夹击撤回到塘北,加强了塘北的伏击力量。同时,蔡群帆、林达派人通知朱人侠率领"宗德三大"一个小分队,选择适当位置配合"五支四大"。二是由于部队纪律严明。南渡部队一到相公殿,就严格地执行"三大纪律八项注意"。部队不向老百姓派款派粮,保长办了酒席去"拉关系",也遭到了部队的拒绝。指战员用行动赢得了当地群众的拥护,长期深受国民党残留部队骚扰之苦的当地群众,逐步与部队建立起深厚的感情。此外,日军盲目自大、麻痹轻敌,也是其遭到重创的重要原因。

3. 奋战三北多次出击

相公殿两战两捷之后,浦东部队高举抗日旗帜,紧接着又在三北地区连续打击日军,发动了登州街之战、横河(七星桥)之战、梅园丘之战、相岙长溪岭战斗以及沿海海战等战斗。浦东部队与日本侵略军连续进行的多次战斗,既有力打击了侵略者的嚣张气焰,也为抗日武装在浙东的发展奠定了扎实的基础。这一阶段的战斗主要有三个特点。

一是陆上海上接连出击。1941 年 10 月 10 日,"暂三纵"在登州街之西袭击了从周巷出扰的日军,激战一个多小时,迫使敌人逃回周巷。1941 年 12 月,日军约 400 人从宁波出发经二六市,向游击队的驻地进袭。"五支四大"立即转移至长溪岭隐蔽设伏,共毙敌 20 多人,重创日军之后安全撤退。1941 年冬,"暂三纵"由何亦达率领的特务大队二中队,在先后歼灭海匪冯钿宝、吴阿尧和范阿三部后,又在庵东以东海面击溃前来进行报复的伪军陆安石部,伪军伤亡 10 余人。

二是情报失误战斗受挫令人痛惜。在横河(七星桥)之战和梅园丘之战中,浦东部队由于情报失误和信息不畅而出现误判,最终在与日伪的交锋中遭遇挫折,造成抗日武装重大伤亡。1941 年 10 月 21 日,"暂三纵"得到日军将于第二天上午从观海卫通过水路运棉花去余姚县城的消息,于是派人在横河七星桥看好地形准备伏击日军。而实际情况是,日军早在半夜已从余姚派部队到达横河,并且封锁了消息。22日凌晨,"暂三纵"第三大队走上七星桥时,日军已抢占了桥头并以机枪疯狂扫射。大队长姜文光和副大队长姚镜人,边指挥抵抗、边指挥迅速撤退,姜文光和姚镜人等29位指战员牺牲。12月,"暂三纵"总部转到黄家埠西北的十六户村。12日清晨,准备前往突袭日军。由于那天雾大,敌情未明,在梅园丘附近遭日军伏击。在驻黄家埠的第二大队闻警及时接应之下,经过前后两次激战,迫使日军逃回五夫据点。但在战斗中第三大队队长陆阳、区队长徐洁等16位指战员壮烈牺牲。

三是军民关系更加密切。正如谭启龙所说的那样,"浦东武装之所以能很快在三北地区立足并顺利地开展武装斗争,是与浙江地方党的全力支持和密切合作分不开的"①。部队英勇抗战,鼓舞了三北人民的斗志;部队遵纪爱民、保护群众安全等行动使其赢得了群众的爱戴。部队也和三北各界人士结下了深厚的友谊,为建立抗日民族统一战线、密切军民关系打下了良好的基础,也拉开了创建浙东敌后游击根据地的序幕。

(二)开辟浙东抗日根据地

1942年6月15日,谭震林致电陈毅、张云逸、饶漱石并报中共中央:提议"余姚地区武装,目前应向四明山区发展,求得建立一个广宽之游击根据地,并向敌新占领之空隙地积极发展……余姚部队仍不宜公开打出新四军之旗号,而仍以各种灰色隐蔽名称出现,但必须使现在已有武装日益巩固在党的绝对领导之下。为使余姚地区斗争迅速加强起见,我们提议何克希有即刻随谭启龙迅速赴余姚之必要"②。9月22日,浙东区党委又制定了"坚持三北,开辟四明,在四明山完全占领后,再争取控制会稽山"的方针。③

1.开辟四明,解放梁弄

新四军总部和浙东区党委提出开辟四明的战略,是着眼于抗战全局和浙江实际作出的正确判断。1942年2月,中共浙江省委机关在温州遭到国民党破坏,省委书记刘英等被捕,不久在永康方岩牺牲。5月,日军发动浙赣战役后,浙江大部分地区变为沦陷区。在人民抗日游击战争日益发展的新情况下,开辟四明,正式揭开了浙东敌后抗日斗争的新篇章。

1941年10月,根据新四军六师军政委员会的通知,经中共江南区委批准,成立了中

---

① 谭启龙:《谭启龙回忆录》,中共党史出版社,2003年,第113页。
② 中国新四军和华中抗日根据地研究会:《谭震林百年诞辰纪念文集》,浙江人民出版社,2002年,第250页。
③ 浙江省委党史资料征集研究委员会、浙江省档案馆:《浙东抗日根据地》,中共党史资料出版社,1987年,第9页。

共浙东军委员会分会(简称"浙东军分会")。书记吕炳奎①,委员王仲良②、蔡群帆,三人统一领导在三北地区的抗日武装。同时,在"暂三纵"和"五支四大"分别建立工作委员会。"暂三纵"活动于余姚逍路头以西的余(姚)上(虞)地区,"五支四大"活动于余姚逍路头以东的慈(溪)镇(海)地区。为了开辟浙东敌后根据地,"暂三纵"和"五支四大"曾先后跨过姚江进入姚南地区,基本摸清了四明山区的情况,为部队立足三北、开辟四明山区创造了条件。

1942年2月中旬,为了贯彻华中局和新四军军部的指示精神,总结浙东区党委成立以来半年多的工作,浙东区党委在慈南杜徐召开扩大会议,制定了区党委今后的工作方针与任务。为了建设主力,决定第四支队和第五支队合并,组成新的第五支队。以原第四支队编为第五支队第一大队,大队长张季伦③,教导员雷泽④。以原第五支队编为第二大队,大队长张世万⑤,教导员陈行知⑥。王胜⑦任新的第五支队支队长,三北地委书记王仲良兼任政委,邱相田⑧任副政委兼政治处主任,张席珍任参谋长。新的第五支队支队部统一指挥海防大队和三北地区的武装,担负巩固三北根据地的任务。第三支队,林达任

---

① 吕炳奎(1914—2003),上海嘉定人,电影《51号兵站》中"小老大"梁洪的原型。1938年,变卖家产组织嘉定外冈游击队。1939年加入中国共产党。抗日战争时期,历任嘉定江南抗日义勇军三支队支队长、松沪游击纵队政治部主任、路南地委军事部部长、新四军浙东游击纵队团政委和团委书记、浙东三东地区工委书记兼海防大队政委、四明地委委员兼江防处长、浙东工商管理局局长兼浙东盐管局长等职。

② 王仲良(1899—1974),原名王宝德,化名王承业、王耀中,浙江余姚人。1941年10月,赴浙东三北开辟抗日根据地,任浙东军分会委员兼"三纵"党工委负责人。1942年7月浙东区党委成立后,任中共三北工委书记;11月,三北总办事处改称三北游击司令部总办事处(又称三、四、五支队总办事处),成为三北地区行使政权职能的机构,王仲良兼任主任。其间,部署三北党政军民开展反"清乡"斗争。1944年1月27日,三北地区成立专署级的慈(溪)镇(海)(余)姚(上)虞办事处,任办事处主任;1945年2月,任浙东行政公署驻三北分区特派员;5月,任中共四明地委书记;8月,任四明工委书记。抗战胜利后,任新四军浙东游击纵队第二旅政委。

③ 张季伦(1918—1991),浙江安吉人。1942年10月,在阳觉殿战斗中毙伤日伪军100余人,成功突出了重围。其中,张季伦在后山以白刃战杀死了日伪军10余人,将日伪军突击队全歼。在抗美援朝的长津湖战役中,张季伦指挥乾磁开战斗,迫使美陆战第一师德赖斯代尔支队缴械投降,开创了朝鲜战场上瓦解美军的范例。

④ 雷泽(1917—1944),原名雷光熙,福建莆田人,畲族。皖南事变中,带领部队成功突围到达苏北。1942年7月,到浙东参加抗战。1944年2月11日,在余姚前方村战斗中牺牲。

⑤ 张世万(1914—1943),福建闽东人。全面抗战爆发后,随闽东红军改编为新四军北上抗日,任新四军三支队六团排长。1943年8月,在丈亭战斗中牺牲。

⑥ 陈行知(1916—1944),浙江淳安人。1943年2月,任浙东抗日游击纵队五支队二大队教导员。1944年4月14日,在鄞县鄮湖乡后屠桥战斗中牺牲。

⑦ 王胜(1909—1996),福建上杭人。1929年加入中国共产党。1930年加入中国工农红军。1942年底,进入华中党校学习,结业后任新四军浙东游击纵队第五支队支队长。1955年被授予少将军衔。

⑧ 邱相田(1916—1984),福建上杭人。1935年加入中国共产党。抗日战争时期,任新四军第二支队四团政治处组织股股长、苏皖支队政治部组织科科长、苏北指挥部第三纵队八团政治委员、新四军军部特务团政治委员、浙东游击纵队第五支队政治委员、中共浙东区四明地委书记兼四明自卫总队队长、政治委员。1955年被授予少将军衔。

支队长,钟发宗^①任政委兼政治处主任,余龙贵^②任副支队长兼参谋长。诸北八乡抗日自卫大队编入第三支队。杜徐会议的决定以及会议前后所采取的一系列措施,对于进一步巩固三北和开辟四明、会稽地区,有着重大作用和意义。

1943年4月,为打开四明地区的局面,浙东区党委决定攻打梁弄。4月22日晚,"三五"支队从姚北兵分三路奔袭梁弄。4月23日,战斗打响。经过长达16小时的激战,摧毁了伪军在狮子山、民教馆、横街祠堂等处的坚固工事,残敌纷纷向上虞方向溃逃,"三五"支队占领了梁弄。梁弄之战,共毙伤伪军官兵40余人,俘虏上尉军官以下40余人,缴获轻机枪1挺、步枪50余支。战斗中,"三五"支队有14名指战员牺牲,29人负伤。

梁弄战斗的胜利,对于以四明山为中心的浙东抗日根据地的形成具有十分重大的意义。一是梁弄成为浙东抗日的领导与指挥中心。梁弄是四明山的心脏,攻克了梁弄,就控制了四明山,对于扩大和巩固浙东抗日根据地具有重大作用。不久,浙东区党委和三北游击司令部进驻梁弄和附近的横坎头。浙东主力部队再度挺进四明山后,随着军事斗争的胜利,党的组织建设和根据地的各项建设也相应推进。同时,由于浦东、金萧等地抗日力量的不断壮大,一个以四明山为中心,包括浦东、三北、四明、金萧的浙东敌后抗日根据地基本形成。二是浙东的抗日斗争进入一个新的发展阶段。按照浙东区党委的既定方针,抗日武装只有解放梁弄进而开辟整个四明山区,才具有建立一个战略性敌后抗日根据地的地理保障。有了相当数量的人口、一定的物资和后方基地,战略上才有回旋的余地,为根据地的巩固与拓展创造了良好的条件。战斗胜利后,浙东区党委和三北游击司令部分别进驻梁弄横坎头村和晓岭街的"小源和",浙东行政公署、《新浙东报》社、浙东银行等先后迁入,至此梁弄成为浙东抗日根据地的指挥中心。三是收复梁弄的攻坚战锻炼了浙东抗日武装的作战能力。在攻打梁弄之前,三北游击司令部所属部队发展到2000多人。1943年春节后,根据浙东抗战形势发展的需要,新四军军部和一师、六师调派了100多名干部,陆续到达浙东,加强了浙东党政军各方面的领导力量。4月初,三北军民还通过灵活机动的破袭战,粉碎了日伪军2500余人的大规模"清乡"。四是梁弄战斗的胜利,使党群关系更加融洽。战斗打响后,姚虞县委也组织各地民兵和群众积极配合,在战斗最激烈的关头,左溪乡民兵冒着敌人密集的火力,迂回到敌碉堡附近,用斧头砍断铁

---

① 钟发宗(1910—1997),曾用名李忠岱,江西兴国人。1932年加入中国共产党。历任中共浙西特委军事部部长、浙江特委军事部部长,吴兴县委组织部部长,四军第六师十八旅五十一团政治委员,新四军浙东游击纵队第三支队政治委员,金萧支队政治部主任、政治委员等。先后参加了宿北战役、鲁南战役、莱芜战役、孟良崮战役、淮海战役。1955年被授予少将军衔。

② 余龙贵(1908—2002),又名余龙魁、余彪,江西弋阳人。1930年加入中国共产党。抗日战争开始后,任新四军第二支队四团连长、营长、新四军江北纵队新七团团长。1941年,调任第四军浙东游击纵队第三支队支队长。1945年,任浙南永乐抗日游击总队总队长。

丝网、竹篱笆，为部队冲锋开辟了一条道路。各地民兵迎着枪林弹雨，为部队抬担架、运弹药、送茶水。当地群众，有的拆下自家门板，抱来自己的棉被，为战士搭建掩体，有的配合民兵为部队烧水、送饭。当"三五"支队发起对驻横街祠堂伪军的进攻时，当地群众自发组织起来，与战士们一起从屋内打通一堵又一堵的墙壁，直抵横街祠堂。驻守在祠堂内的伪军，看到"三五"支队穿墙而至，来不及作任何的抵抗。

2. 挺进会稽，进入金萧

1942 年 5 月，日军发动浙赣战役，金（华）萧（山）线两侧沦陷。为了开辟了会稽地区新的抗日根据地，将三北地区、四明山和会稽地区连成一片，浙东军分会迅速组成南进支队挺进会稽山，创建了以诸（暨）北枫桥为中心的抗日根据地。

打下梁弄后，余姚地方武装已发展到四五十人。1942 年春节后，"四明游击指挥部独立大队"成立，由朱之光、周曼天[①]负责部队的行政和军事工作，赵瞻（赵继尧）负责政治工作。四明游击指挥部独立大队逐渐发展到 80 余人，武器弹药也得到主力部队的支持。四明游击指挥部独立大队的建立，一方面是由于浙东原有进步武装基础较好。在浦东抗日武装挺进浙东之际，余姚党组织和党员骨干也在千方百计地筹组抗日武装。例如，1941 年 7 月，原余姚政工队四区队区队长朱之光，便以两支短枪和做香烟生意新赚的 18 块大洋起家，开始地方抗日武装的筹组工作；原政工队二区队骨干赵瞻，是位"白皮红心"的保长，他以兄弟会的形式，联络相邻地区的上层人士，建立了"五乡联防"组织，后来在"暂三纵"的支持下，筹措了一批枪支，建立了联保的自卫武装；1941 年秋，原政工队三区队骨干周曼天，在"五支四大"的支持下，在城东杨夹岙、城郊匡堰头一带组建起地方自卫武装。另一方面是因为，地方武装骨干得到了集中培训。朱之光、赵瞻各派数名武装人员参加了姚南瑞林岗举办的游击训练班，进行了为期一周的教育和军事培训，形成了第一批地方抗日队伍，提升了作战的能力和水平。

1942 年 6 月，为了开辟会稽地区敌后抗日游击战争，根据浙东军分会决定，四明游击指挥部独立大队编入南进支队（代号"达谊部队"），挺进会稽地区开展抗日武装斗争。南进支队下设五、六中队和一个直属队，共 200 多人，有轻机枪 5 挺，步枪 170 支，驳壳枪、手枪二三十支，还配有无线电收发报机，有了比较齐整的装备。1942 年 5 月，金（华）萧（山）线两侧沦陷后，中共地方抗日武装斗争开始在当地组建。5 月 25 日，中共诸暨县特派员

---

① 周曼天（1922— ），原名周荣辉、周行南，浙江余姚人。1939 年加入中国共产党。1941 年余姚沦陷后，在县城城郊和铁路沿线组织开展抗日活动，组建浙东游击指挥部独立大队。历任华东野战军一纵队营团级干部，先后参加孟良崮战役、渡江战役、淮海战役。1955 年被授予少将军衔。

朱学勉①通过时任泌湖乡乡长何文隆②(中共党员)的活动,在诸北成立了泌湖乡抗日自卫队。自卫队以乡政府的7支长枪和1支木壳枪为基础,共有队员20余人,何文隆任队长。6月下旬,诸北四乡抗日自卫大队在大宣正式成立,赵汉波③为大队长,魏沛然为大队附。9月中旬,在盛兆坞(今五一乡)扩编为诸北"八乡联队"。大队长赵汉波,大队副魏沛然(后肖松林),指导员骆子钊④,共140余人。之后,抗日自卫大队镇压了伪军陈克丙部队的情报员等汉奸,击溃了驻江藻的土匪赵成部队,队伍得到了锻炼,在群众中建立了一定的威信。1942年5月,为了牵制日军南进,发展会稽地区的抗日武装斗争,建立会稽山抗日游击根据地,浙东军分会与绍属特派员杨思一⑤商量,决定组织一支短小精干的队伍,尾随日军,牵制日军活动,进入会稽山。南进支队由蔡群帆率领,从姚北的游源出发,经慈南、姚南张下山。从梁弄北边前方村、上虞东门外谢家桥和北边的杨家岙,渡曹娥江到上浦继续西进,经汤浦到王坛、谷来向西,穿会稽山中寺西园到达诸暨枫桥。与杨思一会面后,决定在枫桥绛霞村召开会稽地区党和"南进部队"干部的联席会议。当时参加会议的还有马青、朱学勉、周柏生⑥等。大家一致认为,建立会稽山游击根据地应以枫桥为中心。理由主要有:一是枫桥党的力量强,群众基础好;二是地理条件,枫桥靠着会稽山,适合游击队活动;三是经济情况,诸暨枫桥比较富庶,当地老百姓中流传"诸暨湖田熟,天下

---

① 朱学勉(1912—1944),原名应瑞贤,化名应启、杨寿明,笔名叶峰、杨明、秋悲,浙江宁海人。1937年加入中国共产党。1938年5月,任中共鄞县县委书记,中共宁波中心县委组织部部长,中共余姚中心县委书记兼管上虞县党的工作。1941年,任中共诸暨中心县委书记。1942年5月,建立诸暨第一支人民抗日武装诸北泌湖乡抗日自卫队,后扩大为诸北八乡抗日自卫大队。1943年12月,任新四军浙东游击纵队金萧支队第一大队大队长。1944年5月,在诸暨墨城坞战斗中牺牲。

② 何文隆(1899—1978),字明进,浙江诸暨人。1929年加入中国共产党。1942年5月,组织八乡联防自卫队;8月,率自卫队与日军战于龙凤山,击毙日军多名。1944年5月,任金萧支队民兵司令部副司令。

③ 赵汉波(1911—1943),浙江诸暨人。1938年,被选为朱公乡乡长。1942年7月,联合泌湖、民镜、姚江三乡在大宣成立诸北四乡抗日自卫大队,任大队长。1942年8月,四乡联队又扩展为八乡联队,任大队长,转战诸(暨)义(乌)浦(江)等地。带领八乡联队170余人与"三支二大"一起,参加浙东第一次反顽自卫战。11月25日,诸北八乡抗日自卫大队正式编为三支队六中队,担任副支队长。

④ 骆子钊(1902—1950),浙江诸暨人。1927年加入中国共产党。1942年,诸暨第一支人民抗日武装——泌湖乡抗日自卫队建立,后扩大为四乡、八乡抗日自卫大队,任大队指导员。1943年12月,三支六中队被编为金萧支队第一大队第三中队,任中队政治指导员。后调诸北抗日根据地工作,先后担任诸北农民抗日爱国会主任,金萧支队诸暨办事处政治委员、参谋长兼后勤部主任等职。

⑤ 杨思一(1901—1957),原名杨云亭,浙江诸暨人。1930年加入中国共产党,任湖州县委宣传部部长,后调到上海做地下工作。1938年起,历任中共暨县县委书记,宁绍特委书记。浙东沦陷后参与创建抗日根据地,任浙东区党委委员、组织部部长兼会稽地委书记,金萧支队政委。解放战争时期,任华东野战军一纵三旅政治部主任,三师政委,先遣纵队一支队政委。1949年5月杭州解放后,先后担任中共杭州市委副书记,浙江省委组织部部长兼省纪检书记,省编制委员会主任,省政协副主席、党组书记,省委常委,副省长等职。1957年12月,被错划为右派;同月20日逝世。1979年6月9日,经中共中央批准予以改正,恢复政治名誉。1983年11月,中共浙江省第七次会议预备会议,为他彻底平反。

⑥ 周柏生(1920—),浙江嵊州人。1938年加入中国共产党。1942年8月,任嵊西县工委委员兼区委书记;10月,任诸北八乡抗日自卫大队中队指导员。自卫大队改编为三支队六中队后,任六中队副政治指导员。1943年12月,金萧支队创建后,任支队政治处组织股长。1944年6月,任二大队教导员。

一餐粥"①的俗语,军粮民食都不成问题。此后,通过不断打击日伪军,相继建立金(华)义(乌)浦(江)和诸(暨)义(乌)东(阳)抗日根据地。1943 年底,成立金萧支队。

3. 开展反"清乡"、反"扫荡"、反"蚕食"斗争

1943 年,世界反法西斯战争形势发生了根本性变化,但日伪军仍在加紧"清乡""扫荡""蚕食""清乡",浙东根据地仍处在相对困难时期。1943 年春,日伪调集重兵,对三北地区进行大规模的"清乡"。2 月 25 日和 26 日,日军驻宁波司令部召开军官会议,部署"清乡"。不久,驻宁波的日军田中大队长由余姚经周巷到庵东,主持以庵东为中心的"清乡"。这次日军浙东"清乡",调集士兵千余人、伪中央税警团②关铁尉支队 600 余人、伪十师 5 个连和已投敌的田岫山部 500 余人,共 2500 余人,混合编成"清乡"队。日伪军在"清乡"区内高筑篱笆,遍设碉堡、瞭望台。"清乡"队所至,奸淫、掳掠、抢劫,胡作非为。

浙东区党委动员军民合作,积极开展反"清乡"斗争。留守三北的主力部队五支队,在王胜和王仲良的带领下,采取分散、灵活、游击战术,以中队为单位,在人民群众和地方自卫队的配合下打击敌人。先后两次袭击周巷和庵东日伪军据点,接连取得了黄沙湖、郑巷、天元市、西城桥、万㘵、半浦等战斗的胜利。1943 年 3 月 10 日,五支队一大队两个中队在姚北黄沙湖宿营,日军 100 余人前来偷袭。一大队发觉后当即设伏,经过 1 小时激战,毙伤日军 22 人。3 月 30 日,五支队二大队六中队在大队长张世万的指挥下,在姚东万㘵伏击由观城出扰的日军,歼敌 30 余人,活捉翻译 1 人,缴获日式轻机枪 1 挺、掷弹筒 1 个、步枪 10 多支。后来民兵又从河中捞起步枪八九支,1 个日军还被自卫队员用铁耙砸死。4 月 2 日,在第三支队长林达的亲自组织和领导下,20 多名干部和侦查员组成突击队,由中队长张友知率领,袭击宁波西门外西城桥杨家祠堂伪军第十师特务连,未发一枪,俘虏伪军排长以下 20 多人,缴获轻机枪 1 挺、长短枪 15 支。

三北各界群众纷纷举行反"清乡"宣誓,大力支持反"清乡"斗争。1943 年 3 月 25 日,慈姚县姚东办事处发动三管、逍林等乡自卫队和群众,俘虏押运竹排的伪军 10 余人,夺回日伪军用以构筑封锁线的毛竹 39 余万斤。26 日,数十名日伪军赶到三管乡搜查,用机枪威胁群众说出藏竹排的地方,300 多名老弱妇孺不畏强暴,闭口不言,挫败了日伪的阴

---

① 此为当地俗语,意指诸暨物产丰饶。诸暨处于会稽山脉与龙门山脉之间,中间有素有"诸暨湖田熟,天下一餐粥"的七十二湖,故历来为物美人丰之地。

② 伪中央税警团是由汪伪政权成立的。1940 年 7 月,日军梅机关长影佐祯昭少将找周佛海,要他在上海南市先搞一支 3000 人的武装部队,直属伪财政部,由周统率。是年 7 月,创建伪中央税警学校和伪中央税警总团。1942 年 12 月,周佛海将武汉伪黄卫军总司令熊剑东所部收编,将伪税警总团扩编为"中央税警"第一总团和第二总团,以罗君强、熊剑东分任总团长。1943 年 3 月 1 日,两部合并成立中央税警总团,罗君强任总团长,熊剑东任副总团长。1944 年 1 月 4 日,由周佛海兼任税警总团总团长。总团部设于上海,兵力万余人(编有营、连),大部分驻上海,一个分团驻宁波。

谋。5月2日,余上县军民举行破袭战,拆除低塘至庵东的10多公里电话线,烧毁电线杆200多根,破坏公路桥2座。5月7日,姚北军民六七百人再次破坏余姚至周巷的公路桥6座,拆除电话线7.5公里,烧毁全部电线杆,致使日伪的通信和交通中断。

反"清乡"的胜利,一方面得益于三北地委有力的动员部署。1943年3月,三北地委就在慈北宓家埭(后移到鸣鹤场)召开首次扩大会议,由王仲良主持,连柏生、黄知真[1]、谢仁安[2]等20余人参加。在日伪军行动之初,三北地委进行了动员军民反对日伪"清乡"的部署。另一方面是得到了三北群众的大力支持和参与。日伪"清乡"到哪里,三北各界群众的反"清乡"斗争就开展到哪里,使日伪对三北大规模的"清乡"最终破产。

1942年8月,浙赣战役结束后,日军退守金华、兰溪一线,收缩兵力,浙东地区的军事力量不断增强。除宁波、奉化、慈溪一线驻有日军2000余人外,又增调谢文达的伪十师以及丁锡山的伪十三师分驻慈溪、宁波、奉化、绍兴一带,谋求对宁绍占领区的控制。1942年10月,在对国民党部队采取诱降的同时,日军动员上千兵力加上伪十师的力量,分三路对三北地区进行"大扫荡",企图消灭三北的抗日力量。为此,浙东敌后抗日根据地建立了主力部队、地方部队与民兵"三位一体"的武装力量体制,开展抗击日伪军的武装斗争。1942年10月7日,谭启龙、何克希、张文碧率领司令部与四支队渡姚江挺进四明山途中,夜宿慈北阳觉殿。8日,司令部和四支队在阳觉殿遭到日伪军300余人的突然袭击。在谭启龙、何克希和四支队副支队张季伦的指挥下,很快抢占了殿前的各种山头。与日伪激战4小时,打退了日伪的7次冲锋,此战打伤日伪军近百人,其中打死日军22人,震动了整个三北。10月9日,一股日军到姚北临山、周巷"扫荡"。在五支队参谋长刘亨云指挥下,五支队在竹山岙发起猛烈攻击。激战1小时后,毙伤日军30多人,余敌狼狈逃回余姚县城。10月26日,五支队、特务大队及新国民兵团在慈北宓家埭、七三房一线伏击从观城出扰的伪第十师一个营,将其全歼。

浙东军民的英勇奋战,遏制了日伪军的"扫荡""蚕食"。一是浙东抗日主力部队经历了一系列的战斗,成功挫败了日伪的"大扫荡"。1943年冬和1944年春,日军再次向浙东抗日根据地进攻,发动千人以上的冬季和春季大"扫荡"。日军火烧了许多村庄,一度侵占梁弄和上虞县城等地。在浙东区党委领导下,浙东军民取得了反"扫荡"、反"蚕食"斗争的胜利。1944年8月17日—19日,在司令部的统一部署下,三北地区数千名军民从东起观海卫、西至临山镇、南自余姚城、北至相公殿的102公里的公路线上,对日伪交通

---

① 黄知真(1920—1992),江西横峰人。1935年加入中国共产党。曾任中共弋横地区工委书记,皖南特委青年部部长,浙东三北地委组织部部长,三北中心县委书记。

② 谢仁安(1913—1995),原名谢甫才,浙江镇海人。1938年加入中国共产党。历任中共浙江镇海县城区委书记,支部书记,浙江奉化县东区区委书记,慈镇县特派员、县委书记等职。

和通信设施进行了一次声势浩大的破袭。共拆毁大小桥梁 22 座,破坏割获电线 750 余公斤。8 月 17 日晚,为配合大破袭,驻姚南的主力部队分别袭击余姚县城、马渚、斗门的日伪据点,迫使日伪龟缩据点不出。8 月 18 日,伪县长劳乃心亲自率伪军保卫队 100 余人,侦缉队 30 余人,去云楼乡抢粮,遭到五支一部的伏击,毙伤伪军 10 人,俘 3 人,夺回稻谷 3 大船,计 2.5 万公斤,一一发还原主。8 月 25 日,新四军浙东游击纵队海防大队一中队在大鱼山岛与日伪军展开血战。日伪出动日军海军陆战队 200 人,伪军 300 余人和 3 艘兵舰、5 艘汽艇、2 架飞机,海陆空联合疯狂进攻。海防大队一中队浴血苦战 7 个多小时,毙伤敌 100 多人。副大队长陈铁康①、中队长程克明②、指导员严洪珠③等 42 人牺牲,写下了浙东抗日战争史上光辉而又悲壮的一页。

二是浙东地方抗日武装的加强,有力地支持和配合了三北游击司令部主力部队,取得了浙东反"扫荡"、反"蚕食"斗争的胜利。1943 年 1 月,慈姚县的姚山办事处组建了姚山自卫大队,大队长周曼天,大队附郑新华,指导员朱志豪。2 月,慈姚县委将 1942 年 12 月成立的姚海自卫队扩编为一个大队,大队长张庭忠,副大队长胡金潭、沈一民,教导员薛诚,指导员严洪珠,下设 2 个中队:第一中队中队长由副大队长胡金潭兼任,第二中队中队长沈一民。7 月,为了加强对三北地区地方武装的领导,浙东区党委决定成立三北自卫总队,总队长兼政委王仲良,参谋长张席珍,副参谋长彭正辉,政治处主任黄知真,副主任胡清传。浙东地方武装陆续开展反"扫荡"、反"蚕食"斗争,并主动对日伪据点发动多次进攻。1944 年 7 月,新四军浙东游击纵队五支队三大队七中队中队长观杰,在东埠头反抢粮战斗中身先士卒、率队冲锋,英勇负伤后不幸牺牲,其所在部队被命名为"观杰中队",现在依然在建制内。9 月 12 日,三支三中奔袭姚北坎墩二灶的伪中警据点,攻克了碉堡 1 座,歼灭伪军机枪班,缴获机枪 1 挺、步枪 8 支。11 月初,劳乃心纠集伪姚保特务大队及侦缉队共 300 余人去开元南张村一带抢粮,余上大队出击,毙伤伪连长以下 10 余人,缴获步枪 10 余支以及其他装备。12 月 12 日,王荣贵率余上自卫大队攻打泗门伪据点,生俘数十人,缴获步枪 30 余支、重机枪 1 挺、手提式机枪 1 挺、子弹数千发。这次战斗以后,王荣贵带领五支一大两个中队返回四明山。12 月下旬,余上自卫中队又拔除了马渚伪据点,缴获步枪 10 支,俘伪姚保官兵 33 人,受到了司令部通令嘉奖。

三是浙东民兵配合主力作战,积极投入反"清乡"、反"扫荡"、反"蚕食"斗争,创造了

---

① 陈铁康(? —1944),曾用名陈体康,浙江平阳人。任新四军浙东游击纵队海防大队副大队长,在浙江省定海县大渔山岛牺牲。

② 程克明(1918—1944),上海南汇人。任新四军浙东游击纵队海防大队一中队中队长。在浙江省定海县大渔山岛牺牲。

③ 严洪珠(1924—1944),浙江上虞人。任新四军浙东游击纵队海防大队一中队教导员,在浙江省定海县大渔山岛牺牲。

许多行之有效的办法,作出了重要贡献。

巧打"梅花桩",阻碍日伪运粮船只通行。1944年7月上旬,四明地区的凤亭、南雷、雁燕等乡民兵,得知余姚城里的日军要到姚南沿江区抢粮。2000多名民兵肩抬木桩、斧头,直奔沿江、连夜下河打桩。第二天,100多名日伪军,押着民众,乘船到姚南抢粮,七八里地后船就过不去了。日伪军又慌又急,不知所措,遭到"三五"支队和民兵的伏击。日伪军死伤数人,其余狼狈逃回县城。

巧设"独板桥"①,使日伪运粮的车辆无法通行。1944年7月中旬,姚南凤亭乡民兵,接到县办事处消息,日军要押着大批车辆来抢粮。几百名民兵赶到余姚城外,从城西头的兰士桥拆起,一直拆到城东头的竹山桥,一夜之间城东、城南、城西的桥梁都变成了"独板桥"。第二天,日伪军100多人押着几百辆车子分三路出城抢粮,因为无法过"独板桥"而撤回,抢粮计划被粉碎。

巧妙施策,反抢"公粮"。一次,南雷、凤亭等乡的伪乡保长带着乡丁挨家挨户催粮,各村的祠堂堆满了"公粮",准备运往余姚县城。姚南县办事处发动了左溪、雁燕、晓云、大岚等乡5000多名民兵,带上扁担、麻袋、箩筐,手举竹篾火把,连夜赶到南庙沙滩集合。在县办事处主任朱之光的指挥下,分两路出发。一路民兵赶到凤亭乡伪乡公所,先缴了伪警卫班的10多支枪,勒令伪乡长韩占亭交出钥匙,抢来粮食;另一路民兵赶到南雷乡伪乡公所,也打开粮仓运回粮食。天亮前,9.2万多斤粮食全部运到了四明山,一部分充作军粮,一部分分给了山区贫苦群众。

巧对"蚕食"斗争,有计划地破坏日伪的交通、通信。当日军对虞北和姚北平原推行"蚕食"计划时,余上办事处就领导民兵破坏公路、铁轨和桥梁,割断电线,锯倒公路两旁的电线杆。1943年冬,驻余姚的日伪军赶修周(巷)百(官)公路。11月22日晚,"三五"支队带领抗日自卫队和群众3000多人,将已修筑的周巷至临山的一段20多里公路及桥梁全部破坏,并救出被抓去的民众30多人。一些地方出现这样的情景:日军在这边架桥,民兵在那边拆桥;日军在这里修路,民兵又在那里毁路;这边日军架电线,那边民兵锯电线。日伪军对此无计可施。

巧用熟悉地形,与日伪打"麻雀战"。民兵经常3人一组、5人一队,用各种办法扰乱日伪军,让日伪军日夜不得安宁。1945年4月,逍林的6个民兵,到樟树庙伪军据点附近进行抗日宣传。贴好标语后,就乘夜色放起"火油大炮"②,吓得伪军在梦中惊醒,匆忙之间乱打了数枪。当伪军停止射击,回去休息时,民兵又放起"火油大炮",伪军又跑出来瞎

---

① 所谓"独板桥",是指这些石桥被拆得只剩下中间的一块石板。这样,来往的群众还能正常走行,而日伪军的马车、骡车、双轮车无法通行。

② 所谓"火油大炮",是指民兵用毛竹筒做成的土制鞭炮,这种"大炮"声音很大。

打枪。这种不断扰乱,常常让伪军整夜不得安睡。

巧妙开展锄奸斗争,震慑敌对势力。1942年9月,日伪军为了封锁交通要道,在逍林乡樟树庙建立了一个情报处,派了5个汉奸当情报员。他们化装成农民,到逍林一带活动,刺探抗日部队和民兵情况。这5个汉奸,不到半年时间就被游击队和民兵捕获。1943年初,驻百官伪军"文化俱乐部"情报组副组长周宝坤3人,装扮成生意人到余上县四维乡,找保长周根祥①(地下党员)征粮,同时刺探情报。周根祥及时向区武工队队长朱雷行汇报,朱立即带领七八个民兵,将3人全部抓捕。

(三)新四军浙东游击纵队北撤

1944年,世界反法西斯战争的形势发生了急剧的变化。盟军反攻不断取得胜利,法西斯国家颓势已现。浙东根据地迎来了夺取抗日战争最后胜利的新时期。

1. 打响大反攻战役

1944年9月,中共中央重申发展东南的战略方针。12月底,新四军一师主力从苏中南下苏浙皖边。1945年1月,中共中央军委电令,成立苏浙军区。随后,新四军浙东游击纵队编为新四军苏浙军区第二纵队,司令员何克希,政治委员谭启龙,共1万余人。1945年6月30日,新四军浙东游击纵队解放上虞县城丰惠镇,上虞成为抗战后期浙东抗日根据地的中心,为浙东抗战的最后胜利作出了贡献。不久,浙西新四军主力在浙东部队的配合策应下,二渡富春江,打通了与浙东的联系,浙东根据地打响了反日伪的大反攻。

1945年4月8日晚,三北特务营袭击了三七市据点的方惠部,激战3小时,毙伤伪军22人,迫其放弃据点。8月17日,警戒部队一大三中在掩护三支队从丰惠赶赴周巷途中,在丰山南庄附近与日军遭遇,激战1小时,三支队安全越过杭甬线,但三中指导员张崇逸②等12名勇士壮烈牺牲。8月17日,新四军浙东游击纵队开始对浙东日伪发起大反攻,一旅三、五支队横扫三北日伪据点。18日,新四军浙东游击纵队一旅五支队向拒绝放下武器的驻周巷的伪中央税警团发起攻击,击溃从余姚县城、庵东等地前来增援的日伪军,全歼守敌一个营,缴获曲射炮两门、迫击炮一门、重机枪一挺及机枪、长短枪等大批军用物资,周巷收复。三北特务营在浒山区常备队和2000多民兵配合下,攻打驻浒山的伪中警据点,伪中警弃城而逃。19日,驻庵东的伪中警团部在新四军浙东游击纵队强大的攻势下,弃守据点,向观海卫方向逃窜。1945年8月20日,新四军浙东游击纵队由盐民

---

① 周根祥(1925—1944),上海南汇人。新四军浙东游击纵队第五支队战士。1944年牺牲。

② 张崇逸(1923—1945),上海闵行人。1943年加入中国共产党。1942年夏,加入新四军淞沪游击第五支队第五大队。1943年,任新四军浙东游击纵队第三支队第一大队文化教员。1944年12月,调任三支队一大队二中队指导员。1945年8月17日,在与日军战斗中牺牲。

群众作向导,在慈北五洞闸将溃逃的伪中警包围,经1小时激战全部歼灭,共毙敌70余人,俘获100余人,缴火炮2门、重机枪2挺、轻机枪8挺、步马枪150余支及其他军用品。一旅四支队和二旅等向鄞西日伪军进攻,直逼宁波城郊。淞沪支队,攻占南汇县城和一些集镇。金萧支队,攻占孝顺等一批日伪据点,准备配合盟军接收宁波、上海等大中城市。至8月底,除几个主要城市外,新四军浙东游击纵队先后克复长河、马渚、崧厦、泗门、小越、浒山、坎墩、胜山、樟树庙、观海卫、二六市、庄桥等大小据点20多个,基本上消灭了盘踞在四明、三北地区顽抗的日伪军。

大反攻的顺利打响和浙东抗战形势的重大变化,一方面是因为世界反法西斯战争和抗日战争形势的变化。1945年5月2日,苏联红军攻克柏林。5月8日,法西斯德国无条件投降,四明山6000多军民在梁弄召开庆祝大会。德意志法西斯的覆灭,改变了整个世界大战的格局,日本侵略军的末日已经来临,抗战进入了接近最后胜利的阶段。另一方面是因为,随着抗日民主政权的建立和巩固,整个抗战形势不断发展。为了迎接形势的大发展和可能发生的新变化(浙东主力部队准备开辟闽浙赣),1945年5月,浙东区党委决定三北和四明合并,称四明地委,书记王仲良。7月22日,三北特派员办公处与四明分区专员行政公署合并,专员罗白桦①。地方武装、民运工作队进行公开和隐蔽相结合的斗争,使根据地得到迅速发展。

2.重返浦东赢得主动

浦东地区地理位置非常重要,西连青浦可与六师江南地区相联系,海上交通还可与苏北一师相联系,对于浙东抗日斗争有着极其特殊的意义。但是原来在该地区斗争的浦东部队南下开辟浙东后,浦东地区已经成了空白,浙东区党委决定派部队重返浦东积极抗日。1942年9月,浙东区党委派朱亚民率领11人的短枪队重返浦东。当时正值日军调集5000余人开展"清乡",浦东大地全面封锁。他们首先开展锄奸活动,在较短时间内就除掉了100余名罪大恶极的汉奸、特务。1943年1月11日,在南汇鹤沙镇,将伪镇长兼"清乡"主任、警察巡长、巡防团长、情报长等13个民族败类一举歼灭。除奸行动震动了浦东平原,当地群众拍手称快。伪政工人员丧魂落魄,纷纷表示愿为抗日部队办事。同时,游击队出没于港湾河道之中,频频伏击小股日伪军,还奇袭日伪据点。1943年12月15日夜,已经改编为新四军浦东支队(支队长朱亚民,政委姜杰)的指战员,袭击了奉贤分水墩伪保安九中队,缴获马克沁重机枪1挺、轻机枪2挺、步枪60多支,俘虏伪军

---

① 罗白桦(1914—2007),原名柯开骏,曾用名罗克,安徽贵池人。1938年加入中国共产党。1942年7月,抵达浙东;8月,任中共四明地委副书记兼组织部部长。1943年9月,四明地委组建南山自卫总队(不久更名四明自卫总队),兼任总队长。1944年3月,兼任新成立的四明地区特派员。1945年2月,任四明分区行政专员。1945年10月,任新四军第一纵队民运部副部长。

100多人。1944年1月30日,在齐贤东南阮家花厅(今金汇镇行前村)击毙日军6人。3月28日上午,在奉贤头桥北宋村,发生了一次在浦东规模最大的战斗,即北宋突围战,浦东支队与1000多名日伪军交战,最终击毙20多名敌人后,掩护村民突出重围,但牺牲了20多名指战员。到1944年夏,日伪因到处挨打,只得把浦东近百个据点减少到二三十个。浦东武装发展到300余人,成立了淞沪支队,到抗战胜利时增至1500余人,并越过黄浦江与浦西、青(浦)西地区连成一片。

新四军浙东游击纵队海防大队,是新四军海防部队的重要一支,也是中国共产党领导下成立较早并有正规建制的一支海上队伍。浦东部队南下后,建立自己的海上武装,保证浦东与三北之间物资运送和人员往来的通畅与安全,成为新形势下的迫切需要。1942年8月,新成立的浙东游击司令部海防中队,有战船4条,战士40余名,周才荣任中队长。12月,为坚持和发展海上斗争,浙东区党委决定将原有的海防中队扩建海防大队,任命张大鹏[1]为大队长,何亦达为教导员兼大队附。海防大队在与日伪顽匪斗争的复杂环境中坚持游击战,为浙东抗日根据地维持海上交通、创建海上门户、开辟与苏北地区和舟山沿海岛屿的海上通道、保卫浙东根据地作出了重要贡献。1944年1月,海防大队已动员扩军到200人左右。仅古窑浦海口就接送过300多位军政领导和医务、军工、被服等技术人员往来苏北和浙东,后来还护送过美军飞行员托勒特[2]。开展海上游击战,在当时的历史条件下是一个全新的课题。海防大队经历大小29次海战,沉重打击了日伪顽匪军,海黄山伏击战就是抗击日海军的一个成功战例。1945年5月,驻镇海的日军因盐船在梅园丘等海面几次遭截,派出3艘汽艇抵达海黄山海面找海防大队报复。海大二中排长钱觉民将3艘哨船隐蔽在海黄山南侧接应,自己带一个机枪班,到海黄山上选择有

---

[1]　张大鹏(1922—1994),原名王椿煊,上海南汇人。1938年7月,参加中共浦东工委领导的南汇县保卫团第四中队。1940年10月,打入伪军五十团做策反工作。1942年,组建海防大队并任大队长,开辟浦东至浙东的海上交通线。1945年,浙东新四军部队奉命北撤,指挥海防大队为大部队准备充足船只,顺利完成北撤任务。1945年10月,任华中军区海防纵队第二大队大队长。1949年3月后,任华中海防纵队汽艇大队副大队长、华中军区海军江防舰队炮艇大队一中队中队长、海军舟山基地温台巡防大队副大队长等职。其间,参加渡江、解放嵊泗列岛及浙东沿海岛屿的战斗数十次。

[2]　托勒特是一位美国飞行员中尉。1941年4月15日,美国总统罗斯福同意美军陆海空后备航空志愿人员260人(内有飞行员110人)成立"美国援华志愿航空队"来中国参加对日作战。该航空队于1943年3月10日和美国驻华空军特遣队合并,改组成美国第十四航空队,由陈纳德任司令。该航空队1943年下半年就对日作战358次。1945年1月20日,新四军苏浙军区第二纵队浦东支队在上海县(今浦东新区)三林乡绞圈村,营救了被日军炮火击中飞机而跳伞负伤的美国飞行员托勒特中尉。后来将他安全护送到浙东抗日根据地中区余姚县梁弄镇,休养了两个多月。4月18日,送往美国陆空辅助勤务战地总部驻临时办事处。临别前的一天,托勒特中尉给何克希司令员及全体指战员写了一封热情洋溢的信,说:"我非常感谢你及你的部下,感谢你们对我的优待,同时更感谢你们为了护送我回我的司令部而作的种种努力,我希望你们新四军和我们美国军队能够很快在一起并肩作战,来摧毁我们共同的敌人——日本!"参见朝泽江:《宁波抗日战争史》,宁波出版社,2020年,第128—129页;朱立奇:《一张老照片背后的故事》,《宁波晚报》2019年9月3日。

利地形设伏。下午4时,日军派出一艘木质汽艇沿海黄山南侧包抄,企图歼灭海防大队。4时20分,在日军汽艇迫近时,机枪、步枪、手榴弹一起开火,日军死伤七八人后败退。1944年4月,排长桂新根率周新岳班,由浙东向浦东支队朱亚民部,运送自制手榴弹等武器,在浦东海面遭遇张阿六匪部。最终打退匪船,押运战士无一伤亡,顺利完成运送任务。1945年2月,何月芳班在小黄山海面,发动民船助战,用老套筒枪3支,迫使准备潜逃的伪中央税警队一个班投降。海防大队在海战中摸索战术规律,运用于实战中,为打赢海上游击战积累了丰富的经验。

1944年5月,谭启龙、何克希同张大鹏谈话,要求海防大队派军向舟山群岛挺进,开辟海岛游击根据地。[①] 张大鹏与吕炳奎等经过侦察,制订了先到大鱼山岛,然后到马目或长白,再进到长涂、岱山等地,最后到舟山本岛的计划。1944年8月19日,海防大队一中队70余人,由副大队长陈铁康带领,分乘5艘木帆船,从慈北古窑浦启航,夜渡灰鳖洋,向大鱼山岛进发。由于张阿龙告密,日伪调集舟山群岛上的200多日军和300多伪军,在日军指挥官佐藤庆藏和伪军头目王继能的率领下,动用1艘大型战舰和2架轰炸机、2艘登陆艇、5艘机帆船、5艘汽艇向大鱼山岛进发。海防大队一中队迅速分成三队,以小西洋岙为中心,抢占了小西洋对面的大岙岗、背面的打旗岗和西侧的湖庄头三个制高点,形成掎角之势。日伪军发动猛攻,打旗岗、湖庄头相继失守,战斗转移至大岙岗。日伪军采取南北合围、步步为营、拉网攻击的办法,以密集的炮火向大岙岗阵地猛攻。经过半天的抗击,大多数指战员子弹用尽,他们将打完子弹的枪支砸断,扔到山崖下,用手榴弹和石块打击敌人。血战从上午8时开始,一直持续到下午3时,海防大队一中队在孤军无援的情况下遭遇日伪海陆空联合进攻,浴血战奋战7个多小时。海防大队伤亡49人,但日伪军死伤70多人。血战大鱼山岛的战斗,重创了日伪军的嚣张气焰,开创了人民军队海岛作战的先例。9月3日,谭启龙、何克希就"开辟大鱼山工作遭敌袭击受损经过"向新四军一师及军部作了报告。新华社发了战报,延安新华广播电台报道了新四军浙东游击纵队海防大队与日军血战大鱼山岛的新闻,对这次战斗作了高度的评价。在浙东抗日斗争史上,血战大鱼山岛是载入《新四军辞典》和选入电视专题片《新四军》的一次抗击日军的英勇战斗。《新浙东报》发表了记者巴一熔写的通讯《血战大鱼山岛》和新四军浙东游击纵队政治部的表彰文章。后来,有人把这次威震东海的大鱼山岛血战誉为"海岛狼牙山之战"。

1945年10月,新四军浙东游击纵队海防大队与苏中军区海防纵队合编,组建为华中

---

① 《开辟大鱼山工作遭敌袭击受损经过报告》:"海大一中(由)大队付(副)陈铁康率领前行舟山群岛工作,开辟岩(岱)山西方之大鱼山。"参见宁波市新四军暨华中敌后抗日根据地研究会:《浙东抗战与敌后抗日根据地史料丛书》第3卷,中共党史出版社,2001年,第24页。

军区海防总队。1949 年 4 月 23 日,中国人民解放军华东军区海军在江苏泰州白马庙宣告成立,华中军区海防总队编入华东军区海军第一纵队。被粟裕称为中国人民军队第一支"土海军"的新四军海防部队,是华东军区海军的早期前身,有"人民海军的摇篮"之称。① 作为新四军海防部队重要一支的浙东海防大队,无疑是抗战时期中国共产党领导下的第一批海上武装,是新四军海防部队中最早有番号、有正规建制的海上队伍,是人民海军组建的一个重要源头。1989 年 2 月 17 日,中共中央军委批准以 1949 年 4 月 23 日成立华东军区海军的日期为中国人民解放军海军的成立日。

3. 新四军浙东游击纵队分路北撤

抗战胜利后,经重庆谈判两党签订《双十协定》,中共中央为示和平诚意,令新四军撤离长江以南区域。1945 年 9 月 30 日,谭启龙率首批北撤之党政机关和部队 3000 余人,集结于慈溪高背浦海滩,公布《忍痛告别浙东父老兄弟姐妹书》:"正当日寇投降、抗战胜利,理应聚首狂欢的时候,我们却要忍痛向你们告别了。""当此千钧一发之际,中共中央与本军本部,为避免内战,为求全国和平建国的新时期早日到来,乃毅然作最大的忍耐与让步,命令我浙东新四军与抗日民主政府即日起全部退出浙东。"② 三北群众与新四军浙东游击纵队子弟兵告别,他们握着战士们的手说:"祝你们一路平安""不要忘了四明山""你们一定要回来"。

从日本投降到新四军浙东游击纵队北撤,国民党奉行内战方针并不断进犯根据地,浙东地区的内战危机十分严重。根据中共中央、华中局的指示,浙东区党委和新四军浙东游击纵队,在国内形势复杂多变、内战危机紧迫的情况下,作出了一系列的应变和对策。1945 年 8 月 13 日,毛泽东在延安干部会议上作了《抗日战争胜利后的时局和我们的方针》演讲。当天新华社发表了毛泽东撰写的《蒋介石在挑动内战》。9 月上旬,浙东区党委估计内战爆发后,国民党将首先控制杭甬线,三北将成为一个独立的作战单位,因此,决定以余姚为基础,成立三北中心县委,由四明地委委员黄知真兼任书记。9 月 14日,浙东区党委向各部队和县委负责人下达了紧急通知,要求:一是在党内外进行充分

① 这支初创的海军,是以第四军浙东游击纵队海防大队、苏中军区海防纵队、刘公岛起义时的海军教导队等为基础建立的。其中苏中军区海防纵队发展过程如下:1941 年初,为配合陆地反"扫荡"斗争,新四军决定以苏中地区掌控的最大港口——东台弶港为中心,组建苏中军区海防大队,控制沿海港口,建设海上根据地,扩大对敌回旋空间。9 月,在如东县何家灶,新四军第一师师长兼苏中军区司令员粟裕宣布,新四军海防大队成立。在东台弶港人民大力支援下,第一批成员由 8 户人家、12 条船组织起来。最多的时候,发展到 100 多条船。11 月,粟裕在何家灶将海防大队扩编为苏中军区海防团,甚至新四军的被服厂、榴弹厂、野战医院、江淮银行及师机关、分区机关都曾搬到海船上。1943 年 11 月,新四军海防团扩编为苏中军区海防纵队,下设 3 个海防团。1945 年 10 月,第四军浙东游击纵队海防大队与苏中军区海防纵队合编,组建为华中军区海防总队。

② 浙江省委党史资料征集委员会、浙江省档案馆:《浙东抗日根据地》,中共党史资料出版社,1987 年,第180 页。

的反内战动员;二是立即于财政经济上做准备;三是各机关(特别是后方医院机关)、部队必须严格精简,减少可有可无的人员。新四军浙东游击纵队的任务和部署(包括北撤战略)也在适时变换和调整。

第一种方案是准备北移沪宁线,配合解放上海。1945年8月12日,新四军军部发布命令,要求全军立即行动,控制京沪杭交通要道和津浦铁路,并占领南京、上海、杭州等中心城市。为配合上海起义,决定调动新四军浙东游击纵队淞沪支队1000余人,以分散隐蔽的形式进入上海市区。

第二种方案是准备南进。1945年8月21日,中共中央致电华中局停止上海起义,并指示"浙东主力到上海有被消灭的危险,不如仍在浙东,困难时可退浙南"①。8月24日,粟裕致电华中局,提出既要坚守浙东,又要安排浙东主力南下开辟浙南新阵地。9月14日,随着国民党主力部队逼近杭甬地区,华中局指示浙东部队,应作挺进浙南、就地坚持、转移浙西三种打算。

第三种方案是准备北撤。1945年8月22日,国共两党在重庆谈判。为了迫使蒋介石兑现其民主的许诺,争取全国人民所需要的和平民主,中国共产党毅然决定主动撤出广东、浙江、苏南、皖南、皖中、湖南、湖北、河南(豫北不在内)等8个根据地,并将这些地区内的人民军队调往北方。1945年9月20日,华中局转发中共中央电令:"浙东、苏南、皖南部队北撤越快越好。"②新四军浙东游击纵队及地方党政干部立即全部撤退,留下秘密工作者及少数武器,并必须在七天内全部撤离浙东,开赴苏北。9月23日,浙东区党委在上虞县城丰惠镇召开了区党委扩大会议,传达了党中央、华中局和新四军军部关于北撤的命令和指示,对北撤有关事项作了全面部署,并迅速分头贯彻。为照顾伤病残疾人员的生活,由王剑鸣③(王即随军北撤)、朱洪山④等组成"新四军浙东游击纵队留守处",以公开合法身份与国民党谈判处理善后事宜。9月27日,何克希、谭启龙、张文碧率司政机关直属部门从上虞县城出发,抵达泗门镇。9月28日,驻余姚县城的国民党九十八军一二三师配合汪伪,企图袭击、阻挠新四军浙东游击纵队北撤。提前到达周巷的五支队主

---

① 新四军战史编辑室:《新四军征战日志》,解放军出版社,2000年,第421页。
② 上海市新四军历史研究会浙东浙南分会:《新四军浙东纵队北撤概况》,https://www.krzzjn.com/show-42-90989.html。
③ 王剑鸣(1912—1967),江苏镇江人。1938年加入中国共产党。起初从事党的地下工作,后来调往浙东抗日根据地,任浙东三北游击司令部南山总办事处民运科科长。1942年7月—1945年9月,历任中共鄞县县委书记、浙东行政公署四明行政专员公署主任秘书兼民政科科长、上虞县政府(抗日民主政府)副县长、新四军浙东游击纵队留守处主任等职。
④ 朱洪山(1917—1946),原名兆祺,又名树春,浙江慈溪人。1937年加入中国共产党。1938年3月任中共慈溪县工委委员。1942年,任鄞慈县办事处主任、新四军浙东游击纵队后勤部副部长兼政治处主任。新四军浙东游击纵队北撤后,任留守处副主任、中共慈县特派员。1946年12月31日,为掩护同志突围而英勇牺牲。

动出击,英勇迎战,击毙伪军团长 1 人,毙伤近 100 人,俘 200 人,缴获轻机枪 20 挺、长短枪 200 余支,粉碎了国民党顽固派破坏北撤的阴谋。

从 1945 年 9 月 30 日开始,新四军浙东游击纵队和党政机关、地方干部 1.5 万余人,按计划分三路北撤。第一路分为两批。第一批由谭启龙率领司政机关直属部队及区党委、浙东行政公署等机关人员在慈北高背浦下船,离开浙东。9 月 30 日,第二批由张翼翔率四支队和部分干部,从鄞县经陆埠镇到达姚北泗门。10 月 7 日晚,在庵东、相公殿一带北渡,因台风,部分被刮回相公殿附近。12 日,这部分指战员与张任伟率队的另一支会合后,再次北渡。第二路由何克希率队。9 月 30 日晚,在临山镇湖堤、小曹娥镇英生街一带登船北渡。10 月 1 日,在海宁黄湾登陆。2 日,在海宁袁化遭国民党袭击,转至海盐澉浦,进行了澉浦突围战役。第三路由张文碧率队。9 月 24 日,从浦江金竹坑出发,10 月 1 日到达上虞县城丰惠镇。同日,从丰惠镇出发,经上虞县夹塘入余姚牟山、马渚。2 日,抵达泗门。6 日,分别从临山和直落浦北渡。

新四军北撤之际,对浙东地区接下来开展斗争进行了相关部署。一是确定了留下坚持的干部及坚持斗争的方向,为革命留下了火种。二是保护三北群众的利益,部署了回收抗币的工作。三是与浙东人民结下了依依惜别的革命深情。1945 年 10 月 1 日,《新浙东报》终刊,在终刊号上浙东区党委、司令部发表了《忍痛告别浙东父老兄弟姐妹书》。[①]

创建浙东抗日根据地,与日伪开展军事武装斗争,如同在敌人的心脏插上一把尖刀,具有特殊的战略意义。一是牵制了日伪军队的力量。日军参加宁绍战役的部队计有第二十二师团、第五师团、第十五师团赤鹿支队及第十一混成旅团之一部,另有海空军配合其军事行动,共计 4 万多人。宁绍战役结束之后,日军第五师团第九旅团在旅团长楠本实隆少将指挥下,侵驻宁波城区。第九旅团辖有第十一、第四十一两联队,联队长分别为大佐大桥熊雄和冈部贯一,兵力 7400 余人,旅团部设在城区江北岸。[②] 此后,日军侵防宁波的部队及其长官有过多次变动。浙东抗日根据地的敌后抗战,直接威胁日伪在沪杭甬的统治,牵制和分散日顽军的兵力,消耗和削弱敌人有生力量,发挥了支持、配合华中乃至全国抗战的重要作用。二是粉碎了侵略者"以战养战"的图谋。日本法西斯发动太平洋战争以后,把中国变成了进行扩张侵略战争的后方基地,加紧经济掠夺以求"以战养战"。抗战时期的浙东地区,北临上海,西接杭州,人口稠密,物产丰富,经济发达,交通方便,是侵华日军进行经济掠夺、"以战养战"的命脉所在。浙江是萤石资源大省。日军发动宁绍战役的一个很重要的原因,就是夺取象山一带出产的飞机制造业原料——萤石。

① 浙江省委党史资料征集研究委员会、浙江省档案馆:《浙东抗日根据地》,中共党史资料出版社,1987 年,第 180 页。

② 朝泽江:《宁波抗日战争史》,宁波出版社,2020 年,第 89 页。

1941 年 5 月 18 日,日军侵占象山茅洋,在此后的 4 年里,从茅洋盗挖的氟矿石约 10 万吨。浙东地区的军事武装斗争,沉重打击和粉碎了侵华日军的企图。三是战略地位十分重要。浙东抗日根据地所在的沪杭甬地区是国民党统治的核心区域,浙东又是蒋介石的老家。日本侵略者占领浙东后将它作为统治我国东南地区和南进太平洋的重要基地。浙东抗日根据地是在中国人民抗日战争进入战略相持阶段以后,处于最为艰难困苦时期建立的,是华中抗战的东南前哨阵地。虽然建立较晚、面积较小,但它在中国抗日战争史上占有重要地位。[①] 在皖南事变之后,在浙东地区开展的抗日军事武装斗争,对鼓舞全国抗战军民的信心和士气也是极其重要的。

三、浙东抗日根据地反顽军事斗争

皖南事变后,国民党顽固派不断在各地掀起反共逆流,制造摩擦,始终不肯承认浙东新四军流血牺牲、抗击日本侵略军的铁的事实,三次对浙东革命根据地发动大规模侵袭,企图消灭共产党及其领导的抗日武装。抗战胜利后,为了迫使蒋介石兑现其民主的许诺,新四军奉命北撤。国民党部队却在杭州湾畔再一次袭击浙东北撤部队,制造了事实上的第四次大规模侵袭,北撤部队打响了第四次反顽自卫反击战。

(一)第一次反顽自卫战(1942 年 11 月 28 日—1942 年 12 月 15 日)

1.第一次反顽自卫战发生的背景

1942 年秋,正当浙东军民在三北地区进行反"扫荡"斗争、与日伪军血战之时,国民党顽固派不断在浙东掀起反共逆流,企图消灭共产党及其领导的抗日武装。国民党第三十二集团军司令李默庵,指派在杭州湾北的"忠义救国军"第一支队支队长艾庆璋,纠集金山、平湖自卫总队共 2900 余人,南渡杭州湾,进犯三北,企图趁浦东南渡部队立足未稳将其消灭。能否打好这一仗,关系南渡部队能否在浙东立足和发展的大局。三北游击司令部决定,集中全部军事力量,给顽军以歼灭性打击。

2.第一次反顽自卫战的过程

1942 年 11 月 28 日,浙东第一次反顽自卫战打响。第四、五支队成功突袭登州街、草楼一线的张立民金山自卫总队,除张只身逃跑,其余 500 人全部被俘。12 月 8 日,攻打黄家埠王八妹部,俘平湖县长谢友生以下 500 余人。接着,又连续打击艾部主力,歼其大

---

① 甬史:《从浦东到三北:浙东敌后抗日根据地的开辟》,《宁波日报》2022 年 7 月 28 日。

部,艾庆璋割须化装逃跑。自 11 月 28 日开始至 12 月 15 日胜利结束,浙东第一次自卫战持续 18 天。在地方党组织和人民群众的大力支持下,历经 29 次大小战斗,共歼顽军 2000 余人,取得了完全胜利。浙东第一次自卫战的胜利,极大地鼓舞了三北人民,锻炼了部队,发展了武装力量,部队增至 2000 余人。三北地区除少数日伪据点外,都成了抗日武装的根据地,为开辟四明山、会稽山创造了有利条件。

3. 第一次反顽自卫战的意义

浙东第一次反顽自卫战的胜利,是多方合力促成的结果。一是准确判断抓住了有利时机。新四军军部在战役取得决定性胜利之后向中共中央、毛泽东、中央军委的报告中说:"我为建立浙东敌后抗日根据地,以站稳自己的脚跟,乘顽内讧之际集中我浙东主力,于上月下旬将三北地区'忠义救国军'6 股共约 1900 余人全部击溃,缴获颇多。"[1]二是集中兵力歼灭艾庆璋部抓住了主要矛盾。这次顽军的主力无疑是艾庆璋部,必须集中兵力迎战来犯之敌。浙东区党委、三北游击司令部请示新四军军部后决定集中全部军事力量,进行自卫反击。同时,主动与驻三北的国民党军队顾小汀、魏显庭、孙云达部和驻四明山的张俊升、田岫山部联系,说服他们保持中立。三是汇合各方力量共同应对顽军。调动蔡群帆率南进支队返回四明山,诸暨八乡抗日自卫大队亦也同时到达姚南的菱湖、南黄,与司令部、四支队会合。

(二)第二次反顽自卫战(1943 年 11 月 19 日—1944 年 9 月)

第二次反顽自卫战是持续时间最长、战斗最频繁残酷、顽方派兵最多最强的一次,使新四军浙东游击纵队"进入了最困难最危急的时期"。

1. 第二次反顽自卫战发生的背景

1943 年,国民党顽固派掀起第三次反共高潮,力图削弱和消灭共产党领导的人民革命力量。"1943 年 3 月,国民党以蒋介石的名义出版《中国之命运》一书,污蔑共产党领导的八路军、新四军为'新式军阀',根据地为'变相割据',暗示两年内一定要消灭共产党。"[2]4 月,新四军浙东游击纵队成功打下梁弄,初步形成了以四明山为中心的浙东抗日根据地。根据地的建立和不断扩大,引起了国民党顽固派的极端仇视和恐惧,其迫不及待地调集军队,在浙东发动第二次反共军事进攻。

---

① 新四军战史编辑室:《新四军征战日志》,解放军出版社,2000 年,第 287 页。
② 谭启龙:《谭启龙回忆录》,中共党史出版社,2003 年,第 160 页。

1943 年 3 月到 10 月,蒋介石多次电令顾祝同、何应钦、徐永昌[①]"负责指派有力部队限期解决三北游击队"。浙东区党委和三北游击司令部接连发出三次通电,呼吁制止内战,团结抗日,但顾祝同等置若罔闻。6 月,国民党第三十二集团军总司令李默庵在天台主持第一次"绥靖会议",参加会议的除驻浙东国民党顽军,还有浙东各县县长。会议决定对浙东革命根据地开展军事进攻。7 月 19 日,蒋介石批准顾祝同上报的《浙东绥靖方案》。7 月 21 日,顾祝同为执行蒋介石"限期剿灭"浙东抗日游击队的命令,收编浙东地区国民党八十八团田岫山部和八十九团张俊升部为第三战区挺进第四纵队和挺进第五纵队,又调驻丽水碧湖的浙江保安第一、第二团到绍兴南部、驻会稽地区挺进第三纵队贺钺芳(黄埔四期)部到嵊东,准备对浙东根据地实行"清剿"。7 月 28 日,国民党的《东南日报》歪曲事实发表了题为《浙东之盅》的文章,为发动浙东反共内战制造舆论。10 月 1 日,国民党第三十二集团军在天台主持召开第二次"绥靖会议",成立了浙东行署和第三十二集团军前进指挥部,由第三十二集团军副总司令竺鸣涛任指挥官,浙东内战一触即发。

1943 年 11 月 19 日,国民党三十二集团军总司令李默庵调来美、英装备的精锐部队突击总队第一队,加上挺进第三纵队贺钺芳部、挺进第四纵队田岫山部和挺进第五纵队张俊生部,三万之众向浙东发动进攻。

2. 第二次反顽自卫战的过程

1943 年 11 月 19 日,国民党顽军对三北游击队第五支队姚南阵地发动进攻,浙东第二次反顽自卫战爆发。当时,三北游击司令部所属部队虽然有较大发展,但仅有 2000 人左右。而国民党进攻四明山的顽军有 2 万多人,力量相差悬殊。

(1)挫败顽军第一阶段的进攻

1943 年 11 月 18 日,"挺三"贺钺芳部进犯蜻蜓岗第五支队阵地。19 日,向第五支队阵地发起猛攻。第五支队坚守阵地,击退顽军多次冲锋,毙伤顽军百余人。之后,"挺五"张俊升部从侧翼向第五支队夹击,第五支队两面受敌,主动撤出战斗。19 日夜,第三支队向大俞出击,击溃"挺三"主力第二支队的一个营,毙营长以下 10 余人,俘 20 余人,缴获步枪 10 余支。贺钺芳部被迫退往唐田、北溪一线。

大俞战斗后,三北游击司令部在鄞西上下孤(姑)山,召开排以上干部会议,何克希在

---

① 徐永昌(1887—1959),字次宸,山西崞县(今山西原平)人。1915 年夏,参加讨袁运动。1917 年,任直隶军官教育团教官。1928 年,任国民革命军第三集团军第十二路军总指挥兼第三军军长。后任绥远省政府主席,河北省政府主席。七七事变后,任委员长保定行营主任,指挥第一战区抗日军事。1938 年 1 月,任重庆国民政府军令部部长。1945 年 8 月 17 日,被委派为中国政府代表团团长,参加了 9 月 2 日在东京湾举行的盟军受降典礼,并代表中国政府在接受日本投降书上签字。此后,任陆军大学校长、南京政府国防部部长。

会上提出"集中力量,从运动中寻找敌人弱点,给敌人以沉重打击"[①]的作战方针。1943年11月24日,"挺三"宿营奉西东岙和西岙,消息被第五支队侦察队长杜锐侦察获得。区党委认为,这是在运动中歼灭顽军的极好机会。当即决定先歼贺部,要求各部队在拂晓前赶到东岙,首先消灭东岙之敌,然后伺机扩大战果。

1943年11月25日,"三五"支队向正在集结的东岙顽军猛打猛冲,顽军大部溃散。西岙贺钺芳闻讯后,集中兵力反扑。"三五"支队亦集中兵力猛攻西岙"挺三"指挥所,战斗非常激烈。东西岙战斗,毙伤顽支队长以下200余人,"挺三"遭沉重打击。贺钺芳脚部受伤,向嵊东的东林、北漳溃退。此次战斗,第三支队一大队代理队长陈清(陈永华)和第三支队二大队大队附陈洪才等牺牲,特务大队大队长周振庭、第三支队卫生队副队长宋丹辉等负伤。11月28日,"三五"支队向唐田的俞济民部反击,俘获40余人,缴获轻机枪1挺、步枪40余支、短枪3支。12月1日,获悉"挺四"田岫山部要从鄞西回许岙老巢,决定在田部必经之路峙岭打伏击。伏击取得胜利,击伤其支队长、大队长以下100余人,俘获20多人,缴获长短枪20余支,夺回被田部抢去的新闻纸等物资,田岫山率部逃回许岙。司令部作战参谋余旭[②]牺牲。12月6日,自蜻蜓岗、东西岙、唐田、峙岭战斗后,"挺三"退守奉西晦溪,"挺四"退回到许岙、前岗一线,"挺五"退回到章镇一带。12月15日,"挺四""挺五"联合对梁弄发起进攻,"三五"支队奋起自卫反击,顽军未能取得任何进展后撤离。29日,"挺四""挺五"又联合进攻司令部驻地横坎头,战斗一整天,顽军损失甚众,"三五"支队无一伤亡。当晚,"三五"支队又进行反击,击溃"挺五"魏显庭支队,全俘"挺五"军官大队40余人,迫使田、张退回原地。

在这次自卫反击战役的第一阶段中,经过全体指战员的浴血奋战,虽挫败了顽军的进攻,使顽军各部都遭到不同程度的损失,但没有达到通过歼灭战消灭顽军有生力量的目的,没有按原计划消灭"挺三"贺钺芳的主力,在战略上并未取得完全主动。1943年12月,在姚南陈家岩召开排以上干部会议,初步总结了反顽自卫战以来的经验教训。主要教训:一是军事上不应打阵地战,不应安排主力第五支队放在蜻蜓岗一线构筑工事,实行阵地防御。没有集中兵力打运动战,不应安排"三五"支队集中出击唐田、北溪之战。二是在战术上不应出击攻坚,而应在运动中寻找战机歼敌。这是战役指挥决策上的失误。三是对田岫山、张俊升的两面性认识不足,没有估计到在战斗的紧要关头,他们会变卦,联合贺钺芳部夹击"三五"支队,袭击后方基地。会议要求指战员对第二次反顽自卫战在

---

①　上海市新四军历史研究会浙东委员会:《战斗在沪杭甬:新四军浙东纵队回忆与研究》,当代中国出版社,1999年,第97页。

②　余旭(1922—1943),原名俞照铨,浙江诸暨人。1938年加入中国共产党。曾任三北游击司令部参谋处参谋。1943年12月1日,在峙岭伏击战中牺牲。

思想上做长期、艰苦的准备。同时,对部队的建制和任务做了适当的调整,加强连队力量,提高部队战斗力。

(2)"内线防御与外线出击"击退顽军突击总队"进剿"

第二次反顽自卫战面对的顽军力量十分强大,"进剿"四明山根据地的国民党顽军的主力,是国民党正规军中的精锐部队——突击第一总队。该总队辖5个突击营,全部美式装备,每个营约1000人,加上"挺三""挺四""挺五"和俞济民部、保安团等地方部队,总兵力超过3万人。而新四军浙东游击纵队当时在前方作战的主力部队仅有1600多人。浙东区党委和司令部反复研究,决定采取"避强打弱,先消灭张、田和内线防御与外线出击"的作战方针,先后进行了两次较大规模的外线出击。

突击总队来势汹汹。1943年12月20日,驻天台国民党第三十二集团军前进指挥部向"挺三""挺四""挺五"以及突击第一总队下达了第二次作战命令,"围剿"新四军浙东游击纵队。准备集中第一总队5个营和"挺三""挺四""挺五"3个纵队,进攻四明山;调集苏本善的定(海)象(山)总队和慈溪自卫队,浙江省保安团(简称"浙保")两个团配合作战,在慈北鸣鹤场附近堵击和破坏浙东抗日部队的党政机关。1943年12月7日,在顽军发动新一轮"进剿"的同时,日军在从宁波、余姚、嵊县、奉化、新昌等据点抽调1500余人,进入四明山"扫荡""蚕食",形成了对新四军浙东游击纵队的夹击之势。顽军突击第一总队进入四明地区后,采取"步步为营,筑垒深入,逐步推进"的战术。12月29日,突击第一总队司令罗觉元率领所部抵达嵊东的东林、北漳,第三十二集团军前进指挥部指挥竺鸣涛,亦随突击第一总队同时到东林,开始对浙东抗日根据地发动新一轮"进剿"。要消灭顽突击第一总队也并不容易,必须找到有利战机。浙东区党委和司令部反复研究,于1944年先后进行了两次较大规模的外线出击。

发动第一次外线出击。第一次外线出击得到了金萧支队的有力配合。为配合四明地区的反顽自卫战,金萧支队不断袭扰围攻四明山的顽军的后方。1943年12月28日,蔡群帆、杨思一率领金萧支队第二大队进攻位于诸嵊边境的"挺三"贺钺芳部的后方苦竹溪,俘顽排哨2人,伤1人,缴获机枪1挺、步枪4支,进驻苦竹溪。同一天,金萧支队第一大队攻打苦竹溪以北的郑坞坑、袁家岭的顽军,俘顽第八十八军团长方镇平以下20余人,缴获步枪7支。12月31日,新四军浙东游击纵队进行第一次外线出击,部队从梁弄、横坎头出发,冒着大雨,长途奔袭驻上虞章镇"挺五"张俊升部。1944年1月1日,占领姜山制高点,俘虏顽军12人,缴获步枪31支、子弹1700余发。

发动第二次外线出击。1944年1月中旬以后,新四军浙东游击纵队进行第二次外线出击。1月18日,为了粉碎突击第一总队和"挺四""挺五"配合围攻新四军浙东游击纵队的计划,浙东区党委和新四军浙东游击纵队司令部决定采取跳出包围圈,变内线作战为外线作战,由被动转为主动的作战方针。根据这个方针,决定由刘清扬等率领纵队教导队和四明自卫总队坚持四明地区;纵队主力再度袭击章镇,西渡曹娥江,与金萧支队会合。1月19日,顽突击第一总队与"挺五"主力同时向四明中心区推进,企图将新四军浙东游击纵队歼灭于燕窝、游场一线。新四军浙东游击纵队主力立即转移到上虞城东北之万畚,并封锁消息。20日,新四军浙东游击纵队主力第二次长途奔袭章镇"挺五"张俊升部,顺利攻占姜山,迅速占领章镇和南堡。此战,俘虏28人,缴获轻机枪1挺、长短枪23支、子弹1万余发、手榴弹4箱及电台1部。21日,新四军浙东游击纵队主力乘胜由章镇渡过曹娥江西进,在嵊东长桥附近击溃"挺五"魏显庭部,俘获40余人,缴获步枪50余支、子弹2.1万余发、法币70余万元。同日,新四军浙东游击纵队第三支队一部在三界附近摧毁"挺五"的一个军工厂,缴获重机枪1挺、步枪100余支、子弹1万余发。第三支队另一部,在陈村一带搜索"挺五"后方时,缴获重机枪1挺、子弹9000余发和八二迫击炮弹35箱。22日,新四军浙东游击纵队主力继续打击"挺五"留守部队,在长桥击溃"挺五"的伏兵,俘29人,缴获长短枪28支、子弹1万余发。同日,杨思一、蔡群帆、钟发宗率领金萧支队主力400余人,到达绍兴县双江溪,与新四军浙东游击纵队主力会师。23日,新四军浙东游击纵队又在蒋岩桥、杜家堡一带搜索"挺五"后方机关,缴获子弹8500余发、电台1部。1944年1月20日—23日的外线作战,共俘虏100余人,缴获轻重机枪3挺、步枪200多支、机步枪子弹72.5万余发、八二迫击炮弹35箱,缓解了新四军浙东游击纵队弹药奇缺的困难,外线出击取得初步胜利。

前方(今余姚市梁弄镇前方村)战斗失利。正当新四军浙东游击纵队外线出击取得初战胜利之时,内线防御也取得一系列的成果。1944年2月10日,新四军浙东游击纵队召开排以上干部会议,总结前一阶段自卫战的经验。2月10日,获悉"挺四"田岫山部进驻梁弄以北的前方村。浙东区党委和纵队领导决定攻打前方村的田部。当晚,新四军浙东游击纵队主力从袁马、杜徐分两路出发,奔袭前方。五支队和警卫大队承担主攻任务,经陆家埠、南庙、向家弄、石畚、老鹰尖进攻前方;三支队和金萧支队经茭湖、高地岭进占狮子山、铁锚山,负责监视箭山、八字桥的敌突击第一总队动向,并配合五支队从南向北攻击前方。11日凌晨,五支队和警卫大队从北往南攻,很快占领前方村的外围阵地,三支队与金萧支队占领了铁锚山,已形成南北夹击之势,打得田岫山丧魂落魄。不料,突击第一总队赶来增援田部,五支队腹背受敌,战局发生逆转。战至中午,只得撤出战斗,突围转移。前方战斗,新四军浙东游击纵队指战员伤亡与失踪98人。五支一大教导员雷泽、五支四中指导员柳剑青、九中指导员王春松、五中中队长孙细乃和警大指导员成君宜、金萧支队一大队二中队中队长李克福等牺牲。前方战斗的失利,教训是深刻的。一方面是情报搜集不够及时仔细,没有料到突击第一总队就驻在田部附近,能够赶来增援田部;另一方面是纵队各队协调不够,三支队没按时赶到,致使五支队腹背受敌。

(3)跳出四明北渡姚江

前方战斗失利后,第二次反顽强自卫战进入第三阶段,谭启龙、何克希亲率机关和三支队等大部主力,跳出四明,北渡姚江,转入三北地区,主动避开突击第一总队这一强敌。刘亨云参谋长率五支队和金萧支队坚持四明、会稽与顽军周旋,部队时而集中,时而分散,寻找战机,一直坚持到第二次自卫战结束。

1944年春以后,日军为了挽回其在太平洋战争中的不利局面,打通中国东北至越南的大陆交通线,发动了大规模的豫湘桂战役。为了配合这次军事行动,日军计划由金华向西沿铁路再次进攻衢州,以牵制国民党第三战区的兵力,使其无法向湖南增援。6月8日—7月2日,日军以第十三军七十师团为主力,发动第二次浙赣战役,龙游、衢州相继失守。当日军发起第二次浙赣战役金兰前线告急时,国民党第三十二集团军急令在四明地区"清剿"的突击第一总队5个营调回天台。以第三十三师1个团进入四明地区接替,担任"清剿"主力。不久,"浙保"2个团也撤出四明山。在龙游、衢州失守后,8月,日军又发动丽温战役。顽军为保住自身的生存,将第三十三师一个团也撤回天台一带,田岫山、张俊升部也先后撤出四明山,贺钺芳部也撤退到富春江边的中埠。浙东第二次反顽自卫战结束。

历时9个多月的第二次反顽自卫战,经历大小91次战斗,重创进攻的顽军,但新四军浙东游击纵队也付出巨大的代价,减员891人,占当时部队总数的三分之一以上。陈洪[①]、朱学勉、兰碧轩、陈清、余旭、周振庭、雷泽、陈洪才、成君宜、陈行知等一批久经考验的领导干部牺牲。同时,地方党政干部李敏[②]、徐婴等惨遭国民党顽固派杀害。

3.第二次反顽自卫战的意义

第二次反顽自卫战,是浙东最艰难的岁月。谭启龙回忆说:"后来的事实证明:我大部主力北渡姚江,跳出四明,避开强敌,是带有战略意义的行动,使我浙东游击纵队化险为夷,转危为安,渡过了最困难最险恶的时期,保存了实力,为以后的大发展创造了条件。"[③]面对错综复杂的形势,浙东区党委和三北游击司令部,一面呼吁停止内战,团结抗日;一面周密部署,加强战斗准备。

---

① 陈洪(1906—1943),原名陈鸿,浙江浦江人。1943年,任中共四明地委书记。同年11月26日,在余姚紫龙庙战斗中牺牲。

② 李敏(1924—1944),浙江宁波人。1942年加入中国共产党。曾任中共樟水区委书记、鄞江区委书记。1944年1月21日,李敏为"浙保"二团所捕,顽军对她威胁利诱、严刑逼供,她坚贞不屈。28日,被顽军绑在樟村街的屋柱上,被连刺27刀,英勇就义。被誉为"浙东刘胡兰"。

③ 谭启龙:《谭启龙回忆录》,中共党史出版社,2003年,第160页。

首先,接连发出通电、召开集会,揭露国民党顽固派的反共图谋,加强反对内战,团结抗日的舆论宣传,争取群众。1943 年 7 月 7 日,三北游击司令部、政治部在袁马召开由几千群众和各界人士参加的"抗战六周年纪念大会"。何克希针对国民党顽固派掀起第三次反共高潮的行径,驻浙江的国民党顽军企图发动浙东内战的阴谋,发表"坚持团结,反对内战"的讲话。会议向浙江省政府发了反对内战的通电。10 月 1 日,国民党第三十二集团军在天台召开第二次"绥靖会议"后,何克希再一次发出呼吁团结抗战的通电。10 月10 日,司令部、政治部又在梁弄召开由各界人士参加的辛亥革命 32 周年纪念大会,谭启龙、何克希在会上作了关于反对浙东内战的讲话。接着,三北自卫总队在慈溪宓家埭召开了慈溪各界反对内战动员大会。但国民党顽固派对此置若罔闻,一意孤行。

其次,公开旗号,结束"灰色隐蔽"。1943 年 12 月 22 日,新四军军部电令浙东抗日武装正式编为"新四军浙东游击纵队",任命何克希为司令员,谭启龙为政治委员,刘亨云为参谋长,张文碧为政治部主任。1944 年 1 月 5 日,正式对外公开打出新四军的旗号,结束"灰色隐蔽",凝聚和发展了抗日力量,促进了第二次反顽自卫战的最终胜利。

再次,进行整编,加强统一指挥。1943 年 11 月,国民党顽军步步推进,"挺三"贺钺芳部在田岫山、张俊升部的配合下进抵嵊东、奉西,浙东内战已不可避免。浙东区党委和三北游击司令部对自卫反击作了具体部署。根据敌我斗争形势,浙东区党委确定的作战方针是"如顽军进攻,我即自卫反击,争取田岫山、张俊升中立,集中力量消灭贺钺芳的挺三"①。11 月 16 日,三北游击司令部率部为争取主动,主动撤出梁弄、横坎头,到达岩头。1943 年 9 月,为加强统一指挥,浙东区党委和三北游击司令部对三北、四明自卫武装进行了整编。成立南山自卫总队,由南山总办事处主任罗白桦兼总队长,四明地委书记陈洪兼政委,统一指挥四明地区地方武装。

最后,分化瓦解,争取一切可以争取的力量。国民党顽固派发动反共内战,不得人心,国民党军队内一些爱国官兵也反对内战,有些还投奔了新四军。1944 年 1 月 9 日,国民党第三十二集团军突击第一总队第一营便衣队 17 人,在队长向露云(原延安抗日军政大学学员)、副队长龚勋率领下,携带捷克式轻机枪 1 挺、步枪 9 支、英制手榴弹 14 枚、子弹 800 多发及一部分爆破器材,在唐田、北溪附近起义,投奔新四军。1 月 10 日,到达梁弄横坎头,便衣队改编为纵队司令部直属特务队。浙东区党委和新四军浙东游击纵队司令部根据向露云、龚勋等提供的情报,调整了反顽自卫战的部署。

---

① 谭启龙:《谭启龙回忆录》,中共党史出版社,2003 年,第 152 页。

(三)第三次反顽自卫战(1945年6月21日—1945年6月30日)

1945年5月,"国共两党关于建立民主联合政府的谈判宣告停止。毛泽东认为,这次谈判虽然没有结果,但却有重要意义。每次谈判都对我们有益,每谈一次就孤立了一次顽固派"[①]。国民党依旧坚持一党专政,继续对根据地发动军事斗争。浙东第三次反顽自卫战,在四明山西麓、上虞县境内进行。国民党第三十二集团军副总司令陈沛,在天台设立"绥靖指挥部",以三十三师等部,勾结日伪南北夹攻,"清剿"四明山。陈沛先打上虞县章镇、汤浦的张俊升部,接着向新四军浙东游击纵队丁宅街阵地进犯,企图增援已被包围在上虞城丰惠镇的伪军田岫山部,誓与"三五"支队为敌。

1.第三次反顽自卫战发生的背景

1945年3月11日,田岫山、张俊升联合邀请新四军浙东游击纵队何克希会谈,签订了《联合抗日宣言》。但田岫山变化无常,曾两次投日又两次反正,之后又准备第三次投日。4月22日,何克希针对田不顾信义撕毁协议的行径,写信告诫。5月26日,田岫山不听劝阻公开投敌,其部队被日军编为伪中央税警团第三特遣部队,驻防上虞、许岙、丁宅街、第泗门等地。5月29日,刘亨云率五支和三支大部及余上自卫大队向第泗门田部进攻,讨田战役开始。先后击退崧厦、周巷、庵东、余姚等四路日伪军的增援,攻克第泗门据点,毙伤田部100余人,俘140余人。6月4日,又攻占了田部重要据点丁宅街。6月7日,攻打许岙,直至6月10日胜利结束。许岙战斗是新四军浙东游击纵队对日伪规模最大、战果最辉煌的一次攻坚战,受到新四军军部来电嘉奖。[②] 攻克碉堡28座,歼敌1000余人,缴获迫击炮1门、重机枪3挺、轻机枪14挺、手提式机枪3挺、长短枪400余支及其他物资。讨田战役从5月29日攻打第泗门开始,到7月6日结束,历时40天,拔除了四明根据地的一颗钉子。在发动讨田战役的同时,国民党反共顽固派不但不兴兵讨伐田伪,反而配合日伪军企图消灭抗日武装,第三次反顽自卫战爆发。

2.第三次反顽自卫战的过程

国民党第三十二集团军副总司令陈沛和浙江保安处副处长王云沛为正副指挥的天台"绥靖指挥部"调集10个团兵力,自天台山向北推进,与日伪军呼应,南北夹击新四军浙东游击纵队。6月21日,北上顽军首先袭击张俊升部驻地章镇、南堡、汤埠;22日,占领汤埠,消灭了张部一个支队。接着,顽军继续北上,向丁宅街发动猛攻,新四军浙东游

---

① 中共中央党史研究室:《中国共产党历史》第1卷(下册),中共党史出版社,2002年,第648页。
② 宁波市新四军暨华中敌后抗日根据地研究会:《浙东抗战与敌后抗日根据地史料丛书》第3卷,中共党史出版社,2001年,第37页。

击纵队忍无可忍,被迫自卫。经过认真研究,新四军浙东游击纵队决定"打田拉张(俊升)",采取先打许岙,包围上虞县城的作战方针:由张文碧、刘亨云率领三支队一大队、警卫大队、余上特务营主攻许岙;由五支队 3 个大队佯攻上虞县城。1945 年 6 月 27 日,新四军浙东游击纵队进行自卫反击,迫使顽军退至曹娥江西岸;29 日,攻下章镇;30 日,张翼翔率主力一部追击顽军至嵊县下岙一带,激战 5 小时,俘顽军 300 余人,顽军向嵊西山区溃逃。第三次反顽自卫战,自 1945 年 6 月 21 日至 30 日,共计 10 天,以顽军溃逃而结束。7 月 11 日,张俊升发表声明,脱离国民党军队,接受共产党新四军的领导与指挥。7 月 13 日,经新四军军部批准,张俊升部改编为新四军浙东游击纵队第二旅,张俊升为纵队副司令员兼二旅旅长。

　　3. 第三次反顽自卫战的意义

　　讨田战役和第三次反顽自卫战以后,新四军浙东游击纵队有了很大的发展。至 1945 年 6 月底,新四军浙东游击纵队已发展为一支有 7400 余人,拥有轻重机枪 139 挺和各种冲锋枪、卡宾枪、步枪、短枪,武器装备较好的能攻善战的抗日武装。为适应形势发展,新四军浙东游击纵队决定恢复第四支队建制。1945 年 7 月 13 日,经新四军军部和苏浙地区批准,决定以第三支队、第四支队、第五支队组成新四军浙东游击纵队第一旅,纵队副司令张翼翔兼旅长。讨田战役和第三次反顽自卫战的胜利,上虞县城丰惠镇的解放、张俊升部的起义,使四明、三北、金萧三块根据地基本连成一片,与淞沪根据地隔海相望,经杭州湾相连;苏浙军区的成立使浙东和浙西相互呼应,浙东敌后抗日根据地得到进一步的巩固与发展。不久,浙东区党委和纵队司令部进驻上虞县丰惠镇,浙东抗日根据地各部队相继展开了对日反攻。

(四)第四次反顽自卫战(1945 年 9 月—1945 年 10 月)

　　1949 年 9 月,为了使重庆和谈能够获得进展,中共主动提出将南方的 8 个解放区的部队撤退到苏北。第四次反顽自卫战就发生在新四军北撤途中。国民党调集第三十二集团军、第九十八军等部队,从突袭周巷开始,到澉浦重兵围堵、南丰战斗,采取"南追北堵、东西夹击"的战术,企图在北撤途中消灭新四军。尤其是北撤的新四军何克希率领的第一旅第五支队、上虞自卫大队及部分地方党政干部共 1200 余人北渡杭州湾在澉浦登陆时,更是遭到国民党第四十九军第七十九师[①]等 7 个团的阻击和围攻。这就是"第四次

---

　　① 有资料说是第九十八军段霖茂部第四十师、一〇八师共 7 个团,实际上不是第九十八军,而是第七十九师师长段霖茂后升为第九十八军军长。

反顽自卫战斗"。[①]

1. 第四次反顽自卫战发生的背景

1945 年 8 月 22 日,根据华中局关于浙东新四军北撤的指示,浙东抗日根据地党政机关和部队共 1.5 万多人,开始分三路渡杭州湾北撤。1945 年 9 月底,新四军浙东游击纵队开始从杭州湾北撤,国民党顽军百般阻梗,欲趁机歼灭浙东抗日武装。与此同时,反对顽军的战斗也在持续进行中。在日本侵略者投降前夕,浙东城工委指示姚城工委配合浙东主力解放余姚县城。姚城地下党曾筹组武装,安排力量进行内部反击。但日本投降以后,驻余姚日伪也与各大城市一样,受蒋介石之命,顽固盘踞。"8 月下旬,我主力解放了伪十师张侠魂部盘踞的奉化江口。谁知,国民党浙江保安团突然进攻江口,我被迫自卫发生了江口战斗,我歼顽浙保一部,其余部向奉化城关溃退。"[②]9 月 18 日,国民党第九十八军第一二三师(预备第三师)进入余姚县城,网罗汪伪一致反共,内战危机十分严重。

2. 第四次反顽自卫战的过程

1945 年 9 月 27 日,何克希、谭启龙、张文碧率司政机关直属部门从上虞县城出发,于 28 日拂晓抵达泗门镇。进驻在余姚的国民党第九十八军一个团,在"浙保"及伪军的配合下,突然袭击驻周巷的新四军浙东游击纵队五支队。五支队立即予以反击,击毙顽军团长 1 人,俘 200 多人,缴获轻重机枪 20 余挺、长短枪 200 多支和大批弹药,粉碎了国民党顽固派破坏北撤的阴谋。

1945 年 9 月 30 日,第二路北撤部队,即由张俊升、朱人俊率领纵队第二旅,在海宁县黄湾登陆。何克希率领的第五支队、上虞自卫大队及部分地方党政干部 1200 余人,也准备随第二旅在黄湾一带登陆。10 月 2 日,第二旅在黄湾突然遭到国民党顽军优势兵力的阻击,其先头部队与第二旅发生战斗。原来,当顽军得悉浙东新四军一部北撤到黄湾一带的消息后,立即调集沪杭铁路沿线部队,由第九十八军军长段霖茂统一指挥,从杭州、嘉兴两个方向对黄湾实施包抄。由于第二旅只有 2000 余人,兵力相差悬殊,再加上黄湾无险可守,部队被迫于当晚向东转移到海盐澉浦,并发电报让何克希率领第五支队到澉浦登陆。10 月 3 日凌晨,新四军第二旅转移到澉浦,国民党军队紧追不舍。激战到傍晚,第二旅决定突围北上,但此时已无法通知何克希率领的部队转移登陆地点。10 月 3 日傍晚,何克希在得知第二旅遭国民党顽军围攻的消息后,即率领第五支队等武装赴澉浦增援。但由于风大浪急,电台无法与第二旅取得联系,所以并不知道第二旅已经撤出澉浦,

---

① 一般认为浙东发生的反顽自卫战共有三次,但本书经研究认为,发生在新四军北撤途中的澉浦战斗等,实际就是浙东第四次反顽自卫战。

② 陈布衣:《风雨历程——四明山革命斗争岁月》,东方出版社,2001 年,第 66 页。

于是仍向澉浦前进。4日,何克希率部在澉浦登陆,才发现澉浦只是一座空城,第二旅已经撤走。国民党顽军集中了第四十、七十九、一〇八、一三四等4个师的兵力[1],不仅占领了四周的高地,而且正准备进占澉浦城。何克希当机立断,命令部队击溃已经入城的国民党军队一个搜索队,新四军迅速占领了澉浦城。面对兵力十倍于北撤部队并占领有利地形的强敌,何克希与支队长王胜、政委邱相田等商议认为,五支队困守澉浦,面临重兵围攻,有全军覆没的危险。要摆脱险境,必须反守为攻,背水一战,杀一条血路。同时,又将第五支队的险境,电告新四军军部及苏浙军区司令部。4日,整连整营的国民党军队向澉浦发起一次次冲锋,城内的1000余名新四军指战员依托城墙,顽强抗击,迫使顽军退回周围的山上。到了晚上,新四军利用占领两座山的有利条件,趁天黑突出重围,浙东新四军付出了阵亡223人的代价。

1949年10月15日,谭启龙、张文碧、刘亨云率领司政机关、直属部队、三支队、六支队(金萧支队)等,从青浦重固、观音堂出发继续北上。20日下午,抵达江苏常熟以北、福山以西的南丰镇。21日凌晨2时许,突然遭到国民党"别动军京沪卫戍总队第十三纵队"2000余人的三路进攻。在抵抗到天明后,三支队、六支队(金萧支队)和警卫大队向顽军展开全面反击,顽军向东南方向逃窜,三支队等部一直追击至福山脚下。南丰战斗,毙伤顽军100余人,俘200余人,缴获日式小钢炮2门、轻重机枪3挺、长短枪130余支以及大批弹药和军用物资。此后,部队继续北上。

3. 第四次反顽自卫战的意义

第四次反顽自卫战特别是澉浦突围战的胜利,粉碎了国民党顽固派企图在杭州湾重演皖南事变的阴谋。1945年10月23日,《解放日报》登载了《我顾全大局一再忍让,国民党继续调大军阻击浙东我军北撤》一文,揭露国民党阻击新四军浙东游击纵队北撤的阴谋。[2] 浙东新四军北撤,是贯彻中共中央"向北发展,向南防御"战略方针的重要举措,为日后的解放战争保留了有生力量。10月14日,突围部队到达苏南青浦观音堂(今属上海市青浦区),与已经到达那里的其余北撤部队胜利会师。11月,北撤部队全部到达苏北涟水,进行整编。11月16日,张云逸宣布中央军委关于成立新四军第一纵队的命令,由叶飞任司令,赖传珠任政委,谭启龙任副政委兼政治部主任。涟水整编,标志着新四军浙东游击纵队胜利完成了中共中央和华中局赋予的历史任务,胜利完成了北撤。

浙东抗日根据地军民始终面临着日伪顽的打击和侵袭,斗争形势十分尖锐复杂。从

---

① 当时新四军军部回电称:澉浦顽军已达7个团1万余人,且仍在继续增兵之中,望在可能的情况下避免与顽军作战。参见浙江省新四军历史研究会:《浙东抗日根据地史》,中央文献出版社,2014年,第294页。

② 浙江省委党史资料征集研究委员会、浙江省档案馆:《浙东抗日根据地》,中共党史资料出版社,1987年。

1942年11月至1945年10月,国民党顽固派连续四次对浙东抗日军民发动内战,兵力一次比一次强,手段一次比一次凶残。在反顽战中牺牲的干部和战士,是与日伪作战牺牲人数的四五倍。第一次反顽自卫战是"忠义救国军"从海北过来寻衅,以失败而告终;第二次反顽自卫战是国民党3万大军深入四明山发动战争,浙东军民付出了沉重代价;第三次反顽自卫战促成了张俊升部起义投诚;第四次反顽自卫战通过澉浦突围战等战斗,粉碎了国民党顽固派在北撤途中歼灭新四军浙东游击纵队的企图。四次反顽自卫战的历史说明:不反顽自卫就会被国民党反动派消灭,不反顽自卫就不能抗日,不反顽自卫就不能在浙东建立敌后抗日根据地。敌后抗战是无后方作战,根据地是抗日部队的唯一依托,没有抗日根据地而要在敌后坚持长期抗战,那是一句空话。唯有奋起抵抗,举起"反顽是为了抗日"[①]的旗帜,与顽固派斗争,才能真正捍卫坚持抗日的胜利成果。

四、浙东游击根据地游击战争

抗日战争胜利后,国内形势发生了急剧变化。1945年9月20日,华中局电令浙东区党委、新四军浙东游击纵队及地方党政干部全部撤退。在浙东党组织的领导下,坚持"隐蔽精干,积蓄力量,等待时机"[②]的工作方针,将党组织改为特派员制,建成浙东游击根据地。在这一时期,先后经历了隐蔽坚持(1945年10月—1946年5月)、重建武装(1946年6月—1947年初)和迎接解放(1947年初—1949年上半年)三个阶段。

(一)隐蔽坚持时期(1945年10月—1946年5月)

抗日战争胜利后,浙东区党委和新四军浙东游击纵队根据国际国内形势,已着手坚持当地斗争的部署。中共中央命令浙东新四军北撤,并不是放弃浙东这块根据地。浙东是国民党统治的腹心地区,抗战时期中国共产党人在浙东浴血奋战,开辟了战略支点,已经有了较好的群众基础。但浙东地区的力量对比已经发生根本变化,斗争方式为此也必须改变。华中局在转发中共中央电令时指出,浙东主力北撤后,"浙东部队及地方党政立即全部撤退,只留秘密工作者及少量秘密武装"[③]。

---

① 宁波市新四军暨华中敌后抗日根据地研究会:《浙东抗战与敌后抗日根据地史料丛书》第3卷,中共党史出版社,2001年,第423页。
② 谭启龙:《谭启龙回忆录》,中共党史出版社,2003年,第214—215页。
③ 《中央关于撤退江南部队向北进军问题给华中局的指示》,见宁波市新四军暨华中敌后抗日根据地研究会:《浙东抗战与敌后抗日根据地史料丛书》第7卷,中共党史出版社,2001年,第463页。

1.隐蔽坚持

谭启龙曾说,"部队要北撤,但党是不撤退的,我们党的旗帜是要高举的,要保存有生力量,等待时机"①。"当我提出要搞武装时,谭说:不要你搞武装,只领导秘密党组织。但同意留下姚南中队和大陆商场(敌工部)的一批武器归在四明坚持斗争的主要负责人刘清扬安排。去时,谭政委又指示我们要面向群众背靠山,扎根于群众之中。"②新四军浙东游击纵队主力北撤后,熟悉地形和民情的干部在浙东隐蔽坚持、原地斗争。这一时期,国民党多次集中重兵,对浙东地区进行疯狂的"清剿",大肆捕杀共产党人和革命群众,四明地区更是成为重灾区。隐蔽坚持的党员群众,根据各自面临的状况,开展了切实有效的斗争,逐渐打开了局面。

(1)新四军浙东游击纵队北撤后的安排

开展交涉。1945年10月初,按照国共双方的约定,新四军浙东游击纵队在慈溪南山乡杜徐岙(今余姚市陆埠镇)组织了"新四军浙东游击纵队留守处",并正式挂牌。在晓岭(今鹿亭乡),也挂出了新四军浙东游击纵队后方医院的牌子。"区党委认为,建立留守处的方针不变,但规模可以小一些;另外,以后方医院作为留守机关;只要有一线希望,就要争取公开留守。"③10月,国民党军队发动"清剿"时,后方医院派副官李汇东与国民党交涉被扣。10月中旬,留守处又派后方医院政委黄明④,以留守处主任名义与国民党交涉。双方商定,后方医院所有伤病员及工作人员于11月1日从晓岭出发,经陆埠、三七市到古窑浦,北渡苏北。当第一批伤病员按商定的路线经陆埠时,突然被国民党军队扣押。黄明闻讯前去交涉也被关押⑤。伤病员派出6名代表前去交涉,结果除1人逃脱外,其余5人被枪杀。11月3日,国民党军队一个营包围了后方医院,50余名伤病员被扣押,后方留守处、后方医院尽被破坏。

建立特派员制度。根据浙东区党委决定,主力北撤后,留下部分人员和短小精干武装在浙东坚持隐蔽斗争。鉴于主力北撤后的浙东地区局势、任务和力量对比的悬殊性,浙东区党委要求留下坚持人员改原先的党委制为特派员制,实行单线联系,保证组织安全。具体安排为:四明地区特派员刘清扬和邢子陶(邢不久即去苏北),领导姚南、鄞县、余上、慈镇、嵊新奉、上虞等地区工作;三东地区特派员王起,领导鄞东南、奉化、镇海、定

① 陈布衣:《风雨历程——四明山革命斗争岁月》,东方出版社,2001年,第69页。
② 陈布衣:《风雨历程——四明山革命斗争岁月》,东方出版社,2001年,第69页。
③ 黄明:《陆埠血案和浙东留守处》,见中共浙江省委党史研究室、中共宁波市委党史研究室:《浙东游击根据地》,中共党史出版社,1996年,第355页。
④ 黄明(1925—1947),又名金达,浙江余姚人。1942年加入中国共产党。曾任中共余上县委特派员。1947年初,在余姚梁弄牺牲。
⑤ 经党组织营救,黄明于1946年9月3日获释。

海等地区和宁波市区工作;金萧地区特派员马青,领导诸北、路西、诸义东、金义浦兰、嵊西、路南(金华至永康大路以南)等地区工作;台属地区党组织由刘清扬兼管,但来不及与当时留在台属地区坚持斗争的负责人许少春联络,台属党组织失去了与上级的联络。"由于北撤十分匆忙,区党委留下一支小武装和一批武器,指明向台属发展,也可向浙南靠拢。关于邢子陶的职责,谭说:浙东主力北撤后,根据地变为白区,国民党要在这里实行白色恐怖是必然的。因此,党组织由公开转入秘密,实行特派员制,统由邢子陶负责。又说:刘清扬、邢子陶两人没有正副、主次之分,分别隶属华中局。"①县特派员由县委提名,报区党委备案,区特派员由县委指定。四明全区共留下县级正副特派员11名。区级特派员中,南山县4名,鄞县4名,嵊新奉县4名,余上县8名(其中3人为副特派员),慈镇县6名,上虞县4名,共计30人,有3个区未留,2个区的特派员未到职,实际人数为28名。余姚仍为余上、南山两县。余上县由项耿任县特派员,肖贻、寿静涛为副特派员,下辖崧厦、临山、马渚、周巷、浒山、庵东等6个区,每区确定了1~2名正副特派员;南山县由陈布衣任县特派员,下辖大岚、梁弄、陆埠、沿江等4个区,都选定由身强力壮的本地男干部任各区特派员;丈亭区时属慈镇县,由范雪伦任区特派员。

开展反"清剿"、反"清乡"斗争。在基本完成对浙东地区的控制和布置后,国民党便急于想把留守浙东的中共党员干部清除干净,国民党与共产党在浙东的斗争已不可避免。1945年10月,国民党集中2万余兵力,对浙东地区进行疯狂的"清剿"。在"宁可错杀,不可错放"的口号下,大肆捕杀共产党人和革命群众,仅五东岙、箸岙等地,就有100余群众被捕。白色恐怖再次笼罩浙东大地。国民党军警特务遍布平原山区,大肆搜捕共产党人、民兵和农会骨干,强迫他们登记自首以进行敲诈勒索。②同时,控制农村乡镇,恢复乡保机构,实行联保连坐制度,并扬言要集中兵力"进剿"四明山,根绝"匪患"。"在三十二集团军副司令陈沛指挥下,主要的进攻目标是我们南山县,因为那里曾是浙东我首脑机关所在地。对其他县的'清剿',均由地方部队和收编的伪军负责。敌人的'清剿'分为两个阶段:从10月5日至10月底,占据平原区和四明山外围集镇,称为'清剿'阶段;11月初,分路进入四明山腹地,逐村搜捕我党工作人员,称为'清乡'阶段,历时半月。11月15日后,陆续撤回集镇,12月2日,陈沛宣布'清剿'结束。"③

(2)依靠群众隐蔽坚持

面对突变的形势和险恶的环境,奉命坚持的队员坚定信念,依靠群众,与国民党开展

---

①　陈布衣:《风雨历程——四明山革命斗争岁月》,东方出版社,2001年,第71页。
②　对此,谭启龙指出:根据地内的乡长、民兵、农会以公开面目出现的人,如果敌人强迫登记,可以上述面目登记,不要作叛徒对待;以党员面目登记的,要作叛徒处理。
③　陈布衣:《风雨历程——四明山革命斗争岁月》,东方出版社,2001年,第72页。

针锋相对的斗争。在姚南,陈布衣等18位特派员,隐蔽坚持在四明山屏风山一带。屏风山处在余姚、上虞、嵊县、新昌、鄞县五县边界,山高林密,民风淳朴,没有国民党部队驻守。奉命坚持的队员,在深山峻岭中砍竹子、搭茅棚、嚼炒米、喝山泉。一边学习时事,统一认识,提高斗争的信心;一边静观形势发展等待时机。朱洪山等隐蔽在陆埠孔岙附近的山岙里,他们在那里"搭公馆"(用树枝、茅草搭建的窝棚)、学文化、写自传。朱之光则隐蔽坚持在家乡左溪一带,七丘田、瑞林岗、佩龙岗、六塘岗等偏僻的山岗小村,是他坚持的落脚点。奉命坚持的队员,因地制宜地创造了一套生活、行动方式。用他们的话总结起来说就是:点灯不露光,烧饭(水)不冒烟,行动无狗叫,雪地无脚印。

(3)成立武工队打开局面

与四明地区一样,国民党军队完成对交通要道和城市的占领后,也迅速对金萧地区实施"清剿"。在国民党军队的"清剿"中,金萧地区的党员干部仍坚持斗争。对此,马青指出,坚持斗争的党员干部,不能东躲西藏、任人宰杀,而要以革命群众和山区作掩护,与国民党周旋,保持红旗不倒。[①] 1945年10月下旬,活动在诸义东一带的周芝山、金平欧等人,成立了诸义东人民游击队,由杨亦明任队长,有队员十六七名。他们采取避实击虚、昼伏夜出,一天换几处宿营地的办法,与国民党军队周旋。12月中旬,马青带着20余人与蒋明达带领的人员会合,以五泄山为基地,在诸暨、富阳、浦江边界开展武装斗争。他们袭击了富阳窈口税务站,在浦江马剑沈家村,活捉国民党诸暨县自卫队中队长廖伟等4人。当地群众奔走相告:"金萧支队又回来了!"3月初,蒋明达、陈相海等3人携机枪1挺、步枪2支,在诸(暨)绍(兴)嵊(县)边界与马青会合。在安文寺战斗中,打退了国民党向任务队的进攻,缴获2支步枪。战斗之后,马青命蒋忠与蒋明达等同返回路西开展地方党的工作,由蒋谷川任直属中队中队长。蒋忠回路西后,在诸(暨)西南活动很短一段时间即去富阳,组建了萧(山)富(阳)人民自卫队,队长徐良(蒋忠化名),有队员4人,在富(阳)萧(山)诸(暨)边界带活动。在姚北坚持初期,项耿召开了特派员会议,正式成立余上武工队。然而不久事泄,国民党出动大批军警,组织"围剿"。武工队几经转移,屡遇险境,最后被迫将武工队分散隐蔽。项耿、肖赇行踪暴露,也只好分路撤往苏中、上海。副特派员寿静涛在部队北撤前夕刚从诸暨县调来,对余上县人生地不熟,在地下党员的帮助下,隐蔽在临山、朗霞一带。他曾数次去上级指定的联络点,但均未接上关系。因此,在隐蔽坚持初期,余上县便与上级失去了联系。直到1946年4月,寿静涛上四明山,在陆埠余鲍陈村见到刘清扬,余上党组织才恢复了与上级的联系。之后,为了加强对余

---

①　马青:《风雨会稽山》,见中共浙江省委党史研究室、中共宁波市委党史研究室:《浙东游击根据地》,中共党史出版社,1996年,第345页。

上县的领导,上级派梁弄区特派员金达任余上特派员,改名黄明。黄明到余上后,与寿静涛一起深入各地,加强对党员的教育,广泛建立隐蔽点和秘密联络站,终于打开了余上县的局面。

2. 反雪天"清剿"

隐蔽坚持时期,是坚持在浙东的共产党人最困难、最艰苦卓绝的时期。1946年2月,国民党又一次策划"雪天清剿"。他们纠集第三十二集团军一二三师、一二四师,"浙保"一团、二团、六区保警中队3个支队及收编的伪军田岫山、谢文达、郭青白等杂牌部队和各县地方团队共1万余人,分路进军、分头驻扎,向四明山区全面开展"清剿""清乡"。这一次,他们采用了"拉网战"和"篦箕战"等战术,漫山遍野地搜捕隐蔽坚持在四明山上的干部。新四军浙东游击纵队留守处埋在杜徐村白龙潭的9台缝纫机、1台印刷机,埋在袁马的硫酸和硝酸也均被国民党军队抢去。国民党部队极其野蛮地采取烧山、并村等办法,一夜之间把几个山头的树木放火烧光,还强迫群众搬进大村集中居住,以断绝坚持干部的隐蔽生存之处。然而,坚持在四明山上的共产党人,紧紧依靠山区群众,避敌锋芒、与敌周旋,一次次绝处逢生,转危为安。南山县的共产党干部依靠山区群众,采取"隐蔽坚持""无声无息"的方针,使国民党军队一无所获。李默庵声称浙东各地经各部"清剿",已无大股"奸匪"。大部队撤走,留下"浙保"等部队,分头进驻梁弄、芝湖、南庙、陆埠、袁马等地继续完成"清剿""清乡"任务。

1946年1月,隐蔽在屏风山的刘清扬、陈布衣等地县级领导和骨干,在避开国民党大规模的"清剿"后,派黄连、鲍纯甫分别下山去陆埠找朱洪山等了解敌情。经刘清扬、陈布衣等研究,为接近和发动群众,更好地作反"清剿"斗争,决定离开屏风山。1月下旬,刘清扬、陈布衣等人都从屏风山下来,先在大俞住了八九天,2月2日,在左溪乡南黄村过了春节。他们住宿都在"公馆"。接着,刘清扬、陈布衣、朱之光和朱洪山4人在冠佩村召开了为期3天的会议,这是部队北撤以后四明党组织第一次会议。"冠佩会议"总结了前段反"清剿"斗争的经验教训,分析了形势。"为了继续分散隐蔽坚持,保存有生力量,刘清扬提出'躲击'作为隐蔽方针。隐蔽不是单纯的无声无息,而应该是在斗争中有效地保存有生力量,伺机而起袭击国民党军。"[①]在冠佩开会的四明特派员刘清扬、南山特派员陈布衣,以及朱之光和朱洪山等人,得到国民党"清剿"的消息后,即在七丘田讨论雪天反"清剿"斗争,决定采用分散跳跃式活动,粉碎国民党的"清剿"。小分队在群众的保护下,纷纷脱离险境,国民党反复搜索仍一无所获,雪天"清剿"又被挫败。

---

① 陈布衣:《风雨历程——四明山革命斗争岁月》,东方出版社,2001年,第80页。

3. 北上请示

在内战爆发的情况下,四明党组织唯一的一部电台损坏。与上级的联系失去了,而四明党组织迫切需要得到上级的指示。于是,1946 年 6 月,刘清扬派陈布衣北上请示工作,南山县的工作由朱之光负责。陈布衣从陆埠洪山余鲍陈出发,化装成商人经宁波到上海。在上海,因假冒身份证和盘缠丢失、乘船又遇贼船等,首次去苏北未成,在上海耽搁 40 多天。8 月初,与刘清扬派往浦东处理物资的坚持人员孙敏儒、政治交通郑惠民一起,从川沙乘帆船再次去苏北。在那里,与从浙东北撤的华中海委书记吕炳奎取得了联系。经东台、兴化到淮安,通过从浙东北撤的黄亚芬,找到了华中分局组织部干部科科长邢子陶。经邢联系,三四天后找到了华中军区司令员张鼎丞。陈布衣用一天时间向张鼎丞汇报了主力部队北撤后国民党对根据地人民的残酷迫害,坚持人员如何坚持斗争、保持有生力量的情况。张鼎丞在听了陈布衣的汇报后,代表华中分局作了指示:目前内战已全面爆发,国民党部队疯狂地向各根据地进攻,"浙东今后已不再是隐蔽斗争、保存力量,而应广泛发动群众建立武装,重新恢复根据地,与国民党开展武装斗争"[1]。陈布衣随即向张鼎丞提出,希望派军事干部去浙东。张鼎丞指示陈布衣向在山东的华东局提出派遣军事干部的要求,并嘱与陈一起的孙敏儒、郑惠民返回浙东传达华中分局的指示。

(二)重建武装时期(1946 年 6 月—1947 年初)

1946 年 6 月内战全面爆发后,中共金萧地区特派员马青在嵊西秘密发动群众,重建武装。11 月,发动了"石璜缴枪",成立会稽山抗暴游击队,用公开武装反抗国民党反动统治。1947 年 1 月后,浙东各县党组织和游击武装相继重建,斗争烽火燃遍全区。

1. 结束隐蔽斗争

1946 年 8 月,中共华中分局指示浙东,今后已不再是隐蔽斗争、保存力量,而应广泛发动群众建立武装,重新恢复根据地,与国民党开展武装斗争。消息传来,坚持将近一年的隐蔽斗争的队员精神大振。1946 年 9 月,孙敏儒到达四明山,口头传达了华中分局的指示。9 月,刘清扬召集朱洪山、陈爱中[2]到鄞西十八级岗的"永安公馆"开会,讨论华中分局的指示,作出相应的工作部署。9 月 29 日,华中分局根据陈布衣的汇报,又发出浙东工作的"指示信"[3],作了四点指示:一是发展武装工作队;二是放手发动群众;三是在组织

---

[1] 陈布衣:《风雨历程——四明山革命斗争岁月》,东方出版社,2001 年,第 94 页。

[2] 陈爱中(1920—1947),原名仇康阜,谱名仇善智,浙江乐清人。1938 年加入中国共产党。历任中共乐清县委组织部部长、温岭县大荆区特派员、姚慈县沿江区特派员、鄞慈镇地区特派员、四明工委委员兼鄞慈县特派员等职。1947 年 11 月,被敌人杀害于宁波江北草马路。

[3] 陈布衣:《风雨历程——四明山革命斗争岁月》,东方出版社,2001 年,第 100 页。

群众斗争中发展党;四是做好"两面派"工作。华中分局的指示,是在全国形势发生重大变化的情况下,经过分析浙东形势和四明地区斗争的实际,提出的新的方针和任务,它对四明地区党组织实现从隐蔽坚持到发展游击战争具有重要的意义。

2.缴枪行动揭开武装斗争序幕

开展武装斗争,必须重组武装;重组武装,必须有枪。1946年11月18日,马青在箬帽墩村召开军事会议,下达了攻打石璜的战斗任务和行动方案:由早已潜伏辅仁乡自卫队的齐昌瑞为内应,以应飞、周芝山的武工队为突击力量,各路力量按指定地点相应配合,争取用智取、巧战的方式夺取胜利。11月19日,由齐昌瑞带路,马青率领武工队冲进关帝庙,先缴获在大殿桌上的轻机枪。睡梦中惊醒的自卫队员未及穿衣戴帽,即被生擒,10多支步枪也落入了武工队员手中。这次"石璜缴枪"的战斗,以里应外合、智取巧战的方式,不发一枪一弹,缴获了轻机枪3挺、步枪35支、短枪11支,手榴弹、子弹数担。12月中旬,应飞、杨亦明率武工队7人,随带在石璜缴获的机枪1挺、步枪若干支,回金华地区开展武装斗争。1947年12月22日,张任伟、周芝山率部在嵊西党组织的帮助下,迅速解除了国民党开元联防大队两个分队的武装,活捉其大队长。接着,部队又奔袭了国民党石璜镇联防队。此次行动,不费一枪一弹,即缴获轻机枪6挺、步枪39支、短枪9支、子弹2000发。[①]"开元缴枪"是继"石璜缴枪"后在嵊西开展的又一次大获全胜的缴枪行动。进一步巩固了游击区,并配合了浙东主力部队的进击,金萧地区的武装斗争进入了一个新局面。

姚虞、余上两县党组织贯彻华中分局指示,采取了有效措施迎接新的斗争。当时坚持在四明的人员仅有几支短枪,要发展队伍,必须有更多的枪支。朱之光等人研究认为:国民党"清剿"的重点在姚南,三北的国民党乡公所军警警惕性不会很高。一些乡自卫队组织涣散,纪律松懈,可以寻机部署缴枪。朱之光向黄明传达了上级指示,并让他了解姚北一带乡公所自卫队情况。黄明接受任务后,了解到天华乡自卫队持有一批枪械,当地也可以配合,便向朱之光作了汇报。1946年11月29日,由丁大章、黄瑞钿带领来到天华乡,一行人化装成卖淘箩、饭篮的山民,短枪、手榴弹放在山货的最下面,住在朗霞地下党员杨诚家里。12月4日夜,姚南武工队在余上游击小组的配合下,突袭天华乡公所,天华乡自卫队员纷纷缴枪投降,又缴获匿藏在保长家的枪械。整个行动未发一枪一弹,便缴获机枪1挺、步枪13支、短枪2支、子弹数百发。"天华缴枪"行动揭开了四明地区自新四军浙东游击纵队北撤后向国民党开展武装斗争的序幕。"天华缴枪"的胜利,振奋了浙东的积极分子,当月,姚虞正式成立了一支武工队,队长吕民烽,一批青年农民加入了武工

---

① 浙江省委党史研究室:《张梦皓给新民的信》,档案号:A5-2-82。

队。后来,蔡旭光(朱晋康)接替吕民烽担任武工队长。为了牵制国民党军队,减轻姚南的压力,在浙东各地开展了一系列的缴枪行动。1947年1月25日,陈爱中带队在大皎乡公所,收缴了自卫队3支步枪、1支手枪。3月11日,陈爱中等一行12人,在天启乡公所收缴步枪12支、短枪2支、子弹300余发、手榴弹20余颗。在陈布衣带领下,6月1日,缴获慈北五磊乡乡公所步枪7支;6月3日,缴获镇北庄市警察所步枪5支、短枪1支;6月12日,缴获河头市乡公所步枪5支、民团长短枪5支。

1947年1月底至2月初,为了贯彻"上海会议"精神,浙东工委在宁海县岔路乡白岭根村秘密召开会议(又称"梅花村会议")。会议重点讨论了台州地区开展武装斗争的意义、方针和任务,宣布了中共台属工作委员会组成人员名单。邵明任书记,许少春任副书记,丁友灿为委员。会议决定:一是把台属地区的工作中心从宁海县移至临海县,成立中共临海中心县委,由邵明任中心县委书记,许少春为副书记,应为民为委员;二是打通上海与三门的海上交通线,成立中共三门县委,由童先巩任书记;三是由张任伟开展武装工作和培训军事工作,建立党组织领导的台州武装队伍;四是将原来的特派员制度、联络员单线联系重新改为党委集体领导。"梅花村会议"是台州地区党组织发展和革命斗争极其重要的转折点,对于推动台州地区的武装斗争和最后夺取台州全境的解放奠定了重要基础,具有重大而深远的意义。

3.挫败秋季"清剿"

1946年6月,全面内战爆发,国民党浙江当局在全省开始全面"清剿"。7月上旬,出动"浙保"一团、二团,二、六(绍兴、宁波)两区保警队,各县保安队和各乡镇国民兵队统一行动,分路包围四明山区。8月26日—28日,国民党浙江当局在余姚县城召开二、六两区"绥靖会议",提出"军事剿匪""经济灭匪""政治绝匪"的方针,决定将四明山7个县的40个乡镇列为"绥靖"区域。余姚被划入"绥靖区"的有梁弄、让贤、雅贤、晓云、白鹿、左溪和陆埠等乡镇。9月16日,"四明山区绥靖指挥部"在梁弄正式成立,由二区专员郑小隐、"浙保"一团团长黄士翰分任正副指挥官,并宣布自9月中旬开始实行为期3个月的"清剿","清剿"兵力增加到4000余人。郑小隐还从山东带来七八十人的还乡团从事特务工作,以狩猎为名,到处搜山,以游击战对付游击战的办法,探究地下党的行动规律。

这次国民党的"清剿"仍以慈南、姚南为重点。8月14日,"浙保"一团团部从鄞江桥移驻陆埠镇,采取各种手段,企图消灭共产党和革命力量。浙东部队坚持干部移动游击在暗处,发展红色堡垒户、堡垒村,发动群众与国民党进行艰苦的反"清剿"斗争。国民党还采取"梳篦战"①"鱼网战"②"伏击战"等战术,又采取烧山、并村等办法,企图搜捕共产党干部。1946年秋冬,国民党余姚当局在冠佩等村按甲划分山头,一夜之间把几个山头的草木点火烧尽。还将姚南七丘田等几个小村并成大村,采用部队分散把守重点村庄的方法,实行经济封锁政策,妄想困死坚持人员。为此,朱之光与梁辉③商量,让比较"红色"的人留村做扎扫帚、编篮等活,让"灰色"的群众进城。广大群众坚定地站在共产党一边,国民党"军事剿匪"收效甚微。

4. 粉碎第二次雪天"清剿"

1947年1月,蒋介石数次电令浙江省政府:"清剿"须有决心,以示有"匪"无我之精神;并严令转告各地专员、县长要限期消灭"四明之匪"。1月11日,四明"绥靖指挥官"郑小隐按照蒋介石"清剿"的电令,在梁弄宣布开展第二次大规模的雪天"清剿"计划,扬言要在4月底前"肃清四明匪徒"。1月14日起,郑小隐亲赴各驻防地及各乡公所,督导各乡镇组织民众自卫武力,并增筑碉堡等防御工事。2月8日,浙江省保安副司令竺鸣涛在梁弄召开"清剿"会议,强调以军事配合政治,以军事攻势和政治攻势双管齐下,完成"绥靖"使命。9日起,仍以"浙保"一团为主,7个山区县的保警队和各区乡自卫队的配合,以大量兵力"围剿"四明山。在山区还配合军事"清剿"调查户口,办理国民身份证,修筑公路,装置电话。姚南每隔五里、十里设一个据点,步步为营,搜索前进,从姚江边的南庙到大岚山的岵岭(柿林),所有大小村庄都遭到包围和搜索。

为了开展反"清剿"斗争,陈布衣、朱之光等在七丘田村商讨对策,决定区乡干部仍留原地坚持斗争,武工队小分队由朱晋康等10余人组成,以跳跃式暴露吸引"浙保",使国民党疲于奔命。原地坚持的干部,严密监视敌对分子的活动,及时传递情报,加强联络,巩固和建立自己的立足点。七丘田会议后,陈布衣准备去鄞慈,途经南黄,即遭"清剿"之敌包围,晚上才跳出包围圈。朱之光打算第二天离开七丘田,带领部分人员去姚北检查工作和研究平原地区的武装斗争。当晚被"浙保"2个大队兵力包围,朱之光等五六人困在山上"公馆",因雪大才没被"浙保"发现。2月17日,姚南武工队员向驻姚南左溪、桃花岭的保安警察发起袭击,毙伤数人。"浙保"一总队闻讯赶来,姚南武工队员迅速撤出战斗。这次战斗规模虽小,但激烈战斗4小时,影响很大。2月18日和21日,朱晋康率领

---

① "梳篦战"即集中兵力,突然包围一座山,采取簸箕梳头的方法,从山顶开始,大队分成中队,中队分成排,排分成班,班分成单个士兵,层层压下来,漫山遍野地搜捕隐蔽人员。

② "鱼网战"指的是突然包围重点村,采取大鱼、小鱼一网打尽的办法逮捕全村男女老少。例如,敌对五东吞村和箬吞村就采取这个办法,将全村100多名群众全部抓起来,迫令检举共产党工作人员,或说出隐蔽地方。群众抵制,就滥施肉刑,甚至杀害,并诱共产党工作人员为救护群众挺身而出。

③ 梁辉(1921—1948),浙江余姚人。1943年加入中国共产党。历任民兵队长、中共雅贤乡支部书记、梁弄区委书记、中共姚虞县工委委员等职。1948年11月3日,在余姚箬吞战斗中牺牲。

的武工队两次遭国民党包围以后,转到虞东活动。国民党一个多月的"雪天清剿",以失败告终。1947 年 5 月,余上也同四明其他地区一样,开始从隐蔽坚持向开展武装的游击战争转变。

1947 年 2 月,"浙保"对金萧地区发动"清剿"。他们在《东南日报》上刊登名单,悬赏缉拿浙江地区的中共领导人 48 名(包括马青等)。① 2 月 14 日,马青到达诸暨障村庙里北家坞。在诸北活动的蒋明达率领 12 名武装人员,回到庄余霞秘密联络点。15 日,蒋明达和坚持在路西的蒋忠,在北家坞与马青会合。16 日,诸暨人民自卫队改编为路西人民救国先锋队,陈相海任队长,杨光任指导员,共 23 人。下属第一大队,大队长陈相海,指导员杨光。路西人民救国先锋队成立后,分别由蒋谷川、陈相海率队出击。17 日,蒋谷川率队在国民党冠山乡乡公所缴获 10 支步枪和 1 个掷弹筒。18 日,陈相海又率队缴获国民党城山庙内乡公所步枪 4 支、短枪 1 支。19 日,马青、蒋明达、蒋忠在诸(暨)南杨家附近召开会议。"马青分析了全国与浙江的形势特点,提出了新的武装工作计划,认为整个金萧地区应当建立金义浦、会稽山和路西 3 个区域单位,具体要求路西在年内扩军 100 人,还规定了地方工作任务和扩军方法。"② 金萧地区的武装斗争的开展,引起了国民党浙江当局的警觉。竺鸣涛亲自到嵊县布置,派"浙保"第二团两个营驻嵊县"清乡"。在国民党军队的"清剿"下,2 月 21 日和 24 日,周芝山率领的会稽山抗暴游击队两次遭到包围。虽然都冲出了包围圈,伤亡不大,但较多人员被冲散。在国民党军队的"清剿"中,金萧地区的缴枪行动仍频频得手。25 日,陈相海等在外陈击毙了国民党小西区区长,缴得木壳枪 1 支。3 月 2 日,陈相海和杨光率路西人民救国先锋队 20 多人出击,中途分散行动。4 日,陈相海率部伏击了国民党朱公乡任务队,伤其 2 人,生俘乡队长,并缴得汤姆机枪 1 挺、木壳枪 1 支和步枪 2 支。当晚,陈相海率部与杨光等会合,袭击了国民党三义乡大桥警察分所,毙警察 1 名,生俘 5 名,缴获步枪 6 支。几次缴枪行动的胜利,鼓舞了当地群众,参军者日多。为壮大路西武装力量,马青派人去会稽拿来 1 挺轻机枪,加强路西人民救国先锋队。这样,路西人民救国先锋队就拥有 2 个机枪班,实力大增。金萧武装力量不断壮大,使国民党浙江当局如坐针毡。3 月 5 日—8 日,国民党浙江保安司令部在诸暨召开诸暨、义乌、浦江、富阳、东阳、嵊县、绍兴等县县长会议,成立了"会稽山清剿指挥部",陈焘夫任指挥官,着手在金萧地区实行大规模"清剿"。4 月 3 日,马青召集蒋明达、蒋忠、杨光、蒋谷川开会,确定了积极对敌斗争的策略。蒋明达率路西人民救国先锋队,往富阳方向活动。蒋忠着手组建 5 人短枪组,开展地方工作。杨光派西南区特派员带

① 浙江省档案馆:《浙江省悬赏捕杀著名"匪首"姓名录》,档案号:29-6-30。
② 金华市新四军研究会、诸暨市新四军研究会、浦江县新四军研究会:《路西(金萧)纪事》,内部资料,2002 年,第 20 页。

兵,收缴了浦江兴仁乡任务队8支步枪。杨亦明等4人和刚参军的5名战士前往路西,加强路西人民救国先锋队的力量。蒋明达还集结各路武装人员40多人,组建了路西人民救国先锋队第二大队,由赵友海任大队长,杨光任指导员。4月14日,两个大队向保警分队驻地马剑发动进攻遇挫。这一时期,国民党军队对金萧地区的"清剿"毫不放松。周芝山率领的会稽山抗暴游击队由于没有后方基地,不得不经常筹款筹粮,以致常常暴露目标,被国民党军队跟踪追击。为暂时避开国民党军队的"清剿",周芝山率会稽山抗暴游击队到达诸(暨)南杨家,与蒋明达等会合。双方交流了反"清剿"斗争的一些情况后,蒋明达将诸北的一些老党员和组建不久的绍(兴)南武工队10余人,补充到会稽山抗暴游击队。之后,会稽山抗暴游击队往绍兴兰亭、娄宫和楢东、龙会一带活动。5月,反"清剿"斗争告一段落。在这次反"清剿"斗争中,路西、会稽武装虽受到些损失,但都得到了发展。路西武装此时已拥有轻机枪2挺、汤姆冲锋枪1挺、卡宾枪3支、步枪20多支、掷弹筒1个,人员也有所增加。当然,在这次反"清剿"斗争中,也暴露出了一些问题。"石璜缴枪"后,没有建立提供后勤支援的后方基地,武装斗争的经费相当困难。部队经常因筹集经费而暴露目标,处于被动挨打的境地,给发展党员和扩建武装带来了困难。路西武装在反"清剿"中进行的"马剑战斗",由于轻敌造成不必要的损失。

(三)迎接解放时期(1947年初—1949年上半年)

1947年,人民解放战争进入第二年。从1946年7月至1947年2月,人民解放军歼灭国民党军队71万人,平均每个月歼敌8个旅。蒋介石决定调整战略部署:在政治上,彻底关闭国内和平的大门;在军事上,改对解放区的全面进攻为集中兵力向陕甘宁边区、山东解放区实施重点进攻。2月1日,中共中央政治局讨论并发出《迎接中国革命的高潮》的指示。上海分局根据中央的指示,结合浙东实际,作出《关于浙东工作的决定》(简称《二月决定》),派顾德欢带着这个决定到宁波指导工作。决定重新组织武装,建立主力部队,实行从分散隐蔽到公开发展游击战争的战略转变。

1.地方武装建立

1947年5月,新建立的余上县工委在临山湖堤乡汪家岙村开会,雷行主持会议,宣布重新建立县武工队。由雷行分管武工队工作,并任队长。7月,建立党支部。余上县武工队的建立,标志着余上人民的解放斗争进入了一个新的阶段。早在"天华缴枪"以前,姚南武工队也已经成立。1946年12月,姚虞武工队成立,队长吕民烽(后由朱晋康接替),草茅庵建军时,这支20多人的武工队加入了四明主力武装。1947年底,沿江区武工队建立,其他各区也在1948年初建立武工队,由区特派员兼队长。11月,沿江区武工队发展到 2 个班,上升为四明主力,番号"小钢铁",调俞世鉴任队长,由四明工委直接领导,吕民烽调沿江任区委书记。12 月上旬,姚虞武工队数十人,向驻守在慈南区陆埠镇上的"浙保"第三中队发起袭击,敌军凭借碉堡负隅顽抗。在武工队强大火力攻击下,纷纷逃离碉堡,武工队缴获步枪 12 支、部分弹药及军用电话机 1 台。

慈南区在四明工委草茅庵建军的同时,组织了由林山负责的区武装——区中队,负责区和上级机关的保卫工作,并不断向县输送兵源。1948 年春,归属嵊新奉县工委领导的大岚区建立了区武工队,队长严大康(1949 年初由严阿葵接替)。1948 年 2 月,为了加强对武工队的领导,调三支五中排长沈忠兴负责武工队工作。1948 年 2 月 9 日,余上武工队队员一举缴获周巷朗霞乡乡长曹国美的 3 支短枪。6 月 17 日,余先、肖林(许力新)等 7 人,在义四乡茅家埭碰到国民党武装特务冒充"三五"支队,设计捕获 5 人,缴获 6 支短枪。6 月,随着武工队的发展壮大,为了适应余上平原斗争的需要,县工委决定抽调部分人员另建一支小武装。独立编制,有队员 13 人,称"行动队",后改名为"飞虎队"。余上武工队重建一年多时间,积极开展小型武装斗争,组织和发动群众开展反"清乡"、反抽丁、反征粮、反苛捐杂税的斗争,使姚北的国民党大为震惊。余上武工队在多次战斗中,缴获国民党机枪 1 挺、步枪 20 余支、短枪 10 余支,以及一部分子弹和手榴弹等武器,人员增加到 30 人左右,已形成了一支小型的武装力量。1948 年 10 月,县武工队改建为县自卫大队,由余先(对外称张克胜)兼大队长,雷行兼大队附,实际中队编制,陈鹏丰任中队附。11 月,四明工委又调五支队侦察参谋杨显任中队长,自卫大队番号"勇猛"。[1] 1948 年初,慈南区区中队改称为区警卫队,队长袁光明,队员发展到 30 余人。年底,领导班子又作了变动,队长徐庆元、指导员陆万兴,下设 2 个班。解放战争时期,慈南区武装经历了大小战斗 20 多次,击毙敌人 22 人,杀死极端顽固反动分子 16 人,俘敌 37 人,缴获短枪 30 余支,其中机枪和手提机枪各 1 挺。

到 1948 年下半年,在主力发展的同时,各县地方武装也取得了相应的发展。以四明地区为例,从 14 个班、150 余人发展到 26 个班、270 余人。发动了 6 次较大的战斗,缴获了机枪 2 挺,步枪、手枪 74 支。[2] 四明地区有 5 支地方武装:"小钢铁"部队(姚虞县地方武装)、"勇猛"部队(余上县地方武装)、"小顽强"部队(慈镇县地方武装)、"飞虎队"(嵊新奉县地方武装)和鄞慈县中队。

2.草茅庵建军

1946 年底,中共上海分局领导浙东党组织以后,对四明的工作包括武装斗争工作作

① 当时根据四明工委关于"充分加强四明主力部队"决议精神建立,打算适当时候上调为四明主力。
② 陈布衣:《风雨历程——四明山革命斗争岁月》,东方出版社,2001 年,第 186 页。

了一系列的指示。1947年,上海局在《二月决定》以后,3月又作了补充指示。为贯彻执行上级精神,顾德欢在宁波为浙东工委起草了两个文件,并于4月初发至各地。其中,《关于反抽丁指示》要求创立各种群众性武装,扩大和加强现有武装,中心策略就是把群众斗争、武装斗争、两面派斗争三者很好地结合起来,互相促进,互相发展提高。1947年4月10日,顾德欢在慈南与陈布衣研究四明工作以后,又在姚南山区与朱之光研究集合各地武工队、建立小型主力部队及筹集经费等问题。

1947年5月11日,为贯彻执行上海局指示精神,四明工委在陆埠孔岙附近的"集中公馆"召开四明工委成立以来的一次重要会议,顾德欢、陈布衣、朱之光等人参加。会议制定了四明工作总方针和策略:"争取时间,独立自主地、大胆地、积极地发展游击战争,打通会稽、开辟台属中心根据地,建立浙东第二战场之坚强堡垒,为最后配合正面战场之反攻,解放全浙东、全中国人民而奋斗。"①会议决定重新组织武装,建立一支主力部队,实行从分散隐蔽到公开发展游击战争的战略转变。

1947年5月15日,四明工委在陆埠余鲍陈村北面山上的福田庵,召开了70多人参加的建立四明主力武装大会,宣布建立第四中队。② 这是解放战争时期四明山上的第一支主力武装,标志着四明地区的革命斗争已由分散隐蔽进入公开游击的新阶段。7月上旬,在草茅庵召开第四中队全体指战员会议,顾德欢宣布四明主力武装番号为"四明人民爱国自卫总队",朱之光为总队长,陈布衣为政委,朱晋康为第二大队大队长兼第四中队中队长,项耿为指导员。

3. 反"四明大围剿"

1947年7月,在人民解放军由积极防御转入战略进攻之时,蒋介石下达所谓《戡平共匪叛乱总动员令》。浙江省当局调集"浙保"五团重机枪队和炮兵队1000余人,先后开进四明山,实行"四明大围剿",企图扼杀刚建立起来的四明武装。四明工委为反"清剿"作了部署:在国民党深入山区时,分散外围活动,以牵制国民党兵力,在可能的条件下伏击国民党军队,予以杀伤。同时,强调反"清剿"不是单纯为了保存自己,而要在斗争中积极发展主力、地方武装、武工队及群众武装。1947年7月19日,由吕民烽、罗加杨带领的姚南武工队,在沿江区特派员杨光带领民兵群众的配合下,奇袭湖头庙国民党军队的据点,毙伤俘据点内全部敌军,缴获机枪1挺、步枪48支、手榴弹6箱及子弹3000余发,毙伤俘敌30余人,缴枪过程不到30分钟。当月底,便以这批缴获的枪械扩充队伍,建立了三支

---

① 陈布衣:《风雨历程——四明山革命斗争岁月》,东方出版社,2001年,第124页。
② 这是为了利用抗日战争时期浙东"三五"支队在群众中的威望,对外称"三支二大第四中队",以扩大声势。第四中队共有指战员43人,分编为2个排、4个班。

队二大队五中队,成为四明地区的又一支主力。1947 年 12 月,浙东四明、金萧、台属、三东等 4 个地区已逐步打通了联系。一片红色游击区——以姚南为中心的浙东游击区初步形成。1947 年 10 月下旬,四明工委认为部队在出击姚北战斗中猛打猛冲,发扬了抗日战争中"三五"支队的风格,决定将"四明人民爱国自卫总队"番号改为"浙东人民游击第三支队",支队长刘发清,政委陈布衣。浙东各地党员干部积极推进武装斗争。11 月,在三东地区活动、受华中工委领导的徐小玉部队改编为"舟山群岛游击支队",徐小玉任支队长;三东工委也建立了江南武工队,后扩建为第五大队。在金萧地区,金(华)义(乌)浦(江)武工队在"义亭缴枪"后,扩编为金义浦人民游击中队。12 月 21 日,张任伟率会稽山人民抗暴游击司令部主力发动"开元缴枪",一次即缴获轻机枪 6 挺。至 1947 年底,浙东各地区主力武装已达约 300 人,地方武装也有约 30 人;各地党组织已逐步得到恢复和发展,还建立了一批县级政权。这为浙东地区开展游击战争、恢复游击根据地打下了坚实的基础。

1948 年 1 月,国民党浙江当局又实施了为期 3 个月的"清剿"。1 月 24 日,浙江省政府主席沈鸿烈,保安处处长竺鸣涛、副处长叶召生在余姚召开"绥靖会议"。11 个县的政警负责人参加,讨论"清剿"方案。新任"浙保"一团团长童烈,采取集中优势兵力、对四明基本区重点进攻、猛扑浙东主力的战术,企图消灭共产党浙东武装。在敌强我弱的形势下,浙东主力在运用游击战争原则时,不再单纯避敌锋芒,而是采取主动进攻的办法。1948 年 2 月 24 日,向"浙保"在嵊东协和乡青岩村阵地主动发起进攻,战斗取得胜利。

4. 广泛发动游击战争

1947 年底,人民解放军在内线与外线配合作战下,构成了全国规模的战略进攻总形势。1948 年上半年,中共中央先后对浙东工作发出两次指示,上海局经过数次讨论,发出著名的"四一六"指示。[①] 其中心思想是"部队必须要求到敌人空隙地方去点火""变内线防卫局面为外线进攻局面"[②]。5 月 28 日,中共中央发出指示:"根据浙东武装斗争的发展及战争的需要和保障上海党的安全,浙东武装斗争区工作划归华中工委领导。"[③]华中工委对浙东党组织也作出相关指示,要求浙东武装目前"应扩大活动区,广泛发动游击战争"[④]。为此,浙东临委决定:主力三支以四明山为基地,推进会稽、转战台属,实行跳跃式外线出击;四明工委打破敌军"清剿",坚持山区斗争,巩固与扩大隐蔽根据地;广泛开展平原区和三北地区的武装斗争,创建大小隐蔽据点群,发展"两面派"政权;供给主力、武

---

①　陈布衣:《风雨历程——四明山革命斗争岁月》,东方出版社,2001 年,第 159 页。
②　陈布衣:《风雨历程——四明山革命斗争岁月》,东方出版社,2001 年,第 160 页。
③　陈布衣:《风雨历程——四明山革命斗争岁月》,东方出版社,2001 年,第 162 页。
④　陈布衣:《风雨历程——四明山革命斗争岁月》,东方出版社,2001 年,第 163 页。

工队武器和经费,以便在台属发展;虚张声势地牵制敌人,但不过分刺激,既有利于台属发展,也避免增加自己的困难。

四明主力武装在各地方武装的配合下,避敌锋芒,出击三北,先后经历了袭击临山警备队、马家坪反击战、长田突围战等战斗,沉重打击了国民党反动派的嚣张气焰,部队自身也在战斗得到锻炼和发展。"此时,我们的主力武装已从建军时 43 人发展至 90 人,拥有 2 挺机枪和足额的步枪。到年底,发展至百余人,初步达到了建军目标,即建立一个具有一定战斗力的足额的主力连。"①出击姚北后,群众奔走相告:"'三五'支队从后海打回来了!"而余姚国民党慌了手脚,宣布余姚城戒严,《南雷日报》大字标题刊登《奸匪大闹临山镇》《姚西四海兵匪发生激战》等报道。

1948 年 2 月 23 日,"浙保"一个中队袭击第三支队在嵊东协和乡青岩村宿营地,三支队发起反击,毙伤敌约 20 人,缴获机枪 1 挺、步枪 7 支、掷弹筒 1 个、枪榴弹 8 个、子弹数百发。3 月 25 日,为迷惑和分散国民党军警,"钢铁部队"派出部分兵力,配合当地武工队,袭击了中村北首 40 里的陆埠警察所和区署,烧毁壮丁册和派捐征粮的全部档案。"浙保"闻讯抽调第六中队前去增援,"钢铁部队"撤回冷湾坑休息待命。26 日,部队悄悄开进中村,韩茂洪、施贵新带突击班向"浙保"营房展开进攻。但"浙保"已有准备,待突击班接近,"浙保"凭借墙体等障碍,居高临下,以密集火力扫射。"钢铁部队"对敌情不了解,加之开阔地带无法隐蔽,后续部队难以跟上,战斗 2 小时后只能撤退。此战三支队仅击毙"浙保"哨兵 1 人,而三支队牺牲施贵新等 6 人,负伤 3 人。浙东临委认为,"中村战斗的失败,使主力的发展受到挫折","急速求成是重要原因之一"。中村攻坚战后,三支队整训半月,以恢复战斗力。1948 年 5 月 7 日,三支队在姚南流水潭村宿营,发现百余名余姚保警队从南庙方向向三支队驻地移动,三支队设伏迎击,俘敌 4 人,缴获步枪 7 支、子弹数百发。8 日,"浙保"一个大队分两路袭击洪家洋村,三支队派少量兵力狙击一路"浙保",集中伏击另一路。战斗不到 1 小时,毙伤敌 20 余名,俘 12 名,缴获轻机枪 1 挺、步枪 20 余支、枪榴弹筒 3 个、子弹数千发,两次战斗中三支队无一人伤亡。

5.重建浙东主力武装

中共上海局对浙东工作是非常重视的,但当时浙东工委成员分散各地,不能形成领导中心,上海局很难指导。1947 年 12 月,中共上海局决定成立中共浙东临时工作委员会(简称"浙东临委")。1948 年 1 月初,浙东临委在陆埠孔岙正式宣布成立。由顾德欢任书

---

① 陈布衣:《风雨历程——四明山革命斗争岁月》,东方出版社,2001 年,第 134 页。

记,马青为副书记,王起为委员。上海局外县工委副书记林枫[①],传达中共中央和上海局的指示。此时,浙东4个地区,即四明、会稽、台属、三东(后改名为东海)已初步打通了联系,标志着浙东党组织已从分散发展到集中的统一领导。1947年9月1日,中共中央发出《解放战争第二年的战略方针》,指出我军第二年作战的基本任务是:"举行全国性反攻,即以主力打到外线去,将战争引向国民党区域,在外线大量歼敌。"[②]为此,上海局指示:根据全国大反攻形势,为配合解放军的主力向蒋管区挺进,开辟新战场,建立新的解放区,要求浙东地区正式成立指挥部或司令部,建立分区,以分区作为独立战斗单位。同时建立一个主力,在"分区作战,机动集中"的原则下,以军事斗争推动广泛的群众运动,依靠群众运动来扩大军队。这次会议之后,四明、会稽、台属和三东4个地区在浙东临委的领导下,革命斗争走上了新阶段,与国民党军队开展"清剿"与反"清剿"激烈而残酷的斗争。在会议期间,浙东临委派专人将工作部署向上海局请示汇报。1月18日,上海局作了答复,同意浙东建立主力、发展台属的建议,并指出:"目前正是发展江浙敌后游击战争的有利时机,应抓紧这一时机,大大发展和壮大自己的力量,把发展和壮大力量作为目前行动的总方针。"[③]

1948年浙东临委扩大会议之后,形势越来越好。4月,浙东临委机关由陆埠孔岙转移到交通比较便捷的芝林渚石坑大公馆办公,代号"新新公司",领导浙东四明、会稽、台属与三东等地区的解放战争。余姚市大隐镇芝林村,成为这一时期浙东游击根据地的指挥中心。为贯彻上海局的指示,浙东临委决定建立浙东主力武装,命名为"浙东人民解放军第三支队",由四明、会稽两地区的主力武装合编而成,任命刘发清为支队长,马青为政委,张任伟为参谋长,诸敏为政治处主任。1948年1月28日,顾德欢在慈南冷湾坑召集四明主力第三支队全体指战员,传达浙东临委扩大会议决定,宣布三支队上升为浙东主力,所属四中队、五中队合并,成为一个连的机制,3个排共80余人,命名为"钢铁部队",中队长马林生,指导员罗加扬(何明)。2月25日,又将会稽部队编入主力,有指战员40余人,命名为"坚强部队",中队长吕民烽,指导员楼春阳。不久,慈镇地方武装一个排和姚南地方武装"胜利部队"编入"坚强部队",成为一个连的机制。

---

① 林枫(1907—1963),原名宋书常,笔名柳岸,江苏溧阳人。1927年加入中国共产党。1932年2月,任中共溧阳县特别支部委员、书记。1933年,任中共溧阳县委书记。1937年6月,任中共上海临时工委委员、上海工人工委书记。后历任中共江苏省委外县工委副书记、中共江南特委书记、中共苏南东路特委书记、中共上海分局外县工委副书记等职。

② 佚名:《中共中央发出〈解放战争第二年的战略方针〉》,http://www.scio.gov.cn/wszt/wz/Document/996638/996638.htm。

③ 宁波市新四军研究会、中共余姚市史志办公室、中共陆埠镇委员会:《血与火的年代》,内部资料,2005年,第114—116页。

1948年6月10日,浙东临委决定加强四明工委机构,并把五支队划四明工委领导,储贵彬为支队长,吴建功为副支队长,陈布衣为政委,张凡为副政委,刘发清(对外仍用三支队支队长名义)为五支队及四明各县地方武装的军事总指挥;要求四明党组织从各方面去巩固提高五支队质量,使之成为长期坚持四明斗争的地方兵团。1948年8月5日—7日,四明工委召开会议,确定斗争总方针是"从积极对敌斗争中求得巩固原有阵地,从开辟新地区来巩固老地区,从争取主动来克服困难"①。会议还提出四项任务:一是大力开辟新地区工作,广泛开展游击战争;二是发动秋收斗争及秋征工作,以减租抗粮、反恶霸等斗争来发动群众;三是巩固补充主力,加强地方武装;四是精简后方机关人员,隐蔽地方组织,充实下层,加强武工队,以巩固老区。② 1948年春,上海等城市的一批进步知识青年,到四明游击根据地参加革命。为了帮助他们坚定革命信念、掌握武装斗争的技能,浙东临委于3月5日在慈南草茅庵开办教导队安排他们参加。三支队政治处主任诸敏负责,有学员30人,李昶任队长兼支部书记。5月初培训结束,学员多数分配在主力部队任指导员、文化教员等。后来又举办了2期。10月,马青决定在鄞慈县第四区(慈南区)划出一部分乡村,建立实验区。实验区范围:东至大隐乡上磨、下磨一线,西至左溪乡梅岭、石门一线,南至白鹿、中村一线,北抵陆埠干溪、姚江。实验区包括芝林、余鲍陈、孔岙、裘岙、石笋、王家山、杜徐、青龙山及河姆、车厩、大隐的沿山部分,东西长50里,南北宽30里;是余姚、慈溪、鄞县三县交界之处。实验区在马青的指导下,制定了《关于群众组织》《关于目前形势和我们的任务》等文件。领导群众组织了翻身会、妇女会、禁山会等群众组织,发展新党员54人,建立党支部、党小组。动员群众参军5人,清查实验区内国民党特务、情报员,分化瓦解敌人组织。对乡保长进行教育、劝告,争取其中大多数为革命工作所用,对个别顽固反共分子进行斗争打击,领导群众反征兵反征粮征税,破坏敌人供给,摧毁敌人的政治基础。

浙东各地区迅速贯彻中共中央和上海局指示,且取得了重大成绩。"上王岗战斗"后,第三支队"坚强部队"转向外线作战,第五支队部分战士返回浦东,但包括第三支队"钢铁部队"和第五支队在内,四明地区武装和工作人员仍有700人。1948年,11月17日,陈布衣、戚大钧率五支队三大队发起车厩渡伏击战,毙敌3人,俘4人,缴获步枪4支、短枪2支、子弹300多发,夺回了姚江主动权。1949年1月12日,浙东"小钢铁"部队在红赤岭击退国民党部队。1月,慈南区警卫队仅发一枪,即冲进大西坝碉堡,俘敌13人,缴获长短枪11支。4月,夜奔袭城山渡,俘敌23人,缴获部分武器和弹药。会稽地区新

① 陈布衣:《风雨历程——四明山革命斗争岁月》,东方出版社,2001年,第176页。
② 陈布衣:《风雨历程——四明山革命斗争岁月》,东方出版社,2001年,第176页。

组建的"巩固部队",在外线出击至该地区的"坚强(灵活)部队"帮助下,也发展到80余人,并控制了许多"两面派"政权。路西地区在开辟新区的过程中,江东(富春江以东)江北(富春江以北)都得到了相当的发展。为加快路南地区发展,浙东临委命金义浦人民游击中队往路南,与路南原有武装共同组建"浙东人民解放军第六支队",支队长应飞,政委卜明。路南主力武装组建后,以外线出击的方式向永康西南获得了发展。东海地区除了舟山群岛游击司令部(由舟山群岛游击支队扩编)和"保二中队"外,东海游击总队也发展到100多人。台属地区主力武装往浙南地区活动近两个月后,也得到巩固和加强。这一时期,浙东地区党和武装之所以发展较快,主要是贯彻了上海局关于外线出击的指示,不与国民党军队在基本区纠缠,而以武装力量开辟新区,在开辟新区的过程中进行党和武装的建设。事实证明,上海局的这一指示是适时的、是符合浙东实际的。特别是"灵活部队"在嵊新奉会稽和嵊新东3个地区的外线出击,更证明了外线出击这一战略对于打开浙东局面的重要意义。在此基础上,浙东临委确定将外线出击作为创建浙东游击根据地的重要策略。经过浙东党和武装的努力,浙东四明、会稽、路西、东海、台属和路南6个地区都已建立了地区级党组织、地区主力武装和各县级党组织、地方武装及众多政权组织,整个浙东党员已达千余人。适值此时,根据中共中央指示,浙东工作划归华中工委领导。为加强与华中工委的联系,浙东临委恢复成立海上工作委员会(简称"小海委"),项耿任书记。

6.浦东部队再渡杭州湾

为了加速浙东主力游击队的建立,上海局很早就谋划浦东部队再次南渡。1947年6月,张凡率浦东游击队50余人渡海来到浙东。由于没有有效的接应,部队被国民党军队阻挡返回,但给浙东部队留下了很多弹药。时隔近一年后,上海局决定解放总队和储贵彬的"自卫总队"一起南下,以加强浙东的武装力量。1948年春,国民党加强对浦东的控制,使浦东解放总队在奉贤、南汇、川沙三个县的活动受到了影响,大团自卫队的行动也引起了敌人的注意。为此,上海局决定浦东两支部队南渡四明。为了吸取上次的教训,上海局派林枫到四明山坐镇,浙东专派张任伟到浦东帮助带队。4月27日,林枫到达四明传达上海局的决定:中共淞沪工委领导的武装即将再渡杭州湾至浙东。淞沪工委成立了以书记张凡为首的行动委员会,研究和制订了行动计划。浙东临委接到上海局决定后,具体研究了接应浦东部队事宜,派三支队参谋长张任伟去浦东,任南渡的军事指挥。4月上旬,张任伟来到余上县,落实了接应任务:准备两条海船,找三名熟悉水路的船员,装上800担盐去浦东,在上海把盐卖掉,再开往浦东大团镇小㳇港外抛锚停泊待命;回来时做好余上沿海及登岸的安全防范工作和接待,引送上四明山。5月14日晚,南渡指挥张任伟、张凡率浦东解放总队,开进大团小洼港隐蔽,储贵彬部也开进小洼港警戒。当晚,两支部队 300 余人在海滩涉水,上了两条接运船,物资由舢板船驳运上船。余上县工委一方面在十六户村组织骨干群众,做好迎接部队上岸休息食宿的一切准备;另一方面由余先带少数骨干在沿海一带等待。5 月 15 日下午,接运船顺利到达十六户湾海边,浦东部队登陆后隐蔽休息。18 日晚,浦东部队由余上武工队护送,到达姚南章雅山,与浙东人民解放军三支队胜利会师。5 月 19 日,林枫宣布上海局决定:浦东部队改编为浙东人民解放军第五支队,支队长储贵彬,副支队长奚德祥,政委张凡,吴建功为政治处主任。下辖两个大队:第一大队由浦东解放总队改编,番号为"反攻",谈仲华为副大队长,李铁锋为教导员,下辖一、二两个中队;第二大队由大团自卫队改编,番号"解放",戚大钧为大队长,刘路平为教导员,下辖七、八两个中队。

浦东部队南渡后,国民党惊恐万状,尤其是蒋介石对此非常恼怒,下达了"彻底清剿令"。5 月 21 日、22 日,浙江省保安司令部少将副司令王云沛、浙江省省长沈鸿烈等人先后到达余姚,沈鸿烈主持召开由四明山区七县县长参加的"清剿"会议,王云沛坐镇指挥"浙保"一团、二团二营、三团的一个营以及各县保警队 5000 余兵力对四明山进行"清剿",企图在五支队上山立足未稳之时,将其彻底消灭。牛塘、红岭和上王岗等一系列战斗由此展开。上王岗一仗是新四军浙东游击纵队北撤以后开展的规模最大、战斗时间最长、双方投入兵力最多、敌人伤亡最重的一次战斗。在这次战斗中,"三五"支队指战员的英勇作战,以少胜多,打击了国民党军队的嚣张气焰,也打出了"三五"支队的军威,扩大了"三五"支队的政治影响。国民党惊呼四明山空前激战,双方伤亡均重。10 月 20 日,"浙保"团长童烈深受打击、不治死亡。1948 年下半年,五支队在浙东地区的系列战斗中共缴获轻机枪 3 挺、步枪 67 支,指战员从 110 人发展到 230 人。

7.大力开辟台属地区

大革命时期,发生在台属地区的亭旁暴动产生了广泛的革命影响。土地革命时期,中国共产党领导的武装力量在台属地区打击国民党势力,与当地群众建立了深厚的感情。1935 年,挺进师①第一纵队在纵队长王屏、政治委员杨金山、行动委员会书记刘达云、政治特派员张文碧等人率领下主动出击,挺进到浙东台属地区,以打破国民党武装的"清剿"。他们运用灵活机动的游击战术,四进仙居,三过天台,横穿临海,进袭黄岩,多次取道新昌、东阳,与国民党军队周旋于大盘山、括苍山、天台山之间,一次又一次地挫败了国民党武装的追击

---

① 1934 年 7 月,为了推动"北上抗日"方针的实现,策应主力红军转移,中共中央派遣红军第七军团组成北上抗日先遣队,从瑞金出发,与方志敏领导的红军会合,编成红十军团,继续北上。1935 年 1 月,红十军团在江西怀玉山被十倍于己的敌人包围,方志敏等红军领导人被捕牺牲。粟裕、刘英率领的少部分红十军团的指战员突出重围。1935 年 2 月,按照中央指示,以突围部队为基础的 600 多人,组成了以粟裕为师长、刘英为政治委员的红军挺进师。

"清剿"。6月,红军挺进师第一纵队从仙居莲台乡进入台州,并到上井、十三都等地活动。8月,再次进入仙居,经过溪头、横溪、曹店等地,一路向群众宣传革命道理。10月,红军挺进师进入天台县,未放一枪,俘虏了保安队员,缴获了全部枪械,并打开地主粮仓,分给群众,在街头书写革命标语,向群众宣传革命道理。12月中旬,进入仙居的秧田地区,分散隐蔽到豆腐寮和梅树坑一带。红军挺进师第一纵队进军台州,打击国民党统治势力,爱护贫苦百姓,宣传共产党的政策主张,在群众心中播下了革命的种子。

1945年10月,浙东抗日根据地的新四军主力部队北撤。台州地区只有三门金鉴、临海大石、黄岩桐树坑等少数地方的党组织在各自独立地坚持隐蔽斗争。刘清扬对台州党组织的情况比较熟悉,指派金星、王圣章到台州和浙南括苍山等地联络。台属党组织重新恢复了与上级的联系。1946年12月,经中共中央批准,浙东党组织划归上海地下党领导,上海分局通知刘清扬去上海汇报和研究工作。1947年1月,上海分局在上海召开浙东工作会议,决定浙东党组织立即从隐蔽状态转为公开武装斗争,开展以台属为中心的游击战争,创建浙东根据地。"会上分析了台属地区的有利条件是:离国民党心脏地带京、沪、杭、甬较远,敌人兵力空虚,地区辽阔、多山,有回旋余地,向南可与浙南打通联系,向西可以联系金华、衢州一带,向北可以沟通四明、会稽,且人民生活贫困,我党有一定基础,可以发动群众,建立武装,创建根据地。"①1947年春,浙东工委在台属地区的宁海白岭根村(现为梅花村)召开浙东领导干部会议,张瑞昌、刘清扬、张任伟、许少春和台属一些县党组织负责人参加。会议号召浙东各地党组织重建武装,开展以台属为中心的游击战争,恢复、创建根据地。这次会议标志着浙东党组织统一领导游击战争的开始。之后,各地积极联络失散、分散的同志归队,挖出埋藏于地下的武器,重新投入战斗。由于武器缺乏,浙东各地主要通过袭击敌区乡政府、警察所和自卫队,缴获敌人的武器来武装自己。其中,"石璜缴枪""天华缴枪"最为有名。1947年10月23日,在台属工委的领导下,武工队袭击了三门县南田(现属象山县)区署,缴获轻机枪1挺、冲锋枪2支、步枪19支。之后,台属工委以原台属武工队和周象银部及缴获的枪支为基础,组建台属主力"铁流"部队,周象银任队长,杨民奎任指导员,共30多人。12月10日,丁友灿在内应配合下,收缴了国民党新(昌)北区丁家园自卫队的枪支,缴获短枪2支、步枪9支、子弹100余发。以此为基础,在嵊新奉也成立了一支武工队。

1947年底,解放战争的主要战斗已经不是在解放区内进行,而是在国民党统治区进行,国民党军队被迫由战略进攻转变为全面防御。为此,在浙东临委扩大会议后,浙东临委对浙东发展进行了全面部署:调整四明工委领导,由陈布衣任书记;在台属和四明之

---

① 陈布衣:《风雨历程——四明山革命斗争岁月》,东方出版社,2001年,第108页。

间,先后建立了嵊新奉县工委和嵊新东县工委,作为四明地区至台属地区的跳板;将金萧地区以浙赣铁路为界分为路西、路东、路南3片区域,除路西地区的路西工委外,在路东地区建立了会稽中心县工委,周芝山任书记,在路南地区建立特派员制度,卜明任特派员。按照浙东临委这个部署,浙东四明、东海①、台属、路东、路西、路南6个地区已具雏形。在武装斗争方面,此时,台属主力武装挺进至黄岩圣堂村与浙南地区的括苍支队胜利会师;路西地区的会稽山人民抗暴游击司令部发展迅猛,并初步实施了外线出击,积累了一些开辟新区的经验;东海地区加强了对舟山群岛游击支队和隐蔽在岱山的王家恒部("保二中队")的领导,并在第五大队的基础上组建了东海游击总队,王起任政委;四明地区的浙东人民解放军第三支队在青岩村伏击了国民党"浙保"第一团,但在随后的"中村战斗"中失利。

1948年1月27日,为贯彻战略反攻的方针,中共中央军委电示华野副司令粟裕,要他率3个纵队渡长江南进,在南方数省执行扩大机动作战任务。就地理环境和党的基础来看,四明山的基地作用便凸显出来。2月,上海局向中央报告浙东情况。"提出分两步走的战略设想:第一步,打开天台山局面,浙东的领导中心移至天台、仙居、磐安地区,在六个月内把整个浙东变成游击区,实现'四山相联,山海一片';第二步,分力量开辟闽、浙、赣老苏区根据地,并提出实施办法。"②

1948年6月10日,台工委书记邵明带领"铁流"部队从浙南动身到达宁海西南山区。这里包括前童、岔路、桑州、沙柳、麻岙等地,西连天台,北接三门,西北通四明。这里离县城较远,除分散的地主武装外,无敌人据点。"铁流"部队在山洋和黄山冈一带,建立隐蔽的立足点,并向西发展了"新昌飞地"③,建立宁新县工委。7月下旬,"铁流"部队还在岔路下辽伏击了国民党宁海县自卫队,虽缴获不大,但政治、军事上的影响很广泛,使敌人不敢轻易出动,宁海西南山区成为隐蔽的革命武装基地。

1948年8月,浙东临委为实现上海局"四一六指示",积极部署南进。浙东临委认为,浙东当前最重要的工作就是开辟台属地区,并决定以第三支队"钢铁"部队从四明地区出击台属,帮助台属地区开展工作。为配合这一中心工作,浙东临委还要求各地区进行外线出击,以策应第三支队在台属地区的开辟工作。"浙东主力南进台属,四明、会稽武装

---

① 1948年,浙东临委将三东地区改为东海地区,成立中共东海工委,詹步行任书记。
② 陈布衣:《风雨历程——四明山革命斗争岁月》,东方出版社,2001年,第159页。
③ "新昌飞地"指该地处于宁海境内,却属新昌管辖。飞地的山脉发源于罗坑山,径流大松溪发源于罗坑山的蟹背尖。中华人民共和国之前,它一直属新昌管辖,行政区划归沃洲区。1951年,因管理不便划归宁海。新昌飞地共有8个建制村,30多个自然村。这些村庄散落在方圆70多平方公里的大山之中。据《浙江省新昌县地名志》(新昌县地名委员会,内部资料,1985年),这8个村的村名为:大陈、窦了、逐步、杨彦、清水彦、王家彦、菲坑和山腰平。

力量以台属为中心互相靠近；同时以路西为基地，向西发展，逐步与皖南靠近。"①关于南进台属问题，主要原因如下：一是国民党已将浙江作为"半绥靖区"，估计有加强"清剿"四明地区的可能。因此，应寻找其空隙与薄弱处，主动出击，打乱其部署，打烂其统治机器，发展新地区，改善老区环境。二是南面台属等地区是一个广阔的新地区，是国民党后方的空隙地区，是创建广大浙东根据地的目标。这个地区的居民生活苦，斗争性强，当时灾荒严重，青黄不接时贫苦人家面临断炊，加以敌人抽丁和苛捐杂税日趋严重，民怨沸腾。因而，"点火"的条件已成熟，且这一地区已有一定的地方武装及党的基础，如以军事力量和群众运动有效地配合，将迅速得到发展。三是老区与新区相比，老区群众条件优越，便于作战和休整，但老区狭小，敌人注意力集中；新区群众基础差，掌握敌情困难，作战不利，但新区宽阔，空隙大。从战略上来讲，争取时间打开新区局面更加有利。

1948 年 8 月 13 日，浙东临委决定马青留在四明主持机关工作，顾德欢、张任伟率三支队"钢铁"部队 80 余名指战员连同部分机关工作人员共百余人跳出四明山，向台属地区进军。18 日，"机动"部队在宁海平沼村与台属主力武装"铁流"部队会师，合编为"浙东游击第四支队"，刘发清任支队长（是年 10 月到任），邵明任政委。浙东游击第四支队刚组建，即取得了"双庙战斗"的胜利。浙东各地区根据浙东临委的要求，为配合开辟台属地区，先后开展了一系列的斗争。四明地区的第五支队拔掉了国民党军队设在四明山周围的数个据点，巩固了四明山游击区。在"灵活部队"外线出击的帮助下，嵊新奉、嵊新东和会稽地区一带党和武装得到迅速发展，壮大了力量，开辟了新区。为加强开辟台属地区的力量，浙东临委决定把东海游击总队也调到台属地区。但是，8 月 21 日，东海游击总队在奉命开往台属地区途中，于六横岛遭国民党军队重兵围攻，损失较大。此后，国民党军队在东海地区展开"清剿"。东海游击总队和舟山群岛游击支队司令部（主力已北撤）余部，在国民党军队"清剿"下损失惨重，"保二中队"也被国民党军队"缴械"。这是解放战争时期浙东地区革命斗争遭受最严重的挫折。在东海地区长期积聚的武装力量基本丧失，失去了具有重要战略地位的海上游击支点，也直接影响了开辟台属地区的斗争。在浙东临委指示下，诸敏率"灵活部队"前往天台山华顶寺，与第四支队胜利会合。9 月，成立"浙东人民解放军金萧游击支队"，蒋明达任支队长，张凡任政委。路西地区党和武装得到加强后，立即组织外线出击，粉碎了国民党军队的"清剿"。

1948 年 8 月 23 日—24 日，浙东临委在天台县华顶山拜经台召开会议，具体研究台属地区的开辟工作。会议认为，在发展台属地区的策略上，要抓住一切有利条件"大刀阔斧"开展工作，争取普遍发展。此后，第四支队在宁海、天台新昌、临海、三门一带时分时

① 陈布衣：《风雨历程——四明山革命斗争岁月》，东方出版社，2001 年，第 161 页。

合,频频出击,摧毁国民党乡镇政权,一度攻克了三门县亭旁镇,宣传发动群众,建立各县武装。10月4日—7日,浙东临委召开"台东会议",确定了浙东今后的发展方向:一是继续打开台属地区局面,站稳脚跟并与浙南、路南、处属武装相配合;二是从路西向江西(富春江以西)前进,打通皖南。为发展台属地区的斗争,浙东临委决定将台属划分为台东、台西两个地区。在台东地区建立中共台东临工委,邵明任书记,以"机动部队"为主力开辟新区;在台西地区建立中共台西临工委,诸敏任书记,以"灵活部队"为主力开辟新区。在武装力量得到加强,发展措施更加明确,工作布置更为具体的情况下,开辟台属的进程将大大加快。张瑞昌率"机动部队"往台东活动,诸敏率"灵活部队"往台西活动。在台东地区,由于第四支队和台属各县武工队的不断出击,至11月国民党守军大多就只能龟缩在据点里,不敢出动。整个台东地区基本连成一片。11月22日,第四支队和台东地方武装在新昌马坑等村与国民党军队600余人发生激战,毙伤其70余人。12月1日,"灵活部队"在会稽地区武装和嵊新东武装配合下,全歼国民党新昌澄潭镇保警1个分队。不久,又拔除了国民党新昌镜岭镇据点。这样,台西地区与会稽地区之间打通了联系。会稽地区武装在路西地区金萧支队第一大队配合下,拔掉国民党诸暨陈蔡据点,路西地区与会稽地区之间也打通了联系,四明、台属、会稽、路南、路西5个地区连成一片。1949年1月,金萧支队进行外线出击,西征连战皆捷,到达皖南,在安徽歙县与唐辉率领的苏浙皖赣人民解放军皖浙总队胜利会师,浙东与浙南、浙西、皖南完全打通。

1948年12月,全国解放战争发生新变化。国民党军队在辽沈战役中惨败,大部兵力陷在平津和淮海地区,驻浙江的大部分国民党正规军也逐渐北调,增援长江防线。这样,留守江南的国民党军队尽量收缩,不可能再抽调兵力发动大规模的"清剿"。形势的变化,促使浙东临委转变斗争策略。1948年12月,顾德欢、张任伟和诸敏率领的外线出击的部队,已开辟出台东、台西广大新区。在纵横300余里的宽广区域里,国民党部队只占据县城和少数据点,浙东部队可以自由回旋。12月13日,"机动""灵活"两支部队再次会合。14日,浙东临委在新昌彩淳乡莲花心村召开台西临时干部会议,顾德欢在会上作了《目前时局与浙东工作上的新问题》的报告。会议认为"不过分刺激国民党军"的策略已经过时了,浙东武装应集结成一个较大的主力兵团,以台西为中心开展活动,努力建成稳固的根据地,使之成为浙东斗争的中心区域和整个浙东革命的领导中心。

1949年1月,辽沈、淮海和平津三大战役取得胜利后,基本摧毁了国民党赖以维持其反动统治的主要军事力量,为夺取全国胜利奠定了基础。1月,浙东临委为了实现创建稳固根据地的发展战略,在新昌回山村组织了一次较大规模的会师。1月6日,嵊东与嵊新奉独立大队会合。以独立大队为前导,组成浙东临委直属大队,下辖2个战斗中队、1个机关中队、1个侦通队,共有210余人。由康志荣任大队长兼政委,连续行军130里,1月中旬到达新昌县回山。会师总人数有 700 余人,浙东临委 3 名主要成员张瑞昌、马青、王起再次会合。台属东西 200 里,除几个县城和若干大镇尚为敌人占据外,已形成整块根据地。台西地区成为浙东革命的领导中心,基本完成了开辟台属根据地的任务。1 月 16 日—25 日,浙东临委召开第二次扩大会议。会议通过了《浙东胜利前夜的形势和我们的任务》,提出了浙东总的斗争方针,那就是更大规模、更大胆地对国民党开展军事与政治进攻,更大刀阔斧地发动群众,壮大浙东革命力量。会议还提出组建浙东主力武装、开展城市工作和建立领导中心三大任务。1 月 28 日,"浙东人民解放军第二游击纵队"正式成立,马青任司令员,张瑞昌任政委,刘发清任副司令员,张任伟任参谋长,诸敏任政治部主任,同时恢复浙东主力武装第三支队建制,并充实加强。浙东人民解放军第二游击纵队除浙东主力第三支队外,还包括金萧地区第一支队(即金萧支队)、会稽地区第二支队、台属地区第四支队、四明地区第五支队和路南地区第六支队。2 月 10 日,浙东武装攻克了天台县城,歼灭国民党守军 300 多人,不久撤出。17 日,浙东武装又攻占三门县城海游镇和亭旁镇,歼国民党军队 100 余人。当天,中共三门县委和县政府成立。三门成为浙江最早解放的县城。浙东武装的军事胜利,震动了国民党浙江政要,鼓舞了浙东人民争取解放的信心和决心。

随着全国解放战争战场上国民党军队节节败退,解放大军步步进逼长江沿线。大批国民党军政人员开始认清局势,投向共产党。1949 年 1 月底,国民党诸暨县自卫大队第一中队和 3 个乡自卫队共 350 余人宣布起义。2 月 18 日,驻金华的国民党第二〇三师第六〇九团重机枪连,7 人携重机枪 4 挺投奔金萧支队。3 月 2 日,国民党分水县县长率自卫总队 170 余人宣布起义。这些有识之士的弃暗投明之举,沉重打击了国民党在浙江的统治基础,加速了国民党阵营的崩溃。为了有利于在解放前夕掌握整个浙东情况并加强对各地区的指导,浙东临委考虑将领导中心从台西地区向交通更为便捷的会稽地区转移。为加强会稽地区的力量,浙东临委将会稽中心县工委改组为会稽临工委,由浙东临委委员王起兼任书记。为加强浙东根据地的建设,在大军南下之前做好迎接解放的准备,浙东临委决定由副书记马青负责武装斗争,书记张瑞昌和委员王起把主要精力集中在根据地建设上。在全国解放战争胜利形势下,浙东党组织和武装力量发展速度惊人。至 1949 年 3 月底,浙东各武装和机关工作人员已有 6300 余人,拥有轻重机枪 113 挺。

8.主动出击迎接浙东解放

浙东地区是全国解放战争的组成部分,全国解放战争总形势、总任务与浙东地区息息相关。[①] 经过辽沈、淮海、平津三大战役,以及解放军在战略决战阶段进行的其他战役,

---

① 据顾德欢回忆,在 1986 年的一次座谈会上,许多同志都谈到了当年解放战争的全国形势。诸敏说得好:"没有正面战场这个大好形势,浙东敌后形势是很难熬的,斗争更会艰苦。"

国军的精锐主力已基本被消灭。随着军事上的失败,国民党统治集团在政治、经济等方面也已濒临绝境。浙东游击根据地进入蓬勃发展的大好时机,浙东军民积极配合大军作战,迎来了浙东地区的最终解放。

1949年初,第五支队"铁马"中队编入浙东主力,四明工委决定将姚虞、余上两县的地方武装"小钢铁""勇猛"提升为四明主力("勇猛"对外还称余上自卫大队)。1949年1月11日,国民党二区专员吴求剑纠集"浙保"特别营和华松部800余人,由张岙出发,以"剿匪"为名,沿途大肆抢劫,百姓对其恨之入骨。余上地方武装"勇猛"部队在雷行的率领下,在车厩伏击"浙保"部队。战斗历时一个半小时,毙敌20余人,俘敌10余人,缴获轻机枪1挺、预备枪管1个、三八步枪6支、手榴弹8个、子弹300余发,余上地方武装和四明主力部队无一伤亡。这场伏击,是对国民党"清剿"的沉重打击。伏击战后,参战部队受到支队首长储贵彬、陈布衣的嘉奖。此后,余上武装袭击了东江盐场税警,缴获步枪10支、手榴弹8颗、子弹560余发。慈南区警卫队冲进碉堡,俘敌13人,缴获长短枪11支。姚虞县民兵和龙坑党组织配合五支队巧袭菱湖守敌,活捉30余人,缴获机枪2挺、步枪25支、手枪1支、手榴弹20多颗,并烧毁了3座碉堡。1949年3月,"勇猛"正式上升为四明主力以后,余上县工委根据中共四明工委"迅速发展壮大地方武装"的指示,确定由沈忠兴负责再次扩大余上武装。为此,余上抽调部分区武工队队员,动员一部分地方积极分子参军,充实县自卫大队。4月底,番号改称"小勇猛",使部队很快发展到40余人,建立了3个班。其中,2个班又上升编入主力,留下的一个班,后来又继续扩建为一个排。5月,将番号改称为"新生"。不久,"新生"又扩大到7个班,成为余上地区的主力武装。许多青年要求参军,到5月中旬,包括县"飞虎"队在内的队伍已发展到60多人,还配有5挺机枪。同时,各区武工队也由原来的10余人发展到30多人,有的发展到50多人,开始筹建自卫中队。

1949年1月21日,蒋介石宣布下野。22日,到老家四明山的奉化溪口,退居幕后策划指挥。1949年2月,在国防部第三局局长俞济时指挥下,成立了溪口保安司令部,先后调集八十五军,纠集第九、第十三纵队,对四明山区发动最后一次"清剿"。国民党在沿山和姚江渡口增设据点,对山区实行封锁。2月12日,9个县的保警队到达指定地点。2月14日起,山区禁止民众出入封锁线,停止物资交流。国民党采取集中兵力、分路合击的方法,深入四明山基本区,企图围歼四明主力。2月24日,鄞慈县二区民运干部萧章和县民运工作组组长朱敏,在鄞西乌岩被"浙保"便衣队逮捕。2月26日,"浙保"一个营包围鄞慈县吴夹岙,又逮捕了民运干部陈辉、徐角方。3月11日,国民党"浙保"杨百年下令,在余姚鹿亭中村活埋鄞县民运干部萧章、朱敏、陈辉、徐角方等4人。4位民运干部在牢中坚贞不屈,就义时年仅20~22岁。2月14日,四明工委发出反"清剿"、反封锁的指示,要求全体干部始终和群众在一起,掀起一个群众性的对敌斗争高潮。按照四明工委指示,余上、慈镇县地方武装在谈仲华、雷行率领下进入四明山区,"小顽强"留下1个排、"勇猛"留下1个班坚持本地斗争。

1949年4月21日,人民解放军横渡长江。23日,南京解放。大军渡江和挺进浙江的消息传到浙东后,浙东游击区军民一面主动发动军事、政治攻势,敦促敌人投降;一面组织力量,主动出击,配合大军解放浙东。4月25日,蒋介石从奉化溪口到宁海县西店乡团村,乘"太康"号兵舰逃离浙东。此时,满载国民党残兵败将和物资的车辆,不断地经杭甬公路驶往宁波,宁波已成为国民党逃离大陆的码头。为此,国民党在宁波城区设立军警指挥部。在四明山区,长期筑碉堡驻扎的"浙保"一团也陆续撤离。国民党为顺利逃往舟山群岛,对杭甬公路甬百段两侧进行大规模"清剿"。第八十七军一个团配合慈溪、余姚县保警队,逐山逐村搜查四明游击武装。4月底,慈镇、余上两县党组织根据四明工委指示,除部分武装坚持原地外,其余进入四明山区,由五支队统一指挥。从5月1日起,四明武装自东向西向敌人发起全面进攻。1949年5月6日,五支队与"光明"部队共1000余人,从鄞西蜜岩出发,移师姚南菱湖。7日,四明武装进驻梁弄。鄞慈县四区武工队在河姆渡姚江边山上,伏击乘轮船逃往宁波的国军,毙敌5名。8日,鄞慈县四区武工队在大隐城山渡,截获国民党军帆船1艘,俘4人,缴获快机枪1挺。10日,余上三区武工队击溃国民党"挺进部队"残部100多人,缴获其所有武器。20日,渡过曹娥江的200多名国民党士兵,在马渚青港一带被当地民兵全部俘获。21日,为扫清杭甬公路的小股敌人,五支队袭击了马渚警察所,缴获一些武器和弹药。五支队在马渚狮子山公路一侧,阻击国民党第八十七军向宁波运送物资的4辆汽车,活捉敌军30多名。俘获数十名国民党军官家属,缴获2卡车物资、10多箱银圆和一些武器弹药。22日,"小顽强"部队在夏巷渡伏击国民党第八十七军六六三团一部,缴获战马8匹、步枪2支及其他物资。国民党上虞县县长吴驰湘率300余人仓皇溃逃,在湖山乡姜山村被人民解放军全部俘获。

1949年5月4日,金萧地区武装解放新登(今属富阳)。5日,与解放大军第二十一军第六十三师在萧山胜利会师,解放萧山。6日,第六支队在永康梅陇村接受了从苏南撤逃于此的国民党军残部100余人的投诚。9日,金萧支队截住了从桐庐吴宅逃出的国民党军第一九二师残部,经过军事及政治攻势,俘其600多人。在台属地区,24日,第四支队解放了天台。在武装解放的同时,浙东党组织和武装力量还策动与接应国民党军队起义。解放大军到达湖州前,金萧工委湖州特派员即策动国民党一区专员向解放大军投诚,金萧工委还与临安、富阳国民党政要达成了和平解放的协议。5月4日,路北县政府接应了国民党军第一一〇师师长廖运升率领8000余人起义。6日,在浙东军民强大的军事、政治攻势下,庵东盐场230多名税警带5挺轻机枪、220多支步枪起义反正。11日,起义部队进入四明山,改编为第五支队第四大队,由李自强任大队长,卢鑫任副大队长。29日,中共椒南工委成功策动了国民党临海、黄岩县长起义,实现和平解放。在随后解放浙东全境的过程中,浙东党组织和武装力量都与解放大军密切配合、相互支持。

1949年5月8日,张瑞昌、马青到达杭州,向中共浙江省委汇报了浙东党组织和地方武装情况。16日,中共浙江省委发布了《关于结束前浙东临工委工作的决定》。该决定认为,浙东临委"在上海党及华中工委的领导下,在浙东全党同志的努力下,完成了党给予的光荣任务,保持了党的革命旗帜,坚持扩展了原有阵地,传播了党的政策,与当地人民在斗争中建立了很好的联系";"这一切对于今天解放浙江,彻底肃清敌人残余武装力量,使党在浙江新解放地区迅速站稳起来,是有其重要作用的"。[①] 浙东临委胜利完成历史使命,浙东武装编入解放大军,撤销部队建制和番号。指战员随大军继续参加解放宁波、舟山等战斗,浙东党员干部参加接管城市工作。

1949年3月,在解放战争取得决定性胜利之际,中共中央在西柏坡召开了七届二中全会。全会提出工作重心开始由乡村转移到城市,并由城市领导乡村。此时,浙东局势也发生巨大变化。浙东党组织和武装力量除了占领广阔的浙东乡村外,还占据着许多市镇:国民党军队只能据守在有限的几个孤立据点内,且不敢轻举妄动。像路西、会稽、台属地区党的机关和武装都经常集中在大集镇,掌握了本地区的主动权。3月底,为贯彻中共七届二中全会精神,配合即将南下的解放大军解放浙江,浙东临委召集浙东主力武装和会稽、四明、路西、台属地区主要负责人,在东阳巍山举行第二次会师。此时,华中工委已经撤销,浙东工作归华东局领导,浙东临委并与华东局建立了电报联系,两次接到了华东局的指示。4月5日—21日,浙东临委于在诸暨陈蔡召开第三次扩大会议。会议认为,在解放战争的大好形势下,必须克服麻痹思想,注意国民党的最后挣扎和破坏。为配合解放大军南下与接管城市,成立城市工作委员会,由王起兼任主任,进行接管城市前的准备工作。5月6日、7日,浙东人民解放军先后解放了诸暨、绍兴。11日,金萧支队第二大队开进浦江,浦江宣告解放。16日,中国人民解放军第七兵团[②]第二十二军从杭州出发,沿杭甬公路向浙东进军。与此同时,第二十一军军部率第六十三师由萧山、金华向浙东进军,第六十一师向新昌、嵊县、奉化地区进军。5月19日,第二十二军抵达曹娥江西岸。驻守曹娥江的敌军六六三团,不战自溃。21日,大军全部过江。22日,解放军第六

---

① 《关于结束前浙东临工委工作的决定》,见中共浙江省委党史研究室、中共宁波市委党史研究室:《浙东游击根据地》,中共党史出版社,1996年,第322页。

② 1949年4月,当年北撤的新四军浙东游击纵队又回到了浙东。组建于解放战争时期的第七兵团,政治委员就是原浙东区党委书记谭启龙,下辖有不少原新四军浙东游击纵队的干部和战士。兵团的第二十一军、第二十二军分别承担解放温州、宁波的任务。

十六师向余姚挺进,第六十五师解放上虞县城丰惠镇后也向余姚进军,沿途国民党军队纷纷向宁波方向逃窜。22 日上午,四明主力部队和南下的解放军第六十五师在筅竹岭会师。下午 3 时,余上军民也在马渚与解放军第六十六师汇合。同日下午,解放大军在斗门前场址与游击队会师。5 月 22 日下午,为扫清外围障碍,在 3 名地方武装的带领下,第六十六师一九三团到达余姚县城西郊的制高点丰山。向驻守山上的国民党青年军"长江"部队发起进攻,生俘国民党官兵 40 余人。深夜,一九三团七连三排指战员冲入城内,消灭了国民党余姚县自卫总队残存的 1 个中队,俘 90 余人,余姚解放。5 月 24 日上午,从余姚出发的第二十一军第六十五师一九五团解放慈城后,即向鄞县城区(宁波)疾进。下午抵达甬江北岸,国民党部队为破坏灵桥,从江东向一九五团狙击。为使城区免遭破坏,大军将作战计划改为"渡过甬江,迂回敌人侧背,配合正面歼敌"。5 月 24 日,沿铁路旧基以南直插的第六十四师先头部队一九〇团攻入城区。在巩固阵地后,其后续部队沿环城马路(今长春路)迂回至南郊,截断鄞奉公路。在石碶镇,俘余姚保安团正副团长以下 240 余人。25 日凌晨,由灵桥进入市中心的第六十五师一九五团,与从西郊进入市中心的第六十四师一九〇团胜利会师,宁波城区解放。至此,浙东人民在中国共产党的领导下,终于迎来全境解放,浙东的历史从此翻开了崭新的一页。

浙东游击根据地经过 3 年多的艰苦斗争,建立了包括四明(含三北)、会稽(路东)、台属(州)、金萧(路西)、路南、东海等 6 个地区级的工委及其武装,主力发展到 6300 余人。之所以能够重新创建、发展和壮大,并取得如此辉煌的成绩,与中共中央和各上级党组织的正确领导关心和支持是密切相关的。中共中央、华东局、上海局(上海分局)、华中分局、华中工委等多次向浙东党组织发出指示,为浙东工作的发展指明方向,并选派干部和武装到浙东帮助打开局面。回顾浙东游击根据地的创建和发展历程,其关键是在中国共产党的领导下,紧紧依靠和发动人民群众,得到人民群众的支持。在国民党的白色恐怖中,是人民群众掩护了共产党的有生力量;在武装斗争中,是人民群众壮大了革命力量;在解放浙东斗争中,是人民群众支持解放大军迅速歼灭国民党残余力量,推翻了国民党的统治。一句话,没有人民群众真心实意的拥护和支持,就没有解放战争时期浙东游击根据地波澜壮阔的革命斗争。①

---

① 据不完全统计,解放战争时期在浙东牺牲的革命烈士,有名有姓的就达 616 人,其中,有相当一部分是地县级领导干部。

附录：新四军浙东游击纵队发展史（1938 年初至今）①

新四军浙东游击纵队，发端于抗日战争时期的浙东地方抗日武装和浦东的淞沪游击第五支队。1944 年 1 月 8 日，公开更名为新四军浙东游击纵队。历经抗日战争、解放战争、抗美援朝战争和和平建设时期，浙东游击纵队部队番号不断变更，但主体基本未变。2017 年军改后至今，称中国人民解放军陆军第八十三集团军合成第六十旅。1994 年 5 月 4 日，曾在新四军、华东野战军担任领导职务多年的中央军委原副主席张震上将，在接见第二十集团军团以上机关干部讲话时说："你们这支部队是一支具有光荣传统的部队。抗日战争和以后打了许多硬仗。尤其是解放战争中的孟良崮战役，你们打穿插，把整编国民党七十四师与二十五师割裂开，不让其靠拢，为全歼整七十四师精锐部队做出了重大贡献，可以说你们这支部队是'百旅之杰'……"

第一阶段：1938 年初—1941 年 5 月，浙东地方抗日武装和淞沪游击第五支队成立

浙东地方抗日武装。全面抗战爆发后，中国共产党在浙东地区开始着手布置武装抗日。1939 年 7 月，定海县第一支抗日武装——"吴榭乡抗日自卫队"成立。1941 年 6 月后，又陆续组建了镇海"王贺乡巡夜队"、慈溪"慈东游击队"（后合并为"江南独立中队"）、余姚"四明游击指挥部独立大队"、鄞县"宁波自卫总队第二支队警卫分队"（也称"林一新大队"）、镇海"龙山自卫队"以及绍兴"皋北自卫队""浙东游击大队"等地方抗日武装。绍兴有袁啸吟等人组织的游击队，慈溪有戚铭渠、柳剑青等人组织的游击队，镇海横河有王博平组织的乡自卫队。浙东党组织在宁绍地区沦陷后不久创建的抗日游击队及其初步开展的抗日游击活动，为开辟浙东抗日根据地创造了重要条件。

淞沪游击第五支队成立。1938 年初，中共浦东工委在国民党南汇县抗日自卫团中掌握了第二中队和第四中队两支抗日武装，后来第二中队暴露，被国民党南汇县长缴枪解散。第四中队的中队长为南汇县第二区区长连柏生。后来第四中队很快扩编为南汇县抗日自卫团第二大队。1940 年 2 月 25 日，中共中央发出通知：上海附近的游击队，凡是属中共领导的公开武装，均划归中原局和苏南统一指挥。因此，浦东地区的抗日武装，也正式划归活动于苏南东路地区的新四军第六师领导，浦东抗日武装成为新四军第六师第十八旅所辖的地方主力武装之一。到 1940 年冬，又与国民党第三战区司令长官部驻沪办事处专员平祖仁取得联系，改名为"淞沪游击队第五支队"，仍由连柏生任支队长。支

---

① 材料综合了下列文献：孙伟良：《屡立战功的浙东子弟兵》，《大江南北》2022 年第 4 期；佚名：《长津湖之战，有一支从宁波走出去的英雄部队》，http://nb.ifeng.com/c/8Bm7AU95b1I；佚名：《三五支队的故事：荣光依在，军魂依在》，https://www.163.com/dy/article/GBB38IEC0543W4I7.html。

队下辖两个大队,褚亚民的第一大队与林达、蔡群帆的第四大队。淞沪游击第五支队成立后,在奉贤与南汇和南汇与川沙交界地区开展了一系列对日伪战斗,有效地打击了日伪军。中共浦东工委还派共产党员打入伪军内部做策反工作,1940年11月,周振庭等带领400余名伪军部队起义,加入淞沪游击第五支队。1941年5月,部队发展为三个大队和一个常备大队,共有500人。战斗序列为:

支队长:连柏生。

政治教导员:蔡群帆。

第一大队:代大队长沈光中,大队副周萍,政治指导员金馏声。

第三大队:大队长王三川,大队副凌汉祺。

第四大队:大队副林达。

常备大队:大队长潘林儒,下辖15个常备中队。

训练部:第一训练部主任胡锡钦,第二训练部主任张正贤。

1940年秋,中共浦东工委派党员干部吴建功、姜文光等打入伪军第十三师二十五旅五十团去当二营营附(即副营长)和三营教官。由于该团储贵彬等三个营长也是靠拢共产党的,于是又陆续派入一批共产党员去当连排长。这样,中共浦东工委就很快掌握了该团的大部分武装,该团的活动地区为南汇县的大部分和奉贤县的一小部分。

上述两支武装都是中共浦东工委领导和掌握的。其表面上打着国民党军队或伪军的旗号,实际上执行共产党的隐蔽埋伏、积蓄力量、伺机打击日本侵略者的"灰色隐蔽"的方针。1941年5月,中共浦东工委根据中共苏南区党委的指示研究决定:除戚大钧等少数共产党员组成的一个精悍党支部继续留在伪五十团,其余所掌握的隐蔽在伪军第十三师五十团中的武装力量,分批南渡杭州湾,向浙东三北地区发展。

第二阶段:1941年5月—1942年6月,成立中共浙东军分会

1941年5月—9月,遵照中共中央和华中局、新四军军部指示,中共路南特委、浦东工委奉命选派抗日武装指战员,分7批共900余人南渡杭州湾,到达浙东三北地区开展游击战争。

1941年10月,为统一指挥部队,由吕炳奎、王仲良、蔡群帆等奉命组成"中共浙东军分会",吕炳奎任书记。对外以国民党番号"宗德三大""淞沪五支队"等名义进行"灰色隐蔽",并与当地余姚党组织取得联系,成立办事处,打击日伪。

第三阶段:1942年7月—1943年11月,成立浙东区党委和三北游击司令部

1942年7月8日,华中局决定成立中共浙东区委员会,由谭启龙任书记,何克希任军事部长、张文碧任政治部主任、顾德欢任宣传部部长、杨思一任组织部部长(后增补)。

1942 年 8 月 19 日,奉军部命令,在慈溪鸣鹤场金仙寺成立了"第三战区淞沪游击队三北游击司令部",统一领导浙东抗日武装力量,达 1200 余人。继续进行"灰色隐蔽",确定"坚持三北,开辟四明(四明山),挺进会稽(金萧),坚守浦东"等战略方针。这支部队成为巩固三北,发展四明山、会稽山的基本力量。战斗序列为:

司令员:何克希。

政委:谭启龙。

参谋长:刘亨云。

副司令员:连柏生。

政治部主任:张文碧。

下辖:第三支队、第四支队、第五支队。

此外还有南进支队、特务大队、新慈溪国民兵团、海防中队和特务连。部队连同各办事处人员共有 1511 人,有轻重机枪 36 挺、长短枪 878 支。

三北游击司令部的成立,使浙东人民的抗日斗争有了统一的主力武装。浦东南渡浙东的一批干部,是三北游击司令部下属部队的主要骨干,在浙东抗日根据地的建设中发挥了重要作用,也作出了重大牺牲。他们之中,长眠在浙东大地的就有 300 多位。如首批南渡的指挥员姜文光,牺牲时年仅 33 岁。

1942 年 12 月,三北游击司令部改称浙东抗日自卫军,并将海防中队扩编为海防大队,教导队扩编为教导大队。1943 年 2 月,第四、第五支队合编为第五支队,第四支队番号撤销。

第四阶段:1943 年 12 月—1944 年 12 月,公开宣布为"新四军浙东游击纵队"

根据当时第二次反顽自卫战的形势,已无必要再进行"灰色隐蔽"。1943 年 12 月 22 日,新四军军部电令浙东抗日武装正式整编为新四军浙东游击纵队,公开打出新四军的旗号。

1944 年 1 月 8 日,公开更名为"新四军浙东游击纵队",部队主力达 7300 余人。

战斗序列为:

司令员:何克希。

政治委员:谭启龙。

参谋长:刘亨云。

政治部主任:张文碧。

下辖:第三支队、第五支队、金萧支队、浦东支队、三北自卫总队、四明自卫总队、教导大队、警卫大队、海防大队。

第五阶段：1945 年 1 月—1945 年 10 月，改称"新四军苏浙军区第二纵队"

1945 年 1 月 13 日，新四军成立"苏浙军区"，统一指挥"苏浙皖边"江南和浙东部队，打通浙西、浙东。苏浙皖军区由粟裕任司令员、谭震林任政委、叶飞任副司令员，下辖六个纵队和一个独立旅。

根据新四军军部命令，浙东游击纵队改编为新四军苏浙军区第二纵队，何克希任司令员，谭启龙任政治委员，刘亨云任参谋长，张文碧任政治部主任，所属部队番号不变，全纵队共有 7000 余人。2 月上旬，金萧支队编入第三支队。2 月 25 日，重建金萧支队。3 月，三北自卫总队撤销。5 月，张翼翔任第二纵队副司令员。7 月 1 日，苏浙军区决定四明自卫总队和部分地方武装合编为第四支队。13 日，新四军军部命令第二纵队第三、第四、第五支队合编组成第二纵队第一旅，旅长由张翼翔兼任，各支队番号不变；起义的国民党第三战区挺进第五纵队张俊升部 1000 余人改编为第二纵队第二旅，张俊升任第二纵队副司令员兼第二旅旅长。该旅下辖第七、第九团。此时，第二纵队战斗序列为：

司令员：何克希。

政治委员：谭启龙。

参谋长：刘亨云。

副司令员：张翼翔、张俊升。

政治部主任：张文碧。

第一旅旅长：张翼翔（兼），下辖第三支队、第四支队、第五支队。

第二旅旅长：张俊升（兼），下辖第七团、第九团。

金萧支队、淞沪支队、海防大队、警卫大队、军政干校。

第六阶段：1945 年 11 月—1945 年 12 月，改称"新四军第一纵队第三旅"

1945 年 10 月，部队奉命北撤。11 月，北上至江苏涟水整编，改称"新四军第一纵队第三旅"（主力）。浙东区党委和新四军浙东游击纵队司令部完成历史使命。

1945 年 11 月 11 日，新四军苏浙军区第二纵队第一旅编入新四军第一纵队为第三旅。第二旅张俊升部整编为新四军独立旅调出。同年 12 月，随纵队编入津浦路前线野战军为第一纵队三旅。战斗序列为：

旅长：张翼翔。

政治委员：何克希。

副旅长：刘亨云。

副政治委员:张文碧。

参谋长:刘亨云(兼)、谢忠良。

政治部主任:杨思一。

下辖:第七团(第一旅五支队与淞沪支队合编)、第八团(第一旅三支队与金箫支队合编)、第九团(第一旅四支队和三北特务营)。

在津浦路阻击战中,第三旅在纵队编成内参加兖州、泰安、大汶口等地战斗。

第七阶段:1946 年 1 月—1947 年 1 月,改称"山东野战军第一纵队第三旅"

1946 年 1 月,改称山东野战军第一纵队第三旅。6 月,第三旅随纵队主力收复泰安、大汶口。7 月,在胶济路反击国民党军队进攻的作战中,在纵队编成内参加文祖战斗。不久随纵队移师鲁南、淮北。12 月,参加宿北战役,割裂了整编第十一师的防御体系,对扭转战局起到了关键作用。

第八阶段:1947 年 2 月—1949 年 1 月,改称"华东野战军第一纵队第三师"

1947 年 2 月,改称华东野战军第一纵队第三师。战斗序列为:
师长:刘亨云、陈挺(代)。

政治委员:杨思一。

副师长:谢忠良。

副政治委员:邱相田。

参谋长:洪隆。

政治部主任:邱相田(兼)、汪大铭。

下辖:第七团、第八团、第九团。

3 月,在纵队编成内,参加莱芜战役。5 月,随纵队主力在孟良崮战役中担任穿插分割任务,为最终全歼国民党军整编第七十四师作出了贡献。1948 年 2 月,随纵队主力在豫北濮阳进行新式整军运动,并抽调部分领导干部组建渡江先遣支队,准备进军江南,其中师长刘亨云调任华东野战军先遣纵队第一支队支队长。6 月,参加豫东战役,先担任阻援,后加入突击集团,为全歼国民党军区寿年兵团作出了贡献。9 月,参加济南战役,和兄弟部队一起在鲁西南地区承担阻击任务,保证了济南战役的胜利进行。随后又参加了围歼杜聿明集团的陈官庄总攻击。

第九阶段:1949 年 2 月—1950 年 10 月,改称"第三野战军第九兵团第二十军第六十师"

1949 年 2 月,根据中央军委关于统一全军编制及部队番号的命令,华东野战军第一纵队第三师改称第三野战军第九兵团第二十军第六十师。4月,随军主力渡江南下,进占丹阳,截断宁沪铁路,后沿金坛、溧阳向广德追歼逃敌,参加郎(溪)广(德)围歼战。5月,随兵团主力参加上海战役,攻占平湖、金山卫,从龙华攻入上海市区。而后,担任上海第一警备区的警备任务。第六十师的战斗序列为:

师长:陈挺。

政治委员:邱相田。

下辖:第一七八团、第一七九团、第一八〇团。

解放战争中,部队先后参加了著名的淮海战役、渡江战役、上海战役等重大战役。特别是打到南京,将士们把“五星红旗”插上南京国民党总统府,为解放全中国立下了不朽功勋。

第十阶段:1950 年 11 月—1952 年 10 月,改称“中国人民志愿军第二十军第六十师”

1950 年 11 月,改称为“中国人民志愿军第二十军第六十师”入朝参战。以师炮兵营、工兵营与军直山炮营合并组建师炮兵团,参加了第二次、第五次战役及上甘岭、金城反击战,英勇抗击美军。11 日,部队在匆匆换取部分冬装后全部入朝。15 日—30 日,在军的编成内参加第二次战役。第六十师对阵美陆战第一师和第七师,苦战 15 个昼夜,一七八团二营五连坚守 1355.7 高地,打出集体二等功,连长毛张连荣立个人二等功;一七九团张季伦部迫使美军德赖斯代尔支队一部 240 人缴械投降,俘虏美第十军司令部助理作战参谋兼陆战一师联络官约翰·麦克劳林少校(日后的美陆战第一师副师长、海军陆战队太平洋战区中将司令官);一八〇团在防守门岘及黄草岭 1081 高地时,顽强地阻击真兴里北援之敌,团长赵洪济壮烈牺牲,一营二连(有资料说是一连)在零下 40 多摄氏度的冰雪露天战壕里,没有一点热食进口,穿着单薄棉衣,又不能生火取暖,全连干部战士一个个都俯卧在冰雪的工事旁,手握步枪、手榴弹,全部壮烈冻死在阵地上。美军史料记录上也称颂:“这个阵地上的中国军队第六十师,顽强战斗,无一生存,忠实执行了战斗任务……”第二次战役中,第六十师共伤亡 3203 人,其中因缺乏防寒衣服冻伤的有 1663 人。

1951 年 3 月 20 日,第二十军结束休整,南下参加第五次战役。第一阶段,第六十师一七八团反坦克连在江洞口战斗中,3 小时内击毁敌坦克、装甲车 20 辆,增强了部队作战信心。战后,连长张益仁被授予一级模范和记一等功,潘志明被志愿军总部授予“反坦克英雄”光荣称号。第二阶段,一七八团正面突破昭阳江,向富坪里实施突击,割断韩国军第七师和第九师的联系,奇袭五马峙要点,切断敌第三师和第九师的退路,协同兄弟部队围歼县里、龙浦地区之敌。二营六连、四连、五连先后作为尖刀连执行穿插任务,其中五连在 12 小时内，经大小战斗 13 次，前进 50 公里，毙伤俘敌 500 余名，缴获汽车 70 余辆，及时抢占了五马峙，截断敌之退路，为会同兄弟部队歼敌创造了条件。五连奇袭五马峙战斗成为我军战史上穿插战斗的经典范例，战后连长毛张苗荣立一等功，获一级战斗英雄称号。一七八团获中国人民志愿军、朝鲜人民军联合司令部司令员彭德怀、副司令员邓华、朝鲜人民军代表朴一禹署名的嘉奖令。

抗美援朝期间，中国人民志愿军第二十军第六十师不畏强敌，英勇善战。全师共计 2994 人立功，被志愿军总部授予英雄模范称号者 16 名，特等功排 1 个，一等功连 1 个；被第二十军军部授予一等功臣称号者 18 名。但是，第六十师也付出了巨大的代价：全师先后共伤亡 1 万余人，其中牺牲营团干部 12 人，连以下干部战士 2600 余人。

第十一阶段：1952 年 11 月—1985 年 9 月，称"中国人民解放军第二十军第六十师"

1952 年 10 月，第六十师随军主力回国，恢复中国人民解放军第二十师第六十师番号。随即开赴东南沿海前线，先后解放了大小鹿山和积谷山等岛屿。1953 年 1 月 29 日，进驻浙江临海。3 月，第二十军整编改装。1955 年 1 月 18 日，在张爱萍指挥下，第六十师与华东军区海、空军共同参加一江山岛战役。一七八团和一八〇团二营登岛作战，击毙国民党军官兵 519 人，俘虏 567 人。师喷火连消灭敌各种火力点，配合突击连队向纵深内预定方向勇猛穿插。一江山岛战役，首创人民解放军陆海空协同作战的成功战例，也是人民解放军历史上唯一一次多军兵种联合渡海登陆作战，在第六十师战史中留下了光辉的一页。毛泽东高度评价："一江山岛登陆战，打得很好！我军首次联合作战是成功的。"[①]

1984 年，第二十军奉命组建侦察大队，第六十师侦察连为侦察大队四连，赴滇作战。战后被昆明军区授予"英雄侦察连"荣誉称号，连长郑现勇、副连长章为民等 4 名官兵荣立一等功。

第十二阶段：1985 年 10 月—2017 年 3 月，改称"中国人民解放军第二十集团军第六十师"

1985 年 10 月，第六十师在百万大裁军中得以保留，执行北方乙种步兵师编制，并整编为中国人民解放军第二十集团军第六十师。同时，由于兄弟部队第五十九师被裁撤，又接收了其建制内的一七五团。至此，第六十师下辖步兵一七五、一七八、一七九团和炮兵团（原建制内的一八〇团撤编）。这个一七五团前身为新四军苏中军区五十二团，发源

---

① 胡士弘：《战争亲历者说：一江山岛之战》，上海文艺出版社，2005 年，第 509 页。

于常熟阳澄湖,是苏中军区四大主力团之一,当初有个绰号叫"江阴老虎团"。因为样板戏《沙家浜》而家喻户晓,后该团遂称"沙家浜团"。

1997年9月,中共中央军委立足于打赢未来战争的战略性考量,决定在1985年百万大裁军的基础上再裁减员额50万人。1998年,第六十师缩编为摩托化步兵旅。8月,湖北遭遇历史罕见的特大洪水,第六十师在一线参与防洪、堵口等抢险救灾工作,打着"铁军来了"的旗帜,在新时期为人民又立新功。全师被中共中央军委嘉奖并记集体二等功。1998年,抗洪抢险任务完成之后,各大军区开始落实五十万大裁军。

2008年"5·12"汶川特大地震发生后,按照中共中央、国务院和中央军委的命令,第六十师第一时间奔赴灾区。这支英雄的部队不畏艰险、不怕牺牲,连续作战、奋力拼搏,出色完成了排除险情、营救群众、运送物资、抢修道路等一系列急难险重任务。一营二连被中共中央组织部命名为"先进基层党组织"。在抗震救灾斗争中,第六十师用实际行动诠释了人民军队爱人民的高尚情怀,塑造了新时期最可爱的人的光辉形象,展示了特别能吃苦、特别能战斗、特别能奉献的精神,为保卫人民群众生命财产安全、恢复灾区生产和夺取抗震救灾斗争的胜利作出了突出贡献。

第十三阶段:2017年军改至今,为中部战区陆军第八十三集团军合成第六十旅

2017年4月,中共中央军委决定,以原18个集团军为基础,调整组建13个集团军。2017年军改,成立了陆军司令部,这在中国人民解放军历史上是第一次。陆军的规模被大幅裁减,砍掉了5个集团军,是人民解放军陆军规模最小的一次。但是陆军的战斗力不但没有变弱,反而更强。这次军改,在编制上是压缩机关人员(裁师机关),加强一线作战的兵员。考虑到合成化和信息化的加强,军改后的作战效能,至少提升一倍。一是指挥系统扁平化,由原来的"军师团营"四级改为"军旅营",管理和作战指挥的效率更高;二是装备水平的更新换代,使得部队的火力更强大更精确;三是虽然撤销了军的编制,但军以下的作战部队基本未裁减,每一个集团军都有12个旅,而以前一般只有4~5个旅或7~8个旅。

第二十集团军撤编后,第六十旅继承原番号,改编为合成旅,并转隶第八十三集团军。第八十三集团军隶属于中国人民解放军中部战区,首任军长谢增刚,首任政委卢少平。

第三章

浙东革命根据地的政权建设

革命的根本问题是政权问题。要建成一个巩固的革命根据地,光有党组织和军事组织还很不够,必须建立由共产党领导的各级政权组织,为开展军事斗争和政治工作提供服务和后勤保障,团结各界人士,积极投身于革命战争的实践。[①] 浙东革命根据地的政权建设,经历了抗日根据地时期办事处代政、浙东敌后临时行政委员会、浙东行政公署委员会和游击根据地时期的隐蔽坚持、浙东行政公署临时总办事处的演进历程,既有其他革命根据地的普遍特点,也有着明显的浙东特色。

一、浙东革命根据地政权建设概述

浙东革命根据地建立前,在宁海县亭旁镇成立了浙江首个红色政权。浙东抗日根据地的政权建设,从 1941 年 5 月浦东抗日武装南渡三北到 1943 年 4 月梁弄解放是初创阶段,从 1943 年 4 月梁弄解放到 1944 年 1 月浙东敌后临时行政委员会成立是发展和壮大阶段,从 1944 年 1 月浙东敌后临时行政委员会成立到北撤是正式建立民主政权阶段。浙东游击根据地的政权建设,从 1945 年 9 月新四军浙东游击纵队北撤至 1947 年 5 月浙东行政公署(临时总办)建立前是非正式的"背包政权";从 1947 年 5 月浙东行政公署(临时总办)建立至 1949 年 5 月是恢复发展阶段。

(一)浙江首个红色政权(1928 年 3 月—1928 年 5 月)

早在 1927 年的八七会议上,毛泽东就指出"枪杆子里出政权",因此武装力量就成为政权建立和发展的必要条件之一。任何革命根据地的创建发展都与武装斗争息息相关,

---

① 宁波市新四军暨华中敌后抗日根据地研究会:《浙东抗战与敌后抗日根据地史料丛书》第 5 卷,中共党史出版社,2001 年,第 31 页。

武装力量的强弱与消长、军事斗争的胜利或失败,都直接影响着政权建设的稳固或消亡。有了稳固的政权,才能统筹经济、政治、文教、后勤等各项工作,为革命武装的发展提供保障。可以说,武装是政权的先锋,政权是武装的后盾,两者相辅相成的辩证统一关系在浙东革命根据地政权创建与发展的长期实践中足资证明。

在浙东革命根据地成立之前的土地革命战争时期,中国共产党组织了亭旁暴动,建立了浙江首个红色政权。自1927年11月以来,宁海党组织积极贯彻八七会议精神,亭旁农民运动轰轰烈烈开展起来,农民协会和党团组织迅速发展,成为亭旁武装暴动的社会基础。1928年3月,中共浙江省委扩大会议决定"以武装暴动推翻国民党建立苏维埃政权为工作总目标"[①]。会后,省委派工瘦竹到宁海传达党中央"局部暴动,循环游击,扩大影响,争取群众,建立革命根据地,进行武装革命"的方针和政策,确定在宁海亭旁农民经济斗争的基础上,组织一次大规模的武装暴动。5月24日,宁海县委在亭旁镇南溪村召集党团区委会议,决定正式成立亭旁区革命委员会及红军指挥部,下设军事、总务、财政、运输、交通等5个部。26日拂晓,武装农民正式向亭旁进军,当地土豪劣绅闻风逃遁。武装农民未经战斗即占领亭旁,军民1000余人齐聚城隍庙召开大会,中共宁海县委庄严宣布亭旁区革命委员会成立,这是浙江省第一个苏维埃政权。随后,革命委员会出示布告,宣布撤销当地国民党政府机构,焚烧契据,开仓济贫,并向群众阐明革命的主张和政策,张贴"打倒蒋介石"等标语,决定逮捕反动豪绅,向一般地主派粮派捐,收缴枪支。

1928年5月26日,国民党省防军第五团(驻海门)和驻临海的国民党军队集结临海车口、东塍等地,准备进犯亭旁;驻宁海的省防军进入珠乔,向亭旁进发;驻海游的省防军郑俊彦连亦蠢蠢欲动。亭旁红军处在夹击之中。最终由于腹背受敌,弹尽援绝。为保存实力,待机再举,指挥部决定武装人员化整为零,疏散隐蔽,转入地下斗争。亭旁暴动最终失败,亭旁革命委员会也随即停止活动。

亭旁暴动失败后,中共浙南特派员和浙江省委分别向中央作了汇报。1928年6月,中共中央作出了《关于亭旁游击战争的指示》[②],高度肯定了这次暴动,指出亭旁党部根据群众斗争要求与情绪,聚集农民武装,用游击斗争的方式去寻求群众斗争的扩大与发展,是必要而且正确的策略。

虽然亭旁红色政权存在时间十分短暂,所建立的机构并未真正履行其职能,但亭旁暴动发生在革命低潮时期,是共产党领导农民在浙东建立红军和革命政权,开展土地革命的一次实践。亭旁暴动建立了浙江第一个苏维埃政权,在短时期内组织发动了周围几

---

① 中共台州市委党史研究室:《中共台州党史》,中共党史出版社,2001年,第53页。
② 中共台州市委党史研究室:《中共台州党史》,中共党史出版社,2001年,第59页。

县数千名农民武装,为后来建立浙东革命根据地和红色政权积累了宝贵的经验。

(二)初创时期(1941 年 7 月—1943 年 12 月)

浙东抗日根据地政权的初创时期,指的是从 1941 年 7 月"五支四大"在古窑浦设立第一个部队办事处,到 1944 年 1 月浙东敌后临时行政委员会成立前的时期。这一时期,政权的主要形式是办事处代政,即通过部队办事处来履行部分政权职能。从早期的部队办事处到之后的总办事处,再到三北游击司令部总办事处,办事处代政共经历了部队办事处、三北游击司令部总办事处和办事处代政全面铺开三个阶段。

1.部队办事处

1941 年 4 月宁波沦陷后,中国共产党领导的在沪郊浦东的抗日武装,分批渡海到达三北。从 7 月起,陆续在三北各地建立一批部队办事处,其中具有代表性的有:位于慈北古窑浦的"五支四大"总办事处,这也是浙东地区建立的第一个部队办事处;海甸戎家办事处、龙头场办事处、道路头办事处以及"暂三纵"在姚北建立的长河、临山办事处等。9 月,浦东抗日武装"暂三纵"到达姚北,为解决部队给养问题,在长河市召开了 12 乡(镇)征收抗日捐税座谈会,会后建立了联络站(后改为办事处),先后由华一鸣、潘林儒、杨子渊(邹永清)任主任。12 月,"暂三纵"到达临山,又召开了姚西、虞北地区 17 乡(镇)代表会议,17 个乡(镇)代表都表示乐意提供部队给养。总部又在临山设立了办事处,部队派王佐一任办事处主任,不久又派杨子渊任副主任。[①]

陈平[②]曾在《抗日战争时期的三北总办事处》中回忆:"9 月 18 日,我们在龙头场召开了团结抗战会议……结果我们和姚华康[③]他们达成了协议,同意我们在蟹浦设立税卡。各分办设立税卡的有这些地方:古窑浦办事处:方家浦、直落浦。龙头场办事处:龙山、田央黄、南门凉亭。海甸戎家办事处:内河岸上一家同昌祥绸缎店里。沈师桥办事处:洋塘里、观海卫。税卡收的主要是货物税。1942 年 2 月,姚华康投敌翻了脸,把我们钟芳兰等几个税收员抓了起来,后来通过我和姚华康交涉后,才放了出来。于是,我们在 2 月 29 日到觉渡寺重建了税卡与办事处(也可称之为转移)。"[④]关于部队办事处的职能,"总办、分办同海防中队的关系是很密切的,因为古窑浦第一分办的建立,是靠海防中队打先锋,把港口从国民兵团手里夺过来的;另外,伏龙山是虞洽卿的家乡,虞成了'赤脚财神'之

---

① 方元文:《余姚革命根据地》,浙江古籍出版社,2011 年,第 56—57 页。
② 1942 年 7 月至 11 月,任三北总办事处(由 1941 年 8 月建立的"五支四大"总办事处改组而来)副主任。
③ 姚华康,镇海县警察第三大队大队长。
④ 宁波市新四军暨华中敌后抗日根据地研究会:《浙东抗战与敌后抗日根据地史料丛书》第 5 卷,中共党史出版社,2001 年,第 42—43 页。

后,曾在1913年建过码头,办过三北轮埠公司,交通的基础仍然存在着。加上帆船本易停泊,所以这个码头,也是我们建立税卡的对象。淞浦观城、蟹浦收的是进出口货物税,都同海运有关。我们的海防中队大体从逍林四乡及附海、观城、淞浦到东西蟹浦为止的洋面上,经常由中队长带队出海巡逻,保护正常商船、渔船,打击海盗和敌伪,因此运输商民对三五支队的反映好,也乐于向我们缴税"①。1942年7月,"中共中央华中局派谭启龙同志来浙东,我是从王仲良同志那里先听到消息的。不久,我奉命去龙头场南面一个山村里,集中觉渡寺、龙头场等处税卡的税款。记得有五六麻袋,大约五六十万元,分作三担,由我押送到掌起桥附近部队驻地。王仲良同志已在那里,慈溪县地下县委书记金如山同志也于这天赶到。谭启龙同志召集我们三人在他的临时寝室内开会,中心内容是开辟税卡,扩大税收,开源节流,加强财政经济工作的领导以及三北总办的改组问题。我们总结汇报了总办工作后,谭启龙同志表扬了办事处的工作"②。除了基本的征税之外,"办事处就像现在部队的疗养院、招待所,王平、张大鹏等许多同志亦来住过,金华特委党训班的同志也来过'总办'办学习班。我曾介绍与安排约30个同志的住所,选择了比较安全的姚山、戚家大山和铜林茅山。部队办事处开辟了税卡、建立了分办事处后,由我和薛诚③经常到各分办税卡巡回检查,以解决具体问题,加强政治思想工作。但我们的办事处首先是为部队服务的"④。此时的部队办事处主要任务是筹集部队给养、设卡收税、搜集情报信息和交通运输联络等,以服务部队为主,顺带进行宣传抗日救亡、小范围发动群众等工作,已经初步包含地方政权机构的成分。⑤

2.三北游击司令部总办事处

1942年7月18日,浙东敌后第一次干部扩大会议召开,谭启龙在《目前国内外形势与我党发展浙江敌后游击战争建立根据地的方针》中针对行政机构的问题专门作了说

① 宁波市新四军暨华中敌后抗日根据地研究会:《浙东抗战与敌后抗日根据地史料丛书》第5卷,中共党史出版社,2001年,第42—43页。

② 宁波市新四军暨华中敌后抗日根据地研究会:《浙东抗战与敌后抗日根据地史料丛书》第5卷,中共党史出版社,2001年,第47页。

③ 薛诚,"五支四大"总办事处第一任主任。

④ 宁波市新四军暨华中敌后抗日根据地研究会:《浙东抗战与敌后抗日根据地史料丛书》第5卷,中共党史出版社,2001年,第43页。

⑤ 一说"驻军办事处那时的任务,只是为部队作通讯联络、侦察情报及税收等工作,不是政权性质"(谢仁安:《慈溪县抗日民主政权概况》,见宁波市新四军暨华中敌后抗日根据地研究会:《浙东抗战与敌后抗日根据地史料丛书》第5卷,中共党史出版社,2001年,第105页)。但根据本书中的史料及张光在《余上(余姚)县抗日民主政权的建立和发展》一文中的表述——"这个时候的办事处,是以部队的名义出现的,是为部队服务的。但它的工作任务中,已包含了政权工作的成份,所以我认为这是浙东抗日根据地政权工作的萌芽"(宁波市新四军暨华中敌后抗日根据地研究会:《浙东抗战与敌后抗日根据地史料丛书》第5卷,中共党史出版社,2001年,第117页)。本书认为:1942年7月浙东区党委成立以前,共产党所领导的武装在三北地区建立的部队办事处已经初具政权职能,因为"税收"是政权工作的重要组成部分之一。

明："在敌占区行政遭受破坏地区混乱情况下，可以召集各界代表会议或成立临时行政机构，如动员委员会、军民联合办事处或各界抗日联合会监办，使之逐渐走向正规的行政机构。"①

浙东区党委成立后，按新划定的区域建立各级党委，并根据谭启龙的意见，决定改建原有部队办事处，建立军民联合办事处作为抗日民主政权的过渡，以应对敌占区行政机构的混乱状态。此时，国民党的县政府撤往宁海后方，其基层政权已处于秘密状态，在人民群众中影响不大，大多数乡保长支持部队办事处，帮助征收税款，部队办事处实际上已代替国民党的政权，初具政权机构的职能。其主要任务包括：在交通要隘设税卡，征收进出口货物税为部队提供给养；交通联络和情报传递工作；发动群众和组织群众支援抗日；进行统战工作和维持社会秩序等工作。其中具有代表性的有：三北地区的三北游击司令部总办事处、四明地区的姚南办事处、会稽地区的诸暨四乡联防办事处和八乡联队办事处、金义浦地区的金东义西联防办事处（后改为金义浦联防办事处）等。

其中三北游击司令部总办事处，先是于1942年7月由"五支四大"总办事处改组为三北总办事处，设立军需、财经、民运、军事、总务五个股，主任金如山，副主任陈平、潘林儒。下设五个分办：

第一分办在古窑浦，主任胡克明（胡杏棠、胡杏荣），后为郑天民，干部孙明儒、高明、方志芬、贾平。

第二分办在海甸戎家，主任蔡平，后为吴济用，干部有边昆木、魏炳文。

第三分办在龙头场，主任陈少弱，后为吴济用，副主任兼会计范刚，干部有熊毓秀等。

第四分办在蟹浦，主任蔡鹤鸣，后为陈少弱，干部有胡锋、钟芬兰（钟逸人）、张林生。

第五分办在沈师桥（后迁到洞桥虞家），主任王庆荣（王新之），后为罗如年，干部有海刚等。②

每个分办设立一至三个税卡。1942年11月又改建为三北游击司令部总办事处（又称三、四、五支队总办事处），由三北地委书记王仲良（王耀中）兼主任，金如山、陆慕云任

①　杭州大学历史系、浙江省档案馆：《浙江革命历史档案选编——抗日战争时期（下）》，浙江人民出版社，1985年，第15页。
②　宁波市新四军暨华中敌后抗日根据地研究会：《浙东抗战与敌后抗日根据地史料丛书》第5卷，中共党史出版社，2001年，第41页。

副主任,实行党政一元化领导。下辖余上、慈镇、奉化三个县级办事处[①]。余上办事处,主任张光(张春松),副主任周明(周祖明)、赵瞻;慈镇办事处,主任金如山;奉化办事处,主任詹步行,副主任王海峰。[②] 县以下建立区级办事处,以余上县为例,在浒山区建立了姚海办事处,主任薛城;姚山办事处,主任柴一清,副主任朱之豪;姚东办事处(1943年1月由道路头办事处改组),主任华一鸣;慈西办事处,主任潘子民(后吴济用、蒋子农)。余上县余姚地区辖有周巷、马渚区,后重新划区,周巷分为东西两区,东区为中河(始称姚北区),西区为临山区(始称路北区)和马渚区(始称路南区)。1942年12月,中河区在长河市建立了中和办事处,主任潘林儒。临山为余上办事处所在地,由余上办事处直接领导。

三北游击司令部总办事处下设有三北游击司令部经济委员会(1942年12月—1944年1月)和三北交通联络总站(1943年1月—1945年5月)这样的工作机构。其中1942年12月第一次反顽自卫战胜利结束后,三北政治局势日趋稳定,为实行统一的财政经济制度,贯彻"一切抗日经费应由全体人民合理负担"的原则,设立统一的财政经济领导机构——三北游击司令部经济委员会(简称"三北经委会"),连柏生、陆慕云任主任,叶贻中任副主任。三北经委会内设粮秣、税务、稽征三科,并分别在慈镇、慈姚、余上三县设立东区、中区、西区三个分会,分会之下设立镇北、慈北、慈东、临山、马渚、虞北等征收处,每个征收处又设若干税卡。1944年1月浙东敌后临时行政委员会成立后,三北经委会撤销,其工作移交给临时行政委员会财经处,各县工作由县办财政科负责。

1942年8月,三北游击司令部成立后,建立了三北中心联络站。1943年1月,扩建为三北交通联络总站,站长张明。1945年5月,随着三北地委与四明地委合并,三北总站与四明总站合并,成立新的四明交通联络总站。

此时的三北游击司令部总办事处"不是健全的行政机构,不能也无法行使政权的全部职能,是特殊历史时期的特殊产物"[③],但三北经委会和三北交通联络总站的出现及其

[①] 一说下辖余上、慈镇两个县级办事处(中共宁波市委组织部、中共宁波市委党史委员会、宁波市档案馆编:《中国共产党浙江省宁波市组织史资料(1925.2—1987.12)》,人民日报出版社,1993年,第142页)。但根据谭启龙《根据地的政权建设和各界临时代表大会的召开》一文中的表述——"11月,又(三北总办事处)改建为三北游击司令部总办事处……下辖三四五支队余上办事处、慈镇办事处、奉化办事处"(宁波市新四军暨华中敌后抗日根据地研究会:《浙东抗战与敌后抗日根据地史料丛书》第5卷,中共党史出版社,2001年,第32页)和《中国共产党浙江省组织史资料(1922.4—1987.12)》中的具体罗列——"三北游击司令部奉化县办事处(1942年11月—1943年1月)"(中共浙江省委组织部、中共浙江省委党史研究室、浙江省档案馆:《中国共产党浙江省组织史资料(1922.4—1987.12)》,人民日报出版社,1994年,第309页),基本可以确定当时三北游击司令部总办事处下辖的有余上、慈镇和奉化三个县级办事处而非两个。

[②] 中共浙江省委组织部、中共浙江省委党史研究室、浙江省档案馆:《中国共产党浙江省组织史资料(1922.4—1987.12)》,人民日报出版社,1994年,第307,309页。

[③] 宁波市新四军暨华中敌后抗日根据地研究会:《浙东抗战与敌后抗日根据地史料丛书》第5卷,中共党史出版社,2001年,第32页。

所履行的相关财经、交通职能,意味着此时的部队办事处已初具政权机构的职能,因此,可以将此时的三北游击司令部总办事处看作正式政权的过渡形式。

3.办事处代政全面铺开

1943 年 4 月梁弄解放后,原有的办事处也得到进一步发展。以四明地区为例,1943 年 4 月,(余)姚慈(溪)县办事处(原三北游击司令部姚南办事处)扩大为三北游击司令部南山总办事处,主任罗白桦,副主任朱之光、陈山。设立民运科和总务科,民运科科长王剑鸣,陈法森和周文宪先后任总务科科长。下辖 6 个县级办事处:(余)姚南办事处(1943 年 10 月—1944 年 1 月),主任朱之光;(余)姚(上)虞办事处(1943 年 7 月—1943 年 10 月),主任朱之光;鄞(县)慈(溪)县办事处(1943 年 1 月—1944 年 1 月),陈法森、朱洪山、陈山先后任主任;上虞办事处(1943 年 11 月—1944 年 3 月),主任商白苇;奉(化)西办事处(1943 年 11 月—1944 年 2 月),主任傅志评;鄞县六、七两区办事处(1943 年 9 月—1944 年 2 月),主任林一新,副主任严式轮、陈书茫(未到职)。

在金萧地区的诸(暨)义(乌)东(阳),先是 1943 年 7 月共产党领导的坚勇部队(诸暨义乌东阳自卫大队)进入义(乌)北,打掉了楂林汪伪军据点,开辟了义(乌)东北根据地;8 月,成立了金东义西经济委员会办事处和金义浦自卫委员会办事处,均采用"三三制"组建,吴山民[1]任主任,下设军谷和会计两股,因经济委员会办事处经济性质较强,故凡属行使政权方面的事务,由自卫委员会出面解决。同年 12 月,金萧支队在诸义东地区成立,扩大活动地区至东阳,于 1944 年 3 月建立金萧支队诸义东办事处。[2]

在浦东地区,浦东支队也普遍设立县、区征收处,开展征收抗日爱国公粮,以充实军政军费。[3]

此时的办事处规模得到扩大,分工逐渐细化,职能趋于健全,已经具有正式政权的轮廓和框架。与此同时,随着抗日根据地各项建设的开展,浙东区党委要求采取适当方式改造地方政权,"由群众团体、地方进步士绅、军队办事处各方面代表,建立全县范围的各界人民自卫委员会或各界抗日建国工作推进会等民主机构,来实际上代表其行使县政府

---

[1]　吴山民(1902—1977),浙江义乌人。1946 年加入中国共产党。曾任国民党浙江省民政厅科长、定海县县长等职。1942 年夏义乌沦陷后,与中共义乌县委合作,先后出任义(乌)西乡镇联防办事处主任,金(华)东义(乌)西联防办事处主任,金(华)义(乌)浦(江)联防办事处主任,金义浦自卫委员会办事处主任,金(东)义(西)经济委员会办事处主任等职。1945 年春,到浙东抗日根据地出席浙东敌后各界临时代表大会,当选为浙东行政公署副主任兼浙东银行行长。抗战胜利后,随新四军浙东游击纵队北撤。

[2]　中共诸暨市委党史研究室:《新四军浙东游击纵队金萧支队》,内部资料,2015 年,第 107 页。

[3]　谭启龙:《谭启龙回忆录》,中共党史出版社,2003 年,第 187 页。

的职权"①。为此,在三北地区成立了抗日建国工作推进会,即慈(溪)镇(海)(余)姚抗日建国工作推进委员会②,主任王仲良,并设立常务委员会主持日常工作,常委有虞家芝、朱祖燮、岑忠葆、叶志康、张志飞、吴建功;下设社会科(科长黄知真)、文教科(科长黄源)、建设科(科长朱祖燮)、军事科(科长吴建功),准备行使政府职权。1943 年 8 月,四明地区为了贯彻减租减息和保卫秋收,成立了常设工作机构——姚虞抗日自卫委员会(由姚虞秋收委员会改称而来)。9 月,改称各界人民自卫委员会。"这个组织既是政权性质,又属于动员组织群众性质,可以说是敌后政权的初级形式。在这个组织内,既有共产党员,又有人民代表,也有进步的国民党员和开明士绅。"③各界人民自卫委员会的主要工作内容是协商秋收秋征政策的内容和形式以及协商讨论重大问题。区乡则建立抗日自卫分委。按照浙东区党委指示,抗日自卫委员会"应成为坚决抗战与廉洁的政府来行使政府的职权"。

上述机构中有三分之一的委员为共产党员,既保证了党的领导,又体现了抗日民族统一战线的政权性质。浙东区党委还要求,在条件成熟时,部队办事处将工作移交给这些机构,后由于国民党顽固派对浙东发动大规模反共战争,形势急剧变化,部队办事处未将工作移交,这些机构未进一步巩固和发展。

1944 年 1 月,浙东敌后临时行政委员会成立,成为浙东抗日根据地的临时最高政权机关,从此"办事处代政"时期结束。原有的各级办事处大多撤销,如三北游击司令部总办事处。设立新的县级办事处,如三北地区的慈(溪)镇(海)县、慈(溪)(余)姚县和余(姚)上(虞)县办事处,嵊新奉地区的嵊(县)新(昌)县办事处、金萧地区的金萧支队诸(暨)南办事处,这些县级办事处成为正式政权的重要组成部分,并在分工与职能上更加明晰。

(三)巩固繁荣时期(1944 年 1 月—1945 年 9 月)

浙东抗日根据地政权的巩固繁荣时期,指的是从 1944 年 1 月浙东敌后临时行政委员会成立,到 1945 年 9 月新四军浙东游击纵队党政机关和主力武装北撤的时期。这一时期,先后成立了浙东敌后临时行政委员会和浙东行政公署委员会,标志着浙东革命根据地的政权建设进入了一个全新时期。

---

① 中共宁波市委组织部、中共宁波市委党史委员会、宁波市档案馆:《中国共产党浙江省宁波市组织史资料(1925.2—1987.12)》,人民日报出版社,1993 年,第 143 页。

② 慈(溪)镇(海)(余)姚抗日建国工作推进委员会于 1943 年 7 月 28 日成立,有委员 15 人,下设社会科、文教科、建设科和军事科 4 个机构。

③ 陈布衣:《风雨历程——四明山革命斗争岁月》,东方出版社,2001 年,第 62 页。

1. 浙东敌后临时行政委员会

1943年底,共产党领导的浙东武装开展第二次反顽自卫战,并在战火中正式打出新四军的旗帜。[①] 而这时原有的政权不适应斗争发展的需要,有的旧政权甚至勾结日伪军,制造纠纷,扰乱抗日根据地秩序。建立由共产党领导的抗日民主政权问题摆到了面前。1943年12月29日,华中局来电指示浙东区党委:"成立浙东敌后临时行政委员会是迫切需要的。但要以坚持敌后抗战,实行民主,推进敌后抗战文化教育,发展工商农业以及改善人民生活等等作为号召。"[②]根据华中局的指示,1944年1月,浙东敌后临时代表会议在四明山茭湖村举行。临时代表包括工、农、商、学、士绅各界有名望的人士,他们是由纵队政治部或以谭启龙和何克希的名义聘请的。临时代表会议推选了临时行政委员会委员,连柏生任委员会主任,朱人俊、罗白桦、黄源、张文碧、王仲良为委员。根据华中局的指示,为了能在工作中起更大的号召作用,谭启龙和何克希都担任委员,浙东敌后临时行政委员会则作为浙东抗日根据地的临时最高政权机关。会议制定和颁布了《浙东敌后临时行政委员会施政纲领》和《抗战公约(草案)》。

《浙东敌后临时行政委员会施政纲领》共计20条具体规定,对浙东临时行政委员会的任务作出了明确要求,主要包括:团结一切抗日的军队、党派、机关团体和各阶层人民,发挥一切人力、物力、财力、智力坚持抗日;建立各阶层人民、各党派联合抗日的民主政府;拥护新四军和人民军队,加强人民武装;保障人民的各项权利;廉洁政治,严惩贪污;协助工商业发展;动员群众春耕秋收,帮助农民生产;减租减息,改善农民生活的同时保障业主合法权益;调节劳资关系;废除苛捐杂税;实行抗战与民主的普及教育;优待军人家属;推行卫生行政;加强对敌伪政治攻势;肃清敌特,以感化和宽大处理为主;优待俘虏,亦以感化和宽大处理为主;欢迎各地青年各界人士参加根据地各方面建设;团结各类专门组织;救济灾民难民;男女平等,一夫一妻,提高妇女地位。[③] 浙东敌后临时行政委员会的成立和《浙东敌后临时行政委员会施政纲领》的颁布,标志着浙东革命根据地的政权建设开始进入巩固阶段。

[①]　1943年12月12日,张云逸、饶漱石、赖传珠致电浙东,发布了《关于浙东抗日人民自卫军改为新四军浙东游击纵队的命令》:"为适应目前敌后环境,开展浙东敌后游击战任务,特决定:着该浙东抗日人民自卫军于令到之日即改名为新四军游击纵队,并任命何克希为纵队司令,谭启龙为政委,刘亨云为参谋长,张文碧为政治部主任,即着手整编并于部队中正式公布。"参见浙江省委党史资料征集研究委员会、浙江省档案馆:《浙东抗日根据地》,中共党史资料出版社,1987年,第82页。

[②]　宁波市新四军暨华中敌后抗日根据地研究会:《浙东抗战与敌后抗日根据地史料丛书》第5卷,中共党史出版社,2001年,第33—34页。

[③]　杭州大学历史系、浙江省档案馆:《浙江革命历史档案选编——抗日战争时期(下)》,浙江人民出版社,1985年,第138—140页。

浙东敌后临时行政委员会成立后,撤销了三北游击司令部总办事处、三北地区各县区级办事处和慈镇姚抗建工作推进会及各县相关组织,成立专署级的慈镇姚虞(慈北、镇北、姚北、虞北)办事处,主任王耀中,下辖 10 个区署。1944 年 4 月,因机构不健全,人少事多,该办事处撤销,三北地区另设慈镇、慈姚和余上 3 个县级办事处。四明地区在 1944 年 3 月建立了四明特派员办事处,罗白桦为特派员,辖 6 个县级办事处。在金萧地区还有金义浦办事处、诸义东办事处。这些临时性的行政机构的建立,为浙东地区开展军事政治斗争提供了可靠的后勤保障,作出了重大贡献。

根据浙东敌后临时行政委员会组织系统图草案,原本的设想是选出浙东敌后临时参议会作为根据地最高权力机关,成立浙东敌后临时行政委员会为根据地最高行政机关,下设秘书处、民政处、财经处、文教处和专署级办事处。秘书处下设调研室、总务室、人事室和机要室;民政处下设民政科和社会科,民政科下设司法室;财经处下设贸管科、粮赋科、税务科、建设科、计政科和总金库;文教处下设学校教育科、社会教育科和编审委员会。专署级办事处下设秘书室、民政科、财经科和文教科,民政科下设司法室,财经科下设分金库,其中分金库由总金库垂直管辖。

各县选举出县参议会,设立县级办事处,下设机构与专署级办事处相同,即秘书室、民政科、财经科和文教科,民政科下设司法室,财经科下设分金库,其中分金库由总金库垂直管辖。

县以下各区选举出区代表大会,成立区署,下设民政股、财经股和文教股。

区以下各乡镇选举出乡镇民代表大会,由乡镇公所负责基层各项事务。

在实际运行中,浙东敌后临时行政委员会成立后,在党政首脑集中的四明山区设立了四明特派员办事处,下设秘书科、财经科、民政科、文教科和交通站 5 个工作机构,并在各县设立县级办事处。浙东敌后临时行政委员会在机构设置和职能分工上比三北游击司令部总办事处更加健全完善,但也没有完全按照设想逐一施行,各级行政机构和职能部门的设置与原设想的草案均有所出入。这体现了浙东革命根据地在政权建设中,根据实际情况设置机构人员的具体性和灵活性。

浙东敌后临时行政委员会下属组织:

慈(溪)镇(海)(余)姚(上)虞办事处(1944 年 1 月—1944 年 4 月)。主任王耀中(1944 年 1 月—1944 年 4 月)。

余(姚)上(虞)县办事处(1944 年 4 月—1945 年 2 月)。1944 年 4 月建立,次年 2 月撤销,另建余姚县政府。主任张光(兼,1944 年 4 月—1945 年 2 月)。

慈(溪)镇(海)县办事处(1944 年 4 月—1945 年 2 月)。1944 年 4 月建立,次年 2 月撤销,另建镇海县政府。主任戚铭渠(1944 年 4 月—1945 年 2 月)。

慈(溪)(余)姚县办事处(1944年4月—1944年12月)。1944年4月建立,同年12月撤销。主任吴建功(1944年4月—1944年12月)。

(余)姚慈(溪)(上)虞办事处(1944年1月—1944年3月)。1944年1月在余姚、慈溪、上虞边区建立了办事处。主任朱之光(1944年1月—1944年3月)。

鄞县办事处(1944年2月—1944年3月)。主任严式轮(1944年2月—1944年3月)。

四明特派员办事处(1944年3月—1945年2月)。浙东敌后临时行政委员会成立后,根据斗争需要,于1944年3月建立专署级的四明特派员办事处。1945年2月改建为四明分区行政专员公署。特派员罗白桦(1944年3月—1945年2月)。

工作机构:

秘书科,科长周思义(1944年3月—1945年2月)。

财经科,科长王绍甫(1944年3月—1945年2月)。

民政科,科长王剑鸣(1944年3月—1944年7月)、严式轮(1944年7月—1945年2月)。

文教科,科长商白苇(1944年3月—1945年2月)。

交通站,站长翁惠珍(女,1944年3月—1945年2月)。

下辖组织:

姚南县办事处(1944年4月—1945年4月)。主任朱之光(1944年4月—1945年4月)。

鄞(县)奉(化)县办事处(1944年3月—1945年4月)。主任严式轮(1944年3月—1945年4月)。

上虞县临时办事处(1944年3月—1945年4月)。主任陈山(1944年3月—1944年12月)。诸觉(1945年1月—1945年4月;1944年3月—1944年12月为副主任)。

鄞(县)慈(溪)县办事处(1944年3月—1945年4月)。主任朱洪山(1944年3月—1945年4月)。

嵊(县)东办事处(1944年10月—1944年11月)。1944年10月成立嵊东办事处。主任丁友灿(1944年10月—1944年11月)。

嵊(县)新(昌)县办事处(1944年11月—1945年1月)。1944年11月,由嵊东办事处改建。主任丁友灿(1944年11月—1945年1月)。

奉西办事处(1945年1月—1945年2月)。1945年1月重建,2月并入嵊新县,建立嵊新奉办事处。主任周天祥(1945年1月—1945年2月)。

新四军海北办事处(1944年6月—1944年8月)。1944年6月,新四军浙东游击纵队派部队到海盐县开辟抗日游击区,并组建新四军海北办事处,行使部分政权机构职能。8月,办事处结束。主任陆辛耕(1944年6月—1944年8月)。

金萧支队诸(暨)南办事处(1944年3月)。主任周永山(1944年3月),副主任何今希(1944年3月)。

2.浙东行政公署委员会

浙东第二次反顽自卫战结束后,抗日根据地的各项工作都得到恢复和发展,临时行政委员会的工作迫切需要完善。浙东区党委在1944年11月首届军政会议上,就此作出部署。召开浙东敌后各界临时代表大会、成立浙东敌后临时参议会和浙东行政公署被提上了日程。

1944年11月,浙东区党委向下属各级党组织发出通知,要求各抗日根据地推选代表。各根据地都召开会议,争取把各界人士中有代表性的、支援抗战的人士推选出来。但由于条件限制,除四明、三北地区代表采取普选的方法外,其他地区的代表只能协商产生。他们中有工、农、商、学、兵、士绅各界有代表性的人物,如连柏生、吴山民、郭静唐、何燮侯[①]等。

1945年初,代表们陆续向四明山的梁弄集中。为保证代表们的安全,各地都派武装沿途护送。1月21日,浙东敌后各界临时代表大会在余姚梁弄镇正蒙小学隆重开幕。出席会议的有政府、军队和三北、四明、会稽、淞沪及鄞镇奉等沿海地区的工商界、文化界、新闻界、工人、农民的代表共108人。会上,连柏生作了行政报告[②],何克希作了军事报告[③],谭启龙代表区党委作了政治报告[④]。谭启龙还代表浙东区党委向大会提出了施政纲领(草案),交由大会讨论、修改。最后,大会通过了《浙东地区施政纲领》,标志着浙东革命根据地的政权建设进入鼎盛时期。

大会在充分发扬民主的基础上,选举产生了浙东行政公署委员会,连柏生、吴山民、何克希、张文碧、郭静唐、王仲良、罗白桦、朱人俊、黄源当选为委员。同时成立了浙东行政公署,连柏生为主任,吴山民为副主任。1945年2月,浙东行政公署的工作机构也建立

---

① 何燮侯(1878—1961),又名何燏时,浙江诸暨人。1912—1914年,任北京大学校长。全面抗战爆发后,积极从事抗日民主活动,被推举为浙东游击区人民代表,两次参加浙东各界人民代表会议。1945年1月,在浙东敌后各界人民代表会议上,当选为浙东敌后临时参议会副议长。

② 《连柏生在浙东临代会上的一年施政报告(摘要)》,《新浙东报》1945年1月26日。参见浙江省委党史资料征集研究委员会:《浙东抗日根据地》,中共党史资料出版社,1987年,第133—137页。

③ 《何克希作三年来艰苦斗争的总结和今后任务的报告(摘要)》,《新浙东报》1945年1月29日。参见浙江省委党史资料征集研究委员会:《浙东抗日根据地》,中共党史资料出版社,1987年,第143—148页。

④ 《谭启龙在浙东临代会上的演说》,《新浙东报》1945年1月31日。参见杭州大学历史系、浙江省档案馆:《浙江革命历史档案选编——抗日战争时期(下)》,浙江人民出版社,1985年,第439—453页。

起来。浙东行政公署委员会第一、三两次会议决定,以第二号令公布,任命朱人俊为秘书处长,郭静唐为民政处处长、张志飞为副处长,陆慕云为财经处处长、张蓬为副处长,黄源为文教处处长、楼适夷为副处长。浙东行政公署下辖两个专员公署、两个特派员办事处。罗白桦为四明地区行政专员公署专员,顾复生为淞沪地区行政专员公署专员,王仲良为浙东行政公署驻三北分区特派员办事处特派员,杨思一为浙东行政公署驻会稽地区特派员办事处特派员。此外,浙东行政公署还成立了浙东解放区工商管理局、浙东盐务管理局、浙东银行、浙东鲁迅学院等机构,负责根据地相关专门事务。

浙东敌后各界临时代表大会第10天(1945年1月30日)的主要程序是选举。上午通过了《浙东敌后临时参议会章程》。根据这个章程,选出参议员60人,组成浙东敌后临时参议会。谭启龙当选为议长,郭静唐、何燮侯当选为副议长。因委员都分布在各地,为议事方便,选举楼适夷、夏六林、杨思一、骆京为驻会委员。会议还通过"用大会名义向毛主席致敬并拥护其一九四五年新任务,要求改组国民政府及统帅部迅速成立联合政府联合统帅部,声援大后方爱国青年爱国人士的民主运动并慰问被国民党无辜拘禁的叶挺军长、张学良将军、廖承志先生等,抗议浙江省参议会之(关于)进剿金萧地区与温州地区人民抗日部队之反动决议,慰问大后方与沦陷区同胞受伤将士荣誉军人以及致三北未克到会代表等八个通电"①。

1945年1月30日,浙东敌后各界临时代表大会举行闭幕式,连柏生代表主席团致闭幕词。谭启龙发言,呼吁委员们本着大会通过的决议和施政纲领,协同政府努力奋斗。并强调各级政府须在全体人民和代表的督促和帮助下,才能取得革命事业的成功。②"这时的浙东抗日根据地有面积11506平方公里,人口1288920人,共建立4个地区行政机构,14个县政府(县办事处)③,44个区,372个乡,3780个保。大会通过了浙东地区施政纲领。至此,浙东敌后抗日根据地的民主建政工作基本完成,建立了敌后抗日民主政权。"④

浙东行政公署下辖的两个特派员办事处介绍如下:

浙东行政公署驻三北分区特派员办事处(1945年2月—1945年7月)　浙东行政公署成立后,1945年2月决定在三北地区新建浙东行政公署驻三北分区特派员办事处。同

---

① 杭州大学历史系、浙江省档案馆:《浙江革命历史档案选编——抗日战争时期(下)》,浙江人民出版社,1985年,第472页。
② 《谭启龙在浙东临代会上的闭幕词》,《新浙东报》1945年2月2日。参见杭州大学历史系、浙江省档案馆:《浙江革命历史档案选编——抗日战争时期(下)》,浙江人民出版社,1985年,第461—462页。
③ 至1945年8月,浙东抗日根据地建立了17个县级抗日民主政权(其中县政府11个,县办事处6个)。转引自浙江省新四军历史研究会:《浙东抗日根据地史》,中央文献出版社,2014年,第220页。
④ 浙江省新四军历史研究会:《浙东抗日根据地史》,中央文献出版社,2014年,第220页。

年7月,三北分区特派员办事处与四明行政专员公署合并,三北分区特派员办事处建制即行撤销。特派员王耀中(兼,1945年2月—1945年7月),秘书长黄知真(1945年2月—1945年7月)。三北分区特派员办事处下辖组织:

余姚县政府(1945年2月—1945年10月)。1945年2月建立。同年7月,隶属四明分区行政专员公署。8月起由浙东行政公署直接领导。县长张光(1945年2月—1945年10月)。

镇海县政府(1945年2月—1945年10月)。1945年2月建立。同年7月,隶属四明分区行政专员公署领导。8月起由浙东行政公署直接领导。县长戚铭渠(1945年2月—1945年10月)。

慈溪县政府(1945年2月—1945年10月)。1945年2月建立。同年7月,隶属四明分区行政专员公署领导。8月起由浙东行政公署直接领导。县长谢仁安(1945年2月—1945年10月)。

浙东行政区四明分区行政专员公署(四明行政专员公署)(1945年2月—1945年8月)。浙东行政公署成立后,1945年2月决定将原四明特派员办事处改建为四明分区行政专员公署。3月改称四明行政专员公署。7月,浙东行政公署决定三北分区特派员办公处与四明行政专员公署合并,成立新的四明分区行政专员公署,至1945年8月撤销。专员罗白桦(1945年2月—1945年8月)。工作机构:

主任秘书,王剑鸣(1945年3月—1945年8月)。

民政科,科长王剑鸣(兼,1945年3月—1945年7月)、张志飞(1945年7月—1945年8月)。

财经科,科长王绍甫(1945年3月—1945年7月)。

文教科,科长商白苇(1945年3月—1945年7月)、楼适夷(1945年7月—1945年8月)。

财政分处,处长陆慕云(1945年7月—1945年8月),副处长张蓬(1945年7月—1945年8月)。

下辖组织:

南山县政府(1945年2月—1945年10月)。县长朱之光(1945年2月—1945年10月)。

鄞县县政府(1945年2月—1945年9月)。县长严式轮(1945年2月—1945年9月)。

嵊(县)新(昌)奉(化)县办事处(1945年2月—1945年9月)。1945年2月,奉化西区并入嵊新县后,嵊新办事处改建为嵊新奉县办事处。主任丁友灿(1945年2月—1945

年 4 月,1945 年 5 月—1945 年 9 月;1945 年 4 月—1945 年 5 月为副主任)、朱洪山(1945年 5 月—1945 年 6 月)。

上虞县政府(1945 年 2 月—1945 年 9 月),1945 年 2 月,浙东行政公署第三次会议决定成立。县长陈子方(1945 年 2 月—1945 年 9 月),副县长王剑鸣(1945 年 8 月—1945年 9 月)。

浙东行政公署驻会稽地区特派员办事处(1945 年 2 月—1945 年 9 月)　浙东行政公署成立后,1945 年 2 月决定在会稽(金萧)地区新建浙东行政公署驻会稽地区特派员办事处。抗战胜利后,浙东党政机关随新四军北撤。会稽地区特派员办事处建制于 9 月底撤销。特派员杨思一(兼,1945 年 2 月—1945 年 9 月)。下辖组织:

路西办事处(1945 年 3 月—1945 年 5 月)。1945 年 3 月,中共金萧地委决定成立。主任张子敬(陈景明,1945 年 3 月—1945 年 5 月)。

路西县抗日民主政府(1945 年 5 月—1945 年 9 月)。1945 年 5 月,金萧地委决定将路西办事处改为路西县抗日民主政府。县长寿松涛(兼,1945 年 5 月—1945 年 9 月),副县长张子敬(1945 年 5 月—1945 年 9 月)。

绍(兴)嵊(县)县办事处(1945 年 6 月—1945 年 9 月)。1945 年 6 月建立,直属浙东行政公署领导。主任高阜平(1945 年 6 月—1945 年 9 月)。

金(华)义(乌)浦(江)联防办事处(1943 年 3 月—1945 年 8 月)。1943 年 3 月建立,是金义浦游击根据地建立的初级形式的政权组织。主任吴山民(1943 年 3 月—1945 年8 月)。

金(华)义(乌)浦(江)自卫委员会办事处(金东义西自卫委员会办事处)(1943 年8 月—1945 年 9 月)。1943 年 8 月,撤销金义浦联防办事处,建立金东义西自卫委员会办事处和金东义西经济委员会办事处。1945 年 4 月,金东义西自卫委员办事处改称金义浦自卫委员会办事处。主任吴山民(1943 年 8 月—1945 年 9 月),副主任杜承钧(1943 年8 月—不详)。

金(华)东义(乌)西经济委员会办事处(1943 年 8 月—1945 年 9 月)。主任吴山民(1943 年 8 月—1945 年 9 月),副主任杜承钧(1943 年 8 月—1945 年 9 月)、何茂钟(1943年 8 月—1945 年 9 月)。

金(华)义(乌)浦(江)兰(溪)总办事处(金义浦办事处)(1944 年 8 月—1945 年 9月)。1944 年 8 月,金义浦办事处建立。1945 年 6 月正式开辟兰北、浦南地区以后,即改名为金义浦兰总办事处。主任吴山民(1944 年 8 月—1944 年 12 月)、王平夷(1944 年 12月—1945 年 9 月),副主任何茂钟(1944 年 8 月—1945 年 9 月)。

金萧支队诸暨办事处(1944 年 1 月—1945 年 9 月)。1944 年 1 月,中共金萧地委在诸北大宣村成立金萧支队诸暨办事处。主任马青(兼,1944 年 1 月—1945 年 9 月),副主任虞键(1944 年 2 月—1944 年 6 月)、钱之芬(1945 年 2 月—1945 年 9 月)。

诸(暨)义(乌)东(阳)县办事处(1944 年 1 月—1945 年 9 月)。1944 年 1 月,在诸义东边区抗日游击根据地,成立了诸义东县办事处。主任崔洪生(陈福明,兼,1944 年 1 月—1944 年 3 月)、江征帆(兼,1944 年 3 月—1945 年 9 月)。

3.抗日民主政权的特点

在全国 19 个敌后抗日根据地政权中,除陕甘宁边区是由工农民主政权转变而来,其余都是在敌后开展抗日游击战争过程中建立起来的,有着共同的特点。

(1)坚持中国共产党为领导核心

早在 1937 年的洛川会议上,毛泽东就强调,中国共产党的任务是争取对民族革命战争的领导权。[1] 以中国共产党为领导核心就成为抗日民主政权的一个基本特征。历史也已经证明,中国反帝反封建的资产阶级民主革命任务,必须经过无产阶级的领导才能够完成。具体到抗日战争这一民主革命的特殊历史阶段,"离开了无产阶级及其政党的政治领导,抗日民族统一战线就不能建立,和平民主抗战的目的就不能实现,祖国就不能保卫,统一的民主共和国就不能成功"[2]。因此在各抗日根据地,实行了共产党领导的一元化,即在同级党政军学各组织相互关系上党的委员会(中央局、分局、区党委、地委)为各地区的最高领导机关,统一领导各地区的党政军民工作。各级抗日民主政权必须接受共产党领导,共产党必须在抗日民主政权中"占领导地位"。[3] 浙东区党委及其下属的各级党组织也始终坚持对各级浙东抗日民主政权的领导,在浙东敌后临时代表会议召开前期,浙东区党委在《关于继续动员全力争取自卫战争彻底胜利的指示》中就明确强调:"作战地区的地方党应立即健全各级领导,来统一党政军民的领导。"[4]

(2)体现抗日民族统一战线的政权性质

浙东敌后临时行政委员会和浙东行政公署委员会,作为浙东抗日根据地的正式政权,性质与全国其他敌后抗日根据地的性质一样,是"实行了抗日民族统一战线的全部必要的政策,建立了或正在建立民选的共产党人和各抗日党派及无党无派的代表人物合作的政府,亦即地方性的联合政府"[5]。

---

① 中共党史研究室:《中共党史资料》第 43 辑,中共党史出版社,1992 年,第 202 页。
② 中共中央毛泽东选集出版委员会:《毛泽东选集》第 1 卷,人民出版社,1991 年,第 262 页。
③ 丁俊萍:《论抗日根据地政权的性质及其特点》,《武汉大学学报(哲学社会科学版)》1997 年第 5 期,第 13 页。
④ 杭州大学历史系、浙江省档案馆:《浙江革命历史档案选编——抗日战争时期(下)》,浙江人民出版社,1985 年,第 131 页。
⑤ 中共中央毛泽东选集出版委员会:《毛泽东选集》第 3 卷,人民出版社,1991 年,第 1044 页。

关于敌后抗日根据地政权的性质,毛泽东指出:"在抗日战争中,在中国共产党领导的各个抗日根据地内建立起来的抗日民主政权,乃是抗日民族统一战线的政权,它既不是资产阶级一个阶级的专政,也不是无产阶级一个阶级的专政,而是在无产阶级领导之下的几个革命阶级联合起来的专政。只要是赞成抗日又赞成民主的人们,不论属于何党何派,都有参加这个政权的资格。"①随后,毛泽东又在《抗日根据地的政权问题》《目前抗日统一战线的策略问题》《团结到底》《论政策》等著作中,进一步阐明了抗日民主政权的性质,即"必须确定这种政权是抗日民族统一战线的政权"②,是赞成抗日民主的"各党、各派、各界、各军的联合专政"③。

（3）具有广泛的社会基础

抗日民主政权是抗日民族统一战线在政权上的体现,具有极为广泛的代表性和社会基础。不论是工人、农民(含雇农、贫农、中农)、其他小资产阶级、富农、地主、资本家,不论是共产党员、国民党员、其他民主党派成员,也不论是居住边区的汉族或其他各少数民族,只要赞成抗日和民主,就均享有平等的政治权利,均可参加抗日民主政权。大地主大资产阶级及其政治代表虽不曾加入抗日民主政权,但他们只要不是汉奸卖国贼或破坏抗战的反动派,就不是专政的对象。抗日民主政权专政的对象,仅仅限于日本帝国主义侵略者及其走狗汉奸卖国贼。④ 谭启龙初到浙东,在布置发展浙江敌后具体工作任务的第一条就是"团结浙东敌后各党派人士各友军各地方政府各阶层人民各宗教团体,结成广泛的抗日民族统一战线,共同为坚持浙东敌后斗争建立根据地而斗争"⑤,并强调:"我们对于敌后之友军友党人员,地方政府,在坚决抗日,实行民主,不反共(这)三个基本原则下,一概拥护,互相团结援助。对友军友党及行政长官等留在敌后的家属及地主资本家,只要不做汉奸,不破坏抗日,一概(重与)保护其人权、财权、地权。"⑥《浙东敌后临时行政委员会施政纲领》(以下简称《临时施政纲领》)和《浙东地区施政纲领》(以下简称《施政纲领》)的第一条均要求团结浙东敌后及大后方各地一切抗日的军队、党派、机关团体和各阶层抗日人民⑦,并且《临时施政纲领》要求"健全各级抗日行政机构的组织与领导,筹组

　　① 中共中央毛泽东选集出版委员会:《毛泽东选集》第2卷,人民出版社,1991年,第648页。
　　② 中共中央毛泽东选集出版委员会:《毛泽东选集》第2卷,人民出版社,1991年,第750页。
　　③ 中共中央毛泽东选集出版委员会:《毛泽东选集》第2卷,人民出版社,1991年,第760页。
　　④ 丁俊萍:《论抗日根据地政权的性质及其特点》,《武汉大学学报(哲学社会科学版)》1997年第5期,第10页。
　　⑤ 杭州大学历史系、浙江省档案馆:《浙江革命历史档案选编——抗日战争时期(下)》,浙江人民出版社,1985年,第6页。
　　⑥ 杭州大学历史系、浙江省档案馆:《浙江革命历史档案选编——抗日战争时期(下)》,浙江人民出版社,1985年,第7页。
　　⑦ 杭州大学历史系、浙江省档案馆:《浙江革命历史档案选编——抗日战争时期(下)》,浙江人民出版社,1985年,第138、434页。

各级参议会建立浙东敌后各阶层人民各党派联合抗日的民主政府"①,《施政纲领》则更加具体地要求"改造各级旧有行政机构,实行民选,组织各级参议会,建立各阶级、各党派及无党无派人士联合抗日的民主政府"②。因此,浙东抗日根据地的抗日民主政权,是一个由主张抗日的共产党人和赞成抗日的党派及无党派的代表人物组成的政权,是从政治上团结各抗日阶级、阶层对汉奸和反动派进行专政的联合政权。它以工农群众为主体,首先依靠工农并代表他们的利益;同时也容纳其他反帝反封建势力的阶级,包括一切既赞成抗日又赞成民主的人们,是建立在广泛群众基础之上的抗日民主政权。③

(4)高举抗日与民主两大旗帜

毛泽东指出,作为抗日民族统一战线的政权,抗日民主政权的施政方针,"应该以反对日本帝国主义,反对真正的汉奸和反动派,保护抗日人民,调节各抗日阶层的利益,改良工农生活,为基本出发点"④。高举抗日与民主两大旗帜,全面反映中国共产党抗日民族统一战线政治策略和抗日救国十大纲领的要求,是各地抗日民主政权制定施政纲领的基本指导原则。它也具体体现在浙东抗日根据地抗日民主政权的各项政策之中,《临时施政纲领》开篇即指出,为进一步加强浙东后抗战力量,达到坚持浙东敌后抗战、粉碎敌寇侵略阴谋和增进人民福利等目的,根据三民主义、总理遗嘱和中国共产党抗日救国十大纲领等拟订施政纲领并坚决实施。⑤《施政纲领》亦在开篇强调,巩固发展浙东抗日民主根据地,加强其各方面建设是为了坚持浙东抗战,驱逐日本帝国主义,解放同胞,并根据革命三民主义、中共中央抗日民族统一战线政策与"十大政策"的原则,提出施政纲领。两大行政纲领的制定首先就充分体现了抗日这一根本原则,而要取得抗战的最终胜利,必须保障最广大抗日民众的各项权益。因此,"保证一切抗日人民(地主资本家工人农民等)的人权、政权、财权、地权,保障人民言论、出版、集会、结社、信仰、居住、迁移之自由权"⑥,鲜明地体现了浙东抗日民主政权的民主性。《施政纲领》中的"建立司法制度即各区县乡(镇)调解委员会""尊重中共中央土地政策,彻底实行减租减息政策""发展农业生产""建立并发展根据地之工业生产,保障私有生产""实行商业自由流通,保障私人商业

---

① 杭州大学历史系、浙江省档案馆:《浙江革命历史档案选编——抗日战争时期(下)》,浙江人民出版社,1985年,第138页。

② 杭州大学历史系、浙江省档案馆:《浙江革命历史档案选编——抗日战争时期(下)》,浙江人民出版社,1985年,第435页。

③ 丁俊萍:《论抗日根据地政权的性质及其特点》,《武汉大学学报(哲学社会科学版)》1997年第5期,第10页。

④ 中共中央毛泽东选集出版委员会:《毛泽东选集》第2卷,人民出版社,1991年,第751页。

⑤ 杭州大学历史系、浙江省档案馆:《浙江革命历史档案选编——抗日战争时期(下)》,浙江人民出版社,1985年,第138页。

⑥ 杭州大学历史系、浙江省档案馆:《浙江革命历史档案选编——抗日战争时期(下)》,浙江人民出版社,1985年,第435页。

之发展""调节劳资关系,保障工人雇工生活必需的改善""实行抗战与民主的普及教育""从政治上经济上提高妇女在社会上的地位"等一系列政策措施都表明,抗日"民主政权的实质是改善人民的经济生活与提高人民的政治觉悟,二者均为抗战"①。它所实行的各项政策,"都是为着团结一切抗日的人民,顾及一切抗日的阶级,而特别是顾及农民、城市小资产阶级以及其他中间阶级的",是"真正的革命三民主义的政策"和"新民主主义的政策"。② 浙东行政委员会主席连柏生就曾在浙东临代会上的施政报告中宣布,旧政府所收的内河税、内河船捐、行会取缔税与应变费等十余种苛捐杂税一律废除,规定新政府粮赋征收一年一度,对于赤贫、抗属及荒歉则予减免。此外,所征货物税依据反封锁政策,按照货物性质,或则免税、轻税,或则禁止、重税,并坚持一物一税制度,港口收过后,在根据地内即可自由通行,不再重征。③ 上述政策贯穿着抗日与民主两大精神,体现了团结、抗战、救中国的基本立场。

(四)坚持发展时期(1945 年 10 月—1949 年 5 月)

浙东革命根据地政权的坚持发展时期,指的是从 1945 年 9 月新四军浙东游击纵队党政机关和主力武装北撤后,到 1949 年 5 月浙东临委工作正式结束的时期。这一时期,主要包括隐蔽坚持、与国民党争夺基层政权和建立浙东行政公署临时总办事处三个阶段。

1.隐蔽坚持

抗战胜利后,为了避免内战,贯彻中共中央《对目前时局的宣言》,实现和平建国,华中局致电中共中央,建议苏浙主力撤往江北,浙东除留一部主力配合地方武装就地坚持外,抽调主力两个团 3000 人转移到苏南。中共中央则认为:"浙东、皖南部队及党政应全部转移(只留秘密工作者),留一部坚持有被消灭危险。"④9 月 20 日,中共中央电告华中局,命令将江南新四军全部北撤。当天,华中局转发中共中央电令:"浙东、苏南、皖南部队北撤,越快越好。浙东部队及地方党政干部立即全部撤退。留下秘密工作及少数秘密武器(留作民枪存在)。"⑤9 月 23 日,浙东区党委在上虞丰惠镇召开扩大会议,发布《谭启龙、何克希为新四军浙东游击纵队北撤致知名人士告别书》;30 日,又发布《忍痛告别浙东

---

① 中共中央毛泽东选集出版委员会:《毛泽东文集》第 3 卷,人民出版社,1996 年,第 1 页。
② 中共中央毛泽东选集出版委员会:《毛泽东选集》第 3 卷,人民出版社,1991 年,第 808 页。
③ 杭州大学历史系、浙江省档案馆:《浙江革命历史档案选编——抗日战争时期(下)》,浙江人民出版社,1985 年,第 428 页。
④ 中共浙江省委党史研究室:《浙西抗日根据地》,浙江人民出版社,1992 年,第 228 页。
⑤ 杭州大学历史系、浙江省档案馆:《浙江革命历史档案选编——抗日战争时期(下)》,浙江人民出版社,1985 年,第 642 页。

父老兄弟姐妹书》。从 9 月 30 日起,新四军浙东游击纵队和党政机关及地方武装、地方工作人员 1.5 万余人,分批从慈北古窑浦至姚北临山一线渡过杭州湾北撤,最后一批为慈镇县党政军人员和三北特务营,于 10 月 7 日北渡。从此,浙东游击根据地进入隐蔽坚持时期。

9 月 23 日,关于传达布置北撤问题的干部会议在上虞丰惠镇召开,提出坚持斗争的方针是"隐蔽坚持、保存力量,树立党的旗帜,依靠群众、等待时机"[1],并作了三点指示:一是党组织进入地下斗争,留下精干的短小武装,带一部电台坚持浙东[2];二是后方的印刷所、兵工厂、伤兵医院等,统归朱洪山、黄明负责,建立公开的留守处,由朱洪山、黄明分任正副主任;三是估计国民党来了后会搞白色恐怖,留守党员可以以参加过帮助新四军工作的群众团体名义"自首"登记。

转入地下斗争后,党组织改党委制为特派员制,采取单线联系的方式。留在浙东的四个地区主要负责干部有:四明地区特派员刘清扬和邢子陶(邢不久即去苏北),领导姚南、鄞县、余上、慈镇、嵊新奉、上虞等地区工作;三东地区特派员王起,领导鄞东南、奉化、镇海、定海等地区和宁波市区工作;金萧地区特派员马青,领导诸北、路西、诸义东、金义浦兰、嵊西、路南(金华至永康大路以南)等地区工作;台属地区党组织由刘清扬兼管,但来不及与当时留在台属地区坚持斗争的负责人许少春联络,台属地区党组织失去了与上级的联系。

新四军浙东游击纵队留守处,原设想"规模较大,是党在浙东的公开机关,准备同国民党进行合法斗争,由王剑鸣任主任(后王随军北撤),朱洪山任副主任"[3]。原担任新四军浙东游击纵队卫生部政委兼后方医院政委的黄明,以留守处代理主任的身份,前往国民党前进指挥部谈判合法留守事宜,后同国民党约定将后方人员、医院撤走,在撤离至余姚陆埠时,黄明等人被国民党扣押。"我们被带到国民党九十八军一二三师三六八团团部驻地奘湖村,后来又辗转关押于杭州三战区司令部、国民党省党部调统室,1946 年 4 月起,关在杭州小车桥第二监狱。后经我党南京办事处交涉,才于 1946 年 9 月 3 日宣判无罪释放。"[4]黄明被捕后,其余伤病员推选了六名代表前往交涉,结果反遭扣押,除一人逃脱外,其余五人均被国民党枪杀。随后国民党军队包围后方医院,将工作人员和伤病员共 50 余人逮捕,强迫他们在所谓"感训班"中接受感化教育,许多人被摧残迫害致死。

---

① 谭启龙:《谭启龙回忆录》,中共党史出版社,2003 年,第 215 页。

② 关于坚持工作的方针问题,谭启龙说"部队要北撤但党是不撤退的,我们党的旗帜是要高举的,要保存生力量,等待时机。"陈布衣提出要搞武装时,谭启龙说:"不要你搞武装,只领导秘密党组织。"参见陈布衣:《风雨历程——四明山革命斗争岁月》,东方出版社,2001 年,第 69 页。

③ 宁波市新四军研究会:《解放战争时期宁波地区革命史料》第 1 卷,中共党史出版社,1999 年,第 111 页。

④ 宁波市新四军研究会:《解放战争时期宁波地区革命史料》第 1 卷,中共党史出版社,1999 年,第 115 页。

随着形势变化,对于为保存力量的"自首"登记,刘清扬、陈布衣和朱之光等"在基本区没有传达贯彻谭政委'可以民兵、农会等公开面目向敌人登记'的指示,而是采取比较红的就外出隐蔽,能当地坚持的尽量坚持,必要时上山转移的办法。加强教育以后,极大多数表现都很好,不少人以后就陆续脱产工作或参军。实践证明,基本区的骨干不向敌人登记是对的,否则容易麻痹轻敌,影响斗志"①。

2. 与国民党争夺基层政权

1946 年 2 月,刘清扬、朱洪山、陈布衣、朱之光四人到姚南的冠佩村召开会议(称为"冠佩会议")。这是北撤后第一次特派员会议。会议交流了此前反"清剿"斗争情况,分析了形势。为了继续高举党的旗帜,分散隐蔽坚持,保存有生力量,刘清扬提出"躲击"作为隐蔽的方针,在斗争中有效地保存有生力量,待机而起。

1946 年上半年,国民党大力推行《清剿地区党、政工作协同实施办法》,加强政治控制,以七分政治、三分军事相结合,力图控制四明山区。国民党调整乡镇政权,委派反动分子担任乡镇长,又采取选任保长的手法,企图控制村政权。左溪乡持中间态度的乡长黄福林被撤掉,换上手段毒辣的特务骨干何金龙(后逃跑,解放后被镇压),将开明进步的雅贤乡乡长赵瑞炎杀害,换上反动的吴来潮(解放后被镇压)。这样,梁弄区的 7 个乡长中,只剩下一个政治上进步而面目比较隐蔽的了。②

四明地区的共产党组织依靠群众,坚持以山区为游击支点,与国民党在基层政权控制上展开针锋相对的斗争。共产党组织利用选任保甲长机会,设法让党员、积极分子充任保长、保队附,掌握基层政权。隐蔽在慈南孔岙村的朱洪山,与熟悉当地情况的党员干部商量,提出人选,做好上层人士的工作,争取基层党员当选,以孔岙为中心的南山乡 8 个保的村政权,都控制在共产党员手里。姚南国民党举办保甲长训练班进行反共及特务教育,并以复兴社的名义发展特务组织。党组织派万太坞党员罗良章打入他们的组织当保队附,以便了解情况采取相应的反控制斗争。此外,还利用基本群众组成的乡、保自卫队及打入国民党基层政权的递步哨等掩护共产党的工作。

1946 年 6 月,国民党在完成军队调集和部署后单方面撕毁《双十协定》,全面内战爆发,四明又面临严峻的局势。据时任浙江省政府主席黄绍竑回忆:"那时(1946 年 5 月)旧政治协商会议还没有破裂,我办的《浙江日报》还登载拥护政治协商会议等口号,蒋介石见了大怒,陈布雷秉承他的旨意,把浙江日报社社长严北溟叫去大骂一顿。他说:'政治协商会议不过是暂时的,你们不要随便宣传。'其实战区里早就接到国民党中央关于破坏

①　宁波市新四军研究会:《解放战争时期宁波地区革命史料》第 1 卷,中共党史出版社,1999 年,第 144 页。
②　中共余姚市委党史研究室:《中国共产党余姚历史》,中共党史出版社,2004 年,第 153 页。

政治协商会议的指示。不久就包围浙江方面四明山三北地区,要共产党的武装'三五'支队撤出该地区,并在中途袭击,内战又开始了。"①

浙江当局加紧发动对四明根据地的"清剿"。6月5日,浙江省主席沈鸿烈致电各专员、县长,自6月15日起,开始全面"清剿""清乡"。7月上旬,国民党发动一次为期两个月的军事"清剿",出动兵力有"浙保"一团、二团,二、六两区保警部队,各县保安队,各乡镇国民兵队,分路进入四明山区。8月26日—28日,国民党当局在余姚召开"绥靖会议",决定成立"四明山区绥靖指挥部",采取所谓"江西剿共经验",修筑碉堡,长期驻扎。从1946年下半年开始到1947年底,国民党在四明山区要隘和集镇修筑了100余座碉堡,设立了70余个据点。国民党在修筑碉堡驻守的同时,采取"烧山""并村"的措施,妄图割断共产党和群众的联系,企图以"梳篦战""鱼网战""伏击战"等消灭共产党。隐蔽坚持的共产党员通过在敌人据点周围发展红色堡垒户、堡垒村,严密监视敌人动态。国共之间形成包围和反包围、"清剿"与反"清剿"的斗争态势。姚南左溪乡六塘岗东边的龙坑村是国民党的据点,而山的西边的五东岙村是红色堡垒村,中间仅隔一山。

3.建立浙东行政公署临时总办事处

(1)浙东行政公署四明特派员办事处成立

1947年1月,中共浙东工作委员会成立,结束县特派员体制。5月15日,根据上级关于"发展武装斗争,打开局面"的指示,浙东工委在慈南(陆埠)草茅庵(又称"福田庵")成立了解放战争时期四明山的第一支主力武装(史称"草茅庵建军")。为利用抗战时期新四军浙东游击纵队三五支队在群众中的威望,部分番号定为"三五支队第四中队",这支部队以姚南武工队为基础,共有指战员43人,朱晋康任中队长。

"草茅庵建军"后,四明工委为筹集经费,成立地级政权机构:浙东行政公署四明特派员办事处(简称"四明特办"),主任朱之光。同时,用"浙东行政公署临时总办事处"(简称"临时总办")名义开展工作和对外发布公告,以加强和统一领导浙东各地的政权工作,郭静唐任临时总办主任(未到职),朱之光任副主任。② 初建时,这两个机构是两块牌子,一套班子,以精干为原则,由原有警卫人员和秘书组成,大体上不超过10人。1947年7月,白龙潭会议后,为加强地方工作,四明工委要求各地建立县级政权机构"办事处",由县工

---

① 中国人民政治协商会议浙江省委员会文史资料研究委员会:《浙江文史资料选辑(第35辑):第二次国共合作在浙江》,浙江人民出版社,1987年,第43页。

② 郭静唐在1945年1月的浙东敌后各界临时代表大会上当选为浙东行政公署委员会委员,浙东敌后临时参议会副议长;朱之光在1945年2月至9月担任浙东行政公署委员会下属的南山县政府县长。二人在抗战时期就是浙东行政公署委员会的重要组成人员,后继续担任"浙东行政公署临时总办事处"的主任和副主任。这样的安排有利于唤起浙东人民对新四军浙东游击纵队党政机关的深厚感情,迅速拉近同人民群众的距离。

委书记兼办事处主任,实行一元化领导。8月,鄞慈、姚虞、慈镇、余上等县先后成立办事处;嵊新奉县成立于1948年3月。各县的财政工作、统战工作等均以县办名义开展。县级办事机构的建立和发展,为开展武装斗争、重新恢复游击根据地提供了必要的条件和物质基础。

(2)成立浙东临时工作委员会,形成统一领导

1947年10月,原浙东工委书记刘清扬在上海被捕,上海局决定成立浙东临时工作委员会(简称"浙东临委"),顾德欢为书记,马青为副书记,王起为委员。此后一个时期,浙东党的领导机构设在四明。此时,浙东4个地区,即四明、会稽、台属、三东已初步打通了联系,标志着浙东党组织已从分散发展到集中的统一领导。

1948年1月5日,浙东临委为贯彻中央指示,总结和部署工作,在慈南孔岙村召开扩大会议。20日,顾德欢作会议总结,提出浙东党组织的总方针、总任务是:独立自主地开展浙东人民反帝、反封建的群众运动和游击战争,创立浙东根据地,加紧发展力量,以便在任何情况下,能坚持并发展自己的阵地,为最后配合主力部队或邻区兄弟党,为解放浙东人民而斗争。[①]

2月4日,为贯彻临委扩大会议精神,四明工委召开会议,临委书记顾德欢作了《关于四明敌我斗争形势与我对敌主要策略的讨论总结》的报告,对一年来四明敌我斗争形势和今后发展趋势作了分析,提出了今后四明工作的方针、任务;要求四明在主力武装上升后,在现有力量的基础上,以独立自主、自力更生的精神继续斗争,进一步打开四明局面。其中关于政权方面的要求为:"逐步加强办事处的工作,建立公开的民主政权。为此,要加强两面派工作。基本区,保一级的政权要掌握在革命的两面派手里;乡一级政权要削其统治力量,最后不许其存在。边缘区、平原区等敌人统治较强的区域,可以武装力量摧毁部分反动的基层政权,使敌人的统治处于动荡不稳的混乱或无政府状态,然后由革命两面派或倾向于我们的两面派取代之。"[②]

(3)四明地区政权建设

从1947年5月发动公开游击战争以来,经过一年多的斗争,四明地区已形成敌占区、游击区、基本区三种斗争区域。其中"基本区即我党占优势的游击区,亦即游击根据地,是游击部队的依托和休整基地,如四明山区的姚南、慈南、慈西和慈镇县的部分区域,其特点是:在政权形式上还是国民党的一套,甚至在征粮、征税等方面不得不应付敌人,但这里实行革命两面派政策,建立巩固的统一战线,以非法斗争为主,又善于利用可能的

---

① 陈布衣:《风雨历程——四明山革命斗争岁月》,东方出版社,2001年,第149页。
② 陈布衣:《风雨历程——四明山革命斗争岁月》,东方出版社,2001年,第151页。

合法斗争,防止敌人摧残,避免群众利益受损"①。在基本区,四明工委建立了隐蔽的游击根据地,或称红色堡垒村,并开始着手建立宣传、后勤等机构的基地。

1948 年下半年,随着武装斗争和群众运动的发展,四明工委提出"摧毁敌人政权,废除苛捐杂税"的号召,要求"坚决而有策略地摧毁与大大削弱敌人在农村的政权统治"。随着秋征工作的开展,县以下各区相继建立和健全党的委员会制,成立政权机构,以区署名义征收公粮。同时开展对国民党乡保人员的统战工作:在基本区,摧毁了国民党的统治机构,建立起一批民主乡政府,原有敌乡保人员有的成为革命两面派继续留用,有的逃入敌人据点,组织流亡乡政权。在游击区,虽保持原乡保机构,但促使乡保人员成为两面派,要求不破坏党的活动,如期缴纳公粮、税收,并逐步改变其立场,成为革命两面派,以缩小游击区,扩大基本区。到 1948 年底,四明地区已基本恢复了原抗日根据地的辖区范围,从 6 个县调整为 5 个县,从 30 个区调整为 19 个区,其中有 17 个区成立区署,25 个乡建立民主政权。各县的情况如下:

鄞慈县。1948 年 8 月 14 日—24 日,慈县工委召开扩大会议,部署秋征。会议决定将鄞西由 2 个区划分为 3 个区,分别为第一、二、三区,慈南为第四区,并决定各区党组织恢复委员会制,成立区委,同时建立行政机构,设立区署,任命区长,各区又设立负责统战和敌军工作的专兼职指导员。在基本区,有 9 个乡成立民主政权,委任了乡长。到 1948 年底,鄞慈县游击区的乡保机构绝大部分成为"两面派政权"。

慈镇县。1947 年 10 月,慈镇县工委为集中使用干部以适应武装斗争的需要,将所辖 6 个小区合并为 3 个大区:东区由庄市、庄桥、沿山 3 个小区组成;中区由龙山、观城 2 个小区组成;西区为丈亭区。各大区先后建立了区工委。1948 年初,根据四明工委指示,县工委决定开辟姚东山区,10 月建立姚东区。区以下各乡保,大多成为两面派。

余上县。1948 年 10 月,为加强领导,集中使用骨干力量,将所辖 6 个区调整为 3 个区并确定序号:一区,由马渚区、临山区大沽塘以南及天华乡组成;二区,由临山区大沽塘以北及上虞小越区、崧厦区,绍兴沥海、南汇等乡组成;三区,由周巷、庵东浒山组成。1949 年 3 月,将庵东、浒山从三区划出,成立四区。各区均先后成立区署,任命了区长。

姚虞县。1947 年 5 月,姚虞县工委成立后,一直辖管梁弄、沿江、虞东 3 个区,1947 年底至 1948 年初,先后成立区委、区署,并任命了区委书记和区长。区以下有 13 个乡成立民主政权,委任了乡长,其中梁弄区 4 个乡,沿江区 8 个乡,虞东区 1 个乡。

嵊新奉县。1948 年 10 月,按照临委副书记马青的指示,嵊新奉县与台属的嵊新东县以嵊新公路为界,嵊新奉县辖新北、里东、虞南、大岚、奉西 5 个区。是年底,奉西区撤销,

---

① 陈布衣:《风雨历程——四明山革命斗争岁月》,东方出版社,2001 年,第 177 页。

改为奉西乡,隶属虞南区。自此,嵊新奉县下辖 4 个区,其中 3 个区建立了区署,任命了区长,大岚区 4 个乡建立了民主政权。

(4)浙东行政公署成立

1949 年 2 月,浙东临委发出《浙东当前工作的具体部署与领导上的重要问题》的指示,决定将浙东行政公署临时总办事处改为浙东行政公署①。同年 4 月,浙东行政公署正式成立,主任马青,下设第一、第三、第五区行政督察专员公署,四明特派员办事处及部分直属县级政权。

第一区行政督察专员公署(1949 年 2 月—1949 年 6 月) 1949 年 2 月建立,6 月结束。专员丁友灿。下辖组织:

浙东行政公署第九办事处(嵊新东办事处)。1948 年 7 月建立嵊(县)新(昌)东(阳)办事处,后称浙东行政公署第九办事处。原直属浙东行署临时总办,1949 年 2 月起隶属第一行政督察专员公署。主任丁友灿(兼,1948 年 7 月—1949 年 5 月)、杨光(寿菊生,1948 年 11 月—1949 年 5 月,主持工作)。

浙东行政公署第六办事处(临三办事处)。1948 年 10 月建立临(海)三(门)办事处,直属浙东行署临时总办。后称浙东行政公署第六办事处。1949 年 2 月撤销,分别建立临海办事处和三门县人民政府,隶属第一行政督察专员公署。主任梅法烈(1948 年 10 月—1949 年 2 月)。

浙东行政公署第八办事处(临天仙办事处)。1948 年 10 月建立临(海)天(台)仙(居)办事处,直属浙东行署临时总办。后称浙东行政公署第八办事处。1949 年 2 月起隶属第一行政督察专员公署。主任王阿法(1948 年 10 月—1949 年 3 月)。

浙东行政公署第七办事处(宁海办事处)。1948 年 10 月建立宁海(包括新昌"飞地")办事处,后称浙东行政公署第七办事处。原直属浙东行署临时总办,1949 年 2 月起属第一行政督察专员公署。主任童先林(1948 年 10 月—1949 年 6 月)。

浙东行政公署第十办事处(新天县办事处)。1948 年 10 月建立新(昌)天(台)县办事处,后称浙东行政公署第十办事处。原直属浙东行署临时总办,1949 年 2 月起属第一行政督察专员公署。主任章一萍(1948 年 10 月—1949 年 5 月),副主任潘震(1948 年 10 月—1949 年 5 月)。

三门县人民政府。县长俞圣祺(1949 年 2 月—1949 年 6 月),副县长梅法烈(1949 年 2 月—1949 年 3 月)。

---

① 1949 年 2 月成立的浙东行政公署与 1945 年 1 月浙东敌后各界临时代表大会召开时成立的浙东行政公署委员会非同一事。

临海办事处。1949年2月建立,也称临东办事处。主任梅法烈(1949年3月—1949年6月)。

天台县人民政府。1949年2月在天台国清寺宣布成立。县长邹逸(1949年2月—1949年6月)。1949年2月,为了对舟山进行策反等工作,中共台东工委决定王家恒为定海县县长,以县长名义进行工作,至1949年5月停止活动。

第三区行政督察专员公署(1949年3月—1949年5月) 1949年3月,根据浙东临委的决定,在金萧工委管辖区成立了浙东第三区行政督察专员公署。同年5月结束。专员蒋明达(1949年3月—1949年5月)。工作机构:沈子球任秘书长,简乃山任民政科长,陈理农任敌工科长,蒋行任财政科长。下辖组织:

路西县政府。1947年8月建立,原隶属浙东行署临时总办。县长蒋忠(1947年8月—1948年6月)、杨光(1948年6月—1949年5月;1947年8月—1948年6月为副县长),副县长李群(1948年6月—1949年2月)、蒋谷川(1949年2月—1949年5月)。

江东县政府。1948年6月建立,原属浙东行署临时总办,1949年3月改属第三区行政督察专员公署领导。县长陈一文长(挂名,1948年6月—1949年1月)、陈相海(1949年1月—1949年5月),副县长金良昆(1948年6月—1949年5月)。

路北县政府。1948年12月建立,原隶属浙东行署临时总办。县长季鸿业(1948年12月—1949年5月)。

江南县政府。1949年2月,金萧工委在富春江以南的富阳境内,建立了江南县政府。3月起隶属第三区行政督察专员公署领导。县长李群(1949年2月—1949年5月)。

江西县政府。1949年3月,第三区行政督察专员公署在建德成立江西县政府。县长李爱群(1949年3月—1949年5月),副县长丁有进(1949年3月—1949年5月)。

江北办事处。1949年3月,第三区行政督察专员公署决定在富春江以北的新登县境,建立江北办事处。主任赵文光(1949年3月—1949年5月)。

严(州)衢(州)办事处。1949年3月,金萧工委建立严衢办事处。主任钱方主(1949年3月—1949年5月),副主任胡恒山(1949年3月—5月)。

湖州办事处。主任赵民(1949年4月—1949年5月)。

浦江办事处。主任陈理农(1949年5月),副主任金良昆(1949年5月)。

天目办事处。1949年4月,浙东第三区行政督察专员公署在临安建立天目办事处。主任沈子球(1949年4月—1949年5月)。

第五区行政督察专员公署(1949年3月—1949年5月) 1949年3月,根据浙东临委的决定,在路南地区成立了浙东行政公署第五区行政督察专员公署(也称第五行政区专员公署)。同年5月结束。专员卜明(1949年3月—1949年5月),副专员祝更生(1949

年 3 月—1949 年 5 月）。下辖组织：

金（华）武（义）永（康）义（乌）办事处。1949 年 2 月建立,原隶属浙东行署临时总办。主任胡一元（1949 年 2 月—1949 年 5 月）。

永（康）武（义）丽（水）缙（云）办事处。1949 年 2 月建立,原隶属浙东行署临时总办。主任陶健（1949 年 2 月—1949 年 5 月）。

永（康）缙（云）东（阳）磐（安）办事处。主任李秀芝（1949 年 3 月—1949 年 5 月）。

松阳县民主政府。1949 年 3 月建立,5 月 9 日归处属特委领导。县长祝更生（1949 年 3 月—1949 年 5 月）,副县长王桂五（1949 年 9 月—1949 年 4 月）。

处北县民主政府（丽水县民主政府）。1949 年 3 月建立丽水县民主政府。4 月改称处北县民主政府。5 月 9 日归处属特委领导。县长张之清（1949 年 3 月—1949 年 5 月）,副县长屠泽民（1949 年 3 月）、黄文理（1949 年 4 月—1949 年 5 月）。

浙东行政公署四明特派员办事处（1947 年 5 月—1949 年 5 月）　1947 年 5 月至 6 月间,中四明工委决定,在其辖区内成立了浙东行署明特派员办公处。为了斗争需要,有时以"浙东行署临时总办事处"名义开展工作。1949 年 5 月结束。特派员朱之光（1947 年 5 月—1949 年 5 月）。下辖组织：

鄞（县）慈（溪）县办事处。主任钱铭岐（1947 年 8 月—1949 年 5 月）,副主任金声（1947 年 8 月—1949 年 5 月）、王圣章（1947 年 10 月—1949 年 5 月）。

慈（溪）镇（海）县办事处。主任赵士炘（1947 年 10 月—1949 年 1 月）,副主任沈宏康（1947 年 10 月—1949 年 5 月）。

余（姚）上（虞）县办事处。主任余先（1947 年 10 月—1949 年 5 月）,副主任雷行（1947 年 10 月—1949 年 4 月）。

（余）姚（上）虞县办事处。主任薛驹（1947 年 8 月—1948 年 8 月）、朱之光（1948 年 9 月—1949 年 5 月）,副主任李华（1948 年 7 月—1949 年 5 月）。

嵊（县）新（昌）奉（化）县办事处。主任丁友灿（1948 年 2 月—1948 年 7 月）、黄连（1948 年 7 月—1949 年 5 月）。

诸暨县政府　1949 年 3 月,路东县政府撤销后建立,直属浙东行署领导。县长周芝山（兼,1949 年 3 月—5 月）,副县长寿乃康（1949 年 3 月—1949 年 5 月）。

绍兴县办事处　1949 年 3 月,路东县政府撤销后建立,直属浙东行署领导。主任董松楼（未到职）,副主任孔令嘉（1949 年 3 月—1949 年 5 月）。

嵊县人民政府　1949 年 3 月,路东县政府撤销后建立,直属浙东行署领导。县长钱章超（1949 年 3 月—1949 年 5 月）。

东（阳）磐（安）办事处　1949 年 2 月,路东县政府撤销后建立,直属会稽临工委领导。

主任陈心发(1949年2月—1949年5月),指导员刘熙范(1949年2月—1949年5月)。

诸(暨)义(乌)县办事处 1949年3月,路东县政府撤销后建立,直属浙东行署领导。主任胡章生(1949年3月—1949年4月)、周永山(1949年4月)。

诸(暨)义(乌)东(阳)县办事处 1949年4月由诸义县办事处改建,所属关系不变。主任周永山(1949年4月—1949年5月)。

萧山办事处 1949年5月,根据浙东临委关于"恢复原有行政区划,建立萧山办事处,接管国民党萧山县政权"的指示,建立了萧山办事处。主任蒋谷川(1949年5月)。

二、广泛的政治参与

浙东革命根据地,进行了广泛充分的政治动员,特别是抗战时期的参议会制和"三三制",使广大进步和爱国民众不断参与到抗日民主政治体系中来,这是浙东革命根据地政权建设的一个鲜明特点。

(一)参议会制

抗日战争时期,各抗日根据地一般设立边区、县、乡三级政权机构,在政权组织形式即政体上实行参议会制。[①] 参议会制是我国人民代表大会制在抗日战争这一特定历史阶段的具体体现。"参议会的目的,只有一个,就是要打倒日本帝国主义,建设新民主主义的中国。"[②]各级参议会"固然不是苏维埃时代的工农代表会议,但也不是三权分立的外国议会制,它是人民代表会议,是各级政权的最高权力机关"[③]。

浙东敌后临时参议会的参议员是由根据地人民采取普遍、直接、平等、无记名投票的方式,直接选举产生。"普遍"就是指选举资格的范围极其广泛,除了汉奸、被判罪剥夺公民权的人和精神病患者之外,不分阶级和党派,都有选举权和被选举权。"直接"就是直接选举。"平等"是指每个选民在选举中享有同等的权利,不分阶级、男女、民族,每个选民只投一票。"无记名"投票的方式,是指选票上只写被选人的姓名,不写选举人的姓名。

---

① 参议会的基本组织原则是民主集中制,基本活动原则是议行合一制。参议会在由人民选举组成后,又以人民代表的身份选举同级政府,监督、罢免政府人员,创制法律。各级政权之间的关系是下级服从上级;同级政权机关内部少数服从多数,集体领导,分工负责;政权各机关之间是相互统一的关系,只有分工,没有分立。参议会作为人民代表机关行使立法权;由它产生的各级政府行使行政权,对参议会负责,接受参议会监督;由它产生的司法机关,其工作"应在各级政府统一领导之下进行",彼此共同服从于人民的利益和意志。参议会制度所采取的民主集中制组织原则和议行合一制的活动原则,与抗日民主政权的性质是互相统一的。

② 中共中央毛泽东选集出版委员会:《毛泽东选集》第3卷,人民出版社,1991年,第807页。

③ 李维汉:《李维汉选集》,人民出版社,1987年,第163页。

采用差额选举,候选人一般不超过应当选人数的两倍,使人民和代表有挑选的余地。

参议会还实行罢免制,以此保持各级政府的纯洁性、战斗性。各级参议会在任期内如存不称职的,得由该级参议会选举之法定人数十分之一选民提议,经过选举单位投票罢免之。

除了民主选举参议员,同级政府认为有必要时,得聘请勤劳国事及在社会、经济、文化各方面有名望者为参议员,但名额不得超过议员总数的一定比例(1/15 至 1/10)。选举出的边区、县、乡三级议员,分别组成边区、县、乡三级参议会。各级参议会是边区各级最高权力机关,拥有选举、监察、弹劾边区各级政府和司法机关及公务人员,制定本单位单项法规,审议批准政府各项计划,议决政府、人民和民众团体提请审议的事项,督促、检查同级政府对参议会决议的执行情况,等等。各级参议会均须对人民负责,人民有权监督和罢免参议员。①

1945 年 1 月 31 日颁布的《浙东地区施政纲领》第 5 项条款规定:"改造各级旧有行政机构,实行民选,组织各级参议会,建立各阶级、各党派及无党无派人士联合抗日的民主政府。"②浙东敌后各界临时代表大会通过了《浙东敌后临时参议会章程》,并根据这个章程,由主席团提出候选人名单供大家作参考,然后用不记名投票选举;参议员分别由各地区代表自选半数以上交大会通过,人数共 109 名(其中 9 名是行政公署委员,为当然参议员),并推定了收票、监票、唱票和计票人,下午一时半进行选举。这天出席代表 102 名,结果吴山民(××票)、黄源(××票)、何克希(××票)、连柏生(××票)、朱人俊(××票)、罗白桦(××票)、王耀中(××票)、张文碧(××票)、郭静唐(××票)9 人当选为行政公署委员会委员。参议员选出了 60 名(内 4 名缺席),并选出正副议长与驻会委员。谭启龙(××票)当选为正议长,郭静唐(××票)与×××③当选为副议长。最后是参议会驻会委员的选举,当选者为楼适夷(××票)、夏××(××票)④、杨思一与骆京(××票)。选举毕即告休会。⑤

---

① 通过比较《陕甘宁边区各级参议会组织条例》(1939 年)、修订后的《陕甘宁边区各级参议会组织条例》(1941年)、《晋察冀边区参议会暂行条例》(1940 年)、《晋察冀边区参议会组织条例》(1943 年)、《晋冀鲁豫边区县议会组织条例》(1944 年)、修订后的《晋冀鲁豫边区县议会组织条例》(1945 年)、《晋绥边区县议会组织条例》(1945 年)、《晋西北临时参议会组织条例》(1942 年)、《山东省临时参议会组织条例》(1942 年)、《盐阜区县级、市乡和村政府组织法》(1942 年)等抗战时期多个边区政府的参议会组织条例,发现各条例虽然在部分细节上有所差异,但总体上都遵循以上原则。参见中国社会科学院法学研究所:《中国新民主主义革命时期根据地法制文献选编》第 2 卷,中国社会科学出版社,1981 年,第 181、186、240、243、290、294、309、315、337、421—437 页。

② 杭州大学历史系、浙江省档案馆:《浙江革命历史档案选编——抗日战争时期(下)》,浙江人民出版社,1985年,第 435 页。

③ 指吴山民。

④ 指夏六林。

⑤ 佚名:《浙东临时参议会、行政公署同时成立》,《新浙东报》1945 年 2 月 2 日。

(二)"三三制"

与参议会制的政权组织形式相统一,浙东抗日民主政权实行"三三制"的政权机关人员分配原则,具体是指,在根据地抗日民族统一战线政权中,在人员分配上,共产党员占1/3,非党的左派分子占1/3,不左不右的中间派占1/3。

1945年1月31日颁布的《浙东地区施政纲领》第5项条款:"确定共产党员在政府机关中只占三分之一,以便各党派及无党无派人士,均能参加各级民意机关之活动与行政之管理。在共产党员被选为某一行政机关主管人员时,应保证有该机关之职员三分之二为党外人士充任。"①浙东区党委严格按照"三三制"原则,在根据地内改造和建立各级抗日民主政权。在三北分区特派员办事处下建立了余姚县、镇海县、慈溪县政府;在四明行政专员公署下建立了南山县、鄞县、上虞县政府和嵊新奉等县办事处;在会稽地区特派员办事处下建立了路西县政府和绍嵊、金义浦兰、金东义西经济委员会、诸暨、诸义东等办事处;在淞沪地区行政专员公署下建立了南汇、奉贤、川沙县政府。其中,"金萧地区各县一级政权,虽然由于战斗频繁,有的地区开辟较晚,未曾如浙东行政委员会那样,经过各界代表会议选举产生,但还是根据抗日民族统一战线的要求,吸收了抗日进步人士参加政权、担任领导职务。如诸北办事处吸收了钱之芬、诸义东办事处吸收了韩一文等任副主任;义西两乡镇联防办事处虽然在形式上是由国民党义乌县政府委任吴山民为主任,但很快都独立自主地改为金(华)东义(乌)西联防办事处,直到后来的金义浦办事处,都是请吴山民继续担任主任。副主任除一名由我党干部担任以外,同时又请了金(华)东开明士绅何茂钟任副主任"②。

县以下分设若干区署,区以下设若干乡保行政机构。区乡长都由人民群众选举产生,如四明山大岚区选举的4名乡长,既有非党进步人士,也有中共党员,区长李志标是开明士绅,慈南乡长由开明人士李纪佑担任。通过民主选举和上级委任,浙东抗日根据地的乡镇政权一般都由党员或开明人士所担任,许多在群众中有较高威信的上层人士,在各级民主政府中都安排了重要职务,浙东抗日根据地的人民第一次行使了自己的民主权利。③

根据"三三制"原则,参加抗日民主政权的各党各派,在民主的法律上和政治上是完

① 杭州大学历史系、浙江省档案馆:《浙江革命历史档案选编——抗日战争时期(下)》,浙江人民出版社,1985年,第435页。
② 宁波市新四军暨华中敌后抗日根据地研究会:《浙东抗战与敌后抗日根据地史料丛书》第5卷,中共党史出版社,2001年,第212—213页。
③ 谭启龙:《谭启龙回忆录》,中共党史出版社,2003年,第193页。

全平等的,任何阶级、党派均不能有任何特权,共产党当然也不例外。共产党对抗日民主政权的领导,绝不意味着共产党员可以"完全独占政权工作",包办一切,否则将不仅影响政权工作的开展,不利于民主政治的推行,而且也将使党的领导限于日常事务而削弱党的政治领导。《浙东地区施政纲领》第5项条款强调"共产党员应与党外人士实行民主合作,不得一意孤行擅权包办"①。据朱之光回忆:"当时在县委直接领导下的南山县府,党政关系上应该说是协调、团结和十分正常的。既没有党包办代替、党政不分的现象,又没有放弃党的领导或不接受党的领导成为独立王国的严重情况,而是充分发挥政权独立自主的职能。"②形成这样的党政协调局面,主要是做到了四点:一是党委本身的民主是保证正确决策的关键。重大问题的决策是经过党内讨论的。县委的民主气氛较强,党内相互信任,畅所欲言,各抒己见,达到统一认识。形成决议之后,分工负责,各自去办。二是对政府的业务活动,坚持党政分开,独立自主,不加干涉,具体问题也不请示汇报,放开手脚工作。三是在具体执行任务时,县委通过各级党组织发动群众,完成政府布置的各项任务。四是监督有力。县委通过了解党的基层组织和群众的意见及各种反映,向政府提出批评和建议,以共同做好党的工作和政府工作。③

共产党的代表既不占有数量上的优势,又不靠法律保证其领导权,在这种情况下,一靠党的正确方针政策的制定和贯彻,二靠参政的共产党员的模范作用。"所谓领导权,不是要一天到晚当作口号去高喊,也不是盛气凌人地要人家服从我们,而是以党的正确政策和自己的模范工作,说服和教育党外人士,使他们愿意接受我们的建议"④,使他们拥护和信赖共产党人。因此,发挥政权机关中共产党员的模范作用,就成为共产党对抗日民主政权领导的重要保证。1945年1月,谭启龙在浙东临代会上的演说中对部分共产党员进行了批评,强调共产党员要"发扬自我批评精神,揭露自己的缺点",恳请代表"尽量的批评",并指出"一个群众的政党……脱离了群众就无法生存"。⑤ 谭启龙的演说表明,浙东抗日民主政权中的共产党员通过加强作风建设和密切联系群众来发挥模范带头作用。

"三三制"是抗日民族统一战线的一面旗帜,对团结浙东各抗日阶级、阶层,动员和组织最广大人民进行抗战起了重要作用,充分体现了浙东抗日根据地政权的民主性,为巩

① 杭州大学历史系、浙江省档案馆:《浙江革命历史档案选编——抗日战争时期(下)》,浙江人民出版社,1985年,第435页。
② 宁波市新四军暨华中敌后抗日根据地研究会:《浙东抗战与敌后抗日根据地史料丛书》第5卷,中共党史出版社,2001年,第130页。
③ 宁波市新四军暨华中敌后抗日根据地研究会:《浙东抗战与敌后抗日根据地史料丛书》第5卷,中共党史出版社,2001年,第130页。
④ 中共中央毛泽东选集出版委员会:《毛泽东选集》第2卷,人民出版社,1991年,第742页。
⑤ 杭州大学历史系、浙江省档案馆:《浙江革命历史档案选编——抗日战争时期(下)》,浙江人民出版社,1985年,第443—444页。

固和发展根据地奠定了坚实的基础。

(三)发展基层民主

浙东革命根据地在抗日战争时期还十分注重基层民主政权的建设,不断在根据地的各区、乡(镇)保和村中完善和推进民主政治。

1944 年 12 月,浙东敌后临时行政委员会积极改造旧保甲制度,建立村委,决定以姚南左溪乡作为民主建政的典型实验单位。20 余名干部以"三三制"精神为指导,在左溪乡开展试点。试点设在左溪乡葵湖村,开始花了一个半月时间做详细的调查研究,掌握了第一手的资料,然后对广大群众进行了正面的、系统的关于抗日民主政权的教育。在提高群众的认识和觉悟的基础上,实行无记名普选,选出了以何德邦为首的村委员会,最后开大会庆祝。[①] 在此基础上,各保选举产生乡代表,由乡代表民主选举朱其书(朱镇南)为左溪乡民主乡长。这是四明地区第一个基层抗日民主政权,也是浙东根据地最早诞生的真正民主选举的乡村人民政权。[②]

三北地区。在慈溪县区政权方面,镇海县龙山区区长赵鸣皋、慈溪县观城区区长潘子明等,都是开明进步的非党员。乡保长中,除浒山区彭泾乡乡长黄信孚、天东乡乡长胡连州、观城区昌明乡乡长密文海、淞浦乡乡长厉善成、龙南乡乡长任惠康、龙水乡乡长陆且之等是共产党员担任外,大多数是对原来的乡保长进行审查甄别,做了大量的团结、教育、改造工作,革命的加以委任,反动的撤换之,重新聘请抗日人士。如二六市镇镇长钱杏林、东安乡乡长黄益三、淹浦乡乡长陈文奎、洞桥虞家阿范(虞品范)保长、水埠头洪银岳保长都是要求抗日、拥护革命的进步人士。[③] 1945 年 7 月,丈亭区在三七市镇进行民主建政试点工作,民主选举共产党员冯乾彪为三七市镇镇长。观城区古窑乡,召开乡人民代表会议,选举共产党员厉善成为古窑乡乡长。各区署抓紧时间在新解放区任命乡镇长,推进政权建设。[④]

四明地区。据四明分区行政专员公署的罗白桦回忆:"通过民主选举和上级委任,根据地的乡镇政权一般都由党员或开明的人士所担任,许多在群众中有较高威信又和我们一起共患难的上层人士,在各级民主政府中都安排了重要职务,当选的乡、镇长都由政府

---

① 宁波市新四军暨华中敌后抗日根据地研究会:《浙东抗战与敌后抗日根据地史料丛书》第 5 卷,中共党史出版社,2001 年,第 129 页。

② 佚名:《血沃浙东铸丰碑》,《余姚日报》2005 年 5 月 6 日。

③ 宁波市新四军暨华中敌后抗日根据地研究会:《浙东抗战与敌后抗日根据地史料丛书》第 5 卷,中共党史出版社,2001 年,第 106—107 页。

④ 宁波市新四军暨华中敌后抗日根据地研究会:《浙东抗战与敌后抗日根据地史料丛书》第 5 卷,中共党史出版社,2001 年,第 114 页。

发给委任状,是民主政府委任的干部。鄞县开人民代表会议时,有人出于对党的信任和爱戴,送了面上写'以党治国'的锦旗,对此我们着重在会上宣传和解释了:在中国共产党的领导下,团结一切爱国民主人士,各界人民共同管理国家大事的道理和'三三'制原则……对党外人士我们都很尊重,认真听取他们的意见,办什么事,事先招呼通气,定期召开座谈会征求意见,工作中大胆放手,有职有权,相处的关系是好的,有的以后还入了党。"①

会稽地区。嵊新奉县的里东区抗日民主政府成立于 1945 年 2 月,同时成立里东区委和区武装部队,区委书记孙平兼任区长和区武装部长。里东区是最早公开宣布的一个解放区。区政权建立后,即着手建立乡村政权。首先发动群众成立农会,开展生产互助、"二五减租"等活动,并建立起乡村政权组织。建立乡民主政府的有江东(乡长汪元旦)、襟水(乡长名不详)、协和(乡长童万和)、五联(乡长名不详)等乡。② 奉西区在 1945 年 2 月归属于嵊新奉县的同时建立区政府,区长周天样。当时奉西区有 4 个乡(晦溪、唐田、董村、西岙)和 1 个镇(亭下),约 2.7 万人口。区长周天祥利用旧关系开展统战工作,使原国民党的 4 个乡公所都表示接受区民主政府领导。由于阻力较小,对各乡政权没有发动群众进行改造,仅对区委所在地的晦溪乡公所进行了改组,由中共党员担任乡长。③

1944 年 9 月,《新浙东报》刊登了鄞慈县慈南区大隐乡成立行政委员会的消息:"九月八日慈南××乡成立乡行政委员会。公选委员七人,以推进乡政。出席代表由各保保民大会选出,有保甲长、农民、女教师及带着发髻缠尖子小脚的农妇两女代表,共二百多人。县办丁秘书讲话指出,成立乡行政委员会是为大家办事,应该由大家来干,这样才能干得好,才能倾听民意,发扬民主、尊重民权,否则就变成独裁专政了……票选结果,除××票数最多,当选为主任,其余六人为委员。接着新镇长举行宣誓就职,谨读誓词:(一)坚决执行政府法令;(二)彻底实行三民主义;(三)廉洁正义、为人民造福;(四)坚持抗日斗争、誓不妥协。如有违背、愿受地方人士公审。"④

鄞慈县横街镇红岭村的翁绍初,回忆了自己当选保长的经历:"这天的会议是 16 岁以上的红岭村人,男女老少都有选举权,但被选人要 18 岁。朱县长讲了条件后就叫大家

① 宁波市新四军暨华中敌后抗日根据地研究会:《浙东抗战与敌后抗日根据地史料丛书》第 5 卷,中共党史出版社,2001 年,第 62—63 页。
② 宁波市新四军暨华中敌后抗日根据地研究会:《浙东抗战与敌后抗日根据地史料丛书》第 5 卷,中共党史出版社,2001 年,第 193 页。
③ 宁波市新四军暨华中敌后抗日根据地研究会:《浙东抗战与敌后抗日根据地史料丛书》第 5 卷,中共党史出版社,2001 年,第 194 页。
④ 宁波市新四军暨华中敌后抗日根据地研究会:《浙东抗战与敌后抗日根据地史料丛书》第 5 卷,中共党史出版社,2001 年,第 231 页。

推候选人。是县办的秘书主持会议,张罗会场,私塾(学校)里借的黑板,用两把凳子搁起来,由大家提出 5 个候选人名单,其中竟有我的名字,而且年纪又是最轻,排行也是我最小,然后要我们这 5 个候选人坐到靠后墙的中央,一字形排列,后面再摆两把长凳,凳上在各人后面摆上一只饭碗,碗边贴好候选人名字,对号入座,每个选民发给粒黄豆,排列按序前进,将手中发给的黄豆摆放在各人自己以为信任的候选人碗里。谁碗里黄豆最多的人就当保长,还由大家推选监督的人做公证。"①

值得一提的是,在当时的基层政权干部队伍中,女干部占很大比例。慈姚县有女干部近百人。民运同志中妇女 60% 以上,她们都直接、间接干着和政权有关的工作。其中有不少女烈士如周明、林坚、竺莲芬、王毓秀、盛杏英等,她们慷慨就义,视死如归。黎明同志在北撤时未及跟上部队,后讨饭到达苏北,找到部队。慈镇县女干部有 50 名左右,占干部总数的 66%。更有许多不脱产的地方妇女干部未计入。她们有的把识字班办到敌占据点里面。她们都为政权工作作出了贡献。②

三、灵活的组织形式

浙东革命根据地在抗日战争时期和解放战争时期建立的正式政权都较为短暂,大多数时期的政权形式都是非正式的。随着斗争形势不断变化,浙东革命根据地的政权建设结合实际情况,灵活地采用了办事处代政、利用改造旧政权和建设"两面派政权"的组织形式。

(一)"灰色隐蔽"中的办事处代政

1941 年 4 月中下旬,浙东宁绍地区相继沦陷,路南特委提出"向南发展,开辟浙东抗日游击战争"的方针。根据指示,浦东工委先后派出 900 余人的抗日武装南渡浙东,根据日伪顽势力异常强大的形势,至 1944 年 1 月,相关政治工作及部队番号都是采用"灰色隐蔽"的方针。③ 彼时采用"灰色隐蔽"的部队番号包括"宗德三大""五支四大""暂三纵"等。

浦东武装南渡杭州湾后随即开始抗击日寇,并先后两次取得胜利,拉开了浙东敌后

---

① 宁波市新四军暨华中敌后抗日根据地研究会:《浙东抗战与敌后抗日根据地史料丛书》第 5 卷,中共党史出版社,2001 年,第 236 页。

② 宁波市新四军暨华中敌后抗日根据地研究会:《浙东抗战与敌后抗日根据地史料丛书》第 5 卷,中共党史出版社,2001 年,第 98 页。

③ 谭启龙:《谭启龙回忆录》,中共党史出版社,2003 年,第 194 页。

抗日的序幕。[①] 军事上初战告捷,为建立"政权"打下了基础,"五支四大"总办事处、"暂三纵"长河办事处、"暂三纵"临山办事处等部队办事处纷纷建立。[②] 当时的办事处大多以部队名称为前缀,均未打出新四军的旗号,很大程度上避免了日伪军和国民党顽固派的针对,有效减轻了生存压力,争取到了发展空间。

浙东区党委成立后,也不断强调"灰色隐蔽"。1942 年 7 月,谭启龙在浙东敌后第一次干部扩大会议上指出:"由于我们目前所处的特殊环境,是国民党占着极大优势的情况,因此我们发展武装的方针,应该在人民抗日自卫保家乡的原则下,运用各种各样的名义去建立与发展党所领导的武装,不要用千编(篇)一律的名称,不要过早的用新四军号召,只要有利于我武装的发展与坚持,任何名称都是好的。"[③]1942 年 8 月,《浙东区党委关于最近浙江形势发展工作的指示》强调:"应严格遵照人民抗日自卫原则,广泛开展上下层人民抗日统一战线,善于利用各种形式与方式方法,切莫过早暴露自己的力量和企图,必须认识这个原则方针,一方面不但不应因此限止(制)我们的发展,另一方面亦是为了适宜(应)可能的情况变化。"[④]

根据"灰色隐蔽"方针,在宁波地区,共产党领导的一支武装于 1942 年 10 月取得"宁波自卫总队第二支队特务大队"的番号,1943 年 3 月发展为宁波警察总队第三支队第六大队。[⑤]

在金萧地区,1942 年 6 月,共产党领导的国民党第三战区淞沪游击队第三支队第二大队(简称"三支二大")南进诸暨,打开了枫桥的局面,建立了"三支二大"枫桥办事处;6 月底,共产党领导的诸暨北区沁湖乡自卫队发展为四乡抗日自卫大队,并与"三支二大"共同行动。

在金(华)义(乌)浦(江)地区,先有共产党领导的金东义西抗日联防第八大队(简称"第八大队")(1942 年 7 月),并打了一些胜仗;同年 10 月,义(乌)西联防办事处建立。

部队办事处建立后,除了为部队服务,还履行政权机构的部分职能,主要包括征粮收

---

① 1941 年 6 月 18 日和 6 月 25 日,浦东南渡武装在一周内于慈溪市崇寿镇相公殿村连续两次抗击日寇并取得胜利,共毙伤日军 16 人,扩大了影响,打击了敌人的气焰,鼓舞了三北人民的抗日热情。参见政治协商会议浙江省委员会文史资料研究委员会:《浙江文史资料选辑(第 35 辑):第二次国共合作在浙江》,浙江人民出版社,1987 年,第 216—217 页。

② 上虞区委党史研究室:《浦东抗日武装挺进虞北》,《上虞日报》2018 年 7 月 20 日。

③ 杭州大学历史系、浙江省档案馆:《浙江革命历史档案选编——抗日战争时期(下)》,浙江人民出版社,1985 年,第 10 页。

④ 杭州大学历史系、浙江省档案馆:《浙江革命历史档案选编——抗日战争时期(下)》,浙江人民出版社,1985 年,第 22 页。

⑤ 中共浙江省委组织部、中共浙江省委党史研究室、浙江省档案馆:《中国共产党浙江省组织史资料(1922.4—1987.12)》,人民日报出版社,1994 年,第 330 页。

税、群众工作、统战工作、交通情报等。简述如下：

征粮收税。办事处为筹集部队给养，首先是开展征粮收税工作。1942年7月，谭启龙在浙东敌后第一次干部扩大会议中指出："我们财政经济来源，不应放在打汉奸或罚款或临时捐款等等的基础上，我们应主张废除一切苛捐杂税及人民不应有的负担。一切抗日经费的来源，应由全体人民（除最贫苦者免收外）合理负担，不应放在少数人身上（有钱出钱，有力出力只能（在）某种特殊情况下临时应用）。应当使全体人民了解，向国家缴纳一定的抗日经费或税收是每个人民应尽的义务。"①当时的税卡主要是征收货物税，以及少量的粮食税，"在税收征粮工作上，我们坚持只收一物一税的过境税（即在我军控制地区只收一次税款），而且根据群众生活、生产需要制定不同税率，以利商品流通，保障人民生活需要"②。谭启龙还强调："由于敌伪严厉统治与上海内地交通断绝，商业日益衰落及法币低（跌）价，因此部队今后经济来源，主要不能完全依靠进出口税收，应当把中心注意（放在）农村来源。这里据说已有公粮办法的规定，应细心研究，下半年应与政府商讨公粮问题，解决部队给养问题，具体办法，现款应换成实物。"③因此除货物税之外，还会征收少量的粮食税，"农业税每亩只征收十余斤的抗日爱国公粮。此外严禁任何人员在我境内以任何名目派粮征款，这就大大减轻了人民负担。实行粮票制度，保证随时兑换"④。

开展群众工作。1942年3月，"五支四大"总办事处总支成立后，开展了群众工作，在古窑浦、直落浦、方家浦、三江口组织贫雇农参加弟兄会，发动了一次以撤田和"二五减租"为中心内容的斗争。"当时王仲良指示我们发出请帖，叫弟兄会的会员把小土地出租者请来开会，会上讲'二五减租'的条例和农民有永佃权的道理，强调抗日期间必须减租减息，使农民能够生活。然后，形成决议，请他们签字，我们根据党的有理、有利、有节的斗争原则，使斗争取得了胜利。之后，宓家埭、海甸戎家、东山头、鸣鹤场等地的贫雇农也纷纷要求参加革命的弟兄会，估计三北参加弟兄会的会员约有一千多人。并且在弟兄会基础上，成立了总办警卫中队……经常在慈北海滨活动。以至于每到一个村庄，就发动群众，组织弟兄会。"⑤在四明地区，民运工作人员"自姚南逐步向慈南、鄞西发展，逐村发

① 杭州大学历史系、浙江省档案馆：《浙江革命历史档案选编——抗日战争时期（下）》，浙江人民出版社，1985年，第15页。

② 宁波市新四军暨华中敌后抗日根据地研究会：《浙东抗战与敌后抗日根据地史料丛书》第5卷，中共党史出版社，2001年，第59页。

③ 杭州大学历史系、浙江省档案馆：《浙江革命历史档案选编——抗日战争时期（下）》，浙江人民出版社，1985年，第16页。

④ 宁波市新四军暨华中敌后抗日根据地研究会：《浙东抗战与敌后抗日根据地史料丛书》第5卷，中共党史出版社，2001年，第59页。

⑤ 宁波市新四军暨华中敌后抗日根据地研究会：《浙东抗战与敌后抗日根据地史料丛书》第5卷，中共党史出版社，2001年，第40页。

动。一个本子,一只手枪,走遍了大小村落,访贫问苦,也接触上层大户,到处宣传抗日救国的道理,发动和组织群众。普遍建立了农会、妇女会、自卫队等组织"①。

开展统战工作。浙东地区的日伪顽斗争形势异常复杂,被形象地比作"一枪打透的根据地",因此做好统战工作的重要性不言而喻。浦东武装南渡浙东后能够迅速在三北地区站稳脚跟,重要原因就是做好了统战工作,"中共浦东工委领导的武装力量900余人分七批南渡到三北敌后抗日,开始就是做了宗德指挥部薛天白和'忠义救国军'陆安石部的工作。相公殿战斗后,林达还带了战利品拜访薛天白。薛很高兴,对林说,'五支队'太红了一些,我给你一个'三支队'的番号,当场就给了林一张三支队支队长的委任状"②。除国民党势力外,办事处还广泛开展当地开明地主、僧侣、绿林等的统战工作。在绍兴上虞地区,地下党员陈滋萱说服出身地主家庭的堂婶赵熙照让出3间房屋供作卷烟工场。1941年底,卷烟公司开办,共有10余名女青年,大多数是共产党员,她们把密件搓成纸线,卷在香烟里面,做上记号,卖给特定的"顾客"。1942年11月,浙东第一次反顽自卫战爆发,顽"忠义救国军"艾庆璋部与小越大山下一带的伪军勾结起来,向三北驻军反扑。该联络站共产党员深入敌伪据点,及时了解日伪动向,把获得的情报送到自己的部队,有效地配合主力作战,在谢塘、小越战斗中发挥了重要作用,取得了全歼艾部的胜利。③ 在慈北地区,在抗日民族统一战线的号召下,许多宗教界爱国人士也纷纷支持抗战,其中不少寺庙成为共产党部队活动的据点,如慈溪市鸣鹤古镇的金仙寺④、五磊寺⑤、洞山寺⑥、鸣鹤场基督教堂等。在四明山区,1944年12月,解放军收编了以王鼎山、单孝升为首的几十股绿林军,并呈报华中局和新四军军部,正式批准该部为"新四军浙东游击纵队嵊新奉抗日别动总队"。⑦ 在金(华)义(乌)浦(江)地区,曾任义乌县长和政工队长的吴山民、大地主兼工商业者杨德鉴、工商业者吴琅芝和季鸿业(陈望道的女婿)⑧等一大批爱国民

　　① 宁波市新四军暨华中敌后抗日根据地研究会:《浙东抗战与敌后抗日根据地史料丛书》第5卷,中共党史出版社,2001年,第59页。

　　② 宁波市新四军暨华中敌后抗日根据地研究会:《浙东抗战与敌后抗日根据地史料丛书》第5卷,中共党史出版社,2001年,第266页。

　　③ 宁波市新四军暨华中敌后抗日根据地研究会:《浙东抗战与敌后抗日根据地史料丛书》第5卷,中共党史出版社,2001年,第363—364页。

　　④ 1942年8月,三北游击司令部在该寺成立。随后在该寺举办教导队、举行各界著名人士"新年茶话会"等活动。

　　⑤ 五磊寺是抗战时浙东区党委、新四军浙东游击纵队司令部、三北地委在三北的驻地之一和重要活动场所。

　　⑥ 1942年8月,浙东区党委宣传部为了及时报道国内外形势,宣传党的政策方针,教育和发动群众投入抗日斗争,在洞山寺创办了《时事简讯》。

　　⑦ 早在1941年,陈山(化名陈力平,曾担任三北游击司令部南山总办事处副主任)就受中共绍属特委的指派打入绿林部队工作过半年,和绿林头领王鼎山相谈甚欢,为日后王鼎山起义加入解放军做了铺垫。

　　⑧ 1948年12月,中共金萧工委在金义浦兰边区成立路北县政府,季鸿业出任县长。同月,季鸿业加入中国共产党。

主人士和共产党携手合作,在发动人民群众、提供活动场所、供给后勤物资、传递情报信息等诸多方面作出了积极贡献。

交通情报。据陈平回忆:"总办的通讯联络及情报工作,蔡群帆曾有过这样一段比喻:'蜗牛有触角,很灵敏,我们办事处是部队的触角,要求对情报工作十分敏感。'同时他亲自负责通讯情报工作,当时从西往东,从东至西都有通讯员传送情报,这样沟通了三纵与五支队和地方党与部队党的联系。部队党的文件到了总办后,由我(陈平)亲自送到宁属特派员王平那里去,或者送到庄王小学谢仁安那里去。"① 据余上县办事处的张光回忆:"1942 年 12 月,三北自卫战争取得胜利进展时,我和周明随军至临山;谭启龙叫我们两人留下,建立余上县办事处……当时,办事处本身机构很简单,没有任何科室,只有秘书袁啸云、文书郑瑜、会计徐波史、特务长陈某(后为洪克川)、炊事员陈阿才,五六名小通讯员,加上我们两位主任,总共十二三人。办事处的经常工作是通讯联络,五六个小通讯员每天出去,各区和各联络站也经常派通讯员来。"②

(二)团结抗战中利用改造旧政权

面对浙东地区日伪顽等多股反动势力错综复杂的严峻斗争形势,除"灰色隐蔽"外,共产党还积极执行利用改造旧政权的方针。"对各地尚存的国民党委派的区乡长,凡是拥护抗日的,我们一律不动他们,同他们团结合作抗日,动员他们为抗日服务。对敌占区或游击区的伪乡保长则要求他们完成抗日爱国公粮支援抗日军队,保护群众,协助我方人员工作。"③ 以此为指引,适当改善现有的行政机构,并逐渐使之成为人民抗日的民主政权。

关于利用和改造旧政权的方式,谭启龙作出以下指示:"目前改造行政的主要方法,不是直接发动群众去废除保甲,而是经过多数群众起来控告和撤换最坏最顽固的保甲行政人员。经过民选方法,选举人民自己的保甲长,党员应尽量争取选举。"④ 他还强调:"必须认识在浙省今天条件下,还不能立即实行彻底的民主政治,不能马上建立象华北华中那样的彻底的民主政权,还必须经过一个相当(长)的过度(渡)阶段的办法,应当防止政

① 宁波市新四军暨华中敌后抗日根据地研究会:《浙东抗战与敌后抗日根据地史料丛书》第 5 卷,中共党史出版社,2001 年,第 40 页。

② 宁波市新四军暨华中敌后抗日根据地研究会:《浙东抗战与敌后抗日根据地史料丛书》第 5 卷,中共党史出版社,2001 年,第 118—119 页。

③ 宁波市新四军暨华中敌后抗日根据地研究会:《浙东抗战与敌后抗日根据地史料丛书》第 5 卷,中共党史出版社,2001 年,第 31 页。

④ 杭州大学历史系、浙江省档案馆:《浙江革命历史档案选编——抗日战争时期(下)》,浙江人民出版社,1985年,第 14—15 页。

权工作上的'左'倾与包办一切的倾向。"①

基于上述指导方法,各级党组织"对当地原有的国民党乡保长原则上一律不动,只要抗日爱国、不投敌资敌,继续加以使用。在使用过程中逐步鉴别,区别对待;在不得已应付敌伪时,必须事先报告,以不损害人民根本利益为原则,尽量减少群众负担和损失。号召他们'白皮红心',心向革命。以后,有的接敌区出现这样情况:原有的老乡长做后台,设一个副乡长应付敌伪,一个副乡长为我们工作。这样做,分清敌我友,不但减少阻力,增加助力,而且取得当地上层人士和开明士绅的同情和好感,认为我军团结抗日态度是真诚的"②。

1943年2月,为进一步发展大好形势,建立起各级抗日民主政权,浙东区党委在《我党我军在浙东地区今后的一般任务》中指出:"浙东是接近国民党大后方,我们力量较孤薄,人民尚有严重的合法观念,而且目前是争取全国形势好转的时候,因此不致采取推翻现有政权与运用根据地的办法……现有的政权与行政人员,只要他们今天坚决抗日,不投降,能协助抗日军队工作,不压迫和鱼肉人民,准许人民言论结社各种抗战自由,不管他们过去怎样,我们都可与之合作抗战,不但不要去反对他,干涉他,而且要很好的保护他。至于那些最坏的分子,可在人民大多数的要求下加以改造,选择好的先进的士绅来代替,但在方式方法上,必须运用国民党的合法手续,尽量由人民自己出面,并向其上级提出,应将具体的材料很好的收集与整理,作为一切言行的根据。"③通过进一步利用和改造旧政权,使之成为抗日的、廉洁的民主政府。关于民主政权的范畴,谭启龙在《当前浙东敌后斗争形势与今后行政工作的方针任务》中阐述,民主政权即"乡镇保甲,他先决条件是抗日的,其次为赞成民主的,为抗日服务,为人民大众服务的,原有乡保甲还可利用"④。

本着"坚持抗战,反对投降;坚持团结,反对分裂;坚持进步,反对倒退"的原则,浙东共产党对旧政权进行改造。"对于那些坚持顽固立场,不予合作的区乡保甲长,由群众出面控告,加以撤换,然后选举产生新的。对于积极支持抗日工作的,则根据他们的能力和在当地的威望,区别不同情况,委以重任,继续为我服务。对于那些中间势力,我们则对

① 杭州大学历史系、浙江省档案馆:《浙江革命历史档案选编——抗日战争时期(下)》,浙江人民出版社,1985年,第15页。

② 宁波市新四军暨华中敌后抗日根据地研究会:《浙东抗战与敌后抗日根据地史料丛书》第5卷,中共党史出版社,2001年,第58页。

③ 杭州大学历史系、浙江省档案馆:《浙江革命历史档案选编——抗日战争时期(下)》,浙江人民出版社,1985年,第64—65页。

④ 杭州大学历史系、浙江省档案馆:《浙江革命历史档案选编——抗日战争时期(下)》,浙江人民出版社,1985年,第203页。

他们进行教育,促进转化,为抗战服务。"①

在三北地区的慈镇县,"对乡镇长、开始时我们没有急急去更换,而是看他们对抗战、对共产党和对群众的态度,再决定他们的去留。在一个区内,我们分乡镇为基本乡、中间乡、边沿乡。在群众发动起来以后,对基本乡的乡镇长要求就高一些,适当地选一些我们的群众骨干或开明人士为乡镇长。边沿区,存在一些两面派的乡镇长,我们允许他们在我们的控制下应付一下敌伪顽,但主要应倾向我们。边沿区的乡镇长有时也能起一些特殊作用。如庄市区海角乡长为我们去向国民党区长邱友三交涉,把被他们绑架去的我们的区署指导员以及区长的母亲放回,三益乡乡长亲自为我们送来伪军姚华康一个中队出动的情报,使我们能及时设伏,把他们全歼"②。

在余上县,"主要抓了乡、镇、保甲长人员的逐步调整、改组和充实。我们根据抗日民族统一战线的原则精神,如乡、镇长没有大的问题,一般保留不动。如梁弄区的梁弄镇长黄尚达、让贤乡乡长黄育中(这两人是比较进步的)、雅贤乡乡长杨祖清(工作不错,政治上是中间派)。只有左溪乡乡长朱其书是党员。大岚、沿江二区的乡长都是党外人士。在那时我们的团结协调工作是做得不错的。由于党的组织不断发展扩大,广大群众已发动起来。保甲长的调整比例较大,当时名称虽然仍喊甲长,实际上已由党员和积极分子代替"③。

在慈溪县,"对边沿区和敌占区的乡镇保长好的给予支持帮助,有难处的帮助其出谋划策如何应付敌人,对表面上应付我们而实际不合作的如彭泾乡长黄礼范、天东乡长徐如浩予以撤换,对个别顽固不化反动透顶的,就坚决予以镇压,为民除害。如观城区镇压了罪恶多端的伪乡镇长姜××、吴××、沈××等,浒山区处决了为虎作伥、真心为敌效劳的择浦乡的伪保长高××。由于我们贯彻了中央一系列的抗日民族统一战线的方针和政策,团结了上层人士和乡镇保长中的极大多数"④。

在四明山南部的大岚山区,三北游击司令部南山总办事处主任罗白桦对国民党余姚县长夏达才、国民兵团肖文德、国民党梁弄区区长陈恩寿等都做了大量工作。"我常以司令部秘书的身份主动拜访、接谈,向他们宣传'团结抗日'的主张和民族大义。对被我无条件释放的国民党慈溪县一个姓戴的县长也仍以友方、友军相待,互通信函,不断促进他

① 谭启龙:《谭启龙回忆录》,中共党史出版社,2003年,第186页。
② 宁波市新四军暨华中敌后抗日根据地研究会:《浙东抗战与敌后抗日根据地史料丛书》第5卷,中共党史出版社,2001年,第62—63页。
③ 宁波市新四军暨华中敌后抗日根据地研究会:《浙东抗战与敌后抗日根据地史料丛书》第5卷,中共党史出版社,2001年,第129页。
④ 宁波市新四军暨华中敌后抗日根据地研究会:《浙东抗战与敌后抗日根据地史料丛书》第5卷,中共党史出版社,2001年,第108页。

与我联合抗日。对投敌的宋清云伪军则坚决打击。"①

(三)隐蔽坚持中建设"两面派政权"

建设"两面派政权",是浙东革命根据地政权建设中,组织形式灵活巧妙的又一体现。解放战争时期的浙东地区,国共力量对比悬殊,国民党统治机构占据主导地位,共产党则通过争取乡保长,建设"两面派政权",来发展壮大革命的力量。一般的两面派乡保长,往往慑于革命武装的威力,两面应付,具有正义感、是非感,对中国共产党给予同情拥护;革命的两面派(也称"白皮红心")乡保长,则完全站在中国共产党和人民立场,对国民党政府只是采取消极应付对策,对共产党则是真心为其办事。

在隐蔽坚持的初期,特派员朱之光等人就"对各个村庄的情况,对哪些保长可以为我们所用,哪些保长不行,都作了分析,并作了区别对待的措施。对可用的,我们当时就提出了白脸红心应付敌人的方针;中间状态的与他们保持联系,加强教育争取;不行的就设法调换;表现很坏,有投敌行为的,结合锄奸斗争解决;在重要地区必须换上不红的我们的人当保长"②。伴随着全国解放战争形势的变化,留守的共产党员一面隐蔽坚持、保存力量,一面开始积极斗争,抓紧了在基本区(即红色堡垒村)争取革命两面派的工作。随着武装斗争的开展,四明地区的姚南、慈南在隐蔽点周围建立的一批红色堡垒户、堡垒村的基础上,先后又开辟发展了一批红色堡垒户、堡垒村。在发展较好的村,红色堡垒户由点成线,由线成片。在此基础上,教育乡保长,建立起两面派和革命两面派的乡、村政权。

在四明地区,"岭下村的保长金桂林同志,他是共产党员……当时他以灰色的身份为我们做掩护工作。他为了控制敌大队长华松,不惜把自己的山卖掉,经常陪同华松打牌,每年要化去很多钱;他给敌人送假情报、做假向导,使敌人无法掌握我们的情况。相反给我们提供许多敌情,而他自己始终没有暴露。又如顾家的保长高水堂,顾家地处梁弄到余姚城必经之路,他就监视敌情并随时向我们汇报敌人动态。因此有效地开展两面派工作,不但直接起了保卫基本区的作用,而更重要的是使我们知己知彼,争取了主动"③。

在余上县姚北地区,国民党的反动统治势力控制强于姚南,共产党对姚北的乡保长,一般采取团结、争取的策略,促使他们转变立场。对于站在国民党立场的,采取宽大和镇压结合的方针,按照不同情况采取不同措施,打击少数,争取多数,逐步争取一部分乡保长和乡保工作人员成为"两面派",使乡保成为"两面派"基层政权。通过一段时间的工

① 宁波市新四军暨华中敌后抗日根据地研究会:《浙东抗战与敌后抗日根据地史料丛书》第5卷,中共党史出版社,2001年,第58页。
② 宁波市新四军研究会:《解放战争时期宁波地区革命史料》第1卷,中共党史出版社,1999年,第144页。
③ 宁波市新四军研究会:《解放战争时期宁波地区革命史料》第1卷,中共党史出版社,1999年,第156页。

作,在原来基础较好的乡,如临山、马渚两区的中河、上塘、兰塘、青港四乡和临山湖堤乡南边毗邻的基本地区,以及周巷区的部分乡保的乡保长已全部为余上县办控制。

根据浙东临委广泛开展平原地和三北地区的武装斗争,创建大小隐蔽据点群,发展"两面派"政权的要求,余上县办事处决定以征收爱国粮、缴纳爱国特捐为突破口,采取政治攻势和武装包围相结合的方针,向东推进,使姚北地区连成一片,并取得与慈镇的联系。随后对新开辟地区的国民党乡保长提出了明确要求:对县办人员的安全、顽军情况的报告和爱国公粮、特捐的收缴必须作出保证。在新开辟地区,也有深明大义的乡保长,在教育下转变立场,投向共产党。如周巷区柯义乡乡长陈干金,出于对国民党反动统治的不满,与乡队副赵忠兴一起,率乡自卫队22人起义,进一步推动了余上地区形势的发展。

在会稽地区,绍兴各地的县级政权建设工作开始于1947年,随着各地党组织的恢复和发展,建立政权提上了议程。1947年5月,四明特派员办事处和浙东行政公署临时总办事处成立后,各地相继成立了姚虞县办事处、余上县办事处、嵊新奉县办事处、路东县政府、路西县政府等,并在县级政权下设立部分区级政权。各级政权工作的重点除做好财政经济工作,保障部队的供给外,主要开展对基本区、乡保甲长的争取工作。

四、完备的制度体系

在抗日战争时期,浙东抗日根据地建立了浙东行政公署委员会,进入政权建设的鼎盛时期,其完备的制度体系通过功能完善、人员精简、法制健全和政治廉洁等特点全面体现出来。

(一)功能完善

浙东行政公署下设秘书处、民政处、财经处和文教处,负责根据地各个领域总的事务,同时还针对部分重点行业和事务成立了专门的职能机构,使根据地政权的功能不断完善。

浙东解放区工商管理局:为稳定金融,发展工商业,安定人民生活,繁荣解放区经济,于1945年8月31日。成立抗战胜利后,浙东新四军及党政机关奉命北撤时结束。

浙东盐务管理局:1945年8月19日,新四军浙东游击纵队解放了余姚庵东,接收余姚盐场,成立浙东盐务管理局。抗战胜利后,北撤时结束。

浙东银行:成立于1945年4月1日,下设四明、三北等分行及余姚支行,自4月10日起浙东银行发行抗币。4月13日,隆重举行开幕典礼并邀请各界人士举行抗议座谈会,交换对抗币发行的意见。与国民党重庆政府发行法币单纯地为缓解自身财政危机不同，浙东银行的成立以及抗币的发行主要是为了"发展生产事业，切实照顾工农群众的利益"[①]，在当时物价不断上涨的情况下，及时稳定了物价，既改善了民生，又加强了对敌人的经济斗争，公私两利。[②] 抗战胜利后，北撤时结束。

浙东鲁迅学院：1944年夏，浙东敌后临时行政委员会为培养敌后抗日根据地的文化建设人才，在四明山区横坎头创办了浙东鲁迅学院。9月正式开学，先后共办3期，培训500余人。后校址曾迁至大岚陈家岩、虞东下管镇和慈南陆家埠。抗战胜利后，北撤时结束。[③]

总工会：1944年3月，为建立总工会成立了筹备委员会并召开第一次会议。总工会主要任务为介绍生产经验，发扬工作模范，创造劳动英雄，完成生产任务。[④]

（二）人员精简

人员精简是浙东行政公署的又一特点。

据曾在浙东行政公署秘书处任文书的张苏回忆："行署机关借住在横坎头的一所民房大院内，人员很精干，总共不到50人，工作紧张，从上到下没有日夜之分，也没有星期天。"[⑤]正是由于行政人员精简，领导干部往往身兼多职，如秘书处处长郭静唐兼任浙东解放区工商管理局局长；财经处副处长张蓬兼任浙东盐务管理局局长；吴山民既是行政公署的副主任，又担任浙东银行的董事长兼总经理；文教处处长黄源还兼任浙东鲁迅学院的院长等。

除最高行政机关浙东行政公署外，其他各级政府也都十分精简。据鄞县县长严式轮回忆："在建立县政权的2年中，没有高楼大厦办公，都是流动性的借用民房；没有任何家具，也靠向群众借用；交通工具没有汽车自行车，全靠同志们的两条腿，有时加条拐杖。同志们自己的用具只有一个小包袱，行军时缚在腰间助力，睡眠时作枕头，另有一个文

---

① 《浙东区党委关于发行抗币与加强对敌经济斗争的指示》，原件存浙江省档案馆。参见浙江省委党史资料征集研究委员会《浙东抗日根据地》，中共党史资料出版社，1987年，第162页。

② 《浙东银行开幕典礼并举行各界抗币座谈会》，《新浙东报》1945年4月18日。参见杭州大学历史系、浙江省档案馆：《浙江革命历史档案选编——抗日战争时期（下）》，浙江人民出版社，1985年，第513—516页。

③ 中共浙江省委组织部、中共浙江省委党史研究室、浙江省档案馆：《中国共产党浙江省组织史资料（1922.4—1987.12）》，人民日报出版社，1994年，第315页。

④ 《后方各工厂工友筹备成立总工会》，《新浙东报》1945年4月2日。参见杭州大学历史系、浙江省档案馆：《浙江革命历史档案选编——抗日战争时期（下）》，浙江人民出版社，1985年，第499页。

⑤ 余姚市政协文史资料委员会、余姚市政协梁弄委员小组：《余姚文史资料》第12辑，内部资料，1994年，第247页。

书包。"①

慈镇县的"县委、县政府机关工作人员加起来最多时也只有 14 名。县的联络站,由县委的一名女秘书兼任。县的领导人到某区,就随该区署行动、搭伙。不开空头会议,会议总要解决现实问题,能在区里开的会议,就不到县里开。保持高度的警惕性,随时做好战斗准备。区署白天向四面派出侦察人员,每夜变换宿营地,有时一夜移动两次。县区机关差不多每个人都武装起来,都是一个战斗员。早上起后,马上打背包,随时可以行动"②。

姚南县政府县长朱之光也曾回忆:政府机构,以精干为原则,设秘书处,由马承烈负责,民政由周文宪,后由房君廉接替工作,财政出薛诚,文教由胡野擒负责,加上警卫队共 20 余人。③ 人员配置的精简高效与同期国民党县一级政府百余人的冗杂臃肿形成了鲜明对比。④

(三)法制健全

浙东抗日根据地为了实行其根本大法《浙东地区施政纲领》,还制定了一系列具体的法令和条例。如 1945 年 1 月颁布了《浙东行政区审理司法案件暂行办法》《浙东行政区惩治汉奸暂行条例》《浙东行政区惩治贪污暂行条例》《区乡调解委员会章程》等,作为司法和行政人员执法之依据,使根据地的法制更加健全。

《浙东行政区审理司法案件暂行办法》已具备了现代司法程序的规模,它不但规定了"组织与管理""人犯之拘捕""起诉及审判""勘验、管收羁押、通缉""上诉及抗告""诉讼费用""巡回审判""民刑案件之执行""执达员及司法警察"等条款,而且规定了两级审判制,"以各县县政府为第一审,浙东行政公署为第二审"。对人犯之拘捕规定了除"汉奸、敌探、现行犯"等得依法逮捕外,"其余一概不得擅加逮捕"。至于起诉及审判程序勘验、管收、羁押、通缉程序,也具备了现代司法的程序,而且规定"对第一审司法机关所为之判决

---

① 宁波市新四军暨华中敌后抗日根据地研究会:《浙东抗战与敌后抗日根据地史料丛书》第 5 卷,中共党史出版社,2001 年,第 140 页。

② 宁波市新四军暨华中敌后抗日根据地研究会:《浙东抗战与敌后抗日根据地史料丛书》第 5 卷,中共党史出版社,2001 年,第 85 页。

③ 宁波市新四军暨华中敌后抗日根据地研究会:《浙东抗战与敌后抗日根据地史料丛书》第 5 卷,中共党史出版社,2001 年,第 124 页。

④ 自实施新县制(指 1939 年 9 月国民党行政院公布的《县各级组织纲要》)以来,"一般关心者均已提出'人材'为新制中之最困难问题。按新县制的人员配备,四川六个等级的县政府平均有工作人员 93 人,以后又有增加,共达一百多人(尚不包括壮丁队员、自卫队员和各种各样组织的人员)"。参见张益民:《国民党新县制实施简论》,《史学月刊》1986 年第 5 期,第 79 页。

不服者,得上诉于浙东行政公署或原审之司法机关,其上诉期:民事二十日,刑事十日"。[①]

《浙东行政区惩治汉奸暂行条例》共 19 条。对"图谋破坏团结抗战以危害本国""为敌国招募军队、以金钱资产供给敌国","向敌寇告密、逮捕我公务人员"等 18 种汉奸罪行都作了明确的界定,作为审判的依据。对犯有汉奸罪行者,还规定了处罚办法:"处死刑或五年有期徒刑""没收其财产的全部或一部""应酌留家属生活费"或"依其犯罪之情状酌量减轻其刑"等。《浙东行政区惩治贪污暂行条例》共 11 条,对于贪污具体规定了 8 项判定标准,诸如"侵吞公款财物者""买卖公用品,从中舞弊渔利""强占或强征、强募财物";还规定了 5 项处罚办法,如"满一千斤食米之总值者,处死刑或五年以上有期徒刑""未满一百斤食米之总值者,处一年以下有期徒刑"等。对于贪污案件的审理,要求以"犯罪之动机""犯罪之目的""犯罪之手段""犯罪所产生之危险或损失""犯罪后之态度"等为量刑依据。对公务人员的范围也作了具体规定:"凡本区(浙东行政区)所属行政机关(各乡村长,公民代表或乡保甲长均属之),武装部队及公营企业之人员,犯本条例之犯罪者,依本条例惩治之。"[②]

《区乡调解委员会章程》共 17 条,明确规定区乡调解委员会的宗旨是"调解人民间相互利害关系,以息争端减少讼累"[③]。该章程还规定了调解委员会之组成、调解案件、调解程序等。

根据地各级政府根据各项法规,依法行政。据曾任慈溪县县长的谢仁安回忆:1945年 8 月,丈亭区署在崇仁观举行公审大会,严惩伪田赋征收处主任戴××和伪县府第三科科长胡××等汉奸罪行。同年 8 月,浒山区召开公审大会,审判乌山恶霸地主胡××。胡犯在彭桥二带强行收租,肆虐民众,还勾结伪县府残害乡农会干事岑金林及其子、民兵队长、共产党员岑尧增。为替烈士报仇雪恨,政府将胡犯捕获,宣布罪状,最后临时法庭根据群众要求及本人罪行,宣布判处死刑,立即执行。另外,浒山区署于 1945 年 8 月下旬正式成立法庭,庭长史济训,先后处决了巨××、陆××、刘××、周××等一大批人犯。1945 年 9 月,庵东特区成立后,也召开过公审大会,公审了盐场大恶霸冯××和高××。慈溪县政府于同年 8 月,也组织过临时法庭,庭长由县长谢仁安和李默君担任,审判

① 宁波市新四军暨华中敌后抗日根据地研究会:《浙东抗战与敌后抗日根据地史料丛书》第 5 卷,中共党史出版社,2001 年,第 475 页。

② 宁波市新四军暨华中敌后抗日根据地研究会:《浙东抗战与敌后抗日根据地史料丛书》第 5 卷,中共党史出版社,2001 年,第 475 页。

③ 宁波市新四军暨华中敌后抗日根据地研究会:《浙东抗战与敌后抗日根据地史料丛书》第 5 卷,中共党史出版社,2001 年,第 475 页。

已被扣捕之汉奸,处理自首投敌分子,大张了人民志气,大灭了敌人威风。[①]

浙东敌后抗日根据地制定的这些法令和条例都经浙东各界临时代表大会通过,由浙东行政公署公布实施。在年轻的根据地有如此完备的法令、条例及司法程序,实为难得和罕见。

(四)政治廉洁

1944年1月颁布的《浙东敌后临时行政委员会施政纲领》第五条明确提出:"励(厉)行廉洁政治,严惩公务人员之贪污行为,同时改善公务人员待遇,实行俸以养廉原则,保障一切公务人员及其家属必须之物质生活。"[②]1945年1月颁布的《浙东地区施政纲领》特别补充规定:"禁止任何公务人员假公济私之行为,共产党员有犯法者,从重治罪。"[③]

浙东行政公署委员会在政治上十分清廉,"领导干部同普通工作人员一样,每月只拿三四元抗币津贴费(一元抗币价值相当一斤大米)"[④];在生活上和群众打成一片,从不计较个人得失,做到全心全意为人民服务,处处以身作则,在群众中有很高的威信。为了宣传、落实党的政策,他们经常深入基层、农村、边缘区甚至敌占区去工作。"那时,根据地内生活是清苦的,我们吃的基本上同当地村民一样,平时荤菜很少,每逢有肉吃时大家都很高兴;穿的是粗布衣和根据地妇女做的老布鞋;睡的是稻草铺,点的是蜡烛或菜油灯,为了减轻群众的负担,我们常翻山越岭到晓岭粮站去背自己吃的粮食,到基层或农村工作时,吃了饭按规定每人每餐付一斤饭票(这种饭票在根据地通用,可在粮站兑换一斤大米),从未发生白吃白拿的情况。"[⑤]"1944年7月,《新浙东报》头版通报了这样一则违纪案例:本月17日,新四军某部开除了一名违反群众纪律的老炊事员'阿甫老头'。这名炊事员在该报上曾两次被作为批评的对象,平时战士们对他的教育也不少,但依旧屡教屡犯。最近又向商贩强赊咸鱼一条,再硬卖给老百姓换酒吃。为严肃群众纪律,将其开除军籍,并公开通报。"[⑥]

---

① 宁波市新四军暨华中敌后抗日根据地研究会:《浙东抗战与敌后抗日根据地史料丛书》第5卷,中共党史出版社,2001年,第114页。

② 杭州大学历史系、浙江省档案馆:《浙江革命历史档案选编——抗日战争时期(下)》,浙江人民出版社,1985年,第139页。

③ 杭州大学历史系、浙江省档案馆:《浙江革命历史档案选编——抗日战争时期(下)》,浙江人民出版社,1985年,第435页。

④ 余姚市政协文史资料委员会、余姚市政协梁弄委员小组:《余姚文史资料》第12辑,内部资料,1994年,第247页。

⑤ 余姚市政协文史资料委员会、余姚市政协梁弄委员小组:《余姚文史资料》第12辑,内部资料,1994年,第248页。

⑥ 陈科:《浙东抗日根据地的"廉洁政治"》,https://www.ccdi.gov.cn/yaowenn/202205/t20220520_193824.html。

　　无论是浙东行政公署,还是下属的各级政府,政治都十分廉洁。在慈镇县,"全体政府人员奉公守法、清廉自戒。经手大量谷米、货币,不徇私枉法,每人生活艰苦朴素,除供给制所规定的外,无额外享受,不向群众或乡保长私自挪借需索,群众自然信任,敬重政府人员。从县区政府建立到北撤,没有发生过一件贪污公款的事"①。

　　朱之光认为,抗日民主政权是廉洁政治,党内外的风气很好,首先是因为绝大多数干部素质极好,因为能投奔到革命队伍的大多是不怕艰苦不怕牺牲的。其次是因为革命的实践考验和教育着每一个同志,更重要的是党的教育,党有一整套的政治思想工作,如三大纪律、八项注意、战斗动员、政治报告,办教导队、轮训班,尤其是开展多样化的群众喜闻乐见的文艺活动和文化教育等。共产党以革命的优良传统培育出全心全意为人民服务,为实现共产主义的伟大理想而奋斗的高尚的人。②

　　除了施政纲领外,浙东行政公署还颁布了一系列法规,推动廉洁政治的建设。1945年1月1日,新四军浙东游击纵队颁布了经首届军政干部会议通过的"供给制度"的命令。命令指出:这个制度是"以革命的经济制度原则和我浙东经济条件而制定的,不仅保证作战工作学习及日常生活的物质必需,且系节流养成每个指战员工作人员简朴低廉生活的革命作风,因此这个供给制度不仅对内须进行教育,使全体自觉遵守,同时对外可以进行宣传,使人民了解我们的艰苦生活和严格的制度"。该命令不仅规定了严格的审查和手续,而且规定"贪污浪费公物者,应受处罚,情节严重者处死"。1945年1月21日—30日召开的浙东敌后各界临时代表大会,通过了《浙东行政区惩治贪污暂行条例》,规定了廉政建设的具体措施和办法。③

---

　　① 宁波市新四军暨华中敌后抗日根据地研究会:《浙东抗战与敌后抗日根据地史料丛书》第5卷,中共党史出版社,2001年,第86页。

　　② 宁波市新四军暨华中敌后抗日根据地研究会:《浙东抗战与敌后抗日根据地史料丛书》第5卷,中共党史出版社,2001年,第132页。

　　③ 浙江省新四军历史研究会:《浙东抗日根据地史》,中共党史出版社,2005年,第423页。

第四章

浙东革命根据地的文化建设

在中国人民争取解放的斗争中,有文化和军事两个战线。"我们要战胜敌人,首先要依靠手里拿枪的军队。但是仅仅有这种军队是不够的,我们还要有文化的军队,这是团结自己、战胜敌人必不可少的一支军队。"①浙东革命根据地创建虽然较晚,规模不大,斗争环境艰难,但文武两个战线的工作有机结合,文化工作作为整个革命机器的一个重要组成部分,成为团结人民、教育人民、打击敌人、消灭敌人的有力武器。浙东革命根据地的文化建设,在浙东党组织的统一领导下,高度重视在浙东本土文化基础上发展创新,切实满足群众的需求,充分发挥了为革命服务、为工农兵服务的功能。

一、浙东革命根据地文化工作概述

浙东革命根据地的文化工作,可以划分为三个发展时期:初创时期(1942 年 6 月—1943 年 1 月)、发展繁荣时期(1943 年 2 月—1945 年 9 月)和艰难中继续发展时期(1945 年 10 月—1949 年 5 月)。从抗日根据地创建伊始,文化工作就得到了高度重视,开展得有声有色、卓有成效,尤其在新闻出版、教育、文学艺术创作等方面取得了丰硕成果。即使新四军浙东游击纵队北撤后,浙东游击根据地也克服重重困难,重新燃起根据地文化事业的火种,推动文化工作继续在革命斗争中发挥积极作用。

(一)初创时期(1942 年 6 月—1943 年 1 月)

中国共产党领导的浦东武装力量抵达浙东三北地区后,摆在面前的首要任务是开展

---

① 毛泽东:《在延安文艺座谈会上的讲话》(1942 年 5 月),见中共中央毛泽东选集出版委员会:《毛泽东选集》第 3 卷,人民出版社,1991 年,第 847 页。在延安举行的文艺座谈会是延安整风运动的一个重要组成部分,其宗旨在于解决中国无产阶级文艺发展道路上遇到的理论和实践问题。在这篇讲话中,毛泽东明确提出了文艺为工农兵服务的方针,强调文艺工作者必须到群众中去、到火热的斗争中去,更好地服务于革命事业。

对敌军事斗争,保存和发展革命的武装力量。浙东抗日根据地的文化工作,是共产党力量在三北地区初步站稳脚跟后逐步开展起来的,以 1942 年 6 月《电讯稿》的发行为标志,根据地的文化工作正式起步。自此,浙东抗日根据地的文化工作同军事、经济、政治等领域的斗争一起,作为重要的一环发展起来。

1.建立电台、出版报纸

浙东抗日根据地由于处于日寇、伪军、国民党顽固派三面夹击的复杂生存环境,战斗十分频繁,部队的流动性大,消息相对闭塞。因此,有效打破顽军的新闻封锁、尽快建立党的舆论阵地、及时收听到来自中共中央的指示就成为根据地文化建设的一项迫切任务。

1942 年 6 月,谭启龙到浙东后,根据毛泽东关于"每个根据地都要建立印刷厂,出版书报,组织发行和输送的机关"的指示,不久即在姚北的鸣鹤场(今慈溪境内)上岙何家建立了电台,并摘编油印 8 开 4 版的《电讯稿》。[①]《电讯稿》的发行,打破了敌人的新闻封锁,成为浙东抗日根据地报刊出版事业的开端,也是浙东抗日根据地文化工作开始的标志。《电讯稿》是摘编刊物,主要收录延安新华通讯社的新闻电讯,还不是严格意义上的正式报纸。基于浙东敌后抗战形势的发展需要,1942 年 7 月,浙东区党委将《电讯稿》改名为《时事简讯》[②]。8 月,在慈北洞山寺成立《时事简讯》社。《时事简讯》是浙东抗日根据地第一份正式的红色报纸,是浙东区党委的机关报。"这是浙东,也是浙江省最早公开出版的中共的机关报,这在浙江中共党史和浙江新闻史上都有其意义。"[③]总的来看,《时事简讯》还是以转载新华社电讯稿为主,地方色彩不够鲜明,但是"在扩大我党我军政治影响上,在团结争取与教育浙东敌后各阶层人民上,在反映浙东党的工作与群众的要求上,以及在帮助全党全军的政治教育与思想领导上已经起了重大的作用"[④]。

2.提出浙东敌后文教工作的基本要求

为有序推进根据地文化工作的开展,1942 年 7 月 18 日,浙东敌后第一次干部扩大会

---

① 《电讯稿》(1942 年 6 月—7 月),作为摘编刊物,主要收录延安新华通讯社的新闻电讯,发行量不大,仅有几十份,阅读对象也有限,主要面向部队和地方党组织的负责人。参见浙东抗日根据地革命文化史料编纂委员会:《浙东抗日根据地革命文化史料选编(上册)》,内部资料,1992 年,第 13 页。

② 《时事简讯》(1942 年 7 月—1944 年 4 月),浙东抗日根据地的第一份红色报纸。1943 年之后,《时事简讯》的出版发行获得了快速发展。随着根据地建立印刷厂,《时事简讯》由油印改为铅印,版面从 8 开改为 4 开,从每周一期改为两期。报纸的阅读对象也扩大了,发行量递增为数千份。报纸主要刊载新华社电讯和延安《解放日报》的抗战消息与评论文章,后又增加浙东地区的新闻。1944 年 4 月 13 日停刊,改版为《新浙东报》。参见浙东抗日根据地革命文化史料编纂委员会:《浙东抗日根据地革命文化史料选编(上册)》,内部资料,1992 年,第 221—224 页;浙江省新四军历史研究会:《浙东抗日根据地史》,中共党史出版社,2005 年,第 291—292 页。

③ 何扬鸣:《抗战时期浙江中共新闻活动的再研究》,《浙江传媒学院学报》2011 年第 5 期,第 32 页。

④ 《浙东区党委关于出版〈新浙东报〉与加强报纸工作的决定》,见浙东抗日根据地革命文化史料编纂委员会:《浙东抗日根据地革命文化史料选编(上册)》,内部资料,1992 年,第 69—70 页。

议上,谭启龙作了题为《目前国内形势与我党发展浙江敌后游击战争建立根据地的方针》①的报告,提出文教工作的中心是提高与发扬民族的自尊心,提高人民抗日的自信心,与汪逆愚民政策作斗争,发扬民族气节与正义感。围绕上述中心,文教工作应发扬学生的抗日民主自由权利,给予学生言论、集会、结社、抗日自由,改善教职员生活,爱护青年、文化工作者,开办一切有利于抗日团结的文化事业;大量吸收当地抗日知识青年参加部队工作,并大胆地使用与提拔。以上关于浙东敌后文教工作的基本要求,明确了根据地文教工作开展的目的意义,为学校教育、群众教育、干部教育工作指明了方向,推动了各项文化工作的初步开展。

3.初步开展各类教育和宣传工作

浙东抗日根据地的教育工作主要包括干部教育、社会教育和学校教育,其基本精神在于为革命战争和扩大、巩固、建设根据地服务。伴随着浙东抗日根据地的创建,各类教育和宣传工作也开展起来。

(1)开展以农民为主要对象的社会教育

社会教育致力于提高广大农民的文化知识水平和思想政治觉悟,以广泛发动群众、凝聚巨大革命力量,是浙东抗日根据地教育工作自始至终的一项重要内容。浙东抗日根据地社会教育方式多样,其中冬学作为中国社会由来已久的传统社会教育形式②,一开始就受到根据地各级领导的高度重视。

浙东抗日根据地办冬学最早的是姚南县。1942年冬,姚南县办事处举办了群众骨干训练班,并派文教干部到各区指导。姚南县社教队直接领导了雅贤乡(今余姚市梁弄镇境内)的冬学,总结典型经验,并在全县推广。姚南县共办了30所冬学,受教育的群众达1259人,培养了文教骨干36人,为以后的冬学运动打下了基础。③ 其他各县也纷纷开展了冬学工作,许多冬学到第二年转为常设性农村俱乐部。由于这一年的11月,国民党顽固派艾庆璋部队向"三五"支队发动了疯狂的"围剿",浙东区党政机关和"三五"支队全力以赴地投入了第一次反顽斗争,加上四明根据地开辟不久,因而1942年的冬学运动范围不大,在数量和质量上有待增加与提高。办起冬学的地方,多为以识字为主的启蒙教育、扫盲教育,没有重视提高农民觉悟的思想教育。即使是办得较好的姚南县,也存在着不

---

① 《目前国内形势与我党发展浙江敌后游击战争建立根据地的方针》,见浙江省委党史资料征集研究委员会、浙江省档案馆:《浙东抗日根据地》,中共党史资料出版社,1987年,第28—45页。

② 冬学,指农村在冬闲时开办的季节性学校。作为一种中国传统的社会教育形式,自宋代就存在,素有"天寒地冻把书念,花开水暖务庄农"的农谚。冬学真正成为大规模、有组织的群众运动,始于全面抗战时期中国共产党领导下的根据地。各个抗日根据地都开展了大规模的冬学运动,有力地推动了群众识字和文化、政治学习。

③ 童文建:《浙东抗日根据地文化教育事业简述》(节选),见浙江省教育科学研究所:《浙江革命根据地教育资料汇编(上册)》,浙江教育出版社,1986年,第150页。

少问题,主要表现在对冬学工作重视不够,缺少必要的检查督促,民运又没有很好的配合,甚至出现了大部分冬学放任自流的现象。①

(2)兴办和改造学校教育

全面抗战之前,浙江省的教育一直走在全国前列,慈溪是浙江省的教育模范县。随着日寇的入侵,浙东地区的学校教育在各市县沦陷后遭到重创,不少学校停办或内迁,学生失学现象严重。1941年10月,上虞城沦陷,日军占领区的多数小学停办。② 1941年,嵊县多次被日机空袭,大批小学被迫停办,小学由1938年的394所降至1941年的135所,学生由24858人减至10854人。③ 浙东抗日根据地建立后,既考虑到解决青少年的失学问题,又考虑到通过合法的形式提高青少年的政治觉悟,以争取教育权,各级党组织和主管部门抓住有利时机,陆续成立教育协会,兴办和改造了一些学校。

1942年9月18日,龙山区教育会成立,这是三北地区最早成立的教育协会。④ 随后,三北地区以县或区为单位,陆续普遍建立教育协会。在学校改造方面,凤湖中学是这一时期比较成功的典型。这是共产党在浙东抗日根据地创办的第一所中学。⑤ 慈溪沦陷后,许多三北青年因为不愿进城接受奴化教育,失学问题非常严重。为了提高青少年的觉悟水平,引导他们参与到抗日救亡斗争中来,中共慈镇县工委1942年8月创办了一所中学,校址选在慈溪龙山所(当时隶属镇海)"巩院"内,校名为"私立凤湖初级中学"。学校除了一般的文化课程外,着重政治思想教育,传授马列主义和坚持抗战、争取民族解放的革命爱国主义思想,激发学生参加抗日革命工作的热情,培养革命干部。学校经常利用晚上或星期天,组织学生参加一些社会政治活动,到群众中开展抗日爱国宣传活动。根据地领导人谭启龙、何克希、黄源等人,多次来校演讲,使全校师生政治觉悟不断提高。

---

① 1943年2月,在姚南县办事处发布的1942年12月、1943年1月的工作报告中,详细总结了冬学的开展情况及其存在的问题。参见浙江省教育科学研究所:《浙江革命根据地教育资料汇编(中册)》,浙江教育出版社,1987年,第134—135页。

② 《上虞县教育志》编纂委员会:《上虞县教育志》,内部资料,1993年,第65页。

③ 嵊县教育志编纂小组:《嵊县教育志》,内部资料,1991年,第22页。

④ 龙山教育会在庄黄晋区成立,是三北地区最早成立的教育协会。该会为推进全区教育工作,联合各地民众团体,并聘请学校教员担任所在地农会自卫队的文化教员,编印课本教材,在自卫队员教育等方面做了大量工作。参见浙江省教育科学研究所:《浙江革命根据地教育资料汇编(上册)》,浙江教育出版社,1987年,第13—24页;浙东抗日根据地革命文化史料编纂委员会:《浙东抗日根据地革命文化史料选编(上册)》,内部资料,1992年,第228页。

⑤ 浙江省新四军历史研究会:《浙东抗日根据地史》,中央文献出版社,2014年,第264页。

"红色中学"的名声逐渐传扬开来,引起了敌人的警惕。后来,凤湖中学遭日伪强迫解散。[①] 凤湖中学只办了两个半学期,先后不过一年两个月,但它的影响和作用是深远的。在共产党的领导下,凤湖中学出色地完成了培养青年干部的任务,为三北抗日斗争史写下了光辉的一页,被誉为"浙东敌后抗日教育之模范",为根据地的学校改造提供了示范。

(3)重视干部培养

浙东抗日根据地的干部队伍,一部分是由华中局和新四军军部等外派的干部,另一部分是根据地自己培养的干部。1942 年 7 月 18 日,谭启龙在《目前国内形势与我党发展浙江敌后游击战争建立根据地的方针》报告中就明确指出:"工作开展最困难的就是干部缺乏。当然我们希望华中局能帮助是对的,但基本还是自己培养。"[②]

新四军浙东游击纵队很重视部队基层骨干的培训。在 1941 年 9 月浦东武装 900 余人全部南渡三北后,即抽调部分骨干成立最早的教导队。[③] 由于当时实行"灰色隐蔽",教导队随整个部队番号编为"五支四大"的第四中队。1942 年夏,浙东区党委和三北游击司令部成立后,立即举办第 1 期教导队,学员约 80 人,于 8 月开学,年底结束。当时正值第一次反顽自卫战取得胜利,毕业的学员正好满足部队的需要。[④] 同年 8 月,在中共慈镇县工委领导下,举办了第一期"小教训练班",发动了三四十名知识青年参加学习。这个训练班,名义上是国民党镇海县政府江北办事处为培训小学教师而举办的,实质是共产党秘密的干部培训班。结束后,学员一部分被分配当教师,一部分从事群众工作或机关工

---

① 关于凤湖中学的前期筹办:1942 年 6 月,学校董事会最先成立,龙山全区乡、镇长为董事,龙山士绅朱祖燮为董事长。校长人选由朱祖燮向董事会提名,请郑芳华担任。学校经费主要由龙山区各乡镇以亩合捐方式摊派筹集,北办(国民党镇海县政府江北办事处,简称"北办",实为共产党领导)也在税收中拨出一部分粮款。关于凤湖中学的解散过程:1943 年 10 月,伪镇北保安团团长姚华康以"外界对风中有不好反映,我对上头(指日寇)不好交待"为由,限令三天内把学校迁到他的据点山南蟹浦镇去。中共慈镇县工委研究后决定风中向西边安全地区迁移,改办一个流动训练班。1943 年 12 月下旬,流动训练班结束后,全体学生都投身于抗日革命队伍。学生一部分上四明山参军,编入新四军浙东游击纵队教导队,继续受训后分配工作;一部分留地方,由县、区分配做民运、文教、政府机关等各项工作。以上内容参考华天遽、郑稚华:《抗日的学校 革命的熔炉——记凤湖中学》;俞长才:《抗日战争时期的凤湖中学》(节选);陈文舟:《记抗日时期的凤湖中学》(节选)等,三文见浙江省教育科学研究所《浙江革命根据地教育资料汇编(上册)》,浙江教育出版社,1987 年,第 232—244、246—257、257—259 页。
② 浙江省委党史资料征集研究委员会、浙江省档案馆:《浙东抗日根据地》,中共党史资料出版社,1987 年,第 45 页。
③ 第四军浙东游击纵队成立的教导队,主要从事部队基层骨干的培训工作。第一期教导队:1942 年 8 月开学,年底结束,学员约 80 人。第二期教导队:1943 年 1 月开学,6 月底结束,扩大为两个队,一队为军事队,二队为政治队,各有学员 80 余人。第三期教导队:1943 年 7 月开学,10 月底结束,除军事队、政治队外,另成立一个特等射手队,各队都有学员百余人。第四期教导队:11 月 7 日开学,编军政两个队,学员百余人。由于正值第二次反顽期间,这一期的学习拖到反顽战役基本结束,于 1944 年 5 月才结业。第五期教导队:1944 年 7 月开学,年底结束。五期教导队为部队共培养基层骨干 744 名,其中连级军事干部 39 名、政工干部 49 名,排级军干 208 名,政干 113 名,班长 133 名,特等射手 104 名,其他干部 98 名。以上资料参见唐炎:《新四军浙东游击纵队教导大队及军政干校的简史》,见浙江省新四军历史研究会浙东分会:《浙东抗日根据地文化教育专辑》,内部资料,2009 年,第 125—126 页。
④ 唐炎:《新四军浙东游击纵队教导大队及军政干校的简史》,见浙江省新四军历史研究会浙东分会:《浙东抗日根据地文化教育专辑》,内部资料,2009 年,第 125 页。

作,充实了市区干部力量,都成为开辟根据地的第一批骨干力量。[①] 12月,华中局、新四军军部和一师师部派了一批党政军干部到达浙东[②],其中谢飞[③]、江岚、黄源[④]、于岩等文化干部成为根据地文化战线的骨干力量。由于受根据地斗争形势的影响,大规模干部培训和专业干校还没有开始,是在根据地逐步巩固下来之后才开展起来的。

(4)开展文艺宣传

在根据地的创建和发展过程中,对内对外的宣传教育工作无疑是重要的一环。1942年7月,金东义西抗日联防第八大队(简称"八大队")成立"战地服务团",积极开展抗日宣传文化活动。8月间,八大队"战地服务团"演出《小同志》《抓汉奸》《送子回营》《秋瑾革命》《大战关店市》《小坚勇和浙保团打仗》等剧目,还办墙报《少年先锋》。[⑤] 在宣传教育方面,书籍是重要的工具之一。8月25日,浙东区党委宣传部作出《关于保管与使用书籍方面的指示》,要求各级宣传机关应通过各种方式收集书籍,使闲藏的书籍变成流通的、有用的书籍。[⑥] 也是在8月,新四军浙东游击纵队成立政治工作队(简称"政工队")[⑦],密切配合部队的思想政治工作和战斗任务,在艰苦的战斗中为部队和地方演出,并输送了一大批政治骨干和文化骨干。政工队,既是一支文艺宣传队,也是一支战斗队。9月,诸亚民等12人从浙东返回浦东开展反"清乡"斗争,同时通过刊出流动墙报,演出《兄妹开荒》《理发员杀鬼子》等小戏,以及演唱《跟着共产党走》《义勇军进行曲》《大刀进行曲》《游击乐》《粉碎敌人大扫荡》等歌曲,积极开展抗日文化宣传活动。[⑧]

---

① 包雪浪:《关于第一期"小教训练班"的回忆》,见浙江省教育科学研究所:《浙江革命根据地教育资料汇编(上册)》,浙江教育出版社,1987年,第229—232页。

② 浙东抗日根据地革命文化史料编纂委员会:《浙东抗日根据地革命文化史料选编(上册)》,内部资料,1992年,第17页。

③ 谢飞(1913—2013),女,原名谢琼香,海南文昌人。1927年加入中国共产党。1943年初,调浙东抗日根据地工作。历任中共四明地委委员,三北地委委员兼宣传部部长,余(姚)上(虞)县委书记、组织部部长等职。抗战胜利后,随新四军浙东游击纵队北撤。解放战争时期,曾任华东妇女联合会常委兼组织部部长。

④ 黄源(1906—2003),浙江海盐人。1939年加入中国共产党。1942年12月,奉派赴浙东抗日根据地工作。历任浙东区党委宣传部副部长、浙东行政公署文教处处长、浙东鲁迅学院院长等职。抗战胜利后,随新四军浙东游击纵队北撤。解放战争时期,曾任华中文协主任兼党组书记等职。1949年5月上海解放后,任上海市文管会文艺处副处长。

⑤ 浙东抗日根据地革命文化史料编纂委员会:《浙东抗日根据地革命文化史料选编(上册)》,内部资料,1992年,第14—16页。

⑥ 浙东抗日根据地革命文化史料编纂委员会:《浙东抗日根据地革命文化史料选编(上册)》,内部资料,1992年,第14—15页。

⑦ 1942年8月,浙东区党委决定成立政治工作队,归纵队政治部领导。政工队排演了大型歌剧《农村曲》、话剧《民族英雄》、独幕剧《人约黄昏后》《钦差大臣》《流寇队长》、秧歌剧《红鼻子》、活报剧《工人胡世合》等18个剧目,《红灯舞》等2个舞蹈,以及《一九四二年前奏曲》《新四军之歌》《梁弄之战》等19首革命歌曲,为浙东军民巡回宣传演出,反响热烈。"政工队"历时3年,至1945年9月30日随部队北撤而告别浙东。参见浙东抗日根据地革命文化史料编纂委员会:《浙东抗日根据地革命文化史料选编(上册)》,内部资料,1992年,第229—230页。

⑧ 浙东抗日根据地革命文化史料编纂委员会:《浙东抗日根据地革命文化史料选编(上册)》,内部资料,1992年,第16页。

总体来看,这一时期的文化工作率先在新闻出版、教育和宣传工作等方面取得了一些进展,积累了初步的经验。由于浙东抗日根据地文化事业尚处于创建和摸索阶段,也暴露出一些问题,诸如发行的报纸刊物种类单一,发行量和受众群体有限,尤其在群众中的舆论影响不大;社会教育、学校教育和干部教育也刚刚起步,各区县还没有形成统一的方针政策,教育的规模和成效也还比较有限;文艺活动和宣传以部队文艺力量为主,面向广大群众的文艺宣传活动和文化机构有待加强。

(二)发展繁荣时期(1943年2月—1945年9月)

第一次反顽自卫战的胜利,极大鼓舞了浙东广大军民的斗志,巩固了三北根据地。1943年2月,浙东区党委发布《我党我军在浙东区今后的一般任务》重要文件,提出了浙东党和军队的总任务,阐明了文化工作的总方针,成为根据地文化建设的指南,标志着浙东革命根据地的文化工作步入发展繁荣时期。这一时期,根据地的各项事业飞速发展,文化工作取得重大成果。新闻出版工作渐趋成熟和完备,党报、军报和地方性报刊齐发展;以冬学运动为主的社会教育普遍开展,学校教育和干部教育成效显著;以"的笃戏"改革为重点的文艺运动有声有色,文化事业呈现出一派欣欣向荣的景象。

1.提出文化工作任务和方针

1943年2月发布的《我党我军在浙东区今后的一般任务》重要文件,其中第七条明确提出文化工作的总任务:"必须加强党对文化教育事业的领导,有计划地协助地方上办理文教事业,加强对外政治宣传。"[①]围绕这一总任务,提出文化工作的重点:一是帮助与领导"我军活动区现有学校及一切文教机关及人士";二是积极地与敌伪奴化教育作斗争;三是与一切挑拨离间的违反民主的错误理论和思想作斗争;四是加强党对《时事简讯》的领导;五是多方推动与吸收地方各界人士参与根据地的文教事业。这就为根据地文化建设指明了正确发展方向。1944年9月17日召开的第三届浙东文教会议[②],对浙东敌后文教事业的改革具有决定性意义,提出了根据地新的文教方针,即坚持"社会教育重于学校教育""成人教育重于儿童教育""干部教育重于群众教育"。这一文教方针"在当时紧张的战争环境里,在很有限的人力、物力投资文化教育事业的情况下,是符合'一切为了战

---

① 《我党我军在浙东区今后的一般任务》,见新四军和华中抗日根据地研究会:《新四军和华中抗日根据地史料选》第7辑,上海人民出版社,1983年,第90—91页。

② 1944年9月17日—23日,文教处召开了第三届文教扩大会议。1944年10月11日,《新浙东报》刊发《第三届浙东文教会决定新的文教方针》一文,详见中共宁波市委党史研究室:《烽火四明——浙东抗日根据地创建70周年纪念文集》,浙江人民出版社,2013年,第240—243页。

争'这一原则的"①。

上述两份纲领性文件成为浙东抗日根据地文化工作的指导思想,为各项工作的开展指明了方向。

2.完善新闻出版发行体系

根据地的新闻出版工作在浙东区党委的领导下获得飞速发展,不仅成立了新华社浙东支(分)社,建立了出版和发行体系,而且党报、军报、地方性报刊百花齐放,坚守了党的舆论阵地,扩大了党和军队的政治影响力,鼓舞了根据地军民的斗志。

(1)成立新华社浙东支(分)社

为适应根据地斗争形势发展的需要,扩大新闻宣传和舆论导向的作用,1943年1月,华中局和新华社华中分社决定成立新华社浙东支社(5月改为浙东分社),并委派新华社华中分社和《新华报》编辑部副主任兼采访部主任于岩担任社长。浙东支(分)社的主要任务是编辑地方新闻向延安新华社供稿,接收新华社及华中分社的新闻电讯,并将采访的地方新闻和接收的新闻电讯提供给《时事简讯》等报刊。② 新华社浙东支(分)社的成立,极大促进了浙东抗日根据地新闻出版和发行事业的发展。

(2)建立印刷厂

1943年6月,浙东抗日根据地第一个印刷厂历时两个多月的筹建,在四明山杜徐呑泥镶里(现属余姚市南山乡)建立。6月底,印刷厂第一次印出由铅字排印的综合性报纸《浙东报》。7月7日,印刷厂将《时事简讯》也由油印改为铅印。③ 11月,第二次反顽自卫战爆发后,在13日印刷出版了第163期《时事简讯》之后,印刷厂被迫关闭。1944年初,随着反顽斗争形势的好转,新四军浙东游击纵队政治部在三北毛山上建立了《战斗报》印刷厂。④ 1944年冬,浙东区党委在杜徐村召开浙东地区宣传工作会议,把纵队政治部领导的三北毛山印刷厂和芝林纸厂划归浙东韬奋书店领导。⑤

(3)提升报刊质量

为了不断提高办报水平,扩大党报的发行量和影响力,1943年7月7日,浙东区党委

---

① 谭启龙:《谭启龙回忆录》,中共党史出版社,2003年,第202页。

② 浙东抗日根据地革命文化史料编纂委员会:《浙东抗日根据地革命文化史料选编(上册)》,内部资料,1992年,第17—18页。

③ 浙东抗日根据地革命文化史料编纂委员会:《浙东抗日根据地革命文化史料选编(上册)》,内部资料,1992年,第21页。

④ 浙东抗日根据地革命文化史料编纂委员会:《浙东抗日根据地革命文化史料选编(上册)》,内部资料,1992年,第26页。

⑤ 浙东抗日根据地革命文化史料编纂委员会:《浙东抗日根据地革命文化史料选编(上册)》,内部资料,1992年,第35页。

党报《时事简讯》由油印改为铅印,并扩大版面和发行范围。1944 年 4 月 13 日,《新浙东报》在慈北创刊,成立了以谭启龙为主任,何克希、张文碧、张瑞昌(顾德欢)、江岚为成员的 5 人党报委员会。自此,《时事简讯》完成了历史任务而停刊。《新浙东报》成为浙东区党委的机关报。[①] 同时,为提升《新浙东报》的质量,并加强报纸工作,浙东区党委发布《关于出版〈新浙东报〉与加强报纸工作的决定》[②]。10 月 1 日,为加强《新浙东报》的地方性、指导性,浙东区党委宣传部发出通知,要求各级党委和宣传部门认真执行中央关于全党办报的指示,对工作中的每一个新经验和每一个错误缺点,及时写成新闻稿件投寄《新浙东报》。[③] 与《时事简讯》相比,《新浙东报》在报纸的指导思想、新闻报道和抗日反顽宣传,以及对根据地建设的作用等方面都有了很大的进步,是党在浙东抗日根据地的重要喉舌。

军报的出版发行工作也受到高度的重视。1943 年 8 月 23 日,三北游击司令部的机关报《战斗报》[④]在余姚横坎头创刊。同年 11 月,第二次反顽自卫战打响,《战斗报》因油印设备丢失而停刊。1944 年 3 月 21 日,《战斗报》复刊,并在三北毛山上建立起印刷厂。为推动《战斗报》的发展,5 月 3 日,谭启龙为《战斗报》题词"党报是我们的教科书",同时纵队政治部发布《政治部训令》,专门对《战斗报》的性质、作用、组稿、发行、读报等作出明确规定,提升了报纸在部队官兵中的影响力。[⑤]

除了浙东区党委和新四军浙东游击纵队领导出版的党报、军报外,在浙东抗日根据地还涌现出大批的地方性报刊。浙东抗日根据地的 4 个行政区、14 个县的中共党委、政

---

① 浙东区党委机关报《新浙东报》(1944 年 4 月 13 日—1945 年 10 月 1 日):"报纸为铅印,4 开 4 版,遇有重要内容则扩至 6—8 版。开始每周出 2 期,9 月起改出 3 期。1945 年 8 月 14 日起为日报。10 月 1 日,《新浙东报》出版最后一期后停刊。共出版 231 期,增刊 18 期和号外数期。"《新浙东报》的版面编排:"第 1 版刊登新华社重要电讯和中共中央重要指示,报道浙东抗日根据地的政治、军事、经济和文化等方面要闻,并经常发表浙东抗日根据地领导机关的指令。第 2、3 版为国际、国内新闻,报道中国共产党领导的各抗日根据地的战讯、动态、世界反法西斯战争的形势。第 4 版为科学文化版,辟有'新地''文艺周刊'等副刊。1944 年 9 月 14 日增出'新时期'专页。并设不定期的'生产''浙东妇女'专刊。'增刊'内容主要为中共中央文件以及部队领导人的重要文章。"参见浙东抗日根据地革命文化史料编纂委员会:《浙东抗日根据地革命文化史料选编(上册)》,内部资料,1992 年,第 224—225 页。

② 《浙东区党委关于出版〈新浙东报〉与加强报纸工作的决定》,见浙江省委党史资料征集研究委员会、浙江省档案馆:《浙东抗日根据地》,中共党史资料出版社,1987 年,第 88—90 页。

③ 浙东抗日根据地革命文化史料编纂委员会:《浙东抗日根据地革命文化史料选编(上册)》,内部资料,1992 年,第 31 页。

④ 新四军浙东游击纵队机关报《战斗报》(1943 年 8 月—1945 年 9 月):"1943 年 8 月在横坎头创刊,由三北游击纵队政治部主办。初由周丹虹任编辑,后由江岚任社长,丁柯任主编。油印周刊,4 开 2 版。1944 年 3 月 21 日,由新四军浙东游击纵队政治部改出铅印周报,第 6 期起扩为 8 开 6 版,15 期起改出每周 2 期,在军内发行,每期 500 份。报纸的主要内容是报道部队动态、交流战事、工作经验,对全体指战员进行宣传教育。设有'战斗俱乐部''工人生活'等栏目,刊登反映部队生活题材的文艺作品。1945 年 9 月因部队奉命北撤而停刊。"参见浙东抗日根据地革命文化史料编纂委员会:《浙东抗日根据地革命文化史料选编(上册)》,内部资料,1992 年,第 224 页。

⑤ 浙东抗日根据地革命文化史料编纂委员会:《浙东抗日根据地革命文化史料选编(上册)》,内部资料,1992 年,第 24—25、26、27 页。

府及部队也都分别创办了报刊。根据地的报刊事业呈现出繁荣景象。

(4)完善报刊发行机制

根据地的报刊发行最初是由各交通站负责。为了适应报刊发行量和受众面的不断扩大的需要,1943年下半年设立书报发行总部,与当地交通站密切配合,共同完成书报的发行任务。1944年6月中旬成立浙东书局,专门从事报刊、书籍的发行和经销业务。1944年冬,为了加强对印刷、出版、发行工作的统一领导,协调相互关系,浙东区党委将浙东书局改名为浙东韬奋书店,并把纵队政治部领导的印刷厂和芝林纸厂划归浙东韬奋书店领导。[①] 浙东韬奋书店的创办,使根据地有了统一的印刷、出版、发行机构,是根据地新闻出版事业繁荣发展的标志。

3.教育事业蓬勃发展

这一时期根据地的教育事业,坚决贯彻党对教育事业的全面领导,立足于浙东文教发展实际和本地资源优势,不断推进社会教育、学校教育和干部教育工作的深入,成效显著。

(1)社会教育

浙东抗日根据地层层推进冬学运动,自上而下地有效确保冬学运动的顺利开展。1943年10月27日,浙东区党委发出关于今年冬季工作指示,强调要抓住人民冬季的空闲时间,广泛开展群众性的冬学运动,并尽量举办各种训练班。[②] 但由于发生了第二次反顽自卫战和反"扫荡"斗争,1943年根据地的冬学运动基本停滞下来。至1944年9月,随着反顽自卫战和反"扫荡"斗争的胜利,浙东形势步入了相对稳定期,这年的冬学运动达到了高峰。12月4日,浙东敌后临时行政委员会发布关于今年冬季工作的指示,提出冬学的主要内容和冬学运动的骨干力量。[③] 四明特办在12月通过了《四明地区推进冬学办法》,统一规定了冬学的基本方针、起止时间、经费、教材内容、数量规模、评价指标等。[④] 12月19日,为了更好地开展民主、生产、冬学三大运动,姚南县利用农闲时期,开办为期10天的第三届群众干部培训班,参加训练班的学员超出原定的150名。[⑤] 这年的冬学,已不仅仅是让农民识字,而是要通过"读书明道理"来提高群众的思想认识,培养一批得力

---

① 浙东抗日根据地革命文化史料编纂委员会:《浙东抗日根据地革命文化史料选编(上册)》,内部资料,1992年,第35页。

② 浙江省教育科学研究所:《浙江革命根据地教育资料汇编(上册)》,浙江教育出版社,1987年,第29页。

③ 浙江省教育科学研究所:《浙江革命根据地教育资料汇编(中册)》,浙江教育出版社,1987年,第151页。

④ 《四明地区推进冬学办法》,见浙东抗日根据地革命文化史料编纂委员会:《浙东抗日根据地革命文化史料选编(上册)》,内部资料,1992年,第130—135页。

⑤ 浙东抗日根据地革命文化史料编纂委员会:《浙东抗日根据地革命文化史料选编(上册)》,内部资料,1992年,第35页。

的基层干部。在根据地的基本区内,各乡镇都办起了一所或多所冬学,在游击区则办流动冬学,冬学运动达到了高潮。1945 年初召开的浙东敌后临时行政委员会鄞慈县第一届文教扩大会议上,提到鄞慈县布置了冬学 40 所,而且划出了县、区、乡等各级中心冬学区。[①]

浙东抗日根据地的社会教育,除了办冬学,还有常年性的夜校、巡回学校、读报会以及农村俱乐部等。1945 年初,鄞慈县社教队在红岭、王仙岗和东岗头三个村创办了巡回学校,参加者 101 人,绝大多数是青年。这种学校以识字教育为主,上课不拘形式,不定时间,完全按农民的实际情况而定。当学员达到初小或高小程度时,还颁发毕业证书。组织读报会也是对农民进行时事教育的一种好形式。根据地的党组织发动有一定文化程度的干部和青年组织了各种类型的读报会,还定期把《新浙东报》张贴在一些人员集中的公共场所;遇到报上有重要消息时,专门举办街头讲座会、讨论会、座谈会等。[②] 这些切合农村特点的各种教育形式,受到了广大农民的欢迎,收到了良好的效果。

(2)学校教育

在浙东区党委和浙东行政公署的统一领导下,根据地对学校体制、学制、教材、课程设置和师资等方面进行了一系列有效改革,为革命事业的发展打下了一定基础。

浙东抗日根据地积极推动所有公私学校向"民办公助"方向发展,充分运用地方人力物力联合办学,调动各方办学的积极性。1943 年,著名教育学家何燮侯、郑石君在诸暨魏家坞创办农义中学(后改名为学勉中学),于 9 月 1 日开学。[③] 1945 年 9 月 12 日,慈溪民主政府邀请慈镇等地士绅及教育界人士召开会议,决定以沈师桥海隅中学旧址为校址创办三北中学,定于 10 月 1 日开学。[④]

统一使用新教材,是改革学校教育制度的关键。浙东抗日根据地建立后,由于条件限制,来不及编印出版统一的新教材,一般由各地自行编印。如 1944 年夏天,欧洲反法西斯战争出现大转变,同时国民党战场出现了溃退,面对这一新的形势,三北教育会编印了介绍欧洲战场和中国战场形势的时事教材,还绘制了《苏德战场》和《第二战场》等地图,作为地理课的补充教材。许多县还根据《新浙东报》的内容,编印了全县统一的《国

---

① 《浙东敌后临时行政委员会鄞慈县第一届文教扩大会议记录》,见浙东抗日根据地革命文化史料编纂委员会:《浙东抗日根据地革命文化史料选编(上册)》,内部资料,1992 年,第 146 页。

② 浙江省教育科学研究所:《浙江革命根据地教育资料汇编(上册)》,浙江教育出版社,1987 年,第 153 页。

③ 浙东抗日根据地革命文化史料编纂委员会:《浙东抗日根据地革命文化史料选编(上册)》,内部资料,1992 年,第 23 页。

④ 浙东抗日根据地革命文化史料编纂委员会:《浙东抗日根据地革命文化史料选编(上册)》,内部资料,1992 年,第 48 页。

语》《常识》等教材。① 直到 1944 年 10 月,召开了第三届浙东文教会议,对根据地的学校课程和教材改革,作出了统一的规定,明确"总的原则是着重抗日战争知识和生产知识的增加,启发民主的精神,培养劳动观念、集体观念等"②。1945 年夏,浙东行政公署文教处编写的《国语》和《常识》课本正式出版,并专门发文规定各级学校必须采用新编教材,不得再使用伪版、旧版课本。③

根据农村的特点和农民的要求来安排上课时间、改革学制,是普及学校教育的一个重要环节。在第三届浙东文教会议上,明确要求各学校的学制应按农村或市镇的具体情况和实际需要,分别择用全日制、半日制、二部轮流制、间日制、旁听制、夜校、晨校等不同方式,星期天放假制可按实际需要,改为农忙放假制或市集放假制等。根据这一方针,各地学校都做了相应的改革。例如武陵区的一个中心学校,取消了传统的星期天放假的制度,什么时候放假全视农民的需要而定;学生由于家里劳动需要而请假的,不作缺课处理,事后由老师进行个别补课;农忙集体放假时,另外安排时间分组校外学习。这些灵活多样的教育方法,在当时的环境里是完全适合的,尤其在农村普及教育方面,起到了极大的推动作用。④

为了提高学校的教学质量,根据地各级党政机关高度重视教师的培训工作。1944 年夏,浙东鲁迅学院创办的第一期培训班,主要招收三北和四明地区的在职教师,共计 160 余人。⑤ 1945 年夏,浙东行政公署文教处下达《关于暑期小教集训工作的指示》,分析了浙东根据地小学教师的状况,提出集训工作的方针是"政治上的启发,思想上的教育和工作上的学习",并规定以政治教育为主,学习以毛泽东的《论联合政府》为重点。在这期间,各地成立了小学教师联合会、文教工作者协会等组织。⑥

在各级党组织和民主政府的领导下,浙东地区的小学不断增加,有的地区新办了中学,入学人数超过历史水平,根据地的学校教育事业获得快速发展。《浙东敌后临时行政委员会鄞慈县第一届文教扩大会议记录》(1945 年 1 月 5—7 日)记载了鄞慈县学校教育的成果:"这一学期在基本地区,我们教育了 4288 个儿童(慈南 1775 个,武陵 1913 个,古林 600 个),一百二十三个学级(慈南五十一个,武陵五十六个,古林六个)的学校教育。"

---

① 浙江省教育科学研究所:《浙江革命根据地教育资料汇编(上册)》,浙江教育出版社,1987 年,第 158 页。
② 董绍德:《鄞县教育志》,海洋出版社,1993 年,第 535 页。
③ 浙江省新四军历史研究会:《浙东抗日根据地史》,中共党史出版社,2005 年,第 290 页。
④ 浙江省教育科学研究所:《浙江革命根据地教育资料汇编(上册)》,浙江教育出版社,1987 年,第 159 页。
⑤ 浙东抗日根据地革命文化史料编纂委员会:《浙东抗日根据地革命文化史料选编(上册)》,内部资料,1992 年,第 226 页。
⑥ 浙东抗日根据地革命文化史料编纂委员会:《浙东抗日根据地革命文化史料选编(上册)》,内部资料,1992 年,第 45 页。

"恢复了十三所学校(慈南十一所,武陵二所),扩大了我们的教育阵线。"①

(3)干部教育

随着浙东抗日根据地的逐步巩固和发展壮大,干部队伍的需求也同步增长。1943年3月—7月,华中局增派了一批军政文化干部来到浙东,包括金虹、徐达华、杨奚、王斯韦、马青、朱堪、蓝茜等人。与此同时,上海也有一批青年学生相继到达,均由政治部分配到政工队工作,队长金虹,副队长丁柯,队员扩大至二十四五人。② 与此同时,根据地通过开办各类干部培训班,成立浙东鲁迅学院和浙东抗日军政干部学校,加快培养革命所需人才的步伐。

1943年3月开始,浙东区党委举办"中国共产党浙东地区委员会党员干部培训班",学习时间为两个月,每期学员60人左右,主要学习抗日民族统一战线、新民主主义、党的建设、群众路线以及军事基本知识等,共办了两期党训班。③ 根据地的各县区,还举办了形式多样的各级短训班,如乡镇干部训练班、支部书记训练班、党员干部训练班、党员训练班、青年训练班等。④

1944年8月成立的浙东鲁迅学院,以培养建设敌后根据地的经济和文化人才为宗旨,先后办过三期学员培训。第一期于1944年9月(顾春林日记记载为11月5日)开学,主要招收三北和四明地区在职教师160余人;第二期开始公开招生,于1945年3月开学,招收民政、财经、文教三系学员120余人;第三期于同年7月开学,除民政、财经、文教三系外,又增设民运系,共招生420人。学习时间三个月至半年不等。⑤ 就在浙东鲁迅学院创办后不久,在原有新四军浙东游击纵队教导大队基础上,成立浙东抗日军政干部学校(简称"干校"),为部队培养基层党政军干部(主要培养连排干部),纵队司令员何克希兼任校长。⑥ 1944年11月22日,《新浙东报》首次刊发学校的招收简章,除各军政机关保送者外,招收新生120名,计划1945年初在四明山开学。⑦ 学员毕业以后,由学校统一分配

① 《浙东敌后临时行政委员会鄞慈县第一届文教扩大会议记录》,见浙东抗日根据地革命文化史料编纂委员会:《浙东抗日根据地革命文化史料选编(上册)》,内部资料,1992年,第145—158页。

② 浙东抗日根据地革命文化史料编纂委员会:《浙东抗日根据地革命文化史料选编(上册)》,内部资料,1992年,第18页。

③ 叶清达:《新四军浙东游击纵队史实概要》,《浙江党史通讯》1987年增刊。

④ 冯永之:《浙东抗日根据地的教育事业与教育方针》,《宁波师院学报(社会科学版)》1991年第2期,第34页。

⑤ 浙东鲁迅学院(1944年8月—1945年9月),院址在陆埠杜徐,后又迁至梁弄、横坎头、上虞下管等地。院长由浙东行政公署文教处长黄源兼任。学院在教学上采取教育与社会实践相结合、理论与实际相结合的方法,除学习政治和业务外,还经常组织学员深入农村,接触农民群众,进行社会调查,或配合各项活动,开展文艺宣传。1945年9月北撤时,浙东鲁迅学院第三期学员提前分配工作,办学也随之结束。参见浙东抗日根据地革命文化史料编纂委员会:《浙东抗日根据地革命文化史料选编(上册)》,内部资料,1992年,第226页。

⑥ 姚鹏、刘金:《新型的学校　革命的熔炉——记浙东抗日军政干部学校》,见浙江省教育科学研究所:《浙江革命根据地教育资料汇编(中册)》,浙江教育出版社,1987年,第35—42页。

⑦ 浙江省教育科学研究所:《浙江革命根据地教育资料汇编(中册)》,浙江教育出版社,1987年,第42—43页。

到根据地内各党政军机关工作。1945 年 9 月,浙东党政机关和主力武装北撤后,两所学校的办学也随之结束。浙东鲁迅学院和浙东抗日军政干部学校培养了革命急需的人才,为部队和地方输送了一批具有较高政治素质和理论水平的党政军干部,为浙东抗战的胜利作出了重大贡献。

4.新文艺运动生机勃勃

在党的文艺工作方针指导下,特别是毛泽东《在延安文艺座谈会上的讲话》传达贯彻以后,浙东根据地掀起了一场新文艺运动,大批文化机构和社团应时而生,戏剧、曲艺、音乐、美术和文学创作等领域涌现出大量优秀文艺作品。

（1）成立各类文化机构和社团

浙东社会教育工作队(简称"社教队"),1943 年 7 月成立,隶属浙东区党委和三北游击司令部政治部领导,后改归行署文教处直接领导,1945 年 6 月并入浙东鲁迅文艺工作团。社教队由伊兵(周丹虹)任指导员,高岗(韩秉三)任队长,队员共 30 余人,大多数是当地的小学教员,部分是从部队调来的熟悉绍兴戏的同志,还聘请了金桂芳、竺芳森、钱天红、邢菊香等老艺人。社教队的主要任务是:改革编演"的笃戏";收集、整理和改编浙东地区的民歌、民谣等民间文艺;辅导各地俱乐部和业余演唱组织等。① 浙东鲁迅文艺工作团,成立于1945 年 6 月,是浙东行署为开辟新区的文教工作而建立的,至北撤时奉命撤销。其成员有原社教队成员、高升舞台人员、浙东鲁迅学院的学员及从敌占区来的青年,共六七十人。该团工作以编演"的笃戏"为重点,分设话剧、美术、音乐、曲艺等组。② 其他主要的文艺团体还有浙东木刻者协会筹备会、浙东解放区美术工作者协会筹备会等。

浙东抗日根据地各地区和机关也成立了许多文宣团体,主要有:四明社教队、八大队战地服务团、时代剧团、八大队金义剧团、三北社教队、滨海文艺社、南汇文化研究社、慈南青年服务团、四明地委青年工作队、姚南县社教队、鄞慈地区俱乐部等。③

浙东抗日根据地的各类社团,虽然成立的时间长短和活动内容各不相同,但它们活跃于根据地的各个文化艺术领域,成为联系与团结广大文艺工作者的重要群众团体,促进了根据地文化艺术的繁荣。

---

① 浙东抗日根据地革命文化史料编纂委员会:《浙东抗日根据地革命文化史料选编(上册)》,内部资料,1992年,第229 页。

② 浙东抗日根据地革命文化史料编纂委员会:《浙东抗日根据地革命文化史料选编(上册)》,内部资料,1992年,第234 页。

③ 根据各区和机关成立的各类文宣团体的基本情况,此处不作展开,可参见浙江省新四军历史研究会:《浙东抗日根据地史》,中央文献出版社,2014 年,第 272—273 页。

（2）开展以"的笃戏"改革为重点的戏剧创作工作

"的笃戏"是现代越剧的前身,在浙东地区有着广泛的群众基础。因此,浙东区党委决定进行以"的笃戏"为重点的戏剧改革,使其为抗日救亡服务,为工农兵服务。根据地的"的笃戏"改革①,主要集中在戏剧人才的改造和培养、剧本的改编和创作、表演形式的创新和发展等方面,涌现出大批优秀的戏剧人才和经典剧目。

（3）推动其他文艺工作多点开花

抗战歌曲的创作。浙东抗日根据地的歌曲创作,大多直接来源于实践。如直接反映战斗场面的歌曲有《梁弄战斗歌》《梁弄战》《墨城坞战斗歌》《宓家埭战斗》等;反映游击健儿英勇杀敌、坚决抗日的歌曲有《钢铁的纵队》《浙东人民的救星》《海防大队之歌》《五支队之歌》等。另外,还有许多反映军民关系、大生产、扩军参军、批评不良现象的歌曲。② 除了以上新创作的歌曲外,文艺工作者还利用浙东当地广泛流传的民歌小调,填入新词,成为有革命内容的新歌谣,如《共产党象亲娘》《四明山上升太阳》《保卫东埠头》等。③ 这些歌曲、歌谣都有很强的纪实性和针对性,充分显示了浙东军民的战斗激情,通过部队、学校和农村俱乐部迅速传唱开去,为群众所熟悉和喜爱。

美术作品的创作。浙东抗日根据地创作的美术作品,主要是借助各类报刊、宣传画册、板报壁画等载体呈现出来。如《战斗报》最初辟有《战斗画刊》专版,后专门出刊《战斗画报》。代表性的美术作品有:歌颂党的领导、反映根据地对敌斗争的漫画《纪念七一》《新年乐》;木刻连环画《血战大渔岛》《机枪手沈继天》等;揭露敌伪顽反动本质及其丑恶嘴脸的漫画《从碉堡中望出来》《国民党的说和做》《杀人凶手》等;善意批评人民内部的不良倾向的漫画《警卫六团学习中的不良倾向之一》等。④ 根据地的美术作品,尽管受艰苦战斗环境的影响在艺术呈现上还比较粗糙,但作为群众所喜闻乐见的一种艺术形式,在抗战中起到了宣传革命精神、团结群众、揭露和打击敌人的重要作用。

文学作品的创作。《新浙东报》设有整版的《新地》副刊,专门刊登各类文艺作品,《战斗报》上也辟有《俱乐部》专栏,刊登战士的习作,如文艺通讯、诗歌、快板、小调、故事、春联、谜语等。从已收集到的作品看,纪实性的报告文学和散文占有显著地位,以巴一熔的《大鱼山战斗》最有代表性,它与连环画《血战大鱼岛》以不同的文艺形式反映了那次战

---

① 关于根据地"的笃戏"改革的具体情况,将在本章的第四部分作专题分析,此处不予展开。

② 金延峰、黄旦:《在战斗中产生的浙东抗日歌曲》,见宁波第四军暨华中敌后抗日根据地:《浙东抗战与敌后抗日根据地史料丛书(第六卷)·根据地的各项建设》,中共党史出版社 2001 年版,第 214 页。

③ 浙东抗日根据地革命文化史料编纂委员会:《浙东抗日根据地革命文化史料选编(上册)》,内部资料,1992年,第 8 页。

④ 浙东抗日根据地革命文化史料编纂委员会:《浙东抗日根据地革命文化史料选编(上册)》,内部资料,1992年,第 9 页。

斗。此外,还以一定的篇幅转载、宣传其他根据地的文艺作品,如刘白羽、周而复等合著的《海上的遭遇》等。① 此举扩大了浙东抗日根据地军民的视野,促进了文艺的内外交流。

(三)艰难中继续发展时期(1945年10月—1949年5月)

1945年10月,在新四军浙东游击纵队奉命北撤后,根据地的各项事业也一度濒于停滞。全面内战爆发后,浙东游击根据地贯彻华中局指示,转变工作方针,开始从隐蔽坚持转入武工队活动。新的政治路线确定后,发动群众,开展对敌斗争,亟须一批基础干部。1946年4月至5月,金萧地区党组织举办了两期干部训练班②,率先开展干部培训工作,成为浙东游击根据地文化工作重启的标志。

浙东游击根据地时期,面对极其残酷的斗争环境,根据地的文化事业在浙东临委和游击纵队的有力领导下,得以在艰难中继续发展。这不仅重新燃起党的新闻事业的火种,而且在干部培养方面取得不错的成绩,为党和军队输送了大批的人才,革命胜利后这批人才又积极投身于新中国的建设事业。

1. 重燃新闻出版的火种

1945年10月1日,《新浙东报》发表了《忍痛告别浙东父老兄弟姐妹书》后正式停刊。为延续根据地党的新闻出版事业,及时传达中央声音,四明地区党组织依靠北撤时留下的电台③,一直抄录新华社电讯,供坚持斗争的同志了解全国形势,指导工作,同时编印《新华文选》,作为干部学习材料。1948年浙东临委成立后,又不定期地编印新华电讯《干部文丛》。《新华文选》以选编新华社发布的时评和新闻为主,《干部文丛》则以选编比较系统的党的政策和工作经验为主。④ 1948年3月,《四明简讯》创刊号正式出版,为八开四

① 浙东抗日根据地革命文化史料编纂委员会:《浙东抗日根据地革命文化史料选编(上册)》,内部资料,1992年,第10—11页。

② 1946年4月下旬至5月初,第一期干部训练班在诸暨淡溪乡的西林庵和同山乡的里坞底举行,由蒋明大和蒋忠主持,蒋谷川等10人参加;第二期于5月5日—12日在诸暨丽坞底桐高坞、杨家和汤江岩举行,由蒋明达主持,周芝山、陈相海等14人参加。训练班的中心内容是探讨从武装斗争向合法斗争转变的问题,同时进行革命气节教育。参见中共浙江省委党史研究室、浙江省新四军历史研究会:《浙东游击根据地史》,中共党史出版社,2009年,第73—74页。

③ 第四军浙东游击纵队北撤时,给留守根据地的同志留下了两部电台,交由隐蔽在四明地区的刘清扬等同志保管。这在《浙东游击根据地史》一书中有涉及:"刘清扬和陈布衣等17人带了两部电台(即与上级联系的通报电台和收听新华社电讯的新闻台)在慈(溪)南等处隐蔽起来。"(其中"在慈(溪)南等处隐蔽起来"的说法有误)(中共浙江省委党史研究室、浙江省新四军历史研究会:《浙东游击根据地史》,中共党史出版社,2009年,第56页)陈布衣在回忆录中说:"我们17人组成了一个队,刘清扬任队长,我任支部书记。北撤时,留下纵队司令部的通报台和《新浙东报》的新闻台,因部队从苏北向山东转移,通报台功率小,接不上联络讯号,只靠新闻台抄录新华社明码电讯。"(陈布衣:《风雨历程——四明山革命斗争岁月》,东方出版社,2001年,第74—75页)

④ 中共浙江省委党史研究室、浙江省新四军历史研究会:《浙东游击根据地史》,中共党史出版社,2009年,第320—321页。

版油印小报。《四明简讯》在初期主要刊登新华社的时评和新闻,随着四明地区革命斗争的发展,后增加了本地区新闻,反映四明山革命武装活动与民运工作等内容。《四明简讯》初为浙东临委机关报,后转四明工委主办。1949 年 5 月 26 日,随着宁波解放,《四明简讯》终刊。《四明简讯》共出版 66 期,增刊 20 余期。每期印数达 200～500 份。[1] 1949 年 3 月 15 日,浙东临委创办《浙东简讯》,作为临委新的机关报。《浙东简讯》的办刊目的主要是报道革命形势,传达中央指示,交流斗争经验,传播胜利消息。第一版为国内要闻,主要刊发新华社电讯;第二版为地方新闻,设《解放区》等栏目;第三版为国际新闻;第四版为副刊,设《人民英雄》《半月画刊》等栏目。每期印发 1200 份。至 1949 年 5 月 16 日终刊,共出至 51 期。[2]

此外,浙东各地在极为困难的情况下,出版报纸和革命读物,如《金萧报》《新路南报》《路东简讯》和《台州简讯》等。[3] 这对加强根据地军民的教育、提高干部群众的素质发挥了重要作用。

2. 开展干部培训

浙东区党政机关和主力武装北撤时,只留下少数熟悉地方情况、有群众基础的干部坚持隐蔽。四明全区共留下县级正副特派员 11 名;区级特派员中,南山县 4 名,鄞县 4 名,嵊新奉县 4 名,余上县 8 名(其中 3 人为副特派员),慈镇县 6 名,上虞县 4 名,共计 30 人,有 3 个区未留,2 个区的特派员未到职,实际人数为 28 名。[4] 由此可见,在创建浙东游击根据地的过程中,党政军人才的缺乏成为根据地发展的首要制约因素。

面对浙东各地干部紧缺的状况,包括上海局、华中工委及浙东党组织都想尽各种办法解决这一问题。在上海局领导浙东工作期间,上海局除了组织浦东武装南渡浙东,为浙东输送武装力量和军事干部外,还"动员到浙东的县以上的军政干部约卅人左右,青年学生工人干部约在百人以外";即使后来浙东工作转交给华中工委领导后,上海局仍继续输送了一批干部和青年学生。[5] 但是,仅靠外来输入干部,无法满足浙东革命斗争形势的需要,浙东党组织从一开始就很重视加强干部队伍的培养。1946 年 4 月—5 月,金萧地区党组织举办了两期干部训练班,中心内容是探讨从武装斗争向合法斗争转变的问题,

---

[1] 蔡罕:《解放战争时期宁波的两极新闻事业》,《浙江传媒学院学报》2010 年第 3 期,第 19 页。

[2] 佚名:《四明简讯》,https://www.guayunfan.com/lilun/145599.html。

[3] 对于金萧地区、路南地区、会稽地区等创办的报刊,此处不作具体阐述,本章第二部分介绍地方性报刊时将进行详尽介绍。

[4] 关于四明地区留守人员的情况,参见陈布衣:《风雨历程——四明山革命斗争岁月》,东方出版社,2001 年,第 71 页。

[5] 中共浙江省委党史研究室、浙江省新四军历史研究会:《浙东游击根据地史》,中共党史出版社,2009 年,第 325—326 页。

同时对干部进行革命气节教育。① 12 月中旬,四明地区第一期党员干部训练班在姚南桃花岭开班,共抽调姚南、慈南、余上、上虞等地党员骨干 31 人,由朱之光负责。学习内容主要是社会发展史、怎样做一名共产党员以及目前的形势和任务等,学习时间共 32 天。这次党训班,培训了一批区乡领导骨干。② 1948 年 10 月 10 日,浙东临委发布了《关于加强地方党的发展及大量吸收与培养干部的指示》,要求浙东各地不要只向上面要干部,而要"眼睛向下",去教育培养与提拔干部,且必须质、量并重。③ 各地区有计划地将从各大城市投奔游击区的青年学生组织起来,开办培训班,提高其政治素质,充实到党和武装队伍。1949 年,浙东临委在会稽东白山成立了浙东人民革命干部学校,张瑞昌兼任校长,接收培养知识青年。3 月 15 日,学校预备班正式开学,共有学员 90 余名,后逐步增加到 500 余人,下设军政、文化和群众 3 个分队。浙东临委非常重视学校的办学,对学员的学习内容和方法都作了具体安排。④

金萧地区的干部培训工作较具典型性。1947 年,金萧地区就成立了教导队,后改为燎原干部学校,公开对外招生。1948 年冬,中共金萧工委、金萧支队决定开办短训班培养学员,每期一周。至 1949 年 5 月结束时,共举办了 7 期,先后培训学员约 660 名,在短训班内发展党员近 100 名。解放战争期间,经短训班培训的人员近千人,约占金萧支队指战员总数的 25%。⑤ 培训学员战斗在浙东游击根据地党政军的各个岗位,至浙江解放后,被统一分配在各条战线,继续为新中国的建设贡献力量。

浙东革命根据地的文化建设是以军事和政权为依托,贯彻党对文化工作的基本路线、方针和政策,根植于浙东丰富的文教资源,逐步发展起来。根据地通过新闻宣传、文艺活动和教育活动的开展,组织和动员广大军民团结一致,抗击日伪顽的军事进攻,扩大解放区,巩固革命政权,促进根据地的经济和社会事业发展。

二、出版发行报刊

中国共产党从早期组织开始就高度重视报刊工作。毛泽东曾在不同场合多次强调,

① 中共浙江省委党史研究室、浙江省新四军历史研究会:《浙东游击根据地史》,中共党史出版社,2009 年,第 73—74 页。

② 陈布衣:《风雨历程——四明山革命斗争岁月》,东方出版社,2001 年,第 105 页。

③ 中共浙江省委党史研究室、浙江省新四军历史研究会:《浙东游击根据地史》,中共党史出版社,2009 年,第 326—327 页。

④ 中共浙江省委党史研究室、浙江省新四军历史研究会:《浙东游击根据地史》,中共党史出版社,2009 年,第 397—398 页。

⑤ 石云山:《解放战争时期浙东金萧游击根据地建设回眸》,见北京新四军暨华中抗日根据地研究会:《铁流 20——庆祝中国共产党成立 90 周年、纪念新四军军部重建 70 周年、缅怀皖南事变死难烈士》,解放军出版社,2012 年,第 171 页。

不仅要打破敌人的军事"围剿",还要突破新闻封锁,打破敌人的文化"围剿"。浙东革命根据地创建伊始,就把发展报刊事业作为打破敌人文化"围剿"的首要任务,取得了很大成就,形成了根据地文化建设的重要特色。

(一)坚持"双办"方针

1."双办"方针的基本内涵

"全党办报,群众办报",是中国共产党新闻事业发展的一条宝贵经验和基本方针,也是党的群众路线在新闻工作中的具体运用。

1944年3月22日,在陕甘宁边区文化教育工作座谈会上,毛泽东发表《报纸是指导工作教育群众的武器》的讲话,号召全边区各级党组织办报,"这样来办报,全边区可以有千把种报纸,这叫做全党办报"[1]。1948年4月2日,毛泽东途经晋绥边区时,对《晋绥日报》和新华社晋绥分社编辑人员发表重要谈话,指出报纸工作应该坚持群众路线,依靠人民群众的力量,"办报和办别的事一样,都要认真地办,才能办好,才能有生气。我们的报纸也要靠大家来办,靠全体人民群众来办,靠全党来办,而不能只靠少数人关起门来办"[2]。贯彻"双办"方针,各级党委党组织要加强对报纸的领导,充分组织和发动党员、群众参与新闻工作。浙东革命根据地的报刊事业,正是在这一方针的指导下发展起来的。

2.坚持"全党办报"

浙东区党委和浙东临委对浙东革命根据地的报刊工作,始终坚持全面领导,在指导思想、组织机制和人力保障等方面,为报刊事业的发展提供有力支持。

党报作为党组织的机关报,必须与党的大政方针保持高度一致,保证一定的质量和影响力。为了提高党报的质量,1944年4月,浙东区党委发布《关于出版〈新浙东报〉与加强报纸工作的决定》,指出《时事简讯》部分完成了党报的任务,但还没有完成党报应负的一切重要任务,有进一步加强党报工作领导的必要。《新浙东报》的"文章通讯新闻均须经该负责首长之审阅","各级党委及行政部门负责首长应经常检查本部门之投稿情形"。[3] 为此,浙东区党委决定将《时事简讯》改为《新浙东报》,并对新报纸的编辑、采访、发行及阅读研究工作作出了具体规定和要求。同时成立5人组成的党报委员会,谭启龙

① 毛泽东:《报纸是指导工作教育群众的武器》,见中共中央文献研究室、新华通讯社:《毛泽东新闻工作文选》,新华出版社,2014年,第158页。
② 毛泽东:《对晋绥日报编辑人员的谈话》,见中共中央文献研究室、新华通讯社:《毛泽东新闻工作文选》,新华出版社,2014年,第189页。
③ 中共宁波市委党史研究室:《烽火四明——浙东抗日根据地创建70周年纪念文集》,浙江人民出版社,2013年,第196—198页。

为主任,成员有何克希、张文碧、顾德欢、江岚。① 党报委员会的主要任务就是检查与确定每一时期报纸的政治方针,并带头写社论、撰稿,参与报纸的编辑和审稿工作。《新浙东报》在数量、质量和影响力上都远远高于《时事简讯》,在根据地的新闻传播领域发挥了不可替代的舆论引领作用。军报作为部队的党报,其重要性也不言而喻。为了提升军报的质量和影响力,新四军浙东游击纵队政治部发布《政治部训令》,对《战斗报》的性质、作用、组稿、发行、读报等作出了明确规定。② 同时,为了加强全体指战员学习,纵队又发出通知,强调《战斗报》要"多注意反映与指导学习","各单位各同志必须深刻注意战斗报上有关学习的社论、首长论文以及学习方式方法、经验介绍等文章"。③ 这些文件和政令的发布,不仅强化了党对报刊的领导,而且也对报纸质量的提升、影响力的扩大发挥了积极的指导作用。

浙东革命根据地领导人不仅高度关注报刊的质量,在经费、新闻人才培养、设备购置、改善生活待遇等方面,也提供切实有力的保障。解放战争时期,1949 年 4 月 8 日,中共浙东临委宣传部就《浙东简讯》工作发布指示,明确规定其为临委的机关报,号召各级党委加强对党报的学习和研究。同时,还特别指示:要"发展与培养大量的人民新闻工作干部","责成各级党委给记者以思想上、政治上、组织上、生活上的领导、帮助的照顾"。④ 浙东游击根据地培养的不少新闻工作者,为浙江解放后建立人民新闻事业作出了重要贡献。

3. 坚持"群众办报"

坚持"群众办报",即充分发动全社会的力量参与报纸工作,坚持反映人民的意见、代表人民的意志、动员人民的力量。正如《新浙东报》的《发刊词》提出的:"它不但是浙东共产党人的报纸,也是浙东广大人民自己的报纸……因此我们竭诚地要求浙东全党全军同志以及一切抗日的友党友军各界人士,大家很好地爱护关心这个报纸,多多提供积极改进的意见,我们坚信,在全体读者帮助之下,本报定能完成自己的历史使命。"⑤ 正是基于这样的办报方针,《新浙东报》建立了庞大的通讯员网络,浙东区党委所属各地委、县委秘书、宣传部部长,各支队宣教股长、大队教导员,以及各行政委员会的各级县办事处的秘

---

① 浙东抗日根据地革命文化史料编纂委员会:《浙东抗日根据地革命文化史料选编(上册)》,内部资料,1992年,第 27 页。

② 浙东抗日根据地革命文化史料编纂委员会:《浙东抗日根据地革命文化史料选编(上册)》,内部资料,1992年,第 27 页。

③ 蔡罕:《浙东抗日根据地新闻出版事业述评》,《浙江传媒学院学报》2013 年第 3 期,第 65 页。

④ 蔡罕:《解放战争时期宁波的两极新闻事业》,《浙江传媒学院学报》2010 年第 3 期,第 19—20 页。

⑤ 黄明明:《〈时事简讯〉与〈新浙东报〉》,见北京新四军暨华中抗日根据地研究会:《铁流 24——纪念张云逸大将诞辰 120 周年、纪念浙东地区党委成立 70 周年》,解放军出版社,2013 年,第 293—294 页。

书、文教科长、督学、文教指导员等都是通讯员,从而可以及时准确地反映各地的实际情况,表达群众的诉求。

根据地的报刊最初是以转载党中央和新华社发布的新闻电讯为主,对根据地各方面的建设实际和群众生活的关注和报道不够。针对《新浙东报》地方性稿件缺乏、不能及时反映浙东当地的实际斗争与群众生活的情况,1944 年 10 月 1 日,浙东区党委宣传部专门发布《为加强新浙东报地方性指导性的通知》,指出:"今后凡各县各区发生的对群众生活,抗日战争,与党的工作有重要关系的事件,如没有新闻稿件写寄新浙东报,区委、县委以及和这件事直接有关的工作同志应受批评。""党报地方性指导性的加强是与各级党委与每个党员领导作风与整个工作的改进相互影响,不能分离的。"①《新浙东报》辟有《浙东妇女》《浙东青年》《文艺周刊》《新文教》等副刊和"生产专刊",加强了对浙东革命根据地的政治、军事、经济、文化等方面动态重点的报道。1944 年 8 月—9 月,《新浙东报》报道了新四军浙东游击纵队粉碎日伪军"清乡""蚕食"的保卫秋收斗争,并连载了记者巴一熔撰写的报告文学《大鱼山战斗》。该文记叙新四军浙东游击纵队海防大队一中队血战舟山大鱼山岛、歼灭日伪军百余人的英勇斗争,其连载在群众中产生巨大反响,极大地激发了军民的抗日斗志。②

浙东游击根据地时期,为使《四明简讯》更具地方特色,浙东临委曾要求四明地区有关部门:"委派专人负责收集及供给具体斗争之新闻报道、特稿、副刊、文艺稿件。"按此要求,县、区两级及重点乡村和部队中队以上党组织,都确定专人担任通讯员,全地区发展通讯员 50 余名,并由报社记者指导和帮助开展宣传报道工作。③ 在浙东临委的帮助下,何其、胡春等作为特派记者,跟随部队边战斗边采访报道。因此,《四明简讯》既有反映全国解放战争进展的大事要闻及国内外的时事述评,也有浙东本地部队游击歼敌的战绩和国民党军队起义投诚等消息,本地群众盼望翻身求解放的愿望和活动等也经常见诸报端。④ 另外,《四明简讯》还设立了《四明副刊》,刊载一些通俗文艺作品、连环画等,常以各种喜闻乐见的民间小调,如"杨柳青""马灯调""五更调"等形式,编写游击区各种斗争实情,如肖容、石云山合作的"保柴、保竹自救歌",何其作的"劝浙保五更调"等。另外,还在副刊中刊载战士写的枪杆诗,如缴获机枪后,战士写道:"机枪刚刚来缴到,能手技术大提

① 浙东抗日根据地革命文化史料编纂委员会:《浙东抗日根据地革命文化史料选编(上册)》,内部资料,1992年,第 121—123 页。

② 浙东抗日根据地革命文化史料编纂委员会:《浙东抗日根据地革命文化史料选编(上册)》,内部资料,1992年,第 225 页。

③ 佚名:《四明简讯》,https://www.guayunfan.com/lilun/145599.html。

④ 徐炎:《在四明山上吹响宁波解放的号角》,《宁波通讯》2009 年第 5 期,第 28 页。

高,主人今朝下决心,整训期内学本领,学好本领打敌人,一扫打死 20 名。"①

根据地报刊注重地方指导性,强调对浙东本地新闻事件的挖掘和报道,贴近群众生活实际,从而提升了报刊在群众中的影响力,也扩大了党和军队的政治影响力。

(二)完善出版发行体系

扩大报刊在根据地军民中的影响力,充分发挥其舆论导向的作用,除了报刊的内容要有高质量之外,出版发行体系的作用也尤为重要。伴随着报刊的印刷量和受众面不断扩大,浙东革命根据地的出版发行历经了从最初的由各交通站负责发行工作,到成立书报发行部、浙东书局专门负责报刊书籍的发行和经销业务,再到成立集印刷、出版、发行于一体的专门机构——浙东韬奋书店,最终形成了一套完备的出版发行体系。

1.设立书报发行部

根据地的书报发行工作,最初由各地的交通站负责。随着芝林造纸厂②、杜徐印刷厂③的先后成立,根据地的报刊出版发行得到了快速发展。1943 年 7 月 7 日开始,《时事简讯》由油印改为铅印,版面从八开扩大为四开,出版周期从每周一期增为两期,发行量也递增到千份。④ 8 月 23 日,《战斗报》创刊,八开四版,中途因第二次反顽自卫战而停办。⑤《时事简讯》和《战斗报》的发行量日益增加,发行范围也不断扩大,不仅在根据地发行,还送至敌占区,由交通站来负责发行的体系已不能适应形势发展的需要。1943 年下半年,浙东区党委在四明山杜徐呑附近设立了书报发行总部,在三北和梁弄等地设立了书报发行分部和书店门市部。⑥ 此后,根据地的出版发行便由书报发行总部、分部与当地交通站密切配合,共同完成。

2.成立浙东书局

1944 年,随着革命斗争形势持续向好,四明山根据地不断扩大,地方行政机构也快速

① 林言凡:《〈四明简讯〉的出版与发行》,见宁波市新四军研究会:《解放战争时期宁波地区革命史料》第 3 卷,中共党史出版社,1999 年,第 86—87 页。
② 1942 年秋,根据地在四明山芝林村(现属余姚市大隐乡)建立造纸厂,利用当地原有制造土纸的技术设备以及盛产的毛竹、稻草等造纸原料,每月生产三四十令土纸,解决了《时事简讯》等书报的印刷纸张短缺的困难。参见浙东抗日根据地革命文化史料编纂委员会:《浙东抗日根据地革命文化史料选编(上册)》,内部资料,1992 年,第 16 页。
③ 1943 年 6 月,在四明山杜徐呑泥镬里(现属余姚市南山乡)建立起浙东抗日根据地第一个印刷厂。参见浙东抗日根据地革命文化史料编纂委员会:《浙东抗日根据地革命文化史料选编(上册)》,内部资料,1992 年,第 21 页。
④ 浙东抗日根据地革命文化史料编纂委员会:《浙东抗日根据地革命文化史料选编(上册)》,内部资料,1992 年,第 21 页。
⑤ 浙东抗日根据地革命文化史料编纂委员会:《浙东抗日根据地革命文化史料选编(上册)》,内部资料,1992 年,第 22 页。
⑥ 浙东抗日根据地革命文化史料编纂委员会:《浙东抗日根据地革命文化史料选编(上册)》,内部资料,1992 年,第 25 页。

发展，书报发行部门有限的业务能力已经跟不上形势的发展。1944 年 6 月中旬，直属浙东区党委宣传部和浙东敌后临时行政委员会领导的浙东书局成立，专门从事报刊书籍的发行和经销业务。书局在梁弄开设门市部。① 同时，为消除发行工作中的混乱现象，切实推动浙东书局在各地区的业务工作，8 月 30 日，浙东区党委宣传部发布《关于继续加强各种出版物发行工作的通知》，指出："必须建立与健全比较专门化的发行网系统，各级党委书记及宣传干部应运用自己领导下党政军民各种机构，协助浙东书局建立各地之分销处"；"每一单独行动之部队机关应指定一个干部（文书、收发、会计、宣教干部等）专任浙东书局特约发行员，负责本单位书报之发行"；"各地交通总站、分站、县站、区站应与浙东书局取得密切联系……浙东书局应尽量利用各交通站附设分销处，以便利工作"。② 这加强了浙东书局在出版发行体系中的地位，有效推动了发行工作的顺利开展。

3. 成立浙东韬奋书店

1944 年冬，为更好地完善出版发行体系，根据地将浙东书局改名为浙东韬奋书店，并将发行总部、印刷厂和纸厂都统一划归浙东韬奋书店领导，提高了出版工作的效率。随着根据地的扩大和报刊、书籍发行量的剧增，浙东韬奋书店的规模迅速扩大，逐步形成了较为完备的出版发行体系。除原设的三北和梁弄两个分部外，后又设立了上虞（主任吴瑛）、余上（主任吴迪平）、鄞西（主任鲁明）、嵊新奉（主任杨斌）、章家埠（主任顾墨卿）等分部。至抗战胜利前夕，浙东韬奋书店所属发行分部、书店发展到十四五个。③ 与此同时，发行总部内部也逐步健全了组织机构，设立了业务、出版及财会各股，采取了随教随学的办法，自力更生培养干部。1944 年冬和 1945 年上半年，韬奋书店举办过两期短训班，学员结业后就充实到发行队伍。④ 这对于根据地发行人才的培养起到了积极的作用。

浙东韬奋书店成立初期，以发行《新浙东报》为主，随着形势发展的需要，还陆续翻印其他解放区（如东北、华北等地区）出版的图书。为节约经费，避免浪费，除报纸免费赠送外，书店的图书采用销售方式发行。各地门市部除了销售图书外，为满足根据地干部战士学习的需要，还从上海、宁波等地进了一部分文具，如钢笔、铅笔、日记本、墨水等，非常受欢迎。浙东韬奋书店初建时，发行部、印刷厂和纸厂的全部人员仅有 100 人左右，到 1945 年 9 月北撤前夕，已发展到超过 200 人的规模。其中印刷厂 120 余人，纸厂 20 余

① 陈树惠、钟虹、鲁明、董大栋：《浙东韬奋书店回忆》《浙东抗日革命根据地的芝林纸厂》，二文均载《新四军华中抗日根据地研究会浙江分会会刊》1984 年第 2 期。

② 浙东抗日根据地革命文化史料编纂委员会：《浙东抗日根据地革命文化史料选编（上册）》，内部资料，1992 年，第 100—101 页。

③ 浙江省新四军历史研究会：《浙东抗日根据地史》，中共党史出版社，2005 年，第 294—295 页。

④ 蔡罕：《浙东抗日根据地新闻出版事业述评》，《浙江传媒学院学报》2013 年第 3 期，第 69 页。

人,发行部(包括各地的分部)约有 50 人。① 1945 年印完最后一期刊有《忍痛告别浙东父老兄弟姐妹书》的《新浙东报》后,浙东韬奋书店圆满完成了历史使命,结束了全部业务。

(三)推动各类红色报刊百花齐放

浙东革命根据地党委及其领导的政府、军队和地方性政权,在不同时期创办了各类红色报刊,打造出党报、军报和地方性报纸,形成百花齐放的宣传格局。各类红色报刊坚持"一切为革命大局服务"的办报宗旨,成为最广泛动员广大军民力量,鼓舞军民斗志,打败日本侵略者和国民党反动派,赢得最后胜利的强大思想武器。

1. 党报是党在根据地的"喉舌"

党报是阐明党的基本主张、宣传党的方针政策的主阵地,是党和政府联系人民群众的桥梁和纽带。《新浙东报》在发刊词《我们的立场与态度》一文中说:"今天,世界与中国正在向着一个自由民主的完全新的伟大历史时期迈步前进……在这样一个空前伟大的历史事变面前,我们浙东共产党人感到无限的兴奋,感到自己责任的重大,并愿表白我们对当前时局的立场与态度以及我们创办这个报纸的用意与希望。"②在《新浙东报》的四个版面中,第一版主要发表中共中央和浙东区党委的重要文件、指示,转载新华社重要电讯,报道根据地政治、军事、经济和文化教育等方面的重要新闻,并经常发表党政军领导的重要文章;第二版为国内新闻版,其中又以介绍中共领导的解放区战场,特别是延安解放区的情况为主;第三版为国际新闻版,主要介绍以苏德战场为主的世界反法西斯战争的进程;第四版,开始为科学文化版,后相继开辟《新地》《文艺周刊》等副刊,刊登小说、特写、诗歌、杂文等文艺作品。另外,《新浙东报》还会根据形势发展和实际需要,不定期地开辟专刊、副刊,如《浙东妇女》《浙东青年》和《新文教》等专刊。③

《新浙东报》从创刊起,"坚定地遵循党的指示,勤奋谨慎而又旗帜鲜明地向浙东人民宣传党中央和浙东区党委的方针政策,介绍我党领导的各解放区战场的形势和世界反法西斯战争的进程,揭露和鞭挞国内外敌人的种种阴谋和罪行,讴歌浙东地区广大军民不畏强暴,不怕牺牲,前仆后继的英勇气概"④。面对国民党军队在浙东一再制造摩擦,破坏抗日民族统一战线的反动行径,《新浙东报》严格遵照党的指示,认真分析形势,指出"我

① 钟虹、鲁明:《浙东韬奋书店纪事》,见北京新四军暨华中抗日根据地研究会:《铁流 6:新四军文化工作专辑——新四军文化工作研讨会论文集》,解放军出版社,2001 年,第 767—777 页。
② 佚名:《我们的立场与态度》,《新浙东报》1943 年 4 月 13 日。
③ 浙东抗日根据地革命文化史料编纂委员会:《浙东抗日根据地革命文化史料选编(上册)》,内部资料,1992年,第 224 页。
④ 谭启龙:《谭启龙回忆录》,中共党史出版社,2003 年,第 203 页。

们共产党人是抗日民族统一战线的发起者与坚决执行者,我们主张抗日战争应该始终团结。我们不但主张团结抗战,而且主张团结建国。团结是全国人民坚持抗战争取胜利的基础"[1],既宣传了党的抗日民族统一战线,又阐明了根据地坚持抗日民族统一战线的鲜明立场。1945 年 5 月 13 日,《新浙东报》转载了新华社 5 月 12 日的电讯《浙东解放区不断发展》,文章高度赞扬了浙东军民经过三年浴血奋斗,不断粉碎敌伪"扫荡"与"清乡"及击退国民党顽固派无数次进攻的壮举。这极大激励了根据地军民的斗志,提高了党和军队在群众中的威望。在日军投降前夕,8 月 14 日的《新浙东报》发表社论《千万倍的紧张起来,不放松一分钟一秒钟! 一切为着执行朱总司令的命令》,面对即将到来的胜利,激励浙东军民不放松警惕,继续战斗。日本宣布无条件投降后,8 月 17 日的《新浙东报》改为日版,并以大部分版面刊登来自延安党中央的电讯和文稿,向浙东人民宣传抗战胜利的全国形势,揭露蒋介石集团的内战、独裁和卖国的反动阴谋,阐明中国共产党反对内战、争取和平民主的方针。[2]

浙东游击根据地时期,浙东临委的机关报初为《四明简讯》,后创办《浙东简讯》作为新的机关报。1949 年 3 月 15 日,《浙东简讯》正式创刊,并在创刊号上大造了革命声势,鼓舞根据地军民士气。一版刊登了顾德欢在纵队干部会上的讲话,号召全军指战员做好思想、物质准备,培训干部,迎接大军南下;二版刊登了三门解放,国民党第三〇三军三〇八团机枪连投诚,以及金萧支队与皖浙解放军胜利会师的消息;三、四版刊登了解放区土改和恢复生产的消息和通讯。[3]《浙东简讯》报道的主要内容有以下几个方面:一是宣传人民解放军战争胜利发展的形势,揭露国民党反动派的累累罪行,歌颂在共产党领导下人民军队正义斗争的不断胜利;二是积极宣传党的各项政策,如减租政策、反霸斗争政策、党的工商业政策、发展生产的政策、统战政策以及其他社会政策,让党的政策为广大群众所知晓、理解、掌握;三是报道浙东游击根据地军事斗争和群众工作的消息。[4] 4 月8 日,浙东临委宣传部发出《关于加强〈浙东简讯〉工作的通知》,明确要求:"今后'浙东简讯'上所发表的临委指示、社论,行政公署、浙东人民解放军司令部、政治部的通令、布告、指示、首长谈话等,浙东各级党委全体同志必须视同正式指示,很好组织研究讨论,作为自己工作的根据,反对任何不重视党报的态度。""做到即(及)时报道当时当地敌我情况,

---

① 佚名:《我们的立场与态度》,《新浙东报》1944 年 4 月 13 日。

② 童建文:《抗日战争时期浙东根据地党的出版发行工作》,见浙江出版史编委会:《浙江出版史料》第 3 辑,内部资料,1989 年,第 8 页。

③ 乐子型、梅寒白:《坚持时期浙东游击根据地的报刊工作》,见宁波市新四军研究会:《解放战争时期宁波地区革命史料》第 3 卷,中共党史出版社,1999 年,第 82 页。

④ 蔡罕:《解放战争时期宁波的两极新闻事业》,《浙江传媒学院学报》2010 年第 3 期,第 19 页。

人民生活情形、斗争情绪与工作上主要的动向,和重要的典型经验。"①1949 年 2 月 17 日,浙东人民解放军第二游击纵队主力解放三门县城。这是浙江省获得解放的第一个县城。随即,《浙东简讯》号外报道"解放三门县城"。4 月 16 日,《浙东简讯》刊载《正式和平谈判已于十二日开始》一文,报道国共两党就国内和平协定举行谈判的事宜。自 4 月下旬,随着中国人民解放军横渡长江,解放南京、杭州,《浙东简讯》均出套红号外 1 万余份。至 1949 年 5 月 16 日终刊,共出版 51 期。②《浙东简讯》在浙东游击根据地高高举起党的旗帜,及时报道胜利的喜讯,鼓舞广大军民士气,为浙江的解放事业发挥了重要的舆论导向作用。

2. 军报是部队中的党报

《战斗报》是新四军浙东游击纵队的机关报,它的职能和定位,正如纵队政治部发布的《办好〈战斗报〉的训令》中所说:"战斗报是部队中的党报,是党在部队中实施政治工作得力的助手,是教育部队(发扬模范、批评弱点、介绍工作与战斗经验、鼓励全军斗志)重要的武器。""战斗报上的训令、指示、社论以及首长的论文都是代表党的言论,每个干部必须经常仔细阅读和讨论,干部学习组与支部,许按照实际情况经常组织讨论。"③

《战斗报》以报道部队动态,交流战斗和工作的经验为主,以此面向全体指战员进行宣传和政治教育,设有《战斗俱乐部》《工人生活》等栏目,同时也会刊登反映部队生活题材的文艺作品。④ 谭启龙曾说:"不要小看一份报纸,办好一份报纸比几十挺机枪还要管用,还要重要!"⑤1944 年 3 月 21 日,在第二次反顽自卫战中被迫停刊的《战斗报》复刊。复刊的第一期,不仅发表了社论《回顾与展望》,还刊登了谭启龙的文章《克服目前存在着的个别悲观失望倾向》:"我们现在确实遇到了强大的敌人,但是我们年轻,充满朝气,只要我们树立信心,找到办法,是一定能够战胜他们的。"这使广大指战员在艰苦卓绝的反顽斗争中看到了希望,对赢得这场战争的胜利恢复了勇气和信心。⑥《战斗报》总在第一时间报道战场的捷报,鼓舞军民士气。战斗结束后,又及时报道战斗中涌现的英雄模范人物和各部战斗经验,准备迎接新的战斗任务。4 月 22 日,《战斗报》第六期刊登了社论

---

① 《中共浙东临委宣传部关于加强〈浙东简讯〉工作的通知》,见浙江省档案馆:《浙江革命历史档案选编——解放战争时期》,浙江人民出版社,1988 年,第 285 页。

② 佚名:《四明简讯》,https://www.guayunfan.com/lilun/145599.html。

③ 谭启龙、张文碧:《办好〈战斗报〉的训令》,《战斗报》1944 年 5 月 13 日。

④ 浙东抗日根据地革命文化史料编纂委员会:《浙东抗日根据地革命文化史料选编(上册)》,内部资料,1992 年,第 224 页。

⑤ 丁柯:《充满战斗精神的〈战斗报〉》,见北京新四军暨华中抗日根据地研究会:《铁流 39——永远的纪念、华中抗日根据地建设与研究、战斗生涯峥嵘岁月、追思缅怀传承》,中央文献出版社出版社,2019 年,第 260 页。

⑥ 丁柯:《充满战斗精神的〈战斗报〉》,见北京新四军暨华中抗日根据地研究会:《铁流 39——永远的纪念、华中抗日根据地建设与研究、战斗生涯峥嵘岁月、追思缅怀传承》,中央文献出版社出版社,2019 年,第 260 页。

《宓家埭战斗胜利的意义》，指出经过宓家埭一仗，"伪中警不可战胜的神话，三五支队在南山被反动派消灭了的谣言，都被打得粉碎了"，"宓家埭一仗，考验出了我军铁的战斗力——'能转防御为进攻，转被动为主动，并取得胜利'（见谭政委今天的论文）。我们要继承和发扬这种战斗精神，以便扩大战果，把三北抗日民主的根据地更加巩固起来，加强起来"。前线将士浴血杀敌、战斗大捷的喜讯，一次次通过《战斗报》传达回根据地，振奋了人心，鼓舞了根据地广大军民的士气。

3. 地方性报刊迅速发展

浙东抗日根据地的 4 个行政区、14 个县的中共党委、政府及部队都分别创办了报刊。其中，代表性的地方报刊主要有：一是 1943 年春金义浦根据地创办的《抗日报》。该报由金义浦县委领导，政工室具体负责，马丁任主编（后由林岚任主编），是金义浦地区共产党组织的机关报，4 开 4 版，第四版为本地新闻，辟有副刊《野火》，遇有重要事件时则开辟特刊，至 1945 年 9 月停刊。二是 1943 年 4 月义乌县抗敌自卫总队第一大队创办的《南联旬报》。该报主编何锦秀，8 开 2 版，单面油印，主要刊登抗日的战果、时事评论等，辟有《快乐林》专栏，发行了 80 余期，在抗战胜利后停刊。三是 1943 年 12 月金萧地委和金萧支队成立后出刊的机关报《时事简讯》。四是 1944 年 7 月诸暨县出刊的《时事简讯》。该报在诸暨霞区村创刊，由金萧支队诸暨办事处《时事简讯》社编辑，油印，发行百余期，至北撤前夕停刊。五是 1944 年 7 月金萧支队诸义东办事处出版的油印小报《团结抗日报》。该报不定期发刊，内容以宣传抗日为主，发行到所在的各区、乡，至北撤时停刊。六是 1945 年 1 月四明地委创办的党内刊物《学习与工作》。《学习与工作》为不定期刊物，内容主要介绍党政军各项工作中的经验教训，以及各地在职干部学习的动态，并刊登一些典型性、指导性的文章。七是 1945 年 6 月淞沪地区创刊的《新华社简讯》。《新华社简讯》是由浙东区党委抽调浙东韬奋书店总发行部主任钟虹等十来名干部和业务骨干，开赴浦东浦西，在淞沪地委的领导下创办的油印刊物。每天出刊，发行量每期五六百份，将党的方针政策和全国抗日战争胜利形势及时传播给浦东浦西的广大军民。[①]

浙东游击根据地时期，代表性的地方报刊主要是《金萧报》和《新路南报》。《金萧报》创刊于 1949 年 1 月 14 日，由中共金萧工委主办出版，每期发行 1000 多份，发至北自萧山，南至衢州、浙赣线西侧和富春江两岸金萧游击根据地。《金萧报》在部队指战员和游击区人民中拥有较稳定的记者群，主要刊登国际国内新闻，工委和支队领导人的指示、文章、报告，还有战斗消息、工作动态、先进经验、人物介绍。副刊有诗词、歌曲。1949 年

---

① 以上地方性报刊简介，参见浙东抗日根据地革命文化史料编纂委员会：《浙东抗日根据地革命文化史料选编（上册）》，内部资料，1992 年，第 13—53 页。

5月,金萧地区各县相继解放;19日,《金萧报》出了终刊号。1949年1月在原《路南简讯》基础上改名创刊的《新路南报》,由中共路南特派员(即地区级党组织,当时实行特派员制)和浙东人民解放军路南军分区司令部(六支队)主办。报纸主要抄收、选编新华社的电讯稿,同时报道路南地区地下党和武装斗争的新闻,由六支队交通站通过地下交通网,发行于以缙云雪峰山区为中心的永康、缙云、武义、宣平、丽水和金华部分山区,主要对象是游击队、地下党和进步人士。1949年5月22日,该报终刊,24日并入解放军驻金某部与金华军管会主办的《金华新闻》。"从创刊到终刊,《新路南报》前后出版32期,另出快报3期,号外2期,报社还曾抄录新华社电文编印3册《学习文献》。"[①]

与《新浙东报》《战斗报》等党报军报相比,地方性报刊虽然受众面、发行量和影响力有限,但这些报纸的内容以地方新闻和政府文告为主,发行直接面向所在地的基层干部和工农兵大众,在内容和形式上也更强调大众化、通俗化。根据地的党报军报与地方性报刊两者互为补充,照顾不同层次的读者,共同承担起新闻宣传的重任。

4."党报是我们的教科书"

1944年5月13日,浙东区党委书记、游击纵队政治委员谭启龙为《战斗报》题词,写下"党报是我们的教科书"。[②] 新民主主义革命时期,党报作为党的主要舆论工具,除了宣传中国共产党的路线方针、政策策略以及政治活动等内容外,还肩负着宣传革命根据地的政策法规、发展动态和建设成就等重任,发挥舆论上的旗帜作用和导向作用,引领根据地各项事业的发展。

谭启龙在回忆录中如此评价浙东区党委党报《新浙东报》的作用:"《新浙东报》不仅起着宣传作用,而且起着传递政策法令的行政和法规作用。它是我党领导浙东抗日根据地的有力助手,也是根据地人民进行抗日斗争的一面旗帜。在短短的一年半时间里,它始终高举党的旗帜,为中国人民的解放事业做出了贡献。"[③]根据中共中央和华中局的指示,在浙东抗日根据地开展大生产运动时,《新浙东报》就此专门发表社论,刊登政令,在做好各项政策宣传的同时,还派记者深入各游击区,采访大生产运动中的先进典型,推广工作经验。1944年春耕之际,浙东区党委、临时行政委员会为胜利坚持敌后抗战,作出关于展开春耕运动的训令。为此,《新浙东报》于4月27日发表社论《努力春耕,保证军民一年计划》,指出根据地在进行军事斗争的同时还帮助农民实行生产自救。同时,还开辟"生产专刊",发布春耕运动的训令,刊登陕甘宁边区开展大生产运动经验的文章与模范

---

① 佚名:《四明简讯》,https://www.guayunfan.com/lilun/145599.html。
② 浙东抗日根据地革命文化史料编纂委员会:《浙东抗日根据地革命文化史料选编(上册)》,内部资料,1992年,第27页。
③ 谭启龙:《谭启龙回忆录》,中共党史出版社,2003年,第203页。

事迹的通讯等。① 为了宣传和落实根据地的减租问题,在 1944 年 7 月 31 日的《新浙东报》第四版全文发布《浙东敌后临时行政委员会处理三北地区二五减租及其他佃业关系暂行办法》,并在 8 月 10 日的《新浙东报》第四版刊登黄知真的《论三北的减租问题》一文,详细分析减租的重要性和三北地区的减租原则。为了推动根据地冬学运动的有效开展,在 1944 年底至 1945 年初的《新浙东报》上,连续多期刊登冬学相关通讯报道和理论文章,介绍冬学的开展情况、各地冬学好的做法和经验,如《鄞慈某俱乐部介绍》(1944 年 12 月 1 日)、《结合生产 全村合办俱乐部》(1944 年 12 月 22 日)、《举行文教扩大会议 鄞慈讨论冬学教育》(1945 年 1 月 15 日)、《小山村俱乐部 武陵区的一乐园》(1945 年 1 月 22 日)、《鄞慈村俱乐部办冬学 规定各时期中心活动》(1945 年 2 月 14 日)等。② 为了推动根据地抗币发行工作、稳定金融和平准物价,在 1945 年 4 月 6 日的《新浙东报》上全文发布《浙东行政区抗币条例》《浙东银行条例》,4 月 9 日又刊登《浙东行政公署财字第二十二号通知》,指出抗币为本行政区内唯一之本位币,并公布抗币汇兑率,特别说明"民间对于抗币制度及影响权利义务关系有不明了者,可随时以书面向政府或银行提出问题,当于《新浙东报》公开答复之"③。

《战斗报》作为部队的党报,"以宣传党的方针政策,提高干部战士的政治觉悟和思想水平为主要任务,是保证党对军队绝对领导的有力工具"④。《战斗报》主要任务是作为部队工作的指导中心与教育工具,但许多文章对地方党的工作与学习也是十分重要的。"因此除部队党应根据政治部训令来重视《战斗报》之外,各级地方党同志也应该经常研究《战斗报》上的重要文章,善于运用《战斗报》上的各种教育材料,把它与自己的工作适当的联系起来。"⑤为了纪念马克思的诞生,中国共产党规定 5 月 5 日为"学习节"——检阅学习的一天。1944 年,上级发出 5 月"以战斗的姿态来加紧学习、生产与提高斗争胜利信心"的号召。⑥ 5 月 6 日,《战斗报》刊登谭启龙的文章《做一个好的马克思主义者必须努力学习》。在这篇文章中,谭启龙详细分析了为什么要学习、学习什么,并指出:"今天我们是处在斗争复杂和紧张的敌后,游击环境使我们的学习受到了一些困难,同时正因为斗争复杂和紧张,更需要努力学习,以便对于斗争周围的环境和前途有清楚的认识,以及

① 蔡罕:《浙东抗日根据地新闻出版事业述评》,《浙江传媒学院学报》2013 年第 3 期,第 64 页。

② 浙东抗日根据地革命文化史料编纂委员会:《浙东抗日根据地革命文化史料选编(上册)》,内部资料,1992 年,第 270—278 页。

③ 慈溪市新四军历史(革命老区发展促进)研究会:《三北敌后抗日根据地文献资料选编》,内部资料,2020 年,第 418 页。

④ 谭启龙:《谭启龙回忆录》,中共党史出版社,2003 年,第 203 页。

⑤ 《关于出版〈新浙东报〉与加强报纸工作的决定》,见杭州大学历史系、浙江省档案馆:《浙江革命历史档案选编——抗日战争时期(下)》,浙江人民出版社,1985 年,第 169 页。

⑥ 浙江省教育科学研究所:《浙江革命根据地教育资料汇编(中册)》,浙江教育出版社,1987 年,第 202 页。

对于斗争的方式方法有不断的进步,不致因环境的多变与一时的困难而迷失方向与道路。""我们的口号是:'一面战斗,一面学习;一面工作,一面学习!'"①谭启龙的这篇文章,在全党全军乃至整个根据地掀起了一股学习热潮。《战斗报》还陆续刊登了一批介绍五月学习情况的文章,如《英雄部队的学习近况》(1944 年 5 月 6 日)、《我们的学习是怎样计划的》(1944 年 5 月 6 日)、《用革命的竞赛精神来推动学习》(1944 年 5 月 13 日)等。② 5 月 13 日,《战斗报》刊登了张瑞昌写的文章《战斗报做了些什么? 还应该做些什么?》,指出《战斗报》对于"部队战斗力的提高,尤其是文化政治水平的提高,将是一个十分重要的工具",它"使地方上的党员同志们对党的部队有了更加亲密更加深刻的认识,相当的提高了他们的热烈拥护精神,他们学习着战斗部队的紧张的生活、学习与工作、战斗精神"。③ 6 月 3 日,《战斗报》刊登了白艾的文章《怎样进行识字课》,介绍了教导队如何上识字课的经验做法,并得出结论——"要文化课进行得好文化教员本身的提高是首要的"。④这对于根据地冬学开展的文化教育有着重要的启发。1945 年 1 月 20 日,《战斗报》刊登《浙东游击纵队司令部公布一九四四年战绩》一文,介绍了纵队 1944 年在浙东敌后的光辉战绩:作战 258 次,一度攻克据点 8 个、碉堡 9 座,迫退据点 1 个,平毁碉堡 2 座;伪匪反正投诚 9 次,共 606 人;总计敌伪匪伤亡俘 2880 名;缴获重机 2 挺、轻机 22 挺、冲锋机枪 1 批、步马枪 824 支、短枪 164 支、手榴弹 285 个等各类物资。同时,纵队光荣牺牲指战员 294 名,负伤指战员 170 名。⑤《战斗报》及时报道部队的组织生活和战斗状况,振奋人心,团结和激励广大军民以饱满的热情投身于根据地的各项建设。

浙东游击根据地时期,《四明简讯》除了传达党中央的战斗号令、报道全国各地的胜利捷报外,还着重把浙东人民翻身求解放的斗争消息,反"清剿"、反抢粮的胜利捷报,迅速准确地传播到浙东人民群众中。《四明简讯》的读者主要是战斗中的游击队员和地方工作的同志,并通过他们将报纸的内容宣传到群众中去。"有些党的地下工作者,将报纸通过邮局寄到伪职人员的家里,以瓦解敌人的斗志;有的同志还巧妙地将《四明简讯》塞进敌人的碉堡中。在被我们占领了的敌人据点里,还搜到过《四明简讯》。""《四明简讯》

---

① 谭启龙:《做一个好的马克思主义者必须努力学习》,《战斗报》1944 年 5 月 6 日。参见浙江省教育科学研究所:《浙江革命根据地教育资料汇编(中册)》,浙江教育出版社,1987 年,第 192—195 页。

② 浙江省教育科学研究所:《浙江革命根据地教育资料汇编(中册)》,浙江教育出版社,1987 年,第 196—206 页。

③ 张瑞昌:《战斗报做了些什么? 还应该做些什么?》,《战斗报》1944 年 5 月 13 日。参见浙东抗日根据地革命文化史料编纂委员会:《浙东抗日根据地革命文化史料选编(上册)》,内部资料,1992 年,第 75 页。

④ 浙江省教育科学研究所:《浙江革命根据地教育资料汇编(中册)》,浙江教育出版社,1987 年,第 213—214 页。

⑤ 《浙东游击纵队司令部公布一九四四年战绩》,《战斗报》1945 年 1 月 20 日。参见杭州大学历史系、浙江省档案馆:《浙江革命历史档案选编——抗日战争时期(下)》,浙江人民出版社,1985 年,第 424—425 页。

将中国人民解放军百万雄师过大江的消息,解放南京的喜讯,将蒋家王朝土崩瓦解的情况,源源不断地宣传到人民群众中去,直到浙东地区获得解放,《四明简讯》这张办在丛山中的报纸,胜利完成了它的历史使命。"①中共金萧工委的喉舌《金萧报》,创刊于1949年1月14日。在筹建报社的同时,金萧工委也建立了报社电台。2月中旬,李文彪从新四军浙东游击纵队司令部电台调任金萧报社电台台长,并担任报社党支部书记。自从有了电台,《金萧报》便改为三天一期定期发行,篇幅也由原来的8开2版扩充为8开4版,有时甚至扩充为8开6版。《金萧报》及时向金萧地区军民报道新华社的社评、国际新闻和解放战争的胜利捷报,起到了催春报晓的作用,极大地鼓舞了游击区军民的战斗意志和必胜信念。5月19日,在桐庐城内出版了终刊号后,《金萧报》宣告结束。②

三、开展冬学运动

根据地的冬学运动,是中国共产党领导广大农民,充分利用冬季农闲时间,进行识字教育和抗战教育,进而提高民众素质、激发民族意识和抗战参与性的社会教育运动。浙东抗日根据地的冬学运动,基于抗战需要和农民的现实需求,立足浙东实际,将冬学与生产和民主运动有机结合,成为根据地社会教育的重要形式。

(一)时代发展与农民现实紧密结合

浙东抗日根据地冬学运动,既是革命形势发展的必然要求,是提高民众革命素养的现实需要,又符合农民迫切的受教育主观意愿,其兴起和发展具有必然性。

1.冬学运动是时代发展的必然要求

中国共产党成立之后对农民问题高度关注,特别是随着中国革命重心由城市转移到农村,党对农民的教育问题愈加重视。抗日战争爆发后,中日民族矛盾成为中国社会的主要矛盾。1938年4月,毛泽东在陕甘宁边区国防教育会第一次代表大会的开幕式上指出:"应该用全力来应付抗战,用教育来支持抗战。目前的抗战是规定一切的东西,我们的教育也要听抗战的命令。这就叫做抗战教育。"③同年10月,毛泽东在中共扩大的六届六中全会上作《论新阶段》报告,再次把"实行抗战教育"作为全民族当前的紧急任务之

---

① 徐炎:《报纸办在四明山上》,《新闻研究资料》1982年第1期,第204—205页。
② 张志锐、傅樟绸:《金萧报社电台始末》,《浙江档案》2000年第7期,第38—39页。
③ 皇甫束玉、宋荐戈、龚守静:《中国革命根据地教育纪事》,教育科学出版社,1989年,第136页。

一。[1] 根据地所控制的区域大都集中在偏远落后的乡村,所以必然要和文化水平较低的农民发生联系。农民又不具有革命天然性,在全民抗战教育的时代大背景下,冬学以其形式灵活、效果显著、深受农民欢迎,成为最重要的农民教育形式,在各抗日根据地得到广泛推行。浙东革命根据地的冬学运动正是在这一大背景下开展起来。

2.冬学运动是提高民众革命素养的现实需要

与同时期的中国其他地区相比,"浙江文化教育相当发达,知识青年相当多",可以大量吸收当地抗日知识青年参加部队工作,并大胆使用与提拔担任各种工作。[2] 但是群众的受教育程度存在严重的不平衡性。浙东地区,尤其是闭塞落后的山区,在长期的封建统治下,几乎是一块文化教育的荒地。曾有统计:某乡有 48 名年龄大都在 30 岁以下的民兵干部,文化程度却大部分是文盲和半文盲(其中读了五年小学的占 7%,一到三年的占 58%,一字不识的占 35%)。[3] 青年干部的文化程度是这样,其他农民的状况可见一斑。[3] 若不迅速改变这种愚昧无知的状况,想要有效地发挥农民在抗战中的作用是很难实现的。因此,提高广大农民文化知识水平和思想政治觉悟,凝聚巨大的抗战力量,成为浙东革命根据地文化工作的一项迫切任务。冬学运动即立足于这一现实需要,充分利用冬季农闲时节,以农村广大成年农民为对象,发动和组织群众进行短期的文化补习教育、政治教育与培训,以此提高农民的文化水平,培养抗日民主、拥军拥政意识,为抗战服务。

3.冬学运动符合农民受教育的主观意愿

动员和吸引群众自觉参与,是冬学运动开展的前提。除了浙东区党委和各级行政机关,通过发布指令进行普遍性动员之外,各地也积极发挥地方知识青年(或半知识青年)与民间艺人的力量,深入村民家中个别动员。1945 年 1 月 15 日,《新浙东报》报道和介绍了鄞慈县和慈南区的经验。鄞慈县强调"动员的中心对象要放在青年壮丁和群众干部身上,但必须克服孤立的动员方式。要随时进行外围工作,对可能成为或已成为阻碍冬学对象上学的人如老婆婆、妇女等,要及时予以说服解释,并定期的动员儿童、士绅、老婆婆、妇女来参观冬学,提高大家的情绪"[4]。慈南区动员群众参加冬学的一个积极经验,是

① 尹全海、周江平:《浅析抗日根据地开展冬学运动的原因》,《信阳师范学院学报(哲学社会科学版)》2006 年第 5 期,第 117 页。

② 谭启龙:《目前国内外形势与我党发展浙江敌后游击战争建立根据地的方针》,见慈溪市新四军历史(革命老区发展促进)研究会:《三北敌后抗日根据地文献资料选编》,内部资料,2020 年,第 163 页。

③ 童文建:《浙东抗日根据地文化教育事业简述》(节选),见浙江省教育科学研究所:《浙江革命根据地教育资料汇编(上册)》,浙江教育出版社,1987 年,第 149 页。

④ 《举行文教扩大会议 鄞慈讨论冬学教育》,《新浙东报》1945 年 1 月 15 日。参见浙东抗日根据地革命文化史料编纂委员会:《浙东抗日根据地革命文化史料选编(上册)》,内部资料,1992 年,第 276 页。

让学生回家"动员自己的爸爸妈妈来参加冬学",这起到了意想不到的好效果。① 1945 年 2 月 14 日的《新浙东报》报道了余上县动员群众参加冬学的经验。在 1 月 11 日开办的一所冬学,最初来读书的只有 9 人。因为老百姓怕受敌伪威胁不敢来;有些人受家人的牵累而不来;有极少数受过去国民党抓壮丁的影响,怀疑办冬学也是为了抽壮丁,因此起初上学的人很少,情绪也不高。"但我们从不松懈,配合民运同志,进行开动员会,进行访问,向老太婆、妇女作解释,并做到每个干部至少团结十个人,打破他们的恐惧心理,一面组织守夜值班放哨,使他们安心学习。所以一星期后自愿来报名入学的已有五十二名了。"②

除了宣传和动员工作比较到位之外,冬学运动得到群众的积极响应和广泛参与,一个重要原因是教学内容和农民切身利益息息相关。在抗日救亡的时代背景下,冬学运动所进行的爱国教育、时事政策教育、军事技能教育、文字扫盲教育等,均与农民的生存利益和生活利益直接相关。1945 年 2 月 26 日《新浙东报》报道:"松厦区某村在敌伪三次'扫荡'后的第三天,马上办起了一个夜校。他们发愤说:'敌伪愈要来扫荡,我们的工作愈要搞得好……现在要办冬学使人人识字,将来才不会吃更大的亏'。夜校学生达五十余人。"慈南某镇召开保民大会郑重指出,政府办冬学是为了消除百姓不识字的苦楚,并顾及老百姓在经济上与生活上的困难,所以就利用冬天农事较空的季节,由政府拨款举办冬学。一方面可以扫除文盲,另一方面可以培养大批的群众干部。教书的先生是镇长,开学一天就有 40 多个学员。③ 浙东抗日根据地的冬学,采用了比学校教育更多样的教学方式和内容,农民的教育积极性得到充分调动。虽然冬学有明确的方针和计划,有统一的教材,但在实际教学过程中非常灵活。群众"愿学什么就教什么","有几个人,教几个人",上课时间按照群众实际情况确定,不一定在晚上,时间长短也可以灵活规定,有效满足了群众的需求。余上县的冬学,课程除了识字和时事教育外,还根据群众的需要而增加珠算、记账和算术等。课文联系当地群众生活、群众团体状况以及群众所见所闻,做到从实际出发,并从冬学中来改造农会、巩固农会,组织冬防、冬耕工作。④ 如此一来,农民参加冬学的热情就极大激发起来。

---

① 《配合冬学工作　小学生开谈话会》,《新浙东报》1945 年 1 月 15 日。参见浙东抗日根据地革命文化史料编纂委员会:《浙东抗日根据地革命文化史料选编(上册)》,内部资料,1992 年,第 278 页。

② 《余上县区冬学座谈会　推举模范冬学》,《新浙东报》1945 年 2 月 14 日。参见浙东抗日根据地革命文化史料编纂委员会:《浙东抗日根据地革命文化史料选编(上册)》,内部资料,1992 年,第 280—281 页。

③ 《冬学剪影》,《新浙东报》1945 年 2 月 26 日。参见浙东抗日根据地革命文化史料编纂委员会:《浙东抗日根据地革命文化史料选编(上册)》,内部资料,1992 年,第 282 页。

④ 《办冬学三方法　课程着重实际需要》,《新浙东报》1945 年 1 月 17 日。参见浙东抗日根据地革命文化史料编纂委员会:《浙东抗日根据地革命文化史料选编(上册)》,内部资料,1992 年,第 279 页。

(二)立足本地实际层层推进

根据地冬学运动的开展,立足于浙东地区实际,形成了明确的领导与组织机制,层层推进,自上而下地有效贯彻和落实,从而确保了冬学运动的实效。

1.浙东区党委统一领导

浙东区党委对于群众教育工作高度重视,下设文教处专门负责文化教育工作,在领导和部署根据地各项工作和任务时都会涉及群众教育。1942 年 7 月 18 日,谭启龙在《目前国内外形势与我党发展浙江敌后游击战争建立根据地的方针》报告中提出,要"尽一切可能方法,进行群众文教工作"[1]。11 月 30 日,浙东区党委发布《关于开展与深入群众工作的指示》,号召"在我军较能控制的地区……大量的发动抗日的群众运动,建立各种(工、农、商、学等)独立的抗敌群众团体","应特别注意群众自己切身利益与要求的适当解决"。[2] 1943 年 10 月 27 日,浙东区党委发出关于 1943 年冬季工作的指示,强调"要抓住人民冬季的空闲时间,广泛的开展群众性的冬学运动,提高群众的政治文化水平,以启发群众对敌伪及国民党反动派的阶级仇和民族恨,以及对我党我军进一步的拥护和爱戴为主要目标",并尽量举办各种训练班。[3] 1944 年 1 月浙东敌后临时委员会成立,下设文教科负责根据地的文教工作。[4] 12 月 4 日,浙东敌后临时委员会发布《关于今年冬季工作指示》,规定冬学的主要内容"应是教育群众,而尤以教育群众中的干部为主,必须以各种各样的方式进行。鲁迅学院本明(年)毕业的学员,将是这一运动的重要骨干,各地应有计划有组织的运用这一个力量,同时组织识字班夜校以及在社教队的帮助之下,组织民间艺人,改造民间艺术,借古历新年机会教育广大群众等等"[5]。

2.各区县具体落实

在浙东区党委和浙东敌后临时委员会的统一指示和部署下,各区县具体落实冬学工作。各区县从本地实际出发,一般采用"民办公助"原则,或由各县设冬学委员会直接负责,或由教育会推动,或由农村俱乐部负责组织实施。

---

① 中共宁波市委党史研究室:《烽火四明——浙东抗日根据地创建 70 周年纪念文集》,浙江人民出版社,2013 年,第 65 页。

② 浙江省委党史资料征集研究委员会、浙江省档案馆:《浙东抗日根据地》,中共党史资料出版社,1987 年,第 55—56 页。

③ 浙东抗日根据地革命文化史料编纂委员会:《浙东抗日根据地革命文化史料选编(上册)》,内部资料,1992 年,第 24 页。

④ 中共浙江省委组织部、中共浙江省委党史研究室、浙江省档案馆:《中国共产党浙江省组织史资料(1922.4—1987.12)》,人民日报出版社,1994 年,第 312 页。

⑤ 浙东抗日根据地革命文化史料编纂委员会:《浙东抗日根据地革命文化史料选编(上册)》,内部资料,1992 年,第 129—130 页。

冬学运动开展之初,各区县没有统一的实施办法,在重视程度、数量和效果上都参差不齐。1944年12月2日—4日召开的四明特办第八次政务扩大会议,统一布置了四明山冬季工作,并在《四明地区推进冬学办法》中详细规定了冬学的目的、方针、任务、开学休学时间、经费使用、人员安排、教材内容、各县冬学的最低数等具体事宜。[①] 这一办法出台后,各区县立足本地实际情况,组织力量积极推进冬学,大大提升了冬学运动的规模和质量。鄞慈县下辖的慈南区,小教工作较积极,阵容强,又有自己的组织,因此主要通过区教育会布置和推进冬学;武陵区则是地方知识青年和民间艺人比较活跃,而且有农村俱乐部的组织,所以主要通过俱乐部布置和推进冬学;古林主要是从行政上着手推进冬学运动。[②] 余上县的冬学工作,主要通过三种方法来达到普遍举办的目的。"第一是每一个民运同志直接领导两个典型地区的夜校。第二是在各教育会上动员并通过各学校开办冬学,原则上每个学校办一所冬学。第三尽量吸收当地的知识分子,推动他们参加冬学工作。"[③]1944年,在根据地的基本区内,各乡镇都办起了一所或多所冬学,在游击区则办流动冬学,冬学运动得到了深入发展。

3.督促检查到位

要确保冬学运动的成效,设立评价指标、加强督促检查是非常必要的。1943年初,姚南县办事处发布的《十二、一月份工作报告》指出:"我们认为冬学工作是有严重的缺点的,主要的是重视工作太差了,各区对冬学的检查督促没有在二次以上的,形成大部分冬学的自流现象……我们干部,尤其各区的,对这项工作重视得不够。"[④]1944年的《四明地区推进冬学办法》中,明确指示社教队和民运工作的同志要有计划地经常到各地去督促和检查。同时下达了明确的冬学应完成的指标任务,要求各地冬学要讲完规定的时事政治材料,教完规定的识字课本,至少教会五支以上的歌曲小调,在冬学结束时产生一个以冬学学生为基础的经常性的群众业余组织。另外,关于冬学的具体实施情况,应做到及时地逐级报告,各冬学向区署每周作报告,月终作总结报告,区署向县办、县办向特办作旬报。各种经验教训做到随时反映,以便供其他地区参考,不要等到总结时才报告。[⑤] 以

① 《四明地区推进冬学办法》,见浙东抗日根据地革命文化史料编纂委员会:《浙东抗日根据地革命文化史料选编(上册)》,内部资料,1992年,第130—135页。
② 《浙东敌后临时行政委员会鄞慈县第一届文教扩大会议会议记录》,见浙江省教育科学研究所:《浙江革命根据地教育资料汇编(上册)》,浙江教育出版社,1987年,第121—122页。
③ 《办冬学三方法　课程着重实际需要》《新浙东报》1945年1月17日。参见浙东抗日根据地革命文化史料编纂委员会:《浙东抗日根据地革命文化史料选编(上册)》,内部资料,1992年,第279页。
④ 《姚南县办事处十二、一月份工作报告》,见浙东抗日根据地革命文化史料编纂委员会:《浙东抗日根据地革命文化史料选编(上册)》,内部资料,1992年,第183页。
⑤ 《四明地区推进冬学办法》,见浙东抗日根据地革命文化史料编纂委员会:《浙东抗日根据地革命文化史料选编(上册)》,内部资料,1992年,第130—135页。

上种种规定有力地规范了各地的冬学运动,确保了运动的效果。

(三)贯彻"读书明道理"

冬学运动肩负着为抗战服务的革命任务。为切实办好冬学,根据地紧紧围绕"读书明道理"的办学方针①,抓好冬学教育的关键环节,从教育对象、师资队伍、课程设置、教材安排、组织形式、教学方式经费开支等方面入手,明确规定,统一思想,形成了一套较完备的冬学教育实施方案。

1.教育对象和师资

冬学运动的教育对象指向明确,就是以所在农村地区的群众干部和成年农村积极分子(青年壮丁)为目标,提高他们的文化水平和政治觉悟,为抗战大局服务。正如根据地文教处处长黄源在第三届浙东文教会上所讲的那样:"日前我调查了一个村子的人口,其中成人占百分之九十五,儿童却仅占百分之五,试问:今天的教育对象是百分之九十五的成人重要,还是百分之五的儿童重要?抗战的贡献是成人多,还是儿童多?"②因此,根据地明确的文教方针为"社会教育重于学校教育""成人教育重于儿童教育"。冬学运动就是面向农村广大成年群众进行的重要社会教育形式。

冬学运动的师资来源多元化。为了把冬学办好,各级党政机关的干部纷纷下乡,浙东鲁迅学院的学生也被抽调来支援冬学。另外,各地区民主政府还吸收包括小学教师、民间艺人在内的各界知识分子,充分发挥他们的特长,为冬学服务。③ 这是根据地冬学得以顺利大规模开展的基本师资保障。冬学的教师除了主持冬学外,还利用业余时间帮助群众组织读报,组织和利用小先生进行家庭识字教育,经常帮助群众解决各种困难,如代笔服务、代问处服务等,深得群众的信任。

2.课程设置与教材

根据地的冬学在课程设置上以文化学习为主,包括识字、珠算、记账、算术、时事政治、歌咏小调等。在初期,考虑到根据地农村文盲半文盲比较多,群众具有迫切的识字需求,冬学教育还是以识字为主的启蒙教育,对政治思想方面的教育不够重视。随着抗战和根据地形势发展的需要,在冬学课程中突出了抗战救国的内容,特别强调政治教育。这在《四明地区推进冬学办法》的规定中有明确体现:冬学的基本方针是"通过'读书明道

---

① "读书明道理"方针出自《四明地区推进冬学办法》,即"以政治教育为中心,识字教育是次要的"。
② 《第三届浙东文教会决定新的文教方针》,《新浙东报》1945 年 10 月 11 日。参见中共宁波市委党史研究室:《烽火四明——浙东抗日根据地创建 70 周年纪念文集》,浙江人民出版社,2013 年,第 240 页。
③ 童文建:《浙东抗日根据地文化教育事业简述》(节选),见浙江省教育科学研究所:《浙江革命根据地教育资料汇编(上册)》,浙江教育出版社,1987 年,第 151 页。

理'的号召,达到提高群众政治上的积极性,这就是说,以政治教育为中心,识字教育是次要的"。同时,根据斗争实践和生产实践的需要,军事课和生产劳技课也占了一定的比例。

在冬学教材方面,时事政治教材内容由浙东区党委统一规定,比较一致。"冬学运动的主要内容,一般的应以目前政治时事教育为主。其主要教材是周恩来同志《答复记者关于国共谈判问题》,周恩来同志的《如何解决》,林祖涵同志在国民参政会报告及双方来往文件,延安观察家评论蒋介石演说具有危险性,延安观察家评国内战局,要求立即改组国民政府与统帅部,评国共谈判,华中新华日报社论《挽救时局的关键》等文章,以这些文章为政治时事教育的中心,联系到各地区当前的实际斗争环境和工作任务。"[①]其他各项,如识字、算术(包括珠算)、常识、歌曲小调等都是因时因地因人而异,灵活多样。如识字课本,既有用特办文教科统一编制和印发的样本,也有根据群众的实际文化水平和需要,自行编制的识字小册子。歌曲小调除了由特办文教科编印酌发(作教师用)外,也会根据当地群众的兴趣自行编制。1945 年 2 月 14 日,《新浙东报》刊载《鄞慈村俱乐部办冬学规定各时期中心活动》,介绍自编的歌曲小调——《十二个字打日本》,将识字与抗战宣传结合起来:"一字写来象支枪,九一八日本夺沈阳,政府命令不抵抗,随手送了东三省。二字写来象兄弟,全国老百姓要抗战,政府只顾打内战,不许老百姓出主意。三字写来象楼梯,委员长扣留在西安,周恩来放他回转来,再打内战不应该。四字写来象把刀,毛泽东同志计策好,全国长期来抗战,最后胜利牢牢靠。五字写来象盘龙,东洋强盗野心浓,二个月想把中国吞,连打七八年勿成功。六字写来象灯盏,国民党里面出汉奸,汪精卫、周佛海、陈公博,帮助东洋人打中国。七字写来是七巧,敌后抗战成绩好,拖住敌人一只脚,敌人逃也逃不掉。八字写来象眉毛,国民党军队起动摇,掉转枪口打自家,乐得鬼子呵呵笑。九字写来是金钩,希特勒灭亡自临头,南边打好打东边,日本鬼子骨骨抖。十字写来菜花香,腐败国军不打仗,保存实力打共产,重要城市都沦亡。十字下面加一划,英美友邦心急煞,若要打败小东洋,先要改组蒋介石。十二个字写完成,救国要靠老百姓。腐败政府快改组,配合英美打日本。"[②]用词生动活泼,又极具宣传教育价值,百姓传唱度高。

3.组织形式和教学方式

浙东革命根据地是以行政命令方式强制推进冬学的,要求各地有条件的必须成立夜校、半日学校、中心冬学等。"在一般地区凡乡镇公所、中心小学所在地或较大村庄,有保

---

① 《区党委关于今年冬季工作的指示》(节选),《团结·区党委文件》1945 年第 1 期。参见浙东抗日根据地革命文化史料编纂委员会:《浙东抗日根据地革命文化史料选编(上册)》,内部资料,1992 年,第 186 页。

② 《鄞慈村俱乐部办冬学　规定各时期中心活动》,《新浙东报》1945 年 2 月 14 日。参见浙东抗日根据地革命文化史料编纂委员会:《浙东抗日根据地革命文化史料选编(上册)》,内部资料,1992 年,第 275—276 页。

国民小学的都须举办夜校、识字班、半日学校等,在特殊地区可运用社教队和社教组进行流动冬学,凡区以上行政机关及县以上交通机关所在驻地负责举办一冬学或协助当地进行冬学工作。"① 《四明地区推进冬学办法》明确规定了各县办冬学的最低数:鄞慈县 40 所,鄞奉县 25 所,姚南县 20 所,上虞县 15 所。② 鄞慈县建立起完备的中心冬学制,在县、区、乡三级设立中心冬学,作为各级冬学区的领导和示范,并规定乡中心冬学在冬学结束时一律转变为农村俱乐部,继续开展群众教育工作。

冬学的教学方式和内容则密切关注群众的实际需求,具有相当大的灵活性,农民的主人翁意识得到体现。1944 年 12 月,浙东区党委发出关于 1944 年冬季工作的指示,指出冬学的"方式方法应按照各地具体情形灵活的运用,如开讨论、辩论、座谈会,请负责同志作专题报告,开娱乐晚会、戏剧、开总结大会、开流动训练班、冬学干部训练班等"③。在游击区的冬学更是灵活多变,有民兵的地方,把冬学和民兵联系起来,一面放哨,一面读书;采用分散与小组上课的方式,上课时间、时长也按照群众实际情况规定,有效满足了群众的需求。

4. 经费保障

冬学所需的经费一般由各县教育经费专项下拨或从补征款项中划拨,资金有着充分的保障。1944 年 12 月 4 日出台的《四明地区推进冬学办法》明确规定:"每个冬学的预算,全部经费不得超过 300 斤谷子。分配办法为专任教师(即非现任公务人员兼任者)在每人不超过 100 斤谷子的原则下的酌情津贴,但每校得酬教师,以一人为限,期(其)余作书籍、印刷纸张笔墨教师油灯(教室油灯由学生自行携带)等费用。"鄞慈县的冬学经费由该县教育经费项下拨支,鄞奉县由该县补征(旧欠谷)中拨给 7500 斤,上虞县由该县补征学谷每亩 2 斤。④ 这使得冬学的各项工作有了基本的资金保障,同时教师的积极性也得到提高。

(四)冬学运动是冬季三大运动的桥梁和纽带

浙东抗日根据地充分利用农民的冬季休闲时间,大力开展冬季三大运动——冬学运动、生产运动和民主运动,提高广大民众的文化水平和政治觉悟,以配合根据地的政治军事

---

① 《开展冬学运动,推动社会教育》,《新浙东报》1944 年 12 月 13 日。参见浙东抗日根据地革命文化史料编纂委员会:《浙东抗日根据地革命文化史料选编(上册)》,内部资料,1992 年,第 138—139 页。
② 浙东抗日根据地革命文化史料编纂委员会:《浙东抗日根据地革命文化史料选编(上册)》,内部资料,1992 年,第 132 页。
③ 《区党委关于今年冬季工作的指示》(节选),《团结·区党委文件》1945 年第 1 期。参见浙东抗日根据地革命文化史料编纂委员会:《浙东抗日根据地革命文化史料选编(上册)》,内部资料,1992 年,第 186 页。
④ 浙东抗日根据地革命文化史料编纂委员会:《浙东抗日根据地革命文化史料选编(上册)》,内部资料,1992 年,第 132 页。

斗争和经济文化建设。在冬季三大运动中,生产运动是培养民力、巩固与发展根据地、准备反攻力量的总的出发点,冬学运动与民主运动则是在生产运动的基础上,教育群众,推行民主运动,从关心与帮助人民实际的经济利益与生活利益中建立更进一步的血肉关系,并促进生产运动更有力地开展。冬学运动因其具有的综合教育功能,不仅可以对广大群众进行文化教育,而且可以加入民主政治教育、生产教育、军事教育、技术教育等内容,具有集政治革命、思想革命、生产革命和社会革命于一身的独特优势。冬学运动是将冬季三大运动密切结合起来的桥梁和纽带。冬学运动的开展,既对群众进行了必要的文化教育,又服务了生产运动,促进了民主运动,在根据地的巩固和建设过程中发挥了重要作用。

1. 提高民众素质

浙东抗日根据地充分利用农民的冬季闲暇时间,在不影响正常农业生产和生活、不增加民众负担的基础上,通过冬学运动推动根据地群众的文化学习和政治学习,以提高民众素质。考虑到浙东农村中文盲半文盲现象严重,农民有着迫切的识字愿望,1942年冬开始的冬学,内容以识字为主,主要对群众进行启蒙教育和扫盲教育。这一时期,根据地冬学的规模和质量还有待提升,但也取得了一定成绩。在最早办冬学的姚南县,共办了30所冬学,受教群众达1259人,教育的效果还是比较明显的。后部分冬学转设为"农村俱乐部",继续发挥作用。[①] 1943年10月27日,浙东区党委发布《关于今年冬季工作指示》,指出"应抓住人民冬季的空闲时间,广泛的开展群众的冬学运动,提高群众的政治文化水平,以启发群众对敌伪及国民党反动派的民族的阶级仇恨心,以及对我党我军进步的拥戴为主要的目标"[②]。即强调冬学要以政治教育为中心,为抗战服务,为根据地巩固和发展服务。这一核心思想,在1944年12月的《四明地区推进冬学办法》中确定为"读书明道理"基本方针,即以政治教育为中心,其次是识字教育。

根据地的冬学在开展教育时,为了尽快帮助群众识字扫盲,提高民众的文化知识水平和政治素养,学好抗战方针和时事政策,采用了灵活多样的上课时间和方式,并充分利用各种文化娱乐方式帮助农民加强记忆力。1945年1月5日,鄞慈县办举行文教扩大会议,在讨论冬学教育的方式方法时,提出"在每所冬学的周围路旁,每相隔一些距离就可插一块识字牌,牌上每天由学员轮流去贴上所教的课程,使学员在白天做工来往时能随时看得到,并且在最后一块与临近冬学相遇的牌上,写上每晚冬学进行情形,彼此交换,也可以藉此竞赛,同时在学员中要创造识字英雄,三天一小评,半月总结一次,还可以扩

---

① 《姚南县办事处十二、一月份工作报告》(节选),见浙江省教育科学研究所:《浙江革命根据地教育资料汇编(中册)》,浙江教育出版社,1987年,第134—135页。

② 《浙东区党委关于今年冬季工作指示》,见杭州大学历史系、浙江省档案馆:《浙江革命历史档案选编——抗日战争时期(下)》,浙江人民出版社,1985年,第122页。

大到创造全县性、全区性、全乡性的识字英雄"①。冬学运动的开展,在切实提高民众素质的同时,也丰富了农村文化生活,形成了积极向上、团结和谐的良好社会氛围。1945 年 1 月 22 日,《新浙东报》刊登了一则介绍鄞慈县武陵区的一个小山村开展冬学运动的文章:"自从去年十月里,全村民众自动成立一个俱乐部以来,每夜总是挤满了人,谈笑声、鼓掌声、乐器声、歌唱声,相接不绝。从前他们没有正当娱乐,除了玩牌赌钱之外,别种娱乐一点也不知道,现在他们自动地毁坏了赌具,很热烈地学习正当娱乐了,像打乒乓、弈象棋、打铜鼓、玩丝弦等";"他们不时受着学校里毛先生时事座谈会的灌注,对时事有了初步认识,邪风也改变过来了,无论做一件什么事情,都喜欢打冲锋,像合作社、运输队、冬学都给别村起了一个模范作用。同时该村的翁保长做事也很积极,时常在俱乐部里召开会议,村民有了争闹,也欢喜到俱乐部里给大家解决"。② 可见,冬学运动对于提高农民这一最庞大群体的素养,效果是明显的。

2.服务生产运动

1944 年 12 月,浙东敌后临时行政委员会发布《关于今年冬季工作指示》,提出今年冬季工作的努力方向应是"生产、冬学、民主三大运动,并确定以生产运动做中心,而以冬学与民主处在围绕与服从的地位"。广义上的冬季生产运动,其意义就是"为人民兴利除弊,从关心与帮助人民实际的经济利益与生活利益中,建立更进一步的血肉关系,其内容主要应有保证战斗胜利,培养民力,减除人民疾苦三方面"③。在冬学运动中,可以将生产教育自然地融入其中,提高群众的劳动技术水平和生产热情,组织冬耕和各种劳动互助合作,兴修水利,布置明春生产运动的准备工作等,积极服务根据地发动的大生产运动。

1944 年冬季,鄞慈县武陵区办的一个冬学俱乐部,每天晚上的文化学习活动和各种文娱活动丰富多彩,挤满了人,群众热情高涨。白天的时候,组织俱乐部部员进行劳动互助合作,集体种了一亩田的油菜。虽然油菜后来被冰霜冻死了,但他们没有灰心,打算1945 年春季再种一亩洋芋芳,把收获的钱作为俱乐部经费。对于这一在冬学运动中积极开展生产的做法,《新浙东报》专门进行了报道和推广。④ 1945 年春,四明地区的春耕生产与冬学运动密切结合起来,全区掀起生产热潮。2 月—3 月,四明特办向各县发放春耕

① 《举行文教扩大会议 鄞慈讨论冬学教育》,《新浙东报》1945 年 1 月 15 日。参见浙东抗日根据地革命文化史料编纂委员会:《浙东抗日根据地革命文化史料选编(上册)》,内部资料,1992 年,第 277 页。
② 《小山村俱乐部 武陵区的一乐园》,《新浙东报》1945 年 1 月 22 日。参见浙江省教育科学研究所:《浙江革命根据地教育资料汇编(中册)》,浙江教育出版社,1987 年,第 162 页。
③ 杭州大学历史系、浙江省档案馆:《浙江革命历史档案选编——抗日战争时期(下)》,浙江人民出版社,1985 年,第 383 页。
④ 浙东抗日根据地革命文化史料编纂委员会:《浙东抗日根据地革命文化史料选编(上册)》,内部资料,1992 年,第 274 页。

贷款 1800 万元,使开垦的荒地种上了马铃薯、玉米、番薯、南瓜等杂粮。① 四明地区野猪多,农作物深受其害。1944 年 12 月的《关于今年冬季工作指示》明确将打野猪作为四明地区冬季生产运动的重点。"今冬的打野猪应成为四明山空前的轰轰烈烈的全地区的人人参加的,动员一切力量、运用一切方法,有组织有计划有效率的大围剿。并从这一个大围剿中,把四明山身受野猪之害的男女老小,广大阶层最大多数群众根据群众需要与自愿的原则用打野猪委员会、打野猪合作社、打猎队、赶猎队等等各种各样形式组织起来。"②全区充分利用冬学发动和教育群众,传授各种打野猪的方法和经验,普遍成立打猎队,展开群众性的打野猪运动,保护了军民大生产运动的成果。

3. 推动民主运动

1944 年 12 月发布的《关于今年冬季工作指示》将冬季民主运动的主要内容概括为:一是召开各界临时代表会,以加强民主基础,强化政权作用,扩大政权影响,更好地为抗战与人民利益服务,进一步巩固与发展根据地;二是逐步改造乡保基层政权,通过群众力量,将一切不能领导人民进行对敌斗争、实行生产民主各项建设及压迫人民的乡保长撤换,遴选积极负责、克己奉公的群众领袖担任,以作为改造乡保基层政权的初步基础。冬学运动的主要内容则包括教育群众,而尤以教育群众中的干部为主。浙东敌后临时行政委员会还明确要求,在冬学中,"各县应举办保长及乡事务员的训练。四明可以采取比较集中的形式,三北则应采取隐蔽的与会议性质的方式。训练的时间久暂,规模大小,均由各县根据具体情形决定"③。因此,积极改造和巩固民主政权,改造农会、学校和其他群众团体,与民主运动有机结合,是冬学运动的重要内容和成果。

在 1944 年的冬学运动期间,鄞慈县"半年来建立了六个俱乐部,进行了其他如时事讲话等的社教活动,配合了政府各项工作,如拥军、优抗等,恢复了基本地区内曾受反动派摧残过的十三个学校,帮助组织了农会、运输队,并且成立了一个区两个乡的教育会,这次且都能将冬学自动的预先布置好"④。1945 年,四明地区为了积极推进冬学运动,举行了一次由 60 名优秀文教工作者参加的座谈会,讨论了冬学问题,达成的一个重要共识是:办冬学不是只办群众识几个字的夜校,"主要在于是提高群众的政治上的认识,并且

---

① 浙江省新四军历史研究会:《浙东抗日根据地史》,中共党史出版社,2005 年,第 268 页。

② 杭州大学历史系、浙江省档案馆:《浙江革命历史档案选编——抗日战争时期(下)》,浙江人民出版社,1985 年,第 384 页。

③ 杭州大学历史系、浙江省档案馆:《浙江革命历史档案选编——抗日战争时期(下)》,浙江人民出版社,1985 年,第 387—388 页。

④ 《举行文教扩大会议　鄞慈讨论冬学教育》,《新浙东报》1945 年 1 月 15 日。参见浙东抗日根据地革命文化史料编纂委员会:《浙东抗日根据地革命文化史料选编(上册)》,内部资料,1992 年,第 276 页。

通过冬学的宣传教育,打好组织群众的基础"①。

促进浙东地区妇女的解放,是根据地冬学在推动民主运动方面的另一大贡献。在长期的封建专制统治之下,妇女的地位和受教育程度普遍很低,大多局限在家庭封闭的小圈子里,很少参加社会活动。实现全民抗战,必然也要发动妇女群体的力量。在开展冬学运动中,各级政府都积极动员和组织妇女参加冬学,使广大妇女走出家门进入课堂,与男子共同接受文化教育,有的还培养成了冬学的骨干教师。通过妇女发动妇女,有着天然的性别优势,会极大带动整个村子的妇女运动。1945 年 1 月 17 日的《新浙东报》报道了如下事迹:慈南区某中心学校的代课教师范先生,是一个刚从家庭里跑出来的先生,能在一个月中把一个村子里的妇女组织起来,并召开了一次小组会议。② 1945 年 4 月 27 日《新浙东报》报道,鄞慈县办和县社教队为了贯彻教育新方针,在红岸、王仙岗、东岗头三个村子创办巡回学校,农民报名者 101 人,其中妇女 12 人。③ 随着文化水平和政治水平的提高,根据地广大妇女积极参加根据地建设。《新浙东报》专门辟有《浙东妇女》副刊,紧紧围绕着当地妇女的生活、工作、学习和自身解放发表评论、诗歌、散文等。其在《创刊前言》中就明确提出:"希望姊妹们把《浙东妇女》当作自己解放的旗帜,让它高高举起,走在浙东妇女大众漫长的战斗行列的前头。"④这也从侧面证明了根据地的妇女解放工作取得的丰硕成果。

从 1942 年冬季开始,到 1945 年抗战结束时止,浙东抗日根据地的冬学运动尽管时间不长,还没有彻底扫除农村中的文盲,也没有彻底清除农民思想中的各种落后残余思想,但它毕竟是在残酷的战争环境中、在经济文化十分落后的条件下开展的一场普遍性的群众教育运动,为抗战的胜利和根据地的发展壮大奠定了坚实的群众基础和文化基础,并为新中国成立后在农村开展大规模的扫盲运动提供了宝贵经验。

四、改革"的笃戏"

作为浙东抗日根据地文化建设的一项重要工作,"的笃戏"⑤的改革,在戏剧专业队伍

---

① 《文教工作者座谈会成立四明文教工作者协会》,见浙东抗日根据地革命文化史料编纂委员会:《浙东抗日根据地革命文化史料选编(上册)》,内部资料,1992 年,第 161—162 页。

② 《各保校辅导会议,讨论开展社教工作》,《新浙东报》1945 年 1 月 17 日。参见浙东抗日根据地革命文化史料编纂委员会:《浙东抗日根据地革命文化史料选编(上册)》,内部资料,1992 年,第 279 页。

③ 《鄞慈社教队创办巡回学校》,《新浙东报》1945 年 4 月 27 日。参见浙东抗日根据地革命文化史料编纂委员会:《浙东抗日根据地革命文化史料选编(上册)》,内部资料,1992 年,第 282 页。

④ 佚名:《创刊前言》,《新浙东报》1944 年 4 月 20 日。

⑤ 由于"的笃戏"最初不用什么特定的乐器,只有一个皮做的"笃鼓"和两片木板做的"拆板",唱戏时"的笃""的笃"地敲打拍子,故得名"的笃戏"。

建设、剧团改造、剧本创作、表演形式创新等方面进行了有效尝试,对推动其向现代越剧的转型发展发挥了积极的作用,积累了传统戏剧改造的成功经验。

(一)根植于浙东文化土壤

浙东抗日根据地所在的嵊县、余姚、上虞、慈溪、鄞县一带,是中国传统越剧的流行地区,在浙东当地习惯称为"的笃戏",又名"绍兴女子文戏"。"的笃戏"是浙东地区群众喜闻乐见的地方戏曲,是根据地党组织对群众开展社会教育工作的重要抓手。

1."的笃戏"有着深厚的群众基础

在浙东地区,"的笃戏"不但人人爱看,而且不少人能演会唱,是占据统治地位的民间戏剧,有着深厚的群众基础。"它(越剧)的口白、唱句更通俗易懂,不像绍调、京剧的'文雅'。且能容纳新的东西,吸收绍调、武林调、京戏的优点,变为自己的新东西;声调特别容易叙情,内容多是平民化的……有广大群众——尤其是妇女的倾心拥护。"[1]黄源在《四明山越剧改革经验点滴》一文中提到这样一个场景:"1943 年 7 月,根据地在袁马镇召开'纪念七·七抗战六周年大会'。那时是在广场上开会的。会开到一半,忽然大雨如注,台下群众纷纷散开避雨。会开完以后,下面的文娱节目是个流动到游击区的'草台班子'唱越剧。剧目无非是那些传统戏罢了。然而台上锣鼓一响,虽然雨还在落,可是群众却兴高采烈,纷纷聚到台前来看戏了。这给我的印象很深。我体会到戏曲对群众的吸引力,用群众喜闻乐见的戏文作宣传工作,其作用要比直接对他们讲话大得多。"[2]

2.传统"的笃戏"势在改革

据平原(陈山)所写的《剧艺大众化和改进越剧的尝试》一文,"单是嵊县一地,在民廿四年调查结果,有女演员二万人以上,一时当地农民青年,都讨不到老婆。戏班多到数百,分布在广大农村和沪杭甬等大都市,此起彼落,演出不停"[3]。民间"的笃班"演出的内容大多是没有经过整理的传统老戏,上演的剧目无非是俗套的内容,甚至还包含许多封建迷信、悲观消极甚至黄色庸俗的成分。

乡村艺术创新的驱动力往往不是艺术本身,而是外在于艺术的时代诉求。[4]"的笃

①　平原:《红灯记》,新华书店,1949 年,第 85 页。

②　黄源:《四明山越剧改革经验点滴》,见浙东抗日根据地革命文化史料编纂委员会:《浙东抗日根据地革命文化史料选编(上册)》,内部资料,1992 年,第 396—397 页。

③　浙东抗日根据地革命文化史料编纂委员会:《浙东抗日根据地革命文化史料选编(上册)》,内部资料,1992 年,第 248 页。

④　汪湛穹:《乡村传统戏剧的时代呈现——基于浙东抗日根据地"的笃戏"改造的考察》,《中国农史》2020 年第 6 期,第 98 页。

戏"改造"已不仅是一个单纯的技术问题"、一个传统艺术的近代转型问题,而涉及立场问题:"运用与改造民间艺术形式是为了使它服务于抗日民主的大业。这也是我们的立场,我们是站在人民大众、为反法西斯的利益(反日寇、反汉奸与反对反共反人民)的立场,使这个向来与人民最直接与普遍接触的艺术形式——'的笃戏',服务于广大人民利益的具体事业——战争、生产、教育。"①因此,根据地对传统"的笃戏"进行改革,使其为抗日救亡服务,为工农兵服务,把旧艺人和旧戏班改造为抗日宣传的积极力量,这是必然选择。

3.组建戏剧改革专业队伍

对传统戏剧革新,必须有一支戏剧改革的专业队伍。1943年7月,浙东社会教育工作队成立,主要任务是改革编演"的笃戏",伊兵(周丹虹)任党支部书记兼指导员,高岗(韩秉三)任队长。队员来自两个方面:一是从沪杭甬及各地投奔四明山根据地的男女青年学生、新文艺工作者,其中一部分是浙东鲁迅学院的学员;二是吸收了一个流动于大岚乡的越剧戏班高升舞台和散落在嵊(县)、新(昌)、奉(化)、鄞(县)地区的民间老艺人等。②其中,根据地对旧戏班高升舞台的成功改造有重要意义,"开创了新中国华东地区民营戏曲团体改制为国有剧团的先河"③。1944年11月,文教处从社教队把高岗和鲁迅艺术学院华中分院音乐系毕业的王斯苇调去高升舞台,从事时事、政策教育和教唱新歌、指导编排新剧的工作。同时,为了使高升舞台的艺人有较多时间进行政治学习、改造思想和改革旧戏,文教处将其艺人原先自负盈亏的分配模式,改为按照技艺高低发薪俸,最高的每月白米200多斤,最低的也有120斤,以实物折价的形式发工资。④ 这不仅解决了他们生活上的后顾之忧,还大大激励了他们工作的积极性,高升舞台的艺人成为"的笃戏"改革的主力军之一。

此外,四明专署在文教科长商白苇的领导下,建立了四明社教队⑤,也进行"的笃戏"

① 《从文艺新方向出发 对改造"的笃戏"意见 某机关有经验人士谈》,《新浙东报》1944年12月1日。见浙东抗日根据地革命文化史料编纂委员会:《浙东抗日根据地革命文化史料选编(上册)》,内部资料,1992年,第240页。

② 冠潮:《四明山麓的越剧革新》,见浙东抗日根据地革命文化史料编纂委员会:《浙东抗日根据地革命文化史料选编(上册)》,内部资料,1992年,第392页。

③ 黄大同:《新中国70年浙江戏曲事业的序幕——20世纪40年代浙东根据地的"的笃戏"活动》,《浙江艺术职业学院学报》2019年第1期,第39页。

④ 凌云:《浙东抗日根据地的戏文》,见浙江省新四军历史研究会:《新四军和华中抗日根据地研究会浙江分会会刊》第1期,内部资料,1984年。

⑤ 1945年元旦,四明社教队在余姚县陆埠区袁马村成立,是一支以文艺宣传形式进行社会教育工作的队伍。四明社教队由四明专署文教科长商白苇兼任队长,鼎盛时期队员多达37人。该队面向根据地的农村、集镇和部队,活跃于整个四明山区,先后排演了《儿女英雄》《桥头烽火》《生死路》等大戏和《夫妻双双参加祝捷会》等广场小剧,深受根据地军民的欢迎,《新浙东报》多次报道了该队的活动和经验。四明社教队由于新四军浙东游击纵队的北撤,于1945年9月初解散,历时仅9个月。参见浙东抗日根据地革命文化史料编纂委员会:《浙东抗日根据地革命文化史料选编(上册)》,内部资料,1992年,第231页。

改革和戏剧演出,深受根据地军民的欢迎。

(二)创作群众喜爱的越剧作品

在持续将近四年的"的笃戏"改革中,浙东抗日根据地不仅涌现出如伊兵、高岗、平原、商白苇等一批优秀的越剧创作者和表演艺术家,而且创造出大量优秀的、群众喜闻乐见的红色越剧佳品,在剧本创作、表演形式和手法、演员的改造等方面进行了有益的改革尝试。

1. 创作改造剧目

在浙东抗日根据地众多优秀的"的笃戏"作品中,除少数是由文艺工作者独立创作之外,大量的剧作品是由文艺工作者、民间艺人、革命战士、当地老百姓、地方士绅等集体编创出来的,这是根据地戏剧改革的一个创举。许多"的笃戏"创作往往是在文艺工作者的指导下,先由旧剧艺人、战士、群众集体讨论剧本,再由文艺工作者执笔编创。在编创结束之后的巡演中,又会及时根据观众的意见进行修改润色。1944 年根据真实故事改编的《竹呑血案》①,就是初步尝试了编剧上的群众路线而创作出的精品,是当时文教处所办"民间艺人训练班"的全体民间艺人同志的集体创作。"第一,它的题材是从群众中间间接采访来的——艺训班同志早就有心要自己编一个戏了";"第二,搜集了材料后,几个人就共同商量将'骨子'(幕表)编好,交给我们看,我们只将它删略精简与补充了一下,作了一点润色工作";"第三,编好后,整个戏剧结构与剧词,又经过大家集体修改的,在排演的过程中,基本上也都采用了民间艺人的意见,发挥了他们的所长,我们只告诉他们哪些地方要着重"。② 民间艺人与文艺工作者合编的剧目,还有《赤胆忠心》(1944 年演出),描写鄞西区区长徐婴,面对顽敌百般威逼利诱,毅然坚贞不屈的战斗事迹;《陈晓云》(1944 年演出),描写鄞西区女乡长陈晓云在面对顽固派的进攻时,为保百姓奋不顾身、宁死不屈而壮烈牺牲的事迹;《血泪花》(1944 年演出),描写了旧社会妇女的深重苦难;等等。③ 正是在剧目创作过程中牢牢贯彻群众路线,凝聚最广泛的力量,才诞生了一系列优秀的"的笃戏"作品。

根据地"的笃戏"剧目主要分为新创作的剧目和改编的旧题材剧目两类。第一类是紧扣社会现实,反映抗战风采,为工农兵服务的新现代剧作品。代表性的剧目有:伊兵的《桥头烽火》《义薄云天》《龙溪风云》《大义灭亲》《血钟记》,郭静唐的《生死路》,陈山的《北

---

① 《竹呑血案》,根据真实故事改编,描写了先后三次投敌的反动派投机分子田岫山,为征收苛捐杂税,逼得嵊西竹呑岭竹茂生一家四口上吊服毒的悲剧。1944 年由浙东行政公署社教队演出。参见唐海宏:《抗战时期浙东红色戏剧创作及其现代意义》,《新世纪剧坛》2021 年第 3 期,第 25 页。
② 高大纶:《从〈竹呑血案〉谈编剧的群众路线》,《新浙东报》1945 年 9 月 16 日。
③ 唐海宏:《抗战时期浙东红色戏剧创作及其现代意义》,《新世纪剧坛》2021 年第 3 期,第 25 页。

撤余音》,民间艺人与文艺工作者合编的《赤胆忠心》《陈晓云》《竹吞血案》,三北教育社的《反清乡》《筋竹吞之战》《扩大解放区》《保卫秋收》等。[①] 第二类是改编自旧剧的作品。旧剧的改编原则同样基于革命现实主义的需要,"有毒素的旧剧完全不用";对"能够反映人民生活与斗争的旧剧"进行全部或局部的删改;"与现实生活联系较为密切的旧剧"仍可能保存,加以局部改造或发展。[②] 凌云在《浙东抗日根据地的戏文》一文中介绍了当时社教队对传统越剧的改编:《双看相》原本讲述的是两名女子因家贫进城来看相,遇到两名男子以看相为名调戏,遭到她们的拒绝。后经过社教队的再创作,剧情被改写成一个伪军与一个国民党顽固派士兵互相看相,你数落我,我讥讽你,其实两人的末日都快到了。该剧极具讽刺和教育意义。《老少换妻》被改写成以反对不合理婚姻为主题的戏。《过关》的主题变成揭露国民党滥设关卡、盘剥百姓的行径。[③] 《文天祥》《戚继光》《风波亭》等虽是历史题材剧目,但它们表现了民族英雄的斗争精神,对观众起到了气节教育的作用,也经由社教队改编被重新演绎,为群众所喜闻乐见。

2.创新演艺方式

一部成功的戏剧作品,除了要有好的剧本,还离不开适宜的表演形式和演员的精彩演艺。演艺方式的创新,成为"的笃戏"改革的重点。

(1)开创男女合演先河

"的笃戏"原是"女子绍兴文戏",为清一色的女演员。社教队认为,这是在"艺术功能上的欠缺",新剧中的革命英雄因之而少了"阳刚之气"。为了更好地发挥艺术的社会教育功能,加之女演员不多的实际困难,伊兵大胆地进行了改造,废弃了清一色女演员粉墨登场的女班传统,实行男女合演,剧中的男角一律由男演员承担,不再由女演员反串。这样一来,剧中的角色性别与演员性别保持了一致,使艺术真实与生活真实趋于和谐统一。[④] 这是"的笃戏"改革的一大创举。

(2)改变传统音乐唱腔

在音乐唱腔方面,社教队也做了一定程度的改革。女子越剧唱腔细腻抒情,哀婉行吟,尤其是在清唱的时候,往往能把观众的情绪抓住,但也缺少了一股激昂豪壮的气势。因此社教队在排演新戏时,从绍兴大班的武林戏中吸收了部分曲调,还吸收了一些民歌

---

① 浙江省新四军历史研究会:《浙东抗日根据地史》,中共党史出版社,2005年,第302页。

② 《从文艺新方向出发 对改造"的笃戏"意见 某机关有经验人士谈》,《新浙东报》1944年12月1日。见浙东抗日根据地革命文化史料编纂委员会:《浙东抗日根据地革命文化史料选编(上册)》,内部资料,1992年,第240页。

③ 凌云:《浙东抗日根据地的戏文》,见浙江省艺术研究所:《艺术研究资料》第2辑,内部资料,1982年,第351页。

④ 周健尔:《伊兵与男女合演越剧》,见周健尔:《伊兵与戏剧》,中国戏剧出版社,2004年,第411、415页。

小调及男班早期比较质朴的音调。在表达革命激情时,也常插入革命歌曲。这些尝试在当时基本都能为观众所接受,使人耳目为之一新。[①]

(3)改革表演形式

社教队大胆进行越剧表演新尝试,向话剧、歌剧等艺术形式学习,打破幕表戏,实行剧本制。旧的"的笃戏"由于道具简单,往往一幕到底。社教队借鉴了话剧表演的形式,实行剧本制,并照顾群众看戏习惯和戏曲特点,创造了"幕间戏"的方式。舞台上设两道幕或多道幕,即一场完毕,需要布景,外景不闭,戏台中间闭下一道幕,幕前继续演戏,幕后换景,使观众看戏一气贯通,不必等闭幕开幕。[②] 经过改造后的"的笃戏"新剧目,道具丰富,换景增加,既保持了旧戏演出中间不闭幕的传统,又吸收了话剧分幕分场的长处,配之灯光照明,使观众感到既熟悉又新鲜,深受好评。同时,对表演中的技术方面(包括编写、管理、演出)也有详尽的建议和革新,要求做到绝对的紧凑、简洁、经济,但是要不妨碍观众的了解,主题要明确;更多采用现代民众的口语,允许新名词的适当参入;多采纳话剧的优点,包括剧词与表情严格一致、服装和道具必须认真处理、乐器的配奏尤其是大锣大鼓适当运用等。以上表演方式的创新,既照顾了群众的艺术欣赏习惯和水平,又保证了"的笃戏"的艺术水准和效果。

3.培训演艺队伍

"要改造戏班、戏剧,必须先改造好人。"[③]为了培养戏剧创作和表演的专业队伍,浙东行政公署文教处非常重视对加入社教队的知识青年和民间艺人的培训和教育,号召他们互相学习、取长补短。

民间艺人大多有着熟练的技艺和丰富的演戏经验,"他们可以自己编剧、自己分场,即使事先不'串'一下,也可以上演","演出能力强的,还会有很高的创造性,有许多小穿插、对白等,可以自然地帮助衬托人物的性格","对群众生活的熟悉(这些在一般知识分子出身的演员中是不及他们的),因此有许多生动深刻的词句自然地吐露出来"。[④] 但是,"民间艺人有着他先天的缺陷,如政治认识低、文化水平低,演技上、编技上、唱句上受旧

---

① 钟冶平:《浙东抗日根据地的越剧改革》,见北京新四军暨华中抗日根据地研究会:《铁流38——永远的纪念、华中抗日根据地建设与研究、战斗生涯峥嵘岁月、追思缅怀传家》,中央文献出版社,2018年,第209页。

② 黄源:《四明山越剧改革经验点滴》,见浙东抗日根据地革命文化史料编纂委员会:《浙东抗日根据地革命文化史料选编(上册)》,内部资料,1992年,第399页。

③ 这句话是时任文教处处长黄源所说。参见韩秉三:《战地黄花分外香——浙东抗日根据地所开拓的越剧改革工作》(节选),见浙江省新四军历史研究会浙东分会:《浙东抗日根据地文化教育专辑》,内部资料,2009年,第217页。

④ 《结合民间艺人社教队改造"的笃戏"》,《新浙东报》1944年10月30日。参见浙东抗日根据地革命文化史料编纂委员会:《浙东抗日根据地革命文化史料选编(上册)》,内部资料,2009年,第237—238页。

剧的传统影响深,对新鲜事物的接受力差,因此必须与知识分子好好结合,互相帮助,互相发挥才好。而不是互相限制,互相轻视。知识分子要深刻了解民间艺人与民间艺术,民间艺人要善于接受政治上新的启示"①。1943年7月社教队成立不久,即着手对加入社教队的"的笃班"高升舞台进行改造。② 1944年11月,四明行署文教处派高岗、王斯苇、红沫去高升舞台工作,并负责对团员进行时事政策教育。③ 1945年4月,四明行署文教处举办民间艺人训练班,受训的艺人们在文艺工作者的指导下,于6月集体创作出《竹呑血案》《血泪花》等戏剧。④

1944年12月22日,《新浙东报》刊登了《参加根据地社教工作民间艺人在进步》一文,提到"在技艺上,这些民间艺人给社教队的队员同志以很大的帮助。同时,他们也吸收了新的演技,在政治教育、思想教育、文化教育上,队员同志则给他们的帮助极大";"一个演了二十五年戏的丑角任××,每天研读战斗报与新浙东报","一个负责后场舞台工作的民间艺人王沁同志,最近他自动要求减去他的薪金,每月减少三十斤米,并且已能与队员同志一样起早,一样参加早操与跑步"。⑤ 通过知识青年向民间艺人拜师学艺,扎实提升表演技能,民间艺人则学政治、学文化,学习新知识。由此,根据地建设了一支得力的"的笃戏"演艺队伍。

(三)激发民众抗战热情

根据地创作并演出的"的笃戏",围绕"一切工作都是以坚持抗战,动员全体人民投入这场斗争"的时代使命,利用艺术创作教育群众,激发民众抗战热情,起到了动员和组织群众的积极作用。1944年12月1日,《新浙东报》刊登《从文艺新方向出发 对改造"的笃戏"意见 某机关有经验人士谈》一文,明确指出改造"的笃戏"最直接的目的"是将它作为对群众宣传与教育的重要的'普及'工具"⑥。每当根据地有重大的政治活动和群众集会,浙东区党委都要让社教队登台演戏,收到了很好的社会效果,"不少青年农民,就是在

① 高大纶:《从〈竹呑血案〉谈编剧的群众路线》,《新浙东报》1944年9月16日。参见浙东抗日根据地革命文化史料编纂委员会:《浙东抗日根据地革命文化史料选编(上册)》,内部资料,2009年,第245页。
② 浙东抗日根据地革命文化史料编纂委员会:《浙东抗日根据地革命文化史料选编(上册)》,内部资料,2009年,第21页。
③ 浙东抗日根据地革命文化史料编纂委员会:《浙东抗日根据地革命文化史料选编(上册)》,内部资料,2009年,第34页。
④ 浙东抗日根据地革命文化史料编纂委员会:《浙东抗日根据地革命文化史料选编(上册)》,内部资料,2009年,第42页。
⑤ 浙东抗日根据地革命文化史料编纂委员会:《浙东抗日根据地革命文化史料选编(上册)》,内部资料,2009年,第261—262页。
⑥ 浙东抗日根据地革命文化史料编纂委员会:《浙东抗日根据地革命文化史料选编(上册)》,内部资料,2009年,第241页。

包括看社教队演出的各种宣传启发下,报名参军打鬼子的"①。冠潮所写的《四明山麓的越剧革新》一文,形象再现了浙东行政公署社教队深受四明山群众爱戴欢迎的景象:"每当出现一支三四十人,有男有女,有扛丝弦锣鼓的队伍时,顿时,在田畈里挥锄,在竹林中伐竹,在江心撒网的群众,都会停下手中的活计,奔走相告:'社教队来了!社教队来了!夜里好去看戏哉!'暮色徐徐降临,戏台上的锣鼓还未敲响,乡亲们就扶老携幼,从四面八方奔来……台前台后挤满了人,真像过年过节一般热闹。"②

"的笃戏"作品大多就地取材,描写根据地的真人真事,生动展现抗战时期浙东地区军民的现实斗争生活,能够引起群众情感上的共鸣,深受群众欢迎,宣传教育效果好。1943年,由社教队演出的伊兵的代表作《桥头烽火》,讲述了浙东农家子弟李文雄参加了伪军,日寇侵占庄桥建机场,李家的田地与祖坟被占用,李文雄之弟被抓壮丁后折磨致死,其妻风贞为避迫害携小姑、幼子寻夫,不幸为伪军所劫。伪军欲献风贞给日军,巧遇丈夫李文雄,风贞拿出李父血书并劝他弃暗投明。最后,李文雄起义反抗,与新四军合作光复庄桥。③ 该剧故事切合实际,群众看了犹如身临其境,曾被誉为"万人争看的新剧"。当年演出时采用了灯光布景,第一次实现了越剧男女合演。"每次演出时剧场周围摆满了小摊,很多群众自带凳子抢先占好地方,多数群众则是站着看戏,热闹得犹似赶庙会一样。"④该剧本现保存于浙江省艺术研究所。伊兵创作的另一代表作《义薄云天》则完全取材于游击区的真人真事,是根据"浙东刘胡兰"——中共鄞江区委书记李敏烈士的事迹编写而成的。李敏出生于浙江镇海小港,受共产党的指派深入鄞西樟村、鄞江等地进行地下工作,在1944年第二次反顽自卫战中不幸被捕。顽军将她捆在街边的柱子上连续戳刺,但她坚贞不屈,仍高呼革命口号不止,英勇就义,年仅22岁。⑤ 1944年4月,该剧在梁弄、陆埠等地巡回演出。当演到顽军在李敏身上连戳17刀时,全场屏声敛息。演出完毕时,满座饮泣,在军民中引起强烈反响。⑥

除了在内容上注重反映根据地军民生活与斗争,"的笃戏"在艺术形式上也充分考虑军民的观赏习惯和文化水准,注重通俗易懂,兼顾科学性和大众性,既达到知识分子欣赏的水准,也能够做到接地气,得到普通民众的欢迎。在1944年演出的《赤胆忠心》中,一

---

① 冠潮:《四明山麓的越剧革新》,见浙江省新四军历史研究会浙东分会:《浙东抗日根据地文化教育专辑》,内部资料,2009年,第230页。

② 冠潮:《四明山麓的越剧革新》,见浙东抗日根据地革命文化史料编纂委员会:《浙东抗日根据地革命文化史料选编(上册)》,内部资料,2009年,第391页。

③ 孙世基:《中国越剧戏目考》,宁波出版社,2015年,第133页。

④ 史岩、王珌:《追忆抗战时的"浙东四明社教队"》,《浙江党史通讯》1987年第4期。

⑤ 上海艺术研究所、浙江省艺术研究所:《艺术研究资料》第6辑,内部资料,1983年,第139—140页。

⑥ 浙东抗日根据地革命文化史料编纂委员会:《浙东抗日根据地革命文化史料选编(上册)》,内部资料,2009年,第27页。

个被顽固派逮捕的士绅,在遣责顽固派时,说了浙东百姓熟知的"竹竿挑水后头长""草上之霜不长久"等谚语。在表现农民性格时,一个老农民说:"你们和新四军扯扯匀,多少好呢!"①这些唱白具有浓郁的地方色彩,为广大观众所熟悉,很受群众喜爱,从而达到了非常好的宣传教育效果。

1944年11月22日,《新浙东报》刊登《浙东民间艺术晚会上实验文艺新方向》一文,介绍了由文教处社教队献演的一场民间艺术晚会。"日前,夜雨连绵,但到场军政干部仍在数百以上。把一个小祠堂挤得水泄不通,屋外又站满一圈人,都被锣鼓与愉快的哄笑吸引住了。""在这个晚会上,说明了这些民间形式的改造与运用,是为群众所欢迎的。文教处黄源处长作了一副新联:'运用与改造民间艺术,传达与表现世界民主新思想',其意味深长地指出了这个晚会的意义。"②诚然,这也是浙东革命根据地"的笃戏"改革的意义。

浙东抗日根据地"的笃戏"改革,与同时期越剧名家姚水娟、袁雪芬等在上海倡导的"新越剧"改革相比,受限于人力、物力,在越剧艺术的提高上还有一定的差距。但它是在党直接领导下进行的,对旧戏班、旧艺人进行了彻底改造,将传统剧目的推陈出新与现代新戏的创作有机结合,发挥了服务抗战大局、启发教育群众的功能。这方面是在国统区的上海所无法达到的,是越剧史上的一次重要革新。

综上所述,浙东革命根据地的文化建设,不仅为革命培养了急需的人才干部和后备力量,组织和动员了广大群众,对根据地建设和革命事业的胜利作出了重要贡献,同时也提高了社会大众的文化素质和民族觉悟,为新中国的建设奠定了坚实的人才基础。斗转星移,今日的中华大地,革命的历史硝烟已然远去。新时代新征程,中国共产党正领导全国各族人民为实现中华民族伟大复兴、全面建成社会主义现代化强国踔厉前行。深入研究浙东革命根据地的文化建设实践,思考总结其积累的宝贵经验,对于推动新时代红色文化资源的传承和开发,坚定文化自信,建设社会主义文化强国,具有积极的借鉴意义和参考价值。

---

① 唐海宏:《抗战时期浙东红色戏剧创作及其现代意义》,《新世纪剧坛》2021年第3期,第27页。
② 《浙东民间艺术晚会上实验文艺新方向》,《新浙东报》1944年11月22日。参见浙东抗日根据地革命文化史料编纂委员会:《浙东抗日根据地革命文化史料选编(上册)》,内部资料,1992年,第260—261页。

第五章

浙东革命根据地的经济工作

经济工作是浙东革命根据地十分重要的工作之一,它直接关系到共产党及其领导的人民武装能否在敌后坚持斗争的问题。在浙东地区党组织的领导下,根据地军民在极其艰苦的环境下开展经济工作,发展根据地经济,粉碎了敌人的经济掠夺和经济封锁,保证了人民生活和对敌斗争的需要。浙东革命根据地的经济工作,既符合根据地实际,也是共产党新民主主义革命理论在经济领域的具体体现,具有鲜明的特点。

一、浙东革命根据地经济工作发展概述

浙东革命根据地的经济工作,是随着根据地的军事、政治斗争的发展而发展起来的,是为军事、政治斗争服务的。在浙东地区党组织的领导下,根据地废除苛捐杂税,实行合理负担,照章征税和征收公粮,在发展生产、改善人民生活的基础上,增加财源,保障部队和地方工作人员的供给。浙东革命根据地的经济工作较好地适应了政治、军事斗争发展的需要,经历了初创、发展、巩固健全和游击根据地时期四个阶段。[①]

(一)初创阶段(1941年5月—1942年6月)

从浦东部队1941年5月分批南渡三北地区到1942年7月浙东区党委成立前的这段时间里,浙东抗日根据地的经济工作主要是依托办事处开展征粮与收税等工作,在比较艰苦的工作条件下,保障了浦东南渡部队的供给需要,帮助部队在浙东站稳了脚跟。

---

① 关于浙东抗日根据地经济工作的分期,目前学术界主要是以谭启龙的《根据地的财经工作》一文的分期为主。本书认为,由于陆慕云是浙东抗日根据地经济工作的最主要负责人,陆慕云的《浙东抗日根据地的财经工作》的分期更能体现浙东抗日根据地经济工作的发展概况。本章在参考谭启龙的《根据地的财经工作》的分期的基础上,以陆慕云关于浙东抗日根据地经济工作的分期为主要依据,再与游击根据地时期连贯在一起,对浙东革命根据地的经济工作展开分析。

浙东地区自然资源丰富,经济比较发达。除四明山、会稽山等少数山区外,三北地区是浙东海上通道,商贸活动频繁,生产粮棉盐,有浙东最大盐场——庵东盐场,经济富庶;新昌、诸暨、嵊县盆地盛产稻米;浙东西南部的金(华)东(阳)盆地是稻米和杂粮产区。[①] 1943 年,陆慕云[②]启程来浙东之前,粟裕曾找他谈话:"浦东的武装已发展到三北,要同其他游击根据地连成一片,浙东处于东南沿海,战略地位极为重要,是战略要地,蒋介石的老家也在那里。我们到了那里,政治影响很大。在经济上,浙东是富饶地区,你们去搞钱,还要支持延安。"[③]这充分说明中共中央和华中局对浙东抗日根据地经济工作的高度重视以及浙东地区经济的富庶。

1941 年 5 月—9 月,浦东工委领导的武装力量 900 余人分 7 批先后南渡杭州湾到达三北地区,拉开了创建浙东抗日根据地的序幕。初到三北的部队并不向当地群众筹款要粮,仅靠浦东带来的少数现金来维持部队补给,不久之后就开始捉襟见肘。部队听从当地进步人士许深洋的建议,将盐场的一批盐进行转卖,获得了一批盐款,解了燃眉之急,但仍非长久之计。[④] 7 月,"五支四大"经过与驻慈北古窑浦的国民党慈溪国民兵团的交涉,建立了第一个办事处,部队开始以办事处的名义对进出港口的货物进行征税。后来部队又在邱王、蟹浦、沈师桥、逍路头等地建立办事处。8 月,为领导各办事处工作,部队在洞桥虞家组建总办事处,薛诚任主任。10 月,"暂三纵"又在长河市、临山、岑仓堰、逍路头等地建立了办事处。通过设立办事处,"五支四大""暂三纵"等部队在各个海口(如范市、海甸戎家、龙山、澥浦、湾塘)以及通往镇海、慈溪县城和宁波的各个要道口设立税卡,每卡配置二三人,并配置武器。通过在交通要道设立税卡,征收过境货物税,有力地保障了部队的物资供给。在这一时期,浦东南渡部队坚持"灰色隐蔽",依托办事处开展经济工作,征收抗日捐税,解决部队给养,逐步建立财经工作体系。因此,办事处既是浙东抗日根据地最早的政权工作机构,同时也是最初的财经工作机构。

浦东南渡部队为了在浙东站稳脚跟,不断拓展经济来源,采取不同的形式抓收入,收税、搞钱粮;开展上层开明人士统战工作,收到了一些有识之士的爱国捐款。[⑤] 与此同时,为了有效地开展对敌伪的经济斗争,保障部队供给,浙东抗日根据地开始组建一支忠诚

---

① 谭启龙:《谭启龙回忆录》,中共党史出版社,2003 年,第 194 页。

② 陆慕云(1915—1987),江苏刘鹤人,1939 年起在皖东北根据地、苏中四分区任政府金库主任、税务局副局长等职。1941 年加入中国共产党。中华人民共和国成立前历任浙东行政公署财经处处长兼浙东银行副经理、华东野战军先遣纵队后勤部部长,为浙东抗日根据地经济工作的主要负责人之一。

③ 宁波市新四军暨华中敌后抗日根据地研究会:《浙东抗战与敌后抗日根据地史料丛书》第 6 卷,中共党史出版社,2001 年,第 84 页。

④ 薛诚:《从地方到部队,筹建办事处》,《慈溪党史资料》1983 年第 6 期,第 5—6 页。

⑤ 宁波市新四军暨华中敌后抗日根据地研究会:《浙东抗战与敌后抗日根据地史料丛书》第 6 卷,中共党史出版社,2001 年,第 84 页。

于革命税收事业的税收队伍。其人员大多是浙东各县的知识青年,包括小学教师,另有一些是从苏北和苏中根据地调来的,还有浙东地下党的一批干部,这些人员后来大部分成为根据地财政税收工作的骨干。[①] 由于浙东地区斗争形势异常严峻,敌占区、游击区、根据地交错在一起,税收干部与日伪军、国民党顽固派等势力的斗争比较尖锐,因此在收税措施上,一般采取武装保卫税收的方式,由地方民兵和税收人员一起收税。当时税收干部的工作十分艰巨,而且特别危险,与敌伪的斗争非常尖锐,大部分税收干部都带有武器。[②]

浦东部队南渡浙东所开辟的三北抗日游击根据地,是创建浙东抗日根据地的重要阶段,是宁绍地区沦陷后浙东开辟最早的抗日游击根据地。三北地区经济条件好,且有盐场,财源较好。虽然此时根据地的税收制度还不健全,但也有了一定的收入,在比较艰苦的条件下,保证了部队的基本需要。[③] 这一时期的经济工作为南渡部队的政治和军事斗争提供了经费保障,帮助浦东南渡部队在三北地区站稳了脚跟,为开辟浙东抗日根据地发挥了重要的作用。

(二)发展阶段(1942 年 7 月—1944 年 12 月)

从 1942 年 7 月浙东区党委成立到 1945 年 1 月浙东行政公署成立的这段时间里,浙东抗日根据地取得了两次反顽自卫战的胜利,根据地不断发展壮大,根据地的斗争形势出现了相对稳定的局面。在三北、四明财政经济委员会和浙东敌后临时行政委员会财经处的领导下,根据地的经济工作取得了较大的进步,适应了根据地发展的需要。

1.巩固收税工作

1942 年 7 月,浙东区党委书记谭启龙在浙东敌后第一次干部扩大会议上对税收工作做了专门的安排:"我们的经济来源不应放在打汉奸或罚款或临时捐款等等的基础上,我们应主张废除一切苛捐杂税及人民不应有的负担,一切抗日经费的来源应由全体人民合理负担,不应放在少数人身上,应当使全体人民了解,向政府交纳一定的抗日经费或税收是每个人应尽的义务。"[④]12 月,浙东抗日根据地取得第一次反顽自卫战的胜利,根据地的范围进一步扩大,部队人数不断增加,抗日根据地的财政压力逐渐加大,原以征收货物

---

① 宁波市新四军暨华中敌后抗日根据地研究会:《浙东抗战与敌后抗日根据地史料丛书》第 6 卷,中共党史出版社,2001 年,第 84 页。

② 宁波市新四军暨华中敌后抗日根据地研究会:《浙东抗战与敌后抗日根据地史料丛书》第 6 卷,中共党史出版社,2001 年,第 85 页。

③ 浙江省新四军历史研究会:《浙东抗日根据地史》,中共党史出版社,2005 年,第 248 页。

④ 浙江省新四军历史研究会:《浙东抗日根据地史》,中共党史出版社,2005 年,第 249 页。

税为主的办事处,已不适应根据地发展的要求。浙东区党委决定按照浙东敌后第一次干部扩大会议上确立的"一切抗日经费的来源,应由全体人民合理负担"的原则,对根据地财政经济制度进行改革,把财经工作从驻军办事处的职能中分离出来,在三北、四明地区,先后建立财政经济委员会。①

随着浙东抗日根据地斗争形势的不断发展,1943 年,负责抗日根据地税收工作的经委会开始着手调整税收机构,撤销分会,成立税务分局,分局下设税务派出所,派出所下再设若干税卡。整个税收工作就由"经委会——税务分局——税务派出所——税卡"的管理系统,把根据地的税收工作统一起来。党的组织关系也与此相适应,经委会成立总支部。②

1943 年 11 月,浙东第二次反顽自卫战爆发,根据地进入最为艰苦的时期。面对国民党顽军的"围剿",华中局和新四军军部认为浙东抗日武装已无"灰色隐蔽"的必要,遂于1943 年 12 月 22 日命令浙东抗日武装正式编为新四军浙东游击纵队,公开树立了共产党的旗帜。随着浙东抗日武装结束"灰色隐蔽",原来在"灰色隐蔽"条件下建立的财经机构随之进行相应的调整。1944 年 1 月 15 日,浙东敌后临时行政委员会成立,临委会下设财经处,陆慕云任处长,张蓬任副处长,地区和县办设财经科,县财经科设有税务股,撤销各区征收处,派设由各区委直接领导的财经指导员。根据地政府为了适应残酷的战争环境,规定浙东敌后临时行政委员会作为浙东最高行政机构,军政费用由其统筹领导,以此来加强对财税工作的统一领导;四明、三北财政经济委员会随之改组为浙东敌后临时行政委员会财经处,财政经济委员会分会及征收处的工作分别改由县办事处财经科和区署财经指导员管理,各税务分局划归县办财经科领导。

在浙东抗日根据地内,起初只征收货物税和盐税,对这两种税收,根据地明确规定是归浙东敌后临时行政委员会的财政收入,统一收支,各县不得截留。后来根据各地实际情况,又规定属于各县财政收入的税收,并陆续开征酒税、屠宰税、油坊税等十余种地方税,由各县政府支配。③

---

① 1943 年 1 月,三北经济委员会在慈北洞桥虞家成立,直属三北游击司令部领导。主要任务是制定经济工作方针、政策以及编制预算、决算,组织财政收入,规定各项经济制度等。下设粮秣、税务、稽征科。不久,三北经济委员会下又先后成立西区、中区、东区三个分会。1943 年上半年,在主力部队陆续进入四明山区后,成立了南山经济委员会,也称四明经济委员会,直属三北游击司令部领导。

② 宁波市新四军暨华中敌后抗日根据地研究会:《浙东抗战与敌后抗日根据地史料丛书》第 6 卷,中共党史出版社,2001 年,第 85 页。

③ 宁波市新四军暨华中敌后抗日根据地研究会:《浙东抗战与敌后抗日根据地史料丛书》第 6 卷,中共党史出版社,2001 年,第 86 页。

2.征粮工作

当时征收公粮不仅是为保证部队吃饭,而且因征粮中有一批征粮代金收入,这也是解决财政开支的一项重要收入。^① 浙东抗日根据地初期的征粮工作是按田亩累进征收,但按田亩累进征收的办法也有缺点,不易达到合理负担,而且当时根据地开始实行"二五减租",团结开明士绅,情况相当复杂。1943 年 8 月,三北游击司令部颁发《抗卫军粮及抗卫经费并征暂行征收条例》,按土地等级,每亩征谷 2.5～6.5 公斤,由业主、佃户合理分担。同年秋收时,以三北游击司令部名义公布征粮条例,规定根据地按照田亩分等级递减征收。1944 年,浙东敌后临时行政委员会颁发《公粮田赋合并征收办法》,由于部队及行政机关扩大很多,每亩征收额比之前增加较多。为了实现"合理负担",征粮工作中采取了以下办法:一是与群众的习惯相适应,沿用国民党政府的田赋征收办法。另外,借田赋为名接受原县政府的田赋册,使依据田赋中的田亩数征收,并可向业主征收田赋。二是征收标准及征额按田亩累进,一共分四等,分等计额。三是除田赋部分应由业主完全负担外,公粮负担可分不同情形,即自耕农独自全部负担、租佃之田及佃户平均各半负担、租佃之地采用定额分担办法,还规定了大小业主分担办法。四是规定了减免政策和办法。^②

浙东抗日根据地将"二五减租"与征粮工作相结合,照顾了开明士绅的利益,有利于团结抗战。1943 年 7 月,浙东区党委在《关于今年秋收运动的指示》中对减租减息工作作了具体指示,即根据当年实际收成情况评议估产,改善农民生活,并保证地主有适当收益。以三北为例,有 105 个乡减了租,减租使 90% 的贫苦农民得到了好处。^③ 浙东抗日根据地的征粮工作,由于正确执行合理负担的政策,得到广大人民群众的拥护,使得人民群众能够踊跃上缴公粮,地主也是愿意交的。^④ 1944 年秋收后,四明地区在 3 个月内完成征粮任务 600 万斤,三北地区完成征粮 80 万石。^⑤ 为了保障征粮工作,浙东区党委还制定了秋收斗争的总方针和任务:武装保卫秋收,打击敌伪下乡征粮、抢粮活动;控制靠近敌伪据点的乡镇长,使其主要为抗日军政完成征收任务,对日伪顽的征粮采取"推""拖""赖"的办法,采取各种办法节省政府开支。

---

① 宁波市新四军暨华中敌后抗日根据地研究会:《浙东抗战与敌后抗日根据地史料丛书》第 6 卷,中共党史出版社,2001 年,第 89 页。

② 宁波市新四军暨华中敌后抗日根据地研究会:《浙东抗战与敌后抗日根据地史料丛书》第 6 卷,中共党史出版社,2001 年,第 89 页。

③ 谭启龙:《谭启龙回忆录》,中共党史出版社,2003 年,第 196 页。

④ 宁波市新四军暨华中敌后抗日根据地研究会:《浙东抗战与敌后抗日根据地史料丛书》第 6 卷,中共党史出版社,2001 年,第 91 页。

⑤ 谭启龙:《谭启龙回忆录》,中共党史出版社,2003 年,第 197 页。

由于政治和军事斗争形势的复杂,浙东抗日根据地征粮工作按地区的不同而采取不同的征收方式。游击区和基本区以征收粮食为原则,敌占区和顽化区以收交公粮款、解交伪币为主,种植经济作物的地区采用折收代金的方法。根据地的征粮工作由县委书记、县办事处主任或县长主管,财经科具体负责,工作效率比较高。此外,为了保证部队所到之处有饭吃,当时根据地还采取发粮票的办法,凭粮票吃饭,乡保长凭粮票抵缴公粮。这就使根据地从事军、政、党和民运的同志到各乡保甲处都能吃到饭。这适应了游击区的需要,解决了到各地去的工作同志吃饭的大问题。①

3. 开展大生产运动

对于抗日根据地的经济战线,不仅包括对敌经济斗争,还包括根据地建设,两者共同构成了根据地经济工作的主要内容。邓小平指出:"敌后的经济战线,包含了两个不能分离的环节,一是对敌展开经济斗争,一是在根据地展开经济建设。没有对敌斗争,谈不上根据地建设,没有根据地建设,更谈不上对敌斗争。我们各种具体的经济政策,都是照顾了这两方面而订出的。"②浙东区党委成立之后,除了积极开展经济斗争之外,还把发展农业生产、改善农民生活作为重要任务。

1944年3月13日,中共中央向华中局发出开展春耕生产运动的指示。4月1日,中共中央华中局向新四军各部队、机关下达了开展大生产运动的任务。浙东区党委根据中共中央关于"自己动手、丰衣足食"的批示,领导根据地军民开展了大生产运动。浙东区党委机关报《新浙东报》发表了题为《努力春耕生产,保证军民一年生计》的社论,强调"各级政府机关应该把领导和帮助人民的生产运动作为自己当前的中心任务"③。在浙东区党委的号召下,根据地领导机关带头,部队边战斗边生产,广大农民上山下地,开垦荒山荒地,在新开垦的田地上种植马铃薯、玉米及番薯等杂粮,大生产运动取得了较好的效果。1944年冬,梁弄区垦荒收获番薯等杂粮50万公斤,对度荒救灾、供应军粮起到了一定的作用。至1945年,四明山部队生产所得满足了大部分的供给需求。各级政府还积极帮助和领导群众搞好生产,领导农民组织合作事业,发放种子、农货,进行劳动互助、垦荒、兴修水利等工作。大生产运动促进了根据地经济的发展,保障了军民的物资供给。④1945年春,由于日伪顽的长期经济封锁和冰雹等自然灾害,浙东地区普遍闹春荒,军民衣食均出现困难。为了生产自救和度荒,浙东区党委进一步发动大生产运动,发动群众、组

---

① 宁波市新四军暨华中敌后抗日根据地研究会:《浙东抗战与敌后抗日根据地史料丛书》第6卷,中共党史出版社,2001年,第91页。

② 中共中央文献编辑委员会:《邓小平文选》第1卷,人民出版社,1994年,第79页。

③ 浙江省新四军历史研究会:《浙东抗日根据地史》,中共党史出版社,2005年,第243页。

④ 谭启龙:《谭启龙回忆录》,中共党史出版社,2003年,第199页。

织群众,又一次掀起生产热潮。

帮助农民兴办各种合作社是大生产运动的一项重要内容。从 1943 年底到 1945 年初,浙东抗日根据地不仅基层党组织和民运部门把组织合作社作为自己的一项任务,而且各地县政府财政科的同志也予以积极支持,特别是四明地区,领导力量配得较强,甚至地委和专署直接召开会议,布置发动群众组织合作社。[1] 浙东抗日根据地的各级政府根据财政实力,因地制宜、区别对待、拨款拨粮,支持合作社。有的地区变卖公粮,首先卖给合作社或通过合作社变卖。根据地政府对合作社发放贷款要低息,税收上给予照顾,还有计划地委托合作社代购货物等。这些办法使合作社的经济实力大大增强,特别是四明地区的姚南和三北地区的慈溪、镇海一带,合作社举办得较好。浙东区党委和根据地政府在大力扶持合作社的同时,还积极发挥社员当家作主的精神。在各级党组织的领导下,各种各样的合作社先后建立起来,有生产合作社、消费合作社、借贷合作社、运销合作社、运输合作社等。农民群众从自己生产、生活需要出发,创造了许多新的合作形式。如以劳力入股的垦荒合作社,以劳代股,以劳分红,既解决了一批赤贫农民的生活出路问题,又发展了生产。如纺纱、织布、摇袜合作社专门把妇女组织起来,成为一支生产力量。随着生产经营的发展,合作社的规模和经营范围逐步扩大,如虞东山民组织了山货合作社,运销山货,用赚来的钱分红。南山左溪乡合作社集款 50 万元,到奉西地区采购马铃薯种子 1900 斤,解决了群众缺种子的困难。梁弄让贤乡,成立了生产消费运输相结合的农民合作社和专门产销笋干的合作社。慈南合作社发展成为生产、运销、消费的综合经营的合作社。[2] 随着合作社的壮大和发展,不少合作社开始拟定比较完整的章程,健全规章制度。有的合作社还建立了理事会、监事会,正式选举产生社长。1944 年,浙东抗日根据地政府印发了合作社示范章程,对合作社的名称、类型、股金、入社手续、社员权利、组织系统、分红等都有详细规定。由于当时日伪对抗日根据地的封锁,商品流通受阻,中间商剥削严重,给群众生活带来很大困难。合作社通过发展生产,推销山货,供应平价米,采购供应商品,在一定程度上保障了军需民用,促进了根据地的经济,提高了共产党在人民群众中的威信,从而成为共产党在农村组织群众的一个重要的经济手段。[3]

4.金库的筹建和金库兑换券的创制

取得第一次反顽自卫战的胜利后,浙东抗日根据地的四明、三北地区连成一片,金萧

[1]　陆慕云:《浙东抗日根据地的合作社》,见宁波市新四军暨华中敌后抗日根据地研究会:《浙东抗战与敌后抗日根据地史料丛书》第 6 卷,中共党史出版社,2001 年,第 89 页。

[2]　浙江省新四军历史研究会:《浙东抗日根据地史》,中共党史出版社,2005 年,第 244 页。

[3]　陆慕云:《浙东抗日根据地的合作社》,见宁波市新四军暨华中敌后抗日根据地研究会:《浙东抗战与敌后抗日根据地史料丛书》第 6 卷,中共党史出版社,2001 年,第 89 页。

地区也初步开辟,根据地的范围不断扩大。在此背景下,浙东抗日根据地为了保证军政费用的正常收支,保证战争的物资供应,决定统一财经供给制度,建立金库。此后,又在各县设立了分金库。1944年,总金库划归行委会领导,各分金库由特办、县办分管,1945年则归浙东银行经管。按照当时规定,税收和征粮代金等收入款,必须全部上缴金库,军政单位费用的开支,则按预算和规定的批准手续向金库支取。金库的筹建及金库制度的颁布和执行,有利于根据地的财政管理由混乱走向正规,加强了财政收入的统筹安排,确保了根据地党政军人员的供给。[①]

浙东抗日根据地在推行金库制的过程中也遇到不少困难。在当时战斗和转移频繁发生的环境下,根据地各税卡及各县财经科,在向总金库解送或提取所收税款和所交征粮代金时,解送大量现金是异常危险的。而且,上解的款项或各县向金库提取现金少则几担,多则十几担,需要派部队护送,不仅花费大量的人力、物力,而且极不安全。鉴于上述情况,浙东抗日根据地认真学习华北、华中根据地货币发行的经验,结合浙东抗日根据地斗争实际,创制出金库兑换券,并于1943年10月左右起内部发行。由于部队有着独立的体系,常流动作战,使用金库兑换券有助于保障供给,减少损失,并且提高了划拨的效率,节省了人力与物力。在浙东抗日根据地内的各军政单位,可根据预算,凭军库兑换券向当地的金库兑换券分金库或税收机关提取现金,各县分金库和税收机关,将收回的金库兑换券,抵作现金,解交总金库,从而减少了长途解送现金的不便和损失,适应了对敌进行经济斗争的需要。浙东抗日根据地政府发行的这种金库兑换券不是货币,也不是货币的代用券,只是提取现金的证明。[②] 不过随着金库兑换券为社会所信用,逐渐流通于市场,缴粮纳税,一律通用,从而也就具有货币的性质。

(三)巩固健全阶段(1945年1月—1945年9月)

从浙东行政公署(1945年1月)成立至新四军浙东游击纵队北撤(1945年9月)的这段时间里,随着浙东抗日根据地日益扩大,人民民主政权的地位与威信日益巩固,根据地的经济工作逐步巩固健全。浙东行政公署和各县政府成立后,分别在政权机构内设置财经处和财经科,以领导辖区内的财经工作。在这一时期,浙东抗日根据地除了公布公粮田赋并征办法和税收办法、巩固普及减租运动等之外,最主要的经济工作是创办浙东银行,发行抗币。

---

① 章均立:《浙东革命根据地货币史》,宁波出版社,2002年,第12—15页。

② 陆慕云:《浙东抗日根据地的财经工作》,见浙江省委党史资料征集研究委员会、浙江省档案馆:《浙东抗日根据地》,中共党史资料出版社,1987年,第346页。

1. 抗币的发行

受法币、伪币跌价影响,浙东抗日根据地的收支不能平衡,而人民所受损失,更是不可胜数。"在对敌经济斗争中,首先必须有效地抵制伪票的流通,使敌伪不能利用伪票来搜刮我物资,使人民不吃伪票跌价的亏。同时,我们解放区应当有健全的金融制度,平稳物价,才能进一步发展工商业,改善人民生活。为此,就必须学习华北、华中各先进解放区胜利经验,筹设一个银行,同时发行抗币。"①为加强对敌经济斗争,发展工商业,稳定金融,平抑物价,浙东区党委报请华中局批准,决定成立浙东银行,发行抗币。1945年4月1日,浙东行政公署公布《浙东银行条例》,规定浙东银行资本总额为抗币200万元(约相等于食米200万斤之价值),由浙东行政公署分期拨充之。即每元币值"始终维持"在接近于食米1斤之价值。浙东银行的最高负责机构是银行董事会,由浙东行政公署任命董事9人组成,并指定董事长1人,常务董事2人,主持日常会务。总行设总经理1人,秉承董事会之决定主持行务。浙东银行下设四明分行、三北分行、余姚支行。同日,浙东行政公署任命吴山民为浙东银行董事长兼总经理,陆慕云为常务董事、副总经理,郭静唐为常务董事,王海丰为浙东银行总行襄理兼总金库主任,罗白桦为四明分行经理,王绍甫为四明分行襄理兼四明分行金库主任,王耀中为三北分行经理,张光为余姚支行经理。② 根据《浙东银行条例》第十四条,设监察人会,由浙东参议会推选监察人2名和行政公署委派1人共同组织之。监察人是谭启龙、杨思一、楼适夷。浙东银行的主要负责人,全由当地行政长官及财经部门和金库部门的负责人组成,并由地方行政长官统率之。③ 浙东银行作为一个新的金融实体,实际上是政府、财经、金库三位一体的产物,从而有利于银行与财经、金库部门的相互协调和工作的顺利开展,有利于银行在群众中树立良好的信用。④

浙东银行发行的抗币,票面有4种:一元券、五元券、十元券、五十元券。实际上只发行了前3种,是用上海道林纸印的。至于抗币的辅币,除浙东银行分行、支行印刷发行外,各地及县以下区乡也有发行,有一角、两角、五角、一元等。商会也印辅币,分币就是由商会印发的。此外,鄞县古林区署、武陵区署,慈溪县观城区署、浒山区署、丈亭区署、庄桥区署,镇海县政府等发行地方抗币,票面有一角至五元共计24种,这些地方抗币多数是作为临时货币代用券发行的。三北浒山区还制造过镴质的临时辅币一角、两角、五

① 转引自方平:《战火中的浙东抗币》,《宁波日报》2022年8月2日。
② 浙江省新四军历史研究会:《浙东抗日根据地史》,中共党史出版社,2005年,第282页。
③ 吴山民时任浙东行署副主任,陆慕云为行署财经处处长,王海丰为金库主任,罗白桦为四明分区行政专员,王绍甫为四明分区财经科科长,王耀中为三北地区特派员,张光为余姚县县长。参见章均立:《浙东革命根据地货币史》,宁波出版社,2002年,第33页。
④ 章均立:《浙东革命根据地货币史》,宁波出版社,2002年,第33页。

角3种。这种金属辅助币,在华中各抗日根据地发行的抗币中是罕见的。[①]

1945年9月2日,日本投降之后,大量抗币迅速占领浙东市场。虽然抗币数量有所增多,但仍不能满足市场日益增加的周转、流通的需要。为了解决抗币短缺问题,浙东抗日根据地决定让各级政府印刷抗币临时流通兑换券。镇海县政府根据浙东银行三北支行通告的精神,决定自己印发"限本县境内通用"的抗币临时流通兑换券,即印制一角、五角两种票面的辅币,以解决市场需求之急。[②]

2.抗币的作用

发行抗币,是浙东抗日根据地对敌斗争的重大举措,它对于稳定经济,发展生产,满足军政经费需要都发挥了积极的作用。当时四明和三北根据地内货币流通非常不足,伪储备票冲击市场,发行抗币就是为了解决这一问题,占领市场。抗币作为金融力量,联合法币,打击伪币,将财经工作同军事结合起来,发挥了较好的作用。这些作用主要体现在:一是在市场上向伪币发起进攻,给伪币以有力打击;二是调剂了金融市场,填补了根据地内货币流通不足,占领了市场;三是对部队和行政人员的经费需要起到了一定的调剂作用;四是对稳定经济起到了很好的作用。[③] 当时抗币在四明、三北地区流通,它在群众中的威信是比较高的。广大群众相信共产党,说"藏抗币不吃亏"。由于广大群众的支持,抗币的发行对根据地财经工作的开展起了良好的作用。[④]

3.抗币的回收和兑换

1945年9月,新四军浙东游击纵队按照华中局指示进行北撤。对于流通在社会上的抗币,为了保护群众的利益,在浙东区党委和行政公署的统一部署下,由各县政府所在地负责兑换,并委派海防大队政委吕炳奎负责办理。抗币的兑换均按照原浙东行政公署公布的抗币条例规定,1元抗币兑换半公斤粮食,避免了群众的损失。

1945年部队北撤时由于时间的紧迫和群众对抗币的信任,一部分抗币因来不及收兑,被群众收藏。中华人民共和国成立后,浙江省政府于1952年组织根据地访问团,深入革命老区慰问。在此过程中,先后两次对保存在群众手中的抗币,按照1元抗币折合人民币(旧制)1200元的比价进行收兑。1955年3月发行新制人民币之前,人民银行总行又通知各地继续收兑抗币。至1959年初,据中国人民银行浙江省分行统计,全省共收

---

① 浙江省新四军历史研究会:《浙东抗日根据地史》,中共党史出版社,2005年,第257页。
② 虞金迅:《追忆镇海县政府抗币临时兑换券的印制过程》,见宁波市新四军暨华中敌后抗日根据地研究会:《浙东抗战与敌后抗日根据地史料丛书》第6卷,中共党史出版社,2001年,第175页。
③ 谭启龙:《谭启龙回忆录》,中共党史出版社,2003年,第200页。
④ 陆慕云:《浙东抗日根据地的财经工作》,见浙江省委党史资料征集研究委员会、浙江省档案馆:《浙东抗日根据地》,中共党史资料出版社,1987年,第351页。

兑 647658.55 元,其中抗币 479127.25 元,金库兑换券 168531.30 元。[①]

整个浙东地区革命力量的兴起、发展和壮大,决定了浙东抗日根据地经济工作的发展脉络。在抗日战争时期,浙东民众在浙东区党委的领导下,一方面进行大生产运动,开展经济建设;另一方面与敌人进行艰苦卓绝的经济斗争,开展征税征粮及发行金库兑换券、抗币等经济工作,取得了突出的成绩。浙东抗日根据地除了保证革命军队的供给,维持本地区的一切开支外,还有节余上缴,出色地完成了上级党组织交付的任务,为根据地其他工作的顺利开展创造了极为有利的条件。[②] 新四军浙东游击纵队于 1945 年 11 月中旬北撤到苏北盐城后,将自带的物资、金银、货币予以上缴;到达山东以后,部队又上缴了大量的金条。部队首长表扬陆慕云说:"你们浙东部队交了人马又交钱。"[③]这句话从侧面反映了浙东抗日根据地经济工作卓有成效。

(四)游击根据地时期(1945 年 10 月—1949 年 5 月)

由于新四军浙东游击纵队的北撤,浙东革命根据地进入游击根据地时期,由于敌人的封锁和破坏,这一时期的经济工作异常艰苦。1947 年 1 月,浙东工作委员会(后改组为浙东临时工作委员会)成立,开始发动群众,重建革命武装,革命形势逐渐好转。随着军事斗争的开展,游击根据地的经济工作也开始推进,并针对性地开展了灵活有效的经济斗争,为迎接浙东的解放作出了重要的贡献。

1.隐蔽斗争阶段(1945 年 10 月—1947 年 1 月)

在游击根据地时期,国民党反动派在对浙东进行军事、政治"清剿"的同时,又恢复反动乡保组织,建立反动乡团武装,整个浙东被笼罩在白色恐怖之中。由于国民党控制着城乡政权,共产党领导的武装处于游击状态,没有固定的根据地,所以获取活动经费较为困难。留守根据地的人员物资匮乏,据朱之光回忆,"物质准备方面,仅有 18 担布藏气丘田的石洞里,还有左溪乡的 10 万斤军粮;武器则只有一支木壳枪和马承烈同志北撤时交给我的 6 支六寸手枪。所有这些就是我们坚持斗争的物质手段"[④]。

在隐蔽坚持初期,由于人员少、活动范围小,有些留守人员就以务农、烧炭等方式维持自己的生计,生活非常艰难。朱之光曾回忆:"我们在南山县开始坚持时,根本没有任

---

①　陈国强:《浙江金融史》,中国金融出版社,1993 年,第 366 页。

②　浙江省委党史资料征集研究委员会、浙江省档案馆:《浙东抗日根据地》,中共党史资料出版社,1987 年,第41—42 页。

③　宁波市新四军暨华中敌后抗日根据地研究会:《浙东抗战与敌后抗日根据地史料丛书》第 6 卷,中共党史出版社,2001 年,第 95 页。

④　朱之光:《战斗在四明山上:朱之光回忆录》,中共党史出版社,2000 年,第 178 页。

何经费,只有 18 担布和一些粮食。我们省吃俭用,躲在山上吃一餐饿一餐,虽有群众无偿的接济支持,但是基本群众的生活也很贫苦,终非长久之计。当顾德欢要我扩大财源时,我们烧过炭,但收入很少,又容易被敌人发觉而停止。"①在游击根据地初期,"合法"、稳定的"经济"来源很少。根据地四周敌人据点林立,无法公开收税;留守人员一度想动员上海等大城市的爱国人士慷慨捐献,但远水救不了近火,且不经常、不稳定。除了部分爱国人士的捐赠外,只有海上工作委员会租了一条船,来往于苏北、上海,一方面以经商筹集经费,另一方面通过与苏北取得联系,给浙东输送武器和人员,但这些经费远远无法满足革命斗争的需要。②

2. 重建游击武装阶段(1947 年 1 月—1948 年底)

1947 年 1 月,浙东工作委员会成立,开始重建革命武装,恢复和发展浙东游击根据地。

在共产党的领导下,浙东革命形势发展很快,部队迅速壮大,开支陡然增大,经费日益紧张。"特别在 1947 年建立了武装以后,革命形势发展很快,本地人、上海人来参加革命斗争的日益增多,部队迅速壮大,经费、粮食、物资、药品需要量就大大增加。如何保证供给,已成为革命形势发展中必须解决好的一个大问题。解决得好,就能促使革命形势更快的发展,解决不好,就要阻碍形势的发展。"③随着革命武装的重建,如何在国民党统治的腹心地区开展经济工作,保障供给,已成为浙东游击根据地必须解决的一个大问题。

在浙东地区党组织的领导下,浙东游击根据地采取了各种方式来保障部队的供给,经受住了敌人经济封锁、掠夺和破坏的严峻考验,有力地推动了革命武装的发展。其采取的方式主要有以下四种:一是以武装行动从国民党乡镇机构中获得经费和粮食。二是对那些曾投靠日军发国难财的汉奸及抗战胜利后做接收大员发横财的人员以及土豪劣绅等实行强制要款要粮。这主要是四明地区由朱之光领导的"生产工作队"(简称"生工队")采用的方式。1946 年下半年,朱之光开始组织"生工队"。"我们严格掌握政策,将过去投靠日本发国难财的汉奸及抗战胜利后做接收大员发横财等家伙,作为我们要钱要粮的对象。'生工队'开始时由我自己亲自掌握,由一些德才兼备、公私分明、刻苦耐劳的同志组成后来由丁大章任队长,寿静涛为指导员,队员先后有黄瑞钿、何声亮、黄志先、王志才、韩友芳、俞世监、俞川流、俞存潮、边坚抗、叶树春、徐康、诸朝水、何长明、黄瑞吉、陈

---

① 朱之光:《战斗在四明山上:朱之光回忆录》,中共党史出版社,2000 年,第 250—251 页。
② 中共浙江省委党史研究室、浙江省新四军历史研究会:《浙东游击根据地史》,中共党史出版社,2009 年,第 169 页。
③ 《朱之光同志谈解放战争时期的斗争情况》,见中共余姚市委党史研究室:《余姚党史资料》第 41 期,内部资料,1987 年,第 14 页。

平、蒋友林等十几位同志。他们为党和人民出生入死,毫不利己,作出了巨大贡献,基本上保证了全体人员供给。"①四明地区"生工队"的经验后来向路西、路南和会稽等地区推广。张瑞昌(顾德欢)率"钢铁(机动)部队"开辟台属地区时,就在台属地区成立了一支"生工队"。1947年9月路西县政府成立后,指派县武工队队长蒋谷川带领一支精干的武装小组,到平原和铁路沿线,向土豪劣绅、恶霸地主等武装征收粮款。余上、嵊新奉、嵊新东等县也抽调武工队员,组织"生工队",到乡村打击汉奸、恶霸地主,责令其缴纳钱财,充作活动经费。②1948年后,随着诸暨、会稽一带的征收局面打开,"生工队"开始停止活动。三是向游击区内的国民党地主士绅和乡保长派款派粮,即"派殷户"。"派殷户"这种方式在金萧地区、路西、会稽使用较多。诸敏率"灵活部队"外线出击时,即以"派殷户"作为经济来源,会稽地区也经常采用这种办法。由于国民党乡保长有时会把负担转嫁到农民头上,所以根据地对"派殷户"的方式比较慎重。③四是开展征粮工作。四明地区以浙东行政公署四明特派员办事处的名义颁布公告:平原地区每亩征收爱国公粮10斤、地方事业费1斤、优抚公粮1斤,合计12斤,其中业主应负担6斤、小业负担4斤、佃农负担2斤,无小业者由业主负担9斤、佃农负担3斤;山区每亩征收爱国公粮6斤、地方事业费1斤、优抚公粮1斤,合计8斤,其中业主应负担4斤、小业负担2斤、佃农负担2斤,无小业者业主应负担6斤、佃农负担2斤。④路西、诸北、诸义东等县以合理负担的原则进行征粮。路西县自1948年6月以后,将征收办法由平均摊派改为按田亩累进合理负担。诸义东县的璜山、牌头区和东阳的巍山、上芦区及诸暨县的小东区都是征粮的重点区,会稽临工委主要依靠这些地区筹措粮食。⑤五是征收爱国特捐和酒捐。1949年1月和3月,四明工委、会稽临工委决定开征爱国特捐,征收范围为城镇殷实工商户,并给各县安排了计划数。同时,四明特派员办事处还要求各县抵制国民党征收酒捐,将此项税收充作财政收入。⑥慈镇县办事处在全县城镇工商界人士中开展征收爱国特捐工作。征收爱国特捐工作是先根据业主营业额的多少,把它分成几个等级,再根据这些等级确定爱国特捐额,最多不得超过总利润额的20%。

四明地区于1947年10月建立了四明金库,朱之光为主任,周纬为副主任,专管财政

---

① 朱之光:《战斗在四明山上:朱之光回忆录》,中共党史出版社,2000年,第250—251页。
② 中共慈溪市委党史研究室:《中国共产党慈溪历史》第1卷,中共党史出版社,2003年,第203页。
③ 中共浙江省委党史研究室、浙江省新四军历史研究会:《浙东游击根据地史》,中共党史出版社,2009年,第169—170页。
④ 中共浙江省委党史研究室、浙江省新四军历史研究会:《浙东游击根据地史》,中共党史出版社,2009年,第311—312页。
⑤ 中共绍兴市委党史研究室:《中国共产党绍兴历史》第1卷,中共党史出版社,2003年,第247页。
⑥ 中共绍兴市委党史研究室:《中国共产党绍兴历史》第1卷,中共党史出版社,2003年,第248页。

收支。① 11月4日,四明工委发出通知,建立统筹统支制度,要求各县、区征收的粮款,均须逐级解缴金库,各单位按批准的预算,凭金库的拨款单向指定的机构领取;12月1日,拟定了供给制度,规定了各项开支标准,并且开始健全会计制度。② 此外,路西地区在桐庐与浦江交界的湖田、山桑坞、天堂、雪水一带建立后勤基地,设有后方医院、被服厂、修械所;会稽地区在东白山建立后勤设施,搭建"公馆"30多个;四明地区建立了联络总站、被服厂、后方医院、修械所等。

浙东游击根据地时期的经济工作环境非常艰苦,形势较为复杂,根据地许多干部、战士牺牲。1947年,在国民党军队的"清剿"下,路西革命武装经济较为困难,路西工委命突击队队长慎水堂率两名突击队员往诸北解款,结果两个小组在派款中都被国民党军队发现,慎水堂和1名武工队员牺牲。10月16日,路南地区第六支队第七大队大队长李文华为解决战士冬衣问题,所率20余人在大塘下被国民党保安部队500多人包围。李文华和另外5名指战员壮烈牺牲。③

3.迎接解放阶段(1948年底—1949年5月)

随着游击战争的发展,浙东主力武装外线出击,会稽、金萧地区武装的建立及力量的不断壮大,使各县的财经需求大增,尤其是路西和会稽两个游击根据地,除完成本级财经保障任务外,还要做好金萧工委机关和金萧支队及浙东临委机关和主力部队的物资保障。1949年1月27日—3月21日,会稽临工委在近2个月的时间里,征集到的金银和金圆券,折合大米达1.26万公斤。其中5072公斤大米全部放在诸暨廖宅和斯宅的群众家中,供应浙东临委机关、二支队及后方基地的工作人员。从3月起,每天还要供应浙东主力部队和机关等4000余人所需的粮食及蔬菜。同时,会稽临工委还为浙东主力部队和机关完成了1000套单军装、2000套衬衫裤、1万双力士鞋及其他军用物资的供应任务。④

与此同时,一批爱国人士也积极筹集资金和物资迎接人民解放军的到来。1949年5月初,余姚爱国人士姜枝先接到中共地下工作联络站负责人胡挹刚的通知,要求筹措粮食,迎接解放军。他既向各米厂、裕丰面粉厂筹粮,又叫各米厂日夜加班碾米。陈均铨当时在余姚中学任教,正在接受地下党的领导,开展迎接余姚解放的工作,就协助姜枝先把大米存放在余姚中学。解放军到达余姚后,共向部队供应大米约22万斤,受到上级的表

---

① 中共浙江省委党史研究室、浙江省新四军历史研究会:《浙东游击根据地史》,中共党史出版社,2009年,第172页。

② 章均立:《浙东革命根据地货币史》,宁波出版社,2002年,第127页。

③ 中共浙江省委党史研究室、浙江省新四军历史研究会:《浙东游击根据地史》,中共党史出版社,2009年,第315—316页。

④ 中共绍兴市委党史研究室:《中国共产党绍兴历史》第1卷,中共党史出版社,2003年,第247页。

扬。^①此外，为尽快摆脱国民党货币贬值对解放区的影响，迎接人民解放军的到来，浙东游击根据地又开始印制发行金库券。此举不仅稳定了地方金融和物价，还为人民币在浙东地区的迅速流通铺平了道路。^②

1949年4月，浙东解放指日可待，浙东临委部署各地解放事宜。4月5日—13日，浙东临委在诸暨陈蔡召开临委第三次（扩大）会议，决定成立浙东临委城市工作委员会，地区设城工部，县视需要设城工科，负责接管城市的准备工作。4月15日，浙东临委、浙东行署、第二游击纵队政治部联合发布《为迎接胜利告浙东各界人士书》，号召浙东一切革命战士与人民抓紧最后的努力，以取得革命的完全胜利；动员各城市各公私工厂商店职工、浙东的劳动农民兄弟姐妹及浙东各城市乡村的大中小学教师与学生、一切革命的知识青年，参加与协助人民解放军和人民政权，做好保护公私财产，维持社会秩序的工作。^③随着浙东游击根据地武装与人民解放军胜利会师，国民党残余势力也被消灭，1949年5月，浙东终于盼来解放，根据地的经济工作也迎来了最后的胜利。

二、制定具有浙东特色的经济工作方针

浙东抗日根据地的经济工作方针是在贯彻落实中共中央有关根据地经济工作有关指示的基础上提出来的。浙东革命根据地因地制宜、因时制宜，制定了具有浙东特色的经济工作方针。本章选取了浙东抗日根据地时期的三个重要经济工作文件进行文本分析，以此来展示以陆慕云等为代表的共产党人在经济工作方面的卓越能力。

(一)《目前国内外形势与我党发展浙江敌后游击战争建立根据地的方针》

在浦东南渡部队初步打开三北局面后，华中局指示要加强财经工作的领导，并对浙东抗日根据地的经济工作提出具体的目标任务，即"今后财政工作的目标，不但要维持自己，而且要帮助上级"^④。为了保证华中局提出的浙东经济工作目标任务的实现，谭启龙在1942年7月18日于浙东召开的第一次干部会议的报告中，对浙东的经济工作方针在七个方面作了原则性的规定和说明，这些工作方针为打开浙东抗日根据地经济工作局面发挥了重要作用。

(1)我们财政经济来源，不应放在打汉奸或罚款或临时捐款等等的基础上，我们

① 陈衔城等：《姜枝先在余姚解放前夕》，《余姚日报》2021年11月7日。
② 章均立：《浙东革命根据地货币史》，宁波出版社，2002年，第129—133页。
③ 章均立：《浙东革命根据地货币史》，宁波出版社，2002年，第130页。
④ 浙江省新四军历史研究会：《浙东抗日根据地史》，中共党史出版社，2005年，第273页。

应主张废除一切苛捐杂税及人民不应有的负担。一切抗日经费的来源,应由全体人民(除最贫苦者免收外)合理负担,不应放在少数人身上(有钱出钱、有力出力只能某种特殊情况下临时应用)。应当使全体人民了解,向国家缴纳一定的抗日经费或税收是每个人民应尽的义务。

(2)关于一切进出口税收,应力求统一合理征收,按照实际情形规定一定的最高最低税额,这些办法,可以按照以前国民党方法,加以适当的改良。

(3)与敌伪的经济政策作斗争。禁止物资粮食资敌,禁用伪币,维持法币,适当的抑平物价,调济民粮,限止敌人毒品及消耗品运入,适当的注意改善人民的生活。

(4)对汉奸财产处理,除个别的真正当汉奸者没收其个人应得的外,其家属及次要的伪军伪组织一般人员由政府保护。对于逃跑在外无人管理之财产,可由军政共同保存,回时发还并用各种方式促其回头或参加抗战工作。

(5)由于敌伪严厉统治与上海内地交通断绝,商业日益衰落及法币低(跌)价,因此部队今后经济来源,主要不能完全依靠进出口税收,应当把中心注意农村来源,这里据说已有公粮办法的规定,应细心研究,下半年应与政府商讨公粮问题,解决部队给养问题,具体办法,现款应换成实物。

(6)提高与帮助农民生产事业,政府应奖励农民工业生产,这是解决人民生活与部队生活的主要办法。

(7)实行统一的经济制度,做到统筹统支,按照最低生活水准,规定一定的生活费,实行预决算制度,反对"做一天和尚撞一天钟"的办法,一切都应长期打算,因此部队应提倡节约运动及艰苦奋斗生活的锻炼,使(每)一个同志、战斗员都了解浪费一分钱,即加重人民一分负担,要造成我们部队在最困苦的条件下,亦能坚持的精神。当然我们现在部队中有各种统战关系,不能一律这样很快实行。但必须进行这种教育,争取逐渐的改造。[①]

(二)《浙东行委会财经处给各级财经工作同志的指示信》

1943年11月,第二次反顽自卫战爆发后,由于战斗频繁,开支浩大,加之浙东抗日根据地大部分地方被顽军占领,财政来源骤然减少。同时日军对根据地不断进行"扫荡"和"蚕食",经济封锁日渐加紧,根据地经济出现了严重困难。[②] 为了克服财政经济困难,

---

① 浙江省委党史资料征集研究委员会、浙江省档案馆:《浙东抗日根据地》,中共党史资料出版社,1987年,第41—42页。

② 谭启龙:《谭启龙回忆录》,中共党史出版社,2003年,第196页。

1944年5月5日,根据地发出《浙东行委会财经处给各级财经工作同志的指示信》(下文简称《指示信》);5月6日,又发出《浙东行委会财经处关于财政开源问题的指示》。这两个文件在回顾根据地经济发展成就与经验的基础上,将政策的坚定性和灵活性有机结合,提出一系列对敌斗争的政策和策略,为根据地战胜经济困难指明了方向。

连柏生、陆慕云等财经处的负责人在《指示信》中指出,随着军事斗争的日趋激烈,经济斗争亦日益艰苦。面对敌人的掠夺与封锁,经济斗争亦日益艰苦。经济工作虽然取得了许多成绩,但是,工作中也存在着许多缺点,"如单纯的经济观点,单纯的技术观点,中间有许多同志不能正确地掌握策略与灵活地运用策略等等,造成不能与军事胜利相调和之现象,甚至影响到军事胜利不能更迅速更伟大地展开"[1]。因此,要战胜当时的经济困难,必须纠正这些错误的思想,并提出正确的经济工作方针。

首先,《指示信》认为,在新创的抗日游击根据地,在敌伪顽我力量对比的变化频繁的背景下,要取得财经工作的胜利必须确立正确的工作方针。"这些基本方针是:阻碍敌人的掠夺,减少敌人的掠夺,缩小敌人的掠夺,保护人民的生产,提高人民的生产力,增加财政收入。前三个原则是对敌的,后三个是对自己的。前三个原则与后三个原则是互相联系不可分割的,阻碍了敌人的掠夺,就是保护了人民的辛劳所得的生产;减少了敌人的掠夺,就可以给人民以提高生产的前提;缩小了敌人的掠夺范围,就可增加我们在财政上的收入。因为社会生产的总数只有这一点,人民负担能力是有限的。"[2]与此同时,《指示信》又指出,这三个原则是在抗日根据地推进财经工作的三个阶段,并且每个阶段都是逐步提高的。"在第一阶段,我们在人民方面可进行宣传、鼓动工作,使人民自动地广泛地对敌人的供给尽量推拖赖,由(有)时间的延长,减少供给的次数,同时我们用军事的行动的方法破坏或阻碍敌人预定的掠夺计划。这样由于掠夺次数的减少,渐渐达到敌人掠夺总收入的数量日趋减少,而自然地转入了第二阶段,使人民有充分的提高人民生产的物质前提,如有充分的施肥,购置工具,多下功夫的资本。由于第二阶段量上的发展,逐渐进入第三阶段,使敌人在时间上空间上缩小了掠夺的范围,使我们在财政上有很多的财源可以开发。"[3]《指示信》指出,如果财政上有了办法,就可帮助军事上、政治上、建设上得到开展,如果军事上、政治上或建设上有了大的开展,财政必更有办法,它们是相互影响着的。军事工作、经济工作与政治工作是相互影响、相辅相成的,在某一时期、某一具体环

---

① 杭州大学历史系、浙江省档案馆:《浙江革命历史档案选编——抗日战争时期(下)》,浙江人民出版社,1985年,第177页。

② 杭州大学历史系、浙江省档案馆:《浙江革命历史档案选编——抗日战争时期(下)》,浙江人民出版社,1985年,第178页。

③ 杭州大学历史系、浙江省档案馆:《浙江革命历史档案选编——抗日战争时期(下)》,浙江人民出版社,1985年,第178页。

境内,分别发挥着主导的作用,例如在反内战和反敌伪"蚕食""扫荡"的环境中,经济困难的克服就有决定的意义,因为经济如能保证有办法,部队就能坚持下去,坚持下去就能获得最后的胜利。同时,在克服经济困难的总的斗争中,在某种客观条件下,军事斗争又起了主导的作用,如在敌人"蚕食"窜扰之时,用军事的行动,打击敌人的要害,就可展开局面,征集税收,解决财政急需。但在三北地区可以这么做,在四明地区则不同,因敌人军力占相当优势,又进行"三光"政策和欺骗宣传,造成空前惨象,部队给养、人民生活,均成严重问题。所以广泛深入地展开政治教育工作,使人民清楚认识反动分子的真面目,坚定最后胜利的信心,坚决拥护人民军队,群策群力,渡过难关,是十分必要的。《指示信》认为,只有这样辩证地把握这些原则,运用这些原则,才能在经济战线担负起坚持革命根据地的责任。[①]

其次,《指示信》认为,要完成这些基本的工作方针还必须制定具体的工作任务与工作方式方法予以落实。浙东敌后的整个地区,正处在严重的武装斗争环境中,严格地讲起来还是游击区的性质。浙东抗日根据地整个军事活动的地区可分为四种,即伪化区、顽化区、游击区、基本区。在经济工作中,针对伪化区、顽化区、游击区、基本区不同军事活动的地区的任务应该是不同的,必须用不同的工作方式与方法来完成这些不同的任务,而不是混在一起,不加以区别对待。

伪化区或顽化区:在这种区域内的经济斗争,主要的任务是阻碍敌人的搜刮,增加敌人的困难,减轻人民的负担,扩大根据地的政治影响,以利于军队的进攻。要完成这样的任务,一方面,根据地必须以合法斗争的工作方式来领导人民进行反搜刮斗争,采取推、拖、欠、赖、请愿、恳求等方法,来达到斗争的目的。另一方面,用见隙突入、逐步深入的工作方式展开财经工作,借以扩大根据地的政治影响(这是主要的),获得财物上的实利,那就须采用抓住各种有利的时机,利用各种关系,让与部分的利益,团结部分社会人士,替根据地进行各种的税收。或收买必要的物资,甚或可以扰乱敌人的市面,以增加敌人的困难等种种方法来进行。顽化区亦以如上的方法进行斗争,因今天反动的顽固分子已积极进行破坏抗日的内战,顽化区正成为破坏抗战的反革命的堡垒或据点,所以有摧毁这些地区的反革命的统治的必要。

游击区:在这种区域内的经济斗争,主要的任务是尽量减少敌人的掠夺,保护人民的生产,缩小敌人的掠夺范围,扩大根据地财政收入的范围,使双方在经济战线上的力量的比重随着军事力量的比重,逐渐调整为抗日根据地占绝对优势。与此同时,抗日根据地

---

① 杭州大学历史系、浙江省档案馆:《浙江革命历史档案选编——抗日战争时期(下)》,浙江人民出版社,1985年,第179页。

进行斗争的方式应采取"合法斗争"与"非法斗争"相结合,用推、拖、欠、赖、讲价还价、阳奉阴违或一面公开缴付,一面暗中通知军队、政府,在途中武装夺回,而再去回报敌人等等。还有扩大秘密武装活动,逮捕敌人的税务人员,使敌人无法征收税款等方法亦可进行,这样使敌人掠夺的范围日趋缩小,根据地税收地区日益扩大。

基本区:在这种区域内的经济斗争,主要的任务是彻底停止敌伪顽武装的或非武装的掠夺行动,提高人民的生产力,安定人民生活,可使基本区巩固逐步成为革命的根据地。广泛号召,深入动员,并组织民兵,制止敌伪顽的武装的或非武装的掠夺。组织劳动力,协调劳资,解决佃业纠纷,改良生产技术,在每个生产的季节,适时地提出号召,组织春耕运动等造成生产热潮,以发展生产,开辟财源,增加财政收入。

最后,要完成每个具体任务,需要执行任务的干部去把握每个时期不同的方针与任务,有步骤地把一定时期内的每一任务化作具体的工作,动员干部和群众,组织干部和群众去完成任务。《指示信》指出,如果有足够的胜任的财经工作的干部,特别是县区一级的执行干部,一切困难都可克服。不然,任何正确的周到的计划,也要成为空文。因此,《指示信》对于各级财经的工作人员提出了具体要求:

第一,先来个思想上的总动员,自科长级起一直至税卡工作人员止,在思想上要清楚地认识财经工作是整个革命工作的一部分,必须服从于总的革命的策略。因此,在每一项的财经工作准备进行时都应考虑一下,如此做是否合于今日的总的策略方针。在考虑工作如何着手时也应先在主观上存在着除财经有所收获外,还应在政治上有所收获,至少要无损于政治观念。这样,可使财经工作与别部门的工作取得一致的步伐与密切的联系,收得更大的工作效果。同时,还可克服单纯的经济观点与单纯的技术观点,忽略策略,无明确的工作中心等等的缺点。

第二,县级以上的财经工作干部,要深刻地研究每时期总的革命的策略方针和深刻地了解当前的本地区的经济状况,以及考虑如何将这一时期的总的策略方针在当前的本地区的经济状况下,实际地应用到具体的财经工作上。此外,还须研究专门的知识,经济学、财政学、金融货币学、贸易统计、会计学等等,并帮助区级的财经工作同志了解当前的任务,把握策略方针,布置具体的工作,随时指导帮助解决各种困难的问题。

第三,除了以上所说的较专门的东西须要研究外,区级以上的干部还须懂得一般的领导艺术和群众工作,并在实际的工作中学习领导艺术和群众工作,把自己的这两项的工作技能不断地提高。

第四,要全体的财经工作同志坚决地执行上级的决定和指示,如在这次的补报补缴的工作中,有许多下层的同志对这一工作没有信心,怕得罪基本群众,又提不出反对的充分的理由,就影响了这一工作的展开,所以坚决执行上级的决定和指示是完成任务的必要的条件。[①]

《指示信》最后认为,以上四点如果做得好,则每个任务的完成是有保证的。

(三)《浙东行委会财经处关于财经开源问题的指示》

浙东行委会成立以后,"军队经费划归政府统筹,加上政府本身的行政、教育和民运经费的支出,这个数字是相当庞大的,由于自卫战的继续,敌伪的乘机蚕食,使财政收入大为锐减,造成了入不敷出的财政上的严重困难,为解决此困难,提出了财政上的开源和节流问题"[②]。"财政上的困难,已到了空前的严重的阶段,再不允许我们有一分钟时间对工作懒惰、抱怨与犹豫了!我们要绝对负责的抓紧每个时间与空间来进行工作,解决财政上的困难问题,配合争取整个革命斗争的胜利。"[③]面对严重的经济问题,1944年5月6日发布的《浙东行委会财经处关于财经开源问题的指示》就几项财政开源的方法进行了详细说明,这些方法体现了浙东抗日根据地经济工作的严谨与细致。其具体情况如下:

A. 征收田赋

1. 为减轻人民负担,1943年份及以前旧欠田赋一律豁免,但个别地区(如鄞西)已开征1943年份田赋者,可将征收情形报告本处备核,并继续征收。

2. 开征1944年份的田赋(当时征收田赋是以年度计算的,从1943年的7月起至1944年的6月止为1943年度,现在提出的1944年份是从本年的1月起至12月止),赋额暂定每亩征收官田75元,民田65元,地50元,山荡5元。第1期1个月半,自5月21日起至7月5日止。

3. 征收田赋应尽可能召用旧田赋征收人员(应有地方士绅或殷户富商之保证),不可能时由乡镇公所代收。手续费暂规定10%,成绩优良者,另行酌给奖金。召用旧田赋征收人员者,每人每月并得津贴谷100斤,但以3个月为限,前2个月于每月底发给,第3个月则于征收工作完全结束时发给之。

4. 粮赋册,以用旧田赋征收人员所藏本为宜,如不可得,由各乡镇公所调查登

---

① 杭州大学历史系、浙江省档案馆:《浙江革命历史档案选编——抗日战争时期(下)》,浙江人民出版社,1985年,第177—183页。

② 杭州大学历史系、浙江省档案馆:《浙江革命历史档案选编——抗日战争时期(下)》,浙江人民出版社,1985年,第184页。

③ 杭州大学历史系、浙江省档案馆:《浙江革命历史档案选编——抗日战争时期(下)》,浙江人民出版社,1985年,第193页。

记,另行编造之(新编造之粮赋册应注明地址及佃户姓名)。

5.开征田赋之地区,应以原来旧县面,成立县田赋管理处,由县办主任及财经科长分兼正副主任,各区设田赋经征分所,区长及财经指导员分兼正副主任。

6.粮串由行委会统一印发,准备开征田赋之各县田赋管理处,可预先将需用份数报知后向本处领取。

7.粮串由县田赋管理处编号加印后,空白发经征分所转发给各征收人员,但为防止贪污起见,当纳粮人缴纳款项擎给新粮串时,应收回旧粮串(去年度以前),粘于存根上将来与存根一同缴经征分所备查。该项存根各经征分所应妥慎保管以备明年份征收田赋时之用。又粮串存根上应注明该田地址和佃户姓名,以便与征收公粮之田亩册,相互交核,检查弊端。

8.田赋征收员向经征分所5天缴款一次,但当积满10万时,即不足5天,亦应即刻缴解。

9.区署之收入会计,兼任经征分所之会计,其帐目即记入区署原来之帐表内,不必另立帐册,解款日期,亦根据原来规定。

10.田赋开征之前,必须先召集地方上层人士,进行解释,并张贴行委会所发布告。

B.征收各种地方税

1.屠宰税

(1)税额:暂定猪每口600元,羊每口60元,耕牛禁宰,菜牛经区署检查准许照10%税率征收。

(2)征收办法:每逢市集,区署派员直接前往,按口征收,或按月由屠户自认宰杀口数,向区署缴解屠宰税,或委托乡镇公所代收(酌予手续费)。

2.油坊税

(1)税额:每车油征收200元。

(2)征收办法:由油坊按日呈报该日打油车数,缴解税款,区署派员随时检查之,必要时亦得由油坊主自认车数照缴。

(3)菜子不收税。

3.牙税

(1)税额:平均每月佣金收入约在15万元以上者为甲等,税额每季1万元,收入约在10万元以上者15万元以下者为乙等,税额每季5000元,收入约在5万元以上10万元以下者为丙等,税额每季2000元,收入约在1万元以上5万元以下者为丁等,税额每季1000元,收入约在1万元以下者为戊等,税额每季300元。

（2）征收办法：由区署举办牙人登记，估计其佣金收入额，分为五等按季征收牙税，未缴税款之牙人，应予取缔。

（3）以所给之牙税收据为凭，不另给帖。

4. 营业税

办法另行订定。

5. 地方税（税单格式附发）

由县办缮印加盖县印并编号发给区署使用之。

C. 加紧补报补缴工作

1. 去年秋征之田亩数，一般的匿报在 1/3 以上，为数甚巨，并且补报补缴之理由提出甚为合理。根据慈西区 1 个月的工作成绩，查报田 7300 亩，可知这工作是可以进行的。且其不但有补于目前之收入需要，并可增加今后年份之公粮收入，所以此工作是有其重要性。

2. 但由于农民的自私心甚重，农民还未普遍的发动起来和未有高度的民族意识。

3. 补报田亩补缴公粮之办法，前已颁发，除第八条补报和处罚之时间，各区署可根据具体情形，酌予变更外，余仍适用。

4. 补报补缴工作进行时要注意几点：

（1）动员并广泛深入——在区政会议、区行政会议、乡镇保甲长会议、保民大会上，广泛动员，务使自区负责干部起至每个保民止，皆了悉此工作之重要性及补报补缴办法。此种动员要普及全区，不能仅限于一二个乡镇。

（2）民运工作同志配合——在地方组织及群众团体内深入动员，要求地方同志及群众团体成员，非但要自己做模范，而且要推动别人家，在保民大会上布置几个人补报，来推动大家补报，在每个保里调查一二个破坏补报补缴及不肯补报补缴，平时又对我们不同情的，告诉区署作为打击对象。区署开补报补缴工作会议时，要区委列席。民运工作同志召开会议时，要区长及财经指导员去报告补报补缴问题。

（3）打击个别，推动补报——要发动密报检举，执行处罚，打击个别，推动大家。

（4）要运用乡、镇、保、甲机构——由区推动乡镇，乡镇推动保，保推动甲，甲推动户，可以自上而下的带点强制性的责令限期查出短报。

（5）组织粮征工作队——因为乡镇保甲长大多对于这工作是带敷衍性的，所以除叫他们自己去做以外，各区还要抽调干部组织工作队（3 人至 10 人）集中力量，逐乡突击，每乡工作 3 天至 7 天，督促乡、镇、保、甲长工作，密查田亩，执行处罚，并开放数天自动补报不处罚。区长和财经指导员，要亲自下乡帮助粮征工作队，工作一个乡,得出经验教育大家,每当工作队完毕一个乡之工作后,即应开会检查工作,总结经验教训。

(6)补报——补报告一段落后,即行补缴,除特殊情形者,可酌收代金外,余一律收实谷,由检举查得之田亩,其应缴与处罚之谷查出时即行缴公。

D. 结束征粮

1.各区署其有未曾与各乡、镇公所结算公粮帐目者,应根据田亩数,每亩应缴公粮数,除应扣除手续费、损耗、灾荒(代金不得除损耗)等详细结算,其欠缴数由乡、镇、保甲长掣具切结,限期结束。

2.其欠缴之原因,应探求明白,根据原因,设法帮助乡镇保甲长按期结束。

3.在基本地区及游击区内,最好能召开各乡镇保甲长会议,或保甲长会议来催缴,在会议上追究欠缴原因,奖励好的,惩戒不好的,如按期不能结束,其个别特别狡顽的,可以请他到区署来谈话,待其自己承认错误,保证限期缴解后,释放之。

4.开展伪化区、顽化区征粮工作,多通过社会关系邀请乡、镇长及士绅个别谈判,限期征缴,如其数次邀请不来,或逾期不缴者,择其最顽固或伪化者,扣押个别推动其他,但既经承认错误获得保证后,即应释放,释放后其如又不肯缴来说服不通时,则予以押缴。对于伪化区、顽化区,在决定完成数字上,可以比基本区游击区酌减些。

5.催缴公粮,尽量采用政治上的说服手段,漫骂和恫吓等官僚作风是不可以用的。

6.应抓紧我军事上的威信提高之有利时机及每一空隙时机,根据具体环境与条件灵活的拟定各种办法积极进行。

7.不能征收实谷之地区,酌收代金,代金照当地(以区为单位)平均市价征收。

E. 结束酒捐

1.捐额:每缸600元,不分家酿坊酿。

2.征收办法:

(1)区署派员直接征收。

(2)委托乡镇公所代收(酌予手续费)。

(3)招商承包(边区乡可以通过社会关系包给当地有力分子)。

3.酿酒时机将过,应设法尽速结束。

4.未开征酒捐之地区或乡镇,应尽速设法补收。

F. 加强缉私

1.增设固定税卡及流动卡。

2.商请部队协同缉私。

3.发动民众缉私。

G.控制沿海税务

1.责成三北沿海税务所与海大配合,开展海上税收工作,加强沿海税卡。

2.夺取敌人海运物资。

H. 控制航运

1.由航运管理处统一登记管理,征收船舶航运捐。

2.姚江之船舶航运捐委托慈南区署代收,甬江之船舶航运捐,委托慈镇县办代收,奉化江之船舶航运捐,委托鄞奉县办代收,海上之旗照税,委托慈姚县办转委托海大代收,各代收机关,每月应将船舶登记数字,收入捐额,报知航运管理处备查。

3.各代收机关,关于轮船航运捐之洽定,尽可能介绍到航运管理处来接洽,以资慎重。

I.征收盐税

税率不超过 5% 为原则,依照担数征收,由盐务管理处拟定办法,呈报本处核准施行之。

J.夺取敌人物资

各机关如自己独立不能进行时,可就近商请部队协助进行。[①]

《目前国内外形势与我党发展浙江敌后游击战争建立根据地的方针》《浙东行委会财经处给各级财经工作同志的指示信》《浙东行委会财经处关于财经开源问题的指示》是浙东抗日根据地最重要的三个财经政策文件。这些政策文件对浙东抗日根据地经济工作的工作方针进行了系统的阐述,是根据地经济工作的行动指南。浙东抗日根据地经济工作之所以胜利发展,浙东区党委和浙东行政公署制定了正确的经济工作方针是关键因素之一。[②]

由于坚持这样正确的工作方针,采取了一系列正确有效的经济工作政策和措施,浙东抗日根据地经济工作才取得对敌斗争的胜利,广大农民才更加拥护共产党和根据地政府,积极支持根据地经济建设,从而为克服抗日根据地经济困难,建立长期坚持斗争和反攻的经济基础作出了重要贡献。游击根据地时期,敌人的军事进攻和经济封锁让根据地经济变得极为恶劣,但因为继续坚持抗日根据地时期的工作方针,根据地的经济工作也

[①] 杭州大学历史系、浙江省档案馆:《浙江革命历史档案选编——抗日战争时期(下)》,浙江人民出版社,1985年,第184—190页。为便于阅读,引用时将原文中的中文数字改成了阿拉伯数字。

[②] 宁波市新四军暨华中敌后抗日根据地研究会:《浙东抗战与敌后抗日根据地史料丛书》第6卷,中共党史出版社,2001年,第94页。

取得了很大的成就,克服了严重的经济困难,为坚持长期斗争和浙东解放奠定了坚实的基础。

三、调查研究基础上的经济工作

经济工作不仅要有正确的工作方针,还必须有正确的工作方法,才能实现目标。如何获得正确的工作方法?浙东抗日根据地主要是靠调查研究。[①] 有了调查研究这个办法,浙东抗日根据地在不同时期、不同地区,因情况不同,经济工作政策的方式、方法和程度也各不相同。[②] 本部分以征粮、"二五减租"、抗币发行等经济工作为例,全面考察浙东抗日根据地如何在准确、系统、周密的调查研究的基础上,结合浙东实际,找准切入点和发力点,创造性开展工作。

(一)在"二五减租"中合理界定地主与农民的利益

为了发展农业生产,减轻农民负担,团结爱国人士共同抗日,浙东区党委在根据地内普遍实行"二五减租"和减息的政策。"二五减租"政策规定,地主必须按照法令实行减租减息,农民在减租后必须交租。这一政策既承认地主的地权,又承认农民的佃权,有助于联合他们共同抗日。

1. 实行弹性租额

"二五减租"政策规定,地主必须按法令实行减租,以改善农民生活,提高农民抗日和生产的积极性,而农民在减租后必须交租,以保持地主应得的利益。因此,租额的多少直接关系地主与农民双方的利益,是各方关注的焦点。浙东抗日根据地通过认真调研,确立了符合浙东实际的弹性租额,较好地落实了共产党的"二五减租"政策。[③]

浙东抗日根据地的三北地区最早实行"二五减租"。当时,浙东农村生产关系是封建土地所有制,地主占有大量土地,占人口大多数的佃农、半自耕农无地、少地。据三北地区调查,40%以上的土地掌握在仅占人口 6.28%的地主手中。这种土地集中状况,使广大少地或无地的贫苦农民靠租田过活,佣农占农村人口的 70%左右。业主对佃户的剥削

---

①　宁波市新四军暨华中敌后抗日根据地研究会:《浙东抗战与敌后抗日根据地史料丛书》第 6 卷,中共党史出版社,2001 年,第 94 页。

②　在 1944 年夏发布的《财经问题讨论的总结》中,浙东抗日根据地就如何进行调查研究进行了详细的讲解,包括调查的内容、方法、目的以及对问题解决的办法。参见杭州大学历史系、浙江省档案馆:《浙江革命历史档案选编——抗日战争时期(下)》,浙江人民出版社,1985 年,第 174—176 页。

③　1937 年,中共中央决定用减租减息政策代替没收地主土地政策。1942 年 1 月颁布的《中共中央关于抗日根据地土地政策的决定》及其附件,规定在一切尚未减租的地区,其租额按抗日战争前租额减低 25%。

十分严重,地租一般高达收获量的 40%～60%,而实际交租率还在此数值之上。佃农向业主租田一般采取议租形式,除按当年产量议租外,还有不向年成预先付租金的预租,不分年成按对半或业六佃四、业七佃三的分租,包租人居间剥削的回租。农民还要承受其他名目杂租的剥削。① 繁重的封建剥削,严重影响农民的生活和生产积极性。三北地委顺应农民的要求,在 1942 年秋收工作中,开展“二五减租”。1943 年 8 月,三北地委总结实行“二五减租”政策的经验,作出《关于今年实行二五减租的决定》,规定交租额最高不超过土地正常年产量的 37.5%,最低不低于 20%,副产一律归佃农。②

在历史上,国民党浙江省政府的“二五减租”法规中规定,交租额“以土地正产量37.5%为标准”。减租运动中曾有一部分业主主张按此标准交租,但这并不符合浙东抗日根据地的实际,因为在浙东,尤其在三北地区,原来的租额高低不一,有的地区要低于37.5%,如果硬按此标准交租,造成的结果不是减租而是加租。因此,为了保护基本群众的既得利益,把 37.5%作为最高租额,允许低于 37.5%租额的存在。同时又规定土地正产量的 20%为最低租额,使这条政策原则更加完整,不但纠正了过去片面照顾基本群众利益的偏差,也有利于消除地主等对过去只规定最高租额的不满,使抗日民族统一战线得到加强。通过调查研究确立的弹性租额较为符合浙东抗日根据地的实际,在实践中取得了良好的效果。1943 年,三北地区有 105 个乡减了租,约占全部 141 个乡的 75%,减租使 90%的农民得到好处。继三北之后,四明、金萧地区在 1945 年全面开展减租减息运动,浦东和路西地区也程度不同地实行了“二五减租”。浙东抗日根据地通过调查研究,确立了符合实际的减租减息政策,从而调动了农民、地主等各方抗战的积极性。“二五减租”政策成为发展生产、增加财富、开辟财源的巨大推动力,为根据地经济工作打下了良好的基础。

2.制定法律法规

浙东抗日根据地通过调查研究,制定符合浙东实际的法律制度,让“二五减租”政策能够有法可依。1942 年 7 月 18 日,谭启龙在到浙东后召开的第一次干部会议上,就提出实行“二五减租”和减息,要求这一年的秋收发动农民,开展这一运动。1943 年 7 月,浙东区党委在《关于今年秋收运动的指示》中,对实行“二五减租”和减息作了具体规定。同年8 月,三北地委作出《关于今年实行二五减租的决定》。在四明地区,1944 年 7 月,浙东敌后临时行政委员会公布《处理三北地区二五减租及其他佃业关系暂行办法》,并向浙东全区推广。8 月 5 日,浙东区党委宣传部和新四军浙东游击纵队政治部发布《秋收运动讲话

---

① 浙江省新四军历史研究会:《浙东抗日根据地史》,中共党史出版社,2005 年,第 271 页。
② 浙江省新四军历史研究会:《浙东抗日根据地史》,中共党史出版社,2005 年,第 271 页。

大纲》,对秋收及减租减息问题作了详尽的政策讲解。同月,《新浙东报》发表三北地委委员黄知真《论三北的减租问题》文章,详细地介绍了三北减租减息运动的经验和教训。1945 年 7 月,浙东行政公署在总结前期减租运动的基础上正式颁布了《浙东行政区减租交租及处理其他佃业关系暂行办法》。这些文件是浙东抗日根据地经过长时间的反复调查研究、系统论证才出台的,有力地保障了"二五减租"政策的落实。

3. 在程序上保护农民和地主的合理权益

建立评议会,确定减租减息方案。主要是选出佃业双方代表和政府代表,此外有区农会、办事处等人员组成评议会。评议会议以乡为单位组织,佃业双方评议代表人数,佃农方面以每 25～30 户中选派代表 1 人,地主每乡 2～3 人,当地办事处或民运工作同志1 人,乡长 1 人,农会干事长参加,且担任评议会主席(无农会组织的地区推派主席)。[①] 通过召开评议会,进一步统一思想,看田估产,民主协商,确定减租减息方案。如镇海的龙山乡召开减租减息三次大会,主要统一"二五减租"的重要性认识,有业主和佃农、政府三方面 100 多名代表参加。[②]

通过签订协议保护双方利益。为了保证业主、佃农双方的利益均不受损失,三北地区的各级行政机构,依照三北地委《关于今年实行二五减租减息的决定》和相关土地法律、法规,组织佃、业双方订立租田契约,订定租期,明确租额的数量和交租的日期,保护佃权。在处理纠纷中,要求办事处工作人员的态度不应是站在地主与农民的某一方面,而是"根据中央土地政策的基本原则,采取调节双方利益以利抗战的方针合理地处理,佃业双方合理的要求尽可能使之满足,不应孰轻孰重,一方面保证减租,一方面保证地主之地权财权,一方面顾及农民生活,一方面契约满期,任何一方面有解约的自由,一方面又要奖励双方订立较长期的契约,一方面增加工资,一方面又要奖励富农生产,承认富农剥削,保证抗日的阶层都有人权、政权、地权,任何'左'倾或右倾的处理,都是党的政策所不容许的"[③]。

通过设立评议会和订立具有法律效力的契约,在有利于发展生产和照顾主佃双方利益的前提下,建立沟通协调机制,调整了主佃间的紧张关系,对于减租减息运动的深入开展起到了重要作用。

---

① 《三北地委关于今年实行二五减租的决定》,见杭州大学历史系、浙江省档案馆:《浙江革命历史档案选编——抗日战争时期(下)》,浙江人民出版社,1985 年,第 102 页。
② 乐国军:《三北抗日根据地减租减息运动考察》,《宁波工程学院学报》2018 年第 6 期,第 64 页。
③ 《三北地委关于今年实行二五减租的决定》,见杭州大学历史系、浙江省档案馆:《浙江革命历史档案选编——抗日战争时期(下)》,浙江人民出版社,1985 年,第 104 页。

(二)动态调整税收政策

浙东抗日根据地通过加强对税收政策的动态调整,进一步精准施策,在极其艰苦的条件下开展税收工作,有力地保障了根据地经济的顺利发展。通过探索实践,浙东地区党组织领导下的浙东抗日根据地废除旧的苛捐杂税,建立新的税收制度和税务机构,税收成为筹集财政经费的有力工具。

1.优化税制

在税收政策方面,浙东抗日根据地根据实际情况不断进行调整。浦东南渡部队进入三北之后,通过设立办事处来开展征税工作。办事处收税最初沿用原慈溪国民兵团的收税办法,采用定额制。但经过短时间的实践,发现由于伪币的不断贬值,物价飞涨,采取定额制会导致税收的实际收入相对减少。

为了改变定额制的缺陷,根据地决定改用比例税制,规定各类商品的具体税率。1943年,三北财政经济委员会草拟了内部试行的《战时进出口货物税征收暂行办法》。该文件提出了废除一切苛捐杂税的口号。与此同时,针对国民党、日伪军都是一个单位设一个卡,征的是"步步税",使得客商们怨声载道的情况,浙东抗日根据地只开征统一的进出口货物税和盐税,规定货物税实行一物一税制,过境解一道税,尔后在根据地内就可通行无阻。① 会稽地区的诸、义、东办事处也制定了《商品过境税征收办法》,建立了许多税站,负责进出口货物的征收。因此,浙东抗日根据地的税收政策受到客商的普遍欢迎,他们主动来税卡纳税。②

通过不断调整税收政策,浙东抗日根据地税收工作取得了长足的进步,与国民党、日伪军相比较,浙东抗日根据地的税收政策更受到了人民群众的欢迎与支持,当时只要根据地派税收干部下去,就可以收到税款。"仅据1943年7月至1944年5月统计,在三北征收的税金达1713.2万元,酒捐199.9万元,特捐68.7万元,公粮10万余担,有力地支援了浙东抗日根据地的各项建设。"③

2.运用税收杠杆配合军事斗争

浙东抗日根据地通过运用税收杠杆积极配合军事斗争,给予入境商品税收的优惠和允许获得较高利润的办法,鼓励敌占区和根据地内的工商业资本家与根据地供给部门挂

---

① 陆慕云:《浙东抗日根据地的财经工作》,见浙江省委党史资料征集研究委员会、浙江省档案馆:《浙东抗日根据地》,中共党史资料出版社,1987年,第345页。

② 谭启龙:《谭启龙回忆录》,中共党史出版社,2003年,第197页。

③ 佚名:《成为重要兵源税源》,《今日镇海》2021年4月13日。

钩,冲破敌人封锁,为根据地解决了一部分军需物资,如布匹、医药和日用工业品,有时还搞进一些枪支弹药,以支持根据地的经济建设和军事装备。

在税收政策上,抗日根据地采取物资分类征税的政策,税率大约有四大类:一是轻税率,针对一般生活必需品;二是高税率,针对非生活必需的奢侈品,如化妆品、迷信品等;三是免税品,针对军需物资,如药品、布匹等;四是禁运品,针对毒品、战略物资。[①] 此外,浙东抗日根据地在接近敌区及交通要道,设立税卡,实施货物检查,征收进出口货物税,同时积极收集敌人情报。来往抗日根据地的行贩税数量虽少,但涉及群众的面比较大,税卡人员重视掌握政策界限,注意态度,对商贩进行抗日救亡教育,与他们做朋友。商贩进出宁波等城市,常为根据地党政军人员提供敌情,购买电池、药物、油墨、纸张等军需品。[②]

在收税措施上,浙东抗日根据地主要采取武装保护税收的政策,一般由地方民兵和税收人员一起收税,既可以武装保护,又可以探听敌情,起到侦查员的作用。在税款征收方面,征税工作在地区上分为游击区、基本区、敌占区和顽化区。在前两种地区收公粮,对敌占区和顽化区采取收交公粮款、解交法币的办法。1944年夏秋前,浙东抗日根据地以交纳现金(包括法币与银圆)为主。1944年夏秋开始以交纳稻谷等实物为主,这样就避免了通货膨胀所导致的税款的流失;而在日伪据点附近则征收现金,便于保护征税人员的安全。同时,明确规定上述税收由浙东行委会和浙东行署的财经处统一收取,各县不得截留。另外,对于过境的食盐,以货物税的形式征收;对盐区,因敌人控制得很严,抗日根据地的力量达不到,就采取包税的办法,通过各种关系,责成盐区乡保甲长包税。[③]

3. 开辟新税源

在税源方面,浙东抗日根据地根据各地实际情况,积极拓展税源。根据地除了征收过往客商的税收之外,还陆续开征屠宰税、油坊税、牙行税和酒捐。

根据地还积极开拓海上经济来源。部队办事处及后来的三北经济委员会都设有沿海税务处(所)及多个税卡,专门从事沿海各港湾的税收工作。1943年11月,三北东部地区建立了一支海上警卫队(又称"小海大"),为三北税务所的武装,收税范围从陆上发展到海上,向进出杭州湾的盐船征收盐税,增加财政收入。三北西部地区后来也建立了沿海税务所。1944年2月,为扭转困难局面,原镇北、慈北、姚北的三个征收处合并改建为三北税务所,由新四军浙东游击纵队海防大队直接领导。海防大队开展海上游击战,护

① 谭启龙:《谭启龙回忆录》,中共党史出版社,2003年,第199页。
② 佚名:《成为重要兵源税源》,《今日镇海》2021年4月13日。
③ 陆慕云:《浙东抗日根据地的财经工作》,见浙江省委党史资料征集研究委员会、浙江省档案馆:《浙东抗日根据地》,中共党史资料出版社,1987年,第346页。

送南来北往干部和部队指战员,输送各种军需物资,积极开辟海上经济来源。海防大队保护税收、开辟海上经济来源的主要形式有三种:一是截击资敌货船;二是截击日伪盐船;三是发放通行旗照。

1945 年 8 月,浙东抗日根据地筹建工商管理局,郭静唐任局长,吕炳奎任监委。该局负责管理海上通道,开辟海上贸易。① 海上经济来源的开辟,对于增加财政收入,帮助根据地克服经济困难发挥了积极作用。

(三)遵循经济规律打赢货币战争

"敌后的经济战线的尖锐程度,绝不亚于军事战线。"②抗日战争时期,浙东抗日根据地是敌占区、国统区、解放区"犬牙交错"的地方,表现在金融、贸易和市场流通领域是敌伪币、法币和边币并行。1945 年,在华中局的支持下,借鉴华北、华中等其他根据地发行及流通抗币的成功经验,浙东抗日根据地结合浙东实际,在抗币的印制、发行及流通方面,积极探索与实践,遵循经济规律,成功发行抗币,打赢了货币战争。

1. 确定合理的抗币与法币比价

1945 年,浙东抗日根据地内货币流通量很不足,伪储备票冲击市场,金融仍为伪币所控制。"开辟历史短,以及其他许多主客观条件的限制,在对敌人的各种经济斗争,尤其是货币斗争上,至今还没有很好的开始,解放区之金融完全为伪币所控制,这是当前浙东工作中最重要的弱点之一。现在,伪币价格迅速狂跌,我解放区军民生活及一切经济活动已受到严重威胁,抗币之发行已成为全体军民热烈希望与迫不及待的任务之一。"③因此,成立浙东银行,发行抗币成为浙东抗日根据地对敌斗争的必然之举,"银行在平时只是调剂社会金融资金,现在我们是抗建战士,一切为了抗日。这时银行的任务又有不同。它要配合军事斗争,很快准备反攻力量"④。

华中局在批复中对浙东抗日根据地发行浙东抗币作出了具体指示,强调抗币发行时如与法币等价行使,因印刷条件的限制,抗币在流通筹码中将难以占有数量上的优势。应按自己的客观条件,确定抗币与法币的比价,比价不宜太低。华中局认为,当时敌后各抗日根据地的比价情况是苏中发行时抗币与法币的比价为 1 元比 5 元,这个比价太低,

---

① 宁波市新四军暨华中敌后抗日根据地研究会:《浙东抗战与敌后抗日根据地史料丛书》第 6 卷,中共党史出版社,2001 年,第 91 页。

② 《太行区的经济建设》,见中共中央文献编辑委员会:《邓小平文选》第 1 卷,人民出版社,1994 年,第 77 页。

③ 浙江省新四军历史研究会:《浙东抗日根据地史》,中共党史出版社,2005 年,第 281 页。

④ 《浙东银行开幕典礼并举行各界抗币座谈会》,《新浙东报》1945 年 4 月 8 日。参见杭州大学历史系、浙江省档案馆:《浙江革命历史档案选编——抗日战争时期(下)》,浙江人民出版社,1985 年,第 513 页。

妨碍以后提高。皖中抗币是 1 元比 30 元,新四军一、二、三、四师地区比价一律为 1 元比
50 元。[①] 因此,浙东抗币比价的提高,原则上应以根据地几种主要的农副产品物价的加
权指数为标准,但也不应常常变动。要采取支持生产的发行,贷物赎物,抗币即使不提价
也可不完全承受法币、伪币膨胀所带来的损失。浙东抗日根据地根据华中局的指示,最
终决定发行抗币总数定为 200 万元,等于粮 100 万公斤的价值,作为浙东银行的基金。
由浙东行政公署分期拨充,当资本额拨足四分之一时,开始营业。[②]

抗币的发行是确定抗币与法币的比价之后,再确定发行票面的大小与发行数量。同
时,要以主观条件印刷力量为标准,要满足流通的需要。一般是按照农产品上市季节性
来分批发行,发行前需要做充分的宣传动员工作;发行时采取群众路线,并贷给基本群
众;发行后要大力巩固抗币的信用,如一切税收尽先收用抗币,必要时保证无限制兑换等
等。同时,走工商业路线,发展工商业,改善民生,而不是为了军政经费,也不是像反动政
府那样依靠发钞票来解决财政问题。[③] 贷款时切实注意要贷给有组织的基本群众,以刺
激群众参加组织,同时也要真正贷到基本群众手中,照顾基本工农群众,避免富农路线。
还建立良好的贷款的组织,做到贷得出、收得回,避免把贷款变为救济性看待。[④] 最后发
行抗币后,必须同时开展贸易管理,使货币斗争与贸易斗争互相配合支持,最终收到稳定
物价、防止通货膨胀等效果。[⑤]

为了保持抗币币值的稳定,《浙东行政区抗币条例》规定,抗币的发行基金以下列实
物及保证准备充之:一是储存金银;二是拨存稻谷;三是在本地区有市场价格之有价证
券;四是有确实抵押品之债券或票据。抗币发行数额不得超过全部准备基金实际市价相
等之价值。该条例还要求:“浙东银行董事会将抗币发行数额及其准备基金‘数量’与‘实
价’,按月造表送浙东银行监察人会审查,并在行政区参议会开会时提出报告。浙东银行
监察人会或本行政区参议会驻会委员会,得根据行政区合法成立之县级民众团体三分之
一以上之请求,向浙东银行检查发行账目。”[⑥]

金融发展史反复说明,只有保持长期货币的坚挺才能打赢货币战争。从浙东地区抗
币流通的实际状况看,在浙东行署的领导下,浙东银行运行稳定,抗币币值稳定,购买力

---

① 浙江省新四军历史研究会:《浙东抗日根据地史》,中共党史出版社,2005 年,第 282 页。

② 章均立:《浙东革命根据地货币史》,宁波出版社,2002 年,第 32—33 页。

③ 《浙东银行开幕典礼并举行各界抗币座谈会》,《新浙东报》1945 年 4 月 8 日。参见杭州大学历史系、浙江省
档案馆:《浙江革命历史档案选编——抗日战争时期(下)》,浙江人民出版社,1985 年,第 513 页。

④ 《浙东区党委关于发行抗币与加强对敌经济斗争的指示》,见浙江省委党史资料征集研究委员会、浙江省档
案馆:《浙东抗日根据地》,中共党史资料出版社,1987 年,第 162 页。

⑤ 浙江省新四军历史研究会:《浙东抗日根据地史》,中共党史出版社,2005 年,第 282 页。

⑥ 《浙东行政区抗币条例》,见浙江省委党史资料征集研究委员会、浙江省档案馆:《浙东抗日根据地》,中共党
史资料出版社,1987 年,第 153—154 页。

较高,受到广大人民的支持和欢迎。在伪币、法币大幅度贬值的情况下,抗币能基本保持币值的基本稳定①,主要原因是浙东根据地货币以浙东银行币为主体,而浙东银行币的币值由物价指数的升降来决定,始终维持《浙东行政区抗币条例》所要求的"'抗币壹圆币值'接近于食米一市斤之价值"②。在当时的条件下,以食米作本位币基础,要比金银作本位币基础,更符合实际,也更有意义。米价的高低变化,可以牵制或影响其他物价的波动。因此,这种以米为价值之保证的货币的出现,就解除了浙东民众的后顾之忧。诚然,米价会因季节的不同而上下波动。对此,根据地政府和银行往往根据米价的实际波动,对货币的币值作出适当的调整。当然,这种调整相差不会很远,比之伪币、法币剧烈贬值,更有天壤之别;而且根据地政府和银行还会依照市场行情的变化、物价指数的升降、浙东银行币购买力的高低,随时调整货币之间的汇兑率,及时采用其他有效措施,确保了物价的稳定。③

2.联合法币打击伪币

货币战争是对敌经济斗争的最高形式。货币战争的本质是哪种货币是主流货币。要在浙东敌后的环境下,取得货币战争的胜利,还必须实行正确的货币政策。华中局认为,抗币发行后,应确定其是抗日政府的本位货币,在同法币联合同伪币斗争过程中要力争主动,要培植它和帮助它,使它将来在条件成熟时可以成为独占的本位货币。抗币发行后,应联合法币在基本区坚决打击伪币。④ 浙东抗日根据地根据实际情况,积极贯彻华中局的"对法币要联合,对伪币要打击,对抗币要培植帮助"的政策,维护和巩固了抗日民族统一战线。

对于法币,浙东根据地政府采取联合与斗争的态度,这是抗日战争时期党的统一战线政策所决定的。其中的原因主要有:一是法币从1935年起即被国民党政府定为法定本位币,人们使用它已成传统习惯。尽管浙东银行币发行抗币后,法币在根据地内已失去本位币的地位,然而在整个社会经济中,它的地位及作用不可低估。二是国民党政府还在抗日,为共同抵制伪币,与法币联合符合抗日民族统一战线的方针。在打击伪币这

---

① 浙东抗币与法币、中储券的兑换,是参照华中地区和其他根据地的比率、结合本地实际来确定的,随时会有变化。如:1945年4月10日,1元抗币兑换50元法币,兑换300元伪中储券;5月16日,1元抗币兑换伪中储券500元;7月9日,1元抗币兑换伪中储券1200元,8月初兑换1600元,及至日本投降,陆续停止兑换。在法币、伪币急剧贬值的同时,抗币也有过波动,但其币值基本上是稳定的。

② 《浙东行政区抗币条例》,见浙江省委党史资料征集研究委员会、浙江省档案馆:《浙东抗日根据地》,中共党史资料出版社,1987年,第153页。

③ 章均立:《浙东革命根据地货币史》,宁波出版社,2002年,第57—59页。

④ 浙江省新四军历史研究会:《浙东抗日根据地史》,中共党史出版社,2005年,第282页。

一点上,二者更是目标一致。^①　因此,允许法币在根据地内继续流通使用,具有一定的战略意义,是政治、军事、经济斗争的需要。三是抗币发行数量不足,当市场需要货币时,打击了法币,反给伪币以可乘之机。四是法币在国民党统治区和敌占区还能购物,因而可起外汇作用。1943年后,虽然伪币占了绝对优势,但法币尚有一定实力与之相对抗。同时,国共两党联合抗日的态度未变;根据地与大后方之间有贸易存在,彼此之间需用法币计价及支付。

对于法币,抗币不仅需要联合,还必须对其进行斗争,原因主要有:一是国民党政府用发行法币的办法来弥补财政赤字,形成通货膨胀,给人民造成灾难;二是国民党政府迁至四川重庆后,与浙东敌后相隔甚远,法币失去经济基础的支撑,软弱无力;三是1941年12月太平洋战争爆发后,国民党在上海的金融机构完全被日军占领,浙东地区的法币陷于孤立无援的地位。在此情况下,抗币就必须与法币进行斗争。

3.坚决打击伪币

浙东沦陷后,敌伪政权于1942年5月在宁波设立中央储备银行支行。敌伪凭仗着武力的支撑和占有中心城市的优势,搜缴法币,强行通用伪储备票,浙东地区的金融权渐被敌伪所掌握。至1942年10月,敌伪的储备票成为浙东市场的主要流通货币,其数量约占货币流通总量的70%～80%。^②　1944年底至1945年初,中国的抗日战争进入了战略反攻阶段。随着侵占区域的缩小,日伪在经济上的掠夺更加疯狂,不断滥发没有准备金的汪伪储备银行券,导致敌占区物价飞涨,一般物价比储备券发行初期暴涨了万倍以上,储备券最终沦为废纸。伪币的一再贬值,不仅给人民带来巨大损失,也给根据地的税收、征粮工作带来许多问题。

浙东银行币发行抗币之后,对于伪币,浙东抗日根据地政府采取了坚决打击的态度。但对于伪币的禁用并没有立即执行,而是采取稳步推进的方式,其原因主要有下述四方面:一是浙东银行抗币的发行数量较少,无法满足市场周转的需要;二是伪币的使用已有一定的历史与社会基础,发行量又大,涉及千家万户;三是部分群众慑于敌人威吓,听信敌人谣传,对抗币的使用尚存畏惧和疑虑;四是整个浙东被分割成敌占区、游击区和基本区三个部分,三者之间的经济联系十分密切,三者之间的民众往来不可能隔绝,三者之间的物资交易不可能取消。因此,抗币、法币、伪币三种不同性质的货币必然同时存在,它们混用的局面也难以改变。^③　何克希就指出,在鄞江镇之所以人民群众还把伪币当作货

①　《鄞江镇商民大会上,何司令解决商民困难,成立商会,调剂金融,评定物价》,《新浙东报》1945年9月4日。
②　宁波金融志编纂委员会:《宁波金融志》第1卷,中华书局,1996年,第23页。
③　章均立:《浙东革命根据地货币史》,宁波出版社,2002年,第56页。

币;一是因为鄞江镇长期处在敌伪统治下,已经用惯了伪币;二是因为鄞江镇接近伪顽地区,对伪顽还抱着恐惧心理;三是因为个别大商人故意将抗币价值压低,以便吸收抗币,从中取利。① 因此,在浙东抗币的发行之初,很难将伪币驱逐干净。

面对上述现实,浙东抗日根据地政府因地制宜地采取了下列措施:一是规定抗币发行以后,市场一切商品买卖均以抗币作价;二是声明抗币发行数量一旦达到全行政区市场周转时,即禁止伪票行用;三是为避免民众损失,凡存有伪币者可向银行兑换,但银行将根据票面的贬值程度予以一定的折率;四是民间确实需要一部分伪币以用来购买敌占区物资,或用来清偿敌占区债务时,可遵照规定的手续,向银行换取相当数量的伪币;五是为维护信用,在一定时期内允许抗币与伪币自由兑换。② 同时,根据地在各地普设兑换处,并建议各地成立商会,以商会名义印发辅币,以调剂市上金融。③ 1945年4月8日,浙东行署公布的汇兑率,抗币1元折合伪币300元。根据地利用抗币汇兑率,对伪币进行打击,日本投降后,浙东银行即于当日发出通知,废止伪币对抗币的汇兑率。

通过打击伪币,浙东抗日根据地有效地抵制了伪币的掠夺,限制了伪币的流通,达到了阻碍敌人的掠夺、减少敌人的掠夺、缩小敌人的掠夺之目的,从而保护了人民群众的生产生活,提高了人民的生产力,增加了根据地的财政收入。

四、建立严格的财政经济制度

无论是浙东抗日根据地时期,还是游击根据地时期,浙东革命根据地始终都面临着敌人的包围与封锁,经济工作环境和条件较为恶劣。根据地除积极加紧生产以谋自给外,特别注意认真、严格地建立财政经济制度,发扬艰苦作风厉行节省,以便坚持抗战,坚持长期艰苦斗争。浙东革命根据地通过培养足够胜任经济工作的干部队伍、建立预决算制度、厉行节约反对贪污浪费、建立供给制度,有力地推动了根据地的经济建设。

(一)培养足够胜任经济工作的干部队伍

根据地的经济工作需要有一支精通经济工作的人才队伍,贯彻落实共产党在经济战线上的路线、方针、政策,并发挥模范带头作用。对此,邓小平指出,必须"将大批的得力干部分配到经济战线上去,帮助他们积累经验,才能使经济建设获得保障"④。通过培养

① 《鄞江镇商民大会上,何司令解决商民困难,成立商会,调剂金融,评定物价》,《新浙东报》1945年9月4日。
② 章均立:《浙东革命根据地货币史》,宁波出版社,2002年,第56页。
③ 章均立:《浙东革命根据地货币史》,宁波出版社,2002年,第56页。
④ 中共中央文献编辑委员会:《邓小平文选》第1卷,人民出版社1994年,第85页。

与锻炼经济人才,让其投身于经济实践和经济斗争,浙东抗日根据地培养了一大批经济本领过强、业务素质过硬的经济人才,造就了一支具有丰富经验的经济人才队伍。

浙东抗日根据地的财税队伍,初建时期主要由浙东地下党的一批干部和从苏北、苏中根据地调来的干部组成,随着办事处的扩大和税卡的增多,以后又在浙东地区陆续动员吸收了一部分当地青年(包括小学教师)。革命根据地的不断壮大,需要培养更多的合格的税收干部。浙东抗日根据地以能在严峻环境中坚守岗位、经得起斗争考验的征收员为骨干,吸收了一批有抗日思想、表现较好、有文化、能吃苦、敢于拼搏的中青年,组成了一支新的征收员队伍。浙东抗日根据地定出分期的工作计划,培养了一大批合格的财经干部。1943—1945年,浙东抗日根据地前后共办5期训练班。1943年在三北办了2期,一期是税收,一期是征粮。1944—1945年在南山又办了3期。训练班每期2~3个月,主要是学业务,学如何收税、如何征粮、如何记账等。[1] 开展这样的集训班,效果十分显著。一支坚强的、有战斗力的、政治业务素质又较高的财税队伍,在斗争中逐渐成长起来。

浙东革命根据地铸造了一支忠诚于革命税收事业的税收队伍,他们在经济战线上发挥着重要作用,为根据地财政经济的健康发展,有效地实施对敌经济斗争,贡献了自己的力量。在此期间,浙东涌现了一大批优秀的财经干部,在危急艰苦的环境下体现了坚持岗位、自我牺牲的精神。[2]

(二)建立预决算制度

为了保证部队给养,浙东抗日根据地财经处对收入款项的控制十分严格,定期作预算、决算,对各级财政单位也有严格的要求。浙东区党委积极支持建立和健全财经工作制度,党、政、军、群都要遵照执行。[3]

1942年7月,谭启龙在到浙东后召开的第一次干部会议的报告中,对浙东的财政经济政策作了原则性的规定和说明:"实行统一的经济制度,做到统筹统支,按照最低生活水准,规定一定的生活费,实行预决算制度,反对'做一天和尚撞一天钟'的办法,一切都应长期打算,因此部队应提倡节约运动及艰苦奋斗生活的锻炼,使每一个同志、战斗员都了解浪费一分钱,即加重人民一分负担,要造成我们部队在最困苦的条件下亦能坚持的精神。"[4]三北游击司令部为保证军政费用,建立了总金库。浙东敌后临时行政委员会成

① 宁波市新四军暨华中敌后抗日根据地研究会:《根据地的各项建设》,中共党史出版社,2001年,第94页。
② 《1944年浙东行委会财经处给各级财经工作同志的指示信》,见宁波市新四军暨华中敌后抗日根据地研究会:《浙东抗战与敌后抗日根据地史料丛书》第6卷,中共党史出版社,2001年,第16—18页。
③ 《浙东抗日根据地的财经工作》,见浙江省委党史资料征集研究委员会、浙江省档案馆:《浙东抗日根据地》,中共党史资料出版社,1987年,第346页。
④ 浙江省新四军历史研究会:《浙东抗日根据地史》,中共党史出版社,2005年,第249页。

立后,总金库制进一步完善,在三北的余上、慈姚县也相应成立了分金库。总金库制规定,一切税款和征粮代金收入款一律全部交库,军政费用开支按预算由敌后临时行政委员会核拨。为了使这个制度得以实行,由浙东敌后临时行政公署发行金库兑换券,并规定用钱要有预算,各级军事负责人包括行政机构和群众团体负责人不得乱批条子,这样规定后,部队和机关团体纪律更严明,风气更好。

浙东抗日根据地在收支方面有统一而详细的规程,对预决算制度和财政经费的支出有明确规定。浙东行政公署成立后,对预决算制度尤为关注。其规定财政经济处须根据上期赋税收入状况及工作计划,按季按月分别编制收入预算,先期送审计委员会审查。一切预算或特种支出须经审计委员会审定后报由行政公署核发支付命令。在预算制度中有以下特点:一是总预算被划分为"经常经费预算"和"临时经费预算",并对预算书送审部门和送审期限有详细规定。二是设立预算外的第一预备费和第二预备费,以补救经常经费预算不敷时的紧急开支。同时在紧急战斗环境之下适当增加第二预备费,授权一定的人员拥有临时经费支出决定权。三是规定"各单位经常经费预算未审核确定之前,得按照上月预算预支半数,不另发支付命令,于预算审定正式支付时扣回"。浙东行政公署通过这种严格的预决算体制防止了贪污和浪费情况发生,在百姓中树立了清廉为民的形象,更为执政提供了坚实的群众基础。①

1947年10月,浙东游击根据地恢复成立四明金库,朱之光为主任,周纬为副主任,以此来加强部队供应工作。11月4日,四明工委发出通知,建立统筹统支制度,要求各县、区征收的粮款,均须逐级解缴金库,各单位按批准的预算,凭金库的拨款单向指定的机构领取。②

通过实行预决算制度,浙东革命根据地的各级财委会,定期要有预算和决算表册上报,上级根据预算计划开支,下级经常报告工作情况和计划,上级经常给予工作指示,密切了上下级关系;同时,部队和机关团体保持了纪律严明,形成了廉洁奉公的工作氛围。

(三)厉行节约,反对贪污浪费

浙东抗日根据地针对当时出现的浪费现象,强调要厉行节约。1943年4月,五支队政治处发布了《展开部队的节约运动》,作为连队的政治教材,加强了"提倡节约,反对浪费"的教育。1944年1月15日公布的《浙东敌后临时行政委员会施政纲领(草案)》第五条明确规定:"厉行廉洁政治,严惩公务人员之贪污行为。"6月15日—25日召开的浙东

① 郑备军、阮卓婧、陈骏宇:《浙东抗日根据地财政建设评析》,《地方财政研究》2015年第6期,第93页。
② 章均立:《浙东革命根据地货币史》,宁波出版社,2002年,第144页。

行委会扩大会议,也积极号召"开展反贪污反浪费斗争,提倡廉洁节约运动"。1945 年 1 月,经浙东临代会决议,浙东行政公署公布了《惩治贪污暂行条例》。

在浙东游击根据地时期,坚持斗争人员在斗争环境中开展财经工作,条件艰苦,随机性强,容易造成浪费,给本来就收支紧张的财经工作造成更大的困难。针对这一情况,浙东临委和各级党组织都多次强调要厉行节约,杜绝财经工作中的"洋财"观念、"流寇"思想,建立财经制度。例如,当时留在四明地区坚持斗争的朱之光等人为了保障部队供给,组织了"生工队",将过去投靠日本发国难财的汉奸及抗战胜利后做接收大员发横财等作奸犯科者,作为"生工队"要钱要粮的主要对象。虽然"生工队"队员接触的经费比较多,但都廉洁奉公,过的是"住的山坑青草湾,吃的炒米番薯干,化装入城不怕险,保证给养作贡献"的生活。中华人民共和国成立后的"三反"运动中,一些不明情况的人却武断地说三道四,有个领导在"三反"动员大会上竟公开点名说:"四明山是山高林密,虎多虎大……"和朱之光一起工作过的队员中,有十几人先后被作为"老虎"而关押和审查。"打虎打了三个月,结果一只小猫都不是。"这一事实显示了"生工队"队员的清白廉洁。[1]

1947 年 6 月,四明工委在《六月份工作计划》中指出,"经济的用度,主要放在有关武装任务方面,实支尽量节省,各地负责人以党性保证不浪费"[2]。11 月,四明工委发出《关于建立经济制度与厉行节约的通知》,要求各地建立预决算制度、经费报销制度,实行统筹统支,禁止购买补品和高档日用品,禁止无故请客送礼。1948 年 10 月,四明工委又发出《关于厉行节约的通知》,提出如下意见:党员干部中进行政治思想上的动员,掀起节约运动;建立越级报告制度,检举贪污浪费现象,制订奖惩办法;加强劳动观念,多动手,节约财力;各县将现存物资登记表上报;等等。[3] 同月,浙东临委提出:"力求积蓄,每个部队,手头上至少能积蓄三个月,防止浪费、洋财观点、流寇思想;要准备情况的变动与困难",认识发展的重要,"要有重大的眼光与长期打算,要确立经济制度"。[4] 11 月,中共四明工委又发布决议文件,要求全党必须认识反对贪污浪费的严重性,一面竭力开源,一面厉行节约,以渡过经济困难阶段;同时,各级机关尽量严格控制杂支、特支之付出,非必要物资不许购置;除购子弹短枪应无限制外,其余均须经各级党委书记之批准。

厉行节约、反对贪污浪费的举措,不仅减轻了根据地人民的负担,保证了物资供应,也使浙东地区党员干部在思想上受到了一次深刻的教育,发扬了党的优良传统和作风,密切了党和群众的关系。

---

① 朱之光:《战斗在四明山上:朱之光回忆录》,中共党史出版社,2000 年,第 250—251 页。
② 章均立:《浙东革命根据地货币史》,宁波出版社,2002 年,第 127 页。
③ 中共慈溪市委党史研究室:《中国共产党慈溪历史》第 1 卷,中共党史出版社,2003 年,第 203 页。
④ 浙江省档案馆:《浙江革命历史档案选编——解放战争时期》,浙江人民出版社,1988 年,第 147 页。

(四)建立供给制度

1944 年 2 月,国民党顽军"围剿"四明山,新四军浙东游击纵队主力战略转移到三北地区。9 月 25 日,浙东第一届军政会议在慈北洪魏召开。谭启龙作《目前形势与我军今后的任务》的报告,其中财经工作一段着重强调:必须加强供给工作的领导,应根据浙东具体情形,参考军部的规定,确定浙东的供给制度。1945 年 1 月 1 日,新四军浙东游击纵队司令部颁布"供给制度"的命令,指出:"这供给制度是以革命的经济制度原则和我浙东的经济条件而制定的,不仅保证作战工作学习及日常生活的物质必需,且系节流养成每个指战工作人员简朴低廉生活的革命作风,因此这供给制度不仅对内需进行教育,使全体自觉遵守,同时对外可以进行宣传,使人民了解我们的艰苦生活和严格的制度。"[1]同时,根据供给制度确定了经常的预决算制度;规定了支付手续、审核工作细则等,保证每一分钱都用到战争胜利中。[2]

在浙东游击根据地时期,为加强财经工作,浙东各地都设置了财经部门,如四明的金库、路西的后勤部、路南的财经科等等,各县区级政权机关也都相应建立了财经工作机构。这对各地财经工作的顺利开展发挥了很大的作用。但在财政制度方面,由于浙东各地向来分散独立发展,制度也就各自规定,没有真正统一。路西地区在会稽山人民抗暴游击司令部刚组建时即制定了供给制度,规定每人每日伙食大米 3 斤,每人每月肉 1 斤、津贴大米 40 斤。其后又制定了会计制度。后来四明地区的供给制度为:部队每人每月大米 25 斤,每日食米 28 两、菜金大米 1 斤;地方工作人员每人每月大米 20 斤,每日食米 26 两、菜金 14 两大米;部队战士每月肉金大米 1 斤,地方人员大米 14 两。[3] 浙东各地供给制度不同,引起了浙东临委的重视。浙东临委要求各地以四明地区为标准,制定统一的供给制度。浙东临委副书记马青还专门交代交通联络员将四明地区的供给制度分送给其他地区以供参考。之后,各地基本按四明标准统一供给制度,但也因各地财经情况不同而有所增减。1948 年 12 月 1 日,拟定了供给制度,规定了各项开支标准,并且开始健全会计制度。在浙江解放前夕,浙东人民解放军第二游击纵队确定了供给制度,"规定主力部队每人每日菜金为大米 1 斤,食米为大米 1 斤 12 两,另主力部队供应每人每月肉 1 斤,生活费为大米 25 斤;地方和机关工作人员供应标准稍有降低。同时,供给制度还对

① 杭州大学历史系、浙江省档案馆:《浙江革命历史档案选编——抗日战争时期(下)》,浙江人民出版社,1985年,第 390—392 页。

② 杭州大学历史系、浙江省档案馆:《浙江革命历史档案选编——抗日战争时期(下)》,浙江人民出版社,1985年,第 390—392 页。

③ 中共浙江省委党史研究室、浙江省新四军历史研究会:《浙东游击根据地史》,中共党史出版社,2009 年,第 318—319 页。

部队购物报销、来客招待及奖励分配等都作了明确的规定"[①]。这些措施既有利于贯彻部队纪律,也有助于根据地克服经费上的困难。

[①]　中共浙江省委党史研究室、浙江省新四军历史研究会:《浙东游击根据地史》,中共党史出版社,2009 年,第409 页。

第六章

浙东革命根据地的统一战线工作

统一战线是新民主主义革命胜利的三大法宝之一。在创建浙东革命根据地的实践中，以谭启龙、何克希等为代表的中国共产党人，积极贯彻执行党的统一战线政策，从实际出发，灵活运用具有浙东特色的对敌斗争方式，开展全方位、多层次的统战工作。通过开展统战工作，浙东革命根据地充分调动一切积极因素、广泛团结各派政治力量，为根据地建设和开展对敌斗争作出了重要贡献。浙东革命根据地的统一战线工作实践，丰富了党的统一战线理论，推动根据地不断发展壮大。

一、运用统战策略组建浙东抗日根据地最初武装

1937年11月上海沦陷之后，中共上海党组织按照党中央"隐蔽精干，长期埋伏，积蓄力量，等待时机"的方针，广泛开展统一战线工作。连柏生、朱人俊等人广交朋友，利用一切可能利用的社会关系将各种抗日力量汇聚起来，最终在浦东建立起了党领导下的两支武装部队。随着抗战形势的变化，这两支部队先后从上海浦东南渡到浙东三北地区，成为创建浙东抗日根据地的主要力量。

(一)组建南渡三北抗日武装

浦东工委充分抓住机遇，利用各种机会派遣一批党员打入伪十三师五十团，经过一年多的艰苦努力，掌握了一部分武装；同时又利用各种关系组建"第三战区淞沪游击队第五支队"，为创建浙东抗日根据地提供了支撑。对此，原中共路南特委书记顾德欢对浦东工委的伪军工作曾评价道："浦东党的伪军工作和统战工作做得很好，伪五十团

的工作和五支队的工作能密切配合,这对浦东党能长期坚持武装斗争是很重要的因素。"①

1.浦东工委创造并坚持武装斗争

1937年上海沦陷后,中共中央批准建立了以刘晓为书记的中共江苏省委,领导上海郊区和江浙敌后武装斗争。1938年初,江苏省委批准成立了以陈静为书记的中共浦东工作委员会(简称"浦东工委")。浦东工委先后成立了三支由党领导的抗日武装,即以周大根为中队长的南汇县保卫团第二中队(简称"保卫二中")、以蔡辉为团长的奉贤县人民自卫团和以连柏生为中队长的南汇县保卫团第四中队(简称"保卫四中")。1940年4月,江苏省委改组浦东工委,任命金子明为书记,委员有周强、朱人俊、朱亚民等。下设军事、群众、敌伪工作三个委员会。朱亚民为军事工作委员会书记,朱人俊为敌伪工作委员会书记,周强(后陈伯亮)为群众工作委员会书记。金子明接替陈静任浦东工委书记后,以党中央关于加强统一战线工作的政策文件为工作指导,积极在"忠义救国军"六团、伪十三师五十团开展策反和争取工作,统一战线工作取得了更大的进展。浦东工委在非常艰苦和特殊的环境下,积极开展统一战线工作,为创建抗日武装作出了突出贡献。对此,谭启龙曾进行高度的评价:"浦东党在上海附近敌伪压迫下,五年来创造并坚持了武装斗争,并在伪军工作中发展了一部分力量,灵活地转移到浙东。一年来,在浙东比较困难的条件下生存到今天,成为发展浙江工作的主要力量之一,这也是浦东同志的一个很大成绩。"②

2.组建"第三战区淞沪游击队第五支队"

"第三战区淞沪游击队第五支队"是进军浙东的两支主要部队之一,它的组建与党的统一战线工作密不可分。1937年11月,淞沪会战结束,上海沦陷。不愿当亡国奴的上海人民在党的领导下坚持抗战,在浦东相继出现了南汇县保卫团第二中队、南汇县保卫团第四中队、川沙地区民众抗日自卫团第四大队(简称"边抗四大")等多支抗日武装。1938年,浦东工委成立。在浦东工委的领导下,时任国民党南汇县二区区长连柏生准备成立抗日武装,但苦于缺乏合法名义以召集队伍。正在此时,他获悉浦东国民党"忠义救国军"第四支队队长于陶生成立了南汇抗日保卫团,于担任团长,孙运达为团附,下设三个中队。连柏生与孙运达都是南汇人,他们的关系较好,连便通过孙的关系取得了国民党南汇县抗日自卫团第四中队的番号。中队刚成立时有20余人,约11支枪,连柏生任中

① 朱人俊、丁公量、方晓:《抗日战争时期浙东地区的敌伪军工作》,见宁波市新四军暨华中敌后抗日根据地研究会:《浙东抗战与敌后抗日根据地史料丛书》第6卷,中共党史出版社,2001年,第415页。
② 宁波市档案馆:《目前国内外形势与我党发展浙江敌后游击战争建立根据地的方针》,档案号:革1-1-22。

队长,周毛纪任中队副队长,沈光中负责部队训练工作。为加强中队力量,浦东工委从上海动员一批干部与工人来参加第四中队;连柏生也通过亲戚关系,购买了一批国民党撤退时丢下的枪支,壮大了队伍力量,队伍活动范围也由南汇二区扩大到南汇全县。1939年6月,浦东工委决定将"南汇县保卫团第四中队"番号改为抗日自卫总队第二大队(简称"抗卫二大",因当时部队在南汇二区,所以被称为第二大队),其战斗序列是:中队长连柏生,副中队长王才林,政训员王义生、王三川、姚石夷,下设一、二区队。1940年2月,中共江苏省委决定将"抗卫二大"和中共浦东工委划归由新四军第三支队副司令谭震林组建的江南抗日救国军东路指挥部领导。在浦东工委的领导下,"抗卫二大"逐渐发展成为拥有300余人、200多支枪、4挺机枪的队伍,成为党在浦东等地区坚持抗日斗争的主力部队。同年5月,连柏生获悉顾祝同所属的国民党第三战区淞沪游击队第五支队被日伪消灭,于是就以同乡之谊登门拜访住在上海租界的国民政府川沙县长唐有余。因为唐有余的兄长唐有嘉是顾祝同所辖第三战区司令长官部的高级参议,连于是利用唐有嘉的关系在顾祝同处请托说情。此次拜访,连柏生向唐有余介绍了"抗卫二大"的发展情况,表达了希冀扩编为支队的愿望。而唐自己没有队伍,也想乘机拉拢连柏生,以此来向上邀功,于是就答应下来。在唐的引介下,连柏生得以派张晓初以副官名义到上饶第三战区司令部去拜访唐有嘉,最终拿到了第三战区淞沪游击队第五支队(以下简称"淞沪五支队")的番号。自此,中共领导的浦东队伍开始沿用淞沪五支队的番号,原"抗卫二大"被编为淞沪五支队第一大队,连柏生为淞沪五支队的支队长,朱亚民为指导员。[①] 有了淞沪五支队的公开合法番号,加之队伍高举抗日的旗帜,部队不断发展壮大。为了加强淞沪五支队的建设,新四军江南抗日义勇军总指挥部还派遣干部担任部队的支队和大队两级干部,并组织人员去新四军六师参观学习,部队军事政治素养得到了较大的提高。

3.改造伪十三师

进军浙东的另外一支部队是共产党员朱人俊在伪军十三师丁锡山部队的五十团掌握的一部分武装,它是中共浦东工委根据江苏省委"保存自己,打击敌人"的原则,通过大力发展统一战线,成功策反伪军而组建起来的。1940年5月,浦东工委设立伪军工作委员会,朱人俊为书记。伪军委员会先后派吴建功、方晓、姜文光等人打入伪十三师二十五旅五十团,对伪军进行策反工作。他们利用和该团上层有同乡、同学、亲戚等关系,以党的抗日民族统一战线政策为武器,对那些因迫于环境,为保存自身力量,表面伪化而实际上并非真心为敌工作的人,进行团结争取工作,不久就取得了该团特务营营长胡汉荣、二营营长储贵彬、三营营长茅铸九的支持,在3个营打入了10余名党员和担任了部队的一

---

① 浙江省新四军历史研究会:《浙东抗日根据地史》,中共党史出版社,2005年,第38页。

些领导职务。为了进一步策反伪军,浦东工委从三方面继续开展工作:一面做好上层的统战工作,取得他们的掩护和合作;一面重视对班排干部的培养教育,使之成为控制部队的骨干力量;一面创造便于对部队进行改造的条件,抓紧时间进行军政训练,并在连里建立支部、发展党员。① 不久,驻防浦东的伪十三师五十团团长顾立峰在上海被人刺杀身亡,浦东工委获悉这一情况后,通过认真分析,决定支持五十团特务营营长胡汉荣继任团长,帮助他的侄子胡骏担任副营长,通过支持胡汉荣、胡骏来达到控制五十团的目的;同时安排吴建功去二营当副营长以做二营营长储贵彬的工作,指派姜文光去三营当秘书去做三营营长茅铸九的工作。特务营后来被编入三营,胡骏担任三营副营长,浦东工委对五十团二、三营各个连队的工作得到进一步的加强。通过浦东工委的努力,五十团除七连外,其余的每个连都发展了党员和建立了党员支部。蔡蔡的七连虽没有党员和支部,但伪军工作委员会也能对他施加影响。通过细致的统战工作,浦东工委有效地实现了对五十团的控制。浦委伪军工作委员会的决定,先通过吴、姜去做储、茅的工作,再通过储、茅做胡汉荣的工作,这样,五十团的团长和三个营长都成了浦委直接和间接的工作关系,能够配合浦委伪军工作委员会开展工作。② 此时,浦东工委掌握的伪十三师六团陈王武部的一个小部队,也由何亦达、戚大钧拉到五十团特务营编为一个连。从 1940 年 5 月到 1941 年春,浦东工委已经在五十团内掌握了 6 个连的武装,建立了 5 个连队党支部,共有 57 名党员,掌握 13 挺轻机枪,机枪手都是共产党员。

(二)打通海上"红色通道"

中央华东局路南特委、江苏省委、浦东工委等经研究,制定了缜密有序的南渡行动方案。以浦东淞沪五支队为主体的 900 多壮士,自 1941 年 5 月 10 日第一批开始,先后分 7 批南渡,参与创建浙东抗日根据地。在南渡浙东的过程中,以黄矮弟为代表的一批爱国商贸界人士帮助部队解决了关键问题。

1.浦东武装南渡原因

皖南事变后,中共中央根据华中地区的新形势,调整了新四军的战略部署,指示新四军军部和华中局增派干部到浙东地区,创立敌后抗日根据地,路南特委随之向浦东工委传达了中共中央要求浦东部队向浙东发展的命令。与此同时,浦东工委又获悉日军为了巩固其对上海地区的控制,要把伪十三师调离浦东的计划。伪三十师调离,必将对抗日

---

① 朱人俊、丁公量、方晓:《抗日战争时期浙东地区的敌伪军工作》,见宁波市新四军暨华中敌后抗日根据地研究会:《浙东抗战与敌后抗日根据地史料丛书》第 6 卷,中共党史出版社,2001 年,第 414 页。
② 浙江省新四军历史研究会:《浙东抗日根据地史》,中共党史出版社,2005 年,第 38 页。

武装和伪军工作造成重大的打击。1941 年 4 月前后,侵华日军发动宁绍战役,国民党守军节节败退,绍兴、镇海、宁波、余姚等浙东各地相继沦陷。为挽救民族危亡,浦东工委决定组织浦东部队南渡浙东开辟抗日根据地。

2. 浦东武装取得合法身份

浦东工委伪军工作委员会书记朱人俊(公开身份为国民党南汇县长夏履之的秘书)通过南汇县县长夏履之和驻上海的国民党第三战区淞沪专员平祖仁进行接触,向其提出只要平能给一番号和补充弹药,部队就可以"反正"到浙东归其指挥。平祖仁考虑的是可以借伪三十师的力量保护他们在杭州湾的商业活动,还可以借此向上级邀功,双方谈判较为顺利。1941 年 4 月初,浦东工委先派出小股部队到达三北地区,与平祖仁在浙东的"宗德公署"取得联系,领到了弹药,并初步了解浙东三北地区和杭州湾海上交通的情况。4 月中下旬,浙东沦陷。1941 年 5 月—9 月,除了上级决定仍留一部分力量[1]继续埋伏在五十团外,浦东部队 900 余人分 7 批先后南渡浙东。

3. "南渡浙东第一船"

从浦东横渡杭州湾到达浙东,路途遥远且充满危险。当时的浦东部队既没有渡船,也没有熟悉海上航行的船老大;加之此时来往三北海上的"忠义救国军"、海匪,以及日军的巡逻艇频繁出没,部队随时可能被敌人攻击。为了解决这一棘手难题,浦东部队通过统战关系找到了黄矮弟,希望其能够帮助部队解决南渡的问题。黄矮弟是浦东南汇县小洼港人(今浦东新区书院镇)。早在 1938 年,黄矮弟就在多位地下党同志的授意下,前往浦东"忠义救国军"的张惠芳(民间俗称"张阿六")那里"拜码头",建立关系。张惠芳当时是"忠义救国军"海上游击支队司令,崇明、启东、海门、宁波的沿海一带都是其势力范围。此后,黄矮弟通过加强与张惠芳的关系,积极为抗日武装采购军需物资,开展地下运输。黄矮弟就利用这一特殊关系,利用海上贸易的条件,和其他船老大一起,开始一次次出生入死往返于浦东、浙东和苏北地区,为浦东抗战及浙东抗日根据地的创建作出了不可磨灭的贡献。[2] 1941 年 5 月 10 日,南渡部队装扮成张阿六的队伍,来到小洼港东滩,登上黄矮弟的高梢船。为避人耳目,黄矮弟还特意做了一面特大的写有张阿六部队字样的黄旗

---

① 浦东武装南渡后,继续留在五十团内部的一部分力量与党保持着密切的联系。1948 年 5 月渡过杭州湾,与北撤后在浙东地区重建的武装胜利会师在四明山,一直坚持到解放。总之,从 1940 年开始,浦委伪军工委以当时伪十三师五十团为立足点开展工作,在抗日战争和解放战争时期,先后两次拉出了 700 余人的武装部队到浙东,对两次创立浙东我军主力,建立浙东革命根据地起了重要作用。参见《抗日战争时期浙东地区的敌伪军工作》,见宁波市新四军暨华中敌后抗日根据地研究会:《浙东抗战与敌后抗日根据地史料丛书》第 6 卷,中共党史出版社,2001 年,第416—417 页。

② 周韵洋:《黄矮弟和他的南渡浙东第一船》,《新民晚报》2021 年 7 月 7 日。

插在船头,船后准备了一面日本膏药旗,以便应付日军巡逻艇。船过杭州湾的滩浒山、雪焦山时,意外遇到两批伪军巡逻艇、一艘海匪船,但他们以为这是张阿六亲自出巡,船只交会时,还拉响三声汽笛,以示敬意。在黄矮弟的帮助下,浦东部队顺利地渡过杭州湾,南下至浙东余姚西北与上虞交界的沿海地区十六户湾(现属浙江省宁波市余姚市黄家埠镇十六户村)登陆。黄矮弟与浙东姚北相公殿保长宣生敖和商行老板施元同较为熟悉,浦东部队登陆后,黄又让宣、施等人进行了接应。首渡成功后,其余浦东部队也采取小规模分批的方式,分六批南渡,最终都顺利到达浙东三北。1942 年谭启龙等重要干部从浦东南渡浙东,也是乘坐了黄矮弟的船。①

浦东两支抗日武装的组建以及成功南渡三北创建浙东抗日根据地,离不开上海浦东党组织的积极有效的统一战线工作。对此,谭启龙曾予以高度评价:"浦东党在上海附近敌伪压迫下,五年来创造并坚持了武装斗争,并在伪军工作中发展了一部分力量,灵活地转移到浙东。一年来,在浙东比较困难的条件下生存到今天,成为发展浙江工作的主要力量之一,这也是浦东同志的一个很大成绩。"②

(三)利用合法番号站稳脚跟

在抗击日伪军、转战三北的同时,浦东南渡部队利用国民党军队番号作"灰色隐蔽",谨慎处理与国民党军队的关系,应对敌强我弱的局势,求得部队在敌后的生存与发展,这是开展敌后游击战争、创建浙东抗日根据地在斗争策略上的一大特点。通过实行"灰色隐蔽"的方针,不公开浦东部队是新四军六师部队,有利于减少某些国民党地方势力的疑惧和敌视,消除那些愿意帮助共产党抗日的爱国进步人士的顾虑,扩大抗日民族统一战线,推动革命力量的不断发展壮大。

1.浙东统战基础较好

"抗战初期浙江党的统一战线工作,在全国来说算得上是最好的省份之一。尤其是当时浙江省的战时政治工作队(简称为政工队)起了很大的作用,它广泛地组织群众,宣传群众,提高了群众对抗日的认识和斗争精神,在各党派和各界人士中间扩大了中国共产党的政治影响。以后时局虽然逆转,当时的影响还有很大的作用。"③1938 年 2 月,国民党浙江省政府主席黄绍竑赞成共产党抗日统一战线主张,在全省组织以青年知识分子为骨干的战时政治工作队。3 月 17 日,在余姚县县长林泽的支持下,余姚县战时政治工作

---

① 唐国良:《南渡,浦东抗战史上的亮点》,《浦东时报》2021 年 5 月 20 日。
② 宁波市档案馆:《目前国内外形势与我党发展浙江敌后游击战争建立根据地的方针》,档案号:革 1-1-22。
③ 谭启龙:《浙东四年》,见浙江省委党史资料征集研究委员会、浙江省档案馆:《浙东抗日根据地》,中共党史资料出版社,1987 年,第 238—239 页。

队正式成立,林泽亲任队长、郭静唐任副队长(后任队长),下设六个区队,深入各区、乡、保,宣传抗日,组织群众,武装群众,建立"青年救亡室"。4月,全县已有13个青年救亡室,成员3000余人;到9月,全县有30个"青年救亡室",成员逾万人。4月,余姚政工队派一、二、三区队分别进驻庵东盐场、周巷、浒山等地,宣传组织群众,开展抗日救亡运动。5月,在余姚政工队的发动和帮助下,逍林(俗称逍路头)建立了第一个青年救亡宣传室(简称"青宣室")。接着,大云、长河、三管、择浦等地也普遍建立青宣室。至1939年9月,姚北有26个青宣室,其中浒山区有13个,周巷区有7个,庵东盐场有6个,此外还有几个妇女青年救亡室,成员共达7000人。5月,时为慈溪县工委统战工作负责人的阎季平征得慈溪县长章驹同意,在原慈东救亡宣传队的基础上,成立了慈东抗日卫国协进会。8月,又征得章驹同意,在长石桥植本小学举办慈东青年抗日训练班,仿照八路军、新四军军事训练和政治训练办法,对70余名进步小学教师和群众团体中的进步青年进行为期一个月的训练。1938年4月,由共产党发起,在金华成立浙江省战时作者协会。5月,成立浙江省文化界抗敌救亡协会,会员上千人。此后,相继成立金华文化界抗敌救亡协会、金华中小学教师联合会、青年读书会。6月,在金华成立战时儿童保育会浙江分会。[①] 1938年以来,共产党领导下的"政工队"在浙东发动群众,宣传抗日救亡,建立了"救亡室""战时服务团"等群众组织,发展了党的地下组织,在浦东部队南渡之前,这一带已有了较为坚实的统战工作基础。

2.浦东部队在三北获得国民党部队番号

浙东沦陷后,日军控制了城镇,但还未深入农村。国民党的主力部队已后撤,但各县仍有残余的国民党军队。浙东是蒋介石的老家,国民党的影响较大,当时国民党各县的政权仍存在,区、乡、保长仍在行使职权。上虞地区还有田岫山、张俊升二部。[②] 浦东部队初入三北时,仅900余人,力量较弱,因此与当地国民党力量团结相处,进而合作抗日,就成为站稳脚跟的关键。浦东部队抵达三北初期,并未公开打出新四军的旗号,而是利用国民党军队番号发展抗日力量。浦东部队抵达三北后,与平祖仁在余姚的办公机关"宗德公署"取得联系,通过国民党江苏省政府主席兼苏鲁战区副总司令韩德勤,在"宗德公署"薛天白(国民党第三战区淞沪游击指挥部指挥官)处取得"宗德三大""五支四大""暂三纵"等国民党的合法番号。[③] 通过开展统一战线工作,南渡到达三北的浦东部队成功实

---

① 浙江省新四军历史研究会金萧分会:《浙东金萧游击根据地统一战线工作》,内部资料,2009年,第64—65页。

② 王仲良:《我到浙东工作的一段回忆》,见宁波市新四军研究会暨华中抗日根据地研究会:《浙东敌后曙光》,当代中国出版社,1996年,第4页。

③ 龙元平:《浙东敌后抗日根据地统战政策研究》,中共中央党校硕士学位论文,2012年,第12页。

现了"灰色隐蔽",形成了三支主力:一支是以朱人俊领导的"暂三纵",主要活动于余上地区;一支是蔡群帆领导的"五支四大",主要活动于慈镇地区;还有一支是"宗德三大",后来取消番号编入"暂三纵"。同时,部队又与浙东国民党上层人物薛天白、顾小汀以及三北地方各阶层的著名爱国人士朱祖燮、虞家芝等广交朋友,充分利用国民党的乡镇政权机构,团结一切可以团结的抗日力量,求得争取时间,壮大自己,站稳脚跟。[①] 此外,浦东部队在进入浙东地区初期,也采取了不建政权、只设办事处的方式,这对联络友军、顺利开展统战工作十分有利。

3. 浙东其他地区采取"灰色隐蔽"方式发展力量

浙东地区的其他区域在组建抗日武装时,也广泛利用统一战线,通过采取"灰色隐蔽"的方式来发展抗日力量。1939 年 6 月,中共定海工委书记王起创建定海吴榭乡自卫队,1940 年又建立东区警察大队。1942 年 7 月,中共三东地工委建立,吕炳奎为特派员,王起任副特派员。为了适应浙东地区的抗日斗争形势,根据浙东区党委在新区实行"非新四军化"的指示,东区警察大队改番号为"定象保安总队第一支队第五大队"(简称"五大队")。这些武装组织表面挂着国民党番号,实质上是由共产党领导。1941 年,中共镇海县工委派王博平、林勃组建王贺乡夜巡队,后又改称镇海县国民兵团独立中队。在鄞县,林一新(中共鄞县县委之一)掌握了国民党鄞西区区长郭青白的宁波自卫总队第二支队的警卫分队,后发展为一个大队,被称为"林大队"。在诸暨,县委特派员朱学勉组建泌湖乡抗日自卫队,后更名为诸暨四乡(八乡)抗日自卫大队(后被称为"三八部队")。在上虞,有中共上虞县委赵虞、金丹等组建的小南山游击队。在绍兴,有皋北自卫队和浙东游击大队。在余姚,中共余姚党副特派员王益生(赵树屏)领导着宁绍游击指挥部。在金(华)属地区的义乌,有陈雨笠、萧江(江征帆)组建的武装,番号为"钱南军别动总队第一支队第八大队",后被称为"义乌八大队"。[②]

二、贯彻"广交朋友,少树敌人"方针巩固发展根据地

浙东敌后各种势力相互交织,不断角力,斗争形势异常复杂。浙东区党委注意学习与浙东地区情况相近的苏中、华北等地区开展统战工作的工作方式方法,还认真学习从华中局要来的陕甘宁边区施政纲领等文件,从中反复领会中共中央的有关方针政策。[③]

---

① 宁波市新四军研究会暨华中抗日根据地研究会:《浙东敌后曙光》,当代中国出版社,1996 年,第 8 页。

② 龙元平:《浙东敌后抗日根据地统战政策研究》,中共中央党校硕士学位论文,2012 年,第 13—14 页。

③ 宁波市新四军暨华中敌后抗日根据地研究会:《浙东抗战与敌后抗日根据地史料丛书》第 4 卷,中共党史出版社,2001 年,第 209—210 页。

通过认真分析浙东的抗战形势，谭启龙、何克希等领导人将"广交朋友，少树敌人"，团结好各阶层人士，当作在夹缝中站稳脚跟、壮大自己的关键，当作浙东抗日大业兴衰成败的大事。① 浙东区党委积极争取爱国进步人士，主动与国民党当局进行合作抗日，瓦解打击伪军，改造打击地方性土匪武装。

(一)团结爱国进步人士

浙东地区与上海毗邻，文化商贸发达，受革命影响，大批爱国进步人士强烈仇恨日寇入侵，不愿做亡国奴，对国民党消极抗战和腐败现象也极为不满。他们多数是开明的中小地主、退职官僚和教育界人士以及民族资产阶级等，具有广泛的政治影响力和号召力。浙东区党委非常重视爱国进步人士的统一战线工作，因人因地因时开展交朋结友工作，争取代表性人物，带动其他，从友谊出发，允许求同存异，逐步争取政治思想的一致，直至行动的一致。

1.积极抗日凝聚人心

在浙东，共产党的部队在数量上虽未能取得优势，但在政治上有很大优势，战斗力很强，敢于迎头痛击日军。如相公殿、阳觉殿的血战，对梁弄镇的攻坚战，拔掉伪军据点等等，取得了重大胜利，威震三北、四明，大大激发了各界人士参与抗日的热情。浙东抗日根据地以武装斗争为主要形式，采取了多种方式团结爱国进步人士联合抗日。共产党高举抗日的旗帜，坚持武装斗争，这让爱国进步人士他们对"三五"支队坚决抗日充满了希望，称赞其是"抗日爱民，纪律严明"的好队伍。当时浙东一批爱国进步人士看到共产党的军队与伪、顽两种截然不同的抗日态度，纷纷表示支持。如三北、四明地区的虞家芝、虞在璋、朱祖燮、叶志康、张志飞、毛威龙、李纪佑、邵之炳、朱祥甫等，金萧地区的吴山民、何燮侯、钱之梦等，他们开始积极支持共产党，使共产党能够坚持在浙东敌后抗战。② 南山县梁弄镇邵子炳先生，在袁马召开反内战大会时，他在会上大声疾呼："不管国民党，共产党，只要坚决抗日，爱护老百姓，我们就拥护；否则，坚决反对。虽然我们老百姓没有武器，但有笔似刀，口如炮，坚决反对打内战。"③陆埠镇的谢之勃，镇长马达忠，车厩乡乡长李纪佑，以及朱祥甫等，都相继倾向共产党。慈溪国民兵团进攻石门，被"三五"支队打败，陆埠镇章启斌说："他们自己不抗日，还要打抗日的部队，不合天理，你们对他们如此

　　① 宁波市新四军研究会暨华中抗日根据地研究会：《浙东敌后曙光》，当代中国出版社，1996年，第423页。
　　② 谭启龙：《浙东四年》，见浙江省委党史资料征集研究委员会、浙江省档案馆：《浙东抗日根据地》，中共党史资料出版社，1987年，第239页。
　　③ 朱之光：《浙东抗日根据地南山县的统战工作》，见宁波市新四军研究会暨华中抗日根据地研究会：《浙东敌后曙光》，当代中国出版社，1996年，第412页。

宽大处理,令人钦佩!"章表示以后将积极支持共产党的工作。南山县的许多开明人士如邵之炳、陈一鸥、李志标等对共产党有一定的认识,对"三五"支队也没什么疑虑,基本上是倾向共产党的,他们利用众多的社会关系抑制了顽固派的种种活动,发挥了积极的作用。[①] 1943 年 8 月,浙东区党委、三北游击司令部进驻余姚梁弄后,乡贤黄毓中受共产党积极抗日的影响,主动担任让贤乡抗日民主乡长,并带头让出住房,还动员亲族让出 48间楼房给部队住宿、机关办公。他不仅支持浙东区党委、新四军浙东游击纵队开展工作,还送女儿黄岚参加新四军浙东游击纵队。[②]

2.发扬民主作风交朋友

浙东区党委领导人认为,"发扬民主作风,民主精神,是统一战线交朋友的必要条件。因此,对一切军民、各方人士,抗日根据地的各级领导均应虚心请教,态度谦逊,以说服来达到实现党的领导,而不是盛气凌人命令强迫。在不失去我党立场下,多帮助别人,体谅别人,不为难对方,多替人家解决困难,适当的照顾人家的利益,是做统一战线交朋友的秘诀";"待人接物中的自高自大,多得罪朋友,多树敌人的办法,应严予防止"。[③]

浙东区党委领导人谭启龙、何克希、王仲良等领导人每到一地,就去拜访当地的进步人士,与朱祥甫、毛契农、黄毓中、朱祖燮等爱国进步人士建立了良好的关系。朱祥甫是同盟会会员,姚南左溪乡乡长,在当地很有声望,沦陷后不肯出任伪职,有民族气节。何克希主动去拜访他,同他商量建立抗日民主政权等事宜。朱受何克希人格魅力的影响,在其管辖的区域内大力支持帮助新四军,为抗日做了大量工作。"我们进入四明山,就在左溪乡站住了脚。"[④]他还积极支持儿子朱之光参加抗日救亡工作,朱之光后来成为新四军坚持四明山武装斗争的领导骨干。姚北三管乡大地主毛契农曾担任过国民党陆军第十军少将参议兼秘书。全面抗战开始后,他积极拥护共产党团结抗战的主张,在三北民主人士中有一定影响,有"浙东的李鼎铭"之称。王仲良在实行"减租减息""民主建政"等重大问题上,经常听取他的意见,邀请他参加各界知名人士座谈会,共同协商三北抗日根据地的大事。[⑤] 四明的慈南、姚南地区的邵子炳、李纪佑、李志标等,在当地群众中有较好的声望和较大的影响力,四明地委罗白桦等领导人,多次主动拜望他们,并定期与他们座

① 朱之光:《南山县的统战工作》,宁波市新四军暨华中敌后抗日根据地研究会:《浙东抗战与敌后抗日根据地史料丛书》第 5 卷,中共党史出版社,2001 年,第 316 页。

② 张国源:《横坎头黄毓中》,《余姚日报》2021 年 5 月 23 日。

③ 浙江省委党史资料征集研究委员会、浙江省档案馆:《浙东抗日根据地》,中共党史资料出版社,1987 年,第 35 页。

④ 宁波市新四军暨华中敌后抗日根据地研究会:《浙东抗战与敌后抗日根据地史料丛书》第 4 卷,中共党史出版社,2001 年,第 289 页。

⑤ 方文元:《余姚革命根据地》,浙江古籍出版社,2011 年,第 129 页。

谈,就如何发动群众抗日等问题听取他们的意见。在许多场合还请他们出面同群众讲话,宣传团结抗日的有关政策等,使他们逐渐靠拢共产党,积极为抗日大计出谋划策。[①]姚江南岸车厩乡的李纪佑,认为国民党慈溪县政府还是抗日的政府,对军粮等应否交给共产党办事处,持不同看法。办事处主任陈法森没有急于求成,强迫命令,而是采取平等待人、耐心说服等待的态度,深深地赢得了李纪佑等人的好感,产生了非常好的效果。后来李乡长主动筹足1万斤军粮运送根据地。[②] 李纪佑深受共产党统一战线政策的影响,积极配合党的各项工作,后被谭启龙称为“在群众中有威望的李纪佑乡长”。1942年5月,义乌沦陷。为了抗击日军的侵略,中共金东义西区委书记杜承钧(杨广平)、中共义乌县委书记萧江(江征帆)亲自拜访义乌县原县长吴山民,和他畅谈抗战形势,邀请他一起共同抗日。通过细致工作,吴主动献出自己的藏枪,成为组建抗日武装“第八大队”的第一批武器。在金义浦地区,由于吴山民的公开合作,金东义西地区杨德鉴、何茂钟、吴琅芝、季鸿业、黄长波等爱国民主人士、开明士绅纷纷出来与共产党合作抗日。中共余上县委积极联络愿意抗日的国民党马渚区区长汪秉铨,王深受鼓舞,主动要求共产党派干部去训练他的“天青冬防队”,后来这支部队发展成为余上自卫大队的第二中队。

3.调查研究争取人心

浙东区党委认为,要想搞好统一战线工作,还须对每个地方派别、地方领袖人士的需要进行深入的调查研究,讨论其根本意向所在,了解其有何利益,再确定基本政策。在政权建设方面,到浙东抗日根据地初期,提出不要过早发动群众废除保甲长制度,而是在工作中改造现行行政机构,保留进步的保甲长,使其为抗战服务;对反动顽固的保甲长,由群众控告撤换,选举产生新的保甲长;在基层政权遭到破坏的地方,组织成立动员委员会、办事处等临时政权机构。[③] 与此同时,共产党对留在敌后的家属及地主资本家,只要其不做汉奸,不破坏抗日,一概保护其人权、财权、地权。根据地的土地政策,尽量避免在减租减息发动群众等运动时只顾工农利益,不顾地主资本家利益。通过采取这些灵活的政策,共产党得到了爱国进步人士的支持,抗日民族统一战线的队伍不断壮大。1944年秋,镇海江南的国民党顽固派小股武装乘海船到龙山,秘密把进步人士朱祖燮绑架而去,并威胁勒索,要5000元伪币去交换。其家属一时拿不出这么多现款,非常着急。王仲良决定借这笔钱给朱家,赎回朱祖燮。朱祖燮从此更加信任共产党,把十几岁的独生子也

---

① 宁波市新四军研究会暨华中抗日根据地研究会:《浙东敌后曙光》,当代中国出版社,1996年,第236页。

② 宁波市新四军研究会暨华中抗日根据地研究会:《浙东敌后曙光》,当代中国出版社,1996年,第122—123页。

③ 浙江省委党史资料征集研究委员会、浙江省档案馆:《浙东抗日根据地》,中共党史资料出版社,1987年,第34—35页。

送到部队参军。①

要正确处理民族矛盾和阶级矛盾的关系,关键在于教育全党正确掌握抗日统一战线政策。日军侵略中国,这是民族矛盾,是主要的,然而国内的阶级矛盾也客观存在,处于从属地位,实际运用与掌握政策是十分复杂的。浙东抗日根据地则注意防止"左"的倾向,注意保护地主和开明士绅的合法利益。因为在地方上,贫下中农提高了阶级觉悟后,很快就发动起来了,这是一件大好事。但带来一个问题,如果不及时地加以正确引导,容易混淆两类矛盾,把阶级斗争突出起来,影响抗日统一战线的正常发展。② 如减租减息发动群众时,既要照顾工农利益,又要考虑地主、资本家的利益。1944年,南山县雅贤乡(湖东乡)党支部为了更广泛地发动贫下中农,由贫下中农抓了该乡的大地主,在石家庙召开诉苦大会,并让其他地主富农到会陪斗。知道这一消息后,朱之光认为有损抗日民族统一战线,急忙到雅贤乡予以制止,并召开座谈会,打破听训的地主富农的顾虑。之后还组织党员学习党的统一战线政策,着重领会精神实质,大家学习以后一致认为这些地主富农在抗日民族统一战线中属中间力量,应该是团结对象;如果不做好团结工作,他们就会倾向敌伪,无疑是削弱了抗日的社会力量。③

4.选贤任能凝聚力量

浙东区党委还非常重视发挥进步人士的才能,邀请他们参与抗日民主政权建设,扩大和巩固了抗日民族统一战线。例如,抗日根据地邀请吴山民任浙东行署副主任兼浙东银行总经理,郭静唐任新四军浙东游击纵队司令部秘书长、浙东行政公署民政处长等;在建立姚南秋收委员会时,请邵之炳当主任,做减租和征粮工作,后邵之炳又担任四明地区食盐运销处处长等职。在建立惠民医院时,请李纪佑任院长。上述举措充分发挥了进步人士的才能,使人尽其才,共同团结抗日。④ 1945年1月21日—31日,在梁弄召开了浙东各界人民临时代表大会,来自浙东、金萧、浦东的各界代表共108人参加了会议,其中有:开明士绅如会稽金萧地区的吴山民、何燮侯,三北地区的毛契农、虞家志、叶志康,浦东地区的储贵彬,上虞的张小晋、王任川,南山县的邵之炳、李志标、李纪佑,知名人士郭静唐、楼适夷及工农代表等,还有鄞西、金萧、浦东的一批乡长和士绅。大会产生了"三三制"的浙东抗日民主政权,选举成立了浙东临时参政会,谭启龙为议长(共产党),郭静唐、何燮侯(非党)为副议长;成立浙东行署,主任连柏生(共产党)、副主任吴山民(国民党原

① 宁波市新四军研究会暨华中抗日根据地研究会:《浙东敌后曙光》,当代中国出版社,1996年,第236页。
② 朱之光:《战斗在四明山上:朱之光回忆录》,中共党史出版社,2000年,第124—127页。
③ 朱之光:《战斗在四明山上:朱之光回忆录》,中共党史出版社,2000年,第124—127页。
④ 胡新苗:《浙东抗日根据地上层统战工作》,《中共宁波市委党校学报》2000年第2期,第59—61页。

县长),地址设在梁弄横坎头。① 随着浙东各县抗日民主政权宣布正式建立,浙东抗日根据地的统一战线组织形式开始形成,抗日民族统一战线进一步巩固扩大。

(二)对顽固派执行革命的两面政策

抗日民族统一战线的扩大和巩固,包括如何团结顽固派共同抗日的问题。1942 年 7 月 18 日,谭启龙在浙东敌后第一次干部扩大会议上明确表示:"对顽固派的反动政策,必须执行革命的两面政策,即对其抗日方面是联合政策,对其反共方面是孤立政策。"②这成为浙东抗日根据地统一战线工作对于顽固派工作的基本政策。

1.巧妙利用顽固派内部矛盾

在浙东抗日根据地,争取一切可能团结反对内战的国民党军队,孤立顽固反动势力,有着现实的基础和充足条件。敌后顽固各种派别,各个武装部队内部矛盾重重,只争自己势力,图升官发财,很难联合一致。他们虽欲与共产党争夺敌后,但敌后斗争是艰苦的,而顽固派一般人员怕吃苦、怕牺牲,在比较困难的时期,是不能忍耐的,必然要逃跑分化或者投降,至于大部分下层士兵与中下级军官,则基本上均是抗日的,反对投降,也反对中国人打中国人。③ 针对顽固派这些矛盾,浙东区党委善加利用,反对分裂,坚决团结抗日。"对于敌后之友军友党人员,地方政府,在坚决抗日,实行民主,不反共三个基本原则下,一概拥护,互相团结援助,并愿商讨统一指挥行动问题。"④

浦东抗日武装初抵浙东三北地区时,当地已有宋清云、姚华康等国民党警察部队以及国民党慈溪县国民兵团在活动,在姚北则有薛天白的"宗德公署"。此外,还有在杭州湾北岸无法立足而渡杭州湾南来的淞沪游击第一支队顾小汀部、十二支队魏显庭部、苏鲁战区海上游击指挥部孙云达与李文元部、"忠义救国军"的陆安石部。这些地方实力派,包括有地盘的实力派和无地盘的杂牌军两种力量。他们虽然同"三五"支队有矛盾,但是他们之间的矛盾也非常多,并想利用与"三五"支队维持关系来达到其政治上的目的。皖南事变后,国民党顽固派不断地在各地制造摩擦,掀起一股反共逆流。1942 年 11 月,国民党第三战区调集"忠义救国军"第一支队艾庆璋部和金山、平湖、奉贤等县抗日自卫总队黄百器部等 3000 人,南渡杭州湾进入三北,并试图联合在三北的顾小汀部(淞沪

---

①　宁波市新四军研究会暨华中抗日根据地研究会:《浙东敌后曙光》,当代中国出版社,1996 年,第 417 页。

②　杭州大学历史系、浙江省档案馆:《浙江革命历史档案选编——抗日战争时期(下)》,浙江人民出版社,1985 年,第 8 页。

③　杭州大学历史系、浙江省档案馆:《浙江革命历史档案选编——抗日战争时期(下)》,浙江人民出版社,1985 年,第 5 页。

④　杭州大学历史系、浙江省档案馆编:《浙江革命历史档案选编——抗日战争时期(下)》,浙江人民出版社,1985 年,第 7 页。

游击第一支队)、孙运达与李文元部(苏鲁战区海上游击指挥部)一起进攻浙东抗日根据地。为了孤立和集中力量消灭艾庆璋部,浙东区党委派朱人俊利用原在浦东时的统战关系做国民党地方杂牌部队顾小汀、魏显定、孙云达、李文元等部的工作,努力说服这几支部队在将来的战斗中保持中立。顾、魏等部系国民党杂牌部队,与艾庆璋部本来就有一定矛盾;加之"三五"支队曾在某些方面给予他们一定帮助,关系较好。通过努力争取,"三五"支队争得了顾、魏、孙、李部的中立,这样,部队能够集中兵力打击艾庆璋部。最终,经过大小20余次战斗,消灭了该部2000多人,仅艾庆璋带少数人脱逃。这一仗还俘获了国民党平湖县长谢友生。其妻子黄百器后来通过顾小汀来找"三五"支队领导求情,部队考虑到黄百器当时还和国民党顽固派不同,最终释放了谢友生。

在第一次反顽自卫战中,共产党通过统战工作,争取了三北的顾小汀部、魏显庭部、孙运达与李文元等部的中立,使力量弱小的"三五"支队在浙东站稳了脚跟,三北地区除了日伪几个据点外,全部为"三五"支队所控制。[①] 对此,谭启龙在总结第一次反顽自卫战胜利的原因时说道:"值得一提的是我们的统战工作做得好。为了避免四面受敌,我们在反顽战争打响前,就同三北的顾小汀、孙运达、李文元联系,还有四明的张俊升、田岫山,说服他们保持中立,使我们能集中精力打击艾庆璋部。这也是我们胜利的重要因素。"[②]

2. 把顽固反共派与亲日投降派区分开来

针对皖南事变后的复杂政治局面,谭启龙提醒浙东区各级干部:"对顽固反共派的反共政策,必须执行革命的两面政策","对其抗日方面也是一样,对于坚决抗日是联合政策,对其动摇方面是斗争与孤立政策,必须把顽固反共派与亲日投降派分别开来"。[③] 为了团结顽固派抗日,浙东区党委认为,应具体深入地调查研究周围友军、友党人士,分别处理,任何粗枝大叶的办法都是错误的、有害的。尤其指出,要尽一切力量团结顽固派共同抗日。[④]

夏铭章是辛亥元老,参加过杭州光复,1917年为拥护孙中山先生的西南护法政府,曾随部队出征福建,转战浙江。1921—1926年,任浙江保安队分队长、总队长。1926年,率部参加北伐。1929—1937年,先后任国民政府宁波要塞司令部营长、团长。全面抗战前夕,夏铭章解甲回到上虞。不久,沪淞战役打响,抗日战争全面爆发。在上虞民众强烈的

① 宁波市新四军研究会暨华中抗日根据地研究会:《浙东敌后曙光》,当代中国出版社,1996年,第425页。

② 谭启龙:《谭启龙回忆录》,中共党史出版社,2003年,第137页。

③ 浙江省委党史资料征集研究委员会、浙江省档案馆:《浙东抗日根据地》,中共党史资料出版社,1987年,第34页。

④ 浙江省委党史资料征集研究委员会、浙江省档案馆:《浙东抗日根据地》,中共党史资料出版社,1987年,第34页。

抗日情绪感染下,他出任上虞县抗日委员会委员,县抗卫团副司令兼自卫队队长等职。1940 年 4 月,夏铭章在上海被日本宪兵队逮捕,日方打听到夏是中国军界参加过辛亥革命的元勋级人物,想拉拢他,对他威逼利诱。夏铭章在狱中受尽折磨,但不管日方对他开出多么优厚的条件,他都坚决拒绝,严词呵斥,保持了民族气节。后在上海及浙江爱国人士的全力救助下脱险。[①] 1943 年,夏铭章任国民党余姚县县长,萧文德是余姚国民兵团支队长,驻扎在四明山区。为了团结抗日,四明地委罗白桦与朱之光曾多次登门洽谈,并通过陈恩寿去做夏铭章、萧文德的工作,但效果均不佳,他们表面上同意合作,但积极准备搞反共摩擦。1943 年 7 月,夏铭章、萧文德参加了国民党的天台"绥靖会议",随后带领一小股部队回到四明,并派人向陈恩寿打听"三五"支队情况,陈受共产党抗日主张的影响,就把夏、萧的企图告知了"三五"支队。8 月 13 日,"三五"支队一举击垮萧文德部,并将夏铭章、萧文德俘获。为了团结夏、萧抗日,浙东区党委仍不放弃对夏、萧两人的争取工作,在梁弄召开军政民座谈会,重申抗日主张,在夏铭章与根据地签订《团结抗日公约》之后就把两人释放,此后夏铭章尚守信义,能够在一段时间里和中共合作,并缔结抗战协定,但不久即因此被国民党撤职。[②] 这件事的正确处理,产生了很好的效果,尤其是使中间人士如释重负,因为他们看到了共产党的力量是大的,开展统一战线是真诚的,他们不再害怕国民党的打击报复,开始敢于接近共产党,继而赞助抗日,于是南山的局面很快打开了。晓云乡乡长送独子(褚萃文烈士)参军,梁弄镇庆云轩的小老板黄尚达自愿做抗日工作,白鹿乡的陈晋明两兄弟也出来工作,等等,推动了整个四明山抗日力量的日益壮大。[③]

3.尽一切可能团结顽固派抗日

对于国民党顽固派,只要其不投降日军,浙东区党委都积极进行争取。"应求多方与人接近,就是最坏的亦应直接间接向其表示我们愿与他言归于好,共同抗日,要耐心争取,不怕碰钉子,不求近效,不求急就,长期艰苦工作,一方面可以至诚动人,一面可剥夺顽固派的反共资本和借口,使各方面增加对我同情,即使不得已而成,亦可有政治基础,使人民及对方下层明白我之态度(即在顽方已公开向我进攻时,亦不应放弃最后一分钟的争取有理的原则)。"[④]

---

① 辰易:《虞籍辛亥老人夏铭章传纪》,www.synews.zj.cn。
② 浙江省委党史资料征集研究委员会、浙江省档案馆:《浙东抗日根据地》,中共党史资料出版社,1987 年,第 145 页。
③ 宁波市新四军研究会暨华中抗日根据地研究会:《浙东敌后曙光》,当代中国出版社,1996 年,第 411 页。
④ 浙江省委党史资料征集研究委员会、浙江省档案馆:《浙东抗日根据地》,中共党史资料出版社,1987 年,第 34 页。

1942 年 8 月,当浙东区党委率"三五"支队挺进四明山,到达姚南的石门村的第二天时,遭到慈溪县国民党县长的袭击,"三五"支队进行反击,俘虏了县长和一部分官兵,取得了战斗的胜利。在处理时,区党委掌握既团结又斗争的策略,由司令员何克希出面与他们谈话,晓以团结抗日的大义,经教育后无条件释放了他们。该县长深有感触,后来多次与何克希通信,政治态度逐步有所改变。进入四明山之后,"三五"支队积极与盘踞在四明山区的陈恩寿、夏铭章和萧文德等进行联系,团结他们共同抗战。陈恩寿曾任余姚县政府的侦缉队长,当时正担任国民党梁弄区区长,是姚北的十大流氓头子之一。陈平时勒索人民、作威作福,生活上也很腐化,爱吸食鸦片,会耍手腕,但良知尚存,还未公开投敌。何克希认为:"搞工作就是团结一切可以团结的力量,要做转化工作,甚至要把对方阵营的裂痕和缺口都要收集起来为我所用,即使像陈恩寿这样的不稳定的、暂时性的团结对象,只要他不投敌,我们就要放在统一战线内部,要积极做他的工作。我们既要坚持原则,又要有灵活性,至于他的生活方面存在的问题可以暂时迁就。"[1]当时浙东区党委派马承烈、施若愚等到陈恩寿的区署帮助工作,何克希也多次登门与陈谈话,"加之陈手里没有武装,通过争取,后来他同意由我们统一征收税捐,他的支出也由我们负责,与'三五'支队保持了一个时期的合作"[2]。1943 年 11 月,国民党顽固派纠集大军向四明山进军时,陈恩寿投靠了田岫山,未能和抗日根据地保持始终如一的关系。但有意思的是,陈恩寿却将自己儿子(陈大中)送到根据地,学习医务工作,后来成为一名医务工作者。

浙东区党委对于那些挑起摩擦的国民党系统的军队,为了团结抗日,也对其不采取主动进攻的方式,而是多方设法和解,写信送礼,经中间人士联络沟通,恢复谈判,改善关系。郭青白原是鄞西鄞江区的区长,在鄞西地下党的支持下建立了鄞县警察总队第三支队,其部队内部有一支以地下党员为骨干组织起来的警卫分队,后来发展成为一个大队(林一新大队)。1943 年 3 月初,"三五"支队派出三支队林达支队在鄞西梅园乡与郭青白会晤,商定了共同联合抗日作战事宜,4 月 2 日,按照事先计划,三支队袭击宁波西郊西城桥(望春桥)伪十师据点,俘敌一部。郭青白率部攻打黄古林据点,但郭部打了一阵即行撤退,使得林达支队遭敌优势兵力反击,幸有当地群众送来船只,才得以安全撤回。4 月中旬,郭青白得悉日军将对樟村、密岩地区"扫荡",再次向"三五"支队呼援。为了团结抗日,"三五"支队不计前嫌,由林达支队亲率三支队进行支援,在樟村东之天打岩(象岩村)与日军展开激战,大败敌军。此后,郭部与"三五"支队未发生大的摩擦。郭青白部与共

---

① 朱之光:《南山县的统战工作》,见宁波市新四军暨华中敌后抗日根据地研究会:《浙东抗战与敌后抗日根据地史料丛书》第 5 卷,中共党史出版社,2001 年,第 318 页。

② 朱之光:《南山县的统战工作》,见宁波市新四军暨华中敌后抗日根据地研究会:《浙东抗战与敌后抗日根据地史料丛书》第 5 卷,中共党史出版社,2001 年,第 318 页。

产党的联合抗日,较缺乏真诚,之后郭青白又企图解决中共林一新大队。但在当时的背景下,能争取其不参加反共内战,不发生摩擦,就是很大的成功了。[①]

因为顽固派往往坚持反共、搞分裂,与共产党没有共同团结抗日的政治基础,因此浙东抗日根据地掌握与运用又团结又斗争的策略,坚决斗争其顽固性的一面,揭露顽固派反共反人民的阴谋,以孤立他们,然后利用各种有利条件争取广大的中间派,进一步扩大团结,避免分裂,达到减少摩擦、共同抗日的目的。尽管有时这种团结是暂时性的、不稳定的,但只要顽固派还没有公开投敌,共产党还是要团结他们。浙东抗日根据地秉持"坚持抗战,反对投降;坚持团结,反对分裂;坚持进步,反对倒退"的工作方针,尽一切可能争取国民党顽固派抗日,避免内战,团结一切可以团结的力量去进行抗日斗争。[②]

(三)瓦解与策反伪军

浙东的汪伪政府和军队中,也有一些人员良知未灭,加之日军的残暴与高压政策,他们对日军的暴行非常不满。抗日根据地积极加强对敌伪军的政治瓦解和策反工作,让他们以"白皮红心"的形式为根据地服务。1942年8月,浙东区党委成立敌伪军工作委员会(简称"敌工委"),由金子明任书记,丁公量任副书记。[③] 敌工委成立后,即调集干部,逐步开展工作,其首要任务是组织秘密派遣,打入敌伪内部,掌握敌情,密切配合根据地对敌伪的武装斗争。同时,在余姚、百官、绍兴、杭州等地分别建立了秘密交通联络站,保证在敌伪内部的秘密人员与根据地之间的联络。[④] 1942年8月,敌工委在姚城和姚城周围设立联络站。姚城地下党利用伪余姚保安团团长张妙根同情抗日、有正义感的契机,派遣王三川,化名王培良,利用与张的老乡关系,打入姚保,并担任团附。之后,共产党通过多种关系,陆续派遣多名地下党员进入伪姚保团部和日本驻余姚的联络部、特务机关工作。这些打入敌人内部的党员经常提供敌伪情况,营救被捕同志,对抗日根据地进行反"扫荡"斗争和根据地建设起到积极配合作用。1943年冬,驻扎在余姚城的日军率领侦缉队,进剿四明根据地,王三川等人获得这一重要情报后,立即通过地下交通员,及时送达到司令部,使根据地有了充分准备,并取得反"扫荡"斗争的主动权。打入日本特务机关的杨兴标机智灵活地以假情报引诱敌人,敌人伤亡重大。从此,敌人再也不敢贸然进入四明

①　宁波市新四军暨华中敌后抗日根据地研究会:《浙东抗战与敌后抗日根据地史料丛书》第5卷,中共党史出版社,2001年,第298页。

②　朱之光:《战斗在四明山上:朱之光回忆录》,中共党史出版社,2000年,第124—127页。

③　1944年秋,抗战形势接近全面胜利,根据中央加强敌占城市工作的指示,撤销敌工委,成立杭甬沿线城市工作委员会。

④　何燮:《一条隐形战线的经脉》,见宁波市新四军暨华中敌后抗日根据地研究会:《浙东抗战与敌后抗日根据地史料丛书》第6卷,中共党史出版社,2001年,第501页。

山"扫荡"。① 奉化黎洲乡(今余姚四明山镇)乡长黄修梅,在余姚沦陷时就投敌为伪乡长,与伪县长劳乃心关系密切。1941 年,"三五"支队向黄征税时,他完全站在敌伪立场上予以应付,后来"三五"支队建立了沿江区署,区长张佐毅、林默之等向他作耐心细致的团结教育工作,加之革命力量的日益强大,他的政治态度有了很大转变,后来经常给"三五"支队递送敌伪方面的情报,"三五"支队侦察员金承唐就经常住在他家,在他的掩护下开展活动。在浦东,成功策反奉贤泰日镇沙干臣部起义。1944 年 5 月,沙干臣率部 70 余人枪,拉出泰日镇,投奔浦东支队。5 月底,由海防大队运送至浙东抗日根据地。5 月 31日,被编入新四军浙东游击纵队第五支队。1945 年,唐华和钱敏等率伪奉化保安大队第一中队七八十人,在奉化萧王庙"反正",在新四军浙东游击纵队四支队的接应下到达四明山,编入第四支队特务连。②

1944 年 9 月,谭启龙在首届军政干部会议的总结中谈到 1943 年 11 月以后长达半年多的第二次反顽自卫战的经验教训时指出:"在整个反顽自卫战争中,敌工委对敌伪动态始终掌握得很准,这是敌伪军工作的同志大量的、平凡的、艰险的、琐碎的工作的积累,这是敌伪军工作的成绩,是保证反顽自卫战争取得胜利的重要因素之一。"③

(四)改造土匪等地方武装

浙东四明山地区贫瘠,地主盘剥苛重,人民食不果腹,苦不堪言,部分农民逼上梁山,当上了土匪。当时四明地区土匪多达十余股,每股数百人。鉴于土匪多出于贫寒的农家,浙东区党委也把它当作统一战线的对象,派得力干部打入土匪部队,针对他们的思想实际,进行革命教育。1941 年冬,绍属特委为争取和改造这些土匪武装,先后委派丁友灿、陈山等同志上山,经过长时间的艰苦工作,和其中一股的首领王鼎山建立了信任关系。王鼎山为人较为正直,无喝酒吸烟等嗜好,更无嫖赌等恶习。1944 年初,国民党政府调集了两个保安团和附近各县的土顽部队,对四明山土匪武装进行"围剿"。各股土匪公推王鼎山和单孝胜(外号"小白脸")为正副总头领,和进剿的国民党部队展开激战。因为顽军较为强大,他们被国民党赶到了嵊县上东区高凤村为中心的方圆二三十里的地方,加之缺粮少弹,情况十分危急。为了摆脱危机,王鼎山向中共上虞县办事处陈山主任求援,于是新四军浙东游击纵队决定派陈山、张季伦率五支队一个大队前往唐田(余姚南部

---

① 罗捷:《坚定理想信念　铸就浙东丰碑》,《宁波日报》2017 年 8 月 14 日。

② 何岠:《一条隐形战线的经脉》,见宁波市新四军暨华中敌后抗日根据地研究会:《浙东抗战与敌后抗日根据地史料丛书》第 6 卷,中共党史出版社,2001 年,第 260—261 页。

③ 朱人俊、丁公量、方晓:《抗日战争时期浙东地区的敌伪军工作》,见宁波市新四军暨华中敌后抗日根据地研究会:《浙东抗战与敌后抗日根据地史料丛书》第 6 卷,中共党史出版社,2001 年,第 420 页。

与奉化交界处)接应,成功地将王鼎山所部接回根据地。同年 12 月 17 日,浙东区党委呈报华中局和新四军军部,批准该部为"新四军浙东游击纵队嵊新奉抗日别动总队"。王鼎山担任总队长,陈山、单孝升为副总队长,共 370 人。[1] 新四军浙东游击纵队还派干部对这支部队开展思想政治工作,进行思想改造,收到十分明显的效果。王鼎山参加部队后表现很好,在部队北撤到达江苏涟水整编时,担任新四军第一纵队三旅九团副团长。后来还参加了全国解放战争,担任过华东野战军第一纵队三旅的副团长,在鲁南三次防御和宿北战役中,作战非常勇敢。王鼎山和他的妻子吴春元都参加了中国共产党。在抗日根据地收编了四明山绿林军后不久,另外一支活动在新昌一带的"显超部队"也来到梁弄。"显超部队"是由进步青年吴显超(吴泽英)等组织起来的抗日武装,有 70 余人,在奉(化)新(昌)公路沿线积极打击日寇和汉奸。1943 年冬,中共嵊(县)新(昌)县委主动派党员孙平与吴泽英取得联系。此时,吴泽英因屡遭国民党地方当局的暗算和排挤,十分希望得到共产党的领导和帮助,嵊新县委遂派孙平到该部工作,同时决定该部仍坚持"灰色隐蔽"的政策。1944 年 10 月,嵊新县委书记邵明到梁弄找到谭启龙与何克希汇报情况,要求派军事干部去吴部工作。谭、何后决定派纵队司令部侦察参谋张任伟去吴部负责军事指挥。1945 年 1 月,国民党新昌县政府为了消灭异己,准备对吴部实行武装缴械。中共嵊新县委当即决定该部立即撤离新、嵊地区,并派嵊新县大队接应。1 月底,"显超部队"由张任伟、吴显超带领开到新四军浙东游击纵队司令部驻地梁弄。不久,该部编入四明自卫总队,成为新四军浙东游击纵队的组成部分。[2] 此外,在姚北地区,中共余上县委对当时在姚北的两股土匪也作了细致工作。一股是姚北最大的帮会头子吴阿尧,通过四支三中的蔡葵的团结教育后,最后率百余人枪投奔抗日根据地,后编入余上自卫大队第三中队,吴为中队长;另一股为帮会头子陈春泉,通过余上办事处副主任赵瞻的工作,也率部 30 余人枪,编入余上自卫大队一中队,陈为副中队长。这两支土匪武装成为余上大队的第一、三中队的基础。余上县委书记张光曾说:"我们余上自卫大队是统一战线改造土匪武装的结果。以后,陈春泉和吴阿尧先后去投降了日寇,但他们原来的队伍经过我们教育并没有有所动摇。"[3]

---

① 宁波市新四军暨华中敌后抗日根据地研究会:《浙东抗战与敌后抗日根据地史料丛书》第 5 卷,中共党史出版社,2001 年,第 263 页。

② 谭启龙:《党的统一战线政策在浙东的成功运用》,见宁波市新四军暨华中敌后抗日根据地研究会:《浙东抗战与敌后抗日根据地史料丛书》第 5 卷,中共党史出版社,2001 年,第 263—264 页。

③ 宁波市新四军暨华中敌后抗日根据地研究会:《浙东抗战与敌后抗日根据地史料丛书》第 5 卷,中共党史出版社,2001 年,第 304 页。

(五)开展国际反法西斯统一战线工作

1945 年 1 月 21 日,美国驻华空军第十四航空队第二十三战斗机队中尉、飞行员托勒特,由江西遂川驾机空袭上海,为日军高射炮击中,负伤坠落在黄浦江边,被淞沪支队救起,后被护送到四明山新四军浙东游击纵队司令部,何克希司令员、谭启龙政委、刘亨云参谋长、张文碧政治部主任亲切接待,并予以精心治疗和照顾。在托勒特伤愈后,又派部队护送至新昌县境的新奉公路边,并击败顽方竺桂招部的袭击,于 4 月 10 日将托勒特交由美军临海办事处代表王晋,并与驻华美国陆军陆空辅助勤务战地总部临海办事处办好了交接手续,托勒特安全离别浙东,返回重庆。同日,美军驻临海办事处主任柯克斯上尉,给何克希司令写了致谢信。托勒特中尉在四明山养伤的日子里,医护人员进行精心护理,在当时艰苦的战争环境中,从纵队领导到普通战士,都对他关怀备至,每天都把最好的食物供应给这位异国的战友,有些中国菜他不习惯吃,但对鸡、鸡蛋倒是挺喜欢的。[①]托勒特在实地观察了根据地军民的鱼水关系,以及年轻战士们报国杀敌不怕死的战斗精神,深为感动,他向何克希司令员表示,佩服新四军浙东游击纵队和敌人英勇作战,建立了优良的军队。后来,柯克思上尉曾复信新四军浙东游击纵队司令部表示衷心感谢。托勒特从 1945 年 1 月 21 日在浦东被救起,至 4 月 18 日伤愈归队止,在浙东抗日根据地生活了近 3 个月。托勒特在浙东抗日根据地,是中美人民共同反侵略的见证,也是抗日战争时期中美人民友谊的佳话。[②]

1945 年 4 月 3 日,美国新闻处东南分处周璧受美国大使馆新闻处东南分处兰德主任的委托,与夫人彭传玺(化名史平)及刘金(化名刘文宾)前来梁弄,将美国新闻处东南分处给新四军浙东游击纵队的正式信件进行转交。周璧等亲眼看到新四军浙东游击纵队的高昂抗日情绪及根据地人民安居乐业的情况,要求留下参加革命。经劝说,周璧与夫人同意回去。刘金则坚决要求留下参加革命,经何克希司令同意后,刘金留在根据地学习,后分配在部队从事新闻工作。接着,美国十四航空队也派了徐仲言和何为来四明山,希望与新四军浙东游击纵队建立联系。徐仲言、何为最后也被根据地所见所闻吸引,主动要求留下,后来成为新四军浙东游击纵队的政工干部。

1944 年秋,为获取更多情报,浙东区党委书记、新四军浙东游击纵队政委谭启龙和何克希司令员决定成立"400 反间谍工作小组",安插进日军宁波宪兵司令部。直至抗日战

---

① 许民:《"投共产党的票"——一个美国飞行员在浙东》,见宁波市新四军暨华中敌后抗日根据地研究会:《浙东抗战与敌后抗日根据地史料丛书》第 6 卷,中共党史出版社,2001 年,第 536 页。

② 顾春林:《浙东抗日根据地的外事三则》,见宁波市新四军暨华中敌后抗日根据地研究会:《浙东抗战与敌后抗日根据地史料丛书》第 6 卷,中共党史出版社,2001 年,第 530 页。

争胜利,这支队伍从未被识破,还策反了 60 多名日本宪兵密探,堪称抗战史上最成功的"潜伏"之一。浙东抗日根据地还建立了日本人民解放联盟(后称"反战同盟")浙东支队,对日军开展统战工作。在这个支部的努力下,一些侵华日军中的下级军官和士兵,先后携械投诚,成为"反战同盟"的一分子。日军驻义乌楂林镇森林采伐队队长坂本寅吉 1943年 9 月与新四军浙东游击队秘密联系,给根据地送来了药品等重要物资,还有"旭光""金枪"牌香烟。坂本寅吉还积极设法运送来 91 套棉衣和几千斤粮食,棉衣数量不够,又派人到萧山采购棉布,加工成棉衣送来。[①] 1944 年冬,坂本寅吉被日军逮捕,在押解途中被新四军救出,后参加新四军浙东游击纵队。1945 年 9 月,坂本寅吉随军北撤,同年参加中国共产党,后在山东野战军第一纵队第三旅任炮兵教员。1946 年 1 月,被派往驻华丰日军处劝降,为新四军对日军的最后一次军事行动取得胜利作出了贡献。坂本寅吉先后参加过鲁南战役、莱芜战役、孟良崮战役、豫东战役,1949 年 1 月在淮海战役中壮烈牺牲。[②]

三、执行既联合又斗争策略实现"打田拉张"

在创建与发展浙东抗日根据地的过程中,和浙东区党委交往最多、时间最长的是国民党田岫山的八十八团和张俊升的八十九团。采取怎样的统一战线方式对待田岫山、张俊升两部是浙东抗日根据地发展与壮大的关键问题。通过与田岫山、张俊升两部的联合与斗争,让"田张不可分"变化为"田张分道扬镳",浙东抗日根据地不断发展壮大,充分展现了统一战线工作的显著成效。

(一)联合张俊升、田岫山共同抗日

第一次反顽自卫战前夕,国民党暂编第三十师八十八团田岫山、八十九团张俊升两部开始进入四明山地区。田岫山部以下管为中心,张俊升部以章家埠为中心,日伪军则在沿江一线,"三五"支队与敌伪顽形成三角斗争的形势。此时距离浙东抗日根据地的开辟仅一年有余,"三五"支队只有 1500 人左右,力量有限,为了站稳脚跟,就必须从抗日大局出发,团结一切抗日力量。浙东区党委分析了田、张部这一特殊情况后认为,争取与他们搞好关系,对在四明山地区站住脚、打通与会稽山的联系关系重大,于是决定主动派人同他们取得联系,争取共同抗日。

田岫山,河北人,1928 年起先后在山东烟台等地的国民党部队中当兵。1934 年,他

---

①　江征帆:《记日本战友坂本贤阶》,见宁波市新四军暨华中敌后抗日根据地研究会:《浙东抗战与敌后抗日根据地史料丛书》第 6 卷,中共党史出版社,2001 年,第 548 页。

②　宁波市新四军研究会暨华中抗日根据地研究会:《浙东敌后曙光》,当代中国出版社,1996 年,第 430 页。

所在的部队独立第四十五旅进入福建。抗日战争全面爆发前,四十五旅驻防上海闵行、南汇一线,后被日军打散,田岫山会同部分军官收拾残部,依旧沿用四十五旅的番号,在上海附近的青浦一带活动。田岫山打仗勇敢,又能笼络人心,所以在部队中有一定的威信,部队发展到六七百人。1938年,四十五旅扩编为第三十师,田岫山为八十八团团长。田岫山曾率部袭击过青浦日军,又突入苏州城扑灭了日军的特务机关,但在1940年曾带部分人枪进入嘉善西塘据点,表示愿为日军效命。张俊升,河北人,1934年毕业于黄埔军校洛阳分校,他在1939年任第三十师八十九团团长时,与师参谋长董续严(中共秘密党员)有较多接触,深受其影响。张有恩于田岫山,两人遂结为生死之交。1942年,日军发动了浙赣战役,田、张两部因被国民党有意配置于第一线,险遭全军覆没。于是,他们乘日军大举进攻,国民党第三战区陷于一片混乱之机,来到四明山周围地区。1942年秋,国民党浙江省当局为控制田、张两部,便以第三战区司令长官顾祝同的名义,将皖南第二游击区副指挥张銮基召到天台,想利用张銮基原是三十师师长,是田、张的老上司,又深受田、张的尊敬这一关系,把田、张诱到天台,然后用武力解决之。张銮基不从,结果被浙江省保安处处长宣铁吾等人暗杀,新编第三十师的番号亦在此时被取消,并宣布田、张两部为叛军。"三五"支队初次挺进四明山时,正是田岫山发誓"宁愿为汉奸也要报老师长之仇"的时候。[1]

当田部进入梁弄后,浙东区党委为了搞清田岫山的行动意图,决定派参谋张任伟前去联络。何克希还亲笔写了一封信,将从日军那里缴来的一套黄呢军装带去作为见面礼。后又得知田部已渡姚江进入慈溪三七市,有投降日军之企图。田部一旦投敌,将对三北抗日局面带来严重影响。何克希于是带领参谋张任伟、侦察排长鞠振滨、警卫员沈菊祥等人亲去三七市与田岫山见面。经过彻夜长谈,田最终表示决不干对共产党不利之事。但由于对国民党残杀其师长报仇心切,又认为"三五"支队力量太小,不能协助其实现报仇心愿,而想假手日寇以求报复。[2] 何克希最终劝说无效,田岫山投敌,出任伪浙东剿匪安民纵队司令,并占据姚北重镇周巷等地。在一段时间里,"三五"支队仍未停止对田岫山的告诫,即使俘获田部个别人员亦主动释放。1943年初,田部有一军官乘坐乌篷船经方桥去马渚据点,在魏家江边被中共马渚区武装小部队截获,余上县委宣传部部长陈平请其吃饭还礼送出境。[3] 浙东区党委敌工委还派遣张菊兰在田岫山部做秘密工作。

---

　① 宁波市新四军暨华中敌后抗日根据地研究会:《浙东抗战与敌后抗日根据地史料丛书》第5卷,中共党史出版社,2001年,第260—261页。

　② 何克希:《对田岫山、张俊升两部又联合又斗争的情况》,见浙江省委党史资料征集研究委员会、浙江省档案馆:《浙东抗日根据地》,中共党史资料出版社,1987年,第327页。

　③ 宁波市新四军暨华中敌后抗日根据地研究会:《浙东抗战与敌后抗日根据地史料丛书》第5卷,中共党史出版社,2001年,第300页。

张利用在田部《锋锋报》记者、主编的身份,接近田岫山及其周围人员,了解田本人各个时期的思想动向、该部军事部署及与日伪顽勾结等情况。①

1943 年 4 月,田岫山部在周巷发动反正,将日寇一个小队和监视官佐斩杀,要求浙东游击纵队支援其南渡姚江。新四军浙东游击纵队五支队答应支援,并主动攻击闸口、宓家埠等据点,并在裘市阻击追击田岫山部之日军,又以三支队在驿亭掩护田岫山部渡过姚江。中共余上县委书记张光亲自布置动员马渚区军民,为田部过境创造条件。在此过程中,五支队的中队长张文荣、指导员凌汉琪等 31 位同志牺牲,33 位指战员负伤,这令田岫山大为感动。② 田部到达下管等地休整后,田曾数次致函何克希表示感谢。6 月,何克希又到下管同田岫山、张俊升举行三方会谈,达成了互不侵犯、团结抗日的协议。同时,应田的请求,浙东区党委派黄源、金乃坚、俞菊生、马婉青等去田部帮助工作;浙东游击纵队也答应张俊升的请求,派王文祥、金子明、俞德丰、荆子刚等同志去张部帮助工作。③ 张俊升与田岫山有所不同,为人较为正直,有文化,经过新四军浙东游击纵队的不断争取,双方关系逐渐得到加强。④ 新四军浙东游击纵队正确执行了党的抗日民族统一战线的政策,有效地争取了田、张两部的中立,从而有助于集中兵力解决"忠义救国军"艾庆璋部队,赢得了第一次反顽自卫战的胜利。田岫山性情反复,阴险毒辣,但经何克希做工作,使新四军浙东游击纵队在进入四明山后的半年时间内很少与之发生摩擦,赢得了相对稳定的时间,这对浙东抗日根据地的发展起到了重要作用。⑤

(二)与张俊升、田岫山进行斗争

田岫山周巷"反正"后,和浙东区党委逐渐接近,与国民党关系较为冷淡。国民政府因田岫山投降日伪,于 1943 年 2 月颁令褫夺曾经颁发给他的华胄荣誉奖章,并通缉在案。但田岫山有流氓无赖本质,以"有奶便是娘"作为处世之道,目光短浅,反复多变,不讲信义,以眼前利益为其决策之本。⑥ 加之此时他有杀敌起义的政治资本,对日军暂不可

① 朱人俊、丁公量、方晓:《抗日战争时期浙东地区的敌伪军工作》,见宁波市新四军暨华中敌后抗日根据地研究会:《浙东抗战与敌后抗日根据地史料丛书》第 6 卷,中共党史出版社,2001 年,第 419 页。
② 宁波市新四军暨华中敌后抗日根据地研究会:《浙东抗战与敌后抗日根据地史料丛书》第 5 卷,中共党史出版社,2001 年,第 261 页。
③ 宁波市新四军暨华中敌后抗日根据地研究会:《浙东抗战与敌后抗日根据地史料丛书》第 5 卷,中共党史出版社,2001 年,第 262 页。
④ 宁波市新四军暨华中敌后抗日根据地研究会:《浙东抗战与敌后抗日根据地史料丛书》第 5 卷,中共党史出版社,2001 年,第 299 页。
⑤ 宁波市新四军暨华中敌后抗日根据地研究会:《浙东抗战与敌后抗日根据地史料丛书》第 5 卷,中共党史出版社,2001 年,第 262 页。
⑥ 宁波市新四军研究会暨华中抗日根据地研究会:《浙东敌后曙光》,当代中国出版社,1996 年,第 311 页。

能妥协,他对于有朝一日得到第三战区的正式收编和弹药补给,仍心存希望。因此,田、张也想借助新四军浙东游击纵队求得生存,同时也可向顽固派讨价还价,而顽固派也正在策划诱惑他们反共,贺钺芳与张俊升有旧交,曾亲至章镇拉拢张俊升。1943年4月14日,蒋介石根据浙江省政府主席黄绍竑的报告,命令顾祝同"负责指派有力部队限期解决三北游击队"。7月21日,顾祝同为执行蒋介石"限期则灭"浙东抗日游击队的命令,将田岫山部和张俊升部收编为第三战区挺进第四纵队和挺进第五纵队。国民党顽固派以金钱、武器为诱饵,任命田岫山为挺四纵队司令,张俊升为挺五纵队司令。10月1日,国民党第三十二集团军在天台主持召开第二次"绥靖会议",成立了浙东行署和第三十二集团军前进指挥部,由第三十二集团军副总司令竺鸣涛任指挥官。11月4日,国民党第三十二集团军天台前进指挥部,向挺进三纵、四纵、五纵下达了作战命令。[①]

针对这一严峻的形势,浙东区党委一面加强战斗准备,一面接连发出三次通电,呼吁制止内战,团结抗战。当时新四军浙东游击纵队所属部队虽然有较大发展,但仅有2000人左右,而国民党进攻四明山的顽军有2万多人,力量对比悬殊,因此暂时保持田岫山、张俊升部中立就成为取得反顽胜利的重要因素。国民党收编田岫山、张俊升部,一是为了进攻抗日根据地,二是希望用"以毒攻毒"的方式,削弱田、张两部。名义上以田为主,背后又暗许张俊升,制造两者之间的矛盾,但实质上都受贺钺芳统一指挥。[②]国民党经常采用这种用非嫡系部队去打共产党的手段,既想借此削弱非嫡系部队,又企图"剿灭"共产党力量。田岫山、张俊升对此伎俩抱有警惕之心,加之田、张两部与之前抗日根据地相处较好,所以浙东区党委根据斗争形势,确定作战方针:"争取田张,先解决贺部,对我较有利。故决心以三、五支队主力集结峙岭,主力俟贺部进入后即予歼灭。另以小部坚持梁弄以南横坎头阵地,如田、张翻脸,则我让出横坎头,解决贺部后再求转而对付张、田,我以一部坚持峙岭阵地,先行解决田、张,转而对贺。如田、张能守中立,我们对他们保持友谊。"[③]从中可以看出,针对双方的作战态势,新四军浙东游击纵队的战略方针是尽力争取田、张两部中立,然后集中力量消灭贺钺芳部于北溪,同时也做好了应对田岫山、张俊升翻脸的准备。根据这一方针,新四军浙东游击纵队在军事上作了如下部署:以五支队(主力)在蜻蜓岗建立正面防御工事,阻止贺钺芳部从正面进攻,而以三支队出击大俞之顽敌。[④]开始田、张也表示中立,但正当新四军浙东游击纵队向贺钺芳部发起反击时,他

① 浙江省新四军历史研究会:《浙东抗日根据地史》,中共党史出版社,2005年,第115—116页。
② 何克希:《对田岫山、张俊升两部又联合又斗争的情况》,见浙江省委党史资料征集研究委员会、浙江省档案馆:《浙东抗日根据地》,中共党史资料出版社,1987年,第328页。
③ 宁波市新四军暨华中敌后抗日根据地研究会:《浙东抗战与敌后抗日根据地史料丛书》第3卷,中共党史出版社,2001年,第45页。
④ 浙江省新四军历史研究会:《浙东抗日根据地史》,中共党史出版社,2005年,第115—116页。

们就变卦了,田岫山和张俊升从各自的驻地北犯,向游击纵队进逼。[①] 此时,尚在田岫山部的黄源向田严正指出:这是不讲信义的行为,违背了"挺四到梁弄为止的约定"。田岫山拿出贺钺芳的信,说:"你叫我有什么办法,等不到何司令的捷报啊!"[②]田岫山派人将黄源"礼送出境"。在"挺五"工作的王文祥等人也被张俊升驱逐。11 月 25 日,中共浙东区党委宣传部长顾德欢和四明地委书记陈洪在去姚南紫龙庙出席群众大会时遭"挺四"田岫山部枪击,陈洪牺牲。11 月 29 日,"挺四"田岫山部和"挺五"张俊升部,趁新四军浙东游击纵队集中主力与"挺三"贺钺芳部作战之机,集中主力 2000 余人,分三路袭击四明地区的后方机关和后方医院、被服厂、印刷厂,捕捉地方党政工作人员,对中共南黄、芰湖等地的后方建设,如兵工厂、印刷厂等进行破坏。[③] 这一系列事件极大地激化了新四军浙东游击纵队与田岫山部之间的矛盾。12 月 1 日,当田岫山部从峙岭回许岙时,新四军浙东游击纵队决定在蜻蜓岗打伏击,此役毙伤田岫山部支队长、大队长以下百余人,俘 20 多人,缴获长短枪 20 余支,夺回被田部抢去的新闻纸,田岫山逃回许岙。这是新四军浙东游击纵队与田岫山部之间军事上的第一次大冲突。第二次反顽自卫战的第一阶段没有打好,没有按照新四军浙东游击纵队原来的计划消灭贺钺芳的主力,其中很重要的原因就是对田岫山、张俊升的两面性认识不足,没有估计到在战斗的紧要关头,他们会变卦,联合贺钺芳部夹击新四军浙东游击纵队,袭击后方基地。[④]

在新四军浙东游击纵队把贺钺芳部打垮以后,参加"围剿"浙东抗日根据地的国民党部队的主力发生了重大变化。他们把正规军中的精锐部队突击总队调到四明山,该总队辖 5 个突击营[⑤],曾参加过缅甸远征军,全是美式装备,每个营约有 1000 人。加上"挺三""挺四""挺五"和俞济民部、浙江保安团及地方团队,总兵力达 3 万人,是新四军浙东游击纵队的 10 倍以上。[⑥] 突击营一进来就占领了北溪、唐田,与田部的驻地下管,张部的驻地章家埠联成一线。而当时新四军浙东游击纵队在前方作战的主力部队仅有 1600 多人。[⑦]在这种情况下,浙东游击纵队调整战术,决定外线出击,将部队转移至会稽地区,并作出"避强打弱、先打田张"的决定,开始主动寻找作战机会。1944 年 1 月 25 日,部队侦悉"挺

---

① 谭启龙:《谭启龙回忆录》,中共党史出版社,2003 年,第 152 页。
② 吴敏超:《浙东抗日根据地统战工作再研究》《中共党史研究》2018 年第 9 期,第 27 页。
③ 浙江省新四军历史研究会:《浙东抗日根据地史》,中共党史出版社,2005 年,第 121 页。
④ 浙江省新四军历史研究会:《浙东抗日根据地史》,中共党史出版社,2005 年,第 122 页。
⑤ 突击营是有过远征国外英勇抗击日军的光荣历史的,他们中也不乏反对内战的热血男儿。1944 年 1 月 10日,突击第二营的 17 名官兵,携带美国卡宾枪爆破器材等装备毅然起义,加入新四军浙东游击纵队,被命名为纵队司令部直属特务队。尽管他们人数不多,但给新四军浙东游击纵队提供了了解突击营情况的很好机会。参见谭启龙:《谭启龙回忆录》,中共党史出版社,2003 年,第 156 页。
⑥ 谭启龙:《谭启龙回忆录》,中共党史出版社,2003 年,第 156 页。
⑦ 浙江省新四军历史研究会:《浙东抗日根据地史》,中共党史出版社,2005 年,第 128 页。

四"田岫山部驻扎在四明前方村,但误以为顽突击第一总队全部撤离四明山地区,位于箭山、八字桥一线,不在前方村附近。于是,就下决心奔袭前方村田部。实际上,顽突击第一总队就在"挺四"驻地前方村附近。所以战斗打响后,顽突击第一总队出来增援"挺四",战局就起了急变,使主动的奔袭变成了被动的突围。① 此战造成田岫山由友变敌,张俊升亦疏远。之后,新四军浙东游击纵队从三北地区转移,使顽军决战的企图落空,未敢深入。1944 年 6 月,日军发起第二次浙赣战役,金兰前线告急时,国民党第三十二集团军急令在四明地区"清剿"的突击第一总队五个营调回天台,以第三十三师一个团进入四明地区接替,担任"清剿"主力。不久,"浙保"两个团也撤出四明山。在龙游、衢州失守后,8 月,日军又发动丽温战役。为保住自身的生存,国民党顽军第三十三师也撤回天台一带,田岫山、张俊升部先后撤出四明山,贺钺芳部也撤退到富春江南岸的中埠,浙东第二次反顽自卫战结束。

在浙东第二次反顽自卫战争中,为争取田岫山和张俊升两部,浙东区党委做了大量工作,总的方向是对的,但也存在一些问题。1944 年 9 月,何克希在一份总结中列举了政策运用上的缺点。例如,对田岫山、张俊升两部一视同仁,没有区别对待。又如,没有注意扩大田岫山、张俊升两部与国民党方面的矛盾,对于他们之间的结合听之任之。另外,对田岫山、张俊升两部开展具体工作时也不够努力、到位,关键时刻应该登门劝说,而不是写信沟通。② 通过对这些问题的反思,浙东区党委领导对于统一战线工作有了深入的认识,为之后顺利解决田岫山、张俊升两部打下了基础。

(三)分而化之实行"打田拉张"

第二次反顽自卫战结束后,浙东抗日根据地与张俊升的关系不断改善,但同田岫山的关系却复杂多变。1945 年 2 月,伪第三十六师师长陈桐率所部 3 个团 4000 余人窜入上虞境内。2 月 21 日,日伪军包围了田岫山占据的上虞县城,情况危急。新四军浙东游击纵队得悉后,为了争取田岫山抗日,打击日伪军,保护城中百姓的生命财产安全,遂不计前仇,毅然派部队救援。何克希和刘亨云参谋长率第五支队、警卫大队和第三支队一部向城北黄泥岗一线伪军发起进攻,连克谢家、毛竹蓬、竹坂等地,逼近县城西门,敌军全线溃退,解除了上虞之围。此战歼敌 130 多人,缴获轻机枪 4 挺、步枪 75 支。在这次战斗中,新四军浙东游击纵队政治部保卫科科长、老红军邱子华牺牲。此事使田岫山大为"感激"。3 月 11 日,田同张俊升联合邀请何克希到谢公岭会谈,并签订了《联合抗日宣言》。

---

① 浙江省新四军历史研究会:《浙东抗日根据地史》,中共党史出版社,2005 年,第 134 页。
② 《何克希将军》编辑组:《何克希将军》,内部资料,1993 年,第 272—273 页。

该宣言强调反对国民党的专制独裁,重申抗日利益高于一切,努力减轻人民负担。三方还规定了驻防区域及军事上的行动配合等问题。但变化无常的田岫山根本不把这个宣言当回事,与日军仍然是藕断丝连,对防区内的百姓敲诈勒索,为所欲为。4月22日,何克希针对田岫山不顾信义、撕毁协议的反动行径给他写了一封信,告诫他不要以为"共产党人可欺",不要"骑两头马,作墙上草"。但田岫山把共产党的忠告当作耳边风。在前面已经两次投敌、两次"反正"的情况下,5月26日,田岫山第三次公开投敌。旋即被日军改编为"中央税警团第三特遣部队",驻防上虞城(丰惠)、许岙、丁宅街、第泗门等地。①

1945年4月,国民党顽固派在天台成立了以第三十二集团军副总司令陈沛为指挥官的"绥靖指挥部",为配合顽军对苏浙军区主力发动进攻,乘日军缩短防线、撤离部分据点之机,调集第三十三师及浙江保安团等向浙东根据地发起第三次进攻。在发动进攻之前,国民党顽固派派人向地方实力派挺进第四、第五纵队进行工作,确定对田岫山部是大力争取,对张俊升部则是争取不成就歼灭之。张俊升处在国民党威迫之下,很是动摇,感到自己是杂牌军,国民党顽固派对自己并不信任,而同共产党又曾兵戎相见,是否能得到谅解,他很不放心。于是张就写信给何克希,要求谈判合作。对此,何克希等人认为,顽固派对张俊升并不完全信任,会逼迫他继续反共,若不反共,就会被消灭。张处在这种两面夹攻的情况下,有可能"反正"。

针对田岫山的倒行逆施、张俊升的日渐进步,新四军浙东游击纵队作出了"打田拉张"的决定,决定歼灭田岫山所部、争取张俊升部起义。而且从1945年初开始,新四军军部已派出队伍渡过长江,南进苏浙地区,正在浙西天目山等地与国民党军队展开战斗。此时讨伐田岫山,正好可以配合浙西地区的战斗,新四军有望将浙东、浙西连成一片。何克希、张文碧、刘亨云等领导研究决定,集中兵力发起"讨田战役"。新四军浙东游击纵队先行攻击第泗门,后占领上虞城,继而向田岫山后方基地许岙发起攻击。至6月21日,完全占领许岙。田岫山本人,在全国解放后被逮捕,押解至四明山后召开公审大会后枪决。据说田在服刑前说:"悔不该不听何司令的劝导。"②

(四)张俊升率部起义

在开展统战工作过程中,浙东区党委善于等待,不怕反复,既有原则性又有灵活性,对张俊升部积极开展工作。为了争取张俊升,何克希受浙东区党委的委派,亲自前往"挺五"驻地章家埠对其进行劝说,张内心有了较大的触动。1945年6月21日,顽军第三十

① 谭启龙:《谭启龙回忆录》,中共党史出版社,2003年,第180页。
② 宁波市新四军研究会暨华中抗日根据地研究会:《浙东敌后曙光》,当代中国出版社,1996年,第426页。

三师第一、第三团和"浙保"第五团,开始进攻张俊升"挺五"的部队。22日,顽军围攻汤浦"挺五",吃掉张部一个团,接着攻占章镇、南堡;并纠集绍兴县的一个加强大队、上虞县的一个自卫大队和"浙保"的一个加强大队,以优势兵力,向新四军浙东游击纵队的丁宅街阵地进犯,妄图增援被围困在上虞县城的田伪。国民党军队提出,之所以要进攻张俊升是因为张有两大罪状:其一,近半年来与新四军浙东游击纵队关系密切,反共不力;其二,坐视田岫山被打而不救。讨田战役的胜利和国民党军队攻打张俊升部,促使张俊升加速脱离国民党军队体系。张俊升于是向浙东区党委呼救,要求参加新四军浙东游击纵队。经何克希同意,上报新四军军部,其后方机关转移至梁弄附近休整。7月2日,张俊升通过新华社发表通电,率"挺五"全体官兵1000余人起义。张俊升在函复新华社记者时说:"在我挺五纵队遭受国民党顽固派大军袭击后","痛定思痛,深知只有共产党领导的抗日民主军队,才有光明的前途;才是真正准备反攻,驱逐日寇,建设新中国的力量"。7月11日,张俊升电呈新四军军部和苏浙军区,宣布率部起义,接受共产党和新四军的领导。7月13日,经新四军军部和苏浙军区批准,决定以第三、第四、第五支队组成新四军浙东游击纵队第一旅,纵队副司令张翼翔兼旅长。同日,经新四军军部批准,张俊升的"挺五"改编为新四军浙东游击纵队第二旅,任命张俊升为新四军浙东游击纵队副司令兼第二旅旅长,王仲良为政委,张景南为副旅长,徐学道为参谋长,朱人俊为政治部主任,林胜国为政治部副主任。[①] 张部起义后,新四军浙东游击纵队不仅给张俊升以较高的职务和实权,而且对所部也进行了妥善的安置。当时张俊升所部当官的都有家属,张部过来后碰到的第一问题,就是这么多的家属该如何安置。浙东区党委最后决定,所有张部家属,不论大小均按照新四军浙东游击纵队家属待遇,每人都有一份供给。这使张部的干部大为感动。抗战胜利后,新四军浙东游击纵队北撤至山东后,张俊升之二旅编为新四军山东军区独立旅。张俊升后在华东野战军第一纵队司令部任副参谋长,并成为中共党员。全国解放后,张俊升担任华东军区装甲兵司令部副参谋长,转至地方后任浙江省农业厅副厅长、浙江省人民政府参事室副主任,为人民事业做了不少工作。[②]

讨田战役和第三次反顽自卫战的胜利,使上虞地区十几万人民获得解放,浙东敌后抗日根据地的四明、三北、会稽、浦东地区因此能够连成一片,根据地拥有人口400多万,新四军1万多人。上虞县城成为新四军浙东游击纵队解放的第一座县城,延安的《解放日报》还作了专门报道。新四军浙东游击纵队通过开展统战工作,歼灭田岫山部、争取张俊升部起义,这对于新四军浙东游击纵队的北撤和北撤后留下坚持四明山区的斗争,都

---

① 浙江省新四军历史研究会:《浙东抗日根据地史》,中共党史出版社,2005年,第220页。

② 宁波市新四军暨华中敌后抗日根据地研究会:《浙东抗战与敌后抗日根据地史料丛书》第5卷,中共党史出版社,2001年,第302页。

有很大的好处。张俊升部的起义是共产党抗日民族统一战线政策在浙东抗日根据地的重大胜利。[①]

在创建浙东抗日根据地的过程中,浙东区党委遵循中共中央及华中局的指示,运用多种形式,卓有成效地开展了统一战线工作,在与日伪顽的复杂斗争环境中坚持下来并得到发展。浙东区党委基于自身力量较为弱小,而周围日伪军和国民党军队的力量相对较强的状况,执行"多交朋友,少树敌人"的方针政策,自始至终高举抗日民族统一战线的旗帜,以武装斗争为主要形式,切实执行"依靠进步,团结中间,孤立顽固派,打击敌人"的策略思想,熟练而恰当地处理统一战线中的各种棘手问题,克服了国民党当局制造的反共摩擦,发展和壮大了人民抗日力量,巩固和扩大了抗日民族统一战线。

四、浙东游击根据地时期的统一战线工作

1945 年 10 月,新四军浙东游击纵队北撤后,国民党反动势力卷土重来,整个浙东陷入白色恐怖,革命形势十分严峻。面对这种极为困难的局面,中共浙东党组织在上级党组织的领导下,进一步加强统战工作,把反对国民党反动统治的力量团结起来,形成了人民民主统一战线,国民党在浙东的政权陷入孤立的境地。浙东的解放,彰显了人民民主统一战线的重大作用。

(一)进步人士的支持

由于抗战时期浙东的爱国进步人士都受过共产党的教育,大部分都接受党的领导甚至加入共产党,虽然新四军浙东游击纵队北撤,但他们在艰苦的斗争环境中依然与共产党保持联系,继续支持共产党的革命斗争。浙东游击根据地时期,邵子炳、黄佐尘、韩瑞昌、赵才炎、姜枝先、李纪佑、陈一鸥、沈宗汉、马育儒、邵子传等爱国进步人士拒绝与国民党合作,支持共产党留守人员开展工作。有的进步人士站在中国共产党和人民立场,对国民党采取消极应对态度,对共产党则是真心办事。抗战时期秋收委员会主任邵子炳在新四军北撤后,不顾敌人的威胁利诱,不向国民党写自首书,不做国民党的官。他与黄佐尘一起找到朱之光,表明自己跟党走和要为党工作的态度。朱之光对他谈了形势,鼓励他坚持。"梁弄的民主人士邵子炳主动来见我,在后山乔碰面一次,谈了部队北撤情况,他表示支持我们,忠于共产党;第二次敌人已到梁弄,他与黄佐尘来请示怎么办。我要邵坚决去躲避,要黄打入镇公所工作。此外我在赵家接见雅贤乡长赵瑞炎和民主人士韩瑞

① 谭启龙:《谭启龙回忆录》,中共党史出版社,2003 年,第 184 页。

昌等,做他们的工作,争取他们的支持。"①邵子炳等人的态度对于稳定梁弄周围地区上层人士的思想情绪、使其不倒向国民党起了很大的作用。黄佐尘在部队北撤前担任过秋收委员会会计,也做了不少有利于党的工作。国民党雅贤乡乡长赵才炎与朱之光见过面,要朱在行动上作指示,他照指示办,并表明自己态度:"我的心不会变,你们放心好了。"②韩瑞昌是开明地主,抗战时当过保长,在抗日战争时期与新四军浙东游击纵队北撤后都帮共产党办过事,曾被国民党逮捕,释放后继续跟党走,还秘密送鸡来慰劳新四军。四明山区较大的茶商陈一鸥,在当地有较大影响,他和堂弟陈吉生利用外出的机会,常为四明党组织采办药品等物资。

　　1946 年 12 月,中共中央同意将浙东工作划归上海党组织领导。上海负责人刘晓于12 月 25 日向中共中央作《沪地党工作报告》时,对四明地区党的工作提出了意见:在四明山区暂时以隐蔽为主,保存力量,争取"两面派政权",同时开展一定程度的武装活动。鉴于浙东地区没有统一的党组织,上海党组织决定成立中共浙东工作委员。③ 浙东工委成立后,积极领导了浙东地区的革命斗争。在党的统一战线政策影响下,以姜之先为代表的浙东进步人士给予了共产党领导下的游击部队坚定的支持,成为这一时期的典型代表。1948 年,四明工委领导陈布衣、朱之光、五支队支队长储贵彬联名备函,派马育儒到上海与童泉如、杜天縻联系,筹措一笔军需款项。童、杜以修复家乡"二王祠"(龙泉山上王阳明及其父王华的纪念祠堂)的名义,由杜天縻写了一份《缘启》,由余姚知名人士姜枝先等人出面,在上海向在沪同乡劝募。在旅沪商界、金融界人士罗怀钧、罗怀凯、潘久芬等人的支持下,共募集黄金 58 两,美钞 100 元,部分经兑换后,在上海买了药品及军用物资运归四明山。姜枝先回到余姚,又以商会常理事身份,也以修复"二王祠"名义向城区各行业劝募。第一批募得黄金 11 两 7 钱多,购得大量稻谷,交给四明特派员办事处;第二批募得黄金 3 两、银圆 350 元,购得稻谷 2.5 万多斤,由邵子传出面在老西门租了一间房子,挂牌"大来米厂"作掩护,加工后陆续将大米运往四明山。余姚解放前夕,为迎接解放军,姜枝先又接受中共要求,向各米厂、裕丰面粉厂筹粮,为解放大军准备了大米 22 万斤。④ 陆埠镇袁马其的父亲是一位国民党员,利用在国民党中的威望和地位,为支持身为共产党员的儿子,开了一个百货店为掩护,采购了大批纸张、力士鞋、龙头细布等物资,以供应坚持游击部队急需,还多次提供情报。

---

　　① 朱之光:《战斗在四明山上:朱之光回忆录》,中共党史出版社,2000 年,第 183 页。
　　② 方文元:《余姚革命根据地》,浙江古籍出版社,2011 年,第 218 页。
　　③ 中共浙江省委党史研究室、浙江省新四军历史研究会:《浙东游击根据地史》,中共党史出版社,2009 年,第94 页。
　　④ 中共余姚市委党史研究室:《中国共产党余姚历史》第 1 卷,中共党史出版社,2004 年,第 224 页。

（二）建设"两面派"政权

新四军浙东游击纵队北撤后，党组织按照上级指示转入地下活动以后，国民党乡保政权迅速建立。随着革命形势的逐渐好转，游击武装斗争的持续进行，在游击区，开始出现"两面派政权"，共产党对他们采取宽大与镇压相结合的方针，根据打击少数、争取多数的原则，按照不同情况，采取不同措施，逐步争取一部分"两面派"人员建立"两面派"政权。

1．"两面派"政权的特点

"两面派"政权的特点是其本身实力不强，又生活在游击区，就采取"钩挂三方"或"钩挂二方"，希望"左右逢源"。这些人大多担任乡保长职务，由于当时共产党在敌占区和游击区还没有建立政权，必须利用他们进行活动。为了争取他们，就要教育他们，以锄奸震慑他们，同时也考虑其困难，加以爱护和团结。这些两面派乡保长的特殊情况，一般可以分为三类：第一种是革命的两面派，他们基本上倾向革命，但因为国民党势力大，对国民党政府交办的事能拖则拖，能少办尽量少办或不办；第二种是中间的两面派，他们既应付国民党，也应付共产党，革命形势好时就靠近共产党，革命形势逆转时就接近国民党；第三种是反革命的两面派，他们基本上倾向国民党，但在革命武装的压力下，有时也为革命做一些工作。

2．对"两面派"政权的工作方针

浙东临委根据上述三类情况制定了不同的工作方针。对革命的两面派乡保长，以团结为主，进行教育，借助他们的力量为党组织收缴公粮、了解国民党部队的活动情况。如在慈南，朱洪山通过上层统战对象的关系，尽量让共产党员和革命群众担任保长，使得南山乡 8 个村的政权都控制在共产党手里。同时，坚持武装斗争与合法斗争相结合的方式，对国民党的"联保连坐"政策，共产党发动一些开明保长向乡公所集体辞职，通过这种合法斗争方式，四明地区党组织在四明山获得了更大的活动空间。慈溪镇海县已经发展了 23 个"两面派"政权，其中 14 个是革命的"两面派"政权，其他县也有发展。[①] 对中间的两面派，采取既团结又斗争的办法，安排适当的任务。例如在余上县姚北地区，国民党的反动统治势力控制强于姚南，共产党对姚北的乡保长，一般采取团结、争取的策略，促使他们转变立场。对于站在国民党立场的，采取宽大和镇压相结合的方针，按照不同情况采取不同措施，打击少数，争取多数，逐步争取一部分乡保长和乡保工作人员成为"两面

---

① 中共浙江省委党史研究室、浙江省新四军历史研究会：《浙东游击根据地史》，中共党史出版社，2009 年，第 166 页。

派",乡保成为"两面派"基层政权。通过一段时间的工作,在原来基础较好的乡,如临山、马渚两区的中河、上塘、兰塘、青港四乡和临山湖堤乡南边毗邻的基本地区及周巷区的部分乡保的乡保长已全部为余上县办控制。① 对反革命的两面派,以斗争为主,辅助教育,尽可能地争取他们少干坏事。对于个别极力破坏革命斗争的,则进行狠狠的打击。当时,借着国民党军队的"清剿",梁弄镇一些地主土顽相当猖狂,用白布挂街头,下面挂着红灯笼,以示对国民党军队的欢迎。朱之光等即以锄奸队的名义,向他们发出警告,他们就把白布红灯收起来了。慈镇县临江乡乡长王善度依靠国民党拼命地搞反革命活动,慈镇县工委派县大队一部在东区武工队的配合下将其镇压。这在一定程度上打击了地主土顽的嚣张气焰,为坚持隐蔽工作创造了一定的条件。对此,中共领导人张瑞昌(顾德欢)等认为,四明地区坚持斗争获得的最重要经验就是必须保持武装斗争和建设"两面派"政权。②

3. 革命的"两面派"政权大量出现

随着人民解放战争的不断推进,两面派也开始继续转向。在浙东,除极少数顽固分子死心塌地为国民党效力、与共产党领导的武装对抗到底外,大部分国民党地方部队、县乡保长都开始有所动摇,许多人主动找机会接近中共的组织和武装,准备为自己留条后路。特别是在基本区的一些国民党乡保长,由于他们经常受到国民党部队的威吓,更愿意共产党的武装能经常去活动。这些乡保成了名副其实的"两面派"政权。在刚开辟的新区,随着党和武装的壮大,一些较开明的士绅也逐渐对共产党产生好感。至于基本区的广大人民群众,对党和武装基本都持欢迎态度,踊跃参军的也比过去增多了,有些群众还主动献计献策,帮助地方工作。不少国民党乡保长不仅为共产党收缴公粮,报告国民党军队活动情报,有的干脆率领队伍,宣布起义。1948年下半年,国民党周巷区柯义乡乡长陈干金经过余上县工委的工作,决定起义。陈干金和乡队附赵忠兴率领全乡自卫队22人,在11月18日携手提机枪1挺、步枪13支、短枪5支、子弹千余发起义。通过艰苦卓绝的工作,至1948年底,四明地区已基本恢复了原抗日根据地的辖区范围,在原有5个县级办事处的基础上,成立了17个区署、26个乡民主政权以及大量的"两面派"政权。

(三)策反敌军

随着解放战争的深入,国民党军队节节败退,蒋介石反动集团的败局已定。1948年

---

① 方文元:《余姚革命根据地》,浙江古籍出版社,2011年,第223页。
② 中共浙江省委党史研究室、浙江省新四军历史研究会:《浙东游击根据地史》,中共党史出版社,2009年,第107页。

1月,刚成立的浙东临委提出:开展"两面派"与政权工作,开展敌军工作,配合内线缴枪,在可能的条件下发动"兵变";以政治攻势宣传党的政策,建立统一战线。[①] 在浙东,国民党正规部队、地方部队、政府军政人员、税警队伍等在共产党统一战线政策的感召下,纷纷起义,加速了浙东解放的进程。

1. 金萧地区

随着解放战争的推进,国民党军队的溃败,国民党在浙东的统战开始土崩瓦解。1948年初,中共上海局指示:广泛开展反美反蒋的统一战线工作,争取开明士绅和农村知识分子、地主实力派,在可能的条件下策动国民党军政人员起义、瓦解敌军。浙东各级党组织积极利用这一有利条件,将报刊投寄给国民党各级政要,向他们宣传解放战争的形势与党的政策,努力瓦解他们的意志。路南党组织和第六支队派工作人员赴国民党军驻地散发了《劝来归书》和《来归证》。金萧工委利用以前的敌军工作基础,发布了《告蒋军官兵书》等文告,路西县还给国民党军政要员寄送了《蒋军官兵起义来归证》。当时,金萧工委策反国民党军第二〇三师机枪连起义和会稽地区寿乃康等起义。

分水起义成为国民党浙江县级政权崩溃的先声。国民党分水县县长项作梁思想比较进步,其子项雷曾去苏皖解放区参加革命,又被派到南京等地从事地下工作,后因当地党组织遭破坏而回到分水。金萧工委在了解项作梁和项雷的思想状况后,派方水高为信使,以项雷同学、路西县委书记杨光的名片为信物,前往劝说项作梁适时起义。项作梁、项雷表示同意,还成立了五人小组,具体负责起义事宜。1949年2月,金萧支队政委张凡率部护送皖南至路西的1个连返回皖南,渡过富春江后即分开行动,往分水接应起义。分水县自卫总队第一、第二中队共170余人宣布起义,后被改编为金萧支队第四大队,大队长廖伟,教导员项雷。分水起义的成功,不仅壮大了金萧支队武装队伍,还为金萧支队增添了8挺轻机枪、170支步马枪、20多支短枪和400多枚手榴弹及各种弹药,大大提升了金萧支队的战斗力。

在敌军工作取得成绩的基础上,金萧工委于1949年3月成立了敌工部,蒋明达兼任部长。1949年3月12日,时任国民党松阳县县长祝更生率县自卫总队、警察和政府工作人员400多人(其中士兵325人),携轻机枪5挺、长短枪324支、手榴弹500颗、子弹3万发及电台1部宣布起义。当日,宣布成立浙东行政公署第五专员公署和松阳起义部队编为松(阳)宣(平)遂(昌)人民游击支队,祝更生任支队长,林艺圃任政委,陈史英任政治部主任,郑金发任参谋长,下辖2个大队和1个特务大队。在松阳起义的同一天,路南地区

————————
　　① 中共浙江省委党史研究室、浙江省新四军历史研究会:《浙东游击根据地史》,中共党史出版社,2009年,第179页。

党组织即派联络员去丽水策动起义。3月14日,胡允孚率丽水县自卫总队及县政府工作人员500余人,携轻机枪7挺、长短枪207支、子弹万余发在碧湖龙子庙宣布起义。起义部队编为丽(水)缙(云)永(康)武(义)人民游击支队,胡允孚任支队长,张之清任政委,陈仿尧任政治部主任,潘和海任参谋长,下辖第四、第五两个大队和特务中队。为开展这一地区党的工作,路南党组织成立了中共丽(水)宣(平)工委,张之清任书记,同时成立丽水县民主政府,县长张之清。为更好地统一领导这两支起义武装,同时成立浙东人民解放军路南军分区,司令员应飞,政委卜明,下辖第六支队、松宣遂人民游击支队和丽缙永武人民游击支队。

1949年2月3日,浙东人民解放军第六支队大队长吴甫新通过义乌畈田朱党支部负责人王志宏和群众刘理根的帮助,策动国民党第二○三师驻金华二仙桥分队长楼章宝率1个分队22人带枪起义。稍后,吴甫新又策动驻义乌佛堂自卫三中队班长朱和林等3人带来机枪1挺、卡宾枪1支、快机2支、手榴弹12枚、子弹1箱起义。4月初,国民党武义县自卫队王喜昶等3人带机枪1挺、卡宾枪1支和快机2支,向六支九大投诚。同月下旬,在佛堂区署的策动下,驻义乌第二○三师六○七团炮兵连连长陈宏率部50多人,在金华白泽村起义,编入六支队,扩编为机炮中队。同月21日,国民党永康县龙川乡乡长兼自卫分队队长方岩春率独立分队20余人在上蒋村向九大队投诚。4月5日,国民党浙江省交警总队第三大队第九中队牛中民率部70余人起义,携带迫击炮2门、轻机枪4挺、冲锋枪20余支、卡宾枪30支、步枪11支,向六支队十大队投诚,经六支队领导批准,编入十大队。5月3日,国民党永康芝英镇镇长兼自卫中队长应龙虎率10余人枪,在独松向六支队武工队投诚。同月6日,国民党镇江团管区主任陈文龙、无锡团管区主任金文辉率残部两个大队百余人溃逃时向四路口区政府投降,百余支长短枪被收缴。同月10日,国民党武义县自卫队百余人和国民党第二○三团1个连80余人,由陶健和韦明(解放军第三十三师宣传科科长)写信劝降,向九大队投降,携带机枪1挺、冲锋枪2支、长短枪200余支。[①]

2.四明地区

1948年,慈镇县办就通过住河头乡的原国民党第一九四师团副胡某的关系,与国民党宁波自卫大队长霍中柱建立了统战关系,并两次从霍中柱处购买驳壳枪20余支。11月,又从霍中柱处购买步枪子弹数万发。1949年1月,再次向霍中柱购买了2挺轻机枪,

---

① 浙江省新四军历史研究会金萧分会:《浙东金萧游击根据地统一战线工作》,内部资料,2009年,第132—133页。

从而解决了武器弹药紧张的困难。①

1949 年 3 月,余上县办还对谢塘镇的上虞县保警队第二中队队长陈国铨进行策反。陈国铨在抗战时期曾是地方民兵,1947 年被国民党抓去当兵。余上县办通过多种办法对陈策反,陈于 3 月底联络一部分队员携轻机枪 1 挺、步枪 12 支、短枪 1 支、手榴弹 20 余颗起义,到余上县办控制的小越孔乔村与前去联系的余上县代表陈光裕会合。对驻扎在余姚、上虞两县交界的五车堰上虞保警队朱允灿部,余上党组织也多次派人去联系谈判,最后该部也放下武器,弃暗投明。②

3. 台属地区

三门为浙江省第一个解放的县,它的解放离不开统一战线工作的努力。1948 年底,浙东临委从上海调俞圣祺、陈敬之夫妇回三门,以俞的岳父陈毅夫在三门的名望和地位为依托,开展国民党三门县上层士绅的统战工作。俞圣祺、陈敬之夫妇都是全面抗战初期加入中国共产党的中共党员,陈毅夫虽然在国民党三门县担任要职,但他一直支持女儿、女婿参加革命。在浙东革命根据地时期,他的家一直是浙东、台属党组织的重要交通联络站。在台属党组织组建游击武装时,上海支援的军事物资、武器及来往人员,都是经由他家船只运来三门,转交地下党组织。俞圣祺、陈敬之一回到三门,就借用陈毅夫的关系,多次与国民党三门县政要接触,同他们谈时局和出路。不久,国民党三门县副书记章良棣在二人的开导下,为游击队送来了三门县军警驻防图及武器装备等重要情报,并代表国民党三门县参议长章正夏、海游镇镇长章良桢等"地方实力派",要求同中共台工委领导就"和平解放三门"问题进行谈判。中共台工委副书记王槐秋特派梅法烈与章良棣在南溪进行了谈判。章良棣不仅接受了游击队要他不断提供情报等条件,还建议游击队派联络员长住其家,以便传送情报。后经梅法烈请示,派游击队员王以法以长工名义潜伏章良棣家,不断为游击队传送各类情报。

在分化国民党三门县党政上层人员基础上,浙东临委派"铁流"部队大队长周象银(系原国民党三门自卫队分队长)回三门做策反三门军警工作,为游击队解放三门扫除障碍。1949 年 2 月初,周象银同志率队员来三门枫坑与俞圣祺等取得联系。2 月上旬,俞圣祺、周象银等同志在悬渚分别做了大量说服工作,俞良广、李刚、郑仁跃等先后接受了游击队条件。此次策反国民党军警头目基本达到分化敌军营垒、瓦解敌军士气的目的。

三门地方共产党组织和游击队通过分化瓦解敌人营垒、削弱了敌人斗志,为解放三

① 中共慈溪市党史研究室:《中国共产党慈溪历史》第 1 卷,中共党史出版社,2003 年,第 200—201 页。
② 中共浙江省委党史研究室、浙江省新四军历史研究会:《浙东游击根据地史》,中共党史出版社,2009 年,第 414—419 页。

门创造了十分有利的条件。中共海游区工委还布置共产党员何昌玉、何其塘打入国民党保警中队,设法摸清海游守军的兵力、武器、装备、工事、构筑等情况。中共海游区工委委员章以荣则以《三门报》采访员的身份,出入国民党三门县政府,摸清各处房屋的坐落情况、结构和进出的门户,并画出详图,使浙东游击队领导清楚地掌握了三门守敌情况,为游击队攻打三门提供了参考。[①] 1949 年 2 月 17 日,三门解放,成为浙江省第一个解放的县城。

在台属的其他地区,浙东地区党组织也对敌军进行积极的策反工作。1948 年底,中共台属工委由椒南工委副书记徐德(盛君健)负责,通过曾参加过共产党的国民党临海县党部书记长潘梦麟,策动国民党临海县长汪振国起义,汪振国开始起义准备。驻临海城区的另一股武装是第六专署保安独立团,其团长楼光明 1947 年底在杭州参加了国民党少将戚永年组织的秘密反蒋组织——"江南先遣二纵队",戚永年要楼光明着手起义准备。因此浙东临委通过地下党员朱奇策反时,楼明确表态。1949 年 5 月 29 日零时,汪振国、楼光明各自指挥部队按商定的计划行动,逮捕了行署专员兼保安司令葛天、副司令何目远,武力迫使"忠义救国军"司令部 1 个连、"反共救国团"团长陈启忠及所部 200 余人投降,临海和平解放。5 月 29 日成为台州解放纪念日。之后,原戚永年联络策动的武装部队在戚永年及"浙保"二旅少将旅长陈栜夫等的带领下也陆续从各地聚集临海,起义的武装人员达到 3000 余人。5 月 29 日凌晨 4 时许,经地下党教育策反的黄岩原县长朱焯等起义,率旧部(自卫队)冲入县政府大院,活捉国民党县长袁悟农及其卫队,黄岩县城和平解放。[②]

4. 浙东税警起义

浙东游击根据地还加强对浙东税警等地方武装的争取。余姚的庵东盐场是全国四大盐场之一,有税警驻扎在这里。两浙盐务管理局税警第三区中校区队长陈振是党员,他设法寻找进步官佐,等待时机,策动起义。1949 年 3 月下旬,陈振因国民党怀疑而被强行调离。陈振在离开庵东时,秘密成立了以王蔚筠为组长,李自强、项复初参加的"两浙税警三区策反小组"。余上县"飞虎队"队长肖林布置崇三乡的方元、王忠两人与税警下层官兵广泛接触,建立联系。5 月 6 日,300 多名起义官兵带 5 挺轻机枪、220 多支步枪宣告起义"反正"。起义部队奉命改编为第五支队第四大队,由李自强任大队长,卢鑫任副大队长。1949 年 1 月,慈镇县的西区武工队通过关系,对驻三七市保警中队的一名绰号"小土匪"的队伍进行策反。"小土匪"拉出 10 余人,4 支短枪、7 支长枪。武工队发给他

---

① 罗灵英:《三门——浙江解放第一县》,www.tzsz.zjtz.gov.cn。

② 卢如平:《浙江解放第一县》,《今日临海》2022 年 6 月 10 日。

们路费,遣散回家。驻三七市保警中队中队长王中通过进步士绅叶志康联系工作,于5月上旬带领40人枪起义。[①]

　　浙东革命根据地认真贯彻执行中共中央的统一战线政策,而浙东抗日根据地作为后起的根据地,也得到上级组织的指导和帮助。"我党在华中华北已有丰富经验,在政策上,在经验教训上,在人力上,我浙江党今后均将得到上级很大的帮助。"[②]在错综复杂的斗争形势下,浙东革命根据地始终把统一战线摆在重要位置,团结一切可以团结的力量、调动一切可以调动的积极因素,不断巩固和发展最广泛的统一战线,为抗日战争和解放战争的胜利奠定了坚实基础。统一战线成为浙东革命根据地取得革命胜利的基本保证,是战胜敌人的重要法宝。中华人民共和国成立初期,刘少奇到浙江视察工作时,在绍兴对谭启龙说,当年你们在这一带那样困难的条件下,能坚持敌后抗日游击战争,建立根据地,取得胜利并得到发展,这是和执行统一战线政策、搞好群众关系分不开的。[③]这充分说明了统一战线工作在浙东革命根据地发展历程中的重要作用。

① 中共余姚市委党史研究室:《中国共产党余姚历史》第1卷,中共党史出版社,2004年,第226—228页。
② 宁波市档案馆:《目前国内外形势与我党发展浙江敌后游击战争建立根据地的方针》,档案号:革1-1-22。
③ 谭启龙:《党的统一战线政策在浙东的成功运用》,见宁波市新四军暨华中敌后抗日根据地研究会:《浙东抗战与敌后抗日根据地史料丛书》第5卷,中共党史出版社,2001年,第263—264页。

第七章

浙东革命根据地的群众工作

共产党基本的一条,就是直接依靠广大革命人民群众。[①] 浙东地区有着深厚的革命传统,无论是抗日根据地时期还是游击根据地时期,浙东地区党组织始终如一地坚持群众路线,千方百计地保护广大人民群众利益。浙东人民从亲身体验中认识到,中国共产党和人民军队是真正爱护人民的队伍,由此坚定信心,积极拥护、支持中国共产党和人民军队。

一、浙东革命根据地群众工作概述

浙东地区有深厚的群众基础,浙东革命根据地建立前,共产党就在此组织开展了不少群众运动。浙东革命根据地的建设,始终站稳群众立场,坚持一切为了群众,一切依靠群众、深入群众、组织群众。浙东党组织和人民军队在中共中央群众路线和根据地群众工作方针的指引下,因地制宜开展形式多样的顽强斗争,以实际行动获得了群众的信任和支持,建立了牢固的群众基础,站稳了脚跟,赢得了革命的最终胜利。

(一)浙东革命根据地建立前的群众运动

近代以来,浙东民众曾多次抗击英、日、法帝国主义军队侵略。进入 20 世纪,浙东作为新思想传入的前沿,各类自发爱国运动的开展比较频繁。中国共产党成立后的群众运动,有成功有失败,经历了多次高潮低谷的反复。浙东地区党组织在成功中积累经验,在失败中汲取教训,工作方法逐渐从幼稚走向成熟,在群众中的影响力日益增加,为浙东革命根据地的群众工作打下了良好基础。

---

① 毛泽东:《共产党基本的一条就是直接依靠广大人民群众》(1968 年),见中共中央文献研究室:《建国以来毛泽东文稿》第 12 册,中央文献出版社,1998 年,第 581 页。

1. 从自发到自觉

浙东地区民众的革命意识萌发较早。1908年,位于舟山本岛的西乡八庄爆发了声势浩大的农民暴动,暴动坚持两个多月。① 同一时期,光复会成员陶成章、秋瑾等人把《革命军》《猛回头》等革命书籍运至宁波等地进行宣传,"由是浙东之革命书籍,遂以遍地,而革命之思想,亦遂普及于中下二社会矣"②。宁波当地的资产阶级知识分子也开始组织"通社""新学会社"等爱国社团,创办《民呼日报》《民吁日报》《民立报》《天铎报》等刊物,在本地积极宣传民主革命思想。③ 1912年5月,中国社会党绍兴支部创办机关刊物《新世界》,不仅宣传社会主义,也向读者介绍马克思、恩格斯及其著作。④

1919年,五四运动爆发,浙东地区开展了抵制日货、提倡国货的群众爱国运动。青年学生是群众运动前期的主要力量,绍兴1700余名学子举行纪念国耻大会,并走上街头,散发传单,发表演讲,号召"同胞速醒"。⑤ 与爱国学生运动相呼应,宁波、绍兴、台州等地民众也先后成立了抵制日货会、日货检查队、国货维持会、劝用国货团等组织,提出"勿用日货、勿用日钞、勿坐日船、勿雇佣日人、推广国货"等口号。⑥ 宁波码头扛帮工人发起罢工拒搬日货,这是全国最早出现的罢工之一。

五四运动后,浙东人民的反帝反封建爱国运动进一步发展。1919年11月,"福州惨案"发生,宁波召开国民大会声援"闽案",会议向北京政府外交部发出通电,要求严正交涉"闽案"。会后,宁波学生绕城游行一周。⑦ 上虞各界数千人在县城召开国民大会,声讨日本帝国主义残害福州爱国学生的暴行,并制定抵制日货办法。⑧

随着马克思主义在中国的传播速度加快,浙江逐渐发展为全国传播马克思主义最活跃的省份之一,浙东地区的群众思想在这一新风潮下进一步觉醒,除扩大化的青年运动和工人运动外,农民阶级在革命中的重要性开始被认识,农民群体登上历史舞台,农民运动兴起。1919年5月,绍兴上虞下管地区的进步青年创设平民夜校,对农民进行思想教育。在进步思想的影响下,下管等地生活在社会底层的"堕民"要求政治平权、文化平等,希望从此摆脱受奴役的地位。⑨

① 中共舟山地委党史资料征集小组办公室:《舟山革命斗争史资料》第1期,内部资料,1981年,第6页。
② 陶成章:《浙案纪略》,见中国史学会:《辛亥革命》第3册,上海人民出版社,1957年,第25页。
③ 中共宁波市委党史研究室:《中国共产党宁波史》第1卷,宁波出版社,2021年,第5页。
④ 绍兴县地方志编纂委员会:《绍兴县志》第3册,中华书局,1999年,第1659页。
⑤ 《越铎日报》1919年5月16日。转引自金普森等:《浙江通史·民国卷》,浙江人民出版社,2005年,第187页。
⑥ 中国科学院历史研究所第三所近代史资料组:《五四爱国运动资料》,科学出版社,1959年,第76—77页。
⑦ 《申报》1919年12月13日。转引自金普森等:《浙江通史·民国卷》,浙江人民出版社,2005年,第194页。
⑧ 中共绍兴市委党史研究室:《中国共产党绍兴历史》第1卷,中共党史出版社,2017年,第17页。
⑨ 中共绍兴市委党史研究室:《中国共产党绍兴历史》第1卷,中共党史出版社,2017年,第21页。

中国共产党成立后,自发的浙东群众运动开始向由共产党领导的自觉的工农运动转变。

2. 从低谷到高潮

在中国共产党的领导下,浙东地区的人民群众被空前广泛地发动起来,反帝反封建斗争进入了一个新的阶段。

1925年5月30日,上海发生震惊全国的五卅惨案,浙东地区积极响应,宣布立即支援五卅运动。宁波在"外交后援会"的主持下,全市实行罢工、罢课、罢市,组织有2万多人参加的集会和游行,发起了抵制英货运动,到轮船码头和车站检查英货,搬运工人拒绝运英货,在英侨家服务的华人自动退职。6月上旬,张秋人以上海学联代表、上海大学教授等身份往返于上海、杭州、绍兴、宁波等地,全国学联和上海学联也派贺威圣等人到浙东等地,进一步发动学生参加爱国斗争。宁波地区的斐迪学校、甬江女中、崇德女校等学校就发生了多起学生集体离校行动。绍兴等地也相继举行罢工、罢课、罢市活动,余姚庵东组织了"盐场沪案后援会",声援活动遍及浙东乃至全省大小城镇甚至偏僻的乡村。①

受五卅运动影响,浙东地区群众的革命热情日益高涨。1926年,绍兴爆发机织业和锡箔业工人大罢工。同年6月,在中共宁波地委工人运动委员会和妇女运动委员会的领导下,宁波和丰纱厂爆发"六月工潮",纱厂细纱车间全体工人罢工,并要求全厂工人起来支援,又有200余名工人到警察厅请愿示威,要求释放被捕女工。"六月工潮"在宁波社会各界引起了强烈关注,迫于舆论压力,双方最终达成协定,6月25日,军阀政府释放被捕工人,"六月工潮"结束。② "六月工潮"是宁波地区党组织成立后首次领导发动的大规模群众运动。

1924年,余姚庵东(今慈溪境内)就发动过盐民斗争,在当时社会各界的强大舆论压力下,盐政当局经过调查承认苛政盐民,并贴出布告制定条例安抚民众。1924年的余姚庵东盐民斗争不仅是当时浙江最大的一次罢工,是浙江工人运动复兴的起点,也是全国工人运动从"二七"罢工之后的低潮转入恢复和发展的重要标志之一。③ 1927年2月,竺清旦、卓兰芳分别以浙江省宁绍台宁波协会办事处主任和国民党宁波市党部特派员身份,再次到余姚发动盐民运动,斗争又一次取得了胜利。④ 在舟山地区,在时任中共宁波地委书记赵济猛的指示"群众运动一定要搞得轰轰烈烈,要以湖南省的农民运动为榜样"的指导下,定海地方党组织集中力量发动了城关镇的工人运动和岱山、衢山两岛的盐民

① 金普森、陈剩勇主编,汪林茂著:《浙江通史》第11卷,浙江人民出版社,2005年,第277—280页。
② 佚名:《和丰厂工潮昨已解决》《时事公报》1926年6月25日。
③ 金普森、陈剩勇主编,汪林茂著:《浙江通史》第11卷,浙江人民出版社,2005年,第277页。
④ 方元文:《余姚革命根据地》,浙江古籍出版社,2011年,第16页。

运动。①

第一次国共合作形成后,在国共两党的共同努力下,浙东地区开创了反对帝国主义和军阀的革命斗争新局面,迎来了工农运动的复兴和声势浩大的反帝爱国运动。

3. 从幼稚到成熟

1927年,第一次国共合作破裂,国民党实行"清党"计划,"(浙江全省)党的损失极大,至少在百分之六十以上"②。浙东地区党组织几被破坏殆尽,原有的工会组织被收编、解散,群众运动被迫停止。宁波地区直到1931年4月,共产党领导下的组织仅有市委书记一人,全域党员总数为六七十人③,下辖已无赤色工会,雇农工会仅有4000人且尚在组织中,其余群众组织也消失无影。④

1927年9月26日,在浙江省委扩大会议上,中央特派员王若飞向与会同志报告了第一次国民革命运动失败的原因,并向浙江省委传达了中央八七会议的精神,"中央最近决定武装暴动夺取政权,是本党目前急切的工作。湘鄂桂即应实行,江浙亦须准备"⑤。会议提出实行土地革命和武装反抗国民党反动派的总方针,将发动农民举行秋收起义作为党的主要任务。10月23日,《中央致浙江信》指出"浙江省委应马上准备一个广大的农民暴动",省委随即指派卓兰芳、王家谟等人到浙东地区指导群众工作,并制定了《浙东暴动计划》,试图以宁波、慈溪、余姚、奉化、宁海为中心,开展土地革命,发动大规模的群众暴动。

在奉化发动群众暴动有着特殊意义。1927年底至1928年初,卓兰芳经省委指派,组织奉化松岙、湖头渡一带的群众发起暴动,但因消息泄露,奉化暴动以失败告终。绍兴、诸暨、舟山、余姚、宁海等地相继发生暴动。此后,在国民党白色恐怖愈发收紧的严酷环境中,加之受中共中央"左"倾盲动和浙东部分地区右倾机会主义思潮影响,浙东地区原本恢复的党团组织工作再次陷入停滞状态,革命进入低潮时期。

"九一八"事变后,民族矛盾加深。浙东地区迅速发起了一系列抗日救亡运动。由于共产党在浙东的组织被严重破坏,一些失掉组织关系的共产党员、共青团员,开始通过合

---

① 此时在定海县组织的各项群众运动,都是通过国民党的合法名义来开展的,是共产党员以国民党宁波市党部特派员的身份进行领导的。

② 中央档案馆、浙江省档案馆:《浙江革命历史文件汇集(省委文件):一九二六年、一九二七年》,内部资料,1986年,第118页。

③ 一部分党员因已失联,需要重新联络,故不确定是否脱党或已经被害。

④ 中央档案馆、浙江省档案馆:《浙江革命历史文件汇集(地县文件):一九二六年—一九二九年》,内部资料,1989年,第37页。

⑤ 中央档案馆、浙江省档案馆:《浙江革命历史文件汇集(省委文件):一九二六年、一九二七年》,内部资料,1986年,第107页。

法斗争的形式,采取灵活有效的方式,组织群众开展革命活动。1933 年,失去组织联系的共产党员黄日初回到家乡诸暨永宁石碲村,与王静安、魏伯琴等人先后创办"永宁合作社"和"西泌湖联合社",以互助合作的形式把分散的农民组织起来,各自生产,互相帮助,抵制高利贷剥削,共同提高生活水平,得到广大贫苦农民的拥护。① 学生群体也是抗日救亡运动的重要力量。宁波第四中学、效实中学、甬江女中等校的学生相继组织了抗日救国会,在校内及鄞县、镇海等地进行宣传、演讲、示威游行活动;定海女中教师黄匡符,带领学生在街头进行宣传,慷慨激昂,痛哭流涕;绍兴籍共青团员石仲华从上海回到新昌泉窝村,组织当地青年成立戒赌会、读书组、抗日宣传队,教唱抗日歌曲,张贴标语,阅读进步书刊,开展抗日救亡宣传活动。

七七事变后,全面抗战爆发,爱国民众纷纷行动起来,加入抗日救亡运动的队伍。在余姚,广大爱国人士组织起"余姚抗敌后援会""姚北抗敌后援会"等组织;在绍兴,共产党员王寄松从上海回到嵊县,通过当地进步青年张珂表,以回乡工人和当地抗日青年为骨干,成立嵊县抗日救亡流动宣传队,排练《放下你的鞭子》《张家店》《活捉东洋兵》等话剧、活报剧,学唱二三十首抗日歌曲,创作几十幅宣传画,按"先城区、后农村"的计划进行抗日宣传,足迹遍及全县 200 多个村。②

1937 年 9 月,国共第二次合作正式形成,中共组织在浙江的活动由低谷转向活跃。12 月,黄绍竑出任国民党浙江省政府主席,在中国共产党的影响和推动下,对抗日活动采取了比较开明的立场。为贯彻和实施《浙江省战时政治纲领》,在共产党员的建议下,1938 年 2 月,黄绍竑代表国民党浙江省政府下令在全省组建各级政治工作队。政工队在抗战初期成为动员、组织全省民众抗战的重要力量,到 1939 年 8 月,全省建立了 75 个县政工队、4 个专区直属政工队和 3 个省政工大队,共有队员 3239 人。③ 浙东党组织抓住这一时机,以灰色形式通过政工队的名义开展群众性的抗日救亡运动,并秘密发展群众入党,其中不少党员干部掌握了政工队的领导权。余姚县政工队由进步人士郭静唐担任副队长(后任队长),下设 6 个区队,深入各区、乡、保,宣传抗日,组织群众,武装群众,建立"青年救亡室"。到 1938 年 9 月,全县有 30 个"青年救亡室",成员逾万人。④ 在郭静唐的掩护下,共产党直接参与了领导,宁绍特委副书记王平任政工队政治指导员并发展了近百名党员,又有一批从陕北公学受训回来的共产党员先后加入政工队,发动群众广泛开

① 中共绍兴市委党史研究室:《中国共产党绍兴历史》第 1 卷,中共党史出版社,2017 年,第 86 页。
② 中共绍兴市委党史研究室:《中国共产党绍兴历史》第 1 卷,中共党史出版社,2017 年,第 93—94 页。
③ 中共金华市党史研究室:《浙江省首个战时政治工作队在兰溪建立》,http://swdsyjs.jinhua.gov.cn/art/2018/6/19/art_1229393547_19002.html。
④ 俞建文:《四明・大俞山志》,浙江大学出版社,2021 年,第 239 页。

展抗日救亡运动。其中影响较大的有盐运、妇运、茶运三大运动。政工队成为浙东地区党组织开展群众工作的重要阵地。

大量宣传抗日救亡的进步报刊也在这一时期出版。随着上海、杭嘉湖地区的相继沦陷,绍兴地区文化出版事业异常繁荣,先后创刊出版的报纸杂志达五六十种。中共绍兴地方组织以群众团体名义出版的《抗敌》《新新》《抗战知识》《抗战十日》等刊物,使浙东地区的群众运动有了理论和舆论的双重指引。[①] 此外,定海建立了"小小图书馆",传播马列主义和抗日救亡的主张。

共产党在浙江的迅速发展,引起了国民党顽固势力的恐惧。1939 年 1 月,国民党中央开始实行"限共、溶共、反共"政策。3 月,中共中央军委副主席周恩来以国民政府军事委员会政治部副部长的身份视察浙江抗战,于 3 月 19 日与黄绍竑会晤,此次会谈促进了国共两党在浙江省的合作抗日。周恩来在浙江期间,多次赞扬浙江抗日救亡运动的出色开展,在全国也有极大影响,并向失学青年和国民党地方军政人员发表了演讲,回到绍兴,勉励家乡人民精诚团结坚持抗战。1940 年春以后,迫于蒋介石的压力,黄绍竑从原来的积极联共抗日的立场上逐渐退缩,在各级政府中任职的中共党员被迫陆续撤离。浙东形势日益恶化,浙东各地的抗日救亡群众组织以及一些抗日进步措施和成果均遭破坏,反动派开展搜捕共产党和进步人士,共产党领导下的浙东地区群众运动再次转入地下。如余姚政工队领导的"青年救亡室"逐步改名"战时社会服务团",开展隐蔽的群众工作,发展抗战骨干。

(二)浙东抗日根据地时期的群众工作

浙东抗日根据地时期,浙东区党委高举抗日爱国旗帜,结成广泛抗日民族统一战线。宣传群众,组织群众,武装群众,把浙东的抗战变成全浙东人民的抗战,赢得浙东人民群众的拥护和支持。在艰苦的斗争中,浙东敌后抗日根据地实行各项政策,进行必要建设,使人民群众各项利益得到了保障。

1. 办事处代政时期(1941 年 7 月—1943 年 12 月)

办事处代政,是浙东抗日根据地建设的起步阶段。这一阶段,浙东区党委制定了群众工作方针,设置了工作机构,开展了广泛的群众宣传、发动、组织工作。广大干部组织起来,深入敌后,相继发动一系列群众运动。

1941 年 7 月,浦东武装南渡浙东后,陆续建立起一批军队办事处,开启了以部队办事处代行部分行政职能的临时过渡,群众工作也在变革中逐步开展起来。部队办事处成立

---

① 中共绍兴市委党史研究室:《中国共产党绍兴历史》第 1 卷,中共党史出版社,2017 年,第 102 页。

之初,以服务部队为主,同时进行宣传抗日救亡、小范围发动群众的工作,如组织弟兄会、姐妹会等隐蔽的群众组织。

1942年7月,浙东区党委成立后,仍以部队办事处作为同级的政权机构,并将其改建为军民联合办事处。7月18日,浙东区党委在慈溪北部的宓家埠召开了浙东敌后第一次干部扩大会议。谭启龙在会上作了《目前国内外形势与我党发展浙江敌后游击战争建立根据地的方针》的报告。报告指出,浙江地区有光荣的革命传统,当前浙东敌后形势其中一个重要变化与特点在于"浙江敌后人民的抗日情绪已日益高涨起来……浙江我党和广大人民有着雄厚的潜伏力量与基础,人民的抗日游击战争将随着敌人的压迫政策,必然会广泛的发动起来"①。他据此提出了发展浙江敌后群众工作的5项具体政策:结成广泛的抗日民主统一战线;组织广泛人民抗日的群众性武装;政治上动员,向群众宣传敌人的暴行、阴谋;发动组织敌后广大群众为改善生活而斗争;为建立群众性党而斗争。

1942年8月,浙东区党委结合当时形势,针对各地党及部队执行的浙东地区敌后斗争总方针"独立自主地放手发动群众,发展敌后游击战争,建立抗日根据地,打击日寇,争取抗战最后胜利",再次指出不同工委的具体群众工作,如"三北工委应从政治上群众工作上,(党)的工作上进一步精细布置,深入工作,迅速达到完全巩固该地区的目的"②。同月,浙东区党委成立新四军浙东游击纵队政治工作队(政工队),分配到地方各区、乡,积极宣传团结抗日,开展民运工作。政工队是抗战时期开展群众工作的主要力量。1945年1月,何克希在各届代表大会作浙东形势和工作报告时,高度肯定了政工队的贡献:"浙东群众觉悟高是与党的群众工作分不开的,尤其是当时政工队发动群众、组织群众、武装群众的工作开展得好。"③

1942年11月18日,陈毅等致电浙东,指出统一三北工作,需要依靠群众,在民运工作开展上要用政治部名义执行。11月30日,浙东区党委发布《关于开展与深入群众工作的指示》④,对新形势下如何开展与深入群众工作做出专门指示,提出5点具体要求,强调一年来的群众工作尽管获得了一些成绩,但总体而言,"群众工作仍然是我们工作中最薄弱的一环","广大人民还没有动员与组织起来"⑤。

---

① 浙江省委党史资料征集研究委员会、浙江省档案馆:《浙东抗日根据地》,中共党史资料出版社,1987年,第29页。

② 浙江省委党史资料征集研究委员会、浙江省档案馆:《浙东抗日根据地》,中共党史资料出版社,1987年,第47页。

③ 朱之光:《战斗在四明山上:朱之光回忆录》,中共党史资料出版社,2000年,第120页。

④ 关于这一指示的发布时间,除《发动群众创建根据地》一书记为"1942年12月30日",其他档案收录皆记为"1942年11月30日"。

⑤ 浙江省委党史资料征集研究委员会、浙江省档案馆:《浙东抗日根据地》,中共党史资料出版社,1987年,第54—59页。

1943年2月,针对当时全国形势与共产党的总政策,浙东区党委发布《我党我军在浙东地区今后的一般任务》,再次重申总任务和总方针,提出各项具体任务。针对群众工作,要"积极团结各阶层人民为保卫家乡保卫人民抗日游击根据地斗争到底"。当前,"我们只做了第一步,只做到使群众同情我们,还未做到使群众与我们血肉与共,能与我们共同斗争";因此,更要"使人民懂得,必须牺牲他们的一切来帮助我们生存,要懂得没有我们,人民也就不能生活"①。4月,四明地区的姚慈县办事处扩大为三北游击司令部南山总办事处,下设民运科负责群众工作,由王剑鸣担任科长。

1943年春,新四军组织部部长张凯来浙巡视工作,就浙东地区的群众工作提出意见,重点关注各类群众团体建设,"加强群众工作,这里农会是合法的,我们要帮助恢复,应按政府所允许的去建立各种群众团体,配合各方面共同进行,对盐民农民要积极设法组织不给敌人利诱,我们的群众工作,不能与根据地一样,不是由我们的(去)代替,在方式上要加紧注意,对群众利益要关心,适当的改善人民生活"②。

1943年7月底,三北地区按照浙东区党委"巩固群众团体、改造政权"的指示,吸收群众团体、地方进步士绅等各方面的代表,成立了"慈镇姚抗日建国工作推进委员会",下设社会科、文教科等与群众密切相关的工作机构。③ 9月,浙东区党委作出关于准备力量坚持浙东艰苦斗争的指示,指出"必须加强在群众中的动员工作,加强我党我军与群众的密切联系……必须与当前全党进行秋收运动组织十万群众二万自卫军完成十万担公粮的中心工作密切联系起来"④。

2.浙东敌后临时工作委员会时期(1944年1月—1944年12月)

1943年12月22日,浙东抗日武装在新四军军部的指示下,改名为新四军浙东游击纵队,浙东地区的各项工作由隐蔽转为公开。1944年1月,浙东敌后临时行政委员会成立,标志着浙东抗日根据地正式建立了政权领导机构。同月,出台《浙东敌后临时行政委员会施政纲领》,加紧发动群众力量。⑤《浙东敌后临时行政委员会施政纲领》不仅从立法的角度保障"一切抗日人民的人权政权财权及言论出版集会结社居住迁移之自由权,人

① 杭州大学历史系、浙江省档案馆:《浙江革命历史档案选编——抗日战争时期(下)》,浙江人民出版社,1985年,第53—71页。
② 中共宁波市委党史研究室:《烽火四明——浙东抗日根据地创建70周年纪念文集》,浙江人民出版社,2013年,第154—157页。
③ 后因形势变化,三北地区的行政工作实际仍由三北游击司令部总办事处承担。
④ 中共宁波市委党史研究室:《烽火四明——浙东抗日根据地创建70周年纪念文集》,浙江人民出版社,2013年,第168页。
⑤ 浙江省委党史资料征集研究委员会、浙江省档案馆:《浙东抗日根据地》,中共党史资料出版社,1987年,第85—87页。

民控告任何公务人员非法行为之权利",还提出在经济生活中实行春耕秋收的群众动员、减租减息、调节劳资关系,废除苛捐杂税,最大限度地减轻群众负担,维护群众利益。同时,切实救济本地及外来之灾民、难民;更要求从政治上、经济上提高妇女地位,发扬妇女在政治上、经济上的积极性。《浙东敌后临时行政委员会纲领》的颁布,为浙东敌后临时行政委员会时期群众工作的开展,提供了立法依据,明确了新阶段群众工作的转变与发展方向。

浙东敌后临时行政委员会划分了 4 个行政区,辖 14 个县,进一步明确了政权内部的职能划分,设立相关工作机构。在浙东敌后临时行政委员会组织设置上,设民政处开展群众工作,同时在专署级办事处和县级办事处下设民政科,区署设民政股,使群众工作通过上下健全畅通的机构设置得以层层推进。在实际执行上,三北地区专署级的慈镇姚虞办事处因机构不健全被撤销,后续成立慈镇、慈姚、余上 3 个县级办事处。这 3 个县级办事处中,余上县办事处设民政科、文教科,慈镇县办事处设民政科、文教科,慈姚县办事处设文教科等,以此开展群众工作。又在四明地区设四明特派员办事处,下设民政科、文教科开展群众工作。四明地区的县级办事处中,姚南县办事处、鄞慈县办事处、上虞县临时办事处设民政科、文教科,鄞县办事处设文教科,嵊新县办事处设民政科、民运组。[①]

1944 年 9 月 25 日,谭启龙在新四军浙东游击纵队第一次军政工作会议上作报告,针对这一时期的形势与今后浙东地区的工作任务,提出必须加强对人民的宣传鼓动工作,使其认识到敌伪顽势力的罪恶面目;要协同地方党政民各机关建立广大人民的抗日武装,开展民兵工作。11 月,浙东区党委指示下属各级党组织,要求各地区召开会议,争取把各界人士中有代表性的、支援共产党抗战的人士推选出来,参与浙东敌后各界临时代表大会。

3.浙东行政公署时期(1945 年 1 月—1945 年 9 月)

1945 年 1 月,经普选、协商产生的区乡各界人民代表[②],聚集余姚梁弄,召开浙东敌后各界临时代表大会。临时代表大会不仅选举产生了浙东行政委员会,组成了浙东敌后临时参议会,而且成立了浙东行政公署委员会。随着浙东行政公署委员会的成立,浙东敌后临时行政委员会即行撤销,浙东抗日根据地政权进入浙东行政公署时期。

在浙东敌后各界临时代表大会上,浙东区党委发布了《浙东地区施政纲领》,这是浙东抗日根据地最重要的纲领性文件。《浙东地区施政纲领》中关于浙东地区的群众工作,

---

① 中共宁波市委组织部、中共宁波市委党史委员会、宁波市档案馆:《中国共产党浙江省宁波市组织史资料(1925.2—1987.12)》,人民日报出版社,1993 年,第 141—164 页。
② 由于条件所限,除四明、三北地区代表采取普选的方法外,其他地区的代表只能协商产生。

主要提出 6 点要求:巩固与扩大新四军及各地区人民抗日武装力量,加强群众武装组织训练,广泛开展群众性的游击战争;保障一切抗日人民的人权、政权、财权、地权,保障人民言论、出版、集会、结社、信仰、居住、迁移之自由权;发展农业生产,动员广大群众开展春耕秋收运动;调节劳资关系;废除一切苛捐杂税,实行合理的收税制度;依据男女平等之原则,从政治上、经济上提高妇女在社会上的地位。[①]《浙东地区施政纲领》关于群众工作的内容,是在《浙东敌后临时行政委员会施政纲领》基础上的补充完善,群众的权利与义务更加明确。浙东各界临时代表大会的闭会宣言,对《浙东地区施政纲领》给予高度的评价:"中共浙东区党委所提出的这个施政纲领是团结与发动全浙东人民抗日力量、坚持浙东抗战、解放浙东人民的唯一正确道路。"[②]

1945 年 2 月,浙东行政公署正式成立,以"三三制"原则建设各级政权机构。区一级群众工作机构除设民政处、文教处外,还设立了浙东四明专员公署社会教育工作队。行政公署下辖的两个专员公署和两个特派员办事处及其下属县级政府、区署,也设专职机构负责群众工作。如四明行政专员公署设民政科、文教科,下属南山县、鄞县县政府亦设民政科、文教科,嵊新奉县办事处在此基础上又设民运队(组)。区署以下设若干乡保行政机构。区乡长都由人民群众选举产生。四明山大岚区选举的 4 个乡长,既有非党进步人士,又有中共党员。区长李志标是开明士绅,慈南乡长由开明人士李纪佑担任。许多在群众中有较高威信又和中共一起共患难的上层人士,在各级民主政府中都安排了重要职务。浙东抗日根据地的人民第一次行使了自己的民主权利。[③]

1945 年上半年,随着对敌形势的稳定,以四明山为中心的浙东抗日根据地的工会运动也开始发展起来。1945 年 2 月,延安《解放日报》发表文章,倡议建立解放区职工联合会,以加强对解放区职工运动的指导。浙东抗日根据地工人也积极响应,酝酿成立浙东根据地工会。3 月 4 日,浙东公营工厂总工会筹备会成立,并召开第一次会议,决议于5 月 1 日正式成立总工会。3 月 28 日,浙东区党委发出关于开展职工运动的通知,要求各地宣传讨论成立中国解放区职工联合会的社论,着手加强解放区的职工工作,各地党委要明确,工人运动仍应成为群众运动的骨干,并对过去职工工作中的不足进行检讨,提高干部对职工运动的重视程度。5 月 1 日,在浙东区党委的直接领导和支持下,浙东公营工厂 500 余名工人和武装人员、机关工作人员,举行了纪念五一劳动节暨公营工厂总工

---

① 浙江省委党史资料征集研究委员会、浙江省档案馆:《浙东抗日根据地》,中共党史资料出版社,1987 年,第138—142 页。

② 浙江省委党史资料征集研究委员会、浙江省档案馆:《浙东抗日根据地》,中共党史资料出版社,1987 年,第150—152 页。

③ 谭启龙:《谭启龙回忆录》,中共党史出版社,2003 年,第 193 页。

会成立大会。总工会的成立,使浙东抗日根据地的工会运动有了核心力量。浙东公营工厂总工会和所属分工会以及各地各业工会成立后,把抗日救国、支援前线作为根据地工会的中心任务,开展了一系列活动。5月2日,总工会举行"初步劳动英雄总结与给奖典礼大会",嘉奖劳动英雄。此外,工会还进行了改善生活、保障劳动权利的工作。工会运动调动了工人群众的抗日救国积极性,有力地配合了根据地的各种斗争。[①]

抗战胜利后,浙东地区维持了短暂的和平。为着维护国内和平的大局,中共中央做出了原在浙东的新四军撤出浙江,仅留下少量干部坚持原地斗争的部署。对于这些仍留在当地的秘密工作者和少数秘密武装,浙东区党委提出"隐蔽精干,长期埋伏,保存力量,等待时机"的坚持工作方针,将原有党组织再次改为特派员制。1945年9月底,浙东区党委起草《忍痛告别浙东父老兄弟姐妹书》,向广大群众解释党的北撤与今后浙东工作的交接情况,鼓励群众团结一致、同心协力,维护过去四年取得的民主果实,保护人民自己的利益。《忍痛告别浙东父老兄弟姐妹书》的发布争取了广大群众的同情和支持,为浙东区党委、部队完成战略转移和解放战争时期再次发展浙东根据地保留了群众火种。[②]

(三)浙东游击根据地时期的群众工作

浙东游击根据地时期,浙东各级党组织在山区、平原,依靠群众,利用地形,开展隐蔽斗争。在城镇,积极发动各阶层人民群众,开展反美反蒋和反饥饿的斗争。通过积极发动和组织工人、农民和各阶层群众,反对国民党对根据地的"清剿""清乡",粉碎了其消灭浙东武装力量的阴谋。人民解放军南下后,浙东党组织发动工人护厂、学生护校,组织群众踊跃支前,开展迎接南下大军和保护城市的各项工作,有力支援了人民解放战争。

1. 隐蔽坚持时期(1945年10月—1946年5月)

浙东党政机关与新四军北撤时,对于如何在国统区保存壮大当地的党政军民有生力量,除朱洪山、黄明等组成新四军浙东游击纵队留守处,以公开合法的身份与国民党谈判,处理部队北撤后的善后事宜外,经历了相当长时间的隐蔽坚持阶段。

隐蔽坚持时期,在浙东地区党组织的有生力量保留上,区党委决定由刘清扬、邢子陶(不久即去苏北)、马青、王起等留下坚持斗争,分别担任四明、金萧、三东、台属地区特派

---

① 中共浙江省委党史研究室、中共宁波市委党史研究室、中共慈溪市委党史研究室、中共余姚市委党史研究室:《浙东抗日烽火——中共浙东区党委成立暨浙东抗日根据地创建五十周年专辑》,内部资料,1992年,第154—158页。

② 成为杰:《浙东抗日根据地:孤悬敌后的战略基地》,《学习时报》2022年10月10日。

员,又在地区特派员之下,设各县、区特派员①,负责在当地开展秘密工作。② 三东、四明等地留守的广大共产党员,依靠革命群众的掩护,高举党的旗帜,保存有生力量,进行秘密斗争。③ 金萧地区比较特殊,由于北撤后当地留下的武装人员较多且坚持隐蔽斗争人员的思想没有彻底转变,当地仍以公开武装斗争形式为主。④ 台属地区党组织由刘清扬兼管,但刘清扬没有及时与当时留守台属坚持斗争的负责人许少春联络,使台属党组织与上级失去了联络。

三东地区特派员王起进入宁波城区后,即刻要求当地所有共产党员以公开职业为掩护隐蔽起来,站稳脚跟。三东特派员下属的鄞(县)东南、奉化、镇海和定海各特派员也都进行了隐蔽坚持。⑤ 在定海,地下党员王家恒在共产党的支持下当选为国民党岱山区党部书记和三青团区队长。1946年冬,王家恒在自卫大队改组后又担任保警第二中队中队长。王家恒秘密掌握了这支军队,使岱山地区的伪政权、党务、军队都完全控制掌握在共产党手中。通过这一有利条件,共产党又安排余力行、孔祥辉等一批党员去伪乡政权、保警队和学校、盐业公会等单位工作,对在岱山坚持地下斗争的詹步行等党员也进行了很好的掩护。⑥

四明地区,中共南山(姚虞)县特派员陈布衣在谭启龙"树立党的旗帜,保存有生力量,等待时机"的指示下,"面向群众背靠山",扎根于群众之中,坚持隐蔽斗争。最初,陈布衣等人在四明山区南黄一带隐蔽。在南黄期间,他们通过集体学习,改变以往的集中、公开的斗争方式,开始从事个别的、秘密的活动:召开区特派员会议了解群众情绪,并选择共产党群众基础较好的地方,作为红色立足点⑦,联络一批积极分子,争取周围群众,了解敌人动态。10月中下旬,为躲避"围剿",一行人又转移至四明山区屏风山一带隐蔽。1946年初又转移至大俞一带,依靠群众继续与敌周旋。

坚持人员在四明地区的隐蔽斗争得到了红色堡垒户的掩护和帮助。章雅山村的明

---

① 从《中国共产党浙江省组织史资料(1922.4—1987.12)》和《中国共产党浙江省宁波市组织史资料(1925.2—1987.12)》看,这期间并不是所有支部都撤销建立,区特派员以下,仍有部分乡、村、区设党支部,一部分支部甚至是在隐蔽期间新成立的,且有书记实际任职。

② 中共浙江省委组织部、中共浙江省委党史研究室、浙江省档案馆:《中国共产党浙江省组织史资料(1922.4—1987.12)》,人民日报出版社,1994年,第367页。

③ 隐蔽坚持方针的实行,意味着不开展公开的武装斗争,党留下武装或配备武器是"当作民枪存在"。

④ 中共浙江省委党史研究室、浙江省新四军历史研究会:《浙东游击根据地史》,中共党史出版社,2009年,第59—65页。

⑤ 中共浙江省委党史研究室、浙江省新四军历史研究会:《浙东游击根据地史》,中共党史出版社,2009年,第67页。

⑥ 中共舟山地委党史资料征集小组办公室:《舟山革命斗争史资料》第1期,内部资料,1981年,第31—32页。

⑦ 建立红色据点的提议,由四明地区特派员邢子陶提出。他指示,在隐蔽坚持时期,要全部彻底群众化,依靠群众,建立红色据点,有更多的立足点。参见陈布衣:《坚持在四明山上》,见宁波市新四军研究会:《解放战争时期宁波地区革命史料》第1卷,中共党史出版社,1999年,第135页。

海嬷嬷母子因被告发与四明山区的坚持人员有联系,被国民党抓捕到梁弄。国民党反动派对他们严刑拷打,逼迫他们说出坚持人员的下落。面对酷刑,明海嬷嬷母子坚持不松口。最后,国民党反动派当着明海嬷嬷的面,将其儿子残忍枪杀。但明海嬷嬷始终未吐露共产党员的丝毫下落。明海嬷嬷被释放回家后,仍坚持寻找坚持人员,她说:"只要你们在,我们阿尧没有白死,总有一天要报仇雪恨的。"[1]

在国民党第三十二集团军对四明山发起"清剿"前夕,为了在保护群众的同时对敌开展斗争,四明党组织决定在深山密林中建造简陋茅棚,命名为"公馆",作为斗争活动场所。"公馆"是四明游击活动特有的创造,由于当时坚持斗争的干部人数少,为了保存和壮大力量,与敌人开展隐蔽灵活的捉迷藏式周旋,建立的"公馆"数量很多,坚守人员在一处"公馆"住的时间,有长有短。凭借着深山密林中的这些"公馆",坚守人员与敌人巧妙周旋,保存了革命的火种。游击队员白天在"公馆"学习、工作、生活,晚上下山进村,开展民运工作,宣传形势,发动群众、发展组织,打击敌对势力。[2]

从1945年底到1947年初,国民党在四明山区组织了五次大规模的"清剿",并实施"吃西瓜吃中心""簸箕""鱼网"等战术,但始终一无所获。"浙保"团长童烈曾率领一团兵力包围沿江地区的五东岙、箬岙、邵家潭等村庄,将这些村庄中所有男女老少120余人,全部捕到据点一个弄坑,胁迫群众供出坚持人员住的地方,妄图将其一网打尽。国民党官兵以残酷手段,当场杀了阿乃伯,毒打了十多人,又胁迫阿田哥等一大批人去服劳役,但这些纯朴善良和坚强的群众受共产党多年教育,深知革命气节的高贵,虽处在酷刑和饥饿交迫的生死关头,却没有一个人招供。其中有一个16岁的青年,国民党官兵逼他带路搜查,竟以自杀抗命。[3]

在广大群众的支持下,坚持人员在浙东地区"站稳了脚跟,坚持了斗争",保存壮大了革命力量,一直到重新建立武装,胜利完成了隐蔽斗争的艰巨任务。

2.重建根据地时期(1946年6月—1948年12月)

1946年6月,全面内战爆发。浙东地区经过了近一年的隐蔽坚持斗争后,开始转为公开斗争。

1946年9月20日,中共华中分局发出指示,提出当前浙东地区的工作重点应由隐蔽斗争转为广泛发动群众、发展党员、建立武装、与国民党开展游击斗争等。对于"革命的游击据点"如何发动群众力量,华中分局布置了当下浙东群众工作的四项任务:发展武装

①　朱之光:《战斗在四明山上:朱之光回忆录》,中共党史出版社,2000年,第210页。
②　毛晓甫:《"公馆"颂》,见宁波市新四军研究会:《解放战争时期宁波地区革命史料》第1卷,中共党史出版社,1999年,第261—263页。
③　朱之光:《战斗在四明山上:朱之光回忆录》,中共党史出版社,2000年,第187—188页。

工作队,多组织群众性的武装、便衣小组;放手发动群众,壮大人民力量;在发展群众性武装斗争中,组织群众,发展共产党组织;争取两面派,做好两面派的工作。①

1946年12月,中共上海分局外县工委副书记林枫在《关于浙东环境与任务的报告》中指出,目前"敌后是(处在)空前有利环境",敌后党的任务是"积极领导群众斗争,发展游击,开展城市的爱国运动来扰乱敌后牵制敌人力量,配合正面战场而斗争"②。根据浙东不同的地区环境,林枫提出了不同地区开展群众斗争的要点:四明地区,要将爱国统一战线工作中心放在农民中,发动农民群众运动,以农民为主来团结较好的中上层、反"清剿"的敌人士兵来开展爱国统一战线。其具体任务是和反"清剿"斗争密切结合、以反"清剿"为主的武装斗争。同时,要解决什么人去领导的问题,依靠武装,突击建立新的秘密的共产党组织;提拔和争取新的群众领袖和干部;群众组织和斗争,要采取新的策略。东海地区,要酝酿爱国统一战线,积极发动改善生活斗争。台属地区,要巩固原有的合法武装,团结乡保,结成爱国统一战线;利用匪民合一,建立匪的统战。

在此后的实际执行中,仍存在着各地群众工作开展不平衡的情况。四明、金萧地区群众工作的开展相对较好。在四明,尽管在武装斗争初期(1947年9月前)忙于重建武装,对群众工作并未作具体的布置,但在三北庄市会议时已提出在"绥靖区"发动群众进行反抽丁斗争。1947年10月,在张瑞昌(顾德欢)的领导下,四明工委发出了反抽丁的指示,此后又发动群众开展秋收斗争,这些斗争的特点都是"自上而下"。1948年8月,四明工委发布《四明形势与总的方针任务》,提出了四明工作的四大任务,其中关于群众工作提出"发动秋收斗争及秋征工作,以减租抗粮、反恶霸等斗争来发动群众,以秋征工作解决供给",对于如何开辟新区,也指出要以"打特济贫"、摧毁反动乡保机构、抗丁抗粮、减租抗租等形式发动群众起来斗争,让他们从斗争中得到实际利益,使共产党和武装在新区站稳脚跟。③ 在金萧,各地群众工作因时因地开展工作,如路西开展了政治宣传和除暴惩戒,永康县组织群众开展抗丁、抗粮、抗税的"三抗"斗争。

台属、三东地区相对落后,群众缺乏斗争积极性。一方面,这与各地党组织力量分布不均、抗战时期打下的群众基础不同有关;另一方面,也有武装斗争成为工作重心而忽略群众工作的原因。④ 1947年8月,林枫针对台属工作的不足,提出"应立即酝酿与群众建立密切联系,这样在方针上要紧急抓住抽丁、粮荒等等伟大时机,把分散的力量在同目标

① 中共浙江省委党史研究室、中共宁波市委党史研究室:《浙东游击根据地》,中共党史出版社,1996年,第3—4页。
② 中共浙江省委党史研究室、中共宁波市委党史研究室:《浙东游击根据地》,中共党史出版社,1996年,第5页。
③ 浙江省档案馆:《浙江革命历史档案选编——解放战争时期》,浙江人民出版社,1988年,第123—132页。
④ 中共浙江省委党史研究室、浙江省新四军历史研究会:《浙东游击根据地史》,中共党史出版社,2009年,第163—168页。

下采大规模民变全面推动,并在这基础上建立公开群众性的统一机构、武装和政权。"①

1947 年 1 月,经过近一年的发展斗争,上海党组织召开会议,宣布成立中共浙东工作委员会,浙东地区的群众工作开展从此又有了统一的领导机构。针对群众工作,会议提出要发动群众开展抗丁抗粮抗税,让群众从斗争中得到利益,使群众支持和拥护共产党,扩大共产党的群众基础,为发展武装斗争创造有利条件。同月,中共四明工作委员会、中共台属工作委员会建立。此后,三东、金萧、会稽、路南地区的党组织也相继成立。

1947 年 2 月,中共上海分局对浙东地区工作作出了《关于外县工作的决定》,指出今后一个时期浙东工作的关键在于如何抓紧群众工作中心的一环,并对不同性质地区提出了不同的斗争策略:游击区要以尽量少的"非法斗争"及抗丁、抗税等形式恢复群众斗争的积极性,武装斗争应积极灵活,摧毁反动的国民党政权,努力建设"两面派"政权;合法斗争和武装斗争相结合地区要公开广泛地发动群众开展"春荒"斗争,争取"两面派"和控制国民党地方武装。上海分局的这一指示,是继 1947 年 1 月上海会议部署浙东工作之后对浙东工作的又一次指示,特别在群众工作方面,在继 1 月提出以其为中心之外,更进一步提出了不同地区群众工作的不同方法。②

1947 年 3 月,张瑞昌与陈爱中就针对当前四明地区出现的群众工作开展得不够的问题,提出先要在党内进行一次群众工作重要性的教育,再是抓住农村中关系群众切身利益的问题比如抽丁、高利贷等,发动群众进行斗争,提高群众的斗争积极性。③ 4 月,中共浙东工作委员会发布《关于反抽丁斗争的指示》,指出领导反抽丁斗争是"发动群众的最重要内容",通过反抽丁斗争,要求创立各种群众性武装,扩大和加强现有武装,发展反蒋统一战线,为恢复浙东根据地打下群众基础与社会基础。④ 4 月—5 月,林枫先后两次到浙东传达指示,要求建立政权组织、群众性机构,搞好统战关系。6 月,浙东行政公署临时办事处成立,并发布《告浙东各界同胞书》,正式向浙东社会各界同胞宣布新四军与浙东党委组织的归来,号召广大群众一致团结起来,扩大和平、民主、爱国的统一战线。⑤ 9 月,四明地区以"浙东行政公署临时总办事处"和"四明人民爱国自卫总队政治处"的名义派发了《新四军撤退浙东两周年告同胞书》,揭露国民党在根据地摧残群众的罪行,指

① 中共浙江省委党史研究室、中共宁波市委党史研究室:《浙东游击根据地》,中共党史出版社,1996 年,第 18 页。
② 中共浙江省委党史研究室、浙江省新四军历史研究会:《浙东游击根据地史》,中共党史出版社,2009 年,第101—102 页。
③ 中共浙江省委党史研究室、浙江省新四军历史研究会:《浙东游击根据地史》,中共党史出版社,2009 年,第107—108 页。
④ 浙江省档案馆:《浙江革命历史档案选编——解放战争时期》,浙江人民出版社,1988 年,第 7—17 页。
⑤ 中共浙江省委党史研究室、中共宁波市委党史研究室:《浙东游击根据地》,中共党史出版社,1996 年,第19—22 页。

明全国及浙东斗争的形势,动员各阶层同胞团结起来开展爱国自卫解放运动。①

1948 年 1 月,浙东工委改为中共浙东临时工作委员会,并在慈南孔岙召开扩大会议,确定浙东今后的工作方针之一是要开展大规模的群众运动。中共浙东临时工作委员会书记张瑞昌在总结过去一年多浙东群众工作时指出:"(对)发动群众工作重视不够,没有与武装斗争紧紧配合起来,群众斗争没有紧跟着武装斗争的发展而发展。群众的发动落后于武装的发展,这应是这一年多来武装没有进一步发展与某种停滞状态的主要原因之一。"②张瑞昌强调,浙东各地应当开展大规模的游击运动和群众性的游击战争,积极领导群众进行各种形式的斗争,壮大群众力量。

1948 年 3 月,中共中央对浙东地区工作开展发布指示,提出要全力领导群众开展生活斗争,让群众从斗争中得到好处,在游击区尚未扩大之前,不要太注意政权形式。③4 月,中共上海局再次对浙东工作作出指示,在发展武装斗争的同时,要加强群众工作建设:要以武装斗争的形式去开展群众斗争,再从群众斗争中壮大武装力量,武装斗争的发展不能局限于内线的纠缠,而要转变为外线的主动进攻局面;要坚决发动群众进行日常生活的斗争,激发群众的斗争热情,在斗争的形式上要多样,在斗争的策略上要灵活;在群众工作的基础上,建立党的政权,这包括建立行政公署或县政府以及革命的"两面派"政权;在群众斗争中大量地审慎地发展党员,健全党的领导机构。④

1948 年 5 月,浙东工作划归华中工委领导后,华中工委有关群众工作提出指示:要广泛发动群众,利用国民党征粮、捐税、拉夫压迫群众的事实,号召群众进行各种形式的斗争及建立各种形式的群众组织;要广泛地发动游击战争,用武装力量来支持群众运动。8 月,上海局在给华中工委的报告中指出,过去一年多的领导中,有关工作的不足在浙东地区群众斗争尚未与军事斗争密切结合起来。要指出的是,这一时期由于浙东各地首先侧重保持生存的武装斗争,且常受国民党"清剿"的干扰,其非群众武装工作与群众武装斗争存在着发展脱节、不平衡的问题,"党和武装发展的速度很快,但除局部地区外,群众工作都未能真正发动起来"⑤。具体表现为:在斗争方式上,仅限于在武装斗争过程中发

---

① 中共浙江省委党史研究室、浙江省新四军历史研究会:《浙东游击根据地史》,中共党史出版社,2009 年,第 152 页。

② 中共浙江省委党史研究室、浙江省新四军历史研究会:《浙东游击根据地史》,中共党史出版社,2009 年,第 178—179 页。

③ 中共浙江省委党史研究室、浙江省新四军历史研究会:《浙东游击根据地史》,中共党史出版社,2009 年,第 78 页。

④ 中共浙江省委党史研究室、中共宁波市委党史研究室:《浙东游击根据地》,中共党史出版社,1996 年,第 82—85 页。

⑤ 中共浙江省委党史研究室、浙江省新四军历史研究会:《浙东游击根据地史》,中共党史出版社,2009 年,第 298 页。

动群众,惩治民愤极大的恶霸地主,只让一小部分群众得到了物质好处,绝大多数群众仍持观望态度,有些地区的群众甚至在领到分给的粮食后又被国民党军队胁迫交回;在工作方法上,侧重上层统战工作,忽视一般群众工作的开展;在群众组织建设上,群众组织还没有普遍广泛地建立,仅是些干部性的党外围组织。[①] 虽有指示提出要成立贫农团、翻身会等由贫雇农和中农参加的群众组织,但在具体执行上也因为武装斗争的严峻性而未能付诸实施。

1948 年 10 月 7 日,"台东会议"召开。浙东临委针对群众工作中的具体问题,提出如下意见:要更有计划、更深入地去领导真正的群众性反抽丁斗争;对减租斗争要拟定一般性的办法,有条件供各地做参考;发动反动派收粮斗争并实行开仓济贫;加强部队群众工作;等等。同月,华中工委委员、江南工作委员会书记管文蔚提出了对浙东工作的意见,指出浙东工作总的方针仍是继续向建设游击根据地的方向努力,在群众工作上,"应根据不同地区、不同对象,提出不同的口号,打击少数,争取多数"[②]。除此以外,华中工委秘书长欧阳惠林,江南工作委员会副书记包厚昌、吕炳奎,以及江坚、谢先东等,也对浙东群众工作提出意见:群众斗争的方式应根据自己的力量及群众对反动统治的反应觉悟程度来决定;在游击中心区要普遍地建立群众性组织;等等。[③] 10 月 27 日,张瑞昌在华中工委这一指示和浙东当前形势的基础上,作了题为《关于目前形势与几项重要的政策》的报告,指出在群众工作方面,思想上要足够重视,方法上要讲究策略,如"打特济贫"的口号要禁止使用,"打土豪"要认真选择对象,群众组织要多层次、多样化等。[④] 这一群众工作方针的提出,为今后游击根据地群众工作的开展打下了重要的基础。

1948 年 12 月,随着四明、台属、会稽、金萧和路南 5 个地区由孤立转为相通,浙东地区初步形成了完整的游击根据地。

由隐蔽坚持转向公开斗争,再到浙东游击根据地的初步形成,这一时期各地的群众工作在广大党员干部的推动发展下逐步走上正轨。发动武装群众开展反"围剿"、反"清乡"斗争,并取得了"天华缴枪"、反雪天"清剿"、"窖湖缴枪"、"湖头庙缴枪"等多次斗争的胜利;在"摧毁敌人政权,废除苛捐杂税"的号召下,领导群众开展反抽丁、减租减息、秋收

---

① 中共浙江省委党史研究室、浙江省新四军历史研究会:《浙东游击根据地史》,中共党史出版社,2009 年,第299—300 页。

② 中共浙江省委党史研究室、中共宁波市委党史研究室:《浙东游击根据地》,中共党史出版社,1996 年,第162—163 页。

③ 中共浙江省委党史研究室、浙江省新四军历史研究会:《浙东游击根据地史》,中共党史出版社,2009 年,第330 页。

④ 中共浙江省委党史研究室、浙江省新四军历史研究会:《浙东游击根据地史》,中共党史出版社 2009 年,第331—332 页。

等斗争；在原有的一批红色堡垒户、堡垒村基础上，又陆续开辟发展了一批新的红色堡垒户和堡垒村。

3.迎接解放时期(1949年1月—1949年5月)

1949年1月25日,浙东临委在新昌回山召开第二次扩大会议,对浙东在胜利前夜的形势和当前的任务做出了深刻分析,强调群众工作的重要性,指出当前"各地区的群众运动,还没有来得及有规模地动员与组织起来,真正像样的政权也没有建立起来,像根据地那种群众团体与政权对于部队的有效配合,今天还没有形成";要更大规模、更大刀阔斧地发动与组织群众,把发动群众工作看做与消灭敌人的武装斗争同样重要,扩大与巩固浙东解放区。在明确群众工作任务的基础上,浙东临委提出8点要求,对群众斗争性质、组织筹备、工作重心、典型创建、武装发展、干部培训等方面都做出了具体的布置,鼓励广大干部要紧紧把握时机,着眼全局、通盘考虑,胜利完成当前新的繁重复杂的任务。①

会后,浙东各地局面迅速打开。中共慈镇县工委于1949年2月下旬召开由各区工委书记参加的县工委扩大会议,会议决定充分发动群众,开展以反"清剿"、反抽丁等为内容的群众运动。② 中共宁新工委于3月初召开扩大会议,决定大力开展民运工作,发动群众进行减租减息和反霸斗争。其他地区也相继发动了工人护厂、学生护校、罢课游行等一系列群众斗争,极大打击了国民党在浙东的势力。此外,为进一步规范减租减息运动,保障根据地广大群众的根本利益,浙东行政公署也在1949年3月出台《减租减息增资条例》,作出具体规定。

1949年2月28日,浙东临委发布通知,成立浙东农民协会总会筹备会,并要求各地区县、区迅速建立农民协会筹备委员会,以与浙东农民协会总会筹备会建立联系。③ 各地的农会组织都相继建立起来,四明地区的农民协会、贫雇农小组等群众性组织迅速建立。据1949年3月统计,参加这些组织的群众共2916人。1949年5月初,四明工委又决定在山区统一组织山民会,在平原区统一组织农会,但遗憾的是并未建立县、区的机构。台属地区宁新县从1948年下半年开始就发动群众,组织农民协会,到1949年初,该区农民已普遍组织起来,农协会员达万余人。④ 其他各类群众组织也相继恢复或重建,台属地区

---

① 中共浙江省委党史研究室、中共宁波市委党史研究室:《浙东游击根据地》,中共党史出版社,1996年,第186—200页。

② 中共慈溪市委党史研究室:《中国共产党慈溪历史》第1卷,中共党史出版社,2003年,第208页。

③ 中共浙江省委党史研究室、中共宁波市委党史研究室:《浙东游击根据地》,中共党史出版社,1996年,第226页。

④ 中共宁波市委组织部、中共宁波市委党史委员会、宁波市档案馆:《中国共产党浙江省宁波市组织史资料(1925.2—1987.12)》,人民日报出版社,1993年,第237—238页。

永嘉县于 4 月成立妇女联合会,乐清县于 5 月成立妇女联合会筹委会。① 四明地区至 4 月,仅慈镇县参加各类群众团体的人数就达 1000 余人。②

1949 年 4 月,浙东临委在诸暨陈蔡召开第三次扩大会议,初步研究了浙东今后工作的主要方向,并向浙东各地发出了《中共浙东临委关于当前工作的指示》,指出当前的群众工作仍需加强,中心应多训练贫雇农干部,进行减租减息、反贪污、反恶霸、诉苦申冤、控诉战犯等斗争。③ 华东局对这一指示有不同看法,认为发动与组织群众是一项艰苦的工作,不能在尚无条件的地区去发动减租、反贪污、反恶霸、诉苦申冤、控诉战犯等斗争。④ 华东局的要求,对浙东地区在解放前夕群众工作的开展有重要意义,浙东临委在华东局意见的基础上进一步把握了中共中央七届二中全会精神和全国形势,明确了具体群众工作方针。大会召开期间,4 月 15 日,浙东临委、浙东行政公署、浙东第二游击纵队政治部联合发布了《为迎接胜利告浙东各界人士书》,号召浙东的广大工人、农民、学生、各界人士行动起来,为争取最后的胜利而斗争。

第三次扩大会议后,浙东地区的群众运动持续进行起来,民众自发走上街头,宣传《为迎接胜利告浙东各界人士书》和解放军"约法八章"等。4 月 21 日,浙东临委发布《关于接管城市准备工作的决定》,提出可以通过向群众寄送宣传品、召开群众大会、刷写标语等形式扩大宣传,让群众了解党的政策,减少接管城市的阻力,为解放军挺进浙江打下了舆论基础。

4 月 27 日开始,解放军在苏浙皖边发起强大攻势。5 月后,浙东地区相继解放,人民群众迎来了真正当家做主的日子。

5 月 16 日,中共浙江省委发布《关于结束前浙东临工委工作的决定》,高度评价浙东游击根据地群众工作的开展:浙东全党同志在革命斗争中与当地人民建立了很好的联系,"在浙东浙西敌人空虚的地区,发展了游击战争与党的武装,开辟了相当广大的游击区,二三年来解除了相当数量的敌人反动地方武装,有力地打击了敌人抽丁、征粮的反动计划,在斗争中吸收与培养了相当数量的工人、农民与知识分子参加了游击区的武装工作、群众工作与其他工作,这一切对于解放浙江,彻底肃清敌人残余武装力量,使党在浙

---

① 中共浙江省委组织部、中共浙江省委党史研究室、浙江省档案馆:《中国共产党浙江省组织史资料(1922.4—1987.12)》,人民日报出版社,1994 年,第 432—433 页。
② 中共慈溪市委党史研究室:《中国共产党慈溪历史》第 1 卷,中共党史出版社,2003 年,第 208—209 页。
③ 中共浙江省委党史研究室、中共宁波市委党史研究室:《浙东游击根据地》,中共党史出版社,1996 年,第 271 页。
④ 中共浙江省委党史研究室、中共宁波市委党史研究室:《浙东游击根据地》,中共党史出版社,1996 年,第 298 页。

江新解放地区迅速站稳起来,是有其重要作用的"①。

二、提出明确的指导方针

浙东区党委及其下属地委、县委始终坚持在与敌顽伪的斗争中完善群众工作方针、调整群众工作任务,通过发布一系列关于群众路线的文件指示,为浙东地区不同阶段的群众工作建设和发展指明前进方向。其中,最具指导意义的文件当数浙东区党委于1942年11月30日发布的《浙东区党委关于开展与深入群众工作的指示》②。

(一)群众工作指导方针的提出

1942年9月底,浙赣会战结束,日军退守金(华)兰(溪),浙东地区所处的斗争环境进入了新的阶段。一方面,敌伪加强了对敌后的控制,军事上进行"扫荡",政治上利用政府及一部分游击队的各种弱点,采用威胁、分化、利诱、收买、毒化等政策,来欺骗和麻醉人民,削弱人民的抗战意识,收买民心,离间敌后游击队的团结,企图达到伪化、奴化敌后地区,"以华制华""以战养战"的目的。另一方面,国民党及军队中一部分的人,不与日伪作战,反而针对浙东共产党的抗战武装,集中力量与共产党争夺浙东地区,压迫人民抗日的进步势力。因此,共产党和人民军队要想在浙东敌后站稳脚跟,建立起长期坚持斗争的游击根据地,配合全国抗战,必须进一步依靠群众、深入群众,建立强固的群众基础。

浦东武装南渡后近一年来的群众工作,虽然获得了一些成绩,进行了一些宣传,建立了部分组织,领导了一些群众斗争,出台了一些指导文件,但群众工作仍是根据地革命工作中最薄弱的一环,人民抗日情绪还没有被高度激发,对共产党的认识还不够深刻,还未认识到他们与共产党是生死相关、血肉相连的。③ 浙东区党委认为,出现这一情况主要有三个原因:一是由于客观环境的限制,军队在浙东活动时间较短;二是浙东全党全军同志在群众工作上还不够深入,对于群众工作的重要性认识不够;三是地方党组织与部队党组织对群众工作还没有按照各地的具体环境给予有力、明显的领导。

在多重因素的影响下,浙东地区广大人民还没有被动员组织起来,人民军队在行动中还不能取得群众的有力协助。因此,浙东区党委要求各级党组织结合新形势与实际情

---

① 中共浙江省委党史研究室、中共宁波市委党史研究室:《浙东游击根据地》,中共党史出版社,1996年,第322页。

② 浙江省委党史资料征集研究委员会、浙江省档案馆:《浙东抗日根据地》,中共党史资料出版社,1987年,第54—59页。

③ 《浙东区党委关于开展与深入群众工作的指示》,见浙江省委党史资料征集研究委员会、浙江省档案馆:《浙东抗日根据地》,中共党史资料出版社,1987年,第54—59页。

况,对群众工作开展做出更加具体的布置。

(二)群众工作指导方针的内容

《浙东区党委关于开展与深入群众工作的指示》①,是抗战时期乃至整个浙东革命根据地建设时期,指导群众工作的重要文件。其对浙东革命根据地群众工作的开展,提出了五点具体要求。

1.根据不同环境采取不同活动方式

浙东环境是多变的、多样的,因此群众工作的政策亦必须适应其地方性的特点,根据各种不同环境,采取不同的方针以及不同的活动方式。"按照目前浙东的实际情况,我们认为一般的有如下的几种不同的地区:第一是我军比较能控制的地区;第二是国、敌、我三方面接合地区;第三是接敌区域(即敌我来去的游击区);第四是国民党统治的大后方;第五是敌伪完全统治的地区(即敌伪据点及城市)。""我们群众工作的方针与活动,应根据上述不同地区来确定,但这只是一般的划分,至于具体情形还应按不同的时间空间条件来决定适应的方式方法。"

(1)共产党军队较能控制的地区

在共产党军队较能控制的地区,"群众工作的方针,一般可以运用华中游击区方式方法,以军队面目出现公开号召,大量地发动抗日的群众运动,建立各种(工、农、商、学等)独立的抗敌群众团体。这些团体的组织形式与名称应该适合于顺利的吸收和团结抗日的阶层人民,积极参加抗战及游击区各种建设为原则(如工会、农会、学生会、商会、妇女会、自卫队、参议会、合作社等),过去隐蔽时期的那种组织形式(如姊妹会、兄弟会、观音会)已不能适合于抗日游击战争环境。……在开始进行群众工作的时期,为着顺利的开展与统一的领导抗日的群众运动,由部队政治部(或部队办事处)出面公开号召群众起来组织各种团体。地方党利用抗日的群众面目,在各团体中主持推动,不用我党的名义号召。但我党的抗日民主政策,则必须经过各种方式积极推行,不要因避用我党名义而造成政治上自己束缚自己,但执行政策的方式方法,需要十分灵活。群众团体的组织系统与领导应有的独立性,部队及办事处行政机关,均不应干涉群众团体内部的一切工作,除积极的协助政府军队抗战工作外,应特别注意群众自己切身利益与要求的适当解决,健全内部的生活,只有群众团体切实解决了人民的切身问题,内部生活健全时,才能使这个团体在群众中树立起坚固的政治威信,群众活动才不致变为空热现象。在我军活动区群

---

① 浙江省委党史资料征集研究委员会、浙江省档案馆:《浙东抗日根据地》,中共党史资料出版社,1987年,第54—59页。本部分所引内容均来自该指示文件,不另注。

众工作的方式方法,应大刀阔斧的去进行,如组织政工队、工作团分派下乡用部队名义,公开号召,先由下而上——建立各村各保各种组织,然后召集各村各保各种群众团体开代表会,产生区的上级的领导机关。或由上而下——先由区乡选举适当干部,建立上层筹备会或团体联合办事处,经过这个机构去开展下层的组织。这二个方法,都按具体情形采用。但所谓大刀阔斧在目前浙东环境下,应避免大吹大擂,以致引起敌伪顽注意,而遭受不应有的打击与阻碍"。

(2)接敌区域(敌我来去的游击区)

接敌区域(敌我来去的游击区)"因为接敌较近,时常遭受敌伪威胁,而我军又不能完全控制,因此我们群众工作,应采用同情区的活动方式,不但要避免大吹大擂,而且要避用我部队名义。群众团体的组织,应注意隐蔽,以同情我军的立场进行各项工作,即对敌伪敷衍、为我忠实。但为了保持我们的工作不断的进行,我们的行动与方式,应尊重人民及地方人士两面立场(即所谓内心是红的外面是白的)。如果不尊重人民这个要求,人民就会受敌伪打击,我们的工作亦无法进行。在这些地区工作的共产党员,应设法隐蔽党的组织,应保持秘密,免受敌伪打击。如同情区工作做得好,在敌伪扫荡中心区环境严重时,可以依靠同情区群众,掩护我们部队及工作人员的转移"。

(3)国敌我三方接合地区

国敌我三方接合地区"虽是沦陷区,但国方游击队及行政仍占优势,同时我军也可能活动,因此我们对这些地区群众工作方针,一方面可以采用游击区同情区的活动方法,另一方面必须善于利用友党友军公开号召的一切合法机会与可能,去开展抗日群众运动,进行动员群众、组织群众、改善人民生活的工作。但同时还须抓住人民的迫切要求(如防匪自卫等)去开展抗日防匪保家自卫运动。总之,在这些复杂地区,我们的方式方法,按照具体情况,灵活的采用"。

(4)国民党完全统治地区

在国民党完全统治地区,"我们的方针,一致的应参加到一切公开合法的群众团体内部,利用一切公开合法的机会与可能去开展群众工作,争取在这些团体的领导权,广泛进行交朋友工作,对一切封建性的落后的群众组织形式,只要具有群众的,都可以利用(来)团结群众,但须充实其中的新的工作内容,否则就会助长人民的落后意识。我们在这些团体工作的同志,应竭力避免突出,不要提出过左的要求与口号,以免暴露自己的面目,遭受不应有的损失"。

(5)敌伪完全控制的地区

在敌伪完全控制的地区(即敌伪的据点和城市),"我们应该利用一切方法,打入敌伪的群众组织内部,进行群众工作,争取领导地位,利用敌伪一切合法的可能与机会,去达到群众的要求。对一切封建性的群众团体亦应尽可能利用去团结群众。为了我们工作长期埋伏起见,必须设法使这些群众团体取得敌伪的信任,在必要时,甚至可以做些不妨碍抗日重大利益的敌伪所要求做的工作,以便求得敌伪的信任去达到长期埋伏的目的"。

2.改善人民的生活

指示文件指出:"要使广大的群众动员组织起来,党须用一切方法去帮助人民在不妨害抗日总原则下,尽量改善人民的生活,即使部分的改善与细小的利益,我们都应加以注意,只有人民经济生活获得了改善,才能提高人民抗日的积极性与进一步的与我建立血肉相关、患难相共的联系。在我军活动地区,首先必须取消一切苛捐杂税,减轻人民的负担。中央关于土地政策中规定减租减息原则及保护人权、地权、财权的规定,我们须用一切方法求得实现(在开始时少减一点也可以,只要人民有利)。军队到的地方,必须减轻人民的痛苦。今年年关到来时,党去组织年关斗争。注意游击区的经济建设,提高人民的生产热忱,帮助人民解决各种困难(如犁牛,种子等)。总之,党必须成为群众经济生活的组织者,任何对人民有利的事必须去做,那种对人民漠不关心的态度,必须予以纠正。关于改善人民生活及领导群众斗争,应遵守有理、有利、有节的原则,具体的是:①不妨害党的统战工作政策;②每个要求与斗争必须以胜利结束为原则,不要提过高的要求;③口号必须适合大多数人民的要求,斗争必须是多数人民的行动,不是少数人的突出;④尽可能不要因斗争暴露党的组织,影响党的组织破坏;⑤斗争要有充分的准备,不要乱斗。"

3.以农村山区沿海为中心开展群众工作

指示文件指出:"由于主要交通道路都被敌占领,我军的活动都处于农村环境,以人民计算,农民占了绝大多数,因此群众工作地区主要应以农村山区沿海区为中心,而农村山区则以农民为主要对象,沿海则(以)盐民、渔民为主要对象,其他如青年、学生、妇女、儿童,应围绕盐民农民工作的周围同时进行……知识青年对于初期工作的开展具有桥梁的作用,各级必须注意大批的吸收知识青年参加各种抗日的工作,及送来教导队受训。"

4.扩大共产党在群众中的政治影响

指示文件指出:"为着加强党在群众中的领导,与建立党在群众中的高度威信,必须利用一切方法,把党的主张与政策,有计划的散播到群众中去,以扩大政治影响。必须在群众运动与群众斗争中大量吸收优秀的工人农民及革命的知识分子入党,以扩大共产党的组织。在我军活动区,做到民众团体政权机关,各级委员会有三分之一的党员参加,必须在民众团体各级组织中建立党团……党团组织任务是保证党的主张政策,在群众团体内的实施。但党内的每一次决定,在群众团体中实现,须经过党员用自己面目表现出来,而不是命令群众。关于我军流动区,开始建立根据地的地区,党政军民的正确关系,中共中央关于统一抗日根据地党政军民领导的决定中有明确规定。民众团体是民众自愿组织的团体,党政军不应直接干涉民众团体内部的生活。党对民众团体的领导,经过自己的党员及党团。但党民不分、包办清一色的现象,必须纠正。民众团体的各级委员会,须尽可能有半数以上的非党员,民众团体中的党团问题,与政府的党团问题相同。政府和军队应尊重民众团体的独立性,给民众团体以必要的帮助,要求民众团体执行政府的法令,帮助军队。民众团体应号召民众,拥护政府和军队,协助政府动员工作。但民众团体并非政府机关,政府军队和民众团体应互相帮助,不应互相干涉。因此在各地建立根据地的时期,应该根据这些原则,建立正确关系,防止不必要的混乱现象。"

5.灵活变换群众工作方式方法

指示文件指出:"在抗战初期,由于黄绍竑的比较进步的政治纲领与我党积极推动浙东各地,曾经有过热烈的抗日群众运动,产生了许多抗日群众组织及方式方法,这些影响到今天,在基本上对我党开展群众工作仍然有利。各级党组织必须细心的进行深入调查研究工作,收集过去经验教训,了解当地当时的具体情况及人民的切身要求,灵活的变换自己的方式方法,必须了解没有深入的调查研究,就不能决定正确的政策与正确的方式方法。各级党组织必须根据这一指示详细检讨过去群众工作,根据各地具体情况,重新决定今后工作方针,经常检查与总结经验教训,并报告区党委。"

(三)群众工作指导方针的实施及价值

《浙东区党委关于开展与深入群众工作的指示》是浙东抗日根据地时期群众工作的纲领性文件。文件中提出的针对不同地区、不同时间、不同特点,采用不同工作方法的指示,为根据地群众工作提供了明确的目标与方向。

浙东区党委及其下属党组织因地制宜,采用不同方式进行群众工作。通过政工队和群众工作干部广泛的实践调研、挨家挨户的上门调查,浙东区党委对当地环境和群众生活情况进行更加透彻的了解。

以三北地区为例,中共三北地委通过广泛调研、寻访,了解当地的自然环境与经济文化情况,分析当地群众工作开展的具体特点和基本情况。三北地区在浙东抗日根据地开辟之前,已有过群众组织,但曾遭到国民党多次打击。在浙东其他地区,国民党对群众组织采取完全压制态度,而在三北,则采取既打击又利用的策略,因此尽管没有了群众运动,三北的群众组织依然存在。1942年,三北地区的大环境十分复杂:一方面,顽军开始对盐区"清乡",派中央税警团到庵东成立"清乡"指挥部;另一方面,国民党采取合法统治形式与共产党争夺群众组织机构,如在慈东召开农会干部联席会对抗共产党,在慈北利用县农会来对抗区农会。同时,由于共产党执行"灰色隐蔽",浙东区党委指示群众工作方针时需要研究运用国民党的政策,争取团结国民党政权与地方上层人士。此外,浦东武装到达三北后,"已初步发动群众,成立了一些基层的农会、自卫队、弟兄会、青年团、妇女会、教育会、工会等",但这些团体不能完全控制,其上层领导机构全是原班人马。在这种情况下,三北地区最初的群众工作方针是"发动反'清乡'斗争,在抗日保家的口号下,整理巩固现有群众组织,发展尚未开展工作地区的群众工作"。中共三北地委据此制定具体的群众工作方法:由县办事处民运工作队出面,办事处代替政权,形成双重政权形式;根据老章程和群众需要,重订各种群众组织的章程,如农会由干事长制改为干事会制;建立区农会组织机构,代替国民党的县农会直接领导;改造农会小组,由下而上争取领导权;发动群众斗争,选拔斗争中的积极分子来改组原有组织;开辟新地区,以新的群众组织来代替旧的群众组织;继续组织反"清乡"斗争,做好群众性的反"清乡"自卫准备。在具体的工作方法指导下,三北地区群众工作取得了一些成绩:统一各群众组织,开始建立区级机构,初步建立了会议制度;群众组织求得了部分发展,成立了 25 个乡农会;进行反"清乡"、反贪污斗争;建立小规模群众性经济组织办合作社等。[①]

浙东区党委对原有旧制度进行"先利用,后改造",并积极争取"白皮红心"的地方开明士绅、保长、乡长等。在政权建设初期,浙东区党委提出不要过早发动群众废除保甲长制度,而是在工作中改造现行行政机构。一方面,保留进步的保甲长,使其为抗战服务;另一方面,对反动顽固的保甲长,由群众控告撤换,选举产生新的保甲长。[②] 1944 年 11 月,鄞慈地区开展保长训练班,共有 68 名保长受训。其目的是使保长打破幻想解放观念,认清政治形势及中国战后的前途,并养成其民主精神与群众观念,将保长工作和群众工作结合起来,通过群众路线来执行保长职务。在培训中,保长的学习热情很高,政治上已有认识,并对过去的错误进行自我检讨批评。[③]

共产党又以国民党名义或是建立以"友谊的、经济的、学术的、娱乐的、互助的、地方性质的、带封建性质的,以至宗教的形态"等当局法令和社会习惯许可的各种公开的、不带政治色彩的群众组织的形式,发展成员,组织抗日救亡运动,在这过程中宣传共产党的政策,以此团结群众,加深群众对共产党的了解和信任。[④] 1941 年底至 1943 年中,中共鄞县县委决定利用国民党鄞县七区区长郭清白建立的"三青团鄞西区队",以"三青团鄞西

---

①　黄知真:《黄知真同志在三北地委第二次扩大会议上的报告》,见浙江省新四军研究会浙东分会、余姚市新四军研究会、慈溪市新四军研究会:《浙东抗日根据地群众工作专辑》,内部资料,1999 年,第 116—118 页。

②　谭启龙:《谭启龙回忆录》,中共党史出版社,2003 年,第 121—122 页。

③　浙江省教育科学研究所:《浙江革命根据地教育资料汇编(中册)》,浙江教育出版社,1987 年,第 5—7、50—53 页。

④　盖军:《中国共产党白区斗争史》,人民出版社,1996 年,第 374 页。

区队"的名义公开活动,开展共产党的工作。地下党员林一新任"三青团鄞西区队"副队长,负责人事配备和日常工作,许多地下党员和进步青年由此进入队伍中,"三青团鄞西区队"实际上成为共产党领导下革命的群众工作组织。早期,"三青团鄞西区队"以鄞西地区的小学教师和失学青年为主要工作对象,创办了油印的综合性刊物《鄞西青年》宣传党的抗敌救亡主张,后又兴办古林补习中学,建立学生党支部,在学生中组织阅读进步书刊、讲革命故事和进行生活互助等工作,不仅影响和团结了一批学生在党支部周围,还争取到了部分教职员的进步倾向。之后,"三青团鄞西区队"又陆续举办小学教师暑期训练班、出版《鄞西三日刊》等联系进步群众,刊登党的战报,发展积极分子。1945 年 8 月鄞西解放后,共产党又以"三青团鄞西区队"名义,出版散发题为《鄞西往那里去》的宣传册,揭露郭青白、胡葆光、朱惜时等人勾结敌伪、破坏团结、不抗战、专扰民等罪行,指出鄞西只有建设成为抗日根据地才有光明前途。[①] 浦东地区,在"清乡"期间,朱亚民组织建立兄弟会,先在陈行一带,以做粮食棉花生意为掩护,在同姓人中组织结拜兄弟,然后扩展到异姓。兄弟会组织有帮会色彩,利于掩护,活动内容则是发动群众,支援和组织群众参加抗日队伍。兄弟会开会时,朱亚民还去作形势报告,宣传共产党的方针政策,讲解抗日形势和道理。兄弟会的组织形式逐步推广到奉贤、南汇、川沙三县,实际上成为部队和地方党的外围组织。有些地方的共产党组织,先建立兄弟会,然后在兄弟会中选择优秀分子加入共产党。如柘林地区,先在盐民中建立兄弟会,最后发展到 30 余人,开始建立共产党组织。有的共产党建立兄弟会,然后再发动参军,加入共产党成为骨干。兄弟会还常为浦东部队输送情报,遇到情况,摸到敌据点内侦察敌情。有的成员执行锄奸任务,甚至直接参加战斗。合法的形式在其中发挥了很大作用。[②]

《浙东区党委关于开展与深入群众工作的指示》明确了浙东抗日根据地时期群众工作的方向,成为浙东各地区党组织与军队开展群众工作的指南;有助于提高群众对共产党的认识,增强共产党在群众中的政治影响,密切共产党与人民群众之间的血肉联系。浙东抗日根据地时期群众工作形成的丰富而具有时代特点的工作经验,有特殊而重大的历史意义,对游击根据地时期乃至当今群众工作的开展,都有重要作用和深远影响。

---

① 周思义:《记在我党控制下的"三青团鄞西区队"》,见浙江省新四军研究会浙东分会、余姚市新四军研究会、慈溪市新四军研究会:《浙东抗日根据地群众工作专辑》,内部资料,1999 年,第 43—55 页。
② 何亦达、洪舒江:《浦东反清乡期间的群众工作》,见浙江省新四军研究会浙东分会、余姚市新四军研究会、慈溪市新四军研究会:《浙东抗日根据地群众工作专辑》,内部资料,1999 年,第 325 页。

三、建立强固的群众基础

浙东革命根据地党组织，时刻关心群众利益，注意群众生产生活，深入群众，组织群众、领导群众，逐步提高群众思想觉悟，以实际行动让广大群众相信共产党是全心全意为人民服务的。在服务群众的同时，浙东革命根据地的党员干部积极参加各类干部培训，提高群众工作本领，为浙东革命根据地建立了强固的群众基础。

(一)关心群众利益

浙东地区党组织始终坚持一切为了群众，关心群众利益。毛泽东指出："全心全意地为人民服务，一刻也不脱离群众；一切从人民的利益出发，而不是从个人或小集团的利益出发；向人民负责和向党的领导机关负责的一致性；这些就是我们的出发点。"[1]在群众工作方针指导下，浙东广大党员干部特别注意群众切身利益与要求，用一切方法帮助群众，改善群众生活。除了以举办扫盲识字班、创办报纸、改造浙东民间艺术到各地献演等方式丰富群众精神生活，浙东党组织尤其重视保障群众的物质利益。

1. 实行"二五减租"

1942年7月18日，谭启龙在浙东敌后第一次干部扩大会议上提出实行"二五减租"和减息，要求在这一年秋收发动农民，开展减租减息运动。至1945年北撤时，三年多的时间里，浙东区党委在根据地普遍发动各地群众建立农会，实行"二五减租"，保障群众的合法权益。

三北地区从1942年8月开始实行"二五减租"，规定佃农向地主交租额最高不超过土地正常年产量的37.5%，最低不低于20%，副产一律归佃农。至1943年，三北地区共有105个乡镇减了租，约占全部141个乡镇的75%。减租使90%的贫苦农民得到了好处，广大佃农减轻了田租负担，不仅增加了收入，改善了生活，地主也有适当收益保证。[2]

浦东地区在1944年1月淞沪地委扩大会议召开后全面开展"二五减租"。塘东二区的新墩乡，共产党员联系当地进步青年，通过访问，熟悉情况，召开小型座谈会和村民大会，广泛发动群众尤其是贫下中农参加。通过会议，党员干部向群众宣传"二五减租"的政策，在国共合作抗日的情况下，既要保护地主的合法利益，以利团结抗战；又要保护贫

---

[1]　中共中央毛泽东选集出版委员会：《毛泽东选集》第3卷，人民出版社，1991年，第1094—1095页。

[2]　范子方：《三北根据地的二五减租》，见浙江省新四军研究会浙东分会、余姚市新四军研究会、慈溪市新四军研究会编：《浙东抗日根据地群众工作专辑》，内部资料，1999年，第309—319页。

雇农的劳动成果,不能让地富无限制剥削。会议的目的是提高雇贫农的政治觉悟,增强他们的胜利信心,号召他们破除迷信思想,打破一切顾虑,团结起来,投入"二五减租"中。塘东地区很快推广了新墩乡开展"二五减租"的经验,从祝桥到万祥,从老港到黄路,各村都成立了农民协会,建立了农民协会花名册。同时,当地还成立了妇救会、职工会等群众组织。[①]

在金萧地区,1944年10月,金萧支队诸暨办事处在墨城坞召开有1500人参加的会议,公布减租减息决议案。会后,有诸暨明镜、泌湖、长宜等乡保有5万亩田实行"二五减租",总减租约11.75万公斤。1945年夏收前,诸暨地区根据实际情况,发布了《金萧支队诸暨办事处三十四年度减租减息暂行办法》和《诸暨县东北区农会减租条例及实施办法》,规定日伪军占领区及其附近的减租标准为15%～25%。[②] 1945年7月6日,路西县抗日民主政府发布《关于减租缴租减利增资及保障贫困地区权办法》的通令,规定9条减租办法,废除一切苛捐杂税,"经'二五'减租后之租额,即为业主应得之数额,政府当予以合法保障"[③]。

各地区在颁布减租减息条例的同时,注重保障地主的人权、地权、财权,规定农民应缴租缴息,使得根据地的农民、地主群体都在减租运动中得到了经济实惠。广大群众受到了深刻的政治教育,提高了抗战的意识和热情。1943年,三北地区有58452人参加了抗日政权领导的农会、自卫队等群众团体,占当时根据地实际控制的总人口452083人的12.9%,许多农民踊跃参加了递步哨、侦察、情报、盘查、放哨、骚扰、破袭、锄奸以及后方勤务等工作。1944年,为了粉碎敌人"蚕食"、伪化根据地的阴谋,当地有990多人组织起了183个秘密的锄奸小组,有190多农民参加了区常备队。[④]

2.开展大生产运动

1944年4月17日,浙东敌后临时行政委员会颁布《开展春耕运动训令》,号召开展大生产运动。四明和三北地区领导机关带头,部队边战斗边生产,上山下地,开垦荒山荒地。1945年春,浙东地区再次普遍闹春荒,加上敌人长期的经济封锁,浙东区党委为了生产自救和度荒,又一次发动群众开展大生产运动。两次大生产运动中,浙东各地军民都积极行动,开展春耕。

---

① 何亦达、洪舒江:《浦东反清乡期间的群众工作》,见浙江省新四军研究会浙东分会、余姚市新四军研究会、慈溪市新四军研究会:《浙东抗日根据地群众工作专辑》,内部资料,1999年,第327—328页。

② 中共绍兴市委党史研究室:《中国共产党绍兴历史》第1卷,中共党史出版社,2017年,第170页。

③ 浙江省新四军历史研究会金萧分会:《浙东金萧游击根据地统一战线工作》,内部资料,2009年,第500页。

④ 范子方:《三北根据地的二五减租》,见浙江省新四军研究会浙东分会、余姚市新四军研究会、慈溪市新四军研究会:《浙东抗日根据地群众工作专辑》,内部资料,1999年,第309—318页。

四明地区不仅发放春耕贷款 1800 万元,使新垦的荒地种上了马铃薯、玉米、番茄(番薯)、南瓜等杂粮和茶叶,还积极兴修水利,减轻旱涝等自然灾害。[①] 1944 年初春,慈南孔岙村在共产党员徐惠萍的组织下,根据报名,全村分几个队,划分好地区,分头开荒,统一领导;每队进行记工,根据各队产量,以工分粮;共产党员分到各队去领导工作和掌握情况。经过一年的辛勤劳动,孔岙村迎来了粮食丰收,按照动员时规定的"以工分粮"原则,平均每户分到五六百斤粮食,多的分到 1000 多公斤。[②] 四明地区地处山区,群众生活困苦,野猪猖獗,损害农作物,在中共四明地委的领导下,当地组织群众建立打猎队,开展生产自救。打猎队不仅保护农作物不受伤害,打猎收获的野猪还可以增加经济收入,改善伙食,因而非常受农民欢迎。之后,部分打猎队逐渐发展为自卫队,站岗放哨,保卫村庄,捕捉奸细,传送情报,武装保卫秋收,配合主力部队作战,还不定期地发动参军,充分动员了群众的力量。[③]

浙东区党委还通过帮助农民兴办各种合作社的方式开展大生产运动。虞东山民组织山货合作社,运销山货,用赚来的钱分红。姚南左溪合作社集款 50 万元,到奉西采购马铃薯种子 1900 斤,解决了群众缺种子的困难。梁弄让贤乡成立运输合作社,专门产销笋干和茶叶。慈南合作社成为生产、运销综合经营合作社。合作社的兴办,对于促进生产、增加农民收入起着重要的作用。[④]

通过大生产运动,浙东区党委保障了军民的衣食供应,成功度过两年春荒,得到了群众的真心支持与拥护。

3.发动武装保卫秋收斗争

浙东地区盛产稻谷,抗战时期,每到秋收时节,日伪军就频繁出动抢粮,给当地群众生活带来很大困难。浙东区党委非常重视保护当地农民的稻谷粮食,不仅发动农民抢收秋稻、运走隐藏,还积极组织地方武装,保卫秋收,保卫粮食。

1943 年 7 月,浙东区党委发布《关于今年秋收运动的指示》,组织各地开展保卫秋收斗争。8 月 5 日,浙东区党委宣传部和新四军浙东游击纵队政治部又发布《秋收运动讲话大纲》,对秋收问题作详尽的政策解释。8 月 23 日,余姚南乡民众 3000 人配合当地自卫

---

　　① 吴国强:《浙东抗日纪事——纪念中国人民抗日战争胜利 70 周年》,内部资料,2015 年,第 164—165 页。

　　② 林山等:《孔岙村大生产运动》,见浙江省新四军研究会浙东分会、余姚市新四军研究会、慈溪市新四军研究会:《浙东抗日根据地群众工作专辑》,内部资料,1999 年,第 94—98 页。

　　③ 余也萍等:《难忘的岁月》,见浙江省新四军研究会浙东分会、余姚市新四军研究会、慈溪市新四军研究会:《浙东抗日根据地群众工作专辑》,内部资料,1999 年,第 12—14 页。

　　④ 吴国强:《浙东抗日纪事——纪念中国人民抗日战争胜利 70 周年》,内部资料,2015 年,第 164—165 页。

队,将城区一带敌人准备运进城的 10 万余斤稻谷悉数抢出,运回山区隐蔽。① 1944 年
7 月,在 1943 年保卫秋收斗争经验的基础上,浙东区党委召开秋收工作会议,再次发出武
装保卫秋收的号召,提出"今年的秋收斗争将比去年更加复杂与尖锐",决定以"武装保卫
秋收,反对敌伪抢粮,减轻人民负担,实行'二五减租'"作为秋收时期中一切工作的
中心。②

三北慈东地区在抗战时期开展了激烈的保卫秋收和反抢粮斗争。区办事处在 1943
年组织成立慈东区抗日民众自卫大队,与地方抗日武装配合,抗击日伪军抢粮。1944 年
7 月,慈东区常备队 40 余名战士与 20 余名民兵,与前来抢粮的伪军宋清云、何九峰大队
交战,成功截获被抢粮食 1 万余斤和 3 头耕牛;同月,庄桥区署常备队在叶家斗村附近,
埋伏驻洪塘据点的 10 余个抢粮伪军,成功夺回被抢的 10 多担稻谷和大米。9 月—10
月,为防止日伪军频繁到费市、洪塘等地抢粮,三北自卫总队派出部队到慈东地区支援,
保卫秋收。③ 1944 年秋收后,四明、三北等地都顺利完成了征粮任务。

浙东游击根据地时期,随着各地武装力量的发展,武装保卫秋收斗争再次发动起来。
浙东临委在对浙东各地的指示中多次要求制订好秋收斗争计划,通过组织秋收斗争来开
展群众工作。张瑞昌指示,要把秋收斗争作为秋收时的群众工作中心,以"二五减租"改
善群众生活,反"征实"、反"征借",积极争取中小地主,在秋收斗争中普遍动员群众、教育
群众。④

1948 年 10 月,浙东临委制定了以减租减息为主、对个别极坏分子进行抗租的秋收斗
争政策。10 月 10 日,浙东临委以浙东行政公署临时总办事处的名义发布《暂行减租减息
增资基本办法》,对秋收斗争中的一些具体方法作出规定。浙东各地也对秋收斗争进行
了相应部署。四明工委在租息方面实行缩小打击面的秋收斗争策略,仅对少数官僚、土
顽劣绅和反动地主进行抗缴斗争,对一般中小地主、富农则运用统战政策进行适当减租
斗争;在征粮方面,在基本区以抗缴斗争为主,在外围地区则以拖、欠、赖为主,必要时再
进行斗争;在斗争的组织方面,以组织贫雇农为核心,争取中农,团结大多数群众,合法与
"非法"相结合进行斗争。路西工委提出了减租减息以发动秋收斗争的指示。路南党组

① 宁波市新四军暨华中敌后抗日根据地研究会:《浙东抗战与敌后抗日根据地史料丛书》第 3 卷,中共党史出版
社,2001 年,第 61—62 页。
② 宁波市新四军暨华中敌后抗日根据地研究会:《浙东抗战与敌后抗日根据地史料丛书》第 6 卷,中共党史出版
社,2001 年,第 98 页。
③ 中共宁波江北区委党史研究室、宁波市江北区新四军历史研究会:《慈东革命斗争纪实》,宁波出版社,2010
年,第 63—64 页。
④ 中共浙江省委党史研究室、浙江省新四军历史研究会:《浙东游击根据地史》,中共党史出版社,2009 年,第
165 页。

织则提出了武装保卫秋收、抗租抗粮抗丁的秋收斗争内容,主要斗争对象是反动的国民党乡保长。[①]

1948 年 1 月,四明地区慈镇县办事处发动镇北横溪、十字路贫苦群众,在县大队和东区武工队的保护下,夜袭沙河头敌人粮仓,挑回被国民党强征去的稻谷万余斤。同年秋,鄞慈县四区区委也发动慈南群众夺回被敌特抢去的粮食,救济贫苦农民。[②]

(二)提高群众觉悟

提高群众觉悟的关键在于让群众相信,共产党是真心实意为民众谋福利,是人民的代表。浙东地区党组织和人民军队通过对敌斗争、宣传、教育等形式,加深了群众对共产党的认识,提高了群众的思想觉悟,赢得了群众的真心支持与拥护。

1.在对敌斗争中提升威望

1942 年 8 月,第三战区淞沪游击队三北游击司令部成立,从三北向四明、会稽,同日伪顽势力展开了激烈的军事斗争,逐渐赢得群众的认可和信任,在浙东站稳了脚跟。

1942 年的会稽地区,诸暨枫桥等地刚刚沦陷,社会秩序混乱,土匪到处横行霸道,欺压百姓。而南进的共产党军队纪律严明,对百姓态度和气,买卖公平,秋毫不犯,很快就得到当地人民的信任。7 月,南进部队应人民群众要求,向土匪徐文达发起进攻,全歼徐匪 200 余人,为当地人民除去一害。8 月,南进支队支援诸北四乡抗日自卫大队,与日军展开战斗,毙伤日军 30 余人,俘伪军 10 余人。两场战斗提高了会稽地区人民群众的抗战信心,许多青年主动参军,短短一个月中,南进支队增加到三四百人。[③]

三北地区 1942 年 10 月 8 日发生的阳觉殿战斗,极大振奋了当地人民的抗战士气。谭启龙在回忆录中说:"开始群众并不知道我们是共产党的部队,但看到我军主动出击,真打日本鬼子,加上纪律严明,便说我们与国民党的部队不一样,我们在群众中的威信越来越高。"[④]当地群众纷纷歌颂"三五"支队,编了歌谣到处传唱:"三四五支队赛神仙,阳觉殿消灭鬼子二三千。"

在浦东地区,1942 年 9 月下旬,朱亚民率部返回浦东后,沿用第三战区淞沪游击队第五支队番号,开展锄奸活动。在较短的时间内,选择罪大恶极、坚持与人民为敌的汉奸、特务 100 余人,予以全部镇压。1943 年 1 月 11 日,在南汇鹤沙镇,朱亚民率部将伪镇长

---

①　中共浙江省委党史研究室、浙江省新四军历史研究会:《浙东游击根据地史》,中共党史出版社,2009 年,第 301—305 页。

②　中共宁波市委党史研究室:《中共宁波党史大事记(1919—1949)》,内部资料,1991 年,第 206 页。

③　中共绍兴市委党史研究室:《中国共产党绍兴历史》第 1 卷,中共党史出版社,2017 年,第 141—143 页。

④　谭启龙:《谭启龙回忆录》,中共党史出版社,2003 年,第 126 页。

兼"清乡"主任、警察巡长、警防团长、情报长等13人一举歼灭。这一行动震动了整个浦东平原,"当地群众拍手称快,伪政工人员则丧魂落魄"。①

新四军浙东游击纵队主力北撤后,反动势力在浙东又活跃起来,他们反对共产党,配合国民党武装欺压当地群众,向群众散播"三五支队完蛋了,共产党被消灭了"的谣言。为了解救群众,同时打击反动势力的嚣张气焰,坚持留守的共产党员及武装通过镇压等形式,开展秘密斗争。在台属地区,临(海)天(台)仙(居)武工队根据群众愿望,先后袭击双港大园村地霸蔡行元和国民党沿溪乡乡长,打击土顽反动势力,在当地群众中引起较大反响。② 在四明地区,1946年下半年,朱洪山、黄连等镇压南岚乡乡长鲁康等反动分子。黄连带领武工队员8人,伪装成"浙保"便衣队,在雅庄村夏福保长家抓获乡长鲁康、县参议员鲁家我,于当夜将两人就地处决,并以"新四军三五支队"的名义发布公告。消息传开后,反动分子不敢再明目张胆欺压群众。当地群众更加热切地支持、拥护共产党,许多过去的民兵和青年都参加了游击队。1947年3月,黄连又带领武工队前往晓岭村,袭击国民党乡政府,缴获5支老式步枪,并抓捕了国民党余姚县党部书记长倪永强的侄子倪德华。当地群众得知消息后振奋不已。③ 因帮群众除害,共产党扩大了政治影响,提高了在群众中的威信。

人民军队在进行浙东开展活动时,始终严格执行"三大纪律八项注意",保护人民,爱护人民,有优良的军纪作风,与"扰民、害民、游吃、敲诈"的国民党军队形成鲜明对比。因此,群众高兴不已,在压迫下找到了靠山、看到希望。④ 四明地区仅52户、200多人口的大俞村,先后就有18人加入中国共产党组织、30多人参加了革命队伍,还有3位烈士血洒人民解放战争战场。⑤

2. 在宣传中增强认识

提高群众的思想认识与政治觉悟,需要广泛宣传共产党的主张,让群众相信共产党是代表群众利益的党,共产党军队是人民的军队。

四明的陆埠、车厩、大隐等地,抗战时期普遍实行的方式是"通过镇长(镇公所人员)、保长(保干事),向其说明来意,要宣传发动群众参加抗日工作,希望给以支持配合",以此开辟阵地,将宣传工作的重点放在向广大群众宣传抗日必胜上。在慈南大隐,由于当地

---

① 谭启龙:《谭启龙回忆录》,中共党史出版社,2003年,第126—132页。
② 王荣福:《一切为了群众 一切依靠群众——临海党史上的群众工作和群众运动》,《临海史志》2014年第1期,第51—52页。
③ 余姚市新四军历史研究会:《四明之子——黄连》,内部资料,2009年,第58、73、75、133页。
④ 陆子奇、王剑君、郑maya华:《庄市区抗日战争时期的群众工作》,见浙江省新四军研究会浙东分会、余姚市新四军研究会、慈溪市新四军研究会:《浙东抗日根据地群众工作专辑》,内部资料,1999年,第173—174页。
⑤ 俞建文:《四明·大俞山志》,浙江大学出版社,2021年,第235页。

民众饱受敌伪顽的欺凌、剥削、压迫,对他们已有很深的仇恨,所以每当民运干部召开大会,宣传共产党抗日救国主张和打击日伪军胜利消息时,群众都非常兴奋。"当我们讲到我们是人民的军队,每个战士都会自觉遵守纪律、爱护群众时,一次抗日的宣传会,成了亲如家人的见面会、团结会。在保里开过一二次会后,我们再去时,群众见到就主动招呼问今天还开大会吗,我们说什么时候开,他们就会相互转告,自动来了,不用保长、保干事再通知。会上,他们听消息,议新闻,谈谈村内外的事,每次会开得非常热闹。一般群众,当会议结束时也不想走,还想听点啥消息。"①此类宣传大会的召开,拉近了共产党与群众的距离,群众愿意同共产党员讲心里话。共产党根据群众的需求为他们解决压迫问题,群众的抗日热情就更高,对共产党的认识理解和感情也更深。

在台属临海地区,在建立人民武装,建立游击根据地的过程中,共产党员王阿法通过宣传共产党的政策主张,取得了临海大雷山区群众的信任。1948 年 6 月,台属武装部队途经双港地区时,王阿法主动提出到大雷山区去开辟临天仙边区,建立武装工作队。王阿法以龙泉乡大平洪村为立足点,以当地进步青年陈方龙同学的身份,向群众宣传"三五"支队是共产党领导的队伍,是为穷人打土豪分田地、推翻国民党、解放全中国的队伍。一系列的宣传动员使当地群众对共产党和"三五"支队有了初步的认识。之后,王阿法又在天台县境内开展宣传群众工作。他了解到天台县潘呑杨村的几个贫苦农民因被国民党天台县政府通缉,跑进山里躲避。于是,王阿法找到这几个农民,与他们促膝谈心,宣传共产党的主张,启发他们觉悟。在这些农民的配合下,王阿法在潘呑杨村扎下了根,并逐步把活动范围扩大到天台县的紫凝、祥明、龙溪、天柱一带。②

儿童工作是群众工作的一部分,儿童有了组织,就能够成为广大群众中的宣传员。抗战时期,浙东党组织通过组建形式多样的儿童团体,开展宣传工作。金萧的诸北地区,在马青支持下,组建儿童队,宣传抗日。入队儿童仿照联防队行军,唱《义勇军进行曲》《大刀哥》《黄桥烧饼歌》《月亮嘻嘻笑》等歌曲。一到晚上,儿童队就去盛兆坞组织游戏会,唱响革命歌曲。许多妇女家长,不但支持儿童队的活动,而且也赶来参加游戏会,听读《时事简讯》上的抗日胜利消息,对当时的抗日行动起了很好的宣传作用。"墨城战斗"胜利消息传开后,当地又有不少儿童也要求加入队伍,参加送信送报等工作。③ 四明慈南地区组织儿童歌咏队,通过教唱歌曲、分队分班比赛的形式,提高儿童的文化、政治知识

---

①　浙江省新四军研究会浙东分会、余姚市新四军研究会、慈溪市新四军研究会:《浙东抗日根据地群众工作专辑》,内部资料,1999 年,第 56—81 页。

②　王荣福:《一切为了群众　一切依靠群众——临海党史上的群众工作和群众运动》,《临海史志》2014 年第 1 期,第 51 页。

③　浙江省新四军研究会浙东分会、余姚市新四军研究会、慈溪市新四军研究会:《浙东抗日根据地群众工作专辑》,内部资料,1999 年,第 338—339 页。

水平,带动其家人一起进步。^① 浙东地区还通过组织儿童社教队,下乡宣传表演,吸引群众了解时事,让群众加深对共产党的认识。通过儿童之口,浙东地区党组织向群众传播了前线消息,鼓舞了敌后广大群众的革命斗志。

除直接与群众进行面对面宣传外,浙东地区党组织还通过印发宣传品和学习资料等渠道加强对群众的宣传。^② 抗战时期,浙东地区先后创办了《时事简讯》《团结报》《抗日报》《战斗报》《新浙东报》等10余种刊物,开展宣传工作,不仅刊载全国抗日消息,也发布浙东本地新闻。新闻消息的传递,增强了群众的抗日信心。游击根据地时期,浙东临委在1947年春创办《新华电讯》,1948年3月改名为《四明简讯》,转为四明工委下属主办。《四明简讯》刊发内容具有浙东特色,除全国反攻斗争消息外,设本地区新闻版块,发动地方民运干部写稿,专门反映四明山革命武装活动与民运工作等;后又专辟地方版,报道重点是"我军的胜利消息,蒋匪暴行,群众抗暴运动,人民疾苦"等。《四明简讯》的创办,把中共中央的战斗号令,把全国各地的胜利捷报,迅速准确地传播到浙东人民群众中去,对浙东敌后群众了解形势、增强斗争信心有积极作用。^③ 路西地区成立鸡鸣社,翻印中共中央和毛泽东的文告以及新华社社论、路西党政军的布告、训令标语等政治宣传品,通过张贴、投寄和武工队专送等方式,让广大群众加深对共产党的了解。^④ 此外,金萧工委创办《金萧报》,路东工委创办《路东简讯》,路南、台属两地也先后创办《新路南报》《括苍》等简讯,向群众宣传党的方针政策和各类前线消息。

3. 在教育中提高革命觉悟

1943年,邓小平在《根据地建设与群众运动》一文中指出,"在发动与组织群众中注意群众的政治教育,在发动与组织任务完成之后,应将重心转入教育群众"^⑤。

在三北地区,共产党员以学校为阵地,通过正当公开的身份与青年接触,向他们传播红色思想,发展进步力量。1942年8月,中共慈镇县工委经三北地委书记王仲良同意,以国民党镇海县政府江北办事处和龙山区署(二者都是共产党控制的单位)出面,发动乡贤士绅筹办凤湖中学。凤湖中学的校长郑芳华是开明人士,赞成共产党的抗日主张。成立

---

① 浙东抗日根据地革命文化史料编纂委员会:《浙东抗日根据地革命文化史料选编(上册)》,内部资料,1992年,第300—301页。

② 浙江省新四军历史研究会金萧分会:《浙东金萧游击根据地统一战线工作》,内部资料,2009年,第93—95页。

③ 徐炎:《报纸办在四明山上》,《新闻研究资料》1982年第1期,第203—205页。

④ 中共浙江省委党史研究室、浙江省新四军历史研究会:《浙东游击根据地史》,中共党史出版社,2009年,第167页。

⑤ 邓小平:《根据地建设与群众运动》,见中共中央文献编辑委员会:《邓小平文选》第1卷,人民出版社,1994年,第68页。

之初,学校教师中有李健民和陈文舟是秘密的共产党员。凤湖中学不仅对学生进行抗日救国教育、宣传进步思想,还通过个别谈心、借阅书籍、开民主生活会等方式,使倾向进步的教师逐步认识到共产党教育方针的正确性,进一步向共产党靠拢。以凤湖中学为阵地,地下党员在潜移默化中将共产党的教育宣传深入学生和教师之中,又通过学生和教师让共产党的理论走向社会。如组织同学到群众中去开展抗日宣传运动;到群众晚上集中乘凉的地方,以说唱、活报剧、小调形式进行宣传等。①

定海地区在城区党支部尚未成立之前,已有共产党员在上级党组织领导下,通过读书会等学习组织,提高民众的革命素养。1944 年夏,定海地下党员叶清和、孙志奋针对部分青年要求进步、追求真理的愿望,利用暑假时间,在家中举办姊妹读书会。读书会的学习内容包括社会发展史和时事,每周集中讨论一次。通过学习,使青年提高了阶级觉悟,初步懂得了革命道理。1946 年,定海城区党支部成立后,地下党员继续深入群众,利用各种组织、运用各种方法教育和团结群众。如利用 1947 年起国民党在定海开办浙江省地方行政小教师资训练班的机会,由党员教师在集训中团结群众,因势利导,揭露抵制国民党当局的阴谋,并提出"教师治病保健要有保障"等口号,鼓励参训教师对小教训练班的主办者开展斗争。定海城区支部的共产党员,还以慈云小学、城保小学、甬东小学("三校")为基地,利用学校名义,开办成人夜校,组织附近贫苦青年、妇女入学,帮助他们提高文化水平和革命意识。这在扩大了共产党影响力的同时,为巩固学校阵地打下了群众基础。②

在四明地区,在隐蔽坚持时期,四明山上的坚持人员对当地群众开展不拘形式的教育工作,不仅讲解当前国内形势,还宣传共产党取得的作战胜利,如华中野战军的"七战七捷"等。坚持人员还对群众进行保密和气节教育,以提高群众的阶级觉悟,增强他们的革命信心。③

浙东地区通过开展形式多样的农村俱乐部活动,宣传抗日救亡,发展农民积极分子。鄞慈县红岭村抗日民主俱乐部围绕宣传抗日和大生产,不仅举办夜校识字班,还在俱乐部内设墙报、黑板报、识字牌,登载村民自己创作的诗歌文章以及时事消息。俱乐部建有娱乐室,群众晚上在娱乐室开展各类活动,不仅有文体活动,还有时事讲座、生产经验交流会、革命知识报告、编戏演戏活动等。各式各样的活动,使群众与共产党的关系更加亲

① 宁波市新四军暨华中敌后抗日根据地研究会:《浙东抗战与敌后抗日根据地史料丛书》第 6 卷,中共党史出版社,2001 年,第 239—250 页。
② 洪晨洋:《忆城区支部的群众工作》,见中共舟山地委党史资料征集研究委员会:《舟山革命斗争史资料》第 20 期,内部资料,1984 年,第 16—17 页。
③ 朱之光:《战斗在四明山上:朱之光回忆录》,中共党史出版社,2000 年,第 182、204 页。

近。在抗日民主俱乐部,红岭村的妇女除了识字、唱歌,还听革命故事,为人民军队洗衣、补袜、做军鞋。俱乐部还教红岭村的孩子们识字、唱歌,孩子们削竹片当笔,在泥土里学写字。群众白天在山头唱歌,帮助民兵放哨站岗收集情报,做了不少有益于革命的事情。通过俱乐部的组织,村里男女老少的力量都被调动起来。俱乐部成为当时农村宣传政策、动员群众、执行任务最适宜的场所。[①]

(三)培养群众工作干部

做好群众工作,关键在于建设一支能深入群众、动员群众、开展群众工作的干部队伍。要让广大干部尤其是群众工作干部认识到群众工作的重要性,充分学习群众工作的方式方法,以便在基层更好地进行群众动员。

1.浙东区党委重视培养群众工作干部

1942年9月,根据中共中央的指示,浙东区党委在根据地开展了一系列的整风学习运动,并在三北地区的金仙寺组织了第一期教导队,受训学员70余人。1943年2月底,为适应形势发展需要,浙东区党委直接领导的首期"中国共产党浙东地区委员会党员干部培训班"在姚南杜徐村开学,由组织部部长杨思一讲授民运(群众)工作一课。[②] 此后几年间,结合整风运动,浙东区党委又陆续举办了多期党员干部训练班。1943年3月,浙东区党委举办了党员干部训练班[③],由女红军谢飞任党训班主任,每期学员60名,时间为2个月。浙东区党委还举办乡村行政人员短期训练班等,学员既学习《新民主主义论》《改造我们的学习》等中央规定的整风学习文件,又学习抗日民族统一战线、新民主主义、党的建设、群众路线、军事基本知识。[④] 通过干部培训,学员不仅加深了对统一战线、群众工作等方面的重要性的认识,也提高了自身的思想认识和工作水平。

1944年夏,浙东敌后临时行政委员会在四明山区横坎头创办了浙东鲁迅学院。与培训班不同,浙东鲁迅学院的招生范围不局限于党员干部,18岁以上青年男女,符合条件均可报名。[⑤] 学院于1944年9月正式开学,前两期培训的内容以民政、财经、文教为主,1945年7月开始的第三期培训在此基础上增设民运系,教学内容涉及人生观与群众观。

---

① 翁绍初:《红岭抗日民主俱乐部》,见浙江省新四军研究会浙东分会、余姚市新四军研究会、慈溪市新四军研究会:《浙东抗日根据地群众工作专辑》,内部资料,1999年,第102—104页。

② 魏文英、潘景炎:《记浙东区党委第一期党员干部训练班》,见浙江省教育科学研究所:《浙江革命根据地教育资料汇编(中册)》,浙江教育出版社,1987年,第296—301页。

③ 后因第二次反顽自卫战的爆发而暂停。

④ 成为杰:《浙东抗日根据地:孤悬敌后的战略基地》,《学习时报》2022年10月10日。

⑤ 浙东鲁迅学院的首期培训主要面向浙东全区的小学教师,对他们进行政治集训。从第二期开始,面向社会公开招生。第三期招生时,对于年龄的要求又改为18岁以上、30岁以下。

浙东鲁迅学院采取教育与社会实践相结合、理论与实际相结合的方式,培养建设浙东抗日根据地的专项人才。1945年2月,浙东鲁迅学院组织全体学员、工作人员、杂务人员等100多人,进行集体开荒劳动。6月,学院从培训学员中选拔20人组成两支突击民运工作队,前赴上虞,在新解放地区展开抚慰与组织人民工作,随后继续选拔25人组成大的民运突击队,准备于田伪某大据点攻下时出发工作。[①] 通过政治、业务学习与实践开展,每一个学员都充分践行了"应融会毛泽东与鲁迅的为国为民的最伟大最正确的思想,在抗日民主的神圣事业上,并团结广大群众,面向现实,深入民间教育与组织群众,达到巩固与扩大解放区,结成一条心为驱逐日寇,创造新中国而奋斗"[②]的校训。

1944年10月,浙东鲁迅学院第一期学员开班后不久,浙东区党委和新四军浙东游击纵队决定,以原有的教导大队为基础,成立浙东抗日军政干部学校。浙东抗日军政干部学校于1945年2月开学,共办2期,其宗旨是"培养有志青年,提高其抗战学术,使其真能为国家民族服务,增强抗战力量",其校风是"团结、紧张、严肃、活泼"。学校基本课程有政治常识、社会发展史、革命传统和政策纪律教育等,还经常邀请当地军政及文化界名人来校作报告。在学员班级划分上,下设军事队(一队)和政治队(二队),其中二队学员一部分是来自基层的政工干部,一部分是来自上海、杭州和浙东本地的青年学生。随着干校迁至横坎头,又新增2个队,学员实际上被分为4个队进行培训。[③] 浙东抗日军政干部学校培养了一大批基层政工干部,他们在部队和地方都发挥了骨干作用。[④]

2.各地为基层培养民运工作人才

浙东区党委以下,各个地委及其下属县委也举办了许多或长期或短期的民运干部训练班,为基层地方培养输送了大量的民运工作专门人才。

1942年暑期,三东地区中共定海县工委负责人王起、张启达、钱铭岐和洪阳在蒲岙大沙湾举办妇女干部训练班。训练班为期10天,有学员20余名,共产党员占多数,也有群众骨干。参与培训的共产党员有专门从事党的地下工作的政工队员,也有以小学教员身份开展革命活动的同志。学员在训练班中学习了"社会发展史""妇女解放运动""抗日战争的形势"等课程,培养和提高了自身的思想水平,为在定海开展共产党活动、宣传共产

① 《鲁院学员上前线　突击民运工作》,《新浙东报》1945年6月24日。参见浙江省教育科学研究所:《浙江革命根据地教育资料汇编(中册)》,浙江教育出版社,1987年,第66—67页。

② 《鲁迅学院学员毕业证书》,见浙江省教育科学研究所:《浙江革命根据地教育资料汇编(中册)》,浙江教育出版社,1987年,第67页。

③ 姚鹏、刘金:《记浙东抗日军政干部学校》,见浙东抗日根据地革命文化史料编纂委员会:《浙东抗日根据地革命文化史料选编(上册)》,内部资料,1992年,第458页。

④ 成为杰:《浙东抗日根据地:孤悬敌后的战略基地》,《学习时报》2022年10月10日。

党主张打下了基础。①

1942年8月,中共三北工委和慈镇工委共同开办民运培训班②,"学习内容有:中国革命运动史(李长来同志讲课,每周两次,每次二小时)、社会发展史,抗日民族统一战线(部份章节)、调查研究工作,民运工作方式方法,妇女运动史,革命人生观等"③。同年11月底,又在余上县举行了支部书记短期训练班,学习内容为党的建设、统一战线、武装斗争。④

1944年10月底,四明地区青年干部培训班开班,目的是培养基层军政干部。在教学方法上,实行理论与实际相结合、上课辅导与自学相结合的方式,组织安排学员进行农村调查并举办冬学。冬学的实践使学员有机会接触农民群众,深化学习,得到锻炼,了解今后如何到乡或村中单独发动、组织群众。⑤ 12月,姚南县利用农闲时间,为巩固、扩大各种群众组织,举办第三届群众干部训练班⑥,当期有170余名干部报名参加训练;通过为期10天的训练,号召学员"第一以孙行者的办法,拔一毫毛变成千百个小猢狲的精神去带领群众,教育群众。第二要消灭野猪,保卫生产,做到多种洋芋芳,防止明春饥荒。第三要发展民兵,巩固组织"⑦。1945年,又举办了全体乡镇(长)干部培训班、南山县大岚区民兵农会干部训练班等。

1945年6月,中共金萧地委委托路西县委举办地方工作干部训练班。训练为期一个月;分两阶段,前一阶段以业务教育为主,后一阶段以政治教育为主,分财政、民运两组,学员中有一部分是从事民运工作和财务工作的地方干部。在培训中,学员通过"如何进行'二五减租'、如何发动群众、组织农会"等问题的学习讨论,互相交流经验,学习工作方法,明确了扩大和巩固抗日根据地的建设的方向,增强了做好群众工作的信心。⑧

3.浙东临委解决"民运干部荒"问题

浙东游击根据地时期,由于大批优秀干部集中在武装队伍中,使从事地方群众工作

---

① 朱明溪:《忆定海妇女干部培训班》,见中共舟山地委党史资料征集小组办公室:《舟山革命斗争史资料》第11期,内部资料,1983年,第30页。

② 对外名义是三北总办事处和江北办事处联合举办。

③ 浙江省教育科学研究所:《浙江革命根据地教育资料汇编(中册)》,浙江教育出版社,1987年,第180—182页。

④ 浙江省教育科学研究所:《浙江革命根据地教育资料汇编(中册)》,浙江教育出版社,1987年,第290—293页。

⑤ 浙东抗日根据地革命文化史料编纂委员会:《浙东抗日根据地革命文化史料选编(上册)》,内部资料,1992年,第453—457页。

⑥ 第一次培训是第二次反顽自卫战之前,第二次培训是1944年秋收之前。

⑦ 浙江省教育科学研究所:《浙江革命根据地教育资料汇编(中册)》,浙江教育出版社,1987年,第8、48—50页。

⑧ 浙江省教育科学研究所:《浙江革命根据地教育资料汇编(中册)》,浙江教育出版社,1987年,第83—89页。

的干部大量短缺,且"只有使用,缺乏教育"。因此,在"民运干部荒"的困境下,需要抓紧培养更多的群众工作干部。

1949 年之前,浙东地区尚未形成完整的游击根据地,这一时期的民运干部培训以短期培训班为主。1946 年 7 月,金萧地区召开了为期 7 天的短期培训班,培训内容涉及政治形势、斗争方式、工作技术等。1946 年 12 月及下半年,四明党组织在桃花岭举办了 2 期党干部训练班,培训内容主要是阶级斗争形势、党性教育等。第一期党干部训练班结束后,组织并参与培训的肖东被任命为中共姚虞县工委委员、虞东区委书记、虞东区区长兼区武工队指导员等。第二期党干部训练班后,参训学员郑沛基被任命为中共沿江区委委员、虞东区委委员,并兼任云楼乡支部书记。① 同年 11 月,又对各级党务干部训练班的教育与训练内容作出规定,要求在思想认识上使干部深刻了解群众路线,在群众工作上训练干部如何宣传教育组织与领导群众斗争。

局部地区民运干部培训工作的开展,并未从根本上缓解干部队伍的不足。1948 年 10 月,浙东临委针对浙东大部分地区新干部、新积极分子出现较少的情况,作出了《关于加强地方党的发展及大量吸收与培养干部的指示》,要求大量吸收与培养干部,对先进革命分子予以吸纳进队伍,并对他们进行基础群众教育。这一指示的发布,为迎接解放时期接收、培训知识青年与地方干部,缓解"民运干部荒"奠定了政策基础。1948 年底,台属地区举办"燎原训练班",先后共 5 期②,有学员 500 余人,为台属各县培养了大批优秀的民运干部。

进入 1949 年,浙东临委在评价"第二阶段"③的干部能力时指出,尽管主力及各地区的负责干部基本上具有目前必要的工作经验与独立工作的能力,但"中下级干部能力弱,尤其数量大大不够,对于今天浙东广阔的工作地区,显得非常不相称"④。因此,为进一步解决干部人员缺乏、能力弱等问题,各类干部培训班的开展次数继续增加。在民运干部培训组织上,从地委到县、区,各级各层次的培训班都有所开展。1949 年 2 月 24 日,浙东临委、浙东行政公署、人民解放军第二游击纵队司令部联合发布公告,预备创办浙东人民干部学校,提出:"离临委机关路途太远的地区,应自行举办革命知识青年的训练班,其他

---

① 毛云鹤:《肖东在云楼》,《余姚日报》2022 年 12 月 4 日。

② 包括在 1949 年开班的数量。

③ 浙东临委发出的《浙东胜利前夜的形势与我们的任务》(1949 年 1 月 25 日)一文认为:"大体上,(1948 年 1 月)汤恩伯调任衢州绥署主任,八九月间对东海地区的清剿,十、十一月间敌七十五师对会稽路南、路西、台东等地区的行动,可以作为浙东形势第二阶段的具体表现。……目前时期是第二阶段(基本上已过去)到第三阶段(即配合大军完全解放浙东的阶段)的渡江时期,是浙东完全解放(或最后胜利)的直接前夜。"

④ 中共浙江省委党史研究室、中共宁波市委党史研究室:《浙东游击根据地》,中共党史出版社,1996 年,第 189 页。

地区应负责大量动员与选送学员到'浙东人民革命干部学校'来受训,不必再独立举办一般的训练,以节省干部,提高教育效能。不能够与必须在当地参加工作之革命青年不必送来受训,目前农民干部要训练则必须由各地区、各县、各区分散的普遍举办。"[1]同时,在首期招生通告上,就明确指出要培养"群众工作干部"[2]。在四明地区,中共慈镇县工委在1949年2月下旬游源会议后立即在游源山区举办了民运工作训练班,训练班由慈镇县工委副书记、代理书记杨展大亲自主持,参加培训的干部有20余人。培训为开展群众运动培养了一批骨干。[3]金萧地区在2月—4月举办了多期短训班,发起写信献金、节食纪念先烈等运动,并对参训干部设置了政治测验50题,提高干部的政治觉悟和素养。路南地区在1948年冬天的三期教导队基础上,开展第四期训练班,并于1949年3月创办路南军政干部学校,同时筹备第五期招生,预定学员人数从70余人发展至200余人。台属地区在这一时期继续开办燎原训练班[4],班内分群工、军工和文化三个队,群工队专门培养民运干部。在燎原训练班中,学员经常访问当地的贫户农民,了解他们的生活情况,发动群众,组织他们进行斗争。

浙东地区党组织通过对群众工作干部的一系列培养培训,使各级民运干部的素质不断提高,为浙东革命根据地群众工作的顺利开展提供了人才保障。

四、依靠群众扎根浙东大地

中国共产党始终将人民视为自己最大的靠山。1934年,毛泽东发表《关心群众生活,注意工作方法》一文,指出:"真正的铜墙铁壁是什么?是群众,是千百万真心实意地拥护革命的群众。这是真正的铜墙铁壁,什么力量也打不破的,完全打不破的。"[5]浙东地区广大群众积极支援人民军队,主动对敌开展斗争。正是依靠群众,共产党和人民军队才得以扎根浙东大地,建立浙东革命根据地,迎来了浙东地区的全面解放。

(一)支援人民军队

浙东革命根据地广大群众的无私支援与帮助,是共产党领导的军队由弱变强,以及

---

[1] 浙江省教育科学研究所:《浙江革命根据地教育资料汇编(中册)》,浙江教育出版社,1987年,第105页。
[2] 《浙东人民革命干部学校第一期招生通告》说明了培养目标与学科划分,在学科方面规定该期主要培养下列各种人才:"甲、浙东人民解放军军事政治干部。乙、浙东各级人民政府的财政经济工作干部。丙、群众工作干部。丁、文化、教育、新闻、宣传工作干部。"
[3] 中共慈溪市委党史研究室:《中国共产党慈溪历史》第1卷,中共党史出版社,2003年,第207页。
[4] 此时燎原训练班对外也称浙东人民革命干部学校。
[5] 中共中央毛泽东选集出版委员会:《毛泽东选集》第1卷,人民出版社,1991年,第139页。

在与日伪顽、与国民党军队的战斗中不断取得胜利的重要保证。

在共产党与日伪顽展开斗争时，广大群众始终坚定不移地支持人民军队。在慈东地区，农民积极参加农会、自卫队（民兵）、妇女会等群众团体，他们自觉参加递步哨、侦察敌情、锄奸、提供后方勤务。1943 年春，仅洪塘、前后潘、赵家、林家、宅前张等 11 个村，就有 46 名青年农民参军。慈东地区还出现了不少妇女抗日积极分子。洪塘医院女医生孙吟月、孙克君，护士徐育英、李厚英等人，以开设医院为掩护，为共产党组织做好秘密联络站工作，利用行医出诊之便，侦查敌伪军动向，并及时把情报递送到新四军抗日部队。[①] 在与日伪军的斗争中，也时常出现群众掩护共产党员的情形。慈城黄山村人王义述曾撰文回忆："一次伪军把碾米厂的老板抓到慈城去了，那时后院正好有'三五'支队的地方工作人员，是一名女同志，跑是跑不出去的，我的大妈（伯母），一个普通的家庭妇女，临危不惧，一声不响地把她叫过来，按事先约定，说那位女工作人员是我们家的亲戚，是走亲戚来了，一边拿起要缝补的衣服什么的，一起干起家务，保护了这位'三五'支队女工作人员。"[②]

1942 年 10 月，浙东第一次反顽自卫战打响。此次反顽自卫战中，浙东当地群众给予了人民军队极大支持，帮助军队观察敌情，传送情报，为战斗胜利做出了很大的贡献。[③]1943 年 4 月解放梁弄的战斗中，年仅 14 岁的村民张钦寿在战前帮助新四军浙东游击纵队查探敌情，绘制地图。五桂村的黄桂仁、黄士林等顶着枪林弹雨，一路翻山越岭，抬着担架步行 25 里路，将 8 名伤员送到后方医院。[④]

1943 年 11 月，在浙东第二次反顽自卫战中，群众发挥了很大作用。在横坎头，当地百姓筹集 20 多万块砖头、5 万多公斤毛竹，帮助搭建战事工程，与军队一起挖战壕。在大岚地区，群众为军队送粮送饭、抬担架、送情报。大岚当地妇女还把家里做好的番薯枣子一袋袋送给军队作为干粮。第一次蜻蜓岗战役打响后，峤岭群众通宵做年糕慰劳前方战士。战斗结束后，又帮助"三五"支队掩护伤员，确保敌人窜扰以后伤员安全无恙。"当时一位年轻大嫂，在河里帮助伤员洗血绷布，敌人突然到来，她机智地把自己衣服盖在篮子上，混过去了。"[⑤]又有一位臂部受伤的连长，峤岭群众把他隐蔽在一位农民家里，为了

---

① 中共宁波江北区委党史研究室、宁波市江北区新四军历史研究会：《慈东革命斗争纪实》，宁波出版社，2010年，第 40 页。

② 王义述：《故乡黄山是我接受爱国主义教育的第一站》，见宁波市政协文史委员会：《烽火浙东：纪念抗战全面爆发 80 周年回忆文选》，宁波出版社，2018 年，第 194 页。

③ 谭启龙：《谭启龙回忆录》，中共党史出版社 2003 年，第 135 页。

④ 王佳：《腾挪房屋、运送伤员、同挖战壕……浙东抗日根据地鱼水情深》，《宁波日报》2015 年 8 月 4 日。

⑤ 陈苇：《大岚山区工作回忆》，见浙江省新四军研究会浙东分会、余姚市新四军研究会、慈溪市新四军研究会：《浙东抗日根据地群众工作专辑》，内部资料，1999 年，第 24 页。

增强伤员抵抗力,群众想法弄鸡蛋给他吃,没有护士;这家农民用盐水为伤员洗伤口。一个多星期后,这位连长才被送到医院。由于群众保护,他的伤口没有感染,体力没有降低。①

1945 年 10 月发生的溆浦突围战,是新四军北撤途中的重要战斗。在战斗过程中,当地群众提供了大力支持,不仅家家户户开门烧水烧饭,为战士在后方送饭送水,还上阵地抢救伤员,帮助部队把伤员从山上抬下来。他们没有受过战地救护训练,完全凭着救人的意念,冒着枪林弹雨,在阵地和临时战地医院之间来回奔跑,用拆下来的门板当担架,抢救了很多伤员。在摧毁敌军指挥所,夺取扇子山、隐马山高地后,新四军决定马上突围。此时战斗中已有 200 多名新四军战士牺牲,再加上有很多伤员和行李辎重、武器弹药需要随同转移,因此人力成了大问题。新四军便动员溆浦群众帮忙挑送行李,不到两小时,就集中了很多当地群众转移行李。由于突围仓促,还有许多伤员来不及转移,只能暂时安置在当地群众家中。在溆浦战斗结束后的许多天里,溆浦群众面对国民党军队挨家挨户地搜查,冒着危险掩护新四军伤病员,并为他们上药、治伤。②

新四军浙东游击纵队主力北撤后,浙东地区留下坚持的共产党员和军队战士紧紧依靠群众保存有生力量。每一位奉命坚持隐蔽的共产党员都有好几个"舅舅""舅妈",这些"舅舅""舅妈"都是基本群众,也都是红色堡垒户。他们视坚持干部为亲人,千方百计地为他们济难解危,有的甚至不惜为之献出自己的生命。一次,"浙保"大队长华松探听到朱之光等常出没在梁弄高地岭一带,便组织队伍埋伏。敌人的这一行动被当地一位敲竹梆赶野猪的群众看到,他立即报告坚持干部,并自愿承担起侦察报警任务,约定以竹梆声的长短作为警报暗号。就这样,敌人在这一带连续设伏十多天,这位群众就一连打了十多天的竹梆,传递信号保护了坚持在山上的干部。又有一次,国民党军队开始了大规模的搜山行动,而此时,朱之光、吕民烽、黄瑞田等 10 余位坚持同志正隐蔽在六塘岗一片柴山里,有个山区牧童主动为他们当瞭望哨,约定国民党军队来了就唱山歌报警,半个多小时后,稚嫩的山歌在山冈上响起,坚持的干部闻声转移隐蔽,避开了敌人的搜捕。1948 年 4 月 27 日,国民党"四明山绥靖指挥部"又调集浙江保安团和余姚保警队各两个中队对姚南基本区进行大规模"清剿",并包围箬岙村,以村民良莠难分为由,将全村成年村民 123 人全部拘捕,关押在龙坑严刑逼供,枪杀 1 人,在敌人的威逼下,全村没有一个人吐露出共产党和部队的秘密。③

---

① 陈苇:《大岚山区工作回忆》,见浙江省新四军研究会浙东分会、余姚市新四军研究会、慈溪市新四军研究会:《浙东抗日根据地群众工作专辑》,内部资料,1999 年,第 24 页。
② 周乐训:《难忘溆浦人民》,http://www.tiejunmedia.com/article/details/id/908.html。
③ 中共宁波市委党史研究室:《中共宁波党史大事记(1919—1949)》,内部资料,1991 年,第 208—209 页。

在鄞县梅园乡建岙村,村民钟仁美被党员同志亲切称为"革命妈妈""建岙妈妈"。钟仁美全家都很支持拥护共产党,在隐蔽坚持时期,建岙村的地下党联络站就设在"建岙妈妈"家中。1947年下半年,共产党领导重新开展武装斗争,建立游击战争根据地。从温州方向来的8个战士到达建岙已是半夜,决定在钟妈妈家休息。清晨五点左右,建岙村被国民党军队包围,挨家逐户搜捕"三五"支队和共产党员,四面要道路口都有轻重机枪封锁,情况万分危急。隐蔽在楼上的战士已经拉开阵势,子弹上了膛,手榴弹揭了盖,准备与敌人进行最后一拼,钟妈妈却非常镇静,缓步上楼对他们说:"请同志们不要着慌,不要乱动手脚,听我在楼下安排。"然后下楼捞了一篮年糕,和媳妇一起坐在楼梯边,编织草席,边考虑退敌之计。忽然,两个敌军士兵从妈妈的后门进来,要上楼搜查。钟妈妈仍镇定自若地对一个班长模样的士兵说:"先生!我家没有什么好东西,只有一点年糕送给你们。"两个敌军士兵接过年糕,嘻嘻哈哈地笑着,到隔壁邻居一家去了。在楼上准备战斗的战士,听到钟妈妈巧妙地骗走敌人,才松了一口气。几分钟后,敌军吹号集合回去,地下党员避免了一场严重灾祸。[①]

(二)发动渔民盐民斗争

浙东游击根据地时期,三东地区定海县党组织发动、团结广大渔民及盐民群众开展反对压迫的斗争,依靠群众斗争,打击了当地的国民党势力。

1947年,舟山沈家门、虾峙、螺门等地渔民开展了反对渔行主、渔霸残酷剥削的斗争。抗战胜利后,国民党为了发动内战,向舟山渔民征收沉重的苛捐杂税,除伪政府明文规定的渔税、渔盐税之外,还有壮丁捐、保丁捐、自治捐、牌照税、旗照税、护航费、路灯费、抛锚费、鱼羹费等几十道捐税,名目繁多。同时,海匪继续横行霸道,渔行栈和渔霸剥削渔民的方式也变本加厉。渔霸、海匪及伪政权更为残酷的压迫,使得原来对蒋介石存在幻想的舟山渔民觉醒了,他们说:"盼老蒋,盼老蒋,盼来了老蒋更遭殃!"1947年春汛后期,舟山沈家门等地的渔民首先发起了声势浩大的反对渔行栈进行"九五扣佣"[②]的斗争。经过渔民连续两个月的罢工、请愿等斗争,国民党定海县党部书记长何仁良和伪县长沈溥迫于压力,进行调停,答应了渔民代表提出的三项要求:"1947年春季鱼栈所扣的'九五'鱼款部分退还渔民;1947年秋季起'九五扣'一律取消;渔行非份开支(包括护渔费等利息),

① 鲁刚:《支持革命不避艰险——记建岙妈妈钟仁美》,见宁波市新四军研究会:《解放战争时期宁波地区革命史料》第2卷,中共党史出版社,1999年,第441—445页。
② "九五扣佣"是渔行主在抗战时期提出来的制度。按照"九五扣佣"的"法律",渔行栈除向冰鲜船征收10%的佣金外,再从渔民所得的鱼款中扣下5%。冰鲜商所收的佣金实际仍是从渔民身上克扣。因此,渔行老板单从渔民身上刮取的佣金高达15%。

一律退还渔民。"同一时期,虾崎的渔民也进行了反对"九五扣佣"的斗争,迫使渔行主把"九六"扣佣改为"九七"扣佣。舟山六横苍桐村渔民,发起了反对渔霸钟甫庆向渔民非法收取"涂面粮"的斗争。[①]

　　1947年初夏,定海岱山区在共产党地下组织的领导下,爆发了盐民斗争。当时,岱山区伪盐场公署发布公告,规定岱山各地生产的盐都要挑到东沙邵家山大盐仓集中投售,这一规定严重影响盐民的生产,引起了他们的愤恨。很多盐民积极分子都来到盐业工会,要求采取必要的措施。岱山区盐业工会是由共产党秘密掌握的群众团体,盐业工会地下党员通过党内外活动,统一思想,提出了"反对原盐集中""开放各地盐仓""团结起来打倒不合理的违反民意的规定"等斗争口号,领导岱山区盐民向盐场公署开展斗争。1947年7月13日中午,全岱山盐民实行扛板罢晒,1600多盐民组成的请愿队伍在各地盐民积极分子带领下,汇集在东沙镇街里空场地上,包围了盐署大门口。从大岭墩下来的部分请愿队伍,占领了邵家山制高点,包围了盐场的大盐仓。东沙镇的居民也都纷纷涌往邵家山附近,他们都非常同情盐民的遭遇并且支持盐民的斗争。在东沙居民的支持下,盐民积极分子边敲大门,边喊口号,要求场佐邱彤立即出来向群众交代。相持近半小时后,在盐业工会中地下党员的发动下,盐民爬上盐仓屋顶,拆毁盐仓,用毛竹引火,烧掉了盐仓内盛盐用的麻袋和邵家山大盐仓。请愿群众又提出要烧掉盐署。至此,盐署被迫同意谈判,12名盐民在暴动群众的声援下,据理力争,经过一个多小时的谈判,迫使盐署放弃了"把原盐集中在东沙大盐仓"的规定。第二天,又有部分盐民积极分子前去摇星浦,和盐署爪牙、盐霸徐承恩做斗争。虽然徐承恩已闻风而逃,但其家属向盐民认罪,并自愿罚出食米12石充作盐业工会的经费。[②] 盐民斗争取得了胜利。1948年,岱山区盐业工会又利用伪盐场公署布告的"凡盐民壮丁可以暂缓服兵役"规定,在岱中乡泥崎地区开展合法的"反蒋抗丁"斗争,再次取得了斗争胜利。

(三)建立红色堡垒

　　浙东游击根据地时期,紧紧依靠红色堡垒户、堡垒村是共产党组织保持与群众的联系、扩大群众基础、保存有生力量的重要方式。

　　浙东地区党组织在四明山区等基本区,随着武装斗争开展和武工队活动扩大,开辟建立了不少红色堡垒。这些红色堡垒户、堡垒村,以隐蔽的形式成为领导机关、后勤机构等的基地,成为共产党开展工作的立足点。共产党在这里发动组织群众开展抗丁、抗粮、

---

　　① 中共舟山地委党史资料征集小组办公室:《舟山革命斗争史资料》第1期,内部资料,1981年,第32—33页。

　　② 汤德锬:《岱山地下党发动、领导群众反压迫、反抓丁斗争情况点滴》,见中共舟山地委党史资料征集研究委员会:《舟山革命斗争史资料》第24期,内部资料,1986年,第41—42页。

反"清剿"斗争,发现和培养积极分子,发展和巩固党组织。

余姚县南岚乡的大俞、上马、大元基,晓云乡的大山、陈天龙,白鹿乡的茶山马家坪等,都是连片或连线的红色堡垒村。其中大俞村在部队北撤后依然保持着党支部组织。1948 年 11 月,浙东党组织在大俞村村民沈荷花家成立嵊新奉县秘密交通站,站长范正明①。交通站的主要任务,一是人员的迎来送往,从浦东、三北来的同志中转到嵊新奉地区,嵊新奉地区的同志中转到浦东、三北地区;二是信件和各种信息的发送转达,浙东工委的各种指示和命令,通过交通站转达到嵊新奉地区和会稽山、金萧地区。②

成为红色堡垒村需要具备诸多条件,以慈南孔岙村为例:一是有坚强的党的领导核心,秘密的党支部真正起到堡垒作用。孔岙村共有党员 25 名,其中 23 名系抗战时期入党,6 名党员是脱产干部。党支部控制和掌握政权,成为开展各项斗争的领导核心。二是群众基础好,真心实意拥护共产党。孔岙村共 185 户、750 人。抗战时期,该村组成 250人的运输队,在第二次反顽自卫战中,为部队运粮 20 万斤,密藏于村内。解放战争中,敌人摧残很厉害,全村有 16 人被捕,无一人泄露共产党的机密,村民徐永清被打得体无完肤,甚至打折了两条腿,也不肯吐露领导机关的隐蔽点。三是政权掌握在共产党员手里后,善于应付敌人、保护群众,并及时掌握敌人动态,传送情报。如孔岙村,曾是临委机关所在地,不少重要会议在此召开。四是肃清了敌谍,控制了动摇与可疑分子。孔岙村四面环山,山上搭"公馆"隐蔽着共产党的领导人,驻扎在中村和陆埠的"浙保"经常到孔岙村,副团长杨百年还邀人打麻将,借以联络感情,探听消息。由于群众间互相监督,控制了可疑分子,从未出过事。五是地形好,有回旋余地。孔岙村是一个多山谷中的大村子,地处姚、慈、鄞三县交界的岙中之岙,四面环山,地形闭塞,交通不便,但又四通八达:西越悬崖为姚南,南及东南沿山谷,爬山梁,曲折盘旋,可达鄞西,唯一大路是沿北坡抵陆埠镇。敌人一举一动都能观察到。③ 面对国民党军的残酷"清剿",四明地区党组织依靠类似孔岙村这样的红色堡垒村,为共产党和武装的活动提供隐蔽、情报和给养,领导基本群众进行艰苦的反"清剿"斗争。依靠人民群众建立红色堡垒户、堡垒村,坚持人员白天隐蔽山上,晚上借助红色堡垒户的帮助打击地主土顽分子,粉碎了国民党军队的"清剿"计划,保存了有生力量。

通过艰苦的努力,浙东游击根据地逐步形成了跳跃式的、星罗棋布的红色据点群,从山区逐渐扩大到平原,甚至在敌人碉堡周围也建立了武工队活动的红色据点。在慈镇县

---

① 范正明(1923—1949),浙江慈溪人。1945 年加入中国共产党。新四军浙东游击纵队北撤后,先后任嵊新奉县特办负责人、嵊新奉县交通站站长。1949 年 4 月在余姚大俞村船头夯(今华山村境内)牺牲。

② 俞建文:《四明・大俞山志》,浙江大学出版社,2021 年,第 250—251 页。

③ 陈布衣:《风雨历程——四明山革命斗争岁月》,东方出版社,2001 年,第 178 页。

清水湖、黄沙闸、十字路、龙山海甸舍、小施山、淡水泓、石泉冯家、任桂溪、洪魏、舒廊岗、百石尖、上林湖、白洋湖、戚家大山等十余个地方,中共建立了红色堡垒村。至 1948 年底,慈镇县有红色堡垒村近 40 个,地理位置由山区逐渐扩展到平原、沿海。[①]

(四)开展第二条战线斗争

1947 年 5 月 30 日,毛泽东在《蒋介石政府已处在全民的包围中》一文中指出:"中国境内已有了两条战线。蒋介石进犯军和人民解放军的战争,这是第一条战线。现在又出现了第二条战线,这就是伟大的正义的学生运动和蒋介石反动政府之间的尖锐斗争。"[②]在中国共产党的领导和影响下,浙东国民党统治区广大爱国学生、工人、市民及其他爱国人士的革命热情不断高涨,积极开展"反卖国、反内战、反独裁与反特务恐怖"的第二条战线斗争。

1946 年 12 月底北平发生的抗议美军暴行运动,标志着国民党统治区以学生运动为先导的第二条战线斗争的兴起。在共产党的领导下,北平学生抗议运动很快发展为全国性的反对美军暴行和"要吃饭,要和平,要自由"的大规模群众运动。浙东各地学生积极响应抗议美军暴行运动。1947 年初,金华英士大学民主学社通过学生自治会,发表抗议美军暴行的宣言,强烈要求国民党政府维护国家主权、美军立即撤离中国、严厉惩办罪犯。1 月 6 日,全体学生 1000 余人举行罢课并上街游行,沿途散发传单、张贴标语,振臂高呼"强烈抗议美军暴行""保障人权,维护国权""美军立即滚出中国去"等口号。宁波小学教师党支部也以小学教师福利会的名义,发出声援,抗议美军暴行。[③] 斗争取得了胜利,美国政府被迫宣布陆续撤离其驻北平、天津、青岛等地的军队,减少甚至一度中断了对国民党政府的军事援助。

内战爆发后,国民党统治区的教育危机日趋严重。1947 年 5 月 20 日,国民党警察暴力镇压南京、北平等地举行反饥饿、反内战游行的学生,制造"五二〇"血案。血案发生后,在中国共产党指引推动下,学生斗争进一步发展为全国性的"反饥饿、反内战、反迫害"运动。浙东地区,金华英士大学罢课十天纪念"五二〇"。[④] 宁波慈溪县锦堂师范学校成立罢课委员会,举行罢课,要求政府增加主副食费,惩罚殴打学生致伤的军训教官,并把罢课倡议书发给定海县简易师范学校,要求支援响应。5 月 24 日,定海县简易师范学

① 中共慈溪市委党史研究室:《中国共产党慈溪历史》第 1 卷,中共党史出版社,2003 年,第 191—192 页。

② 中共中央毛泽东选集出版委员会:《毛泽东选集》第 4 卷,人民出版社,1991 年,第 1224—1225 页。

③ 中共浙江省委党史和文献研究室:《为什么说 1946 年底浙江学生积极声援了北平抗议美军暴行的运动?》,https://www.zjds.org.cn/1000w/39736.jhtml。

④ 中国第二历史档案馆、中共南京市委党史办公室:《五二〇运动资料》第 2 辑,人民出版社,1987 年,第 158—167 页。

校在地下党员领导下,开展学生罢课运动,提出"经济公开,立即改善师生伙食;发还无理克扣的学生津贴(米贴),并废除学生毕业服务四年后才能升学的规定;发挥学生自治会活动权利,争取学生民主自治权"的三点要求。[①] 5 月下旬,宁波中学、宁波高级工业学校、鄞县中学、鄞县师范、商业职业学校等中等学校学生响应华北学联倡议,筹划在 6 月 2 日举行全城总罢课和示威游行,但学生运动很快遭到国民党当局的压制。中共宁波工委根据上级党的指示和宁波的实际情况,说服宁波学生中止"六二"总罢课行动。宁波工委又分析鄞县师范学校的具体情况,决定领导鄞县师范学生以"提高待遇要饭吃"为口号,进行局部的罢课请愿斗争。6 月 1 日,5 名鄞县师范学生代表赴县参议会会场请愿,提出改善师范生生活待遇和确立永久性校址于城区等条件。6 月 2 日—4 日,鄞县师范学校学生罢课。罢课期间,学生代表数次向县政府、参议会交涉,由于学生的团结斗争和进步教员的支持,县政府被迫答应部分条件。6 月 5 日,鄞县师范学生复课,斗争取得一定胜利。[②]

除学生运动外,浙东地区的工人、市民也相继开展群众运动。1947 年 5 月,以杭州饥民抢米为导火线,浙东地区爆发"抢米"风潮,宁波、绍兴、永康等地,都先后发生了贫民抢夺米粮、捣毁米店的事件。"抢米"风潮很快蔓延全国,在一些地区演变为对国民政府的直接斗争。1947 年 12 月上旬,宁波生懋布厂无故开除女工杨秀娥,引发广大织布工人愤怒,发动反迫害斗争。11 日,各布厂 100 余名织布工人到生懋布厂交涉,引起冲突,7 名工人被国民党警察拘捕。共产党员胡章生根据宁波工委指示,以织布业产业工会名义发动群众向国民党县参议会请愿,向社会各界揭露真相;同时,酝酿组织游行示威,扩大工潮。宁波各行业工人先后通过怠工、罢工的形式声援织布工人的反迫害斗争。12 月底,在工人的坚决斗争和社会舆论的支持下,国民党当局无条件全部释放被捕工人。[③] 宁波织布工人成功动摇了国民党政权统治,取得了反迫害斗争的胜利。

国统区反蒋爱国民主力量的第二条战线斗争的开展,推动国民党统治区的爱国民主运动走向新的高潮。"第二战场"[④]与人民解放军军事战场紧密配合,加速了浙东地区的解放进程。

---

①　沈哨:《团结在党周围闹学潮》,见中共舟山地委党史资料征集研究委员会:《舟山革命斗争史资料》第 20 期,内部资料,1984 年,第 26—27 页。

②　中共宁波市委党史研究室:《中共宁波党史大事记(1919—1949)》,内部资料,1991 年,第 193 页;王湘诚:《五二〇运动在宁波》,见宁波市新四军研究会:《解放战争时期宁波地区革命史料》第 3 卷,中共党史出版社,1999 年,第 182—191 页。

③　中共宁波市委党史研究室:《中共宁波党史大事记(1919—1949)》,内部资料,1991 年,第 201 页。

④　1947 年 2 月,中共中央政治局会议在延安召开。会议上,周恩来作关于国民党统治区人民运动的报告,首次把国民党统治区的人民运动称为"第二战场"。

马克思主义唯物史观指出,人民群众是历史的创造者。群众工作的目的就是为人民服务,实现人民的当家作主。不管是在抗战时期还是解放战争时期,浙东革命根据地群众工作的开展,始终与广大人民群众同心同德、同向而行,始终为人民群众最根本的利益与日伪顽和国民党军队做斗争。浙东全区的解放离不开广大人民群众的血泪付出,共产党在全国范围内取得新民主主义革命的胜利也离不开广大人民群众的真心拥护与支持。

第八章

浙东革命根据地党的建设

中国共产党是浙东革命根据地创立和发展的坚强领导核心。党领导浙东军民,经过艰苦卓绝的斗争,建立了浙东革命根据地。浙东党组织经过大革命、土地革命战争、抗日战争到解放战争的历史考验,增强了自身的战斗力和号召力,逐步形成了具有浙东特色党的建设的重要经验。

一、浙东革命根据地党组织的发展概述

浙东革命根据地党组织的建立,离不开浙东党组织的贡献。在浙东革命根据地成立之前,浙东党组织经历了初创时期(1923 年 7 月—1937 年 8 月)和全面抗战初的发展时期(1937 年 9 月—1942 年 7 月),是浙东革命根据地党的建设的重要力量来源。浙东革命根据地党的建设分为抗日根据地时期的巩固时期(1942 年 8 月—1945 年 9 月)和游击根据地时期的重建时期(1945 年 10 月—1949 年 5 月)。这一时期,在浙东区党委和浙东临委的领导下,浙东革命根据地各级党组织大力发动群众,积极凝聚各方力量,领导根据地党政军民开展军事、经济、政权、文化等建设,是浙东革命根据地的中流砥柱。

(一)浙东党组织的初创(1923 年 7 月—1937 年 8 月)

五四运动后,随着马克思主义的传播和工农运动的开展,浙东各地的早期党组织建立。这一时期,浙东党组织发挥了直接领导的作用。主要表现在:其领导下的工农运动得到了蓬勃发展,实现了从"无组织"的一般的经济运动向"有组织、有纲领"的政治斗争转变、从"组织工农"向"武装工农"转变。

1. 浙东第一批党组织的诞生

(1)浙东地区党组织产生的思想和组织基础

新文化运动的兴起、马克思主义的传播、大革命运动的展开,为浙东地区党组织的创

建奠定了思想和组织基础。五四运动爆发,以陈望道、沈玄庐、俞秀松、邵力子等为代表的一批浙东先进分子,开始研究、接受和传播马克思主义。其中,陈望道出版的第一部中文全译本《共产党宣言》,影响极大。随后的浙江"一师风潮",锻炼和造就了一批人才,为浙东党组织的创建奠定了思想基础和干部基础。这些进步青年在外出求学、探求真理、寻找救国救民道路时,加入中国共产党,并在第一个共产主义小组成立中发挥了重要作用。1921年,沈玄庐等人在萧山衙前村组织发动农民运动,成立全国第一个党领导的新型农民团体——衙前农民协会[①],为浙东党组织的创建提供了广泛的阶级基础。

中共一大之后,中国共产党在浙江先成立团组织,后建立党组织。1922年4月,俞秀松由上海来到杭州指导创建社会主义青年团杭州支部。同年9月,江浙区党委书记徐梅坤(徐行之)与于树德、沈干城、金佛庄成立中共杭州小组,成为浙江最早建立的地方党组织。浙东陆续在绍兴、宁波等地建立起第一批地方党组织,之后以点带面,从城市向农村辐射,地方党组织初创呈波浪式发展。尤其在乡村社会,"亲对亲、邻对邻"成为这一时期党组织发展的主要方式。党组织初创时期,对党员数量的需求迅速增加。在乡村亲疏远近的差序格局下,浙东地方党员的发展和党组织的不断扩展,主要以"亲对亲、邻对邻、村对村"的形式,以本地有影响力和动员力的亲属、邻里、朋友、师生等熟人关系为切入点,通过发挥示范作用,获得从点到面的波浪式发展。比如鄞州塘溪镇沙村的"沙氏五兄弟",其中沙文威、沙文求、沙文汉都在1925年先后入党,沙文求由四弟沙文威介绍入党,沙文汉在沙文求的影响下从事革命事业,由同学倪毓水介绍入党。[②] 由此,浙东第一批以绍兴、宁波为主的地方党组织开始创建。

(2)宁波地区党组织初创情况

宁波地区党组织的初创主要分三个阶段。

第一个阶段:宁波最早党组织的成立。1923年下半年,上海地委兼区委委员徐梅坤来宁波调查工人运动状况,为建党做准备,团上海地委委员长张秋人来宁波筹建团地方组织。1924年7月,团宁波地委成立,到年底团员发展至38人。[③] 1925年3月,建立中共宁波支部,书记周天僇,成员5人,成为宁波最早的党组织。1925年9月,宁波支部改为独立支部;月底,宁波独

① 据在北京的"中国共产党历史展览馆"一展板介绍:"浙江萧山衙前村农民大会于1921年9月召开,中国第一个新型农民组织宣告成立。"
② 沙尚之:《一生只为革命 矢志追求真理——忆父亲沙文汉》,http://yz.cnnb.com.cn/system/2021/06/20/030260814.shtml。
③ 中共宁波市委组织部、中共宁波市委党史委员会、宁波市档案馆:《中国共产党浙江省宁波市组织史资料(1925.2—1987.12)》,人民日报出版社,1993年,第3页。

立支部扩组为支联。截至 1925 年 12 月,宁波的党员发展到 64 人[①],下辖 6 个地区。

　　第二个阶段:中共宁波地委的成立。1926 年 1 月,中共宁波地委成立,书记华林(后为赵济猛)。从横向看,宁波地委建立了党委员制,成立了职工、农民、国民、学生、妇女等 8 个委员会,加强了党组织对工人、农民、青年、妇女等运动的领导,拓展了党组织覆盖领域的广度和深度。从纵向看,宁波地委成立后,宁波地区的建党工作呈波浪式推向各县,从城市转向农村。宁波地委统一派遣本籍党员或地委委员前往家乡开展建党工作,借助本籍党员的动员力和影响力,相继建立起各县的地方党组织和第一批农村党支部(见表8.1)。如:宁波地委先后派地委委员或者本籍共产党员如卓兰芳(奉化松岙、农运指导员)到奉化松岙、沙文求(宁波鄞县)到鄞县沙村、邬烈鍫(奉化西坞)到奉化西坞、竺清旦(农运委员会书记、奉化董村)到奉化竺家和鄞县五乡碶、郭唤青(农委委员)到鄞县郧乡、赵文光(地委委员、慈溪庄桥教师)到慈溪庄桥,指导开展农民运动,帮助建立农会,并在贫苦农民、手工业工人和小学教员中发展党员,分别建立了中共松岙支部(书记卓兰芳)、中共鄞县沙村支部(书记沙文求,后为沙文汉)、中共鄞县郧溪支部(书记郭唤青)、中共西坞支部(书记邬烈鍫)等。1926 年 5 月起,宁波成立了最早的第一批农村党支部——中共松岙镇党支部、中共余姚坎镇党支部、中共马家路党支部。在地委的领导下,宁波党组织覆盖区域从原来的 6 个增至 14 个。到 1927 年 1 月(1927 年 2 月北伐军进驻宁波前),地委下属 30 个支部,共有党员 400 名,其中工人占 37％。[②] 截至 1927 年 4 月,原来的 3 个支部发展到 1 个部委员会、30 余个支部,党员人数达 1200 人。[③]

表 8.1　宁波地委派遣党员发展基层党组织人员情况

派遣代表	籍贯或者职务	派遣地区	成立支部	书记
卓兰芳	奉化松岙;地委委员、农运指导员	奉化松岙	中共松岙支部	卓兰芳
沙文求	宁波鄞县	鄞县沙村	中共沙村支部	沙文求
邬烈鍫	奉化西坞	奉化西坞	中共西坞支部	邬烈鍫
竺清旦	奉化;地委委员、农运书记	奉化竺家	中共竺家支部	竺一平
赵文光	庄桥任教党员	宁波庄桥	中共庄桥支部	赵文光

　　资料来源:中共宁波市委组织部、中共宁波市委党史委员会、宁波市档案馆:《中国共产党浙江省宁波市组织史资料(1925.2—1987.12)》,人民日报出版社,1993 年,第 27—35 页。

---

　　①　中共宁波市委组织部、中共宁波市委党史委员会、宁波市档案馆:《中国共产党浙江省宁波市组织史资料(1925.2—1987.12)》,人民日报出版社,1993 年,第 48 页。

　　②　中共宁波市委组织部、中共宁波市委党史委员会、宁波市档案馆:《中国共产党浙江省宁波市组织史资料(1925.2—1987.12)》,人民日报出版社,1993 年,第 16 页。

　　③　中共宁波市委组织部、中共宁波市委党史委员会、宁波市档案馆:《中国共产党浙江省宁波市组织史资料(1925.2—1987.12)》,人民日报出版社,1993 年,第 47 页。

这一阶段,定海①地区的党组织建立。1926 年春,中共宁波地委书记赵济猛派顾我(字无影)、邬凤英到定海开展建党活动,并多次到定海指导建党工作。1926 年秋,在团宁波地委帮助下,建立了共青团定海中学支部和共青团定海女子小学支部。1926 年 12 月,在定海的中共党员已有 8 人,中共宁波地委决定建立中共定海独立支部。党组织建立后,独支成员分别到岱山、衢山的盐区以及定海的工厂、商店,成立了岱山、衢山盐民协会、定海县总工会,发动岱山、衢山的盐民暴动,为党组织发展奠定了组织基础。

第三个阶段:1927 年的北伐革命暴动成为促进党组织迅猛发展的重大契机。1927 年 2 月,北伐军进驻宁波,推翻了军阀统治,工农群众运动迅速高涨,促进了浙东党组织迅速增长。宁波地委管辖范围,除宁属的鄞县、慈溪、镇海、定海、象山、奉化 6 县外,还包括绍属的余姚、上虞、新昌、嵊县、温岭县、南田县和海门的党组织。据统计,截至 1927 年4 月,宁波地区党员人数从 1927 年 1 月的 400 人迅速增长到 1200 人②,占全国党员总数的 2%。宁波、绍兴等 41 个县(市)先后建立起了党组织。③ 在党员人数发展上,在浙江省其他地区,杭州地区有党员 1400 余人,金华市有党员 1146 人,绍兴市有党员 250 人,其余地级市也均有党员数十人。浙东和浙北地区成为当时省内党员发展最快的地区。④

(3)绍兴地区党组织初创情况

1923 年上半年,上海地方兼区执委会委员长徐梅坤派何赤华到绍兴县开展建党、建团工作。1923 年 3 月,在团杭州地委的领导下,团绍兴支部建立,团员 3 人。在绍兴团支部的领导下,积极开展革命活动。1923 年 7 月,中共绍兴(党团)地方支部在县城龙山仓颉祠成立,何赤华为书记。1924 年 4 月,绍兴(党团)地方支部改建为中共绍兴支部。1926 年 3 月,改组为中共绍兴独立支部。5 月,扩建为地委。1926 年 7 月,中共上虞独立支部成立,叶天底为支部书记。1926 年冬,中共诸暨区支部成立(1927 年 2 月划归杭州地委领导)。

---

① 定海时属宁波地区。1953 年,舟山专员公署成立,领导定海等县。

② 中共宁波市委组织部、中共宁波市委党史委员会、宁波市档案馆:《中国共产党浙江省宁波市组织史资料(1925.2—1987.12)》,人民日报出版社,1993 年,第 48 页。

③ 中共浙江省委组织部、中共浙江省委党史研究室、浙江省档案馆:《中国共产党浙江省组织史资料(1922.4—1987.12)》,人民日报出版社,1994 年,第 19—46 页。

④ 中共杭州市委组织部、中共杭州市委党史资料征集研究委员会、杭州市档案馆:《中国共产党浙江省杭州市组织史资料(1922—1987)》,浙江大学出版社,1992 年,第 43 页;中共宁波市委组织部、中共宁波市委党史委员会、宁波市档案馆:《中国共产党浙江省宁波市组织史资料(1925.2—1987.12)》,人民日报出版社,1993 年,第 48 页;中共金华市委组织部等:《中国共产党浙江省金华市组织史资料(1927.秋—1987.12)》,中共党史出版社,1993 年,第 22 页;中共绍兴市委组织部等:《中国共产党浙江省绍兴市组织史资料(1923.7—1987.12)》,浙江大学出版社,1992 年,第 25 页。

（4）其他地区党组织初创情况

金华地区党组织初创情况。1925年秋，中共金华支部建立，书记千家驹，党员6人，隶属中共杭州独立支部领导。支部建立后，大力开展工农运动，注重在工人、农民、学生和教师中发展党员，以丽泽团为阵地，筹建国民党金华县党部，推进革命统一战线。1926年7月，改建为中共金华独立支部，书记钱兆鹏，下属义乌支部。千家驹前往武义开展党建工作，建立武义第一个党组织。1926年12月，北伐军到金华，以共产党员为核心的国民党金华县临时党部成立，钱兆鹏任执行委员，并兼任组织部部长和青年部部长。

台州地区党组织初创情况。1924年春，社会主义青年团杭州地委秘书宣侠父到海门省立甲种水产学校进行建党活动，发展了金辅华等入党，建立中共海门党小组，隶属杭州支部领导。1926年12月，上海大学学生、共产党员张崇文回到家乡建立临海县特别支部，隶属上海区委领导，下辖5个支部、1个小组和黄岩通信员。1927年1月，临海特支派蒋益谦去宁海发展党组织，3月建立中共宁海支部，同年7月改建为宁海临时县委。

"四一二"反革命政变后，从宁波地区开始，"清党"笼罩浙江，全省党员人数将近锐减一半，至浙江省委成立前，建有党组织的县（市）仅剩25县。[①] 八七会议后，确定了"实行土地革命和武装反抗国民党反动派"的方针。在中共浙江省委的领导下，浙东党组织逐渐恢复和整顿，经历了艰苦的地下斗争和组织武装暴动的曲折过程。浙江党组织策划工人运动和农民暴动，先后达到60余次，遍及50余县。[②] 其中，中共浙江省委制定的以三北、奉化等地为中心的浙东暴动计划最终失败，中共浙江省委遭到破坏。但是前期的暴动准备为后续党组织的发展和革命根据地的建立奠定了思想基础与组织基础。

1929年4月，中央决定暂时取消中共浙江省委，划分为6个中心区域，建立中心县（市）委，直属党中央领导；先后建立宁波、台州、兰溪、永康、东阳等5个中心县（市）委。1930年，李立三主持中央工作期间，各级党、团、工会的领导机构合并为准备武装起义的行动委员会，县委改为县行委。1927年4月11日—1932年4月，宁波市（县）委先后6次遭到破坏、4次重建，与其并列的奉化、慈溪、宁海、余姚县委和三北县委先后遭到破坏。全面抗战前夕，浙东党组织被破坏殆尽。

2.宁波党组织在腥风血雨中艰难发展

1927年4月12日，蒋介石在上海发动"四一二"反革命政变，诞生才两年多的中共宁波地方组织遭到很大的摧残：有百余名共产党员和革命群众被通缉和逮捕，有的惨遭杀

---

① 《中共浙江省委七月报告书——浙江的政治、军事、民校、工农运动及省委工作计划草案（1927年7月24日）》，见中央档案馆、浙江省档案馆：《浙江革命历史文件汇集（省委文件）：一九二六年、一九二七年》，内部资料，1986年，第57页。

② 浙江省新四军历史研究会：《浙东抗日根据地史》，中央文献出版社，2014年，第4页。

害;中共宁波地委下属的党组织大多遭到破坏,被迫转入地下;有的党员与组织失去联系,还有一些不坚定分子主动脱离组织,宁波地区党员数量从1927年4月的1200余人骤减到9月的240余人。

由于宁波地委书记王家谟调任中共浙江省委常委、组织部主任,省委把中共宁波地委改组为中共宁波市委,同时调派由中共上海组织介绍到浙江工作的原中共上海吴淞部委书记俞伯良任宁波市委书记,主持党的工作。在国民党白色恐怖下,经过中共宁波市委的艰苦工作,到1927年9月,宁波地区党组织陆续得以恢复,宁波市委所属有江北、象山2个区委,慈溪、镇海、定海、余姚4个独支,共28个支部。10月,根据省委的决定,宁波市委改为宁波县委,直接受省委领导。经过选举,由大革命时期宁波店员工会负责人之一的鲍浙潮任县委书记。11月12日,王家谟在温州被捕;18日,被国民党反动派杀害。由于王家谟携带的机密文件和《浙东暴动计划》被国民党当局获得,并按此在全省进行大搜捕,宁波党组织特别是象山区委和慈溪、镇海、定海3个独立支部遭到破坏,被迫中止活动。1927年12月,中共浙江省委将机关从杭州迁到宁波,宁波党组织的工作直接受省委领导。12月25日,宁波县委召开党员代表大会,选举县委委员和候补委员,杨裕发任县委书记。1928年2月,杨裕发在江北岸被捕。2月底,省委委派俞伯良再次到宁波担任宁波县委书记。4月,国民党特务大肆搜捕,俞伯良暂避他处,城区和农村党支部负责人要么被捕,要么转移隐蔽,宁波县委中止活动。

1928年9月,中共浙江省委派章松涛以宁波县委书记的身份筹建宁波县委。在省委领导下,宁波县委先后恢复和发展了奉化、宁海和余姚等地的党组织,并组织广大群众开展日常经济斗争和秘密工作。1929年1月,赴杭参加省委扩大会议的章松涛被捕,接替章松涛的潘锡朋来到宁波仅10天又被国民党特务逮捕,宁波县委筹建工作被迫中断。1929年4月,中央在上海召开浙江工作会议,决定取消浙江省委建制,建立宁波等6个中心县(市)委,由中央直接领导,并确定中央巡视员具体指导。会议根据中央决定,成立中共宁波市委,并确定宁波市委领导成员名单。不久,中央派巡视员邵溥慈到宁波主持召开宁波市委领导成员会议,正式成立中共宁波市委,书记为林去病。5月22日,林去病在秘密联络点被捕,刚刚建立的宁波市委即遭破坏。之后,中央巡视员卓兰芳和徐英奉命来到宁波,积极开展党组织的恢复工作。5月下旬,卓兰芳召开秘密会议,计划成立中共宁波特别支部委员会。8月,中央得知宁波党组织恢复的情况后,决定正式成立中共宁波特别支部。在宁波特支的领导下,到1929年12月宁波建立了12个支部。尽管宁波特支努力贯彻秘密工作的方针策略,但随着上下联络的日益频繁,还是引起国民党当局的注意,特支机关所在地被国民党特务掌握。在12月上旬宁波特支发动群众集会后,国民党当局即采取行动,17日,在特支机关逮捕特支书记徐英,特支遭到严重破坏,终止活动。

1930 年 3 月,中共中央派徐敏畅以宁波市委书记的身份到宁波开展党组织恢复工作。由于城区白色恐怖非常严重,徐敏畅把工作重点由城区转向农村。到 1932 年 2 月,经过艰苦的努力,宁波市委已建立了镇海县、奉化县和鄞县南乡 3 个特别支部。1932 年 3 月,徐敏畅调离宁波,上级派杨仁梓接任宁波市委书记。不久,因向中央汇报的密信被国民党当局查获而心生恐惧,杨仁梓于 4 月 24 日向国民党宁波当局自首叛变。中共宁波市委所属支部及宁波至上海的秘密交通线均遭破坏,中共宁波地方组织的活动由此被迫中断达 5 年之久。

自"四一二"反革命政变到 1932 年 4 月,短短 5 年间,中共宁波地方组织遭到 6 次严重破坏,经历了 4 次重建,12 位县(市)委书记有 7 人惨遭国民党杀害,1 人自首叛变,最后被迫中断活动。[①]

3.从"无组织"的一般的经济运动向"有组织、有纲领"的政治斗争转变

浙东党组织领导的工农的"经济斗争",不再囿于"一般"的经济斗争,而是从"无组织"的经济斗争到"有组织、有纲领"的政治斗争转变,旨在推翻豪绅地主阶级在乡村的统治,建立农民的革命政权。

1921 年,中国共产党在萧山县衙前村建立了全国最早的农民协会,提出农民自己的纲领和宣言,指出:"世界上的土地应该归农民所组织的团体保管分配。"[②]萧绍平原 82 个村成立了农民协会,在共产党的领导下,开展以减租抗租为中心的反封建斗争,与地主进行说理斗争、进城请愿、要求当局通令减租,成为全国第一次由共产党领导的有组织、有纲领的农民运动。1926 年,宁波地委领导的慈北农民闹荒暴动,焚毁警察署,最后失败。毛泽东在《向导》第 179 期上署名"润之"发表《江浙农民的痛苦及其反抗运动》,文章肯定了慈北农民的斗争性,同时指出"群众完全没有组织,也没有指导"的失败原因。对此,宁波地委指示,深入群众生活,"吸收同志,结识领袖",成立党组织,扩大党领导的群众基础。1926 年 12 月,宁绍台农民协会成立。中共宁波地委派遣特派员赴各地发展农民运动,号召组织农民协会和农民自卫军。庵东盐场成立了余姚盐民协会和盐民自卫军,至 1927 年 3 月,宁绍台地区有组织的农民达到 20 余万人。[③]他们打击土豪劣绅,袭击警察所、缉私营,收缴武器,组成农(盐)民武装纠察队。1927 年,中共浙江省委制订的浙东暴动计划,以三北、奉化等地为中心,以浙东工农革命委员会为指挥,旨在夺取宁绍地区重

---

① 严伟祥:《星火燎原:85 年前中共浙东临委成立前后》,htt//yz.cnnb.com.cn。
② 中共绍兴市委党史研究室:《中国共产党绍兴历史(1923.7—1949.5)》第 1 卷,中共党史出版社,2003 年,第 26 页。
③ 浙江省新四军历史研究会:《浙东抗日根据地史》,中央文献出版社,2014 年,第 4 页。

要城市的政权,开展浙东土地革命。① 1928 年 8 月,在中共浙西特委的领导下,发动兰溪暴动。1930 年 1 月,定海县六横岛万余名农民和渔民为反对"土地呈报"及各种苛捐杂税,举行暴动。同年 4 月,中共中央巡视员卓兰芳到诸暨组织暴动。全县 3000 多人参加暴动,近 10 万人得到了开仓放粮的好处,攻下 5 个警察分驻所和 1 处缉私营。② 在共产党的领导下,工农运动从"无组织"的一般的经济运动向"有组织、有纲领"的政治斗争转变。

4. 从组织工农向武装工农转变

浙东党组织领导的工农运动,不再是一般的政治斗争。党不仅组织工农,建立工农协会,而且实现了组织工农向武装工农的转变。浙东各县建立起农民自卫军和工人纠察队,用革命武装对抗地主、军阀的反革命武装,推翻地主、军阀的反动统治,建立革命政权。

1927 年 1 月,余姚农(盐)民在党的领导下,夜袭相公殿,击毙缉私营队长,缴获全部武器,建立了浙东人民自卫军(后改编为余姚县纠察队)。费德昭任队长,负责地方治安,劫不法商人、赈济姚北灾民。1927 年,诸暨农民武装用檀树大炮痛击敌军。1927 年 2 月底,中共绍兴地委组织工人纠察队等武装,配合北伐军包围了孙传芳卫队旅 3000 余人,迫敌缴械投降。1928 年 5 月,宁海亭旁举行农民暴动,建立了红军指挥部,成立亭旁区革命委员会,成为浙江最早成立的苏维埃政权。暴动震动全省。同月,金华县安地成立中国共产党红军北路军游击队,发动群众,打击土豪劣绅,攻打安地和雅畈警察所。1930 年 4 月,中共中央巡视员卓兰芳到诸暨组织暴动,成立了浙东农民革命军第一大队,在阮家埠成立诸暨北区苏维埃政府。在浙西的兰溪、永康、武义、遂昌县,建立过 4 支武装。1930 年 7 月,江苏省总行委派人到余姚组织暴动,成立军事行动委员会,组建以原余姚县纠察队的部分力量为基础的武装队伍——浙东工农红军第一师,费德昭为师长,史济勋为党代表,洪传局为政治部主任,袭击姚西黄家埠、慈西蜀山蔡家、浒山等地区的警察所和缉私盐兵。虽然党领导的工农革命运动最终失败了,但党领导的部分工农武装成为根据地革命武装的重要组成部分。

(二)全面抗战初期党组织的发展(1937 年 9 月—1942 年 7 月)

1937 年 8 月,淞沪会战爆发,波及江浙大地,宁绍地区成为战时前线。"保卫浙东"成为浙江所有人的首要目标。"保卫浙东",不仅是士兵的军事问题,更是全体民众的政治

---

① 中共象山县党史办公室:《半岛英魂:王家谟纪念文集》,中央文献出版社,2006 年,第 232—233 页。
② 浙江省新四军历史研究会:《浙东抗日根据地史》,中央文献出版社,2014 年,第 5 页。

问题。[①] 重建浙东党组织，发挥其在"政治动员、发动民众运动"的核心领导作用，成为"保卫浙东"的迫切问题。

1. 浙东党组织恢复发展

从 1937 年 9 月到 1942 年 7 月浙东区党委成立前，浙东党组织经历了恢复与发展、整顿与巩固两个阶段，实现了党对群众团体、民众运动和革命武装的全面领导，为建立革命根据地奠定了坚实的基础。

（1）浙东党组织的恢复与发展（1937 年 9 月—1939 年 10 月）

浙东地区的党组织几经摧残，至全面抗战前夕，已被破坏殆尽。党组织的恢复工作迫在眉睫。全面抗战爆发后，经中国共产党与国民党谈判，一批关押在国民党监狱中的中共党员得以释放出狱。其中，有从国民党南京中央军人监狱获释的朱镜我、张贵卿和张三扬等，有从苏州军人监狱获释的杨思一等，有从江苏第二监狱与苏州反省院获释的马义生和邢子陶等，有从杭州陆军监狱获释的徐洁身、张崇文和王文祥（高子清）等。他们受八路军驻南京办事处的委派，先后到浙江省从事党的恢复发展工作。

在国共合作的统一战线下，浙东各地区党组织，从开展群众运动中去壮大党的组织，从壮大党的领导力量中去扩大党在群众中的阵地，扩大党的组织和扩大党的外围组织，大规模迅速建立起各级党组织的领导中心。同时，积极吸收先进的工农群体、知识分子与青年学生入党，利用公开合法的机会争取群众团体的领导权。

1937 年 11 月，在杭州成立中共浙江省临时工作委员会（简称"浙江省临工委"），书记徐洁身，组织部部长张三扬，宣传部部长张崇文。1938 年 2 月，浙江省临工委在金华改为中共浙江省工作委员会（简称"浙江省工委"），书记顾玉良。1938 年 5 月，根据中共中央长江局和东南分局的指示，中共浙江省临时委员会（简称"浙江临时省委"，9 月转为浙江省委）成立，刘英任书记，浙江省工委撤销。在浙江省临工委、浙江省工委、浙江临时省委的领导下，浙东地区的党组织得到了恢复和大规模的发展。1938 年 5 月，浙东地区建立中共宁绍特委、金衢特委、台属特委，普遍建立县委、县工委、中心县委，县以下建立区委、支部。具体如下：

宁绍地区：中共宁绍特委。1937 年 9 月，曾任中共上海中央局宣传部部长的朱镜我回到家乡鄞县，与鲍浙潮、竺杨、周鼎、陈秋谷等失去组织关系的党员在鄞县南部地区的观音庄成立中共宁波临时特别支部。1937 年 10 月，与八路军驻上海办事处接上关系后，

_____

① 《保卫浙东的基本问题》，《浙江潮》1940 年第 98 期，第 110 页。

恢复上述 5 人党籍,撤销临时支部,建立中共浙东临时特别委员会(简称"浙东临时特委")①,书记为朱镜我(后为张贵卿、王文祥),标志着中断 5 年之久的宁波地区党组织重新建立。在浙东临时特委的领导下,鄞县、奉化、镇海、慈溪、余姚、定海等县恢复了一批失去联系的党员,发展了新党员,到 1938 年 5 月,已建立鄞东、鄞南 2 个区委和宁波地区、奉化、镇海等县 9 个支部,党员 130 余人。② 同时,绍兴地区的党组织得到了恢复和发展。1937 年 9 月,上海丝绸系统派党员王寄松到嵊县开展工作,建立中共嵊县临时委员会(书记王寄松),成为绍兴地区重建的第一个县委。在浙江省临工委的领导下,中共嵊县县工委(书记王正山)、中共诸暨县工委(书记杨思一)先后于 1938 年 1 月和 2 月成立。

1938 年 5 月,浙江临时省委决定,撤销浙东临时特委,在嵊县成立中共宁绍特委,顾玉良任书记(1939 年 2 月调往浙西特委,杨思一继任),领导宁绍 14 个县党的工作(除象山、宁海外)。截至 1939 年 10 月,宁绍地区共建党支部 220 余个,党员发展到 1903 人。③ 其中,特委管辖的 14 个县(包括 2 个中心县委、1 个县委、7 个县工委)中,嵊县、诸暨建立过中心县委,慈溪建立县委,定海、镇海、奉化、上虞、新昌、萧山、绍兴建立县工委。宁绍特委期间,象山县未建党组织,宁波沦陷后,象山划归台属特委领导。宁海县的城区、北乡、东乡的党组织先隶属于宁绍特委,后也划归台属特委领导。

金衢地区:中共金衢特委。全面抗战爆发后,马义生等中共党员在东阳开展抗日救亡运动,1937 年 12 月建立中共东阳市县工委(书记马义生),隶属于浙江省临工委。1938 年 3 月,中共永康县临工委(书记章会辰)和中共金华县工委(书记徐洁身)成立,隶属于浙江省工委。1938 年 5 月,浙江临时省委派省委常委、宣传部部长汪光焕等到金华,建立中共金衢特委,书记为汪光焕(后为林一心、王明扬),领导金华、兰溪、义乌、东阳、永康、武义、浦江、汤溪、衢县、江山、龙游、常山、开化、淳安、遂安、建德、寿昌、桐庐、富阳等 19 个县党的工作(包括 3 个中心县委、4 个县委、3 个县工委、1 个工委、5 个特支)。其中兰溪、义乌、江山建立过中心县委;金华、东阳、永康、浦江建立过县委;武义(称永武工委)、龙游富阳、建德建立过县工委;开化和常山合建过开常工委;汤溪、衢州、寿昌、淳安、桐庐等县建立过特支。东阳、永康、金华、义乌、兰溪、江山、龙游、浦江、汤溪、寿昌、富阳等县

① 10 月,撤销临时支部,建立浙东临时特委(参见中共宁波市委组织部、中共宁波市委党史委员会、宁波市档案馆:《中国共产党浙江省宁波市组织史资料(1925.2—1987.12)》,人民日报出版社,1993 年,第 83 页);10 月,宁波特支扩建为浙东临时特委(中共浙江省委组织部、中共浙江省委党史研究室、浙江省档案馆:《中国共产党浙江省组织史资料(1922.4—1987.12)》,人民日报出版社,1994 年,第 237 页)。本部分主要参考了《中国共产党浙江省宁波市组织史资料(1925.2—1987.12)》。
② 林言凡:《简述抗战初期宁波地区党组织的重建及其意义》,见宁波市新四军暨华中敌后抗日根据地研究会:《抗日救亡与党的重建》,中共党史出版社,2001 年,第 93 页。
③ 中共宁波市委党史研究室:《中共宁波党史大事记(1919—1949)》,内部资料,1991 年,第 101 页。

均建立起党组织。金衢特委成立后,金衢地区党组织得到较快的发展。截至1939年10月,金衢地区有党支部165个,党员发展到1654名。[①]

台属地区:中共台属特委。浙江省临工委宣传部部长张崇文负责台州地区工作,于1937年12月在临海建立中共台州临工委,下辖临海、天台、黄岩、温岭县(临时)工委,隶属于浙江省临工委。1938年5月,根据浙江临时省委决定,中共台州临工委改建为中共台属特委,负责16个地方的党组织工作,先后由宿士平、刘清扬、郑丹甫任书记(郑调省委后仍由刘接任),下辖温岭、黄岩、临海、天台、黄温、天宁、玉环、乐清、括雁、宁海、仙居、天大县委(工委、中心县委)。截至1939年11月,台属地区党员发展到2766人。[②]

(2)浙东党组织的整顿与巩固(1939年11月—1942年7月)

浙东党组织的整顿与巩固分为两个阶段。

第一个阶段:从1939年11月到1941年1月皖南事变前,浙东党组织的发展从合法公开向公开与隐蔽结合转变。短期内的大规模发展,造成浙东党组织出现不巩固、不严密、易暴露等问题。在国民党顽固派反共、防共、溶共的复杂斗争形势下,1939年3月3日,中共中央副主席周恩来视察浙江的统战工作,指出要加强巩固浙江中共党组织的建设。1939年11月,根据中共中央和东南局的指示,中共浙江省委作出《关于巩固党的决定》,要求"已有相当党员数量的地方,在一定时间内暂时停止发展,集中主要力量去进行巩固工作",保持党的组织纯洁与严密,提高党的组织性与纪律性的教育,秘密工作与公开工作绝对分开。[③] 浙东各地方党组织对党员进行阶级教育和气节教育,并对党员成分、干部队伍、支部组织进行审查和整顿,从思想上、政治上、组织上巩固党,以适应新的革命形势;强调干部进一步实现社会化、职业化,实行干部对调制。1940年1月,浙江省委决定,将宁绍特委划分为宁属特委和绍属特委,王文祥任宁属特委书记,杨思一任绍属特委书记,并以省委候补委员身份,兼管宁属特委的工作。同年7月,金衢特委划分为金属特委和衢属特委,王明扬任金属特委书记(后由朱惟善担任),朱惟善任衢属特委书记(后由张贵卿担任)。11月,台属特委改特派员制,刘清扬为总特派员。

第二个阶段:1941年1月皖南事变后,中共浙东党组织坚持完全隐蔽、转入地下。1940年10月,东南局召开浙江、福建两省部分干部会议,强调贯彻"隐蔽精干"方针,将党委制改为单线领导的特派员制,独立自主开展武装斗争。皖南事变后,时局急剧恶化。

① 浙江省委党史办公室:《根据地建立前的浙东地下党及其抗日斗争》,见浙江省委党史资料征集研究委员会、浙江省档案馆:《浙东抗日根据地》,中共党史资料出版社,1987年,第242页。

② 浙江省委党史办公室:《根据地建立前的浙东地下党及其抗日斗争》,见浙江省委党史资料征集研究委员会、浙江省档案馆:《浙东抗日根据地》,中共党史资料出版社,1987年,第242页。

③ 《中共浙江省委关于巩固党的决定(1939年11月1日)》,见宁波市新四军暨华中敌后抗日根据地研究会:《抗日救亡与党的重建》,中共党史出版社,2001年,第32—36页。

1941 年 1 月下旬,根据中共中央和浙江省委指示,宁属特委将党委制改为特派员制,王文祥为宁属特派员,撤销区委一级机构,杨思一为绍属特派员。10 月,金属特委改特派员制,陈雨笠为金属特派员,衢属特派员为张贵卿。党的活动完全转入地下,面目较红的党员作了转移,从有利隐蔽出发,实行干部对调制。由于浙东地下党重视党的发展工作,及时地贯彻执行了党的"隐蔽精干"方针,截至 1941 年 4 月,宁属各县(包括绍属的余姚和台属的宁海)共有党员 875 人。绍属地区绍兴、诸暨、上虞、嵊县、新昌 5 县共有党员 1589 人,金属地区有党员 1319 人(不包括金属党组织管辖的建德、桐庐、富阳 3 县党员数量)。①

全面抗战爆发后,国共统一战线正式形成。浙东党组织围绕"抗战高于一切"的战略方针,实现党对"一切群众团体、民众运动、革命武装"的全面领导,为抗日根据地的建立提供有利条件。

2. 建立浙东党组织直接领导的革命武装

1941 年 4 月,日寇发动宁绍战役,绍兴、镇海、慈溪、余姚等地先后沦陷。1942 年 5 月,日寇发动浙赣战役,诸暨、义乌、金华、衢州等县沦陷。日寇入侵烧杀淫掠,国民党驻军溃败逃离,各地散兵游勇、土匪流氓骚扰抢劫,民不聊生。为此,"保卫家乡、建立自己的革命武装"成为地方党组织和浙东民众的迫切要求。鉴于日寇控制县城、无法控制广大农村,国民党顽固派实力不一,农村发展革命武装尚有发展空间,在中共浙江省委被破坏的形势下,浙东各地区特委独立自主地坚持原地斗争,在定海、绍兴、镇海、鄞县、慈溪、余姚、上虞、奉化、嵊县、诸暨、新昌、义乌、东阳、浦江、武义、金华等地建立起抗日游击武装,发动游击战争。这些由浙东党组织组建和领导的革命武装,大多数成为浙东革命根据地的武装力量。②

(1)从地域来看,浙东党组织领导的革命武装队伍分布较广

宁波地区:镇海沦陷后,县工委在江南建立了一支由王博平、林勃领导的以"锄奸抗日,保卫家乡"为口号的王贺乡抗日自卫队(后改称江南独立中队,队伍 70 余人,内设党支部;后改编为五支四大新四中)。余姚沦陷后,中共余姚县特派员张光,指派原余姚中心县委委员王益生(赵树屏)到国民党第三十四师残部孙彦龙连开展工作,把孙部与庵东

---

① 浙江省新四军历史研究会:《浙东抗日根据地史》,中央文献出版社,2014 年,第 8 页。
② 1942 年 7 月 18 日,谭启龙在《目前国内外形势与我党发展浙江敌后游击战争建立根据地的方针》中指出:"我党发展浙江敌后游击战争,建立根据地首先有着下述主观力量的基础。……浙东党在若干地方也已在敌后建立了一部分武装,这些武装力量,虽然还有弱点,但在今天新的发展形势下面,显然已成为我党大量发展敌后抗日武装,建立根据地的一个主要基础,如果没有这个基础,我们的发展将更加困难更加缓慢。"参见浙江党史资料征集研究委员会、浙江省档案馆:《浙东抗日根据地》,中共党史资料出版社,1987 年,第 31 页。

盐场缉私营合编为宁绍游击大队。成立后,与"暂三纵"取得联系。同时,朱之光、赵继尧等积极发展武装,建立四明山游击指挥部独立大队(后与"五支四大"四支、"暂三纵三"大一起组成南进支队,编为三支二大第六中队,进军会稽山区)[①],掀起抗日救亡运动。慈溪沦陷后,在宁属特委王文祥的领导下,成立了一支由党领导的游击队——慈溪县庄桥区战时工作大队(后合并编为定海国民兵团独立中队)。鄞县沦陷后,党组织派林一新打入国民党鄞州区区长郭白青的武装部队,以加入"郭部政训室"工作之名,在其支队内部建立一支番号为"宁波自卫总队第二支队部警卫分队"(后扩编为特务大队,1943年9月与三支队会合)的武装部队。

舟山地区:1939年6月,定海沦陷后,中共定海县工委负责人王起等在东区农村组织了吴榭乡自卫队。1940年初,重建东区(洞岙区)警察队(浙东区党委成立后,归三东工委领导,改名为定象游击指挥部第五大队),开展游击战争,取得了党在浙东对日伪军的第一次直接战斗[②]——蒲湾战斗的胜利,开辟了定海东区游击区。

绍兴地区:绍兴沦陷后,中共绍兴县委相继建立起皋北抗日自卫队和前小库的浙东游击大队。两支队伍合并后,统一使用国民党皋埠区队番号"绍兴皋埠区队",队伍50余人。诸暨沦陷后,在诸暨县特派员朱学勉的领导下,地下党员何文隆建立了泌湖乡抗日自卫队,后扩为四乡抗日自卫大队、八乡联队,与南进支队会师后共同抗日。嵊县、新昌沦陷后,县委以竹山乡自卫队为基础,成立侠义部队独立中队;失败后,重建独立中队(通称"陈力平部队"),发展到一百七八十人,后改编为嵊东抗日自卫独立大队。[③]

金衢地区:义乌沦陷前,在金属地区特派员陈雨笠、义乌县特派员江征帆等领导下,建立金东义西抗日自卫队,后经过关系取得"钱南军别动支队第八大队"的番号(简称"义乌八大队",后来群众称之为"吴山民部队"),由金东开明士绅杨德鉴出任队长,政训员为江征帆,有200余人。

(2)从产生方式来看,是直接领导或以合法名义领导的革命武装队伍

浙东党组织领导的革命武装,大多数通过中国共产党直接组建而成。如定海的吴榭乡自卫队、镇海的王贺乡抗日自卫队、余姚的四明山游击指挥部独立大队、慈溪县庄桥区战时工作大队、绍兴的皋北抗日自卫队、诸暨的泌湖乡抗日自卫队、嵊新的侠义部队独立中队和金属的金(华)义(乌)浦(江)抗日自卫大队。同时,部分革命武装由共产党员打入国民党部队内部后组建而成。用国民党地方部队的番号,以合法的名义进行公开或半公

---

①　宁波市新四军暨华中敌后抗日根据地研究会:《抗日救亡与党的重建》,中共党史出版社,2001年,第462页。

②　宁波市新四军暨华中敌后抗日根据地研究会:《抗日救亡与党的重建》,中共党史出版社,2001年,第488页。

③　浙江省委党史办公室:《根据地建立前的浙东地下党及其抗日斗争》,见浙江省委党史资料征集研究委员会、浙江省档案馆:《浙东抗日根据地》,中共党史资料出版社,1987年,第251页。

开的活动,利用共产党员的合法身份[如镇海江南独立中队队长王博平(共产党员)的镇海大碶王贺乡乡长身份,慈溪庄桥战时工作大队部副官吕名锵(共产党员)的慈西竹江镇公所事务员身份,戚铭渠(共产党员)的国民党龙山区署指导员身份],壮大武装力量,发动游击战争,扩大统一战线,为根据地的建立奠定基础。

(3)从队伍的先进性来看,发挥共产党员和党支部在革命武装中的先锋作用

浙东党组织直接领导的武装队伍,从队伍的骨干和构成力量来看,其队长、副队长、指导员、中队长、分队长、政训员等岗位都由共产党员担任,部分队伍内部还设立支部。如1942年6月,定海的"洞岙区警察大队"(后改为"定象五大队"),两个支队队长和指导员都为共产党员,两个主力连里,班长以上的干部都是共产党员;每个中队的党支部,各有共产党员30人,班、排、连的干部都是共产党员。① 从队伍的成分来看,大多数队伍都由原本地共产党员、进步的中小学教师、雇贫农、反"清乡"和反"扫荡"斗争中涌现的积极分子、经过手工工会和农会组织考验的青年党员组成②,以此发挥共产党对革命武装的领导作用,体现革命武装队伍的先进性。

3.以统战名义实现党对群众团体的领导

全面抗战爆发后,"动员民众、组织民众"成为浙东党组织的工作重心。在国共两党合作抗日的局面下,浙东党组织亟须转变"完全隐蔽"的工作方式,争取群众工作的公开化和合法化。但对国民党的反动性仍须保持警惕,采取合法与隐蔽相结合的双重组织形式,实现党对群众团体的全面领导。

(1)以统战的合法名义,领导团体、组成战线、发展党组织

浙东党组织结合国民党公开、进步的政策,利用统战的公开团体的名义,如国民党浙江省政府主席黄绍竑成立的浙江省政工队、1937年底浙东临时特委布置鲍悲国与国民党鄞西县县长陈宝麟举办的80多人参加的"飞鹰团"干部训练班,动员党员和进步青年加入团体,发展党员和党组织,掌握实际领导权,培养各类骨干人才。同时,通过推动建立社会各界组织救亡团体,如宁波学生周刊社、余姚战时合作社联合社、中华民族解放先锋队(简称"民先队")、救亡室、垦荒团等组织,取得团体的领导地位。浙东党组织既成为救亡运动与组织的发起人、宣传者与组织者,又组成统一战线,发展党的组织,展开抗日救亡运动。

(2)政工队成为浙东党组织政治动员的重要着力点,也是成功利用统战名义发挥党核心领导作用的实践经验之一

浙江省政工队是1938年春国民党浙江省政府主席黄绍竑组织的公开的合法的抗日

---

① 宁波市新四军暨华中敌后抗日根据地研究会:《抗日救亡与党的重建》,中共党史出版社,2001年,第493页。
② 宁波市新四军暨华中敌后抗日根据地研究会:《抗日救亡与党的重建》,中共党史出版社,2001年,第491页。

救亡团体,是国共合作开展抗日救亡的一种组织形式。浙江省委充分利用这一合法形式,动员党员和进步青年进入政工队,尽力争取领导权。浙江省政工队以其先锋模范作用成为团结抗日爱国青年的核心力量,实际上也成为共产党的群众工作队。到1939年底,全省有县级政工队75个、专区级政工队2个、省政工队5个,共有队员3000余人。其中,兰溪政工队5名领导成员中,共产党员有3名,6个区队长中有4名共产党员、1名共青团员。诸暨县政工队成立时有85人,中共党员骆子桢、郦咸明、顾春林、赵树屏、杨源时等均在其中,从县政工队指导室到区队,领导权均为共产党员所掌握。慈溪政工队成立后,中共慈溪县委先后派共产党员庄鸥、方乃品、杜秀白、陈捷、孙万芳等加入政工队开展工作。义乌政工队队长是民主人士吴山民,副队长为中共义乌特支负责人吴璋。中共义乌县委派19名党员参加政工队,成立政工队党支部,龚绍达任书记。政工队的一切重大问题由支部研究决定。据金属8县政工队统计,28名正副队长中,有党员13人;永康、兰溪、义乌的19个区队、21位区队长中,有党员15人。① 以宁属各县为例,鄞县有政工队员65人(实际50人左右),慈溪有队员30人,镇海有35人,奉化有30人,象山有20人,定海有40人,宁海并未建立政工队。② 其中,余姚政工队是全省最出色的政工队之一。90多个队员中,共产党员占60多人,占全队的70%以上,6个区队的正副区队长、大部分小队长都是共产党。队内建立起党团、党支部和党小组,定时开展严格的组织生活,经常开展批评与自我批评。其领导权始终掌握在中国共产党的手里,为贯彻党的抗日主张、路线和方针提供组织保证。

余姚政工队成立后,与党的秘密工作互相配合,广泛而深入地宣传群众、组织群众,建立群众救亡团体③;支持随军渡海,募集物资,发动劳军,开展敌后游击战争;反对横征暴敛,改造乡镇政权;开展妇女运动,争取民主权利;访贫问苦,为改良贫苦生活而斗争,多次领导盐民开展合法经济斗争,反对"压低盐价",规模每次均在数千人以上,受到群众的衷心拥护。许多群众赞扬政工队为"公正队"④,甚至推崇"政工队就是共产党"。

(3)建立基地和联络站,保卫党组织、扩大政治影响

浙东党组织把中小学作为重要秘密据点。如宁波北仑区的公德小学、宁海大公、育

---

① 浙江省新四军历史研究会:《浙东抗日根据地史》,中央文献出版社,2014年,第17页。

② 黄梅英:《浙江战时政治工作队》,当代中国出版社,1999年,第186—189页。

③ 余姚的战时社会服务团(简称"战社团")是人数最多、基础较好的群众团体。全县有40多个支团,团员达2万多人,人多势众,影响较大。团员中不仅有广大的青年农民、山民和盐民,还有手工业工人、店员、学徒和小学教师,推动了抗日救亡运动。参见宁波市新四军暨华中敌后抗日根据地研究会:《抗日救亡与党的重建》,中共党史出版社,2001年,第237页。

④ 宁波市新四军暨华中敌后抗日根据地研究会:《浙东抗战与敌后抗日根据地史料丛书》第1卷,中共党史出版社,2001年,第217页。

青中学、慈溪的慈东洋墅晋群小学等。1940年春开始,以宁波北仑的公德小学为中心的联合小学教师,为宁属特委提供了长达4年的情报提供、伤员救护、帮助革命师生的掩护支持,成为党的重要秘密据点。宁属特委以横河乡党支部为依托,通过地方进步势力,利用教师联谊会的形式,广泛开展抗日统战活动,将教师陆续派往邻村各乡传播革命种子。在党的领导下,公德小学承担起革命时期教育教学、干部培养和抗日宣传的任务。[1] 同时,浙东党组织以书店、图书馆作为联络站,如新生书店、定海的小小图书馆、奉化的抗战书店等,宣传进步书刊,加强地方党的联系,不断扩大党的政治影响,发展与壮大党的组织,推动抗日救亡运动的开展。

4. 重民生民权实现党对民众运动的领导

全面抗战时期,民众组织与动员的有效性在一定程度上与民众对其生存的经济权利、平等的民主权利和自我的尊严等需求息息相关。浙东党组织为了广泛发动群众,实现党的工作群众化和生活化,安排党员干部深入民众,访贫问苦。例如,领导民众开展茶民请愿、盐民运动、洋山垦荒、减租减息等经济运动,保障和改善民生;领导城乡民众开展反对横征暴敛、改造乡镇政权、争取民主权利等运动,增强民众对抗日民主的内在关切;领导民众进行抗日游击斗争,调动民众"保家卫国"的抗日民族意识,逐步实现政治动员的局面从"自上而下的外生型"向"自下而上的民众自我解放"转变、党组织与民众的关系从"信不过"向"入人心"的雏形的共同体关系转变。

四明山的"茶民请愿"活动,是一场有组织、有纲领、有计划的"党的领导与民众自我解放"相结合的万名群众性运动,是浙东党组织与民众共同体关系建构的成功实践雏形和范例。

一是深入了解群众,坚定民众立场。余姚政工队党员第四区队楼明山(后朱之光)等[2]在梁弄区7个乡深入农户访贫问苦,做细致的调查研究工作。了解到四明山区农民困苦的经济、生活与思想现状与原因,掌握到四明山茶农贫病交迫,在死亡线上挣扎的生活状况:南黄村中,38%的人断炊,靠草根、树皮、糠糊维持,饿死160余人;其中黄铭潮一家男女19人,饿死13人;仅梁弄区,饿死的有2000余人。[3] 对此,余姚县委坚定"为民"立场,抓住茶农最迫切的问题——"提高茶价、压平米价的群众斗争",坚持以"有理、有利、有节"的原则处理民族矛盾与阶级矛盾,通过斗争团结广大群众。

---

① 王文达:《革命的熔炉 红色的摇篮——记北仑公德小学》,见宁波市新四军暨华中敌后抗日根据地研究会:《浙东抗战与敌后抗日根据地史料丛书》第1卷,中共党史出版社,2001年,第193页。

② 俞建文:《四明·大俞山志》,浙江大学出版社,2021年,第240页。

③ 朱之光:《回忆茶民运动》,见宁波市新四军暨华中敌后抗日根据地研究会:《浙东抗战与敌后抗日根据地史料丛书》第1卷,中共党史出版社,2001年,第237页。

二是发动群众斗争，提高群众觉悟。针对茶农"贫不与富斗、政工队信不过、苦是前世作恶今世还债"的思想现状，中共余姚县委组织 20 余位同志成立宣传队，进行民众动员和启发教育。以抓住南岚乡县长鲁介吾的贪污案发动群众斗争，激发了群众长久以来对顽固派、恶霸奸商的愤怒与反抗之情，统一了积极分子的思想。在此基础上，党组织以点带面，全面铺开，组建"救亡室"，涌现了大批积极分子，如大俞村的俞存潮[1]、俞昌基，大陈村的姚享光、俞幼初等，峙林村的沈德仁、沈先立、沈公甲等，7 个乡村 100 多人加入，群众觉悟提高。

三是组织群众，实现民众自我解放。围绕茶民的迫切问题，中共宁绍特委书记杨思一专门从新昌县翻山到来，了解具体情况，从"肯定请愿斗争的正义性与人民性、民族矛盾与阶级斗争中团结又斗争的策略意识、列宁《二月革命至十月革命》对请愿斗争工作的经验借鉴与应用、群众运动的不包办与自我解放的信念、请愿斗争不同结果的后续准备"等方面，为地方党组织明确斗争方向和方法带来了一场"及时雨"。

余姚党组织成立茶民请愿团、请愿团指挥组，召开南岚、白鹿两乡"抗日救亡室"负责人会议，传达"杨思一指示"精神，宣布行动计划与步骤，明确"提高茶价、平抑米价、救济山民、打倒日本帝国主义"的斗争纲领与口号，发动乡村动员会，设立服务队（分联络组、保健组、纠察组、宣传组），确定 20 余人的冲锋队（内部由谢汝昌、沈功田负责）和 20 余人的谈判代表，实现了党对茶民请愿斗争的领导。

请愿队伍从南岚的大俞村开始，以茶民为请愿主体，总共万余人，行走路程百余里。面对国民党县政府 50 余名警察的荷枪实弹和凶狠恫吓，茶民坚守"宁愿被你打死，不愿在家饿死"的革命气节。冲锋队涌入县城，迫使县政府派员谈判，并作出了提高茶价、调整茶米比价、政府帮开销路、救济山民的承诺，茶民请愿运动取得了胜利。[2]

茶民的请愿运动，是一场有组织、有计划、有目标的"党的领导与群众自我解放"相结合的群众性斗争，实现了群众从"不敢斗到不怕死""从不相信到入人心""从外生的组织到内在的自觉"的意识觉醒与升华。

（三）浙东抗日根据地党组织的巩固（1942 年 8 月—1945 年 9 月）

1941 年，皖南事变爆发、宁绍沦陷，中共中央和毛泽东发出两个电报，提出新四军开

---

① 宁波市新四军暨华中敌后抗日根据地研究会：《浙东抗战与敌后抗日根据地史料丛书》第 1 卷，中共党史出版社，2001 年，第 238 页。此处"俞存潮"为误，应为"俞存香"。1938 年 6 月，俞存香与俞昌基、邓曾传一起加入中国共产党，并担任大俞村地下党支部书记，随后在大俞村成立"青年救亡室"和"战士社会服务团"，组织茶农请愿运动，建设红色堡垒村，打下良好政治基础。俞存潮是 1942 年 10 月由俞存香介绍加入中国共产党，开始参加革命工作的。参见俞建文《四明·大俞山志》，浙江大学出版社，2021 年，第 252—253 页。

② 宁波市新四军暨华中敌后抗日根据地研究会：《浙东抗战与敌后抗日根据地史料丛书》第 1 卷，中共党史出版社，2001 年，第 239 页。

辟浙东的战略决策,明确要求在日寇控制薄弱、力量空虚的广大乡村,通过"注意指导"上海党,"以松江等处原有少数武装作为基础"(隶属于新四军六师的浦东抗日武装),在浙东"发展广大的游击战争",并强调"此地区大有发展前途"和有"单独成立战略单位之必要"。建立浙东党组织的统一领导,成为根据地建设的核心问题。

1. 全面抗战初期浙东党组织的发展脉络

全面抗战初期,浙东党组织分属于三个不相统属的系统,即上海方面派来的系统、南京长江局派人建立的中共浙江省委及原在本地的以刘英为首的闽浙省委。上海系统、南京系统的浙江党组织虽有活动,但彼此无统一领导。[①] 到 1938 年,东南局决定以刘英为首建立新的浙江省委,浙江省有了统一的党组织的领导。此后,浙江省委将宁绍特委分宁属和绍属两个特委。1941 年春,宁绍各地沦陷,宁绍党组织开始建立自己的游击武装,是浙东党组织的力量来源。1941 年 5 月,浦东第一批武装到达"三北",正值皖南事变后,华中局和浙江省委联系受阻,兼之南下武装打的又是"灰色隐蔽"的旗号,浙东党组织曾派党员"打入"浦东武装考察,双方相互取得信任后,宁、绍党负责人杨思一、王文祥等和浦东武装的党建立了直接的联系。这是浦东武装来到浙东新区后能立住脚跟的一个关键。1942 年 2 月,浙江省委秘书周义群的叛变,导致省委书记刘英在温州遭捕,5 月间于永康被杀害。此时,浙江党不仅与上级党失去联系,并失去了省内的统一领导,各特委只好独立坚持抗日斗争。

2. 浙东区党委的成立

为应对新的革命形势,浙东地区亟须确立广大的群众性的党的统一领导,凝聚多股力量,增强党的组织力与号召力,实现发动群众、团结抗战、保卫浙东和建立革命根据地的目标。

华中局决定,将开辟浙东抗日根据地的任务交给江南区党委书记谭震林,并派他到上海组织闽浙皖赣四省联络站,负责打通四省联系。江南区党委随即指示路南特委,要浦东工委组织武装力量,挺进浙东敌后,开辟根据地。谭震林将这个任务交给了谭启龙。1941 年 5 月至 9 月,由浦东工委领导的部队约 900 余人分 7 批南渡杭州湾到达浙东三北敌后,以"灰色隐蔽"的形式,开展抗日游击战争,由浙东党组织"打入"这支部队考察获得信任后,与宁绍党的负责人杨思一、王文祥等建立了直接联系,站稳脚跟,成为根据地建设的骨干力量之一。

1942 年 5 月,华中局电令谭启龙"立即去浦东转浙东工作",统一领导浙东的党组织

---

① 杨思一:《抗日时期浙东党片段回忆》,见中国人民政治协商会议浙江省委员会文史资料研究委员会:《浙江革命史料特辑(二)》,浙江人民出版社,1980 年,第 48 页。

和浙江地方党组织。6月,谭启龙到浙东,立即成立中共浙东行动委员会,谭启龙为书记,对外公开身份是五支队队长连柏生的秘书。到达三北后,谭启龙会见地方党宁属特派员王文祥、绍属特派员杨思一和定海特派员王起,传达华中局关于浙江敌后抗日游击战争、创建根据地的决定,基本接上了与浙东地方党的关系。7月,新四军军部和第一师派何克希、张文碧、刘亨云、罗白桦、张季伦、张浪、余旭、艾阳等到浙东,加强浙东革命根据地的军政力量。7月28日,经华中局批准,成立浙东区党委,由谭启龙、何克希、杨思一、顾德欢等人组成,谭启龙为书记。次年12月2日,中央批准改组区党委,由谭启龙、何克希、张文碧组成。1943年9月30日,华中局又同意增补杨思一为浙东区党委委员。浙东区党委的建立,使浙东地区的敌后抗战有了统一的领导机构,为贯彻党中央和华中局的指示,建立、巩固和发展浙东抗日根据地提供了重要的组织保证。

3.浙东区党委的统一领导作用

浙东区党委成立后,逐步实现了党政军的统一领导[①]。主要体现在:

(1)浙东区党委对各级地方党组织的统一领导

根据浙东抗日根据地建立的需要,浙东区党委对宁绍特委作调整后,分别组建了四个地委(含工委),即三北地委(工委)、四明地委(工委)、会稽地委(工委)、三东地委(工委)加上原先的浦东地委。5个地委(工委)均由浙东区党委统一领导,地委以下分别建立县委、区委、支部。由此,浙东区党委领导下的"地委—区委—县委—村支"的党组织体系建立。浙东区党委下属组织具体为:

中共三北地委(含工委)。根据浙东区党委决定,余姚、镇海、慈溪三县姚江、甬江以北地区和虞北区于1942年7月建立三北工委。同年9月,改称三北地委,书记为王仲良。机关驻地在慈溪的洪魏、道林等地。1945年5月与四明地委合并,建制撤销,下辖余姚、上虞、余上、慈镇、慈姚县特派员、县(工委)。

中共四明地委(含工委)。根据浙东区党委决定,1942年8月在四明山地区建立四明工委。同年9月,改称四明地委。1945年5月,四明地委与三北地委合并,沿称四明地委。担任四明地(工)委书记的先后为王文祥、陈洪、刘清扬、邱相田、王仲良。抗战胜利时,浙东形势急剧变化,浙东区党委于8月撤销四明地委建制,其下属组织改为直属区党委领导。下辖:姚虞、鄞奉、嵊新、姚慈、姚南、南山、鄞慈、嵊新奉、上虞、奉西、鄞县、慈镇、余姚县委(中心县委)。

① 《陈、饶、赖致浙东:敌后为我最好的发展地区,应首先巩固三北,保持四明、会稽游击坚持》(1942年11月18日):"浙东武装及党政军民工作统一于区党委领导之下,区党委随指挥部行动,区党委之军事决定交指挥部执行之,政务民运之决定用政治部名义执行之。"参见浙江省委党史资料征集研究委员会、浙江省档案馆:《浙东抗日根据地》,中共党史资料出版社,1987年,第53页。

中共会稽地委(含工委)。根据浙东区党委决定,会稽山周围地区于 1942 年 7 月建立会稽工委。同年 9 月,改称会稽地委,书记杨思一。1943 年 12 月,与金属党组织合并,新建金萧地委,书记杨思一。抗战胜利后金萧地委随军北撤,建制于同年 11 月撤销。下辖:诸暨、嵊西、绍嵊县委(工委)、特派员。金萧地委下辖:金义、金义浦、义东北、诸义东、兰溪、永康、嵊西、兰浦建、诸暨(诸北)、金华山、路西县委(中心县委、工委)、特派员。

中共三东工委(含工委、特派员)。根据浙东区党委决定,镇海、鄞县、奉化三县东部沿海和定海于 1942 年 8 月建立三东工委,负责人王起。同年 11 月,改称三东地委,书记吕炳奎。1943 年 2 月,改党委制为特派员制。特派员仍为吕炳奎。1945 年 4 月,撤销建制。下辖:鄞东南、镇海、定海、奉化县工委、特派员。

中共浦东地委、淞沪地委。根据浙东区党委决定,1942 年 7 月,由苏南区党委划入的负责淞沪地区工作的路南特委,改称浦东地委,书记姜杰。1944 年 11 月,改称淞沪地委,书记先后由姜杰、陈伟达担任。抗战胜利后,新四军浙东游击纵队北撤,淞沪地委撤销建制。下辖:浦东、淀山湖、青东、浦西、浦南、嘉定、海北工委。浦东地委改为淞沪地委后,下辖浦东、青东、松江、昆南、吴江、嘉宝、浦南工委。

中共杭州市临时工作委员会(简称"杭州临工委")。1943 年 5 月,浙东区党委根据中央关于"到敌占区大中城市开展工作"的指示,派党员干部到杭州建立杭州临工委,书记柯里。1946 年春,改为杭州市工作委员会。①

中共台属总特派员。1942 年 7 月,中共台属总特派员归浙东区党委领导。1942 年 12 月,浙东区党委派仇康皋(陈爱中)、许少春分别负责台属南、北两地党的联络工作。1943 年,仇康皋调回四明山,项昌觉负责台南党组织工作。1944 年初,浙东区党委将南北地区的联络工作交由许少春负责。下辖:台南、温岭、台北、仙居、临海、三门、天台、宁海县工委、特派员、联络站。

直属浙东区党委的绍嵊县和海北党组织。为开辟会稽山,1945 年 6 月,浙东区党委建立绍嵊县工委,隶属浙东区党委直接领导,书记高阜平。1942 年 5 月,中共路南特委决定撤销海北工委,建立特派员制。1944 年 10 月,海北特派员归浙东区党委领导。②

(2)浙东区党委对军队的统一领导

为加强对部队的统一领导,1942 年 8 月 19 日,经华中局批准,成立浙东军政委员会,由何克希、张文碧、刘亨云、连柏生组成,何克希为书记,对浙东革命根据地的军队实行统一领导。同年,在慈北鸣鹤场成立第三战区三北游击司令部、政治部,何克希(更名何静)

① 包晓峰:《抗日战争时期浙江党组织概况(一)》,《浙江档案》1989 年第 8 期,第 6 页。
② 中共浙江省委组织部、中共浙江省委党史研究室、浙江省档案馆:《中国共产党浙江省组织史资料(1922.4—1987.12)》,人民日报出版社,1994 年,第 296—298 页。

为司令,谭启龙(化名胡志萍)为政委,刘亨云(更名刘云)为参谋长,张文碧任政治部主任。司令部成立后,统一整编浙东部队为三、四、五支队,每支队分设三个连,设特务大队,新增民兵团、教导队、海防中队等,实现了浙东区党委对军队的统一领导。

(3)浙东区党委对政权的统一领导

"一切革命的根本问题是国家政权问题。不弄清这一点,便谈不上自觉地参加革命,更不用说领导革命。"①浙东区党委为加强对政权的统一领导,将原有各部队办事处逐步转为地方性政权。1942年,"五支四大"办事处改组为三北总办事处,金如山任主任,统一领导三北各地的办事处。11月,又改建为三北游击司令部总办事处,王耀中为主任,下辖"三五支队"余上办事处、慈镇办事处、奉化办事处。进入四明山后,建立姚南办事处。1943年4月,扩大为三北游击司令部南山总办事处,下辖6个县级办事处。②

至此,浙东革命根据地的党政军统一领导更加正规。建立和加强党政军统一领导,成为浙东抗日根据地的一项的特色工作策略。它对于浙东长期独立抗战,创建根据地具有重要的意义。

(四)浙东游击根据地党组织的重建(1945年10月—1949年5月)

浙东主力部队和党政机关北撤后,浙东革命根据地进入浙东游击根据地时期。浙东区党委对北撤后的浙东革命斗争提出了"坚持党的旗帜,隐蔽精干,积蓄力量,等待时机"的方针。随着人民解放战争形势的发展,中共中央开始重建武装,恢复建立游击根据地,浙东临委领导浙东军民配合人民解放军解放浙东。浙东游击根据地时期党组织的发展,经历了隐蔽坚持、恢复武装到根据地建设的三个阶段。

1.隐蔽坚持阶段的党组织

浙东党组织从党委员制改为特派员制。1945年9月,北撤时,浙东区党委决定由朱洪山、黄明等组成"新四军浙东游击纵队留守处",以公开合法的身份与国民党谈判,处理北撤后的工作事宜。同时在四明、三北、金萧等地秘密留下了马青、邢子陶、陈布衣、朱之光、朱洪山、陈爱中、邵明、丁有灿等干部和少数地方武装人员坚持隐蔽斗争,并改党委员制为特派员制,在四明、三东、金萧地区设立特派员。四明地区特派员刘清扬和邢子陶(不久去苏北),三东地区特派员王起,金萧地区特派员马青,台属地区党组织由刘清扬兼管。特派员直接与华中分局联系。1947年1月,中共浙东工作委员会成立,上述各特派员陆续撤销。

① 列宁:《列宁选集》第3卷,人民出版社,1972年,第19页。
② 谭启龙:《谭启龙回忆录》,中共党史出版社,2003年,第185—187页。

隐蔽坚持时期党组织的工作重心发生变化。从 1945 年 9 月主力北撤到 1946 年 6 月内战全面爆发,浙东党组织发展的重点,一是保持党的旗帜,保存党的力量,继续维持与群众的联系[①];二是各地区党组织独立开展工作;三是在得不到上级指示的情况下,保持政治上的成熟,不受骗上当。党的领导依靠各地区特派员,通信联络极为困难,依靠地下交通。秘密联络员递送口信或者"条子"(桑皮纸书写)卷成小纸条缝在衣服内,来回一趟需十天半月或者一两个月,有时根本联系不上或者交通员牺牲在途中,以致信息中断。环境允许时,有的地方可以收听延安新华社广播和阅读香港、上海等地出版的《群众》《文萃》等进步刊物。[②] 因此,在白色恐怖统治下,浙东党组织注意保存自身力量,坚定政治立场。

2.恢复武装阶段的党组织

从 1946 年 7 月全国内战爆发到 1947 年初的半年时间,浙东党组织的工作重心从隐蔽坚持向发展游击战争转变。

(1)独立判断政治形势着手武装斗争

当时浙东党组织与上级联系困难,北撤时,留下一部电台。这部电台只能收报,不能发报,主要收新华社电讯,也收一部分中央社电讯,了解敌人的一些情况。在无上级指示的情况下,留下来坚持工作的党员干部独立判断政治形势,着手武装斗争。其中,1946 年 11 月,中共金萧特派员马青和上级党组织失去联系后,审时度势,以党和群众基础较好的嵊西地区为突破口,实现会稽山的"石璜缴枪"首战告捷,缴了 3 挺机枪。朱之光组织部署的四明山"天华缴枪",对后来的草帽庵建军和开展游击战争有着重要的作用。

(2)设法恢复同各地党组织的联系

四明山特派员刘清扬虽未被指定为浙东负责人,但主动与各地区党组织进行联系。他设法联系三北地区党组织,并派邵明去会稽地区联系马青。刘清扬比较熟悉台属党组织,与台属坚持斗争的许少春取得联系,考虑发展武装斗争。因与华中局联系需要几个月,浙东各地区党组织基本上分散、独立工作。四明和会稽党组织通过新华社电讯,了解全国形势和党中央的方针政策,主动、积极开展工作。金萧地区较早发展游击战争,独立自主开展各项工作。

---

① 中共浙江省委党史研究室、中共宁波市委党史研究室:《浙东游击根据地》,中共党史出版社,1996 年,第330 页。

② 石云山:《主力北撤后 浙东地区继承铁军精神坚持顽固斗争》,见北京新四军暨华中抗日根据地研究会:《铁流15——纪念李先念同志诞辰一百周年》,解放军出版社,2009 年,第287 页。

（3）主动取得与上海党及华中局的领导

考虑到去华中根据地联系困难,如大规模战争爆发,司令部的流动性更大,来往交通困难加大,仅靠新华社电台,无法获得上级的政策与方针指示,刘清扬建议将浙东地区工作交由上海党领导。刘清扬通过北撤时留在上海打埋伏的党员,找到林加征与顾德欢,与上海党组织取得联系,将上海党组织领导浙东地区的意见转告刘晓,得到了中共中央的批准。上海党组织关于开辟浙东地区游击战争的做法是符合中央要求的。[1] 浙东地区由上海局领导后,较快获得中共中央政治和军事的方针路线,得以保持与华中局的联系,争取华中局在武装斗争和军事干部等方面的支持与帮助。刘清扬派陈布衣前往华中根据地,带回张任伟、赵士炘、朱晋康等干部。

（4）发挥老根据地优势,转变党员的战争意识

要实现从"隐蔽坚持"到"大力开展游击战争"这一转变,必须先解决党员的思想认识问题。不同于长期坚持隐蔽斗争的地区,浙东的干部具有根据地工作经验,如回到浙东的张任伟、刘发清、朱晋康等人。同时,北撤留下的如徐云水（徐敏）等伤病员,是老"三五"支队的基层军事干部,具有开展游击战争的经验,恢复游击战争的思想转变较为容易。在开展游击战争方面,四明、会稽等老根据地发挥了自身的组织优势和群众优势。四明山"天华缴枪"和会稽山"石璜缴枪",实现了工作重心从分散隐蔽到公开发动游击战争的转变,为浙东革命根据地的建设奠定了基础。

3.根据地建设阶段的党组织

（1）中共浙东工作委员会的成立

浙东主力部队北撤,坚持原地斗争的党组织失去了统一的领导机构,且向华中局请示工作存在诸多不便。1947年1月,经中共中央批准,在上海分局主持下,中共浙东工作委员会成立,书记刘清扬。上海分局派顾德欢协助浙东工委工作。从此,浙东党的工作划归上海分局领导。工委管辖宁波、绍兴、台州、衢州等地工作,驻地在台属地区。[2] 1947年10月,浙东工委书记刘清扬到上海联系时被捕。浙东工委成立后,浙东各地区基本上独立分散工作,还没有统一的领导机构。

（2）中共浙东临时工作委员会的成立

1948年1月,浙东工委在余姚召开扩大会议,鉴于刘清扬被捕,研究决定并经上海局批准,改为中共浙东临时工作委员会,书记顾德欢,副书记马青,委员王起,建立了集体领

---

① 顾德欢:《关于解放战争时期浙东工作的几个问题》,见中共浙江省委党史研究室、中共宁波市委党史研究室:《浙东游击根据地》,中共党史出版社,1996年,第331页。

② 包晓峰:《解放战争时期浙江党组织概况》,《浙江档案》1989年第10期,第12页。

导,机关驻地在四明山地区。同年5月起,浙东临委改由华中工委领导。上海局于8月
将浙东工作移交给华中工委。从此,浙东地区有了比较全面的领导。浙东先后与浙南、
处属、皖南地区打通联系。在浙东临委的领导下,各地区成立党的工委(或者特派员),配
备干部,逐步加强发展。与大军会师时,部队与脱产的地方工作干部,合计大约8000
人。① 1949年5月,中共浙江省委成立,浙东临委撤销。浙东工委(临工委)下辖:中共四
明工委、台属工委(包括台东、台西临工委)、三东工委(东海工委)、路西工委(金萧工委)、
会稽临时工委、路南特派员、宁波工委等。具体如下:

中共四明工作委员会。1947年1月,浙东工委成立当月,建立了中共四明工作委员
会,书记先后为刘清扬、陈布衣,副书记朱之光、张凡。1949年5月,浙东解放,四明工委
撤销。

中共台属工作委员会(包括台东、台西临时工作委员会)。1947年1月,浙东工委决
定建立中共台属工作委员会,书记邵明,副书记先后为许少春、王槐秋。1948年10月,为
加强台属地区的工作,浙东临委决定分别成立台东、台西两个临时工作委员会。台东临
工委书记邵明,台西临工委书记诸敏。1949年3月恢复建立台属工作委员会,书记邵明,
副书记王槐秋。同年5月,当地解放,台属工委撤销。

中共三东工作委员会、东海工作委员会。1947年3月,浙东工委决定建立中共三东
工作委员会,书记詹步行,机关驻地在岱山念母岙。1948年1月,浙东临委决定将三东地
区改名为东海区,同时把三东工委改建为东海工委。至年底,东海工委领导先后撤离东
海地区,组织自行消失。

中共路西工作委员会、金萧工作委员会。1947年7月,浙东工委决定成立中共路西
工委,书记蒋明达,机关驻地在浦江、富阳、诸暨、桐庐边界。1948年7月,浙东临委指示
改工委为特派员制,后因故未实现。1948年9月,浙东临委派张凡到路西任工委书记,蒋
明达为副书记。1948年12月,路西工委改建为金萧工委,张凡、蒋明达分任正副书记。
1949年5月当地解放,金萧工委撤销。

中共会稽临时工作委员会。1948年2月,根据浙东临委第一次会议决定,成立了中
共会稽中心县工委。1949年3月,浙东临委决定撤销会稽中心县工委,建立会稽临工委。
书记王起,副书记周芝山、朱之光。

中共路南特派员。1947年4月,浙东工委副书记马青决定建立金华地区特派员制,
特派员应飞。1948年4月,浙东临委决定建立路南特派员制,特派员为卜明,副特派员为

<hr>

① 顾德欢:《关于解放战争时期浙东工作的几个问题》,见中共浙江省委党史研究室、中共宁波市委党史研究
室:《浙东游击根据地》,中共党史出版社,1996年,第330页。

应飞,金华地区特派员自然消失。

中共宁波工作委员会。1946 年 2 月,三东特派员王起按照华中分局城工会议决定,在宁波城区建立宁波工委,领导宁波城区并兼管鄞(县)东南、余姚城关的地下党工作。宁波工委先后隶属华中分局城工部、浙东工委、上海局外县工委领导。书记先后由王起、周明、吴田担任。1948 年 6 月,组织遭破坏。[①]

(3)浙东党组织的工作重心

第一,建立党统一领导下的武装力量。分散的县区中队、武工队发展到一定阶段,按照健全组织、建立领导核心的原则,先后组建浙东人民解放军第二游击纵队,马青任司令员,顾德欢任政委。中共四明工委,刘清扬兼书记,陈布衣任副书记。金萧地区以浙赣铁路线划分为三个地区:路东会稽山地区由杨亦明、周芝山负责组建第二支队;路西金萧地区由蒋明达、张凡负责重建金萧支队(一支队),四明地区由张任伟、诸敏、储贵彬、陈布衣负责第三、第五支队;台属地区由邵明负责第四支队;路南地区由应飞、卜明负责第六支队,由方启东、刘熙范负责东磐支队。各支队既在新四军浙东游击纵队统一领导下协同作战,又相对独立。[②]

第二,审时度势,制定浙东全局发展方针。一是 1947 年的"上海会议"。上海党组织为进一步研究和部署浙东工作,派林枫、顾德欢与刘清扬、王起在上海召开会议。会议宣布成立中共浙东工作委员会,并确定了浙东的工作方针:由躲击转变为积极地发动游击战争,求得新的发展,并确定以台属地区作为发展浙东游击战争的中心、出发点和立足点。[③] 此决定的主要依据是刘清扬的汇报情况。刘清扬指出,台属地区离敌人的据点较远,敌人兵力空虚,人民生活困苦,还具备一定的党的工作基础,向南可以同浙南打通联系,向西连接路南、仙居一带。因此,将台属地区作为浙东的一个中心根据地的决定,具有长远意义。[④] 但因会议时间较为局促,加上对浙东各地的情况了解较少,上海党组织对如何加强和发展整个浙东地区的工作,发挥四明老区的作用,恢复武装斗争等全局性问题,尚研究不足。二是 1948 年中共浙东临委会议的召开。1948 年 1 月,浙东临委在慈南孔岙村召开扩大会议。会议具体布置了浦东部队到浙东的各项措施,专派熟悉三北和四明的张任伟从浦东带队到浙东;认真讨论了浙东整个地区的发展方针,着重研究开辟台属等新地区的工作。由顾德欢和张任伟带四明部分主力到台属开辟新地区,马青留在四

① 包晓峰:《解放战争时期浙江党组织概况》,《浙江档案》1989 年第 10 期,13 页。
② 石云山:《主力北撤后　浙东地区继承铁军精神坚持顽固斗争》,见北京新四军暨华中抗日根据地研究会:《铁流 15——纪念李先念同志诞辰一百周年》,解放军出版社,2009 年,第 287 页。
③ 中共宁波市委党史研究室:《中共宁波党史大事记(1919—1949)》,内部资料,1991 年,第 186 页。
④ 顾德欢:《关于解放战争时期浙东工作的几个问题》,见中共浙江省委党史研究室、中共宁波市委党史研究室:《浙东游击根据地》,中共党史出版社,1996 年,第 332 页。

明主持临委领导机关的日常工作,把浦东部队带到四明,留在老区作为四明地区的主力(五支队),使四明原有主力"钢铁"部队转到外线(主要开辟台属地区)。1948 年 1 月,浙东地区基本上打成一片,但部分地区的联系还不通畅。台州与路南未完全打通,与浙南基本打通,取得联系。台属部队到黄岩与浙南部队会师并得到了帮助。[①]

第三,接管城市前进行的整军、政策教育。为准备接管城市,浙东党组织于 1949 年3 月—4 月在诸暨陈蔡、枫桥一带进行整军和政策教育,尊重大军,服从大军领导,防止地方主义。根据上海局的报告,浙东地区的干部有根据地工作经验,无本位主义、地方主义,为迎接接管城市做好了充分的准备。

二、浙东革命根据地党的建设的主要内容

浙东革命根据地党的建设,着眼于分层次、多样化的思想建设,确立廉洁民主政治的制度体系,实现党对军队的绝对领导,建立服务于战略布局的秘密战线,培育艰苦斗争、自我改造的优良作风,增强党的凝聚力与领导力。

(一)坚持分层次、多样化的思想建设

1. 思想建设是党的根本建设

浙东抗日根据地的党组织始终把思想建设放在首位,用马克思主义统一全党思想,树立为共产主义奋斗终身的坚强信念。浙东地区发展的共产党员,绝大部分是农民、工人和小资产阶级。浙东区党委书记谭启龙曾分析:"真正无产阶级产业工人及经过长久斗争锻炼的老骨干很少,有些老干部也由于长期处于分散环境下,学习与思维意识的锻炼也不够……党外许多非无产阶级的意识甚至地主阶级的思想意识,很容易反映到我们党内和干部中来。……主观主义与官僚主义、宗派主义、自由主义的倾向相当浓厚,对上级指示不尊重,互相发脾气,上下级关系不好,实事求是的作风差,只想做大事、闹地位、闹出风头、闹无原则纠纷而缺乏深入下层,从细小问题做起,眼睛向下的精神。"[②]因此,谭启龙在浙东第一次干部扩大会议中指出,"思想上应以中央关于党性决定作教育的方针","由于党内小资产阶级成分的占着相当比例,对于思想意识的改造非常重要",任何

---

① 顾德欢:《关于解放战争时期浙东工作的几个问题》,见中共浙江省委党史研究室、中共宁波市委党史研究室:《浙东游击根据地》,中共党史出版社,1996 年,第335 页。

② 《目前形势与我军今后的任务》,见杭州大学历史系、浙江省档案馆:《浙江革命历史档案选编——抗日战争时期(下)》,浙江人民出版社,1985 年,第340 页。

英雄主义、个人主义、自由主义都必须克服"。①

2.思想教育的形式

为加强马列主义的思想建设,普及党员的政治、思想和文化教育,浙东区党委以分层次、多样化的形式,不断加强党员的党性教育,使党员坚定革命理想。1942 年 12 月,政治部颁发宣教工作制度②,规定了"三三"制度。一是规定了三课制:政治课,干部每周一次,战士每周三次;党课,干部学习《整顿党的作风》《论共产党员的修养》,战士学习"怎样做一个共产党员";文化课,每周三次。二是施行"三会"制:营的教育准备会、干部学习讨论会和学习组长会。三是践行"三报"制:墙报、读报和干部小报。政治部编印了阶级教育、时事政策教育、革命传统教育等方面的教材和重大节日的讲话材料等,普及马列主义的思想教育,使党员坚定无产阶级的立场和实现共产主义的理想信念。

3.根据不同对象开展思想教育

为使党员增强党性意识,提高政治觉悟,坚定理想信念,浙东抗日根据地从"关键少数"党员干部扩展到全体党员,从基层到区党委,培养了大批不同类型的党员与干部。1941 年 9 月,浦东部队 900 余人全部南渡到达三北地区后,即抽调部分骨干成立教导队。从 1942 年夏至 1944 年 7 月,浙东区党委举办 5 期教导队,为部队培养基层骨干 744 人。从 3 月开始,举办中国共产党浙东地区委员会党员干部培训班,由谢飞(女)任党训班班主任,学习时间为 2 个月,每期学员 60 人左右,共办 2 期,学习抗日民族统一战线、新民主主义、党的建设、保卫和锄奸、群众路线以及军事基本知识等。在地方上,1944 年,三北地委慈镇县利用农闲办了两期基层党员训练班,每期 30 人左右,训练七八天,培训内容为社会发展史、中国革命与中国共产党、如何做一个好党员等。1945 年,浙东抗日军政干校教育培训根据地基层排以上党政军干部,课程包含政治常识、社会发展史、革命传统、政策纪律以及中国共产党和军队的性质、宗旨、任务等。根据地还开办民运工作培训班、政工干部培训班、医务干部训练班等,教育培训党的各类专业干部等。一系列党内的思想政治教育环环相扣、层层深入,从"关键少数"向全体党员扩展,增强了党员的党性意识,坚定了为民服务、艰苦奋斗的理想信念。

4.通过整风运动加强思想教育

1942 年,中共中央号召全党开展整风运动。但浙东地区斗争环境恶劣,斗争频繁,整

---

① 谭启龙:《目前国内外形势与我党发展浙江敌后游击战争建立根据地的方针》,见浙江省委党史资料征集研究委员会、浙江省档案馆:《浙东抗日根据地》,中共党史资料出版社,1987 年,第 44 页。
② 浙东抗日根据地革命文化史料编纂委员会:《浙东抗日根据地革命文化史料选编(上册)》,内部资料,1992 年,第 17 页。

风运动在战斗间隙局部展开。随着根据地的发展与壮大,浙东区党委统一部署,开展以党训班为主要形式的全面整风,加强思想教育。

(1)利用战斗间隙开展的局部整风

1942年,中共中央开始在全党实行普遍的马克思主义的教育运动。八路军、新四军、各抗日民主根据地先后开展了整风运动。但浙东地区不断遭到日伪顽的疯狂进攻和残酷"扫荡",长期处于紧张而频繁的反"清乡"、反"扫荡"、反"围剿"的作战环境中,无法集中时间、人力,开展整风学习,只是在战斗间隙,布置干部学习文件。1943年2月,《我党我军在浙东地区后的一般任务》决定:"要执行中央的整风号召。整风不只是研究文件,不只是学校才能整。我们要在工作中,每一个行动中,经常的思想意识中,拿党的利益作镜子照一照,有无不正确的地方,有无与党的利益相违背的地方。"①浙东区党委组织学习古田会议决议和关于领导方法的若干问题以及谭政同志的报告。这样一场普遍的马克思主义思想教育,具有一定的效果,但较之中央关于整风运动的要求还有相当大的差距。②

(2)开展以党训班为主要形式的全面整风

1944年底,加强干部队伍的建设,成为抗战大反攻时扩大浙东抗日武装和根据地的重要政治任务。当时,浙东抗日根据地的干部来自四面八方,主要包括:从淞沪地区转移到浙东后逐渐公开政治面貌的党员和干部、从苏中主力部队和根据地派来加强浙东部队和地方领导的干部、坚守当地斗争的地下党员和干部、从国统区撤退到根据地的干部、极少数从伪军中经党争取后拥护党的主张并经过考验的干部。其接受的党的教育程度不一,理论水平参差不齐,组织纪律有差异性,工作作风和方法不同,进而影响党的凝聚力与领导力。因此,亟须进行一场普遍的马克思主义思想教育,提高认识,统一思想,增强党性。

1944年10月,浙东第二次反顽自卫战结束,环境相对稳定,浙东区党委讨论了干部整风学习问题,决定开办党员干部培训班,集中进行整风学习。以2年时间分4期组织轮训,每期100人左右,开展整风运动(后因形势变化,实际上只办了1期)。第一期党训班于1945年元旦开学,学员有部队司、政、后及各支队的营连干部,地方上除三北、四明、金萧3个地区外,还有三东和宁波市地下党的100多名县区级干部。地点先在梁弄,后转到横坎头。班主任由区党委书记谭启龙兼,涂峰实际负责党训班工作,学习时间为6个月,学习内容为中央规定整风学习的22个文件,开展一次系统的整风学习。在区党委

---

① 杭州大学历史系、浙江省档案馆:《浙江革命历史档案选编——抗日战争时期(下)》,浙江人民出版社,1985年,第71页。

② 谭启龙:《谭启龙回忆录》,中共党史出版社,2003年,第173页。

的领导和部署下,浙东各地区先后组织党员、干部进行整风学习。为了更好地创造条件,交流整风经验,各直属机关出版《整风墙报》,四明地委出版了不定期的党内刊物《学习与工作》[1],统一了思想认识,增强了党内团结,提高了党的号召力与战斗力。

（3）党训班整风的特点

一是确定整风学习的行动指针。根据毛泽东提出的关于整风学习"惩前毖后、治病救人"的宗旨以及"既要弄清思想,又要团结同志"的要求,结合浙东地区的具体情况,党训班提出了"无事不可对党言,无事不可对同志言""知无不言,言无不尽""言者无罪,闻者足成""有则改之,无则加勉""和风细雨,自觉改造"等作为整风学习的行动指针。[2] 二是有的放矢,分阶段确定学习内容。即学习文件,初读精读,解决学风问题;联系实际,自我反省,提升政治思想水平;检查交代,开展批评,掌握自我改造的武器;编写整风自传,小组鉴定;组织鉴定,审干结论。[3] 三是坚持相信群众、大胆放手。党训班通过耐心教育,启发式诱导,不追不逼,编写整风自传,形成全面总结的个人历史传记,在紧张、友爱、温暖、和风细雨的学习氛围下,将整风的目的、要求、方针、步骤教给成员,增强学员独立思考和自我改造的自觉性。

此次整风运动,不仅让党员提升了政治觉悟、思想和理论水平,加深了对党的路线、方针政策的理解,明确了团结进步抗战的革命目标,而且使党员干部经受了党性的实际锻炼和考验,学会了运用历史唯物主义和辩证法剖析思想、工作、作风上非无产阶级的成分,以及运用批评与自我批评的思想武器进一步改造世界观。

（二）确立廉洁民主政治的制度体系

浙东抗日根据地的思想建设需要与制度建设同向同行。浙东区党组织通过建章立制,以根本大法的形式,明确"新浙东"建设的总方针和具体政策,保障"三三制"民主政权;厉行廉洁政治,建立三位一体的廉洁政治制度体系;建立健全民主集中制,逐步实现党的领导、民主政权与法制建设的统一。

1.制定《浙东地区施政纲领》[4]

1945年1月召开的浙东敌后各界临时代表大会,作为民选的立法机构,通过并发布

①　杨福茂、金步声、吕树本:《浙东革命根据地斗争概要》,《杭州大学学报(哲学社会科学版)》1978年第1期,第88页。
②　谭启龙:《谭启龙回忆录》,中共党史出版社,2003年,第173页。
③　鲁冰:《和风细雨　自觉改造——记浙东区党委党训班整风》,见浙江省教育科学研究所:《浙江革命根据地教育资料汇编(中册)》,浙江教育出版社,第306—307页。
④　《浙东地区施政纲领——中共浙东区党委为浙东各界临时代表大会而提出,经中共中央华中局批准》,见浙江省委党史资料征集研究委员会、浙江省档案馆:《浙东抗日根据地》,中共党史出版社,1987年,第138—142页。

了《浙东地区施政纲领》。作为浙东区域性的根本大法,确定了团结抗战、建设"新浙东、新中国"的总方针和具体政策;将"三三制"的民主政权形式和"一切抗日人民"的权利纳入根本大法,对于推行民主政治、建设新浙东有着重要的推动作用,体现了浙东党组织的前瞻性和政治智慧。

(1)确立建设"新浙东"的总方针和政策

《浙东地区施政纲领》指出,要"团结浙东各社会阶级、各抗日党派、各抗日团体,动员并发挥一切人力、财力、物力、智力,共同为坚持浙东抗战保卫浙东抗日民主根据地,准备反攻力量,配合盟军驱逐日本帝国主义,解放数千万同胞,建设三民主义即新民主主义的新浙东新中国而战",并提出了政权建设、加强抗日武装、人身权利、经济、劳资、税收、文教、肃奸、妇女、婚姻等方面的政策。

(2)保障"三三制"抗日民主政权

《浙东地区施政纲领》提出的重要任务之一,是"改造各级旧有行政机构,实行民选,组织各级参议会,建立各阶级、各党派及无党派人士联合抗日的民主政府"。其第5条规定:"确定共产党员在政府机关中只占三分之一,以便各党派及无党派人士,均能参加各级民意机关之活动与行政之管理。在共产党员被选为某一行政机关主管人员时,应保证该机关之职员有三分之二为党外人士充任,共产党员应与党外人士实行民主合作,不得一意孤行擅权包办。"[①]

(3)注重一切抗日人民权益的制度保障

《浙东地区施政纲领》注重保障各阶层、各阶级的合法权益,将既减租减息又交租交息的土地政策、改善工人生活的劳动政策、发展农工商的经济政策与民主的科学的文化政策上升到法律层面,实现人民权益与制度建设的有机统一。如规定:"保证一切抗日人民(地主资本家工人农民等)的人权、政权、财政、地权,保障人民言论、出版、集会、结社、信仰、居住、迁移之自由权。"[②]1945年7月18日,浙东行政公署发布民字第六十二号令,公布了《浙江行政区减租交租及处理其他佃业关系暂行办法》,对减租、交租、租佃契约及

---

① 朱之光在《关于浙东抗日根据地南山县统战工作的片段回忆》中指出:在干部的配备上,党内外都是量才录用的。各乡政权实行改组时,实行三三制,党不仅不包揽一切,而且多数基层领导人是由有声望的民主人士担任的。如大岚区由李志标担任区长,梁弄镇有黄尚达,雅贤乡有杨祖清,让贤乡有黄育中,左溪乡有朱其书(后来是中共党员),都是民主人士。参见中共浙江省委党史研究室、中共宁波市委党史研究室、中共慈溪市委党史研究室、中共余姚市委党史办公室:《浙东抗日烽火——中共浙东区党委成立暨浙东抗日根据地创建五十周年专辑》,内部资料,1992年,第119页。

② 浙江省委党史资料征集研究委员会、浙江省档案馆:《浙东抗日根据地》,中共党史资料出版社,1987年,第140页。

佃权等作出 34 条规定,合理保障佃业双方的权益。① 三北地区实行较为彻底。《浙东地区施政纲领》还明确提出,要"爱护女童工及产妇""实行基于男女双方自愿原则的一夫一妻婚姻制""改善各级学校教师的生活""尊重知识分子""欢迎医务人材参加地方卫生事业"。② 公务人员普遍实行供给制,而学校教师实行薪金制,体现了浙东地区对知识分子的重视。

2.确立三位一体的廉洁政治制度体系

为团结全民抗战,建立人民政权,巩固发展革命根据地,实现党政军民的一体化,浙东党组织厉行廉洁政治,建立全面、严厉的廉洁制度体系,健全自上而下的权力监督运行机制,加强自下而上的人民群众监督体系,力求形成"政治清明、党军民团结、政权精简、一致抗日"的良好局面。

(1)建立全面严厉的廉洁制度体系

为厉行廉洁政治,浙东区党委建立了全面、严厉的制度体系。一是将"廉洁政治"的建设目标,纳入根本大法。《浙东地区施政纲领》规定:"厉行廉洁政治,严惩公务人员之贪污行为,同时改善公务人员之待遇,禁止任何公务人员假公济私之行为。"《浙东地区施政纲领》在廉政建设制度方面还规定"共产党员有犯法者,从重治罪",对比华中各战区的施政纲领,只有浙东有这条规定。③ 二是制定反腐的相关法规。1945 年 1 月出台的《浙东行政区惩治贪污暂行条例》,对"贪污"规定了"侵吞公款财物""买卖公用品从中舞弊渔利""强占或强征、强募财物"等 8 项判断标准,规定了"满一千斤食米之总值者处死刑或五年以上有期徒刑""未满一百斤食米之总值者处一年以下有期徒刑"等 5 项处罚办法,并对贪污的适用对象、审理贪污案件注意事项等作出规定。三是制定严格的生活制度。新四军浙东游击纵队司令部制定了"经济制度"和"供给制度",建立经济委员会承担经济监督职责,确定"经常的预决算制度"和"严格按月审计的制度",提出"贪污浪费不爱惜公物者,应受处罚,情节严重者处死"④的规定,使其具有强制性和惩罚性,凸显了浙东党组织全面、严厉的反腐特征。

(2)建立自上而下的权力监督运行机制

浙东党组织不仅注重廉洁政治的法制建设,还注重自上而下的权力监督运行机制的

---

① 杭州大学历史系、浙江省档案馆:《浙江革命历史档案选编——抗日战争时期(下)》,浙江人民出版社,1985年,第 546—551 页。

② 浙江省委党史资料征集研究委员会、浙江省档案馆:《浙东抗日根据地》,中共党史资料出版社,1987 年,第 141 页。

③ 浙江省新四军历史研究会:《浙东抗日根据地史》,中央文献出版社,2014 年。

④ 《新四军浙东游击纵队司令部颁布"供给制度"的命令》,见杭州大学历史系、浙江省档案馆:《浙江革命历史档案选编——抗日战争时期(下)》,浙江人民出版社,1985 年,第 390—402 页。

建设。一是加强党委对政府的监督作用。"县委通过各级党的组织和群众的意见及各级反映,向政府提出批评和建议。"①二是发挥根据地最高权力机关参议会的监督作用。各县也设有同级参议会。参议会对同级行政机关领导人和司法部门负责人有选举、罢免、弹劾的权利。按照"三三制"原则,民主选举产生各级基层政府,县级以上政府执行同级参议会决议并对其负责。三是民选代表将监督作用贯穿于代表选举、审议报告、提出议案、反馈意见、提出质询等整个过程。在代表选举方面,1944年11月,浙东区党委向各级党组织发出会议代表选举的通知。四明地区和三北地区在各代会产生之前,具备了普选基层政权的民主基础,其代表由普选方式产生。在提出议案方面,1945年浙东各界临时代表会的提案涵盖政治、军事、教育等各个方面。如教育方面的提案,包含了慈镇县提出的"应如何统筹文教事业经费而利事业进行案"、余上临山区提出的"普遍设立社教团案""提高小学教师之生活待遇案"和浙东鲁迅学院提出的"确定教育经费并保障教员生活案"等9项议案。② 议案中指出:"各区各地之迷信会产……必须将其彻底调查清楚,由豪绅地痞之掌握中提出,拨充为教育经费。此点须由政府机关协助援助,以达目的。"③

(3)加强自下而上的人民群众监督

浙东抗日根据地的廉政建设,离不开自下而上的人民群众的监督。一是以根本大法的形式赋予人民监督的权利。《浙东地区施政纲领》第7条规定:"人民有用法律程序与手续以及其他方式控告任何公务人员非法行为之权利。"二是实现党员向群众公开。部队只有执行严密的群众纪律,实行党员向群众公开,精简机构和行政层级,才便于群众监督,形成党政民团结抗战的局面。三是接受人民群众的舆论监督。1945年3月19日,浙东区党委机关报《新浙东报》登了一篇《我打错了》的检讨文章,作者深刻剖析与检讨了自身简单粗暴的群众工作方式。1945年5月10日,《新浙东报》刊登了一封署名为爱国青年的检举信《大后方兵站机关的黑幕——一封检举贪污站长胡仲民的公开信》。《新浙东报》刊登的《梁弄各界对新四军某部提出批评和建议》《贯彻干部拥爱思想,我某部讨论反省群众观点》等新闻报道④,都彰显了浙东区党组织在廉政政治建设方面的

① 宁波市新四军暨华中敌后抗日根据地研究会:《浙东抗战与敌后抗日根据地史料丛书》第5卷,中共党史出版社,2001年,第46页。
② 《浙东各界临时代表会提案(节选)》,见浙东抗日根据地革命文化史料编纂委员会:《浙东抗日根据地革命文化史料选编(上册)》,内部资料,1992年,第171—173页。
③ 《浙东各界临时代表会提案(节选)》,见浙东抗日根据地革命文化史料编纂委员会:《浙东抗日根据地革命文化史料选编(上册)》,内部资料,1992年,第173页。
④ 黄信良、王佳、罗捷铁:《铁纪铁流 浙东抗日根据地时期的党风廉政建设》,https://www.krzzjn.com/show-334-67277.html。

严肃与坚定。

3.加强党的民主集中制度建设

为适应新的革命形势,浙东地区不仅要改变原有的党的组织形式和领导方式,还需加强党的民主集中制建设。第一,浙东的各级党组织要从特派员制重新恢复到党委员制。第二,面对反"扫荡"的复杂斗争环境,浙东部队及各领导机关采取短小精干政策,充实下层连队,提升战斗力。第三,地方党组织需做好下层群众工作,尽量合并减少不必要的机关和组织形式,保证上下级交流畅通。第四,在领导工作体制上,进一步加强和健全民主集中制建设。谭启龙指出:"由于我们浙江省委被顽固派破坏之后,我们许多同志独立坚持,大家过去(在)秘密环境工作及部队大多数是浦东来的,我们的区党委这个战略单位,是由各单位集合起来。这个特点,在许多问题解决上,尽量的经过讨论,互相交换意见及工作经验。过去秘密环境下民主缩小,今后尽可能的一切经过大家的讨论,只有广泛的发展党的民主,才能保证党的坚持(强)团结。""全党应团结在中央和华中局的周围,个人服从组织,下级服从上级,全党服从中央的原则,必须无条件的遵守。"①

(三)实现党对军队的绝对领导

以革命的武装反对反革命的武装,是中国革命的基本特点之一。浙东党组织必须把武装斗争和党的建设有机统一起来,实现党对军队的绝对领导,发挥军队党组织的堡垒作用②,发扬党员的先锋模范作用,保证军队完成党赋予的任务。

浙东抗日根据地的军队主要是由南渡杭州湾的浦东抗日武装、浙东党组织领导的抗日武装力量和华中局、新四军军部多次派来的军政领导干部力量共同创立和发展起来的。③ 不同于八路军、新四军的主力,浙东部队是一支年轻的人民革命武装,其阶级成分复杂,阶级教育还不深入,政治组织还不健全,党在部队的威信还不高,部队长期并将在一个相当时期内处于分散的游击环境中。要加强部队的建设,完成党的任务,政治工作

---

① 《目前国内外形势与我党发展浙江敌后游击战争建立根据地的方针》,见浙江省委党史资料征集研究委员会:《浙东抗日根据地》,中共党史资料出版社,1987年,第44—45页。
② 张文碧、徐放在《新四军浙东游击纵队政治工作回忆点滴》中指出:"党的组织工作是政治工作的基础。加强党的组织工作,就是要把浙东部队的党建设成为一个坚强有力的战斗堡垒,保证部队一切任务的完成。"参见浙东抗日根据地革命文化史料编纂委员会:《浙东抗日根据地革命文化史料选编(上册)》,内部资料,1992年,第336页。
③ 中共浙江省委党史研究室、中共宁波市委党史研究室、中共慈溪市委党史研究室、中共余姚市委党史研究室:《浙东抗日烽火——中共浙东区党委成立暨浙东抗日根据地创建五十周年专辑》,内部资料,1992年,第21页。

极其重要,是军队的生命线。① 部队政治工作的中心方向是巩固党在部队中的绝对领导,提高和巩固党在部队中高度的政治威信和领导威信,建立党的领导机构,健全党的组织制度,实现部队党员数量和质量的统一,发挥党组织的堡垒作用和党员的先锋模范作用,实现年轻的浙东部队向正规化部队转变,完成党交给部队的各项任务。

1.浙东党组织对军队的绝对领导

谭震林在《浙东一年来的军政工作总结与今后重要任务》中提出,"坚决提高政治委员制"②。政委是执行党在军队中的方针政策及纪律的完全负责者,是党的代表。谭启龙政委和何克希司令同是部队的最高首长,苏北来的干部中有一部分是红军干部,各支队都配齐专职政委和主任,如五支队政委兼主任邱相田、三支队主任钟发宗、特务大队政委曾平。同时,浙东党组织不断健全部队的政治机关。浙东部队政治部成立后,配备组织干事张浪、宣传干事兼政工队队长戈阳,各支队没有政治处。苏北派来一批政工干部后,政治部成立了组织科(科长徐放)、宣传科(科长江岚)、锄奸科(科长丁公量)、敌工科(科长朱人俊)。五支队和三支队成立了政治处,配备了组织股、宣传股、特派员③,实现政治上党对部队的绝对领导。

2.党组织的堡垒作用

浙东部队改编时,党员总共 80 人左右,其中大多是干部,一个支部只有 2～3 名党员,有的连队只有个别党员,没有支部;原有的部队党组织是由地方党领导建立的,其组织活动完全是白区党的秘密工作方式,不敢开党员大会,害怕暴露面目,发展一个党员要经过 1～2 年的长期考察;部队党的组织机构紊乱,组织制度不健全。④ 这些局限影响了部队党组织的发展和政治工作的开展。

为把部队的党建设成为政治立场坚定、集体领导坚强、党群关系密切、党员作用显著的战斗堡垒,浙东区党委作出了相关部署。一是进一步公开部队党的组织。区党委公开党组织后,召开部队政工会议,报告党组织公开的意义,讨论研究公开办法,开展动员教育,先在教导大队公开试点,取得经验后全面展开。党组织的公开,增强了部队党组织的威信,密切了党群关系。同时,克服"关门主义",发展和壮大党组织,保证了第一次反顽

---

① 谭启龙:《目前形势与我军今后的任务》,见杭州大学历史系、浙江省档案馆:《浙江革命历史档案选编——抗日战争时期(下)》,浙江人民出版社,1985 年,第 334 页。

② 杭州大学历史系、浙江省档案馆:《浙江革命历史档案选编——抗日战争时期(下)》,浙江人民出版社,1985 年,第 305 页。

③ 浙东抗日根据地革命文化史料编纂委员会:《浙东抗日根据地革命文化史料选编(上册)》,内部资料,1992 年,第 336 页。

④ 张文碧:《浙东部队党的工作检讨》,见杭州大学历史系、浙江省档案馆:《浙江革命历史档案选编——抗日战争时期(下)》,浙江人民出版社,1985 年,第 357—358 页。

自卫战的胜利,扩大了党的政治影响。二是建立部队党组织的领导机构和组织制度。三支、五支、直属队各建立一支总支队,各大队、司令部直属单位和特务大队建立分总支。浙东部队建立常务委员会,负责处理部队的党务工作和党纪工作。各部队和机关以伙食单位成立党支部,组织科、股建立起日常工作制度,如干部的登记审查、谈话分配工作、党员的发展计划和审批手续、党员调动接转关系和党的统计工作。规定支部的组织生活制度和党课制度,如金萧支队政委杨思一、五支队政委邱相田亲自给党员上课。举办支委骨干轮训班,印发《怎样做一个共产党员》的党课教材和战士支部工作提纲。三是加强部队党的组织工作和支部生活。在斗争中大胆吸收新党员,加强新党员的教育,开展严肃的入党仪式,严格规定吸收党员的手续,定期(六个月一次)举行党员的审查鉴定,提高党员质量,发扬党内民主,发挥部队党组织的战斗堡垒作用。

3.党员的模范作用

1943年8月到10月,五支、三支和直属队各支部评出模范党员,并以5名正式党员选1名代表的方式选出代表,参加第一届党代表大会。1943年10月14日,直属队在横坎头召开第一届党代表大会,大会表彰先进党支部和模范党员,着重研究党对军队的绝对领导和支部的战斗堡垒作用,改选了总支委员会,发挥模范中队、模范党支部、模范干部、模范工作者、模范党员的带头作用,达到思想动员和组织动员的有机统一。抗战期间,浙东部队的党员和政工干部冲锋在前,宁死不屈,姜文光、陈洪、邱子华、曾平、余旭、朱学勉、李敏就是其中的杰出代表。据不完全统计,浙东部队各中队的党员一般只占全部的20%左右,但党员的伤亡数占整个伤亡数的34.9%。班长以上干部的伤亡数占40%,政工干部伤亡数占连以上干部伤亡数的42.2%,总计牺牲团以上干部4人①、营级军事干部14人、政工干部8人、连级军事干部58人、政工干部40人。② 部队党员、政工干部等在战争中发挥了模范作用。

(四)建立服务于战略布局的秘密战线

鉴于浙东复杂的斗争环境和时局可能发生的变化,浙东区党委从战略上考虑,从敌占区城镇和交通线上尚未暴露的地下党员(除归敌工系统者外)中抽调一批意志坚定、社会经验丰富、善于灵活应对的党员干部,单独建立党的秘密系统,打入敌伪军和敌伪组织内部,长期隐蔽、单线联系、获取情报,为浙东抗日根据地的建设作出了重要贡献。

---

① 此处4名团以上干部为四明山地委书记兼自卫总队政委陈洪、淞沪支队政治主任曾平、浦委宣传委员朱君务、政治部锄奸科科长邱志华。

② 张文碧、徐放:《新四军浙东游击纵队政治工作回忆点滴》,见浙东抗日根据地革命文化史料编纂委员会:《浙东抗日根据地革命文化史料选编(上册)》,内部资料,1992年,第339页。

1.审时度势建立秘密系统

1942年7月,浙东区党委书记谭启龙在浙东敌后第一次干部扩大会议上提出:"我军的活动区,党的组织亦须保留一部分秘密党员(一般的三分之一),建立秘密系统,以便适应情况之变化。"[①]1942年12月15日,浙东抗日武装的斗争局面基本打开,考虑到浙东地区三角斗争的复杂环境和时局可能发生的变化,浙东区党委决定,加强党内的秘密工作,建立的双重组织应迅速进行划分[②],抽调一部分敌军可能建立据点的地区和交通线上的坚强干部(除归敌工系统者外),另行划出建立党的秘密系统(又称第三线工作),以便在浙东"多变的、多样的"[③]环境中长期坚持斗争。1943年初,三北地委设立党的地县秘密系统特派员(1943年1月—1945年1月),特派员周明。同年4月,四明地区建立姚南县秘密系统特派员(1943年4月—1944年7月),特派员陈布衣。[④] 1944年7月,浙东区党委流动到三北时,将海鹤庵设为秘线联络站,王文祥为负责人。三东地区副特派员王起、慈镇秘线特派员赵平、三北秘线特派员周明、慈姚秘线特派员胡章生和庄桥、镇北秘线特派员陈刚、宁波秘密工作者乐群、政治交通员贺思真等到联络站汇报工作、听取指示。1944年11月,根据中共中央关于加强敌占城市的指示,浙东区党委撤销敌伪军工作委员会,成立杭甬沿线城市工作委员会(简称"城工委",对外称"大陆商场"),一部分秘密党员划归城工委领导。

2.实现第三线党员单线领导

陈布衣在回忆录中说:"1943年3月、4月,中共浙东区党委调我负责姚南县第三线工作,又称秘线特派员。调我工作时,谭启龙、罗白桦找我谈话,我记得是在兰山乡(当时

---

① 1942年7月18日,浙东敌后第一次干部扩大会议在三北慈溪的宓家埭召开。谭启龙在会上作了《目前国内外形势与我党发展浙江敌后游击战争建立根据地的方针》的报告,提出了建立秘密系统的意见。报告指出,鉴于过去国民党反共政策,采取隐蔽精干政策是对的。但在人民抗日游击战争将日益发展的新的情况下,要建立群众性政党,党的组织形式应有适当改变。由于党在浙东力量还不够,党的组织原则上仍采取秘密组织形式,只能以抗战面目出现,尤其在国民党占优势的地区。至于我军的活动区,留出一部分秘密党员,以适应环境的变化,为浙东长期斗争做好准备(杭州大学历史系、浙江省档案馆:《浙江革命历史档案选编——抗日战争时期(下)》,浙江人民出版社,1985年,第18—19页)。此报告是浙东区党委正式成立前,谭启龙根据华中局指示原则提出的个人意见,还未经组织同意,供干部详细讨论决定。根据谭启龙的回忆录,此报告和一年半后代表浙东区党委所作的施政纲领是相当一致的。因此,此次会议和报告讨论较好地领会了党中央和华中局有关浙东的战略决策,为完成中央和华中局的任务明确了方向。参见谭启龙:《谭启龙回忆录》,中央党史出版社,2003年,第122页。

② 《浙东区党委关于准备反"扫荡"与"清乡"斗争对三北部队及地方党的指示》,见杭州大学历史系、浙江省档案馆:《浙江革命历史档案选编——抗日战争时期(下)》,浙江人民出版社,1985年,第49页。

③ 1942年12月15日,《浙东区党委关于准备反"扫荡"与"清乡"斗争对三北部队及地方党的指示》强调:华中局指示浙东的环境是"多变的,多样的",全党同志必须记住这个方针,灵活地执行党的政策。参见杭州大学历史系、浙江省档案馆:《浙江革命历史档案选编——抗日战争时期(下)》,浙江人民出版社,1985年,第50页。

④ 中共浙江省委组织部、中共浙江省委党史研究室、浙江省档案馆:《中国共产党浙江省组织史资料(1922.4—1987.12)》,人民日报出版社,1994年,第286、287、289页。

叫左溪乡)石门村。谭政委分析了四明山和浙东的形势,说敌伪顽三方勾结,把部分党员做到彻底群众化,采取单线领导。说着谭在白纸上画了两种单线领导的图案,核心是更严密党组织,不使党组织遭到破坏,即使出事,也只是极微的损失。所以凡规定划入三线的党员,不参加公开活动,一切行动都以群众面目出现。首先要群众化。在我的记忆里,陆埠区特派员是张和芳(1943 年 7 月被任命),大岚区是谷光和李阿福,梁弄和沿江我记不起来了。当时第三线的党员,都是从农村支部中选出来的,政治上比较坚定,党员身份没有暴露过,采取单线领导。党员同党员都不能发生横的联系,只能同指定的领导人发生关系,第三线党员的分布都在交通线的两侧及小城镇,所以也叫点线工作。我们的立足点都不靠近机关。"[1]

3.提前部署秘线工作,服务长远战略安排

浙东区党委成立后,谭启龙根据浙东复杂多变的斗争形势,围绕根据地建设的战略目标,提前部署秘线工作,领导第三线党员打入国民党和日军内部,长期潜伏,搜集情报,服务于长远战略安排。如 1942 年 8 月至 1943 年 10 月,大俞村俞存香[2]受第三线工作特派员陈布衣委派,打入国民党王良贵部队任分队长,从事地下情报工作。1942 年 12 月,在北溪密会陈布衣,陈布衣派刘泽为联络人,把国民党王良贵部的武器、弹药及兵力部署等以书面形式密交刘泽。后通过陈布衣的介绍信,联络五支队邱相田,邱指派一位姓应的同志负责联络工作。1948 年 11 月 18 日,协助第五支队政委陈布衣、支队长储贵彬,研究拟定狙击国民党"围剿"部队的作战方案,取得"大俞大捷"。[3]

打入日军宁波宪兵队的"400 反间谍小组",是浙东区党委审时度势作出的有效战略性安排,是浙东区党委直接领导的重要情报小组。1943 年上半年,浙东区党委收到一封来自宁波地区被捕地下成员周迪道[4]的来信:请示组织,要不要将计就计打入日军宁波宪兵司令部内。从战略的角度来看,宁波作为浙东地区政治、军事、政治中心,是日军重兵驻地。但敌工队在日军内部的力量空白,很难获取有效情报。浙东的情报工作关乎整个华东地区的战略布局。浙东区党委讨论决定,采纳周迪道的建议,成立"400 反间谍小

---

① 陈布衣:《风雨历程——四明山革命斗争岁月》,东方出版社,2001 年,第 73 页。
② 俞存香(1914—1988),浙江余姚人。1938 年加入中国共产党,担任大俞村地下党支部书记。在大俞村成立了青年救亡室和战时社会服务团,组织茶农请愿运动,凝聚和培养了一批抗战骨干,发展党员队伍。1940 年,任大俞村巡逻队(即民兵组织)队长。中华人民共和国成立初期,担任南岚乡人民政府委员、民兵队长,后被错误地认定为"历史反革命"。直到 1987 年平反昭雪,恢复党籍。参见俞建文:《四明·大俞山志》,浙江大学出版社,2021 年,第 252—253 页。
③ 俞建文:《四明·大俞山志》,浙江大学出版社,2021 年,第 253 页。
④ 周迪道(1911—1998),浙江诸暨人,"400 反间谍小组"组长,代号 401,化名朱人达。曾任浙东行政公署南山财经委主任,是日军宪兵队思想课课长铃木政正一手下的"八大密探"之一。

组",长期潜伏于日军宪兵队,开展情报搜集等秘密工作。小组对外宣称"宪兵队密探专家",共9名成员,分别为乐群、周迪道、周斯明、冯禾青、王福林、莫奇、陈捷、张黎、张炎,大部分是被捕后经区党委同意并指示进入小组,由丁公量①直接领导。在浙东区党委的直接领导下,"400反间谍小组"坚持"迷惑敌人、站稳脚跟、广交朋友、积蓄力量"的工作方针,怀着报效祖国、打击敌人的革命理想,长期战斗于隐蔽战线,隐姓埋名、深入虎穴、忍辱负重,在营救掩护战友、获取重要军政情报、采购军需物资等方面作出了重要贡献。抗战胜利奉令撤退时,小组策反了60多名日本宪兵密探,堪称抗战末期最成功的"红色潜伏"之一。

(五)培育艰苦斗争、自我改造的优良作风

党的建设离不开优良作风的培育。浙东党组织注重执行群众纪律,坚持调查研究的工作作风,发扬革命乐观主义的精神,增强"抗战第一、群众为上、善于改造、勇于革命"的政治自觉、思想自觉和行为自觉,为开辟、巩固与发展浙东革命根据地奠定了坚实基础。

1.养成艰苦朴素的生活作风

浙东敌后抗日根据地初创时期,"由于部队执行了严密的群众纪律,很快赢得了人民群众的信任"②。1941年6月,中共浦东工委派部队初到浙东,许多地方被敌人占领,活动区域十分狭小,局面没有打开,生活艰苦、粮食困难,每每数日不得一饱。但部队始终严格执行群众纪律,"吃竹子,穿竹子,睡竹子,点灯还是用竹子","三大纪律、十项注意"成为每位战士的守则。浙东部队挺进四明后,部队所到之处不吃宴请、不麻烦群众、露宿村庄,帮助农民割稻、挑水、打扫庭院等,解决群众的问题,以军队铁的纪律,以其自身艰苦朴素的作风,获得群众支持和信任,产生了重要的政治影响。"老百姓嘴上不说,心里明白:这是共产党领导的抗日救国保家乡的好部队。"③

根据地的各级领导干部以身作则,率先示范。浙东区党委书记谭启龙为应对粮食困难问题,经常吃毛笋充饥,吃到胃出血。新四军浙东游击纵队司令员何克希严于律己,始终保持艰苦朴素的生活作风,坚决反对特殊化。

浙东区党委严格执行部队的群众纪律,密切军民关系。1943年10月,在纪念新四军

---

① 丁公量(1921—2017),浙江定海人。1938年加入中国共产党。1942年12月,被派往浙东抗日根据地,担任浙东区党委敌伪军工作委员会副书记、新四军浙东游击纵队保卫科长。1944年10月,担任浙东区党委杭甬沿线城市工作委员会副书记。抗战胜利后,随新四军浙东游击纵队北撤。

② 罗利行:《试论浙东敌后抗日根据地的党群关系》,《浙江学刊》1996年第2期,第122页。

③ 宁波市新四军暨华中敌后抗日根据地研究会:《浙东抗战与敌后抗日根据地史料丛书》第1卷,中共党史出版社,2001年,第450页。

成立六周年活动中，部队着重学习新四军优良的群众纪律，要求真正做到爱护人民如爱父母，保护人民利益，不拿群众一针一线。1944年，政治部在发布的《关于严格部队群众纪律的指示》中，重申“三大纪律十项注意”，强调人民是革命军队唯一的依靠力量，是血肉相关的，如军民发生纠纷，应由军队负责。1945年春，浙东区党委开展“拥军爱民月”，检查群众纪律执行情况，改善军民关系。部队每个中队都有一个民运组，组员每到一地就写抗日标语，召开群众座谈会，搜集群众意见，密切军民关系，群众称浙东部队是一支“自家人一样”的抗日军队。其中有一位保长对纪律组的同志说：“你们的部队，纪律呱呱叫，买不出下饭（指小菜），用盐巴来搅搅，吃了我一点盐，还付两张钞票，借了一个酱油瓶，亲自来还好。临走连声说打扰，格种部队真正好。”[①]浙东群众主动送情报、查汉奸、送军粮，主动参军，支援部队的抗日斗争，为浙东革命根据地的开辟建立了广泛的群众基础。

2. 坚持调查研究的工作作风

浙东区党委成立后，书记谭启龙严抓党建党风。1942年7月至1944年10月的3年间，浙东区党委的文件和谭启龙的会议讲话中，至少有8次强调党风建设，其中内容涉及改造党员的思想意识，加强与群众联系，反对个人主义、形式主义、教条主义，注重调查研究、批评与自我批评等。浙东区党委多次要求：调查研究不但是一个工作方法，应看作党员经常的一贯作风和思想方法。[②] 各级党必须深入调查研究工作，收集过去的经验教训，了解当地具体情况及群众切身要求，灵活变换方式方法，制定正确政策。[③] 1942年，浙东区党委要求，做农村工作时一定要深入研究土地问题。[④] 在实施“二五减租”前，黄知真实地调研慈溪县、余上县、慈姚县及盐区等地，调查各地土地及阶级状况，研究三北的减租问题。[⑤] 基于调研和农会组织建立情况，三北地委将“二五减租”的试点定于农会力量强大的范市太平闸村，最终试点成功。[⑥] 四明地委为改组保甲制度、建立村委制，以余姚左溪乡茭湖村为试点，调查分析政治力量与阶级状况，以“三三制”精神进行民主普选，建立

① 张文碧、徐放：《新四军浙东游击纵队政治工作回忆点滴》，见浙东抗日根据地革命文化史料编纂委员会：《浙东抗日根据地革命文化史料选编（上册）》，内部资料，1992年，第333—334页。

② 《我党我军在浙东地区今后的一般任务》，见杭州大学历史系、浙江省档案馆：《浙江革命历史档案选编——抗日战争时期（下）》，浙江人民出版社，1985年，第71页。

③ 《浙东区党委关于开展与深入群众工作的指示》，见浙江省委党史资料征集研究委员会：《浙东抗日根据地》，中共党史资料出版社，1987年，第59页。

④ 宁波市档案馆：《抗战时期中共浙东区党委的决议》，档案号：革1-1-22。

⑤ 黄知真：《论三北的减租问题》，《新浙东报》1944年8月10日。

⑥ 宁波市新四军暨华中敌后抗日根据地研究会：《浙东抗战与敌后抗日根据地史料丛书》第4卷，中央党史出版社，2001年，第474页。

村委员会,这成为四明地区第一个基层抗日民主政权。①

同时,领导干部带头做好工作反思和检讨,正确掌握批评与自我批评的思想武器,不断增强敢于斗争、善于自我改造的思想自觉。1944年11月,余上县召开了一次全县积极分子整风工作会议,检讨的领导同志反省自己的问题和错误。1945年2月,浙东行政公署全体干部举行拥军思想检讨会,主要领导干部都作了深刻的反省报告。1945年,浙东区党委在党训班上指出:批评是同志式的帮助,绝非嘲笑奚落、鄙弃、结怨、施压力打棍子。尽管批评是严厉的、尖锐的、讲原则的,但态度是诚恳的、与人为善的、实事求是的。"自我批评就是解剖自己,同样要实事求是。"②全体学员通过编写整风自传,形成了自我改造的自觉性。在工作、战斗、生活中,根据地的各级党员干部以身作则,清正廉洁,蔚然成风。

3.发扬革命乐观主义精神

面对敌人的血腥"清剿"和疯狂烧杀,新四军北撤后,四明山上留下来的坚持斗争的党员干部,化整为零,分别隐蔽在屏风山、鄞西、左溪一带,在寥无人烟的深山老林中进行隐蔽斗争。没有住房,动手搭"公馆";没有粮食,挖野菜、采野果充饥。他们日晒雨淋,忍饥挨冻,需要经常转移,与搜山的敌人"捉迷藏"。当时流传着这样一首歌谣:"深山密林小公馆,金毯(松毛)铺顶银条(竹条)围四边。不动椅子(石头)自动桌(人的双膝),滑轮棉床沙发垫(竹床铺上茅草作垫),长年不断自来水(用竹管引取山水),煮饭做菜不冒烟。不是空闲享清福,只为革命做神仙。"③薛驹④曾在《咏四明山竹》中写道:"满山竹林满目青,竹杖扶我登四明。暮行不怕蛇豸扰,晓倦常卧公馆中。无镬便烧竹筒饭,有菜多是盐笋丁。最能令人舒心事,夜听陕北电讯声。"⑤该诗表达了党员干部艰苦奋斗的革命乐观主义精神。

① 朱之光:《关于浙东抗日根据地南山县统战工作的片段回忆》,见中共浙江省委党史办公室、宁波市委党史办公室、中共慈溪市委党史办公室、中共余姚市委党史办公室:《浙东抗日烽火——中共浙东区党委成立暨浙东抗日根据地创建五十周年专辑》,内部资料,1992年,第133页。
② 鲁冰:《和风细雨 自觉改造——记浙东区党委党训班整风》,见浙江省教育科学研究所:《浙江革命根据地教育资料汇编(中册)》,浙江教育出版社,第307页。
③ 杨福茂、金步声、吕树本:《浙东革命根据地斗争概要》,《杭州大学学报》1978年第1期,第70页。
④ 薛驹(1922—),山西运城人。1938年加入中国共产党。1947年5月,由中共上海分局派赴浙东工作。1948年8月—1949年5月,担任中共四明工委委员、宣传部部长、组织部部长。后任中共浙江省委书记、浙江省省长、中共中央党校常务副校长等职。
⑤ 俞建文:《四明·大俞山志》,浙江大学出版社,2021年,第284页。

三、浙东革命根据地党的建设的基本特点

浙东革命根据地的建立,自始至终得到了党中央及其华中局等上级组织的直接领导,浙东区党委和浙东临委立足本地实际,在革命斗争中正确贯彻党的路线、方针、政策,形成浙东革命根据地党的建设的自身特点和经验。

(一)党的正确领导是根据地建设的根本保证

浙东革命根据地的建设,离不开中共中央和上级领导机关的正确领导。为适应全国复杂的革命形势和不断变化的浙东斗争局面,上级党的领导机关因时而异、因势而变,始终保持对浙东党组织的领导,保证党的路线、方针、政策的贯彻与实施。

1.中共中央和上级党组织的正确领导

在浙东革命根据地的创建和发展中,中共中央和毛泽东多次作出指示。毛泽东先后于 1941 年 2 月、1942 年 4 月、1943 年 1 月和 1944 年 11 月致电华中局和浙东区党委,始终关注浙东革命根据地建设。

1922 年 9 月—1927 年 6 月,浙东党和团的组织,早期在省内均没有统一的领导机构,先后隶属于上海地委、中共中央、上海区委。1927 年 7 月,中共中央决定,以杭州地委为基础组建中共浙江省委员会。全省有了统一的领导机构,杭嘉湖、宁波、浙南和浙西四个地区党组织划归省委领导。自成立后,省委作过多次调整,先后有庄文恭、王嘉谟、张秋人、陈之一、夏曦、卓兰芳、龙大道、李硕勋、徐英、罗学瓒等 10 人担任过省委书记或代理书记。省委委员以上(在任期间)的领导人,先后有 15 人为革命牺牲。至全面抗战爆发前,浙东党组织基本被破坏殆尽。

2.中共浙江省临工委、浙江省工委领导的浙东党组织(1937 年 11 月—1938 年 5 月)[1]

1937 年 11 月,根据中共中央驻南京代表的指示,中共浙江省临工委在杭州成立,书记徐洁身,工作区域主要在宁属、绍属、台属、金衢一带。1938 年 1 月,长江局把关系转给东南分局。1938 年 2 月,浙江省临工委在金华改为中共浙江省工委,顾玉良任书记。为统一党的领导,根据长江局和东南分局指示,1938 年 5 月,浙江临时省委成立,省工委随之撤销。1939 年春,中共中央军委副主席周恩来到浙江视察抗战工作,提出加强巩固浙江党组织的建设。8 月,中共中央作出《关于巩固党的决定》,为浙江党的建设指明方向。

① 中共浙江省委组织部、中共浙江省委党史研究室、浙江省档案馆:《中国共产党浙江省组织史资料(1922.4—1987.12)》,人民日报出版社,1994 年,第 356 页。

浙江省临工委、浙江省工委领导的浙东地区党组织包括：

中共浙东临时特委(1937年10月—1938年5月)。1937年9月,曾任中共上海中央局宣传部部长的朱镜我在鄞县建立中共宁波临时特别支部。10月,与八路军驻上海办事处接上关系,撤销临时支部,成立浙东临时特委,书记朱镜我。1937年11月开始,隶属省临工委领导。1938年5月,撤销。

中共台州临时工委(1937年12月—1938年5月)。浙江省临工委宣传部部长张崇文于1937年12月建立台州临工委,下辖临海、天台、黄岩、温岭的县工委、县临工委及黄海工委。1938年5月,改为台属特委。

直属省工委(省临工委)的浙东各县党组织。主要包括:嵊县工委(1938年1月—5月)、诸暨县工委(1938年2月—5月)、东阳县工委(1937年12月—1938年5月)、金华县工委(1938年3月—5月)、永康县工委(1938年3月—5月)、隶属上海丝绸系统的嵊县临时县委(1937年9月—10月)。

3.中共浙江临时省委、浙江省委领导下的浙东党组织(1938年5月—1942年2月)[①]

1938年5月,根据长江局和东南分局关于浙江党组织重建的研究决定,成立中共浙江省临时委员会,刘英任书记,浙江省工委撤销。同年9月,浙江临时省委转为中共浙江省委员会。1942年2月,省委被破坏。

浙江临时省委、浙江省委领导的浙东党组织包括:

中共宁绍特委(1938年5月—1940年1月)。1938年5月,成立中共宁绍特委,统一领导宁波、绍兴地区党的工作,书记顾玉良。为适应新的斗争需要,1940年1月,省委决定分为绍属特委(含特派员)(1940年1月—1942年7月,书记杨思一)和宁属特委(含特派员)(1940年3月—1942年7月,书记王文祥)。其下属党组织为:鄞县、余姚、上虞、宁波、诸暨、嵊县、新昌、萧山、慈溪、定海、奉化、绍兴、鄞奉的中心县委、县委、县工委、特派员及四明特区委。

中共金衢特委(1938年5月—1940年7月)。1938年5月,浙江临时省委决定成立金衢特委,书记汪光焕。1940年7月,省委决定分为金属特委(含特派员)(1940年7月—1943年3月,书记王明扬)和衢属特委(含衢属工委)(1940年7月—1942年3月,书记朱惟善),以适应斗争形势的需要。其下属党组织为:东阳、永康、兰溪、金华、义乌、江山、龙游、富阳、富桐建、建桐淳、建德、建桐浦富、金义、义东北、常开、淳遂的中心县委、县委、工委、临工委、特派员及工作团组织。

---

① 中共浙江省委组织部、中共浙江省委党史研究室、浙江省档案馆:《中国共产党浙江省组织史资料(1922.4—1987.12)》,人民日报出版社,1994年,第357页。

中共台属特委(含特派员)(1938 年 5 月—1942 年 7 月)。1938 年 5 月,根据浙江省委决定,台州临工委改为台属特委,先后由宿士平、刘清扬、郑丹甫任书记(郑调省委后仍由刘接任)。1941 年 11 月,改特派员制,总特派员刘清扬。1942 年 2 月浙江省委遭破坏后,与上级组织失去联系。下属党组织为:温岭、黄岩、临海、天台、黄温、天宁、玉环、乐清、括雁、宁海、仙居、天大、台南、台北、三门、象山的中心县委、县委、工委、特派员、联络员。

4.华中局领导的浙东区党委及下属党组织(1942 年 7 月—1945 年 10 月)[①]

1942 年 7 月 8 日,根据中共中央关于开辟浙东的指示,华中局发出致谭启龙并转浙江各属党的负责同志的电报,决定成立浙东区党委,谭启龙为书记,何克希为军事部部长。7 月 28 日,浙东区党委在宓家埭成立,谭启龙任书记。浙东抗日根据地的开辟有了坚强的领导核心。1942 年 9 月 5 日,华中局和新四军军部对浙东斗争作出了指示:军队应坚持向敌后发展,在沿海、山区打下长期坚持游击战争的基础;采用隐蔽方式,力求保存和发展自己,达到浙东保持战略支点的目的。这为浙东区党委制定"坚持三北、开辟四明、争取控制会稽山"的战略方针指明了方向。1942 年 11 月 18 日,陈、饶、赖致电浙东区党委,提出了"敌后为我最好的发展地区,应首先巩固三北,保持四明,会稽游击坚持"的工作方针。1943 年 12 月,新四军军部电令浙东抗日武装,正式编为新四军浙东游击纵队,公开树立党的旗帜。在华中局和新四军军部的领导下,浙东区党委和各级地方党组织领导浙东军民,建立起浙东抗日根据地,取得抗战胜利。1945 年 9 月 22 日,华中局向浙东区党委传达北撤命令,对浙东部队撤退作了战略部署。浙东区党委于 9 月底 10 月初北撤。

浙东区党委的下属党组织包括:三北地委(含工委)(1942 年 7 月—1945 年 5 月,包括余姚、余上、慈镇、慈姚的中心县委、县委、县工委及三北地方秘密系统特派员);四明地委(含工委)(1942 年 8 月—1945 年 8 月,包括鄞奉、鄞慈、鄞县、余上、姚慈、姚南、南山、嵊新、嵊新奉、虞东南、上虞、慈镇、镇海、奉西、奉北的中心县委、县委、县工委);三东地委(含工委、特派员)(1942 年 8 月—1945 年 4 月,包括鄞东南、奉化、镇海、定海的县委、县工委、特派员);杭州市临工委(1943 年 5 月—1946 年 3 月);会稽地委(含工委)(1942 年 7 月—1943 年 12 月);金属特派员(1943 年 3 月—12 月);金萧地委(1943 年 12 月—1945 年 9 月,由会稽地委与金属地区党组织合并形成,包含诸暨、嵊西、路西、金义、金义浦、诸义东、兰溪、永武、兰建浦、诸北、金华的中心县委、县委、工委、特派员);台属特派员(1942

① 中共浙江省委组织部、中共浙江省委党史研究室、浙江省档案馆:《中国共产党浙江省组织史资料(1922.4—1987.12)》,人民日报出版社,1994 年,第 358 页。

年7月—12月,包括台南、温岭、台北、仙居、临海、三门、天台、宁海的特派员、联络员、县工委);绍嵊县工委(1945年6月—9月);海北特派员(1942年5月—1945年8月)。①

5. 华中分局领导的浙东党组织(1945年10月—1947年1月)②

1945年9月底10月初,新四军浙东游击纵队和浙东根据地党政机关北撤。浙东区党委决定,改党委制为特派员制,留下刘清扬、邢子陶(不久即去苏北)、马青、王起,分别担任四明、金萧、三东地区特派员。北撤后,特派员直接与华中分局(1945年10月成立)发生联系。三东特派员王起在宁波城区建立中共宁波工作委员会,直属华中分局领导。

华中分局领导的浙东党组织包括:中共四明地区特派员(1945年9月—1947年1月,下属姚虞、南山、鄞县、鄞慈、慈镇、余上、嵊新奉、上虞的特派员);中共三东地区特派员(1945年9月—1947年3月,下属鄞东南、奉化、镇海、定海的特派员);台属地区联络员(1945年9月—1947年1月,下属宁海县工委、天台特派员、临三联络员);中共金萧地区特派员(1945年9月—1947年12月,下属诸北、路西、诸义东、金义浦、金华地区、嵊西、绍兴的特派员、工委)③;中共宁波工委(1946年2月—1947年1月)④。

6. 上海分局、上海局、华中工委领导的浙东党组织(1947年1月—1949年5月)⑤

鉴于浙东没有统一的领导机构,且与华中分局请示汇报不便,经中共中央同意,1947年1月,在上海分局主持下,成立中共浙东工作委员会(简称"浙东工委"),书记刘清扬。从此,浙东党组织划归上海分局(1947年5月6日改为上海局)领导。上海分局派顾德欢驻浙东协助工委领导宁属、绍属、台属、金萧等地区党的工作。

1948年1月,上海局决定,将浙东工委改为浙东临时工作委员会(简称"浙东临委"),顾德欢任书记。4月16日,上海局对浙东临委发出指示(简称"四·一六"指示),辩证分析了老区与新区、主力与地方武装、群众斗争与武装斗争等关系,中心要求到敌人空隙的地方去点火,跳跃式地向前,力求全面发展,成为下一阶段发展浙东工作的主要依据。⑥1948年5月,中共中央批准浙东临委划归华中工委领导,并再次对浙东工作发出指示:浙东地区仍是广泛发动游击战争,要利用群众对反动派的不满,扩大党的活动范围,以利武

---

① 中共浙江省委组织部、中共浙江省委党史研究室、浙江省档案馆:《中国共产党浙江省组织史资料(1922.4—1987.12)》,人民日报出版社,1994年,第358页。

② 中共浙江省委组织部、中共浙江省委党史研究室、浙江省档案馆:《中国共产党浙江省组织史资料(1922.4—1987.12)》,人民日报出版社,1994年,第267页。

③ 中共浙江省委组织部、中共浙江省委党史研究室、浙江省档案馆:《中国共产党浙江省组织史资料(1922.4—1987.12)》,人民日报出版社,1994年,第367—371页。

④ 中共宁波市委党史研究室:《中共宁波党史大事记(1919—1949)》,内部资料,1991年,第180页。

⑤ 中共浙江省委组织部、中共浙江省委党史研究室、浙江省档案馆:《中国共产党浙江省组织史资料(1922.4—1987.12)》,人民日报出版社,1994年,第437页。

⑥ 陈布衣:《风雨历程——四明山革命斗争岁月》,东方出版社,2001年,第160页。

装力量的存在和发展,并对斗争策略、武装斗争与政权建设方面给予相应指示。[①] 1949年5月,浙东临委和各级党组织配合人民解放军解放浙东。后中共浙江省委成立,书记顾德欢,浙东临工委撤销。

浙东工委、浙东临委的下属党组织包括:宁波工委(1947年2月起,归浙东工委领导[②],1948年1月—6直属上海局外县工委[③]);四明工委(1947年1月—1949年5月,下属鄞慈、慈镇、余上、姚虞、嵊新奉、山心的工委、县临工委);台属工委[开展工作期间分成台东临工委(1948年10月—1949年3月)、台西临工委(1948年10月—12月),后合并为台属工委(1949年3月—6月),下属临海、宁海、宁新、宁天新、新天、椒路、椒南、三门、临三、嵊新东、临天仙的中心县委、县委、工委];三东工委(1947年3月—1948年1月),后改为东海工委(1948年1月—12月,下属定海、镇海、奉化的特派员);路西工委(1947年7月—1948年12月),后改为金萧工委(1948年12月—1949年5月,下属金义、兰建寿、路西、路东、龙兰汤衢、江东、路北、江南、江西、严衢地区、江北、天目、湖州的县委、工委、特派员);会稽中心县委(1948年2月—1949年3月),后改为会稽临工委(1949年3月—5月,下属诸暨、诸义、诸义东、嵊县、绍兴的工委、临工委);路南特派员(1948年4月—1949年5月,下属金武、路东、永康、路北、路西、永康东北地区、永武、处北、丽宣、松宣遂的县委、工委、特派员);嵊新地区特派员(1949年4月—6月);嵊县工委(1949年4月—6月);东磐特派员(1949年5月)[④];象山县工委(1948年2月—6月,归上海局外县工委领导[⑤])。

浙东革命胜利,是中共中央和毛泽东、华中局、华东局、上海党组织、浙东区党委、浙东临委和各级党组织正确领导的结果。华中局、新四军军部、上海局等不仅为浙东革命根据地派遣大批干部,而且在斗争的关键时刻,给予正确的方针和指示。浙东区党委、浙东区临工委和各级党组织,坚决地贯彻了党的路线、方针和政策。党的正确领导是浙东革命根据地建设的根本保证。

(二)浙东党员和党组织形式非常态发展

为适应不断变化的浙东革命形势,浙东地区党组织审时度势,因势而新,分别采用过

---

① 陈布衣:《风雨历程——四明山革命斗争岁月》,东方出版社,2001年,第162页。
② 中共宁波市委党史研究室:《中共宁波史大事记(1919—1949)》,内部资料,1991年,第180页。
③ 中共宁波市委党史研究室:《中共宁波史大事记(1919—1949)》,内部资料,1991年,第206页。
④ 中共浙江省委组织部、中共浙江省委党史研究室、浙江省档案馆:《中国共产党浙江省组织史资料(1922.4—1987.12)》,人民日报出版社,1994年,第437页。
⑤ 中共浙江省委组织部、中共浙江省委党史研究室、浙江省档案馆:《中国共产党浙江省组织史资料(1922.4—1987.12)》,人民日报出版社,1994年,第385页。

渡性质的自行组建的党组织形式、独立自主原则下合法公开的党组织形式、"隐蔽精干"方针下的特殊党组织形式,实现党员和党组织形式的非常态发展,发挥党在不同时期的核心领导作用。

1. 浙东党组织形式在革命形势的变化中交替变换

为适应抗战、宁绍战役、浙东沦陷等革命形势的变化与根据地建设的发展需求,浙东地区党组织和领导机关,立足不同阶段的革命目标和需求,审时度势,因势而变,对比不同阶段敌我力量的分布与动态发展,立足浙东本地情况和特点,及时变更党的组织形式和工作方式方法,实现党组织形式的多样化,增强党组织的适应性和灵活性,发展、巩固壮大党组织,有效应对不同阶段革命时局和革命任务的变化。

2. 党组织非常态化发展的三种形式

(1)过渡性质的自行组建的党组织形式

因浙东革命形势的变化,浙东党组织的上级领导机关被破坏,加之联系上级交通不便,浙东地区党员与上级失去联系。一批失去组织关系的党员等待上级党组织的工作指示。抗战、革命形势在即,为便于发动群众、开展群众救亡运动,须从当地内部建立有组织的、有计划的领导中心。对此,浙东地区有一批党员凭借自身的政治能力、丰富的实战经验、科学的战略分析和政策制定能力,整合本土人际资源,在未与上级党组织联系上时,自行建立临时党组织,开展抗日救亡运动,为之后党组织在广度和深度上的拓展奠定了基础。

"中共宁波临时特别支部"的建立。大革命时期,浙东党组织被破坏殆尽,党员被迫分散隐蔽,失去了党组织的联系。1937年,抗日救亡运动迫在眉睫,宁波鄞县鸣凤乡一带从事抗日救亡运动的老党员竺扬、鲍浙潮、周鼎、陈秋谷等人商议重建党组织问题,但急需一位具有较高马列主义水平和领导能力的党员担当这一历史使命。适逢担任中共上海中央局宣传部部长的朱镜我获释出狱,在鄞县南乡养病,经专程拜访、介绍救亡运动情况、实地考察后,9月下旬,在朱镜我的提议下,5名党员主动肩负党员的责任和使命,在鄞县观音庄成立"中共宁波临时特别支部",推朱镜我为书记,其余为支委。一方面,它作为"过渡性质"[①]的党组织替党担当本地区秘密的领导任务;另一方面,尽快与党接上关系,取得承认。从此,宁波从广泛、分散的宣传动员开始向有领导、有组织的抗日救亡运

---

① 宁波市新四军暨华中敌后抗日根据地研究会:《浙东抗战与敌后抗日根据地史料丛书》第1卷,中共党史出版社,2001年,第55页。

动转变。① 1938 年 10 月,朱镜我抱病去沪,与八路军驻上海办事处主任潘汉年接上组织关系,恢复了上述 5 人党籍,撤销自行组织的"宁波临时特别支部",成立中共浙东临时特别委员会,标志着中断 5 年之久的宁波地方党组织重新建立。

(2)独立自主原则下合法公开的党组织形式

全面抗战初期,国共两党合作的抗日民族统一战线形成。为了"从开展群众运动中去壮大党的组织,从壮大党的领导力量中去扩大党在群众中的阵地",同时,"在两党统战局面已经形成以后,我们对国民党的反动性,虽仍须警惕,但是在我党救国十大纲领范围内,对群众工作,应尽量合法化、公开化,不应再保持'完全隐蔽'的方式"。② 浙东党组织坚持"抗日高于一切"的原则,在国共统战合法的范围内,独立自主地"扩大党的组织和扩大党的外围组织",采取公开化、合法化的党组织形式,大规模地、迅速地建立起各级党组织的领导中心。

例如,1938 年 5 月,浙江临时省委决定撤销浙东临时特委,成立宁绍特委。其领导宁绍地区 14 个县党的工作,积极"吸收大批的,先进的工农和知识分子与青年学生入党"③,利用党员参加一切公开合法的群众团体,利用公开合法的机会,争取群众团体的领导权。到 1939 年 11 月,宁波地区共有党员 732 人,并且普遍建立了县委、县工委、中心县委,县以下建立了区委、支部。

(3)"隐蔽精干"方针下的特殊党组织形式

"隐蔽精干,长期埋伏、积蓄力量、以待时机"是中国共产党应对国民党的反共、"清剿"反动政策所实行的方针。为保存有生力量,中国共产党采取隐蔽坚持和公开活动相结合或者完全隐蔽的策略,采用干部对调制或者特派员制等特殊的党组织形式,坚持革命斗争、持久抗战。

1939 年 1 月,国民党五届五中全会提出"溶共、防共、限共、反共"方针,制定反共措施,10 月发起第一次反共高潮。对此,1940 年春,宁属特委强调党员干部实现社会化、职业化,实行干部对调制,将一批政治面目较红的干部调离原地,如余姚中心县委书记应起(朱学勉)与诸暨中心县委书记张光对调,嵊县中心县委委员周飞、寿文魁、陈布衣等调到鄞县、余姚④,余姚县委委员叶瑞康与诸暨县委委员赵如翰对调,使党组织在恶劣的环境

① 宁波市新四军暨华中敌后抗日根据地研究会:《浙东抗战与敌后抗日根据地史料丛书》第 1 卷,中共党史出版社,2001 年,第 96 页。
② 鲍浙潮:《抗日战争时期宁波党的重建》,《宁波党史资料》1984 年第 2 期。
③ 宁波市新四军暨华中敌后抗日根据地研究会:《浙东抗战与敌后抗日根据地史料丛书》第 1 卷,中共党史出版社,2001 年,第 94 页。
④ 宁波市新四军暨华中敌后抗日根据地研究会:《浙东抗战与敌后抗日根据地史料丛书》第 1 卷,中共党史出版社,2001 年,第 95 页。

中继续坚持工作。

1941年1月,国民党发起皖南事变,时局急剧恶化。宁属特委贯彻"隐蔽精干"的方针,将党委制改为特派员制,实行单线联系,取消一切横向联系。王文祥任宁属特派员,撤销区委一级机构,设各县特派员。1941年3月,余姚县改制,特派员张光;慈溪县特派员谢仁安;1941年6月,奉化县改制,特派员詹步行;1941年11月,宁海县改制,特派员许少春。实行特派员制后,截至1941年4月,宁属各县和台属的宁海、绍属的余姚县党员达875人①,保存了党的有生力量。

3.党员和党组织的非常态发展

在革命、抗战的特殊时期,党员和党组织的发展,无法按照"考察、培养、发展"的固定程序进行,需要根据革命形势的特殊发展需求,结合本地的实际情况,实现"先发展后巩固、边发展边巩固"的非常态发展,实现党员和党组织的发展从数量的大发展到数量发展基础上的质量巩固的"螺旋式发展",实现从思想、组织、政治建设的不平衡到有机统一的"动态化转变",实现从以家族为纽带、人情亲疏层次为基础的乡村差序格局下建立的熟人关系到"组织化、制度化、民主化"的共同体关系的"结构性升华"……这是中国共产党与民众在不断的斗争、不断的实践中探索的科学理论与浙东地方实际相结合的路径与道路。

(三)寓于革命斗争实践的理想信念教育形式

加强党的建设离不开科学、有效的理想信念教育,即运用马列主义思想武装头脑,明确无产阶级的立场,运用马克思主义的世界观和方法论,改造主观和客观世界,树立为共产主义的理想奋斗终身的坚定信念。因革命形势实时变化,教育对象(以贫困的农民、工人、小资产阶级为主)的受教育程度参差不齐,浙东地区以传统的理想信念教育为主体,在浙东区党委、浙东临委和各级党组织的领导下,逐步形成了寓于革命斗争实践的灵活的理想信念教育形式。

1.现身说法的方式

生动的理想信念教育寓于领导干部和集体的现身说法中。浙东区党委领导谭启龙、何克希、张文碧、杨思一、顾德欢、谢飞、张凯等在战斗中兼任党训班任课教师,分享了各

---

① 宁波市新四军暨华中敌后抗日根据地研究会:《浙东抗战与敌后抗日根据地史料丛书》第1卷,中共党史出版社,2001年,第95页。

自在革命实践中的亲身经验。这成为党训班极为重要、生动的第一课。^① 谭启龙、张凯主讲党的统一战线,何克希主讲哲学,谢飞主讲党的建设,张文碧主讲保卫锄奸工作,杨思一主讲群众工作,顾德欢主讲形势报告,丁公量主讲在集中营的对敌斗争,加强了党员干部的革命气节教育。^② 革命故事的亲身讲述和英雄事迹的现身说法,让党的理想信念教育更加鲜活生动、深入人心。如在揭露敌伪的残暴罪行时,请受难群体来控诉;在表扬不畏艰险、不怕牺牲、英勇杀敌的英雄时,组织本人或者战友现身说法;在进行革命传统教育时,邀请当过红军的干部讲述两万五千里长征、南方三年游击战争和红军时期的革命故事。^③ 通过学习,革命战士不仅增强了见贤思齐的内在动力,也坚定了为共产主义奋斗终身的理想信念。

2. 战场课堂的方式

党的理想信念教育寓于革命战场中。浙东区党委第一期党训班于1943年2月底在离梁弄三里路的横坎头小学校举行,后跟随区党委和司令部一起行动。梁弄战斗结束后,浙东区党委、司令部带党训班入驻横坎头,组织党员干部参观弹痕累累、敌尸横陈的战场。在阴工山、狮子山碉堡前面,参战官兵介绍英勇攻坚的实战情况。司令部为英勇牺牲的九名战士举行追悼会,向烈士鸣枪致敬。在庄严肃穆的追悼会场,党员干部向烈士遗体集体默哀。数日后,党训班听取关于梁弄战斗的总结报告。这种战场课堂的方式,增强了党员干部革命斗争的勇气,加强了党性锻炼,坚定了党员干部艰苦奋斗、不怕牺牲的革命信念。

3. 因陋就简的方式

党的理想信念教育寓于艰苦的革命斗争环境中。跟随部队行动时,党训班学员就地取材,墙壁、门板当黑板,背包当坐凳,培养了以艰苦为荣的革命乐观主义精神,经受了革命生活的锻炼。新四军浙东游击纵队北撤后,留下坚持的党员干部,跳出敌人的包围,隐蔽深山冷岙,搭建茅棚("公馆"),继续艰苦战斗。中共金萧特派员马青带领队伍隐蔽东白山大岭坑时,"吃的六谷(玉米)糊,睡的稻草铺,走的野猫路,冷来烤柴火。日做老鼠夜做虎,牵着敌人磨豆腐,革命战士不怕苦"^④。在艰辛的革命斗争中教育党员干部,保持党

① 魏文英、潘景炎:《记浙东区党委第一期党员干部训练班》,见北京新四军暨华中抗日根据地研究会:《铁流24——纪念张云逸大将诞辰120周年、纪念浙东地区党委会成立70周年》,解放军出版社,2013年,第248页。
② 魏文英、潘景炎:《记浙东区党委第一期党员干部训练班》,见北京新四军暨华中抗日根据地研究会:《铁流24——纪念张云逸大将诞辰120周年、纪念浙东地区党委会成立70周年》,解放军出版社,2013年,第248页。
③ 江岚:《浙东游击纵队的政治教育工作》,见浙江省委党史资料征集研究委员会、浙江省档案馆:《浙东抗日根据地》,中共党史资料出版社,1987年,第341页。
④ 马青:《风雪会稽山》,见中共浙江省委党史研究室、中共宁波市委党史研究室:《浙东游击根据地》,中共党史出版社,1996年,第346页。

的旗帜,紧握枪杆子,依靠群众的支持,坚定挫败敌人的革命信念。为统一思想认识,坚定斗志,中共鄞县特派员陈爱中领导党员干部在"公馆"开展思想整风,组织每个人回忆反省,写出自传。陈爱中带头撰写万字以上的自传,稳定了党员干部情绪,坚定了革命信念,使得清乡计划破产。① 在严格控制政治犯、无法阅读进步书籍的国民党监狱中,陈爱中坚持开展党的革命理想教育,安排各室联络人,"通过个别同情共产党的狱警和国民党罪犯军官弄到报纸,或通过新难友口述国内外情况,将此汇集成文;他还要求难友回忆文件、资料整理成文,传递各室学习。狱中当时学习的毛泽东著作《反对自由主义》和孙子兵法片段,就是根据陈爱中回忆整理而成的"②。在狱中秘密担任浙江陆军监狱独支宣传委员、支部书记的王文祥,在严刑拷打的恶劣环境下,坚持组织支部学习政治、文化知识,带头学习马列书籍,秘密举办哲学、经济学讲座③,坚定了与敌斗争到底的革命信念。

4.背报行走的方式

为加强党的理想信念教育,每到节日,如元旦、春节等,党支部动员每位战士写抗日文章,指导员把战士写的文章整整齐齐地贴在土白布上,并在白布上粘贴用红布剪成的大字标题和镰刀锤子的图案。队伍出发时,白布挂在中队通信员的背上,称为"背报"。到宿营地,"背报"挂在墙壁上,让百姓来看。④

(四)浙东外来干部本地化和本地干部专业化

干部问题是加强党的建设的关键和根本,革命干部队伍是根据地建设的骨干力量。抗战时期,党在浙东的发展需要"把由浦东南进浙江的武装力量和宁绍地方党的力量以及华中局派来的干部这三种力量统一起来……拧成一股巨大的力量"⑤。处理好外来干部与本地干部之间的关系,是党在浙东生存与发展要解决的关键问题。

1.浙东抗日根据地干部的三个来源

华中局派来的干部、浦东的抗日武装、浙东地方党三方共同构成浙东抗日根据地的干部基础。皖南事变后,浙东党的干部除了一直活跃的杨思一、王文祥、王起等本地干部之外,较大比重的是来自浦东南下武装力量与华中局等上级组织提供的外来干部力量。

① 《陈爱中烈士自传》,见中国人民政治协商会议浙江省委员会文史资料研究委员会:《浙江文史资料选辑》第14辑,浙江人民出版社,1979年,第172页。
② 王文达:《英明长留四明山——陈爱中烈士传略》,见宁波市新四军研究会:《解放战争时期宁波地区革命史料》第2卷,中共党史出版社,1999年,第109页。
③ 《王文祥传略》,见中共绍兴县委党史办公室:《绍兴党史人物传》,内部资料,1989年,第179页。
④ 宁波市新四军暨华中敌后抗日根据地研究会:《浙东抗战与敌后抗日根据地史料丛书》第1卷,中共党史出版社,2001年,第493页。
⑤ 宁波市暨各县(市、区)政协文史资料委员会:《宁波文史资料》第16辑,内部资料,1995年,第24页。

主要有:1941年5月,蔡群帆率浦东武装分批南下三北,开辟游击区;1942年6月,谭启龙、连柏生、张席真由浦东南渡;路南特委书记顾德欢、委员兼浦东工委书记金子明调往浙东;1942年7月,新四军军部和第一师派遣何克希、余龙贵、刘亨云、刘发清、张季伦、张文碧、张浪、戈扬、罗白桦、肖松林等干部到三北。1943年2月,华中局、新四军军部和一师师部派黄知真、陆慕云、陈洪、王胜、邱相田、钟发宗、魏善成、谢飞、徐放、江岚、丁公量、唐炎、黄源、于岩、田坪、周飞、诸觉等近百名军政文化干部到浙东。1943年3月,中共瓯北县委将永青缙、永仙黄等地暴露身份的百余名党员干部移至浙东参加地方工作。1944年10月,华中局向浙东增调邱子华、徐瑞、周毅、涂峰、周瑞球、汪志华、钱刚、朱光等一批营团级军政干部。1945年8月,粟裕派遣汪大铭、王曼、朱春苑等茅山、路南地方干部前往浙东,同行的有谢宗良、程业荣、林胜国、舒从望、黄辉等团级军事干部。[①]浦东干部和新四军军部来自苏中苏北等地调派的一大批军政、后勤干部都是外来干部。根据地建立之前,外来干部在领导层占了较大的比重。

2.三支力量的特点和优势

从其呈现的特点来看,新四军军部派来的干部具有较强的政治领导能力、科学而系统的思想理论分析能力和丰富而专业的革命斗争经验。但他们并不熟悉当地风土人情,加之语言的隔阂,这导致其容易暴露、开展工作有局限。[②]本地干部具备政治纯洁、扎根地方实际、了解本地风土人情、密切联系地方上层士绅与父老乡亲、有一定的地方权威与认可度等优势,但缺乏扎实的政治理论基础和专业的武装革命斗争经验;虽组织过抗日武装,但大都先后失败。浦东武装干部的特点在两者之间。因此,本地干部和外来干部各有优劣。如何避免和克服地方主义、山头主义倾向,避免两者引起的摩擦与团结问题,实现外来干部与本地干部、群众力量的深度融合及动态平衡,成为浙东地区党的建设的重要课题。

3.优势互补,形成根据地建设的骨干力量

浙东区党委提出了有效的举措,积极促进本地干部专业化与外来干部本地化。经过

---

① 上述干部调动见浙江省新四军历史研究会:《新四军在浙江活动大事记(1937—1945)》,内部资料,2008年,第52、55、81页;浙江省新四军研究会浙东分会:《浙东抗日根据地文化教育专辑》,内部资料,2009年,第51页;叶清达:《新四军浙东纵队史实概要》,《浙江党史资料通讯》1981年第11期、第12期合刊,第27页;《青松集》编辑组:《青松集——纪念杨思一文集》,上海社会科学院出版社,1991年,第89页;王曼:《难忘的沧桑岁月:一个女兵的回忆录》,作家出版社,1998年,第109—110页;中共镇江市委党史资料征集研究委员会、中共句容县党史资料征集研究委员会:《汪大铭日记(1939—1945)》,内部资料,1987年,第552页。

② 谢仁安:《团结就是胜利》,见中共浙江省委党史研究室、中共宁波市委党史研究室、中共慈溪市委党史研究室、中共余姚市委党史研究室:《浙东抗日烽火——中共浙东区党委成立暨浙东抗日根据地创建五十周年专辑》,内部资料,1992年,第80页。

1943年春的区党委扩大会议,三方之间的团结问题逐渐解决,增强了干部在根据地建设的凝聚力,发挥了干部的先锋模范作用。

(1)根据科学、合理、团结的原则建设领导干部队伍

浙东区党委坚持科学、合理、团结的原则,加强领导干部队伍建设。如陈毅、饶漱石等人认为杨思一参加区委任委员,有利于开展地方党的工作[①],实现外来干部与本地干部之间力量的均衡。这一原则在之后建立的三北游击司令部、浙东行署、浙东参议会等人事安排上都有所体现[②]。浙东区党委根据不同干部的优势与特点,进行相应的工作安排。谭启龙全面负责工作,张文碧和刘亨云以军队工作为主,何克希和连柏生侧重统战、地方行政工作,本地的杨思一以组织、动员工作为主。这样的分工有利于干部发挥各自优势,实现团结合作。

(2)扎根浙东提拔本地干部[③]

毛泽东曾说:"因为许多抗日根据地是八路军新四军到后才创立的,许多地方工作是外来干部去后才发展的,外来干部和本地干部的关系,必须加以很好的注意。我们的同志必须懂得,在这种条件下,只有外来干部和本地干部完全团结一致,只有本地干部大批地生长了,并提拔起来了,根据地才能巩固,我党在根据地内才能生根,否则是不可能的。"[④]谭震林也曾指示,浙东工作,不要急于发展,部队首要配合地方党,搞好群众关系,扎根浙东,实现部队教导队化,保存和培养干部,兵和枪就不成问题。[⑤]

一方面,外来干部发挥自身的政治领导能力,团结本地干部同志,不断提拔县区级本地干部。如年仅二十多岁、担任中共三北地委组织部部长的外来干部黄知真,非常注重干部之间的团结问题。他以身作则,虚心向本地干部学习,"搞五湖四海"。在外来干部与本地干部发生矛盾时,要求外来干部先自我反思。[⑥]注重提拔土生土长的、素质好、有前途、与群众有血肉联系的群众领袖到县、区领导岗位上来,满足党和革命斗争的需求。本地干部对于黄知真的领导坚决服从,虚心求教,做到了理论与本地实际工作的有机结

---

① 浙江省档案馆:《对区委各同志分工之意见》,档案号:G001-002-774。

② 谭启龙:《谭启龙回忆录》,中共党史出版社,2003年,第122—123页。

③ 1942年7月18日,谭启龙在《目前国内外形势与我党发展浙江敌后游击战争建立根据地的方针》中提出:关于干部问题,"我们希望华中局能帮助是对的,但基本还是自己培养。因此我们目前解决干部办法,一方面我们要大胆提拔,只要有办法开辟工作,只要积极努力,应派他出去,放手给他工作,记得刘少奇在总结华北经验时,曾说他们大量发展时,开始没有干部交通员,甚至候补党员亦派出去当区委书记、游击队长,这种经验,在有些发展地区可以这样。但另一方面应开始注意培养,按照可能环境开办短期的训练班,把即刻需要做的办法告诉讨论之后,立即分出去工作"。参见浙江省委党史资料征集研究委员会、浙江省档案馆:《浙东抗日根据地》,中共党史资料出版社,1987年,第45页。

④ 毛泽东:《毛泽东选集》第3卷,人民出版社,1991年,第822页。

⑤ 浙江省宁波市新四军研究会等:《王仲良纪念文集》,中共党史出版社,1999年,第264页。

⑥ 王性初:《回忆黄知真》,中央文献出版社,2001年,第38页。

合。谢仁安曾回忆,当时外来干部对本地干部总是满腔热情地给予帮助和指导,传授政治理论和根据地工作经验。区党委对原来坚持斗争的地方党员也十分重视,在工作上委以重任,三北地区几个县的县长由本地干部担任,没有一个外来干部,区乡级干部普遍由本地干部担任。[①] 另一方面,本地干部向外来干部学习经验,帮助外来干部落地生根。如杨思一劝导本地干部向外来干部学习根据地工作经验,强调外来干部在根据地建设中的重要骨干力量和领导作用。对于新来的没有当地基础的外来干部,当地同志有责任向其提供一切可能的帮助。[②]

(3)有计划地培养大批干部,实现队伍专业化

根据革命斗争形势的发展,谭震林坚持现有部队教导队化,保存和发展干部为先。杨思一等执行"有计划地培养大批干部"[③]的方针,不断实现干部队伍专业化。注重部队与干部的时政教育、马克思主义理论教育和政策教育,指导革命斗争的工作方法与斗争艺术,通过报刊学习不同地区的斗争经验,密切党群关系,加强地方党的建设。根据"最好的领导＝具体的帮助＋原则性的说明""正确的领导＝根据党的政策＋根据具体情况"[④]的要求,开展地方干部的专题学习讨论,使干部切实了解"深入地方实际、动员当地民众"的必要性、迫切性与坚定性。1943 年,杨思一等本地干部与蔡群帆共同组建金萧支队,开辟金萧地区,拓展根据地。同时,动态进行干部队伍的群众纪律教育,要求干部做好民众动员工作;要求部队每到一个地方,首先应了解这一地方的特殊风俗习惯,并加以尊重。[⑤] 张文碧针对干部不安心工作、"得过且过、未密切联系群众"[⑥]等现象,提出改善意见,完善干部队伍,贯彻群众纪律,使党员干部更深地扎根民众,从而为浙东抗日根据地的建设奠定了坚实基础。

(五)共产党人在浙东大地的奋斗牺牲矗立起不朽的丰碑

浙东革命根据地的历史,是党领导人民绘就的一幅波澜壮阔的战斗画卷。在中共中央和毛泽东、华中局、上海局、浙东区党委、浙东临委和各级党组织的正确领导下,根据地军民建立起相濡以沫、生死与共的血肉联系;无数革命战士不怕牺牲、不畏艰难、英勇战

---

① 谢仁安:《团结就是胜利》,见中共浙江省委党史研究室、中共宁波市委党史研究室、中共慈溪市委党史研究室、中共余姚市委党史研究室:《浙东抗日烽火——中共浙东区党委成立暨浙东抗日根据地创建五十周年专辑》,内部资料,1992 年,第 80 页。

② 《青松集》编辑组:《青松集——纪念杨思一文集》,上海社会科学院出版社,1991 年,第 56 页。

③ 《青松集》编辑组:《青松集——纪念杨思一文集》,上海社会科学院出版社,1991 年,第 2 页。

④ 浙江省新四军研究会金萧分会:《杨思一日记》,内部资料,1994 年,第 14 页。

⑤ 曾平:《克服违反群众纪律的不良倾向》,《战斗报》1944 年 4 月 12 日。

⑥ 张文碧:《克服干部中不安心工作的严重现象》,《战斗报》1944 年 4 月 15 日。

斗,用血肉之躯筑起坚固的长城;无数共产党员团结一致,继承发扬党的光荣传统,凭借艰苦奋斗、视死如归、不畏强敌、义无反顾、勇往直前的革命精神,建立了浙东革命根据地,屹立于东海之滨,在浙东大地上书写了气壮山河的诗篇,成为浙东革命走向胜利的精神支柱和力量源泉。

在浙东区党委和浙东临委的领导下,抗日根据地时期,新四军浙东游击纵队历经 643 次战斗;游击根据地时期,浙东人民解放军第二游击纵队历经大小战斗百余次。在艰苦卓绝的斗争中,无数革命战士浴血奋战、不畏强敌、百折不挠、视死如归,谱写了可歌可泣的悲壮诗篇。1941 年 10 月 22 日,"暂三纵"在横河七星桥遭日军伏击,大队长姜文光等 29 名指战员壮烈牺牲。1944 年 2 月 11 日,新四军浙东游击纵队与顽军田岫山部在梁弄前方村打响战斗,五支一大教导员雷泽、五支四中指导员柳剑青、五支九中指导员王春松、五支五中中队长孙细乃和警卫大队指导员成君宜,以及金萧支队一大二中中队长李克福等 98 名指战员伤亡与失踪。此次战斗成为四明山敌后抗日根据地最为悲壮的一仗。1944 年 3 月 28 日,浦东支队(支队长朱亚民,政委姜杰)在奉贤头桥北宋村与 1000 多名日伪军交战,掩护村民突出重围,20 多名指战员壮烈牺牲,成为发生在浦东规模最大的一次战斗。1944 年 4 月 14 日,五支四中在后屠桥村被国民党突击纵队第一营和伪十师一个营勾结协同围攻,四中指战员英勇抵抗,大队教导员陈行知、中队长毛明孝、指导员肖张等 37 人壮烈牺牲。1944 年 8 月 25 日,新四军浙东游击纵队海防大队一中队在大鱼山岛与兵力八倍于己、武器装备精良的日伪军展开血战。在敌军联合疯狂进攻下,海防大队一中队浴血苦战 7 个多小时,毙伤敌军 100 多人,大队长陈铁康、中队长程克明、指导员洪珠等 42 人壮烈殉国,表达了战士誓死捍卫祖国神圣领土的英雄气概,写下了浙东革命史上光辉而又悲壮的一页。

在党的艰辛历程中,浙东革命根据地涌现了一大批前赴后继、顽强奋斗、忘我奉献、无私无畏、坚贞不屈、视死如归的革命烈士和英雄人物。他们怀着崇高信仰,秉持民族气节,用不可战胜的意志和血肉之躯,谱写了可歌可泣的英雄赞歌。抗日根据地时期,在新四军浙东游击纵队,姜文光、陈洪、邱子华、曾平、蓝碧轩①、陈清、余旭、朱学勉、周振庭、雷泽、陈洪才、成君宜、陈行知、李敏、徐婴等近千名指导员和党的优秀干部壮烈牺牲。游击根据地时期,浙东人民解放军第二游击纵队 600 余名指导员和党的优秀干部壮烈牺牲。1943 年,在大俞村反击战中,第三支队一大队奉命突击驻守在大俞村的国民党"挺三"部。

---

① 蓝碧轩(?—1943),坚持南方八省三年游击战争的老红军。1937 年,国共合作抗日,八省红军游击队跟着陈毅、粟裕改编成新四军,转战大江南北。1942 年 8 月,随何克希、张文碧到浙东三北游击司令部。9 月,担任首期司令部教导队长,后调任第三支队第一大队大队长。据当年蓝碧轩牺牲前曾帮助系上鞋带的小战士陈灵回忆,蓝碧轩牺牲时约 28 岁。参见俞建文:《四明·大俞山志》,浙江大学出版社,2021 年,第 242 页。

11 月 20 日,大队长蓝碧轩带领全体战士爬上海拔 700 多米高的杖锡山顶,挺进大俞村。发现盘踞在红岩头的敌人后,蓝碧轩带领战士直扑敌排哨,帮小战士陈灵系好鞋带后,带头冲锋在最前面,在离敌排哨不足 50 米时,不幸中弹,壮烈牺牲。① 1943 年 11 月 25 日,在东西岙战争中,三支八中区队长王林生一人投掷 30 多颗手榴弹;班长陈尧生带领一班冲入敌营搏斗,直至壮烈牺牲。1943 年 12 月 1 日,新四军游击纵队在峙岭伏击国民党"挺四"田岫山部,经激烈战斗,击伤其支队长、大队长以下 100 余人,司令部作战参谋余旭在战斗中不幸中弹牺牲,年仅 21 岁。1944 年 2 月,中共鄞江区委书记李敏在"浙保"二团"扫荡"鄞西地区时被捕,被敌人连刺 20 多刀,仍咬紧牙关,高呼"共产党万岁""民族解放万岁",悲壮倒在血泊中,年仅 21 岁。② 1944 年 5 月 27 日,金萧支队在诸暨墨城坞抗击两个团的伪军进攻,在敌我力量悬殊的情况下,激战 5 小时,打退 4 次冲锋,毙伤副旅长以下 200 余人,率队指挥的金萧支队第一队大队长朱学勉不幸中弹牺牲。1945 年 7 月,为纪念朱学勉,金萧支队诸暨办事处将枫桥魏家坞的忠义中学改名为学勉学院。1946 年 12 月 31 日,新四军浙东游击纵队留守处副主任、中共鄞慈县特派员朱洪山,在鄞西罂湖乡潘岙村工作时,被敌人包围,为掩护同志突围,鸣枪引敌,在战斗中不幸中弹牺牲,年仅 29 岁。1947 年 8 月 12 日,"浙东江姐"徐英③因叛徒出卖被捕,经受辣椒水灌鼻、坐"老虎凳"、电刑、竹尖钉十指等酷刑后,仍高呼"共产党人和革命战士的意志是钢铁铸成的,小小的竹尖算得了什么"。9 月 11 日,在梁弄车门桥头英勇就义。四明工委委员、中共鄞慈县特派员陈爱中,带领队伍潜伏入城时,遭叛徒出卖被捕。面对敌人的酷刑和威逼利诱,陈爱中坚贞不屈,在刑庭据理力争,1947 年 11 月 6 日,在宁波江北岸草马路壮烈牺牲。无数这样的共产党人怀着天下兴亡、匹夫有责的爱国情怀,义无反顾地投身革命。三北有一户姓李的书香门第之家,"一门两忠烈,全家十党员",他们参加了新四军;浦东"姜氏四杰"南下浙东;梁弄姜炳一家三兄弟参加浙东抗日;嵊县周姓一家六个堂兄弟先后参加新四军浙东游击纵队;奉化溪东联络站站长谢用卿全家五人都为烈士。④ 在浙东隐蔽战线上,王三川、竺莲芬、林坚、张于道、黄振汉、张德兴、何望若、竹见山、郑春泉等人英勇牺牲,成为人们敬仰的无名英雄。⑤ 共产党人胸怀崇高的革命理想和坚定的爱国主义精神,用鲜血和生命谱写的壮歌,在浙东人民心中矗立起永不磨灭的丰碑。

---

① 俞建文:《四明·大俞山志》,浙江大学出版社,2021 年,第 237 页。

② 谭启龙:《谭启龙回忆录》,中共党史出版社,2003 年,第 163 页。

③ 徐英(1922—1947),女,浙江慈溪人。曾参加慈北战时任务大队。1946 年加入中国共产党。曾担任白龙潭联络站站长。1947 年在梁弄英勇就义。

④ 《红色的四明山精神永存》,见吴国强:《浙东抗日纪事——纪念中国人民抗日战争胜利 70 周年》,内部资料,2015 年,第 186—187 页。

⑤ 吴国强:《浙东抗日纪事——纪念中国人民抗日战争胜利 70 周年》,内部资料,2015 年,第 164 页。

　　为铭记革命先烈，浙东人民用烈士的名字命名乡村、学校和街道，建立革命烈士纪念碑和革命烈士陵园，表达对革命先烈的深切怀念。如余姚地区的肖东①乡（后与长丰乡合并，改称肖东镇）、明伟乡（楼明山②、周之伟③）、洪山乡（朱洪山）、洪山小学、徐英村（徐英）、陈洪村、黄明乡（后并入梁辉镇）、梁辉乡（后扩并为梁辉镇，今为梨洲街道）、梁辉小学、梁辉烈士纪念碑，梁弄镇的前方村战斗烈士纪念碑、大俞村的蓝碧轩烈士纪念碑、红岩战士烈士纪念碑和大俞反击战纪念碑亭，肖东烈士纪念碑亭，等等；慈溪地区的宏坚村（徐宏水④、林坚⑤）、观海卫镇白洋湖的革命烈士陵园；海曙横街镇的云州村（吕云洲⑥）、爱中乡（陈爱中）、惠民村（郑惠民⑦）、朱敏村（朱敏）、集士港镇的后屠桥革命烈士陵园；鄞州地区的宁波樟村四明山烈士陵园；绍兴诸暨的学勉路（朱学勉）、学勉中学、相泉村（何志相⑧、张雪泉夫妇⑨）、上虞的盛茂村（朱盛茂⑩）、越城区的吼山烈士陵园⑪等；舟山岱山的大鱼山烈士纪念碑；杭州富阳的蒋忠⑫烈士墓；浦东新区的振庭小学（后并入星火村2组的盐仓小学）（周振庭）；金华地区的永康刘英烈士陵园（有刘英和张贵卿⑬的烈士墓及殉难处）、金东区傅村镇烈士陵园⑭等。此举既表达了浙东人民对革命先烈的缅怀，也承载了共产党人艰苦卓绝的革命历程、可歌可泣的革命事迹和永垂不朽的革命精神。

---

　　① 肖东(1919—1948)，女，浙江鄞县人。1939年加入中国共产党。曾任虞东区特派员、区委书记、区武工队指导员等职。1948年在姚北游源岙英勇就义。

　　② 楼明山(1913—1941)，浙江余姚人。1938年加入中国共产党。曾任余姚县政工队中共党团委员、政工队区队长，余姚新汇乡民主乡长，定海东区指导员兼代理区长等职。1941年，在舟山壮烈牺牲。

　　③ 周之伟(1918—1948)，浙江余姚人。曾任沿江区署文教指导员、梨洲乡民主乡长。1948年在梁弄英勇就义。

　　④ 徐宏水(1919—1949)，浙江慈溪人。1943年加入中国共产党。曾任天东乡抗日民主政府文书、天东乡乡长。1949年牺牲于后宅三房漕。

　　⑤ 林坚(1924—1944)，女，浙江海曙人。1942年加入中国共产党。曾任龙南乡洞底张交通站站长，在浒山区委、天东乡等地开展工作。1944年在慈溪市长河垫桥村三塘头英勇就义。

　　⑥ 吕云洲(1924—1945)，浙江余姚人。1944年加入中国共产党。曾任中共鄞县武陵区狮岭乡支部书记、鄞县特派员机关支部副书记。1945年在今横街镇云洲村的马联自然村西大湾脑山上英勇牺牲。

　　⑦ 郑惠民(1919—1947)，宁波慈溪人。1943年加入中国共产党。曾任陆埠区东山乡乡长，四明临工委和中共中央分局的政治交通员。1947年在慈城英勇就义。

　　⑧ 何志相(1908—1947)，浙江诸暨人。1927年加入中国共产党。曾任中共枫桥区委书记、中共绍兴独立支部书记、萧山县委书记、路东县委副书记及副县长等职。1947年在枫桥不幸中弹牺牲。

　　⑨ 张雪泉(1918—1948)，女，浙江诸暨人。1939年加入中国共产党。曾任姚南民运指导员、路东县政府被服厂负责人。1948年在诸暨枫桥英勇就义。

　　⑩ 朱盛茂(1905—1949)，浙江上虞人。1938年加入中国共产党。曾担任中共朱巷乡支部书记兼乡长。1949年在上虞英勇就义。

　　⑪ 该陵园有皋北抗日自卫队长朱铁群、指导员叶向阳、事务长胡子青、战士陈冬的烈士合葬墓。

　　⑫ 蒋忠(1911—1948)，浙江富阳人。1930年加入中国共产党。曾任中共浦江县工委书记、富阳县特派员、金萧支队二大队队长、路西特派员、路西地工委委员、路西县委书记兼县长、会稽山抗暴游击司令部副司令员等。1948年在富阳牺牲。

　　⑬ 张贵卿(1908—1942)，1934年加入中国共产党。曾任浙东临时特委书记，处属特委、台属特委组织部部长，衢属特委书记等职。1942年在方岩英勇就义。

　　⑭ 陵园里绝大多数烈士是金东义西抗日自卫队和金萧支队第八大队的战士。

　　1945 年 9 月，新四军浙东游击纵队和党政机关北撤时，浙东区党委在《忍痛告别浙东父老兄弟姊妹书》中写道："亲爱的浙东父老兄弟姊妹们！我们四年来同生共死的朋友们！我们要握手分别了。……我们将能在独立、民主、富强的新中国的自由空气中，再回来与各位畅谈衷情。"①多年后，谭启龙、何克希、张文碧、刘亨云、连柏生、顾德欢、杨思一、马青、王起、刘发清、陈布衣、黄连等 10 余位开创浙东革命根据地的先辈，来自五湖四海，兑现生前承诺，不约而同选择回到曾经挥洒热血、魂牵梦萦的浙东热土，安葬于余姚梁弄镇的"先辈纪念林"，表达了对浙东人民最深沉的眷念与热爱。1982 年 12 月 30 日，何克希的骨灰撒到四明山，完成了"将骨灰撒在四明湖中，永远不忘生死相依的革命老区"的生前夙愿。他成为走出浙东战场、多年外地工作、魂归四明山的领队人。1986 年谭启龙退休后，曾四次重上四明山，立下"百年后，来梁弄与众烈士相聚"的约定。张文碧生前嘱咐："不搞告别仪式，不惊动战友、老部下、老乡亲，送我到四明山去。"顾德欢留下遗嘱，要求"后事一切从简，遗体火化归葬四明山"。1989 年起，马青、杨思一、连柏生、刘亨云、顾德欢、谭启龙、张文碧等人先后归葬四明山，化作沉默的石碑，竖立于"先辈纪念林"，既寄托了革命先辈对浙东大地的赤子之情与家国情怀，也彰显了浙东人民与共产党人相濡以沫、生死相依的血肉之情。

　　松柏苍翠悼先烈，丰碑矗立显忠魂。无数共产党人抛头颅、洒热血，冲锋陷阵，用生命捍卫民族尊严，在浴血奋战中铁骨铮铮，为民族独立和人民解放鞠躬尽瘁，以天下兴亡、匹夫有责的爱国主义精神，英勇奋战、血战到底的英雄气概，不怕牺牲、宁死不屈的民族气节和万众一心、百折不挠的必胜信念，谱写了惊天地、泣鬼神的历史篇章，成为极为丰富而宝贵的精神财富，值得人们永远崇敬和怀念。

---

　　① 《忍痛告别浙东父老兄弟姊妹书》，见杭州大学历史系、浙江省档案馆：《浙江革命历史档案选编——抗日战争时期（下）》，浙江人民出版社，1985 年，第 649 页。

参考文献

一、著述

[1] 吕树本、杨福茂、金普森:《浙东革命根据地(初稿)》,浙江人民出版社,1980年。

[2] 中共中央文献编辑委员会:《刘少奇选集》(上卷),人民出版社,1981年。

[3] 中国人民政治协商会议浙江省委员会文史资料研究委员会:《浙江文史资料选辑(第35辑):第二次国共合作在浙江》,浙江人民出版社,1987年。

[4] 李维汉:《李维汉选集》,人民出版社,1987年。

[5] 皇甫束玉、宋荐戈、龚守静:《中国革命根据地教育纪事》,教育科学出版社,1989年。

[6] 中国人民解放军历史资料丛书编审委员会:《新四军·回忆史料(2)》,解放军出版社,1990年。

[7] 中共中央毛泽东选集出版委员会:《毛泽东选集》第1卷,人民出版社,1991年。

[8] 中共中央毛泽东选集出版委员会:《毛泽东选集》第2卷,人民出版社,1991年。

[9] 中共中央毛泽东选集出版委员会:《毛泽东选集》第3卷,人民出版社,1991年。

[10] 中共中央毛泽东选集出版委员会:《毛泽东选集》第4卷,人民出版社,1991年。

[11] 《青松集》编辑组:《青松集——纪念杨思一文集》,上海社会科学院出版社,1991年。

[12] 中共浙江省委党史研究室:《浙西抗日根据地》,浙江人民出版社,1992年。

[13] 谢忠厚、肖银成:《晋察冀抗日根据地史》,改革出版社,1992年。

[14] 董绍德:《鄞县教育志》,海洋出版社,1993年。

[15] 中共中央文献编辑委员会:《邓小平文选》第1卷,人民出版社,1994年。

[16] 全国政协《闽浙赣抗战》编写组:《闽浙赣抗战》,中国文史出版社,1995年。

[17] 宁波金融志编纂委员会:《宁波金融志》第1卷,中华书局,1996年。

[18] 宁波市新四军研究会暨华中抗日根据地研究会:《浙东敌后曙光》,当代中国出版社,1996年。

[19] 盖军:《中国共产党白区斗争史》,人民出版社,1996年。

[20] 秦晖、苏文:《田园诗与狂想曲——关中模式与前近代社会的再认识》,中央编译出版社,1996 年。

[21] 绍兴市地方志编撰委员会:《绍兴市志》第 32 卷,浙江人民出版社,1997 年。

[22] 中共中央文献研究室:《建国以来毛泽东文稿》第 12 册,中央文献出版社,1998 年。

[23] 王曼:《难忘的沧桑岁月:一个女兵的回忆录》,作家出版社,1998 年。

[24] 上海市新四军历史研究会浙东委员会:《战斗在沪杭甬:新四军浙东纵队回忆与研究》,当代中国出版社,1999 年。

[25] 绍兴县地方志编纂委员会:《绍兴县志》第 3 册,中华书局,1999 年。

[26] 浙江省宁波市新四军研究会等:《王仲良纪念文集》,中共党史出版社,1999 年。

[27] 宁波市新四军暨华中敌后抗日根据地研究会:《浙东抗战与敌后抗日根据地史料丛书》第 1—9 卷,中共党史出版社,2001 年。

[28] 中共台州市委党史研究室:《中共台州党史》,中共党史出版社,2001 年。

[29] 陈布衣:《风雨历程——四明山革命斗争岁月》,东方出版社,2001 年。

[30] 北京新四军暨华中抗日根据地研究会:《铁流 6:新四军文化工作专辑——新四军文化工作研讨会论文集》,解放军出版社,2001 年。

[31] 王性初:《回忆黄知真》,中央文献出版社,2001 年。

[32] 中共中央党史研究室:《中国共产党历史》第 1 卷,中共党史出版社,2002 年。

[33] 章均立:《浙东革命根据地货币史》,宁波出版社,2002 年。

[34] 谭启龙:《谭启龙回忆录》,中共党史出版社,2003 年。

[35] 中共慈溪市委党史研究室:《中国共产党慈溪历史》第 1 卷,中共党史出版社,2003 年。

[36] 中共绍兴市委党史研究室:《中国共产党绍兴历史》第 1 卷,中共党史出版社,2003 年。

[37] 中共余姚市委党史研究室:《中国共产党余姚历史》,中共党史出版社,2004 年。

[38] 金普森、陈剩勇主编,汪林茂著:《浙江通史》第 11 卷,浙江人民出版社,2005 年。

[39] 金普森、陈剩勇主编,袁成毅著:《浙江通史》第 12 卷,浙江人民出版社,2005 年。

[40] 浙江省新四军历史研究会:《浙东抗日根据地史》,中共党史出版社,2005 年。

[41] 中共浙江省委党史研究室、浙江省新四军历史研究会:《浙东游击根据地史》,中共党史出版社,2009 年。

[42] 中共宁波江北区委党史研究室、宁波市江北区新四军历史研究会:《慈东革命斗争纪实》,宁波出版社,2010 年。

[43] 方元文:《余姚革命根据地》,浙江古籍出版社,2011 年。

[44] 北京新四军暨华中抗日根据地研究会:《铁流 20——庆祝中国共产党成立 90 周年、纪念新四军军部重建 70 周年、缅怀皖南事变死难烈士》,解放军出版社,2012 年。

[45] 北京新四军暨华中抗日根据地研究会:《铁流 24——纪念张云逸大将诞辰 120 周年、纪念浙东地区党委会成立 70 周年》,解放军出版社,2013 年。

[46] 中共宁波市委党史研究室:《烽火四明——浙东抗日根据地创建 70 周年纪念文集》,浙江人民出版社,2013 年。

[47] 中共中央文献研究室、新华通讯社:《毛泽东新闻工作文选》,新华出版社,2014 年。

[48] 军事科学院军事历史研究部:《中国抗日战争史(下)》,解放军出版社,2015 年。

[49] 中共浙江省委党史研究室:《浙江省纪念抗日战争胜利 70 周年学术研讨会论文集》,浙江人民出版社,2016 年。

[50] 宁波市政协文史委员会:《烽火浙东:纪念抗战全面爆发 80 周年回忆文选》,宁波出版社,2018 年。

[51] 北京新四军暨华中抗日根据地研究会:《铁流 38——永远的纪念、华中抗日根据地建设与研究、战斗生涯峥嵘岁月、追思缅怀传承》,中央文献出版社,2018 年。

[52] 北京新四军暨华中抗日根据地研究会:《铁流 39——永远的纪念、华中抗日根据地建设与研究、战斗生涯峥嵘岁月、追思缅怀传承》,中央文献出版社,2019 年。

[53] 唐莲英等:《东固革命根据地史论》,华东师范大学出版社,2019 年。

[54] 朝泽江:《宁波抗日战争史》,宁波出版社,2020 年。

[55] 宁波市新四军历史研究会:《烽火岁月——浙东抗战革命故事》,宁波出版社,2021 年。

[56] 俞建文:《四明·大俞山志》,浙江大学出版社,2021 年。

[57] 宁波市新四军历史研究会:《烽火岁月——浙东抗战革命故事 2》,宁波出版社,2022 年。

二、论文、期刊

[1] 龙元平:《浙东敌后抗日根据地统战政策研究》,中共中央党校硕士学位论文,2012 年。

[2] 上海市新四军暨华中抗日根据地历史研究会:《上海市新四军暨华中抗日根据地历史研究会首届年会纪念特刊》,会议论文集,1984 年。

[3] 王奔:《浙东抗日根据地:成功的战略测试》,纪念中国人民抗日战争暨世界反法西斯战争胜利 70 周年"新四军抗战与铁军精神传承"学术研讨会论文集,2015 年。

[4] 叶清达:《新四军浙东纵队史实概要》,《浙江党史资料通讯》1981 年第 11 期、第 12 期

合刊。

［5］徐炎:《报纸办在四明山上》,《新闻研究资料》1982年第1期。

［6］薛诚:《从地方到部队,筹建办事处》,《慈溪党史资料》1983年第6期。

［7］金普森:《浙东抗日根据地的创建》,《杭州大学学报(哲学社会科学版)》1985年第
3期。

［8］张益民:《国民党新县制实施简论》,《史学月刊》1986年第5期。

［9］叶清达:《新四军浙东游击纵队史实概要》,《浙江党史通讯》1987年增刊。

［10］史岩、王玭:《追忆抗战时的"浙东四明社教队"》,《浙江党史通讯》1987年第4期。

［11］劳云展:《浙东抗日根据地创建的战略依据和斗争策略》,《宁波师院学报(社会科学
版)》1990年第1期。

［12］劳云展:《新四军浙东游击纵队北撤始末》,《宁波师院学报(社会科学版)》1991年第
2期。

［13］冯永之:《浙东抗日根据地的教育事业与教育方针》,《宁波师院学报(社会科学版)》
1991年第2期。

［14］王文达:《浅谈浙东抗日民主政权的特点》,《宁波党政论坛》1995年第2期。

［15］罗利行:《试论浙东敌后抗日根据地的党群关系》,《浙江学刊》1996年第2期。

［16］蒋亚飞:《浙东抗日根据地创建的特点及贡献》,《浙江师大学报(社会科学版)》1996
年第3期。

［17］丁俊萍:《论抗日根据地政权的性质及其特点》,《武汉大学学报(哲学社会科学版)》
1997年第5期。

［18］胡新苗:《浙东抗日根据地上层统战工作》,《中共宁波市委党校学报》2000年第
2期。

［19］张志锐、傅樟绸:《金萧报社电台始末》,《浙江档案》2000年第7期。

［20］沈宏康:《浙东敌后抗日根据地的开辟》,《宁波通讯》2005年第8期。

［21］郑春牧:《试论浙东抗日根据地党的建设》,《宁波经济(三江论坛)》2005年第8期。

［22］王明前:《浙东抗日根据地的统一战线与财政经济》,《观察与思考》2005年第8期。

［23］童然星:《试探"皖南事变"对浙江抗战的影响》,《东方博物》2006年第3期。

［24］尹全海、周江平:《浅析抗日根据地开展冬学运动的原因》,《信阳师范学院学报(哲学
社会科学版)》2006年第5期。

［25］陈淑媛:《孤悬敌后——省档案馆浙东抗日根据地档案解读》,《浙江档案》2009年第
1期。

［26］徐炎:《在四明山上吹响宁波解放的号角》,《宁波通讯》2009年第5期。

[27] 蔡罕：《解放战争时期宁波的两极新闻事业》，《浙江传媒学院学报》2010 年第 3 期。

[28] 何扬鸣：《抗战时期浙江中共新闻活动的再研究》，《浙江传媒学院学报》2011 年第 5 期。

[29] 蔡罕：《浙东抗日根据地新闻出版事业述评》，《浙江传媒学院学报》2013 年第 3 期。

[30] 王荣福：《一切为了群众　一切依靠群众——临海党史上的群众工作和群众运动》，《临海史志》2014 年第 1 期。

[31] 郑备军、阮卓婧、陈骏宇：《浙东抗日根据地财政建设评析》，《地方财政研究》2015 年第 6 期。

[32] 乐国军：《三北抗日根据地减租减息运动考察》，《宁波工程学院学报》2018 年第 6 期。

[33] 吴敏超：《浙东抗日根据地统战工作再研究》，《中共党史研究》2018 年第 9 期。

[34] 黄大同：《新中国 70 年浙江戏曲事业的序幕——20 世纪 40 年代浙东根据地的"的笃戏"活动》，《浙江艺术职业学院学报》2019 年第 1 期。

[35] 汪湛穹：《乡村传统戏剧的时代呈现——基于浙东抗日根据地"的笃戏"改造的考察》，《中国农史》2020 年第 6 期。

[36] 唐海宏：《抗战时期浙东红色戏剧创作及其现代意义》，《新世纪剧坛》2021 年第 3 期。

[37] 吕克军：《浙东抗日根据地廉政建设：历程、经验与当代价值》，《浙江理工大学学报（社会科学版）》2021 年第 3 期。

三、报纸

[1]《申报》

[2]《新浙东报》

[3]《战斗报》

[4]《解放日报》

[5]《学习时报》

[6]《浙江日报》

[7]《宁波日报》

[8]《慈溪日报》

[9]《余姚日报》

[10]《上虞日报》

四、档案资料

（一）已刊档案资料

［1］中国科学院历史研究所第三所近代史资料组:《五四爱国运动资料》,科学出版社,
1959 年。

［2］中国人民政治协商会议浙江省委员会文史资料研究委员会:《浙江文史资料选辑》第
14 辑,浙江人民出版社,1979 年。

［3］中国社会科学院法学研究所:《中国新民主主义革命时期根据地法制文献选编》第
2 卷,中国社会科学出版社,1981 年。

［4］杭州大学历史系、浙江省档案馆:《浙江革命历史档案选:抗日战争时期(下)》,浙江人
民出版社,1985 年。

［5］中国第二历史档案馆、中共南京市委党史办公室:《五二〇运动资料》第 2 辑,人民出
版社,1987 年。

［6］杭州大学历史系、浙江省档案馆:《浙江革命历史档案选:抗日战争时期(上)》,浙江人
民出版社,1987 年。

［7］浙江省委党史资料征集研究委员会、浙江省档案馆:《浙东抗日根据地》,中共党史资
料出版社,1987 年。

［8］浙江省教育科学研究所:《浙江革命根据地教育资料汇编(上、中、下册)》浙江教育出
版社,1987 年。

［9］浙江省档案馆:《浙江革命历史档案选编——解放战争时期》,浙江人民出版社,
1988 年。

［10］中共绍兴市委党史资料征集研究委员会:《解放绍兴》,内部资料,1989 年。

［11］中共浙江省委党史研究室:《浙江人民革命史画册(1840—1949)》,浙江摄影出版社,
1991 年。

［12］中央档案馆:《中共中央文件选集》第 13 册,中共中央党校出版社,1991 年。

［13］中央档案馆:《中共中央文件选集》第 14 册,中共中央党校出版社,1992 年。

［14］新四军和华中抗日根据地研究会:《新四军和华中抗日根据地史料选》第 7 辑,上海
人民出版社,1983 年。

［15］中共宁波市委组织部、中共宁波市委党史委员会、宁波市档案馆:《中国共产党浙江
省宁波市组织史资料(1925.2—1987.12)》,人民日报出版社,1993 年。

［16］中共浙江省委组织部、中共浙江省委党史研究室、浙江省档案馆:《中国共产党浙江

省组织史资料(1922.4—1987.12)》,人民日报出版社,1994年。

[17] 余姚市政协文史资料委员会、余姚市政协梁弄委员小组:《余姚文史资料》第12辑,内部资料,1994年。

[18] 中国人民解放军历史资料丛书编审委员会:《新四军·文献(1)》,解放军出版社,1994年。

[19] 中国人民解放军历史资料丛书编审委员会:《新四军·文献(2)》,解放军出版社,1994年。

[20] 中国人民解放军历史资料丛书编审委员会:《新四军·文献(4)》,解放军出版社,1995年。

[21] 中国人民解放军历史资料丛书编审委员会:《新四军·文献(5)》,解放军出版社,1995年。

[22] 中共浙江省委党史研究室、中共宁波市委党史研究室:《浙东游击根据地》,中共党史出版社,1996年。

[23] 宁波市新四军研究会:《解放战争时期宁波地区革命史料》第1卷,中共党史出版社,1999年。

[24] 宁波市新四军研究会:《解放战争时期宁波地区革命史料》第2卷,中共党史出版社,1999年。

[25] 宁波市新四军研究会:《解放战争时期宁波地区革命史料》第3卷,中共党史出版社,1999年。

[26] 新四军战史编辑室:《新四军征战日志》,解放军出版社,2000年。

[27] 浙江省诸暨市新四军研究会:《诸暨抗日战争史》,新华出版社,2005年。

[28] 浙江省宁波市委党史研究室:《宁波市抗日战争时期人口伤亡和财产损失(上)》,中共党史出版社,2015年。

[29] 浙江省诸暨市新四军历史研究会:《金萧烽火——金萧支队暨金萧地方人民武装抗日反顽史要》,人民日报出版社,2021年。

(二)未刊档案资料

[1] 浙江省委党史研究室:《张梦皓给新民的信》,档案号:A5-2-82。

[2] 浙江省委党史研究室:《张瑞昌给刘、邵的信》,档案号:A5-2-406。

[3] 浙江省委党史研究室:《马青解放战争时期》,档案号:A5-4-12。

[4] 浙江省档案馆:《对区委各同志分工之意见》,档案号:G001-002-774。

[5] 浙江省档案馆:《浙江省悬赏捕杀著名"匪首"姓名录》,档案号:29-6-30。

[6] 宁波市档案馆:《目前国内外形势与我党发展浙江敌后游击战争建立根据地的方针》,档案号:革 1-1-22。

[7] 宁波市档案馆:《抗战时期中共浙东区党委的决议》,档案号:革 1-1-22。

[8] 宁波市档案馆:《鄞县县政府:敌人罪行查报表》,档案号:旧 5-1-57。

[9] 广西师范学院政治系中共党史教研室:《中共党史教学参考资料汇编》第 1 集,内部资料,1961 年。

[10] 杭州大学历史系:《浙东革命根据地简史(征求意见稿)》,内部资料,1975 年。

[11] 中共舟山地委党史资料征集小组办公室:《舟山革命斗争史资料》第 1 期,内部资料,1981 年。

[12] 中共舟山地委党史资料征集小组办公室:《舟山革命斗争史资料》第 11 期,内部资料,1983 年。

[13] 中共舟山地委党史资料征集小组办公室:《舟山革命斗争史资料》第 20 期,内部资料,1984 年。

[14] 中共舟山地委党史资料征集小组办公室:《舟山革命斗争史资料》第 24 期,内部资料,1986 年。

[15] 中央档案馆、浙江省档案馆:《浙江革命历史文件汇集(省委文件):一九二六年、一九二七年》,内部资料,1986 年。

[16] 中共镇江市委党史资料征集研究委员会、中共句容县党史资料征集研究委员会:《汪大铭日记》,内部资料,1987 年。

[17] 中央档案馆、浙江省档案馆:《浙江革命历史文件汇集(地县文件):一九二六年——一九二九年》,内部资料,1989 年。

[18] 中共余姚市委党史研究室:《余姚党史资料》第 41 期,内部资料,1987 年。

[19] 浙江出版史编委会:《浙江出版史料》第 3 辑,内部资料,1989 年。

[20] 中共绍兴县委党史办公室:《绍兴党史人物传》,内部资料,1989 年。

[21] 嵊县教育志编纂小组:《嵊县教育志》,内部资料,1991 年。

[22] 中共宁波市委党史研究室:《中共宁波党史大事记(1919—1949)》,内部资料,1991 年。

[23] 浙东抗日根据地革命文化史料编纂委员会:《浙东抗日根据地革命文化史料选编(上、下册)》,内部资料,1992 年。

[24] 中共浙江省委党史研究室、中共宁波市委党史研究室、中共慈溪市委党史研究室、中共余姚市委党史研究:《浙东抗日烽火——中共浙东区党委成立暨浙东抗日根据地创建五十周年专辑》,内部资料,1992 年。

[25]《上虞县教育志》编纂委员会:《上虞县教育志》,内部资料,1993年。

[26]浙江省新四军研究会金萧分会:《杨思一日记》,内部资料,1994年。

[27]宁波市暨各县(市、区)政协文史资料委员会:《宁波文史资料》第16辑,内部资料,1995年。

[28]浙江省新四军研究会浙东分会、余姚市新四军研究会、慈溪市新四军研究会:《浙东抗日根据地群众工作专辑》,内部资料,1999年。

[29]金华市新四军研究会、诸暨市新四军研究会、浦江县新四军研究会:《路西(金萧)纪事》,内部资料,2002年。

[30]中共宁波市鄞州区党委史办公室、宁波鄞州区新四军研究会:《四明足迹——浙东第二次反顽自卫战争胜利60周年纪念文集》,内部资料,2004年。

[31]浙江省新四军历史研究会:《新四军在浙江活动大事记(1937—1945)》,内部资料,2008年。

[32]浙江省新四军历史研究会浙东分会:《浙东抗日根据地文化教育专辑》,内部资料,2009年。

[33]浙江省新四军历史研究会金萧分会:《浙东金萧游击根据地统一战线工作》,内部资料,2009年。

[34]余姚市新四军历史研究会:《四明之子——黄连》,内部资料,2009年。

[35]中共诸暨市委党史研究室:《新四军浙东游击纵队金萧支队》,内部资料,2015年。

[36]吴国强:《浙东抗日纪事——纪念中国人民抗日战争胜利70周年》,内部资料,2015年。

[37]慈溪市新四军研究会:《三北敌后抗日根据地战斗史料选编》,内部资料,2019年。

[38]慈溪市新四军历史(革命老区发展促进)研究会:《三北敌后抗日根据地文献资料选编》,内部资料,2020年。

[39]宁波市新四军研究会、中共余姚市史志办公室、中共陆埠镇委员会:《血与火的年代》,内部资料。

[40]《何克希将军》编辑组:《何克希将军》,1993年,内部资料。

五、网络资源

[1]抗日战争与近代中日关系文献数据平台:https://www.modernhistory.org.cn。

[2]抗日战争纪念网:https://www.krzzjn.com。

[3]浙江党史和文献网:https://www.zjds.org.cn。

[4]宁波史志网:http://www.cnbsz.org.cn。

后　记

　　2015 年 9 月 3 日,习近平总书记在纪念中国人民抗日战争暨世界反法西斯战争胜利 70 周年招待会上指出:"历史的启迪和教训是人类的共同精神财富。忘记历史就意味着背叛。"①这为我们学习历史、研究历史,提供了根本遵循。历史学习和研究应该有广阔的视野,应该有敏锐的现实感。诚如英国历史学家卡尔(Edward H. Carr)所说,"历史就是不断地和现实对话"。

　　浙东革命根据地是一个比较庞大的主题,为何选择这一研究方向,这里有必要简单梳理一下。

　　2019 年,宁波大学科学技术学院(以下简称宁大科院)搬迁慈溪办学。慈溪是一块红色的土地,有众多的红色资源,三北抗日根据地是全国十九个抗日根据地之一——浙东抗日根据地的重要组成部分。作为慈溪的第一所高校,宁大科院马克思主义学院教师多次受邀参与三北抗日根据地研究相关的学术活动。参与这些活动,给了我们走出学校进行学习和提高的机会,我们从中获益良多,也有了新的思考:更系统、更深入地挖掘提炼其历史现实价值,是应该做好和可以做好的一篇大文章。

　　2021 年,中共宁波市委党史研究室和宁大科院共建"宁波市红色文化研究中心"战略合作平台。其成立初始就提出要把研究作为立身之本和第一位的工作任务,大力推动浙东革命根据地研究工作。这一整年特别是暑假期间,在研究中心专家俞建文、伍鹏教授等的带领下,研究团队在浙东大地留下了足迹。我们通过调研,到各地党史研究室收集相关资料,寻找民间收藏的原始资料。其间有诸多艰辛,但我们收获更多的是快乐。

　　2022 年,中共慈溪市委宣传部和宁大科院共建"慈溪市理论宣讲学院"。作为全省首个理论宣讲学院,宁大科院提出多出精品教材、培养宣讲名师、推出理论成果。马克思主义学院根据慈溪市理论宣讲学院的建设目标,加强了浙东根据地史研究团队建设。12 月

---

　　① 习近平:《习近平在纪念中国人民抗日战争暨世界反法西斯战争胜利 70 周年系列活动上的讲话》,人民出版社,2015 年,第 12 页。

初,新冠疫情管控放开,而本书也到了最后的集中统稿阶段。研究团队的不少老师相继感染。虽然不是重症,但对精神和身体造成了不小的影响,还要照顾家人。本来以为这会影响到本书的结稿,但大家团结一心,在辛苦努力下,书稿如期完成。对此,我为我们的团队感到由衷的自豪。

本书由"宁波市红色文化研究中心"研究团队撰写,具体分工如下:第一章、第六章,曹辉;绪论、第四章,瞿霞;第二章,陈国平;第三章,刘飞宇;第五章,向勇;第七章,邹璐莎;第八章,竺巧云;庞欢参与了前期的实地考察调研和书稿提纲的讨论,蔡晓情参与了部分书稿的讨论。整部书稿是由全体编撰人员共同参与、经逐章逐节甚至是逐句逐字讨论修改完成的,最终由曹辉、向勇和俞建文完成统稿。

本书的前期调研、撰写和出版,得到了中共宁波市委党史研究室、宁大科院领导的大力支持,得到了中共绍兴市委党史研究室、中共诸暨市委党史研究室、中共余姚市委党史研究室、中共慈溪市委党史研究室、宁波市新四军研究会、余姚市新四军研究会、慈溪市新四军研究会等单位的大力支持。中共宁波市委党史研究室副主任邢孟军博士为本书撰序并审稿,宁大科院院长陈君静教授为本书作序,著名书法家马华林先生为本书题写书名。浙江大学出版社的吴伟伟女士为本书的顺利出版给予了大力支持。2020 年 10 月,从宁波市社会科学院任上退休的俞建文研究员,受聘宁大科院教授,倡议设立"宁波市红色文化研究中心"平台,组建研究团队,并协助大家开始了对浙东革命根据地的系统研究。同时,在研究过程中,我们参考和采用了大量已有的研究成果。对于这一切,谨致深深的谢忱!

囿于学识和水平,本书尚有诸多不足甚至讹误之处,我们期待同仁和读者批评指正。

曹 辉

2023 年 1 月于宁波大学科学技术学院